嘉黎县志

ལྷ་རི་རྫོང་གི་དཀར་ཆག

西藏自治区嘉黎县地方志编纂委员会 编撰

中国藏学出版社

图书在版编目（CIP）数据

嘉黎县志/西藏自治区嘉黎县地方志编纂委员会编撰.--北京:中国藏学出版社,2025.1.--ISBN 978-7-5211-0553-7

Ⅰ. K297.54

中国国家版本馆CIP数据核字第2025VE7316号

嘉黎县志

西藏自治区嘉黎县地方志编纂委员会　编撰

出　版：中国藏学出版社

(北京朝阳区北四环东路131号)

发　行：中国藏学出版社

印　刷：成都高瑞印务有限公司

开　本：787×1092毫米　1/16

印　张：54.75

字　数：867千字

版　次：2025年2月第1版

印　次：2025年2月第1次印刷

印　数：0001-2000册

书　号：ISBN 978-7-5211-0553-7

定价：218.00元

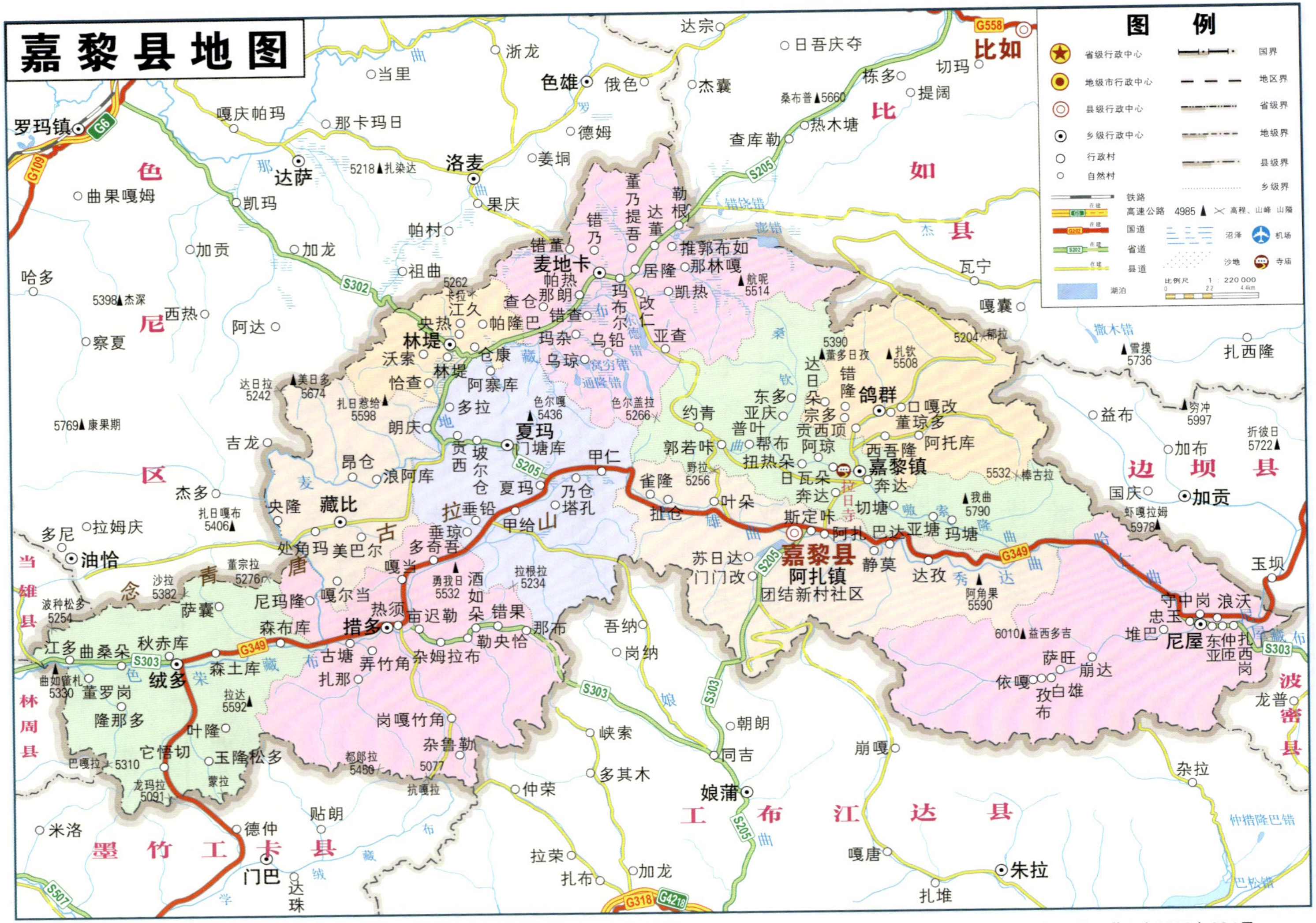

西藏自治区测绘院 编制

审图号：藏S（2023）031号

王德斌　罗阿珍　尼玛普赤　王　丽　拉姆曲珍
达瓦占堆　贡　觉　李　庆　曲　珍　美　措
贡嘎巴珠　索朗旺扎　雷增刚　拉　珍　次旦多吉
尼玛扎西（县发改委主任）　赤列土登　朱唐雪　何智军
多杰旺堆　叶子涛　陈　林　卓　央　益西旦增
龙学军　索朗卓嘎　白玛欧珠　强　顿　次仁拉杰
桑杰群培　赤列旺杰　次仁多旦　格桑顿珠　尼玛卓玛
巴桑卓嘎　达瓦拉姆　曹　林　边　巴　赵云鹏
王　菲　才旦卓嘎　达扎旺才　伦　珠　唐培民
巴　桑　达　瓦　次仁罗布　索朗（县文广中心主任）
索朗（县农科站站长）　李雨宏　梁　科　扎西巴桑
彭吉林　罗杰（县人民医院院长）　扎西班久　欧珠多吉
暴彦磊　索　罗　洛　珠　索朗央金　才旺多吉
冯裕文　王文昊　江白次仁　曾晓军　阿　布
扎西多杰　阿　桑　吴乾林　顿珠加拉　其美次仁
格桑顿珠　訾　连　杨　波　曲　桑

《嘉黎县志》编辑部

（2016年1月—2019年12月）

主　　任（主编）　多吉才加　王　敏
副主任（副主编）　申振锋　次仁曲珍
成　　员（编辑）　宋　宇　叶梦华　赵　腾　张　群

（2020年1月—2020年6月）

主　　任（主编）　罗阿珍
副主任（副主编）　次仁金措　伍　华
成　　员（编辑）　宋　宇　叶梦华　张腾文　纪红健

《嘉黎县志》初审领导小组

（2016年7月）

组　长　吾金才塔

副组长　才旺贡布　努　木　高　平　多吉才加

成　员　罗　杰　尼玛扎西（县发改委主任）

张学才　王　敏　桑杰群培　任思思

《嘉黎县志》复审领导小组

（2017年8月）

组　长　高　平

副组长　努　木　多吉才加

成　员　班　觉　加　多　王　敏　任思思

《嘉黎县志》终审领导小组

（2019年10月）

组　长　周　平

副组长　高　平　多吉才加　吉　扎

成　员　加　多　努　木　王　敏　王　菲　旦增群培

张　伟　任思思　才白扎西

《嘉黎县志》验收领导小组

（2020年10月）

组　长　汪　德　军

副组长　王　会　世　　吾金才塔

成　员　吾金才塔　　陈　祖　军　　韩　　勉　　次旦扎西　　其美多吉

王　敬　龙　　代　晓　宁　　高　　平　　多吉才加　　王　　敏

《嘉黎县志》总编领导小组

总　编　汪　德　军

副总编　王　会　世

编　辑　代　晓　宁　　高　　平　　陈　祖　军　　韩　　勉　　次旦扎西

其美多吉　　王　敬　龙　　周　　平　　多吉才加　　王　　敏

罗　阿　珍　　宋　　宇

《嘉黎县志》出版编辑部成员名单

主　编　汪　德　军

副总编　王　会　世

编　辑　王　　敏　　罗　阿　珍　　宋　　宇

措拉乡冬季牧场

白叶林

措那湖

嘉乃玉错湖

独俊大峡谷

措嘎湖

江古拉山

恰嘉觉沃雪山

恰嘉党沃山峰

卡鲁岗甘雪山

麦地卡湿地夏天全景

千佛山

青嘎山

青冈

夏季柏树林

松树

忆嘎冰川

忠玉田地

忠玉原始森林

忠玉大峡谷

忠玉山

夏季雨林

琼日山

卡仁容大峡谷

动植物资源

雪豹

棕熊

猞猁

草狐

狼

白唇鹿

藏羚羊

黄羊

盘羊

藏野驴

麝

岩羊

沙蜥

草原雕

蓝马鸡

渡鸦

斑头雁

黑颈鹤

藏雪鸡

兀鹫

异叶青兰

火绒草

曲花紫堇

白蘑菇

蓝色韭

金蘑菇

马勃

红景天

瑞香狼毒

长花铁线莲

大黄

唐古特青兰

倒钩琉璃草

白花藏芥

萎软紫菀

阿魏

刺参

多刺绿绒蒿

金露梅

雪莲花

云生毛茛

蒲公英

阿拉善马先蒿

甘松

扁蕾

葶苈

然巴

高原鸢尾

西藏凹乳芹

梭砂贝母

雪山报春花

飞廉

油菜花

锡金报春

虫草

高原小黄花

粗茎秦艽

麦地卡藏红花

领导关怀

2006年8月6日，武警西藏总队政委亢进忠（前排中）在嘉黎县慰问执勤哨兵。

2006年11月1日，自治区党委副书记、自治区主席向巴平措（左三）在嘉黎县考察调研党的十六届六中全会精神学习贯彻落实情况。

2007年，那曲地委书记边巴扎西（右三）在嘉黎县视察工作。

2007年11月2日，自治区副主席尼玛次仁（前排中）、文化厅党组书记、副厅长马如龙（前排右一）在嘉黎县视察调研。

2008年8月，西藏军区政治委员王增钵（右二）到嘉黎县人武部检查指导工作。

2009年7月，西藏军区政治部主任宋景原（右）到嘉黎县人武部检查指导工作。

2002年11月，嘉黎县第九届人民代表大会代表合影。

2007年11月，嘉黎县第十届人民代表大会代表合影。

2009年，县委书记黄荣定（中）到藏比乡小学进行教育工作调研。

2009年，县委、县政府召开援藏工作汇报会。

2009年3月28日，嘉黎县委组织机关干部收看“西藏百万农奴解放纪念日”庆祝大会。

2005年，嘉黎县赛马节暨物资交流大会。

2005年，嘉黎县物资交流大会之拔河比赛。

2005年，嘉黎县物资交流大会之文艺表演。

1998年，县中学首届初三毕业师生合影留念。

2009年12月4日，嘉黎县教体局组织教师参加远程教育培训合影。

2010年的县幼儿园

措拉乡小学新旧校舍对比

金穗小学

嘉黎镇桑前小学

赛马

赛马节群众文艺活动

马上捡哈达表演

2009年7月赛马节期间嘉黎县群众下“果”棋

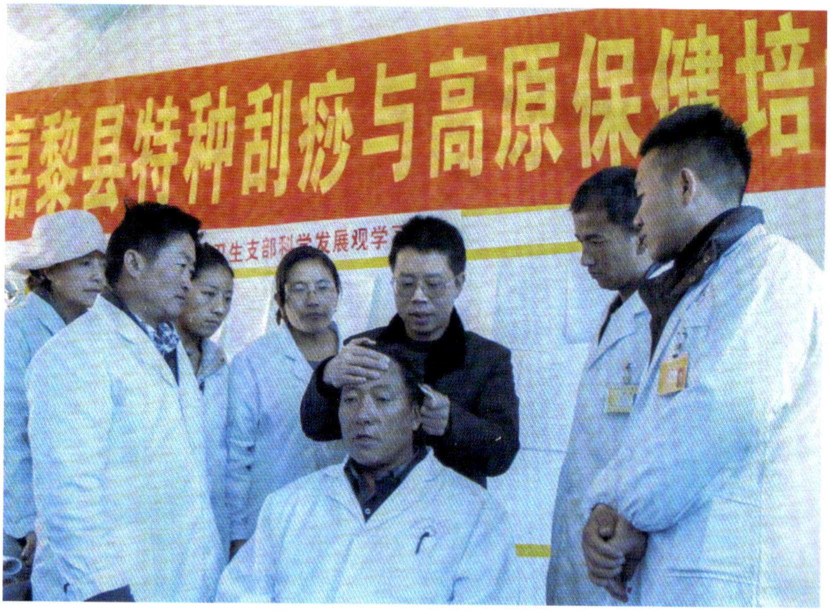

特种刮痧与高原保健培训

1997年7月，在嘉黎县藏医实践洗练藏医甘露“佐太”。

名贵藏药

援藏干部与县中学获奖学生合影

学生们集体做眼保健操

中学网络课

阿扎白塔

比俄寺

茶马古道嘉黎县嚓曲卡到拉日果古道遗迹

茶马古道上马帮作为路程标记的石刻藏文数字，当地口语称“美里”。

拉日苯巴塔

古桥

麦地卡战役战壕遗址

1959年，麦地卡战役指挥部所在地。

嘉黎县烈士陵园纪念碑

嘉黎县烈士陵园

服饰

嘉黎县传统盛装

措拉乡男子日常服饰

措拉乡女子日常服饰

忠玉乡女子传统服饰

忠玉乡男子传统服饰

嘉黎镇传统服饰

格萨尔说唱艺人服饰

城乡建设

嘉黎县人民医院干部职工住宿房（1989年）

嘉黎县城全景（1989年）

县中学教学楼（2010年）

嘉黎县城全景（2010年）

措多乡政府驻地全景

达尔玛嘉黎县城旧址

鸽群乡政府驻地全景

嘉黎镇政府驻地全景

尼屋乡政府驻地全景

麦地卡乡政府驻地全景

夏玛乡政府驻地全景

县党政综合办公楼

县藏医院综合楼

县人民医院综合楼

饮水工程

嘉黎县农牧业科技服务站

易贡藏布嘉黎县二级水电站

中国农业银行嘉黎县支行

县武警中队

新建农牧民安居房

嘉黎县民族手工艺之藏靴产品

手工藏香

舞靴制作

黑帐篷

帐篷

成熟的青稞

机械收割

人工收割牧草

苹果

西红柿

小白菜

香葱

香菜

豇豆

黄瓜

大白菜

牧场上的绵羊

牧场上的牦牛

夏季牧场上的马匹

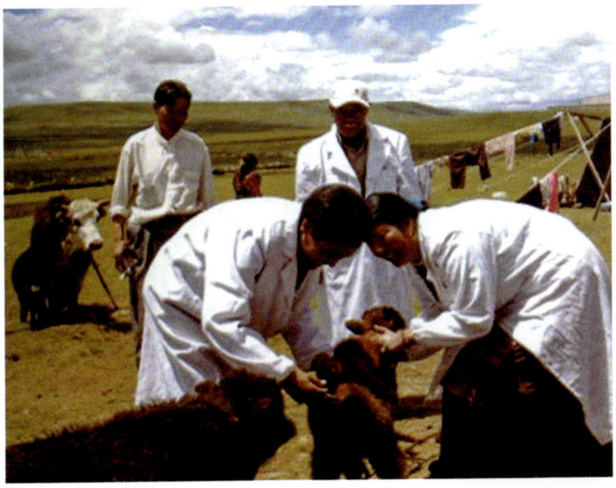

兽医为牛犊注射疫苗

挤牛奶

夏季嘉黎县牧女打酥油

牧民从冬季牧场向春季牧场转场

藏香猪

剪羊毛

1951年，18军先遣队翻越嘉黎县海拔6000米的彭达山。

1951年，18军先遣队过嘉黎县丹达山留下的“打油诗”。

1951年，18军先遣队翻越嘉黎县奔达拉山。

1951年，18军先遣队在嘉黎镇驻扎。

1959年，麦地卡战役中指战员察看地形。

1959年，销毁麦地卡战役中缴获的反动制品。

嘉黎县中队在冬季训练

欢送退役战士

援藏工作

1999年7月，以浙江省温州市人民政府副市长林培云为团长的温州市代表团赴嘉黎县开展工作，同嘉黎县县政府领导合影。

1999年7月，浙江省代表团到嘉黎县进行考察调研。

1999年7月，浙江省温州市向嘉黎县捐赠110万元。

2004年，由浙江省宁波市公安局援建的嘉黎县公安局办公楼竣工并投入使用。

2016年7月，《嘉黎县志》初审会在嘉黎县召开。

2017年8月，《嘉黎县志》复审会在拉萨召开。

2018年9月，《嘉黎县志》终审会在拉萨召开。

2019年10月，自治区方志办在拉萨召开《嘉黎县志》评审会。

序

嘉黎县历史悠久，勤劳智慧、朴实勇敢的嘉黎人民在这块土地上繁衍生息，不断地创造着物质财富和精神财富，推动社会历史向前发展。他们是这块土地的主人，见证了西藏人民自古以来在祖国大家庭怀抱中，“从黑暗走向光明、从落后走向进步、从贫穷走向富裕、从专制走向民主、从封闭走向开放”的光辉历程，充分说明了西藏只有在祖国多民族统一大家庭中，在中国共产党的领导下，才有光明美好的前程。

在嘉黎县历史上，最光辉灿烂的篇章是在中国共产党的领导下，各族人民百折不挠、团结一致、英勇奋斗所取得的成绩。在中国特色社会主义伟大旗帜的引领下，全县政治经济、社会生活等方面发生了翻天覆地的变化，由封建农奴制社会直接进入社会主义社会。人民群众走出了旧社会食不果腹、衣不蔽体的苦难困境，过上了吃有节余、穿有时装、住有新房的新时代安居乐业的小康生活。全县社会稳定、经济发展、民族团结、各项事业进步，呈现出欣欣向荣的景象。

《嘉黎县志》是嘉黎县在中国共产党领导下第一部系统、完整介绍嘉黎县自然、历史、社会、经济等情况的志书。该志较为完整地记录了自古以来，尤其是西藏和平解放以来在中国共产党领导下，有着光荣革命传统的全县各族人民艰苦奋斗、自力更生、改造山河、建设家乡的丰功伟绩。它的问世，是全县各族人民政治、经济、文化生活中的一件大事；是历届中共嘉黎县委、县人民政府在中国共产党的正确领导下，带领全县各族人民艰苦创业、奋发图强，建设社会主义繁荣昌盛新嘉黎的光辉记录；是全县历史发展的真实写照。

历史在发展，社会在进步，全县建设方兴未艾。此次修志，经过几届县委、县政府及编修人员的不懈努力，数易其稿，坚持“详今明古”的原则，遵循历史客观事实，用翔实的资料、符合地方志编修规范的体例，编撰出了全县第一部社会主义新方志。《嘉黎县志》的出版，给本县今后建设和发展提供了可靠的历史资料和依据，可以帮助广大干部了解县情，因地制宜加快经济建设步伐；同时还是对广大干部群众进行社会主义和爱国主义思想教育的乡土教材，将大大激发全县人民热爱家乡、建设家乡的热情，是全县人民的精神财富。

在《嘉黎县志》出版发行之际，我们向对《嘉黎县志》给予悉心指导的上级地方志部门，向参与志书采访、撰写、审稿的领导、专家及工作人员表示真挚的谢意，向多年关心、支持嘉黎县工作的领导和朋友表示衷心的感谢！

岁月沧桑、人世永续，抒写历史、家国情怀。在这里，我们深深感谢那些在嘉黎历史上留下奋斗足迹的先辈，是他们的努力才有了今天嘉黎灿烂而美好的生活。记录历史、将历史发生的重要事件真实地展现给当代和后世，是我们中华民族优秀的文化传承，这项工作的完成，将留给后世治理社会、发展经济的宝贵经验，将发挥资政育人之作用，让我们在中华民族宝贵的精神财富里吸收养料不断前行！

习近平总书记在党的十九大报告中指出：“文化是一个国家、一个民族的灵魂。文化兴国运兴，文化强民族强。没有高度的文化自信，没有文化的繁荣兴盛，就没有中华民族伟大复兴。要坚持中国特色社会主义文化发展道路，激发全民族文化创新创造活力，建设社会主义文化强国。”《嘉黎县志》是嘉黎文化建设的一座重要里程碑，是深入学习贯彻党的十九大精神的一次成功实践，是提升嘉黎县人民文化自信的重要举措。嘉黎县委、县人民政府也是按照这一要求来做的，特别是西藏面临着达赖集团的干扰和破坏，把加强民族团结、维护祖国统一的历史事实理清并告诉后人，是我们的责任和义务。“雄关漫道真如铁，而今迈步从头越。”中国特色社会主义已进入新时代，面对中国特色社会主义新时代赋予的新形势新要求新任务，我们相信，在以习近平同志为核心的党中央的关怀下，在自治区党委、政府的正确领导下，在浙江省对口援藏的大力支持下，嘉黎儿女一定会更加斗志昂扬、奋发图强、积极作为，为嘉黎县精准脱贫、全面建成小康、创建和谐社会，作出应有的贡献。“前事不忘，后事之师”，让我们在吸取前人经验和教训的基础上，吸收精华、摒弃糟粕，为中华民族的伟大复兴，作出嘉黎县应有的贡献。

中共嘉黎县委　嘉黎县人民政府

2020 年 10 月 22 日

凡 例

一、本志以马列主义、毛泽东思想、邓小平理论、“三个代表”重要思想、科学发展观和习近平新时代中国特色社会主义思想为指导，坚持辩证唯物主义和历史唯物主义的立场、观点和方法，全面、系统、客观地记述嘉黎县自然、政治、经济、文化、军事等各方面的历史和现状，力求达到思想性、科学性、资料性的有机统一。

二、本志按照地方志书的编纂体例和规范，全志由篇、章、节、目组成。分图片、概述、正志、人物、大事记、附录、索引等内容。以史料为基础，突出时代特征、地方特点、民族特色，实事求是地全面记述。

三、时间断限，上限尽力追溯至事物发端，下限至2010年12月31日，部分内容适当下延。通古合今、上下贯通，遵循“详今明古”原则，立足当代，重点记述西藏和平解放后县域内自然、政治、经济、文化、社会等各方面的内容。

四、本志采用语文体、记述体，以志为主，记、志、传、图、表、录综合运用。全志按照“以类系事，横排竖写”原则，力求从各方面反映事物的全貌，体现地方特色和时代特征。

五、本志纪年方法。新中国成立前，采用朝代纪年加带括号，括号内依次加注公元纪年和藏历纪年；新中国成立后采用公元纪年。

六、本志所载地名、机构、官职等均以当时称谓记述，附有加注说明。

七、本志人物记载坚持“生不立传”原则，立“传”人物以本县籍为主，对非本县籍而在本县有重大影响和贡献的已故人物予以适当收录，立传人物按卒年先后排列；“简介”人物主要介绍影响较大，对嘉黎县社会、政治、经济等作出过重要贡献的在世人物，对于出生于嘉黎县境内，在外工作的著名学者、专家适当收录入志，按生年先后排列；“录”，收录未能立传的革命烈士；“表”，主要收录受中央、国家部委及自治区各部门，地委、行署，县委、县政府表彰的劳动模范、先进个人。

八、本志标引、专业名词、减缩词后面加括注，字词除引用古籍和其他必须使用繁体字、异体字的地方外，均按1956年国务院公布的《汉字简化方案》，使用简化字。需用藏语标注的，用藏语楷书标写。

九、本志所用资料主要由嘉黎县档案室、那曲地区档案馆、林芝地区档案馆和各单位提供，部分资料来自史书、文献的记载和退休老干部、老职工和农牧区老人的口述资料。

十、本志所用计量单位，以《中华人民共和国法定计量单位》为准，历史上的计量单位仍按使用习惯记述，但作出了法定计量单位的换算注释。

十一、本志对凡需说明或解释的事项与引文出处，采用括注或脚注的方式，予以注释。

目　录

概述……………………………………………………………………………（1）

第一篇　自然地理

第一章　地质地貌………………………………………………………………（3）
　　第一节　地质………………………………………………………………（3）
　　第二节　矿产………………………………………………………………（16）
　　第三节　地貌………………………………………………………………（18）

第二章　气候……………………………………………………………………（31）
　　第一节　气候特点…………………………………………………………（31）
　　第二节　气候要素…………………………………………………………（32）

第三章　土壤　土地资源………………………………………………………（37）
　　第一节　土壤………………………………………………………………（37）
　　第二节　土地资源…………………………………………………………（43）

第四章　水文与水资源…………………………………………………………（46）
　　第一节　河流………………………………………………………………（46）

第二节　湖泊与冰川……………………………………………………（50）
第三节　湿地和地下水…………………………………………………（52）

第五章　生物……………………………………………………………（57）
第一节　植被………………………………………………………………（57）
第二节　植物资源…………………………………………………………（60）
第三节　野生动物资源 ……………………………………………………（107）
第四节　生态建设 …………………………………………………………（131）

第六章　自然灾害 ………………………………………………………（133）
第一节　气象灾害 …………………………………………………………（133）
第二节　生物灾害 …………………………………………………………（136）
第三节　其他灾害 …………………………………………………………（137）

第二篇　政区建置

第一章　建置区划 ………………………………………………………（141）
第一节　位置境域 …………………………………………………………（141）
第二节　建置沿革 …………………………………………………………（141）

第二章　乡镇概况 ………………………………………………………（148）
第一节　阿扎镇 ……………………………………………………………（148）
第二节　嘉黎镇 ……………………………………………………………（152）
第三节　林堤乡 ……………………………………………………………（155）
第四节　夏玛乡 ……………………………………………………………（158）
第五节　绒多乡 ……………………………………………………………（160）
第六节　鸽群乡 ……………………………………………………………（163）
第七节　藏比乡 ……………………………………………………………（165）

第八节　措拉乡 …………………………………………………………（167）
第九节　措多乡 …………………………………………………………（170）
第十节　忠玉乡 …………………………………………………………（173）

第三篇　党政群团

第一章　中国共产党嘉黎县地方组织 ………………………………（179）
第一节　机构 ……………………………………………………………（180）
第二节　党员代表大会 …………………………………………………（200）

第二章　党务工作 ……………………………………………………（203）
第一节　纪检监察 ………………………………………………………（203）
第二节　组织工作 ………………………………………………………（208）
第三节　宣传思想 ………………………………………………………（212）
第四节　统一战线 ………………………………………………………（215）
第五节　政法协调 ………………………………………………………（216）

第三章　群众团体 ……………………………………………………（221）
第一节　工会 ……………………………………………………………（221）
第二节　团委 ……………………………………………………………（223）
第三节　妇联 ……………………………………………………………（226）

第四篇　政权政务

第一章　人大 …………………………………………………………（231）
第一节　机构 ……………………………………………………………（231）
第二节　会议 ……………………………………………………………（234）

第三节 履行职能 …………………………………………………… (238)

第二章 政府 …………………………………………………………… (241)
第一节 机构 …………………………………………………………… (241)
第二节 施政 …………………………………………………………… (256)
第三节 安全生产监督管理 …………………………………………… (262)
第四节 信访工作 ……………………………………………………… (265)
第五节 档案工作与地方志编修 ……………………………………… (265)

第五篇 政事纪要

第一章 政事概要 ……………………………………………………… (271)
第一节 贯彻《十七条协议》 ………………………………………… (271)
第二节 平叛与改革 …………………………………………………… (272)
第三节 稳定与发展 …………………………………………………… (274)
第四节 社会主义改造 ………………………………………………… (276)
第五节 改革开放与经济建设 ………………………………………… (278)

第二章 援藏工作 ……………………………………………………… (280)
第一节 援藏政策 ……………………………………………………… (280)
第二节 人才援藏 ……………………………………………………… (280)
第三节 资金与项目援藏 ……………………………………………… (282)

第六篇 工商粮贸

第一章 商业 …………………………………………………………… (287)
第一节 机构 …………………………………………………………… (287)

第二节　国营商业 ……………………………………………… (287)
第三节　私营商业 ……………………………………………… (293)

第二章　多种经营 ……………………………………………… (294)
第一节　机构 ……………………………………………… (294)
第二节　乡镇企业 ……………………………………………… (295)
第三节　种养业 ……………………………………………… (298)
第四节　服务业 ……………………………………………… (299)

第三章　粮油 ……………………………………………… (301)
第一节　机构与管理 ……………………………………………… (301)
第二节　征购 ……………………………………………… (304)
第三节　供应与销售 ……………………………………………… (308)
第四节　储运与加工 ……………………………………………… (313)

第七篇　交通　邮电　城建

第一章　交通 ……………………………………………… (321)
第一节　机构 ……………………………………………… (321)
第二节　交通管理 ……………………………………………… (322)
第三节　道路与运输 ……………………………………………… (325)
第四节　公路养护 ……………………………………………… (328)

第二章　邮电 ……………………………………………… (329)
第一节　邮政 ……………………………………………… (329)
第二节　通讯 ……………………………………………… (333)

第三章 城乡建设 ……………………………………………………………… (335)
第一节 机构 ……………………………………………………………… (335)
第二节 县城规划建设 ……………………………………………………… (336)

第八篇 人事 劳动 民政

第一章 人事劳动 ……………………………………………………………… (341)
第一节 机构 ……………………………………………………………… (341)
第二节 人事管理 …………………………………………………………… (343)
第三节 工资福利 …………………………………………………………… (346)
第四节 机构编制 …………………………………………………………… (356)
第五节 劳动就业与保险保护 ………………………………………………… (356)

第二章 民政 ………………………………………………………………… (363)
第一节 机构 ……………………………………………………………… (363)
第二节 民政救济 …………………………………………………………… (365)
第三节 社会救助 …………………………………………………………… (366)
第四节 优抚安置 …………………………………………………………… (367)
第五节 婚姻登记 …………………………………………………………… (369)
第六节 勘界管理 …………………………………………………………… (369)

第九篇 法治 军事

第一章 公安 ………………………………………………………………… (373)
第一节 机构 ……………………………………………………………… (373)
第二节 治安保卫 …………………………………………………………… (376)
第三节 户政管理 …………………………………………………………… (378)

第四节　刑事侦查与监所管理 …………………………………………（380）
第五节　消防与交通管理 ………………………………………………（381）

第二章　检察 …………………………………………………………（383）
第一节　机构 ……………………………………………………………（383）
第二节　刑事检察 ………………………………………………………（384）
第三节　法律监督 ………………………………………………………（386）
第四节　检察制度改革 …………………………………………………（387）
第五节　经济民事与行政检察 …………………………………………（388）
第六节　法纪与监所检察 ………………………………………………（388）

第三章　审判 …………………………………………………………（390）
第一节　机构 ……………………………………………………………（390）
第二节　审判制度 ………………………………………………………（391）
第三节　刑事与民事审判 ………………………………………………（393）
第四节　经济与行政审判 ………………………………………………（394）

第四章　司法 …………………………………………………………（395）
第一节　普法与法制教育 ………………………………………………（395）
第二节　人民调解 ………………………………………………………（395）

第五章　军事 …………………………………………………………（397）
第一节　驻军 ……………………………………………………………（397）
第二节　兵役与民兵 ……………………………………………………（405）

第十篇　农牧林水

第一章　畜牧业 ……………………………………………………（413）
第一节　机构 ……………………………………………………（413）
第二节　牧业生产关系 ……………………………………………（415）
第三节　家畜 ……………………………………………………（420）
第四节　草场 ……………………………………………………（423）
第五节　防疫防灾 …………………………………………………（426）

第二章　农业 ………………………………………………………（434）
第一节　农业生产关系 ……………………………………………（434）
第二节　耕作 ……………………………………………………（440）
第三节　农机具 …………………………………………………（441）
第四节　农技推广 …………………………………………………（445）
第五节　农田建设与保护 …………………………………………（450）

第三章　林业 ………………………………………………………（454）
第一节　机构与管理 ………………………………………………（454）
第二节　森林资源 …………………………………………………（457）
第三节　野生动物保护 ……………………………………………（464）
第四节　植树造林 …………………………………………………（464）

第四章　水利 ………………………………………………………（466）
第一节　机构 ……………………………………………………（466）
第二节　水利开发及利用 …………………………………………（467）

第十一篇　财税金融

第一章　财政 …………………………………………………………… (473)
　　第一节　机构 ……………………………………………………… (473)
　　第二节　财政体制 ………………………………………………… (475)
　　第三节　财政收支 ………………………………………………… (476)
　　第四节　财政管理 ………………………………………………… (478)

第二章　税务 …………………………………………………………… (483)
　　第一节　机构 ……………………………………………………… (483)
　　第二节　税务体制 ………………………………………………… (484)
　　第三节　税种 ……………………………………………………… (487)
　　第四节　税收管理 ………………………………………………… (493)

第三章　金融 …………………………………………………………… (496)
　　第一节　机构 ……………………………………………………… (496)
　　第二节　存储 ……………………………………………………… (497)
　　第三节　信贷 ……………………………………………………… (499)
　　第四节　货币 ……………………………………………………… (502)

第十二篇　国民经济综合管理

第一章　计划管理 ……………………………………………………… (509)
　　第一节　机构 ……………………………………………………… (509)
　　第二节　计划管理 ………………………………………………… (510)

第二章　统计管理 ……………………………………………………………（515）
第一节　机构 ……………………………………………………………（515）
第二节　统计管理 ………………………………………………………（516）

第三章　计量与物价管理 ………………………………………………（520）
第一节　计量管理 ………………………………………………………（520）
第二节　物价管理 ………………………………………………………（521）

第四章　工商行政管理 …………………………………………………（523）
第一节　机构 ……………………………………………………………（523）
第二节　市场管理 ………………………………………………………（523）
第三节　工商企业登记 …………………………………………………（524）

第五章　土地管理 ………………………………………………………（525）
第一节　机构 ……………………………………………………………（525）
第二节　国土管理 ………………………………………………………（526）

第十三篇　人口　民族　宗教

第一章　人口 ……………………………………………………………（531）
第一节　人口状况 ………………………………………………………（531）
第二节　人口变动 ………………………………………………………（534）
第三节　人口普查 ………………………………………………………（535）
第四节　优生优育 ………………………………………………………（536）

第二章　民族宗教 ………………………………………………………（539）
第一节　民族 ……………………………………………………………（539）
第二节　宗教 ……………………………………………………………（542）

第十四篇　文化　广播　影视　旅游

第一章　文化 …………………………………………………… (549)
　　第一节　机构 ……………………………………………… (549)
　　第二节　文化设施 ………………………………………… (550)
　　第三节　文化市场管理 …………………………………… (551)

第二章　文学艺术 ……………………………………………… (552)
　　第一节　民间文学 ………………………………………… (552)
　　第二节　音乐舞蹈 ………………………………………… (556)

第三章　文物 …………………………………………………… (558)
　　第一节　文物管理与保护 ………………………………… (558)
　　第二节　文物遗存 ………………………………………… (559)

第四章　广播影视 ……………………………………………… (563)
　　第一节　广播 ……………………………………………… (563)
　　第二节　电影 ……………………………………………… (564)
　　第三节　电视 ……………………………………………… (565)

第五章　旅游 …………………………………………………… (567)
　　第一节　旅游资源 ………………………………………… (567)
　　第二节　旅游路线 ………………………………………… (570)

第十五篇 民 俗

第一章 生活习俗 …………………………………………………… (575)
第一节 服饰 …………………………………………………… (575)
第二节 饮食 …………………………………………………… (577)
第三节 居住 …………………………………………………… (578)
第四节 出行 …………………………………………………… (579)

第二章 礼仪节庆 …………………………………………………… (580)
第一节 礼仪 …………………………………………………… (580)
第二节 节庆 …………………………………………………… (581)
第三节 称谓 …………………………………………………… (583)

第三章 婚姻与生育 …………………………………………………… (584)
第一节 婚姻 …………………………………………………… (584)
第二节 生育 …………………………………………………… (586)

第四章 丧葬与禁忌 …………………………………………………… (588)
第一节 丧葬 …………………………………………………… (588)
第二节 禁忌 …………………………………………………… (590)

第十六篇 教育 体育 卫生 科技 气象

第一章 教育 …………………………………………………… (595)
第一节 教育与管理 …………………………………………………… (595)
第二节 传统教育 …………………………………………………… (600)

第三节　小学教育 …………………………………………………………（600）

第四节　中学教育 …………………………………………………………（603）

第五节　教育经费 …………………………………………………………（605）

第六节　扫盲教育 …………………………………………………………（606）

第二章　体育 ……………………………………………………………（608）

第一节　群众体育 …………………………………………………………（608）

第二节　学校体育 …………………………………………………………（610）

第三章　卫生 ……………………………………………………………（611）

第一节　机构设施与管理 …………………………………………………（611）

第二节　卫生防疫与地方病防治 …………………………………………（619）

第三节　妇幼保健 …………………………………………………………（625）

第四节　医政药政 …………………………………………………………（626）

第五节　医疗制度 …………………………………………………………（627）

第六节　藏医药 ……………………………………………………………（629）

第四章　科技 ……………………………………………………………（630）

第一节　机构 ………………………………………………………………（630）

第二节　科技推广与应用 …………………………………………………（630）

第五章　气象 ……………………………………………………………（633）

第一节　机构 ………………………………………………………………（633）

第二节　气象业务与服务 …………………………………………………（635）

人物 ………………………………………………………………………（637）

一、传 ………………………………………………………………………（639）

二、简介 ……………………………………………………………………（640）

三、表 ………………………………………………………………………（645）

四、录 …………………………………………………………………………（646）

大事记 …………………………………………………………………………（649）

专记 ……………………………………………………………………………（683）
嘉黎县牧场简介 ……………………………………………………………（685）

附录 ……………………………………………………………………………（689）
一、嘉黎县乡镇及其所辖地名录（2010 年） ……………………………（691）
二、嘉黎县寺院、山脉、河流、湖泊名录（2010 年） …………………（695）
三、《嘉黎县图志》 …………………………………………………………（709）
四、嘉黎县国民经济和社会发展“九五”计划和 2010 年远景目标纲要（1994 年 12 月 1 日） ………………………（717）
五、嘉黎县国民经济和社会发展“十五”计划纲要（2000 年 12 月） ………………………………………………（732）
六、嘉黎县投资指南（2001 年 1 月） ……………………………………（750）
七、嘉黎县国民经济和社会发展“十一五”规划纲要（2005 年 2 月 1 日） …………………………………………（756）
八、2007 年嘉黎县政府工作报告（2007 年 11 月 20 日） ………………（776）

索引 ……………………………………………………………………………（795）
英文目录 ………………………………………………………………………（812）
编后记 …………………………………………………………………………（826）

དཀར་ཆག

ནང་དོན་རགས་བསྡུས། ……………………………………………… (1)

ལེ་ཚན་དང་པོ། རང་བྱུང་ས་ཁམས་ཀྱི་སྐོར།

ལེའུ་དང་པོ། ས་གཤིས་དང་ས་དབྱིབས་ཆགས་ཚུལ། ……………………………… (3)
ས་བཅད་དང་པོ། ས་གཤིས། ……………………………………………… (3)
ས་བཅད་གཉིས་པ། གཏེར་ཁའི་ཐོན་ཁུངས། ………………………………… (16)
ས་བཅད་གསུམ་པ། ས་དབྱིབས། ……………………………………………… (18)

ལེའུ་གཉིས་པ། ནམ་ཟླ། ……………………………………………………… (31)
ས་བཅད་དང་པོ། ནམ་ཟླའི་ཁྱད་ཆོས། ………………………………………… (31)
ས་བཅད་གཉིས་པ། ནམ་ཟླའི་རྒྱུ་རྐྱེན། ……………………………………… (32)

ལེའུ་གསུམ་པ། ས་ཞིང་གི་ཐོན་ཁུངས། ………………………………………… (37)
ས་བཅད་དང་པོ། ས་རྒྱུ། ……………………………………………………… (37)
ས་བཅད་གཉིས་པ། ས་ཞིང་གི་ཐོན་ཁུངས། ……………………………………… (43)

ལེའུ་བཞི་པ། ཆུ་དཔྱད་དང་ཆུའི་ཐོན་ཁུངས།………………………………………… (46)
ས་བཅད་དང་པོ། ཆུ་བོ། ……………………………………………………… (46)

ས་བཅད་གཉིས་པ། མཚོའུ་དང་འཁྱགས་གླང་། …… (50)

ས་བཅད་གསུམ་པ། བརྙན་ས་དང་ས་འོག་གི་ཆུ། …… (52)

ལེའུ་ལྔ་པ། སྐྱེ་དངོས། …… (57)

ས་བཅད་དང་པོ། སྔོ་ཁེབས། …… (57)

ས་བཅད་གཉིས་པ། ཙི་ཤིང་གི་ཐོན་ཁུངས། …… (60)

ས་བཅད་གསུམ་པ། རི་དྭགས་ཀྱི་ཐོན་ཁུངས། …… (107)

ས་བཅད་བཞི་པ། སྐྱེ་ཁམས་འཛུགས་སྐྱུན། …… (131)

ལེའུ་དྲུག་པ། རང་བྱུང་གནོད་འཚེ། …… (133)

ས་བཅད་དང་པོ། གནམ་གཤིས་ཀྱི་གནོད་འཚེ། …… (133)

ས་བཅད་གཉིས་པ། སྐྱེ་དངོས་ཀྱི་གནོད་འཚེ། …… (136)

ས་བཅད་གསུམ་པ། གནོད་འཚེ་གཞན་དག …… (137)

ལེ་ཚན་གཉིས་པ། སྲིད་ཁྲལ་འཛུགས་བཀོད་ཀྱི་སྐོར།

ལེའུ་དང་པོ། འཛུགས་བཀོད་དང་ས་ཁོངས་ཀྱི་དབྱེ་མཚམས། …… (141)

ས་བཅད་དང་པོ། གནས་བཀོད་ཀྱི་ས་ཁོངས། …… (141)

ས་བཅད་གཉིས་པ། འཛུགས་བཀོད་ཀྱི་འཕེལ་རིམ། …… (141)

ལེའུ་གཉིས་པ། ཤང་དང་གྲོང་རྡལ་གྱི་གནས་ཚུལ་རགས་བསྡུས། …… (148)

ས་བཅད་དང་པོ། ཨར་ཙ་གྲོང་རྡལ། …… (148)

ས་བཅད་གཉིས་པ། ལྷ་རི་གྲོང་རྡལ། …… (152)

ས་བཅད་གསུམ་པ། གླིང་མཐིལ་ཤང་། …… (155)

ས་བཅད་བཞི་པ། ཤར་མ་ཤང་། …… (158)

ས་བཅད་ལྔ་པ། རོང་སྟོད་ཤང་། …… (160)

ས་བཅད་དྲུག་པ། ཀོ་ཆུང་ཤང་། …… (163)

ས་བཅད་བདུན་པ། ཛ་འབི་ཤང་། …………………………………… (165)
ས་བཅད་བརྒྱད་པ། མཚོ་ལ་ཤང་། …………………………………… (167)
ས་བཅད་དགུ་པ། མཚོ་སྣོད་ཤང་། …………………………………… (170)
ས་བཅད་བཅུ་པ། གྲོང་ཡུལ་ཤང་། …………………………………… (173)

ལེ་ཚན་གསུམ་པ། ཧང་སྲིད་དང་མང་ཚོགས་ཚོགས་པའི་སྐོར།

ལེའུ་དང་པོ། ཀྲུང་གུང་ལྷ་རི་རྫོང་གི་ས་གནས་རྩ་འཛུགས། …………………… (179)
ས་བཅད་དང་པོ། སྒྲིག་གཞི། …………………………………… (180)
ས་བཅད་གཉིས་པ། ཧང་ཡོན་འཐུས་མི་ཚོགས་ཆེན། …………………… (200)

ལེའུ་གཉིས་པ། ཧང་གི་ལས་དོན། …………………………………… (203)
ས་བཅད་དང་པོ། སྒྲིག་བཤེར་ཞིབ་བཤེར། …………………………… (203)
ས་བཅད་གཉིས་པ། རྩ་འཛུགས་ལས་དོན། …………………………… (208)
ས་བཅད་གསུམ་པ། བསམ་བློ་ཁྱབ་བསྒྲགས། …………………………… (212)
ས་བཅད་བཞི་པ། འཐབ་ཕྱོགས་གཅིག་གྱུར། …………………………… (215)
ས་བཅད་ལྔ་པ། སྲིད་ཁྲིམས་མཐུན་སྦྱོར། …………………………… (216)

ལེའུ་གསུམ་པ། མང་ཚོགས་ཀྱི་ཚོགས་པ། …………………………… (221)
ས་བཅད་དང་པོ། བཟོ་ཚོགས། …………………………………… (221)
ས་བཅད་གཉིས་པ། གུང་གཞོན་སྡེ་ཚོགས། …………………………… (223)
ས་བཅད་གསུམ་པ། བུད་མེད་མཉམ་འབྲེལ་ལྷན་ཚོགས། ………………… (226)

ལེ་ཚན་བཞི་པ། སྲིད་དབང་དང་སྲིད་དོན་གྱི་སྐོར།

ལེའུ་དང་པོ། མི་དམངས་འཐུས་མི་ཚོགས་ཆེན། …………………………… (231)
ས་བཅད་དང་པོ། སྒྲིག་གཞི། …………………………………… (231)

ས་བཅད་གཉིས་པ། ཚོགས་ཆེན། …… (234)

ས་བཅད་གསུམ་པ། འགན་ནུས་སྒྲུབ་པ། …… (238)

ལེའུ་གཉིས་པ། སྲིད་གཞུང་། …… (241)

ས་བཅད་དང་པོ། སྒྲིག་གཞི། …… (241)

ས་བཅད་གཉིས་པ། སྲིད་སྐྱོང་། …… (256)

ས་བཅད་གསུམ་པ། བདེ་འཛུགས་ཐོན་སྐྱེད་ལྟ་སྐྱུལ་དོ་དམ། …… (262)

ས་བཅད་བཞི་པ། ཡིག་སྐྱར་ངོ་གཏུག་གི་ལས་དོན། …… (265)

ས་བཅད་ལྔ་པ། ཡིག་ཚགས་ལས་དོན་དང་ས་གནས་ལོ་རྒྱུས་ཀྱི་རྩོམ་སྒྲིག་དང་ཞུ་དག …… (265)

ལེ་ཚན་ལྔ་པ། སྲིད་དོན་ཟིན་ཐྲིས་གནད་བསྡུས།

ལེའུ་དང་པོ། སྲིད་དོན་གནད་བསྡུས། …… (271)

ས་བཅད་དང་པོ། 《དོན་ཚན་བཅུ་བདུན་པ》 དོན་འཁྱོལ་བྱེད་པ། …… (271)

ས་བཅད་གཉིས་པ། ཟིང་འཁྲུག་ཞི་འཛུགས་དང་བཅོས་བསྒྱུར། …… (272)

ས་བཅད་གསུམ་པ། བརྟན་འཛུགས་དང་འཕེལ་རྒྱས། …… (274)

ས་བཅད་བཞི་པ། སྤྱི་ཚོགས་རིང་ལུགས་ཀྱི་བཅོས་བསྒྱུར། …… (276)

ས་བཅད་ལྔ་པ། བཅོས་བསྒྱུར་སྒོ་འབྱེད་དང་དཔལ་འབྱོར་འཛུགས་སྐྲུན། …… (278)

ལེའུ་གཉིས་པ། བོད་སྐྱོར་ལས་དོན། …… (280)

ས་བཅད་དང་པོ། བོད་སྐྱོར་སྲིད་ཇུས། …… (280)

ས་བཅད་གཉིས་པ། འཛོན་མིའི་བོད་སྐྱོར། …… (280)

ས་བཅད་གསུམ་པ། མ་རྩ་དང་ལས་གཞིའི་བོད་སྐྱོར། …… (282)

ལེ་ཚན་དྲུག་པ། བཟོ་ཚོང་འབྲུ་ཚོང་གི་སྐོར།

ལེའུ་དང་པོ། ཚོང་ལས། ………………………………………… (287)
ས་བཅད་དང་པོ། སྤྱིག་གཞི། ………………………………………… (287)
ས་བཅད་གཉིས་པ། རྒྱལ་གཉེར་ཚོང་ལས། ………………………………… (287)
ས་བཅད་གསུམ་པ། སྒེར་གཉེར་ཚོང་ལས། ………………………………… (293)

ལེའུ་གཉིས་པ། སྣ་མང་བདག་གཉེར། ………………………………… (294)
ས་བཅད་དང་པོ། སྤྱིག་གཞི། ………………………………………… (294)
ས་བཅད་གཉིས་པ། ཤང་དང་གྲོང་རྡལ་གྱི་ཁེ་ལས། ……………………… (295)
ས་བཅད་གསུམ་པ། འདེབས་འཛུགས་གསོ་སྐྱེལ་ལས་རིགས། ……………… (298)
ས་བཅད་བཞི་པ། ཞབས་ཞུའི་ལས་རིགས། ……………………………… (299)

ལེའུ་གསུམ་པ། འབྲུ་སྣམ། ………………………………………… (301)
ས་བཅད་དང་པོ། སྤྱིག་གཞི་དང་བདག་དམ། …………………………… (301)
ས་བཅད་གཉིས་པ། བསྡུ་ཉོ། ………………………………………… (304)
ས་བཅད་གསུམ་པ། མཁོ་འདོན་དང་ཕྱིར་འཚོང་། ………………………… (308)
ས་བཅད་བཞི་པ། གསོག་འཛིན་དང་ལས་སྣོན། …………………………… (313)

ལེ་ཚན་བདུན་པ། འགྲིམ་འགྲུལ། སྦྲག་གློག གྲོང་ཁྱེར་འཛུགས་སྐྲུན་བཅས་ཀྱི་སྐོར།

ལེའུ་དང་པོ། འགྲིམ་འགྲུལ། ………………………………………… (321)
ས་བཅད་དང་པོ། སྤྱིག་གཞི། ………………………………………… (321)
ས་བཅད་གཉིས་པ། འགྲིམ་འགྲུལ་དོ་དམ། ……………………………… (322)
ས་བཅད་གསུམ་པ། འགྲོ་ལམ་དང་སྐྱེལ་འདྲེན། ………………………… (325)

ས་བཅད་བཞི་པ། གཞུང་ལམ་བདག་སྐྱོང་། ………………………………… (328)

ལེའུ་གཉིས་པ། སྨུག་རྫིག ………………………………… (329)

ས་བཅད་དང་པོ། སྨུག་ཟམ། ………………………………… (329)

ས་བཅད་གཉིས་པ། འཕྲིན་གཏོང་། ………………………………… (333)

ལེའུ་གསུམ་པ། གྲོང་ཁྱེར་དང་ཤང་གི་འཛུགས་སྐྲུན། ………………………………… (335)

ས་བཅད་དང་པོ། སྤྱིག་གཞི། ………………………………… (335)

ས་བཅད་གཉིས་པ། རྫོང་གྲོང་གི་འཛུགས་སྐྲུན་འཆར་འགོད།………………………………… (336)

ལེ་ཚན་བརྒྱད་པ། མི་དོན། ངལ་རྩོལ། དམངས་སྲིད་བཅས་ཀྱི་སྐོར།

ལེའུ་དང་པོ། མི་དོན་ངལ་རྩོལ། ………………………………… (341)

ས་བཅད་དང་པོ། སྤྱིག་གཞི། ………………………………… (341)

ས་བཅད་གཉིས་པ། མི་དོན་དོ་དམ། ………………………………… (343)

ས་བཅད་གསུམ་པ། གླ་ཕོགས་དང་ཕན་བདེ། ………………………………… (346)

ས་བཅད་བཞི་པ། སྤྱིག་ཁོངས་མི་གྲངས། ………………………………… (356)

ས་བཅད་ལྔ་པ། ངལ་རྩོལ་ལས་ལུགས་དང་ཉེན་སེལ་སྲུང་སྐྱོབ། ………………………………… (356)

ལེའུ་གཉིས་པ། དམངས་སྲིད།………………………………… (363)

ས་བཅད་དང་པོ། སྤྱིག་གཞི། ………………………………… (363)

ས་བཅད་གཉིས་པ། དམངས་སྲིད་རྒྱུད་སྐྱོབ། ………………………………… (365)

ས་བཅད་གསུམ་པ། སྐྱེ་ཚོགས་རོགས་སྐྱོབ། ………………………………… (366)

ས་བཅད་བཞི་པ། གཟིགས་སྐྱོང་བཀོད་སྒྲིག………………………………… (367)

ས་བཅད་ལྔ་པ། གཉེན་སྒྲིག་ཕོ་འགོད། ………………………………… (369)

ས་བཅད་དྲུག་པ། ས་མཚམས་ཐིག་ལེན་གྱི་བདག་དམ། ………………………………… (369)

ལེ་ཚན་དགུ་པ། སྲིད་ཁྲིམས་དམག་དོན།

ལེའུ་དང་པོ། སྤྱི་བཤད། …………………………………………………………… (373)
ས་བཅད་དང་པོ། སྤྱིར་གཞི། …………………………………………………………… (373)
ས་བཅད་གཉིས་པ། བདེ་འཇགས་དོ་དམ། …………………………………………………… (376)
ས་བཅད་གསུམ་པ། ཁྱིམ་སྲིད་དོ་དམ། …………………………………………………… (378)
ས་བཅད་བཞི་པ། ཉེས་དོན་སྔུལ་ཞིབ་དང་བཙོན་ཁང་དོ་དམ། ………………………………… (380)
ས་བཅད་ལྔ་པ། མེ་འགོག་དང་འཁྲིམ་འགྲུལ་དོ་དམ། ………………………………………… (381)

ལེའུ་གཉིས་པ། ཞིབ་དཔྱོད། …………………………………………………………… (383)
ས་བཅད་དང་པོ། སྤྱིར་གཞི། …………………………………………………………… (383)
ས་བཅད་གཉིས་པ། ཉེས་དོན་ཞིབ་དཔྱོད། …………………………………………………… (384)
ས་བཅད་གསུམ་པ། ཁྲིམས་ལུགས་ཀྱི་ལྟ་སྐུལ། …………………………………………… (386)
ས་བཅད་བཞི་པ། ཞིབ་དཔྱོད་ལམ་ལུགས་བསྒྱུར་བཅོས། ………………………………… (387)
ས་བཅད་ལྔ་པ། དཔལ་འབྱོར་དམངས་དོན་དང་སྲིད་འཛིན་ཞིབ་དཔྱོད། ………………… (388)
ས་བཅད་དྲུག་པ། སྤྱིག་ཁྲིམས་དང་བཙོན་ཁང་ཞིབ་དཔྱོད། ………………………………… (388)

ལེའུ་གསུམ་པ། འདྲི་གཅོད། …………………………………………………………… (390)
ས་བཅད་དང་པོ། སྤྱིར་གཞི། …………………………………………………………… (390)
ས་བཅད་གཉིས་པ། འདྲི་གཅོད་ལམ་ལུགས། …………………………………………………… (391)
ས་བཅད་གསུམ་པ། ཉེས་དོན་དང་དམངས་དོན་འདྲི་གཅོད། ………………………………… (393)
ས་བཅད་བཞི་པ། དཔལ་འབྱོར་དང་སྲིད་འཛིན་འདྲི་གཅོད། ……………………………… (394)

ལེའུ་བཞི་པ། ཁྲིམས་འཛིན། …………………………………………………………… (395)
ས་བཅད་དང་པོ། ཁྲིམས་ལུགས་དྲིལ་བསྒྲགས་དང་ཁྲིམས་ལུགས་སློབ་གསོ། ………………… (395)
ས་བཅད་གཉིས་པ། མི་དམངས་འདུམ་འགྲིག …………………………………………………… (395)

ལེའུ་ལྔ་པ། དམག་དོན། …… (397)
ས་བཅད་དང་པོ། དམག་སྡོད། …… (397)
ས་བཅད་གཉིས་པ། དམག་ཞབས་དང་དམངས་དམག …… (405)

ལེ་ཚན་བཅུ་པ། ཞིང་འབྲོག་ལས་དང་། ནགས་ལས། ཆུ་བེད་བཅས་ཀྱི་སྐོར།

ལེའུ་དང་པོ། འབྲོག་ལས། …… (413)
ས་བཅད་དང་པོ། སྒྲིག་གཞི། …… (413)
ས་བཅད་གཉིས་པ། འབྲོག་ལས་ཀྱི་ཐོན་སྐྱེད་འཕེལ་བ། …… (415)
ས་བཅད་གསུམ་པ། སྔོ་སྤྲུགས། …… (420)
ས་བཅད་བཞི་པ། རྩྭ་ར། …… (423)
ས་བཅད་ལྔ་པ། རིམས་ནད་དང་གནོད་འཚེ་འགོག་སྲུང་།…… (426)

ལེའུ་གཉིས་པ། ཞིང་ལས། …… (434)
ས་བཅད་དང་པོ། ཞིང་ལས་ཐོན་སྐྱེད་འཕེལ་བ། …… (434)
ས་བཅད་གཉིས་པ། རྩོ་འདེབས།…… (440)
ས་བཅད་གསུམ་པ། ཞིང་ལས་འཕྲུལ་ཆས། …… (441)
ས་བཅད་བཞི་པ། ཞིང་ལས་ལག་རྩལ་ཁྱབ་བརྡལ། …… (445)
ས་བཅད་ལྔ་པ། ས་ཞིང་འཛུགས་སྐྲུན་དང་སྲུང་སྐྱོང་། …… (450)

ལེའུ་གསུམ་པ། ནགས་ལས། …… (454)
ས་བཅད་དང་པོ། སྒྲིག་གཞི་དང་དོ་དམ། …… (454)
ས་བཅད་གཉིས་པ། ནགས་ཚལ་ཐོན་ཁུངས། …… (457)
ས་བཅད་གསུམ་པ། རི་དྭགས་སྲུང་སྐྱོང་། …… (464)
ས་བཅད་བཞི་པ། སྡོང་འཛུགས་ནགས་སྐྲུན། …… (464)

ལེའུ་བཞི་པ། ཆུ་བེད། ...... (466)
ས་བཅད་དང་པོ། སྒྲིག་གཞི། ...... (466)
ས་བཅད་གཉིས་པ། ཆུ་བེད་གསར་སྤེལ་དང་བཀོལ་སྤྱོད། ...... (467)

ལེ་ཚན་བཅུ་གཅིག་པ། ནོར་ཁྲལ་དངུལ་རྒྱའི་སྐོར།

ལེའུ་དང་པོ། ནོར་སྲིད། ...... (473)
ས་བཅད་དང་པོ། སྒྲིག་གཞི། ...... (473)
ས་བཅད་གཉིས་པ། ནོར་སྲིད་ལམ་ལུགས། ...... (475)
ས་བཅད་གསུམ་པ། ནོར་སྲིད་ཡོང་འབབ་དང་འགྲོ་སྒོ། ...... (476)
ས་བཅད་བཞི་པ། ནོར་སྲིད་དོ་དམ། ...... (478)

ལེའུ་གཉིས་པ། དཔྱ་ཁྲལ། ...... (483)
ས་བཅད་དང་པོ། སྒྲིག་གཞི། ...... (483)
ས་བཅད་གཉིས་པ། དཔྱ་ཁྲལ་ལམ་ལུགས། ...... (484)
ས་བཅད་གསུམ་པ། དཔྱ་ཁྲལ་གྱི་རྣམ་གྲངས། ...... (487)
ས་བཅད་བཞི་པ། ཁྲལ་བསྡུའི་དོ་དམ། ...... (493)

ལེའུ་གསུམ་པ། དངུལ་རྒྱ། ...... (496)
ས་བཅད་དང་པོ། སྒྲིག་གཞི། ...... (496)
ས་བཅད་གཉིས་པ། གསོག་དངུལ། ...... (497)
ས་བཅད་གསུམ་པ། ཡིད་རྟོན་དངུལ་བུན། ...... (499)
ས་བཅད་བཞི་པ། དངུལ་ལོར། ...... (502)

ལེ་ཚན་བཅུ་གཉིས་པ། རྒྱལ་དམངས་དཔལ་འབྱོར་ཕྱོགས་བསྡུས་ངོ་དམ་གྱི་སྐོར།

ལེའུ་དང་པོ། འཆར་འགོད་ངོ་དམ། …… (509)

ས་བཅད་དང་པོ། སྤྱིག་གཞི། …… (509)

ས་བཅད་གཉིས་པ། འཆར་བཀོད་ངོ་དམ། …… (510)

ལེའུ་གཉིས་པ། སྡོམ་རྩིས་ངོ་དམ། …… (515)

ས་བཅད་དང་པོ། སྤྱིག་གཞི། …… (515)

ས་བཅད་གཉིས་པ། སྡོམ་རྩིས་ངོ་དམ། …… (516)

ལེའུ་གསུམ་པ། ཚད་ལེན་དང་ཟོག་གོང་ངོ་དམ། …… (520)

ས་བཅད་དང་པོ། ཚད་ལེན་ངོ་དམ། …… (520)

ས་བཅད་གཉིས་པ། ཟོག་གོང་ངོ་དམ། …… (521)

ལེའུ་བཞི་པ། བཟོ་ཚོང་སྲིད་འཛིན་ངོ་དམ། …… (523)

ས་བཅད་དང་པོ། སྤྱིག་གཞི། …… (523)

ས་བཅད་གཉིས་པ། ཚོང་རའི་ངོ་དམ། …… (523)

ས་བཅད་གསུམ་པ། བཟོ་ཚོང་ཁེ་ལས་ཐོ་འགོད། …… (524)

ལེའུ་ལྔ་པ། ས་ཞིང་ངོ་དམ། …… (525)

ས་བཅད་དང་པོ། སྤྱིག་གཞི། …… (525)

ས་བཅད་གཉིས་པ། རྒྱལ་ཁབ་ཀྱི་མངའ་ཁོངས་ངོ་དམ། …… (526)

ལེ་ཚན་བཅུ་གསུམ་པ། མི་འབོར། མི་རིགས། ཆོས་ལུགས་བཅས་ཀྱི་སྐོར།

ལེའུ་དང་པོ། མི་འབོར། ······ (531)

ས་བཅད་དང་པོ། མི་འབོར་གནས་ཚུལ། ······ (531)

ས་བཅད་གཉིས་པ། མི་འབོར་འགྱུར་ལྡོག ······ (534)

ས་བཅད་གསུམ་པ། མི་འབོར་ཡོངས་བཤེར། ······ (535)

ས་བཅད་བཞི་པ། ལེགས་བཙའ་ལེགས་གསོ། ······ (536)

ལེའུ་གཉིས་པ། མི་རིགས་ཆོས་ལུགས། ······ (539)

ས་བཅད་དང་པོ། མི་རིགས། ······ (539)

ས་བཅད་གཉིས་པ། ཆོས་ལུགས། ······ (542)

ལེ་ཚན་བཅུ་བཞི་པ། རིག་གནས། རྒྱང་སྒྲོག བརྙན་འཕྲིན། ཡུལ་སྐོར་བཅས་ཀྱི་སྐོར།

ལེའུ་དང་པོ། རིག་གནས། ······ (549)

ས་བཅད་དང་པོ། སྒྲིག་གཞི། ······ (549)

ས་བཅད་གཉིས་པ། རིག་གནས་སྒྲིག་བཀོད། ······ (550)

ས་བཅད་གསུམ་པ། རིག་གནས་ཚོང་ར་དོ་དམ། ······ (551)

ལེའུ་གཉིས་པ། རྩོམ་རིག་སྒྱུ་རྩལ། ······ (552)

ས་བཅད་དང་པོ། དམངས་ཁྲོད་རྩོམ་རིག ······ (552)

ས་བཅད་གཉིས་པ། རོལ་མོ་དང་གླུ་གར། ······ (556)

ལེའུ་གསུམ་པ། རིག་དངོས། …………………………………… (558)
ས་བཅད་དང་པོ། རིག་དངོས་དོ་དམ་དང་སྲུང་སྐྱོང་། …………………………………… (558)
ས་བཅད་གཉིས་པ། རིག་དངོས་ཞིབ་བཤེར? …………………………………… (559)

ལེའུ་བཞི་པ། རྒྱང་སྒྲོག་དང་བརྙན་འཕྲིན། …………………………………… (563)
ས་བཅད་དང་པོ། རྒྱང་སྒྲོག …………………………………… (563)
ས་བཅད་གཉིས་པ། གློག་བརྙན། …………………………………… (564)
ས་བཅད་གསུམ་པ། བརྙན་འཕྲིན། …………………………………… (565)

ལེའུ་ལྔ་པ། ཡུལ་སྐོར། …………………………………… (567)
ས་བཅད་དང་པོ། ཡུལ་སྐོར་ཐོན་ཁུངས། …………………………………… (567)
ས་བཅད་གཉིས་པ། ཡུལ་སྐོར་ལམ་ཐིག …………………………………… (570)

ལེ་ཚན་བཅོ་ལྔ་པ། དམངས་སྲོལ་གྱི་སྐོར།

ལེའུ་དང་པོ། འཚོ་བའི་གོམས་སྲོལ། …………………………………… (575)
ས་བཅད་དང་པོ། གྱོན་ཆས། …………………………………… (575)
ས་བཅད་གཉིས་པ། བཟའ་བཏུང་། …………………………………… (577)
ས་བཅད་གསུམ་པ། སྡོད་གནས། …………………………………… (578)
ས་བཅད་བཞི་པ། འགྲུལ་སྐྱོད། …………………………………… (579)

ལེའུ་གཉིས་པ། གུས་སྲོལ་དང་དུས་ཆེན། …………………………………… (580)
ས་བཅད་དང་པོ། གུས་སྲོལ། …………………………………… (580)
ས་བཅད་གཉིས་པ། དུས་ཆེན། …………………………………… (581)
ས་བཅད་གསུམ་པ། མིང་འདོགས། …………………………………… (583)

ལེའུ་གསུམ་པ། གཉེན་སྒྲིག་དང་བུ་བཙའ། ………………………………… (584)
ས་བཅད་དང་པོ། གཉེན་སྒྲིག……………………………………………… (584)
ས་བཅད་གཉིས་པ། བུ་བཙའ། ……………………………………………… (586)

ལེའུ་བཞི་པ། འདས་མཆོད་དང་འཛེམ་བྱ། ………………………………… (588)
ས་བཅད་དང་པོ། འདས་མཆོད།……………………………………………… (588)
ས་བཅད་གཉིས་པ། འཛེམ་བྱ། ……………………………………………… (590)

ལེ་ཚན་བཅུ་དྲུག་པ། སློབ་གསོ། ལུས་རྩལ། འཕྲོད་བསྟེན། ཚན་རྩལ། གནམ་གཤིས་བཅས་ཀྱི་སྐོར།

ལེའུ་དང་པོ། སློབ་གསོ། ……………………………………………………… (595)
ས་བཅད་དང་པོ། སློབ་གསོ་དང་དོ་དམ། ………………………………… (595)
ས་བཅད་གཉིས་པ། སྲོལ་རྒྱུན་སློབ་གསོ། ………………………………… (600)
ས་བཅད་གསུམ་པ། སློབ་ཆུང་སློབ་གསོ། ………………………………… (600)
ས་བཅད་བཞི་པ། སློབ་འབྲིང་སློབ་གསོ། ………………………………… (603)
ས་བཅད་ལྔ་པ། སློབ་གསོའི་གྲོན་དངུལ། ………………………………… (605)
ས་བཅད་དྲུག་པ། ཡིག་རྨོངས་སློབ་གསོ། ………………………………… (606)

ལེའུ་གཉིས་པ། ལུས་རྩལ། ……………………………………………………… (608)
ས་བཅད་དང་པོ། མང་ཚོགས་ཀྱི་ལུས་རྩལ།……………………………… (608)
ས་བཅད་གཉིས་པ། སློབ་གྲྭའི་ལུས་རྩལ། ………………………………… (610)

ལེའུ་གསུམ་པ། སྨན་བཅོས་འཕྲོད་བསྟེན།………………………………… (611)
ས་བཅད་དང་པོ། སྒྲིག་གཞིའི་སྒྲིག་བཀོད་དང་དོ་དམ། ………………… (611)
ས་བཅད་གཉིས་པ། འཕྲོད་བསྟེན་རིམས་འགོག་དང་ས་གནས་ཀྱི་ནད་རིགས་འགོག་བཅོས།
……………………………………………………………… (619)

ས་བཅད་གསུམ་པ། བུད་མེད་དང་བྱིས་པའི་བདེ་སྲུང་། …………………………… (625)
ས་བཅད་བཞི་པ། སྨན་བཅོས་དང་སྨན་གྱི་སྲིད་དོན། …………………………… (626)
ས་བཅད་ལྔ་པ། སྨན་བཅོས་ལམ་ལུགས། …………………………… (627)
ས་བཅད་དྲུག་པ། བོད་ཀྱི་གསོ་རིག …………………………… (629)

ལེའུ་བཞི་པ། ཚན་རྩལ། …………………………… (630)
ས་བཅད་དང་པོ། སྤྱིག་གཞི། …………………………… (630)
ས་བཅད་གཉིས་པ། ཚན་རྩལ་གྱི་ཁྱབ་བརྡལ་དང་བཀོལ་སྤྱོད། …………………………… (630)

ལེའུ་ལྔ་པ། གནམ་གཤིས། …………………………… (633)
ས་བཅད་དང་པོ། སྤྱིག་གཞི། …………………………… (633)
ས་བཅད་གཉིས་པ། གནམ་གཤིས་ལས་དོན་དང་ཞབས་ཞུ། …………………………… (635)

མི་སྣ། …………………………… (637)
དང་པོ། མི་སྣ་ངོ་སྤྲོད། …………………………… (639)
གཉིས་པ། ངོ་སྤྲོད་མདོར་བསྡུས། …………………………… (640)
གསུམ་པ། རེའུ་མིག …………………………… (645)
བཞི་པ། ཟིན་ཐོ། …………………………… (646)

དོན་ཆེན་ཟིན་ཐོ། …………………………… (649)

ཆེད་དོན། …………………………… (683)
ལྷ་རི་རྫོང་གི་ཕྱུགས་ར་ངོ་སྤྲོད། …………………………… (685)

ཟུར་བཀོད། …………………………… (689)
དང་པོ། ལྷ་རི་རྫོང་གི་ཤང་གྲོལ་རྫལ་དང་དེའི་མངའ་ཁོངས་ཀྱི་ས་མིང་ཟིན་ཐོ།(2010ལོ།)
…………………………… (691)

གཉིས་པ། ལྷ་རི་རྫོང་གི་དགོན་པ་དང་། རི་དང་ཆུ་བོ། མཚོ་བཅས་ཀྱི་མིང་ཐོ། (2010ལོ།) …… (695)

གསུམ་པ། 《ལྷ་རི་རྫོང་གི་ས་ཁྲའི་དཀར་ཆག》 …… (709)

བཞི་པ། ལྷ་རི་རྫོང་གི་རྒྱལ་དམངས་དཔལ་འབྱོར་དང་སྤྱི་ཚོགས་འཕེལ་རྒྱས་ཀྱི་“དགུ་ལྔའི་”འཆར་གཞི་དང་2010ལོའི་ཡུན་རིང་གི་དམིགས་ཡུལ་རྩ་གནད།(1994ལོའི་ཟླ་12པའི་ཚེས་1ཉིན།) …… (717)

ལྔ་པ། ལྷ་རི་རྫོང་གི་རྒྱལ་དམངས་དཔལ་འབྱོར་དང་སྤྱི་ཚོགས་འཕེལ་རྒྱས་ཀྱི་“བཅོ་ལྔའི་”འཆར་གཞི་རྩ་གནད། (2000ལོའི་ཟླ་12པ།) …… (732)

དྲུག་པ། ལྷ་རི་རྫོང་གི་མ་རྐང་འཛུགས་པའི་ཕྱོགས་སྟོན།(2001ལོའི་ཟླ་1པ།) …… (750)

བདུན་པ། ལྷ་རི་རྫོང་གི་རྒྱལ་དམངས་དཔལ་འབྱོར་དང་སྤྱི་ཚོགས་འཕེལ་རྒྱས་ཀྱི་“བཅུ་གཅིག་ལྔའི་”འཆར་བཀོད་རྩ་གནད།(2005ལོའི་ཟླ་2པའི་ཚེས་1ཉིན།) …… (756)

བརྒྱད་པ། 2007ལོའི་ལྷ་རི་རྫོང་སྲིད་གཞུང་གི་བྱ་བའི་སྙན་ཞུ།(2007ལོའི་ཟླ་11པའི་ཚེས་20ཉིན།) …… (776)

འཚོལ་བྱང་། …… (795)

དབྱིན་ཡིག་གི་དཀར་ཆག། …… (812)

རྩོམ་སྒྲིག་གི་མཇུག་བསྡུའི་གཏམ། …… (826)

概　述

一

嘉黎县位于那曲地区东南部，位于东经 91°48′—94°09′、北纬 30°18′—31°11′之间，全县土地面积 13217. 3 平方千米。嘉黎县是拉萨市、林芝地区和昌都地区的交界地，历来是通往卫藏地区的门户。北靠那曲地区比如县，东与昌都地区边坝县毗邻，南部与林芝地区工布江达县相接，西南接壤拉萨市，西北连接那曲县，东南与林芝地区波密县相连，东西长约 310 千米，南北宽约 150 千米。距那曲地区行政公署所在地那曲县 210 千米、自治区首府拉萨市 537 千米。

嘉黎县地处藏北高原东南部，北部为西藏著名山脉——念青唐古拉山东段，西南部为拉萨河上游山地，东南部为念青唐古拉山余脉。全县地势北高南低，西高东低，由西北向东南缓慢倾斜，为藏北高原和藏东高山峡谷的过渡地带。特殊的地理环境和地质构造孕育了嘉黎县丰富的自然资源，县境内矿产资源有金、锌、银、铜、铅、锡、硼砂、水晶、云母等；野生动物资源有羚羊、黄羊、岩羊、盘羊、獾等；野生药材主要有虫草、贝母、大黄、雪莲花、麝香、鹿茸、熊胆等 500 余种。畜牧资源有西藏三大优良牛种之一的“娘亚牛”。

本县西部有终年不化的雪山、星罗棋布的湖泊、风景优美的天然草场；东南部生长着古木参天的原始森林，令人流连忘返的易贡大峡谷，峡谷气候温和、四季分明、雨水充沛、空气湿润、资源丰富，是动物的乐园，珍稀动物种类多达上百种，国家一、二类保护动物有20多种；同时也是植物的王国，有22.8万亩的原始森林，主要树种有松树、柏树、青冈树、杉树、杜鹃树等。县境内有麦地藏布（即拉萨河上游）、苏绒曲、哈仁曲等河流，主要湖泊有江南玉湖、措拉湖、彭措湖等湖泊。

嘉黎县属于高原大陆性气候，从西北向东南变化，差异较大。全县年平均气温为-0.2℃。一月份平均气温-10.5℃，7月份平均气温9.3℃，历年来最高气温为21.3℃，最低气温为-32.5℃，昼夜温差平均为12.8℃，全年相对无霜期为78天，出现在6—7月份，无绝对无霜期。年日照时间为2344.9小时。年降水量为746.9毫米，蒸发量为535.5毫米，降水量主要集中在6—9月份。由于受地势的影响，县西北部几个乡气候寒冷，全年无绝对无霜期，冬季长达半年，年气温在0℃以下，冬春季节多大风降雪天气，是藏北中心降雪地区之一，也是嘉黎冬季易频繁遭受灾害的地区，给牧业生产带来巨大的压力。

南部的忠玉乡①气候温和、四季分明、雨水充沛、空气湿润，山顶是终年不化的白雪，山腰是茂密的森林，山脚下是四季常青的山地，物产丰富，素有“藏北小江南”之称。

北部的麦地卡地区，是藏北高原湿地生态保护区，这一区域海拔大都在4900米以上，完整地保留了高原湿地生态系统，是嘉黎县重要生态保护地。也是众多候鸟和野生动物的家园，很多野生动物在这一区域得到保护和发展，使得嘉黎县北部地区成为拉萨上游重要的水源涵养地和生态屏障。自然风光秀丽独特。嘉黎境内群山巍峨、草原辽阔，水草丰美、禽兽出没，蓝天白雪、绿地静水，空洞灵静、画卷纯美。夏季绿色映帘，冬季银装素裹。碧波荡漾的纳木错湖与白雪皑皑的念青唐古拉山，让人心醉神迷、流连忘返。而围绕麦地卡与念青唐古拉山所发生的故事，世人为之如痴如醉、津津乐道。

---

① 靠近林芝地区波密县，历史传统上属于波密嘎朗第巴势力范围，1962年自治区行政区划调整划归嘉黎县管辖。

二

6—7 世纪初，在吐蕃“十二邦国”时期，嘉黎属于苏毗茹部落。7 世纪中期，雅隆部落崛起，统一青藏高原并建立吐蕃政权。此后嘉黎境内逐渐形成拉日、杂萨、阿扎、秀达等为主的 4 个部落，主要为那琼氏所属地区。在内讧和平民起义的冲击下，吐蕃政权于 9 世纪中期崩溃，西藏进入长达 400 多年的分裂割据时期。在这一时期，嘉黎地区的割据势力主要是当地部落头人，以及宗教割据势力，各部落之间基本上各自为政，外部为宁玛派、噶举派宗教势力所左右。

13 世纪中前期，随着元朝势力在祖国北方兴起，西藏成为蒙古王子兀旭烈等人的封地。1247 年，萨迦班智到达今甘肃省凉州地区与蒙古王子阔端会晤，标志着西藏正式纳入中央政府行政管辖。1268 年，元朝大臣阿贡、弥林到西藏进行户口清查，在此基础上建立西藏十三万户制度，今嘉黎地域属直贡万户管辖。同时，元朝设置通往西藏的交通驿站，嘉黎县拉日成为其中一处重要驿站。

1354 年，帕竹地方政权建立，今嘉黎区域属直贡梯寺管辖，而东部地区由吐蕃政权王室遗留下的嘎朗第巴势力管辖。清朝建立初期，嘉黎区域是蒙古汗王固始汗的势力范围。1717 年准噶尔部侵扰西藏时，准噶尔部在嘉黎境内设伏截断清军粮道，使清军全军覆没。准噶尔部曾短暂控制现嘉黎区域，使嘉黎成为清中央政府与准噶尔部争斗的焦点地区。

1727 年，清朝中央政府确立驻藏大臣制度，嘉黎日益成为川藏大道上重要的驿站，一般由五品同知衔守备率领 120 多名官兵驻守，清兵管理驿站和负责过往官员的生活。清代以来驻守西藏的 178 位驻藏大臣和帮办大臣，都从嘉黎拉日驿站进入工布江达到达拉萨。在平定廓尔喀人入侵西藏时，嘉黎县驿站、粮道发挥了重要作用。辛亥革命后，嘉黎驿站依然是西藏地区联系国内其他地区的重要连接地。

1918 年，西藏地方政府在英帝国主义的支持下，向驻守昌都地区的边军彭日升部发动进攻，挑起了第一次“康藏纠纷”，西藏地方政府接收边军管辖的三十九族地区和嘉黎等地的驿站和粮台，使得部分边军官兵流落在西藏，嘉黎粮台、驿站的官兵逐渐在嘉黎定居，藏、汉结合演绎出民族融合的佳话。民族交往融合源远流长，位于进入拉萨要道上的当雄地区，在民族交往交流交融过程中扮演着重要角色，也是民族交往交流交融的典型实例。

1939 年，国民政府成立西康省，嘉黎县属于西康省建置。由于历史上爆发的康藏纠纷，使得原属于西康省的部分县域今天划归西藏管理，在帝国主义支持下，西康省的行政区划一直只能管理金沙江以东地区，金沙江以西地区实际一直控制在西藏地方政府手中。西康省对嘉黎境内没有实行有效的管辖。

1911 年至西藏和平解放期间，掌管嘉黎事务的是西藏地方政府派遣的拉日宗本。从 1913 年起，尼屋三塘宗隶属于拉日七茹，拉日喇嘛随之也变成拉日七茹首领，西藏地方政府在拉日设宗，下有桑巴、通多、阿扎、拉日郭、同德、许达、乌苏绒、南口珠、古拉 9 个部落。

1950 年 10 月昌都战役爆发，1951 年 1 月 2 日，昌都地区人民解放委员会成立，下辖第一、第二办事处，共管辖昌都等地区的 33 个宗，拉日宗属第二办事处管辖。由昌都解放委员会派出军代表和拉日宗政府宗本及地方势力人物成立宗解放委员会。

1951 年 5 月 23 日，中央人民政府与西藏地方政府签订《中央人民政府和西藏地方政府关于和平解放西藏办法的协议》（简称《十七条协议》），1951 年 8 月 21 日，18 军先遣支队在军副政委王其梅的率领下抵达拉日时，受到拉日人民热烈欢迎，随后人民解放军派出工作人员在拉日等地开展工作，了解当地民情、风俗，地方事务主要由拉日宗政府进行管理。在嘉黎停留一段时间后，在西藏地方政府噶伦阿沛·阿旺晋美的帮助下，18 军先遣支队从嘉黎前往工布江达补充粮草后前往拉萨。足见在当时交通极其闭塞的情况下，嘉黎县在连接卫藏中的重要地位。

1956 年，西藏地方政府设立塔工基巧（相当于地区机构），拉日宗划归塔工基巧管辖。1957 年，按照中央“六年不改”的方针，西藏地方政府照常供职，西藏工委将撤回拉日宗派出的军代表等机构人员。1959 年 3 月 19 日，西藏爆发以地方政府上层反动势力为首的叛乱，3 月 28 日，中央人民政府解散西藏地方政府，在西藏实行民主改革。1959 年 7 月，嘉黎县成立军事管制委员会，12 月 23 日，嘉黎县人民政府成立，隶属于塔工行政公署管辖。1960 年 2 月，塔工行政公署改称林芝行政公署，嘉黎县属林芝行政公署管辖。1964 年 6 月，西藏自治区筹备委员会对全区行政区划进行调整，撤销林芝地区行政公署和所辖的雪巴县，将雪巴县所管辖的尼屋区划归嘉黎县，将那曲县管辖的麦地卡区划归嘉黎县，将墨竹工卡县管辖的色日绒区、巴嘎区划归嘉黎县，嘉黎县人民政府辖 8 个区公所、26 个乡人民政府。同时，嘉黎县划归那曲行政公署管辖。

1966 年至 1976 年 10 月，嘉黎县成立嘉黎县革委会，下辖 8 个区革委会，在全县范围内成立 26 个人民公社。1980 年，按照中央、自治区统一部署，嘉黎县革委会撤销，恢复成立嘉黎县人民政府，各区革委会改称区公所，人民公社改称乡人民政府。1988 年 9 月，在全区撤区并乡工作中，全县的 8 个区和 26 个乡合并为 10 个乡镇。1989 年 9 月，经国务院批准，县人民政府驻地由嘉黎乡迁往阿扎乡。2000 年 5 月，阿扎乡变为镇，2001 年，嘉黎乡与桑前乡合并后成立嘉黎镇。截至 2010 年 12 月，全县有 2 个镇、8 个乡、122 个行政村。

三

历史上，嘉黎县属于纯牧区，生产资料属于西藏地方政府和部落头人、寺院所有，“三大领主”占有生产资料的 95%，许多牧民只能依附部落头人、寺院生活。其命运悲惨、人格低下，更无从谈起掌握自己的命运，只能在“三大领主”的施舍下，过着牛马不如的生活。嘉黎设置的官府机构，只知道剥削广大贫困群众，对社会民生、教育、卫生等事业的发展漠不关心，也没有规划和改善民生的举措。在 1959 年前，嘉黎县的社会各项事业基本上处于停滞状态。

在维护和执行《十七条协议》的艰苦岁月中，嘉黎群众与西藏各族群众认识了党、认识了解放军，逐渐坚定了跟党走的决心。1959 年 3 月，西藏地方政府上层反动集团发动全面武装叛乱，人民解放军奉中央人民政府的命令，平息了叛乱，百万翻身农奴获得了政治、经济上的翻身解放。1959年12月23日，嘉黎县人民政府成立，在党和人民政府的领导下，认真贯彻民主改革的各项方针，在嘉黎县落实贯彻《牧区三十条》，使得广大牧区的牧民分得了牲畜等生产资料。在20世纪60年代，随着社会主义改造的不断深入，嘉黎县的广大人民群众昂首阔步和全区人民一道迈入社会主义新时代。70年代，西藏在党中央和国务院的关怀下，各项事业逐步发展起来，现代教育、卫生事业在古老的嘉黎大地上从无到有，逐步发展。人民群众热爱社会主义、热爱祖国的热情空前高涨，在建设社会主义新西藏的热潮中，嘉黎人民意气风发地谱写了一曲建设嘉黎的壮丽凯歌。

嘉黎县的各项事业在党的领导下逐步发展起来，教育事业在传统寺院教育的基础上慢慢壮大。1960年，嘉黎县人民政府在拉日郭、麦地卡区委、尼屋桑东区各创办一所公办小学。同年，又在阿扎乡、鸽群乡、措多乡各开办一所民办实验小学。在校生158人。之后，群众办学的积极性也不断提高。1967年，由3所民办学校增加到11所民办小学（分别是：阿扎、徐达、村巴、村雄、荣多、桑前、鸽群、德古、同玛、乌苏绒、强姆），学生增加到289名，当时采取民办为主、公办为辅的办学方式，虽然生活条件、学习环境都十分艰苦，教学时间相对较短，但学生学习积极性很高，办学效果明显。1984年统计数据显示：拉日小学、阿扎小学7年内共培养382名学生，陆续参加工作的有66名，任县级干部的2名，区级干部的12名，作家1名，一般干部11名，教师8名，医生2名，工人16名，乡干部5名，在外地工作的有5名，这是全县教育从无到有，发展效果非常明显的一个阶段。1986年以来，国家投入建设资金400多万元，民间集资14万元，教育设施建设有了很大的改善。到2010年，全县有中学1所，完全小学10所，在校生4890人，教师384人，一支基本合格的教育队伍在嘉黎县逐步成长起来。卫生事业的发展也在党和政府的关怀下，逐渐从传统医学转型为现代医学，常见病不用出县就可以得到诊治。到2010年底，全县有县医院1所，开展了妇幼保健、常见病、地方病诊治，有医务人员19人，14个乡镇成立了卫生所。

在民主改革前，嘉黎县没有与外界相通的公路。1959年12月23日，县人民政府成立后，在上级党委、政府的关怀下，嘉黎县的交通事业逐渐发展起来，20世纪60年代中期，修建了到那曲的公路，解决了嘉黎县与外界联系的单一方式。到20世纪90年代，嘉黎县各乡镇基本上都有乡村公路相连，群众的出行问题基本上得到解决。到2010年底，嘉黎县通车里程1115.68公里，基本形成以省道、乡村公路为主的交通网络。

1978年11月，党的十一届三中全会以后，党的工作重心转移到了经济建设发展上来。在党中央、国务院的关怀下，特别是1994年中央召开第三次西藏工作座谈会以后，确立了加快西藏社会经济发展，实行内地省市对口支援西藏的政策，嘉黎县在浙江省湖州市对口援助的大力支持下，中共嘉黎县委、县政府始终坚持以改革为动力，以增加农牧民收入为中心，以深化农牧区发展为目标，以调整产业结构为主线，团结带领全县党员干部群众，进一步解放思想，开拓创新，求实进取，加快传统畜牧业向现代畜牧业转化。进一步落实农牧民五条增收措施，取得可喜的成绩。2003年，全县地方财政收入162.3万元。县农行2003年各类存款余额突破4643万元，全年发放各类贷款4170万元。全县地区生产总值（GDP）7805.29万元，比2002年增加1360.99万元，同比增长21.1%，其中，第一产业增加值3737.29万元，占全县地区生产总值的47.8%，第二产业增加值1056万元，占全县地区生产总值的13.5%，第三产业增加值3012万元，占全县地区生产总值的38.7%。农牧业总产值4893.66万元，比2002年增加776.93万元，同比增长18.77%；全年完成固定资产投资3039.09万元（不含民间投资），比2002年增加90.63万元，同比增长3.1%；截至12月底，牲畜存栏235806头（只、匹），比2002年减少9102头（只、匹），同比减少3.71%；幼畜成活率达到88.64%，大畜死亡率控制在5.12%以内；农业生产取得较好成绩。2003年，农作物播种面积329.69公顷，粮食总产量893.22吨，比2002年增加4.32吨，同比增长0.48%；农牧民人均收入1782.29元，比2002年增长13.2%；人均现金收入1288.29元，比2002年增长59.6%。2003年财政总收入3148.6万元，其中地方财政收入162.3万元（其中税类收入137.7万元，其他收入24.6万元）。嘉黎县邮电通信业也实现迅猛发展，到2003年底，固定电话用户达611户，移动用户536户，电信局共完成营业额79万余元，2003年嘉黎县同时完成“十五”农话工程，解决10个乡镇的通讯问题。2004年全县地区生产总值12445.57万元，比2003年增加4640.28万元（其中第一产业增加值86.87万元，第二产业增加值152.07万元，第三产业增加值4254.66万元，农牧业总产值6218.17元），同比增长56.5%，比2003年增加1324.51万元，同比增长27.06%；截至2004年12月底，牲畜存栏2342万头（只、匹），幼畜存活率达到93.69%，大畜死亡率控制在0.55%；农牧民人均收入1936.65元，比2003年增长444.92元。

2009年，全县地区生产总值26474.89万元，比2008年增加了1166.35万元，同比增长4.6%。其中，第一产业增加值250.1万元，第二产业增加值353.21万元，第三产业增加值563.04万元。农牧业总产值12473.5万元，比2008年增加250.37万元，同比增长20.05%；截至12月底，牧畜存栏21.22万头（只、匹），比2008年减少1.67万头（只、匹），同比减少7.17%，大畜死亡率控制在0.57%；2009年农作物播种面积5119.65亩，粮食总产量730.34吨，比2008年减少55.12吨，同比减少7.02%；农牧民人均收入4235元，比2008年增加385元。2010年，全县地区生产总值28251.11万元，比2009年增加1776.22万元，同比增长6.7%，其中第一产业增加值541.45万元，第二产业增加值133.77万元，第三产业增加值1101万元。农牧业总产值14414.13万元，比2009年增加1940.63万元，同比增长15.56%；截至12月底，牧畜存栏21.49万头（只、匹），比2009年增加0.27万头（只、匹），同比增长1.27%，幼畜存活率达到96.72%，大畜死亡率控制在0.29%；2010年农作物播种面积5120.25亩，粮食总产量755.52吨，比2009年增加25.18吨，同比增长3.45%，农牧民人均收入4806元，比2009年增加571元。

四

21世纪，站在历史的新起点上，以习近平新时代中国特色社会主义思想武装自己，以“治国必治边、治边先稳藏”的战略思想为指引，坚持党的领导，时刻牢记使命，把群众的利益放在第一位，在扶贫攻坚的工作中落实党的富民政策，给人民群众以最大的实惠。

在历史长河中，前人在这里繁衍生息，历尽岁月的沧桑。民主改革以来，嘉黎人民在党和人民政府的正确领导下，从封建农奴制社会跨入社会主义社会，翻身成为国家的主人。全县人民坚持维护祖国统一，反对分裂，加强民族团结，努力建设，狠抓发展，物质文明和精神文明建设取得了辉煌的成就，各项事业发生了翻天覆地的变化，嘉黎大地旧貌换新颜。改革发展的成功实践证明，嘉黎人民只有在祖国的大家庭里，只有在中国共产党的坚强领导下，坚持走中国特色社会主义道路，才有光明的前途；只有坚持四项基本原则，坚持改革开放，社会才能发展，才能实现高质量发展和长治久安。如今嘉黎已成为藏北高原上一颗闪亮的明珠，一个团结、富裕、文明、繁荣昌盛的社会主义现代化新嘉黎，正以全新的姿态矗立在藏北高原上。

第一篇
自然地理

第一章　地质地貌[①]

第一节　地质

嘉黎县境内地质调查始于1952年，由中国科学院西藏工作队地质组李璞等人组织展开。1979年西藏地质矿产局完成了1∶100万拉萨幅区域地质调查，初步确定了县境内的区域地质特征，为后来多个地质单位来嘉黎县境开展地质研究和找矿工作提供了方便，同时，提高了对县境内地质特征的认识。2002—2005年，吉林大学地质调查研究院和西藏地质调查院完成了县境内1∶25万区域地质调查，进一步查明了其地质特征。2001—2010年西藏开展了不同比例的区域地质调查。2003—2005年，西藏自治区地质调查院完成嘉黎县幅，重新认识嘉黎—易贡藏布断裂带的空间展布。

一、地层

嘉黎县的地层系统相对简单，属藏滇地层大区的冈底斯—念青唐古拉地层区。其中以嘉黎断裂带为界，分为两个地层区：北部的班戈—八宿地层分区和南部的拉萨—察隅地层分区。嘉黎县境内地层出露较全，计有下古生界、泥盆系、二叠系、三叠系、侏罗系、白垩系—古近系红层及第四系。

（一）前震旦系

拉萨—察隅地层分区出露的地层包括了前震旦系念青唐古拉岩群、石

① 此篇“自然地理”内容由西藏自治区地质矿产勘查开发局陆浩提供。

炭一二叠系的变质岩和始新统帕那组火山岩。

念青唐古拉岩群分布在嘉黎镇南部和忠玉乡西部，大致呈东西向分布。下部以各种片麻岩为主，主要岩性为深灰色—灰色黑云母斜长片麻岩、浅灰色石榴二云母斜长片麻岩、浅灰色二云母二长片麻岩、灰色二云母斜长片麻岩、浅灰色黑云母二长片麻岩及深灰色黑云母斜长角闪岩。厚度约 5865 米。上部以浅灰色二云母石英片岩、浅灰色蓝晶石石榴石二云母片岩、深灰色糜棱岩化二云母片岩为主，夹灰色片麻状石英二长闪长岩变质侵入岩体。总厚度近 10000 米。根据岩石薄片鉴定和岩石地球化学微量元素化学的综合分析，念青唐古拉群的原岩恢复主要为黏土质岩石、杂砂岩及基性火山岩和碳酸盐岩等，可能属含火山岩的类复理石建造，并伴有二长花岗岩和花岗闪长岩侵入体岩浆活动。根据区域对比，这套岩石的同位素年龄在 2300 百万—1450 百万年，时代为中新元古代。

前奥陶系雷龙库岩组分布在忠玉乡一带。与下伏念青唐古拉岩群断层接触。主要岩性包括：下部以灰色中厚层—薄层状细粒石英岩、灰黄色厚层夹中薄层二云母角闪石英岩、灰色或灰绿色巨厚层—中厚层片理化细粒石英岩为主，夹灰色中厚层中薄层状绿帘黑云角闪粒岩、灰绿色细粒黑云母石英片岩、灰绿色长石石英黑云母千枚片岩及暗绿色变质玄武岩；上部由灰绿色细粒绿泥二云母石英片岩夹灰色中厚层状片理化含黑云母细粒石英岩、灰绿色细粒石榴石黑云母石英片岩、灰色黑云角闪变粒岩组成。总厚度约 4500 米。该岩组变质程度属于低级区域动力变质作用，变质程度为低绿片岩相。其原岩为硅质岩、石英砂岩、细粒石英杂砂岩及细粒 - 粉砂质泥岩。代表了裂谷盆地边缘斜坡浊流沉积环境。该组中夹暗绿色变质玄武岩等钙碱性火山物质，表明沉积期间伴有火山喷发。雷龙库岩组中未见化石，区域对比表明它和波密地区的波密岩群相当，因此其年代应为震旦纪—寒武纪。

（二）石炭—二叠系

县境南部大范围分布上石炭—下二叠统来姑组地层，主要岩性为黑色泥板岩、含砾板岩及砂质板岩。厚度大于 5000 米，可进一步分为上中下三层岩性。其中，下岩性段亦称含砾砂质板岩夹砂质条带状大理岩段，主要岩性由含砾砂质板岩夹长石石英砂岩、中基性火山岩、火山碎屑岩，中常夹有含砂质的碳酸盐岩透镜体层；中岩性段亦称千枚状板岩、千枚岩、夹石英岩、片岩和斜长片麻岩段，主要岩性为千枚状板岩、板状千枚岩，中间夹石英岩、变质长石石英砂岩、变粒岩、石英片岩、云母片岩，有的层段离岩体较近处则变质程度极深，为各种片岩和斜长片麻岩；上岩性段亦称含砾砂质板岩、黑色板岩、千枚岩夹透镜状碳酸盐岩段。该岩段是以含砾的细碎岩为主，如含砾的黑色板岩、砂质板岩等，中间夹有各种粒级和成分的砂岩和碳酸盐岩透镜体。变质后则为板状千枚岩、千枚岩夹各种变质砂岩和变晶的石灰岩。此岩段沉积厚度巨大，多在3000米以上，由于断裂破坏，其中出露层序亦多不完整。含砾板岩是来姑组中重要的标志层。其成因被认为与当时冰川作用导致的冰伐沉积有关。区内采获生物化石数量稀少，并主要产出于第三（上）岩性段内，包括珊瑚化石：反常脊板顶柱珊瑚相似种（*Lophacarinop-hyllumcf. abnormeShi*）、可疑脊板包珊瑚（*Allotropiophyllumsp.*）、可疑满珊瑚（*Plero-phyllumsp.*）、可疑奇壁珊瑚；苔藓虫化石：窄边缘曲囊苔藓虫（*Strelelascoparaangus-timarginalis*Hsia）、普氏来克苔藓虫（*Meekoparapros-seriUlrich*）、最美窗格苔藓虫（*Fenestella pulcherrimaSch.*）、微网形窗格苔藓虫（*F. microretiformisSch.*）、粗角枝苔藓虫相似种等；腕足类化石：粗浅新石燕（新种 *Neospirifercrassotriatus*）、王公小石燕（*Spiriferella rajah*）、喜马拉雅薄缘贝（*Lomnimargushimalayensis*）、永珠珍支贝（新种 *Kochiproductusyongzhuensis Wang*）、帕登狭体贝（*Stenoscismap-urdoni*）等，表明该组中上部的时代为早二叠世。区域对比表明该组下部时代为晚石炭世。

中二叠统洛巴堆组呈东西向条带分布在藏比乡至阿扎镇一线，整合在来姑组之上，为一套沉积厚度较大，但岩性相对单一的碳酸盐岩。下部主要是由灰—青灰色夹浅紫色含燧石结核、条带及团块灰岩、中薄—中厚层状泥晶灰岩夹生屑灰岩及结晶灰岩等组成，其中产皱纹珊瑚和苔藓虫等化石。上部由灰白、浅灰至灰色中厚层状结晶灰岩、白云质灰岩、大理岩组成，局部可夹生屑角砾状灰岩，灰岩的重结晶程度较高。总厚度达2000米以上。其中所产苔藓虫类化石比较丰富，包括：梅奇苔藓虫未定种、双裂笛枝苔藓虫（*FistuliramusbifidusYang et Hsia*）等等；珊瑚类化石包括：修康速壁珊瑚相似种、大型速壁珊瑚（*T. magnum Grabau*）、大型速壁珊瑚厚隔壁新亚种

（*T. magnum crassoseptatum*）、速壁珊瑚未定种等等；腕足类包括：螺旋粗肋贝（*Costiferina spiralis Waagen*）、印度网格贝（*Reticularia indica Waagen*）、无窗贝未定种、洛易锁窗贝（*Cleiothyrina roissyi*）等。未见蜓类化石的踪迹。化石组合特征表明洛巴堆组的时代应为中二叠世的茅口期。

始新统帕那组仅见于绒多乡北西部，为一套由中酸性火山熔岩、火山碎屑岩及少量凝灰质碎屑岩组成的火山岩系。主要岩石类型以高钾中酸性火山熔岩及与其相关的火山碎屑岩为主，如粗安岩、安粗岩、石英粗安岩、英安岩、流纹岩、英安流纹岩等；与其相关的火山碎屑岩有粗安质—安粗质—英安质—流纹质的熔结凝灰岩、岩屑—晶屑凝灰岩、角砾凝灰岩和熔岩凝灰岩等；其中还有少量中性熔岩，如安山岩、玄武安山岩、英安安山岩及粒度较粗的凝灰质砂砾岩等夹层，它们在层位上成分不等地构成了多个从溢流相至爆发相的火山旋回岩系。县境内该组不整合在来姑组之上，其中未采获化石，同位素年龄在48.0百万—36.5百万年。

（三）侏罗系

侏罗系仅出露于班戈—八宿地层分区。出露的地层包括中侏罗统桑卡拉佣组和马里组、中—上侏罗统拉贡塘组、下白垩统多尼组，以及上白垩统竞柱山组。

中侏罗统马里组 在鸽群乡、嘉黎镇及藏比乡等地，呈断片产出，为一套以灰、浅灰色为主的杂色碎屑岩，下包括紫红色石英砂岩、浅灰色砂岩和含砾砂岩、灰色砂岩夹粉砂岩等，厚度大于200米。属一套滨海相—海陆交互相沉积。其中产海相双壳类和腕足类等化石，其时代大致为中侏罗世期。

中侏罗统桑卡拉佣组 亦见于嘉黎断裂带中，为一套浅灰、灰、青灰至深灰色泥晶灰岩、泥晶生物碎屑灰岩、砾屑灰岩、砂屑亮晶灰岩夹钙质粉砂岩和褐红色厚层砾岩，厚度可达2000米。属滨—浅海碳酸盐台地和斜坡相等浅水环境下的沉积。整合覆盖在马里组之上，其中产腕足类（*Monsardithyrisyrisvantricosa*，*Sphaeroidothyrislenthayensis*，*Pseudotobithyrisplowerstockensis*，*Cereithyris intermedia*，*Epithyrisoxonica*，*Dorsoplicathyris*sp.，*Kutchithyrisjooraensis*，*K. pinqua*，*K. lingularis*，*K. degensis*）和双壳类［*Lophaqamsimdoensis*，*Chlamys*（*Radulopecten*）*baimaensis*，*Pseudotraziumcordiforme*，*Prono-*

ellasp.］等化石，其时代为中侏罗世期。

中—上侏罗统拉贡塘组　是县境北部主要分布的地层。从下向上可分为三段。其中，下岩性段亦称砂岩和灰岩互层夹泥岩段，主要由灰色—青灰色中细粒石英砂岩夹粗粒长石石英砂岩与青灰色微晶灰岩、泥晶灰岩和角砾状微晶灰岩成互层，下部夹数层灰黑色粉砂质泥岩、碳质泥岩组成。局部夹有中性火山岩，岩性主要为浅灰色角闪安山色岩屑晶屑火山角砾凝灰岩、灰色蚀变岩屑凝灰质火山角砾岩等。岩石化学元素分析表明这些火山岩属钙碱性火山岩，形成于大陆边缘火山弧环境；中岩性段亦称砂岩、含砾砂岩夹粉砂岩段，主要由灰、浅灰和灰白色中薄层状细—粗粒石英砂岩、长石石英砂岩，含砾砂岩夹砾岩、粉砂岩和少量泥岩组成，部分地段具有深水浊积岩特征，发育鲍层序，属远离源区的末端浊流沉积；上岩性段为一套以浅灰至灰黑色为主夹有紫红色岩屑砂岩、含砾长石石英砂岩、石英砂岩夹粉砂岩及泥晶灰岩、生屑泥质灰岩与生屑灰岩层。该组为浅海相—潮坪相的沉积建造，局部见深水陆棚相沉积。总厚度在3000米以上。岩石普遍发生了轻微变质。该组整合覆盖在桑卡拉佣组之上。在县境内均未采集到可供鉴定以确定地层层位或时代的生物化石，仅在结晶灰岩中发现苔藓虫、锥石等化石。根据区域对比，其时代归入中—晚侏罗世。

下白垩统多尼组　为一套暗色绢云母千枚板岩、浅灰色细碎屑岩组合。根据岩性特征分上、下两段。其中，上段底界以浅灰色绢云母千枚板岩为标志，与下伏拉贡塘组呈整合接触；下部以灰黑色绢云母千枚岩为主，夹深灰色薄层—中层状岩屑石英杂砂岩、深灰色薄层状岩屑石英杂砂岩、暗灰色薄层状细粒石英砂岩。上部以灰黑色粉砂质绢云母千枚岩为主，夹灰绿色薄层中层状细粒石英砂岩，灰绿色薄层细粒石英杂砂岩、灰绿色中薄层长石石英砂岩。下段底部由灰色薄层泥质粉砂岩、灰绿色薄层粉砂岩、灰色、灰白色中薄层—中厚层细粒岩屑石英砂岩组成；上部以灰色中厚层细粒岩屑石英砂岩与灰色薄层泥质粉砂岩及灰黑色含粉砂绢云母千枚板岩韵律式互层为特征。垂直向上呈不等厚重复出现。具低角度斜层理、平行层理、脉状层理，波痕发育。该组以三角洲相沉积为主，最大厚度超过6000米。以植物群（*Scleropteris* cf. *tibeticaCladophlebis* cf. *browniana Ptilophyllum* cf. *boreale*）组合带为特征，以真蕨类、苏铁类占主要地位，缺乏银杏类，亦产菊石（*Berriasella*）化石，时代属早白垩世。

上白垩统竞柱山组 该地层在县境内分布局限，仅以断块残片形式出露于纳木错—嘉黎断裂带内，无顶部和底部，出露的地层仅为竞柱山组地层中间的一部分。岩性以杂色粗屑岩系为主，夹有大量中酸性火山岩。该组在县境内没发现化石，根据区域对比，确定其时代为上白垩统。

（四）第四系

县境内第四系发育，可分为中更新统、上更新统和全新统及多种成因类型。其中，中更新统分为冰碛物和河流冲积物。其中冰碛物零星出露于海拔4500米以上的山脊或山坡上。地貌上常表现为底碛丘陵、终碛垄等垄岗状地形，岩性主要为灰黄色、土黄色泥质砂砾石、卵石、漂砾层，分选性极差，磨圆度以尖棱角状为主，无层理。厚度不详。河流冲积物主要见于县境内主干河流的高级阶地上，沿河谷呈条带状分布，如县境西部的麦地藏布河潘果河段等。该阶地为麦地藏布河上的Ⅷ级基座阶地，其上堆积物的上部为含砾砂层，含植物根系，厚0.5米。下部为一套厚度大于2.5米的冲积砂砾石层，砾石呈圆状和次圆状，具有明显的倾向河流上游的定向排列（叠瓦状排列）。砾石成分较复杂，主要见有砂岩、石英岩、板岩、含砾砂岩、花岗闪长岩和黑云母花岗岩等。砾石砾径一般为20—30厘米，最大砾径50厘米。该套堆积未见有层理，松散透水，亦未见二元结构，为一套河床相砂砾石和砾石堆积。其热释光年龄值为176.21±14.95千年，为中更新世晚期堆积。

上更新统可分为三类，即沉积物、灰色砾石及砂砾层和冰碛物。其中，沉积物为泛湖期的河湖相碎屑沉积物，包括湖相的浅灰色的较细的黏土及粉砂层，产状平缓，厚度大于40米，表面平均海拔高度为4500米左右。灰色砾石及砂砾层是分布在主要河流高阶地上的河流相的灰色砾石及砂砾层。砾石成分复杂，砾径5—50毫米，磨圆度较好，分选性中等，产状平缓，厚度大于20米，一般高出湖面45—100米，海拔4500—4550米。其热释光年龄值为19千—38千年，为中更新世晚期堆积。冰碛物分布高山上，主要分布在大型现代冰川U形谷下端及部分无现代冰川的U形谷中，往往为保存完好的侧碛垄、中碛垄或底碛丘陵等冰碛地貌。其主要物质为灰黄色、土黄色泥质砂砾石、卵石、漂砾层等，漂砾上可见到冰川擦痕，分选性极差，磨圆度以尖棱角状为主，无层理。厚度不详。

全新统为松散堆积物。成因较复杂，包括冲积、洪积、残坡积、湖积、泥沼堆积、泉华堆积、冰碛物和冰水堆积等。其中，冲积主要沿河床及河漫滩分布。多发育河流二元结构，下部为河床砂砾石层，上部为河漫滩细砂、粉砂等。洪积分布在主干河流二、三级支流及山麓沟口地带，形成洪积扇。扇顶面高出河水面 1—15 米，由砾石、砂土组成。砾石磨圆度中等，分选差，大小混杂；残坡积沿山坡分布，为物理风化作用产物，通常为棱角状大小不一的岩块及碎石堆。湖积分布在县境各大湖区及干流区，包括湖漫滩。为砂砾石及泥质沉积物，高出现在湖面一般为 50 米左右。泥沼堆积分布在湖区、河流谷地等低洼地带，发育灰黑色泥炭、腐殖质，多生长草地，植物根系较发育。泉华堆积多呈平台状，高出河水面 5 米左右，面积几十平方米，由泉华及钙华组成，颜色发白。冰碛物主要分布在海拔高度大于 5500 米以上的山区，组成的冰碛地貌主要有尾碛垄、侧积垄和中碛垄。冰碛物以砾石和砂砾石为主，砾径大小悬殊，含有漂砾，分选差，具有一定的压实，不透水，磨圆程度差别大，无明显的层理，具有冰冻风化等特点。各沟谷冰碛物的岩矿成分差异较大：在海拔 4800—5500 米的各坡上普遍分布冰水堆积物，在冰碛物下游的谷坡地带成排分布冰水扇。冰水堆积物的岩矿成分主要取决于沟谷上游基岩或冰碛物的岩矿成分，岩矿成分差别较大。其热释光年龄或碳 14 年龄值一般在 12 千年以内。

二、岩浆岩

县境位于念青唐古拉构造岩浆带上，岩浆活动强烈而复杂，包括了六期火山岩和三期侵入岩，以及一套蛇绿岩。其中侵入岩体大多呈东西向展布，明显受到嘉黎断裂带的控制。

（一）火山岩

前震旦纪变质基性火山岩（念青唐古拉岩群），在元古界念青唐古拉岩群中的下部变质岩层中，夹有深灰色斜长角闪岩等，原岩恢复表明为基性火山岩。分析表明原岩应为洋中脊拉斑玄武岩。

震旦—寒武纪变质基性火山岩（雷龙库岩组）为雷龙库岩组中的夹层，岩性为暗绿色变质玄武岩等，产于细粒石英岩和长石石英黑云母千枚片岩之间。岩石化学分析表明为钙碱性火山岩，具岛弧火山岩特征，应形成于岛弧环境。

中二叠世火山岩（洛巴堆组）。二叠系洛巴堆组三段存在少量火山岩夹层，包括多种火山岩相的不同岩石类型。溢流相的玄武安山岩、爆发空落相的绿帘绿泥石化辉石安山质凝灰岩，喷发沉积相绿泥方解石化凝灰质砂岩。

中晚侏罗世火山岩（拉贡塘组）均呈拉贡塘组中的夹层产出，出露最大厚度可达3300米。火山活动方式具有爆发→喷溢→沉积的喷发特征，主体为爆发相。岩石类型有安山岩、安山质火山角砾岩、凝灰岩等。岩石化学分析表明属钙碱性岩石系列，形成于陆缘火山弧环境。

晚白垩世火山岩（竞柱山组）为竞柱山组紫红色碎屑岩中的夹层，仅分布在藏比乡一带的嘉黎断裂带中。火山岩呈层状、似层状产出，主要岩石类型有安山岩、流纹岩、石英粗安岩、英安岩。岩石化学分析表明属钙碱性岩石系列，形成于陆缘火山弧环境。

始新世火山岩（帕那组）分布在绒多乡北西部，岩石类型较复杂，主要有玄武岩、安山岩、石英、粗安岩、流纹岩以及相应的火山碎屑岩类。岩石化学分析表明属钙碱性岩石系列，具板内玄武岩特征，分析表明应属碰撞造山构造环境的产物。

（二）侵入岩

晚三叠世超镁铁质—镁铁质岩呈一系列透镜状的小型断片断续分布在嘉黎断裂带内，与带内的中上侏罗统拉贡塘组岩层呈断层接触。主要的岩石类型有蛇纹石化纯橄岩、方辉橄榄岩、单辉橄榄岩、橄辉岩和辉长岩等，未发现玄武岩和硅质岩。因此亦被认为是发育不全的蛇绿岩。这套岩石均发生了强烈的蛇纹石化、滑石化等，各类岩石经断裂构造改造，原生构造已不保存，呈数平方米至数百平方米的小型岩块混杂堆积。岩块表面多呈碎裂状，各种擦痕、镜面等错动构造十分发育。经测定，同位素年龄为218.2±4.6百万年，表明这套蛇绿岩形成于晚三叠世。岩石化学分析表明这套岩石贫硅，贫碱，而富铁、镁、钙。三氧化二铝（Al_2O_3）的含量不稳定。按照残余地幔岩的方辉橄榄岩、单辉橄榄岩到堆积的橄长岩、辉长岩的组合，它们的化学成分发生有规律的变化，即二氧化硅、三氧化二铝、氧化钙、氧化二钾（K_2O）、氧化二钠（Na_2O）的含量逐渐增加，而氧化铁、氧化镁的含量逐渐减少，具有明显的岩浆结晶分异演化趋势。而岩石的稀土分配及微量元素特征等表明其原岩应为亏损地幔岩，构造环境属岛弧拉斑玄武岩类，可能系小洋盆底的洋壳碎片，原岩可能来源于亏损地幔岩。

县境内仅出露晚侏罗世花岗岩，分布在嘉黎断裂带南侧的措多乡一带。岩体多呈岩基状产出，北东东向延伸，东西向延伸长度可达 80 千米。岩体侵入于石炭—二叠系来姑组变质地层中，部分岩体又被后期的花岗岩侵入。岩石类型较简单，主要有巨斑黑云母花岗岩、二云母花岗岩和二长花岗岩。同位素年龄为 140 百万年左右。岩石化学分析为钙碱性花岗岩，具有同碰撞花岗岩和板内花岗岩的两重性质，分析表明应和沿嘉黎断裂带发生的陆内汇聚作用有关。

早白垩世花岗岩沿嘉黎断裂带两侧呈串珠状分布，构成一条近东西向的构造岩浆带。其中岩体多呈出露面积均在 100 平方千米以上的岩基状岩株状产出，其次呈岩株状产出。嘉黎断裂带以南侵入于石炭—二叠系来姑组岩层中，而以北侵入在侏罗系拉贡塘组岩层中。主要岩石类型有含石榴石二云母花岗岩、含石榴石二长花岗岩、巨斑黑云母花岗岩及斑状花岗闪长岩等。岩石化学分析表明为钙碱性岩石系列，具有过铝质的同碰撞花岗岩和板内花岗岩的特征，应属碰撞花岗岩，其成因应与区域陆内汇聚作用过程中的地壳熔融作用有关。同位素年代为 117 百万—128 百万年。

晚白垩世花岗岩亦沿嘉黎断裂带两侧呈串珠状分布，构成一条近东西向的构造岩浆带，分布范围大于早白垩世花岗岩。其中岩体亦多呈出露面积均在 100 平方千米以上的岩基状岩株状产出，其次呈岩株状产出。主要岩石类型有花岗闪长岩、钾长花岗岩、巨斑黑云母花岗岩、含斑（或斑状）黑云母花岗岩及二云母花岗岩。其同位素年代为 68 百万—90 百万年。

三、构造

县境地质构造分区位于冈底斯陆块中，地质构造总体相对简单，北部属比如盆地的一部分，南部属念青唐古拉断隆的一部分，二者之间由嘉黎断裂带分隔。

（一）比如盆地

又称那曲—洛隆褶皱带，是发育在冈底斯陆块北东部的一个中生代上叠盆地，曾被称为班戈—倾多拉退化弧、那曲—沙丁盆地等名称。该盆地分布在班怒结合带和嘉黎断裂带之间，盆地内主体地层由中侏罗统马里组、桑卡拉佣组、中上侏罗统拉贡塘组和下白垩统多尼组组成，总体构成了一个复式向斜。其中，中侏罗世为由山麓洪积扇—河流相—陆棚碎屑岩相—碳酸盐台地相的沉积建造；中晚侏罗世为灰色—灰黑色浊积岩的盆地沉积；早白垩世为含煤滨海沼泽碎屑沉积，岩层总厚度超过10000米。由于马里组岩层不整合在班怒带东段的蛇绿混杂岩之上，表明这一盆地应是班公湖—怒江洋东段关闭后形成的断陷型上叠盆地。根据盆地边缘出露的地层分析，该盆地的下部应是三叠系孟阿雄组和前石炭系嘉玉桥岩组。盆地中可见大量早白垩世、晚白垩世和新近纪的花岗岩侵入，尤其是盆地南部。它们共同构成了念青唐古拉构造岩浆带的北亚带。县境内仅涉及比如盆地南部的一部分，其中近东西向的褶皱断裂十分发育。

（二）念青唐古拉断隆带

念青唐古拉断隆带位于嘉黎断裂带南侧，曾被称为念青唐古拉弧背断隆、旁多地体等名称。由于其上缺乏中生代沉积，因此这是一条中生代隆起的造山带，由一系列近东西向的断片所组成，包括前震旦系念青唐古拉岩群、震旦—寒武系松多岩群（包括雷龙库岩组、马布库岩组和岔萨岗岩组），以及下石炭统诺错组、上石炭统—下二叠统来姑组和中二叠统洛巴堆组等地层组成的断片。这些地层中几乎均见火山岩层，表明这一地区一直有火山作用发生，最后是始新统帕那组火山岩不整合覆盖了这些断片。从沉积记录分析，从晚二叠世开始，县境南部就已脱离海洋环境。境内亦见大量侵入岩体，总体构成了念青唐古拉构造岩浆带的南亚带。同位素年龄测定表明这一构造岩浆带中侵入体的侵入时代包括早泥盆世、早二叠世、晚三叠世、早—中—晚侏罗世、早—晚白垩世、古—始新世和中新世等。县境内仅涉及念青唐古拉断隆带北部的一部分，其中近东西向的断裂和次级褶皱亦十分发育。

（三）嘉黎断裂带

嘉黎断裂在区域上又被称为拉果错—纳木错—嘉黎—八宿断裂带，为冈底斯陆块中最重要的断裂带之一，在西藏境内延伸长达1500千米以上。其中，西段呈近东西向延伸，东段从八宿县开始转为向东方向延伸。县境仅出露中段（嘉黎段）的一部分。该断裂带由一系列近东西向的次级断裂和破碎带构成，宽度在数千米至十余千米不等。断裂带中的岩层均发生不同程度的变形变质，亦见一系列呈串珠状分布的基性超基性岩断片，被认为古洋壳的一部分。

嘉黎断裂表现为分隔两侧重磁场的显著界线，断裂以北磁场相当平静，断裂以南由岩体引起的磁异常发育，明显高于北侧（500—1000毫欧姆）。亚东—格尔木大断面大地电磁测深研究成果显示，该断裂为一条直抵莫霍面的岩石圈断裂，其南北两侧的岩石圈壳内上下低阻层有错断，存在着贯穿两个低阻层的垂直电性差异，且其南侧上地幔低阻层上隆，岩石圈厚度显著减薄，仅110千米。表明该断裂南北应分属不同的岩石圈块体。

嘉黎断裂带有着悠久而复杂的演化历史。这条断裂在晚三叠世曾发展成一个小洋盆，其中的古洋壳碎片成了后来断裂带中的蛇绿岩。侏罗—白垩纪时又为一条控盆断裂，直接控制了北部比如盆地的形成、发展和关闭。在新生代随着南部新特提斯洋的关闭，嘉黎断裂带又发展成一条断面南倾的叠瓦状推覆构造带，使南部的念青唐古拉断隆的古生代地层推覆到北侧比如盆地的侏罗系之上，同时还具有明显的右行走滑特征。悠久而复杂的构造变形历史造成断层带内的变形亦极复杂，部分地段表现为愈合性的挤压透镜体和密集的劈理化和片理化带，部分地段发育有断层泥砾带，部分地段甚至出现了宽约700米的韧性变形带。对断层带内断层泥采用热释光技术测年，所获年龄为86.02±7.31百万年，表明断层在晚更新世时仍有活动。

四、地质演化

嘉黎县境内地质演化历史较复杂。据综合区域地质资料，地质演化过程可大致划分为5个主要构造演化阶段，即前特提斯时代（元古界—寒武纪）、原特提斯演化阶段（奥陶纪—泥盆纪）、古特提斯演化阶段（石炭纪—中三叠世）、新特提斯演化阶段（晚三叠世—白垩纪）、高原碰撞造山与隆升阶段（新生代）等。

（一）前特提斯时代

元古界—寒武纪，约5亿年前。县境所在的冈底斯—念青唐古拉陆块形成了两层基底：一是在元古代形成了前震旦纪的结晶基底（念青唐古拉岩群变质岩）；二是在震旦—寒武纪形成的松多岩群变质岩（包括雷龙库岩组、马布库岩组和岔萨岗岩组等）。两套地层均属大致稳定的陆表海沉积的岩层，其中夹有少量的基性火山岩。经过沉积后的多期构造运动改造，尤其是泛非构造运动的改造，最终形成这种双层式的泛非型变质基底。

（二）原特提斯演化阶段

即奥陶纪—泥盆纪，距今5亿—3.6亿年前。县境所在的冈底斯—念青唐古拉陆块此时属冈瓦纳古陆的一部分。县境南部未见此期间的沉积，可能当时处于古陆状态，但北部比如盆地的变质基底—前石炭系嘉玉桥岩组应该是这一时期的沉积物。

（三）古特提斯演化阶段

即石炭纪—中三叠世，距今3.6亿—2.3亿年。此时期县境南部处于水下，沉积了上石炭统下二叠统来姑组和中二叠统洛巴堆组的岩层，属基本正常的陆缘海沉积。北部由于未见相关地层出露，情况不明。晚二叠世—中三叠世，县境南部应处于古陆状态，沉积缺失；县境北部由于未见相关地层出露，情况不明。这一时期，应是冈底斯陆块等古陆块准备从冈瓦纳古陆上裂离的时期，地裂活动较强烈，区域上基性火山岩发育。

（四）新特提斯演化阶段

即晚三叠世—晚白垩纪，距今2.3亿—0.65亿年前，是县境内地质演化最为复杂的时期。在晚三叠世基梅里古大陆块从冈瓦纳古陆上裂离出来，并一路北进，同时在北进途中进一步裂离，形成南羌塘陆块、冈底斯陆块、伊朗陆块等多个大陆碎块。而南羌塘陆块和冈底斯陆块之间由于裂离作用开始形成了一个次生洋：中特提斯洋（亦被称为班怒洋）。在此期间，县境所在的冈底斯陆块亦发生分裂，嘉黎断裂带张裂并逐步发展成小洋盆，嘉黎断裂带中出露的蛇绿岩就是这个小洋盆的洋壳碎块。根据断裂南部侏罗纪花岗岩的构造属性，此洋盆最终关闭的时间应该是中侏罗世。此时县境南部缺失沉积，应为古陆；而县境北部则下陷成为冈底斯陆块北东部的陆缘盆地，其中沉积了孟阿雄组，它构成了中生代比如盆地的底层。

在侏罗纪—早白垩世，北部的比如盆地继续下陷接受沉积，堆积了巨厚的下中侏罗统希湖群（县境内未出露）、中侏罗统马里组和桑卡拉佣组、中上侏罗统拉贡塘组、下白垩统多尼组等地层沉积。县境南部为古陆环境，沉积缺失。在此期间，中特提斯洋（班怒洋）逐步关闭，比如盆地亦逐步萎缩。到早白垩世末期，随着中特提斯洋的彻底关闭，冈底斯陆块因此成为欧亚大陆南缘的一部分，陆块上的比如盆地消失，海水从此退出县境。这一事件称为班怒运动。晚白垩世沿着嘉黎断裂带堆积了上二叠统竞柱山组的红色磨拉石建造，其中火山岩发育。

在这一时期，县境内尤其是沿着嘉黎断裂带两侧，中酸性岩浆活动十分强烈。念青唐古拉构造岩浆带因此逐步形成。

在晚白垩世，位于南半球的冈瓦纳古陆全面分裂，其中印度板块快速北上。晚白垩世末期，印度板块和欧亚大陆开始碰撞，雅鲁藏布新特提斯洋关闭，雅鲁藏布蛇绿混杂岩带形成，喜马拉雅运动爆发，西藏地壳成为一体。

（五）高原碰撞造山与隆升阶段

即新生代，0.65 亿年前至今。在古新世随着印度板块和欧亚板块之间持续的碰撞造山作用，冈底斯陆块遭到强烈挤压，县境所在的念青唐古拉断隆逐渐发展成叠瓦状推覆构造带而强烈缩短，并沿着嘉黎断裂带推覆到北部的比如盆地之上。强烈的挤压作用造成比如盆地亦强烈收缩，逐步发展成为褶皱断裂带。在始新世随着冈底斯陆块地壳的缩短增厚，在冈底斯陆块南缘发生强烈的火山活动和壳幔混源的花岗岩侵位，形成规模巨大的南冈底斯火山—岩浆岩带。县境内的帕那组中酸性火山岩就是这一时期的产物。未见中新世沉积物，根据区域环境特征，已进入高原环境。自上新世末以来，伴随全球气候变化，高原继续隆升，且出现多次大范围的冰川活动和间冰期冰川消融、退缩等活动，堆积了冰川、冰水等类型沉积。县境内高山地区出现的中更新世—全新世的多期冰川堆积就是这类沉积。其中，在第四纪随着现代的雅鲁藏布江开始出现，雅鲁藏布江的两条支流麦地藏布和易贡藏布通过向源侵蚀进入县境，最终形成县境内高原高山河谷地貌。自全新世晚期随着印度板块的继续北进，其地壳继续遭受由南向北的推挤力，形成以嘉黎断裂带为主的新构造断裂系，地震活动和地热活动仍十分强烈。

第二节 矿产

嘉黎县矿产资源丰富，目前已探明的矿种主要有铅、锌、铜、金、银、水晶等矿产。非金属矿产5种：水晶、白云石、盐、硼砂、地热等。

一、龙玛拉铅锌矿

位于嘉黎县绒多乡境内，面积1.5平方千米，交通方便。矿床赋存于晚石炭—早二叠世来姑组三段变质石英砂岩、角岩化粉砂岩夹结晶灰岩、大理岩及中二叠世洛巴堆组灰白色大理岩和变石英砂岩、角岩化粉砂岩、角岩化凝灰质粉砂岩及卡岩内。矿区圈出铅锌矿体5个，磁铁矿体6个，共11个。矿体平均品位为64.5%，铜为1.82%，锌为4.73%，银为242.54克/吨。其中，银矿规模为中型，铅、锌、铜为小型。

二、蒙亚阿铅锌矿

位于嘉黎县绒多乡境内，面积77.91平方千米。矿体主要赋存于晚石炭纪—早二叠纪来姑组不同的岩性段当中。矿区断裂构造是矿区主要导矿和容矿空间，共发现26个大小不等的矿（化）体（群）及矿转石分布区。矿体品位铅为0.30%—27.62%，锌为0.50%—32.62%，铜为0.01%—2.38%，银为1.80克/吨。锌矿床规模达中型，铅为小型。成因类型以矽卡岩型为主，可能存在热液充填或喷流改造型矿床。

三、地热

嘉黎县境内温泉7处，各处温泉的水温在9℃—52℃，可浴可饮，含有丰富的矿物质和多种微量元素，至2010年尚未开发。1975年中国科学院青藏高原综合科学考察队藏北分队作了较详细的调查。

（一）绒多温泉

又名“色日荣温泉”，位于绒多乡政府驻地色日荣村南1千米处，海拔4380米，当地群众常年在此洗浴。

（二）崔绝果微温泉

位于措麦乡崔绝果村南2千米处，即弄曲右岸，海拔4580米。泉区为300×30米的微温水沼泽，温度仅9℃，沿泽水面多处冒泡。沼泽内水草丰茂，小鱼小蛙等嬉戏其中。围岩为黑色点板岩。

（三）弄查卡热泉

位于措麦乡南牧点寒郎东北2千米处，在弄曲右岸边，海拔4650米。泉水出自岩石滩。有可见流量的泉口两眼，分别为52℃和45℃，总流量仅0.2升/秒，泉水直接流入弄曲。砾石上有盐霜而无其他钙类淀积。泉口附近有一人工挖成的作露天浴的小坑。围岩为黑色板岩。

（四）阿布穷低温温泉

位于嘉黎乡西阿布穷村阿雄沟两侧，海拔4500米。泉区沿河两岸近南北向延伸约160米。在拔河约10米的岸边有大面积棕黄色且多含泥沙的钙华台地。现代泉水活动主要出现在阿雄曲左岸，位于最北端的12×10米的温水沼泽，水温24℃，流量3升/秒。沼泽地以南有5×5米放气地面，地面上的泉眼温度为18℃。顶面拔河十米余的一片泉华台地与沼泽毗邻。台地上有3×1.5米和2×1.5米的两个泉坑。大量气体外逸使大坑泉水翻涌不已，坑底为黑色泥，水色浑浊，溢流量0.2升/秒；其中小坑33℃，流量0.3升/秒。泉坑附近亦有两片6×6米的气地面，地面上的气眼温度为20℃。泉华台地以南50米的阿雄曲岸边尚有一温度为30℃、流量为0.5升/秒的泉口。阿雄曲右岸与左岸泉区相对处亦有大面积泉华台地。左岸泉区的基岩露头为深灰色泥质板岩，泉水即沿此基岩的裂隙流出。

（五）德窝弄低温温泉

又称“丁屋落角低温温泉”“达隆低温温泉”，位于嘉黎乡东南2千米处，地处乌树弄曲与松曲汇合口南侧、乌树弄曲西岸山坡下，松曲右侧一支沟德窝弄东侧200米，海拔4320米。泉水涌自拔河约4米的一长达12米的大裂隙，裂隙的走向为南东向130°，水温21℃，涌水量60升/秒，向东流60米后汇入乌树弄曲。径流过处形成10米宽的温水溪，溪内水草丰茂，四季常青。冬季流水山谷内白雾弥漫，使注入温水的乌树弄曲有几千米河段冬季不封冻。紧邻泉区的山坡上出露互层状片岩和大理岩，岩层倾角近75°。泉口上方有一片厚达8米,且呈水平状的老泉华体。泉口东南侧有一片30×20米的草甸，由于受到泉水的滋润和略高地温的作用，亦是四季常青。

（六）忠玉泉

又称“中玉温泉、尼屋温泉”，位于忠玉乡政府驻地东3千米处，海拔3260米，为热泉。

（七）擦曲卡温泉

位于鸽群乡境擦曲卡村，在乡驻地通德村东16.5千米，地处同多隆巴沟北侧，是历史上川藏驿道上的名泉擦曲卡，过往行人经常在此洗澡，其温度42℃左右。

第三节　地貌

嘉黎县位于藏北高原东南部，即藏北高原向藏东高山峡谷区的过渡地带，属于中念青唐古拉极大起伏极高山区。地貌类型较多，既有高原、高山、湖盆、峡谷，也有冰川冰缘地貌、宽谷等地貌类型。按地貌区划属藏南山原湖盆谷地区，藏东南山地河谷亚区。地势由西北向东南缓慢倾斜。

一、念青唐古拉山系

念青唐古拉山是冈底斯山脉向东延伸的山脉，西起东经90°麻江以北海拔7048米的穷母岗日峰，向东作弧形弯曲展布到东经97°然乌以北的安久拉山为止，长度为740千米左右。整个念青唐古拉山脉西段高于东段，超过海拔7000米的4座高峰均位于羊八井—当雄一段。山脉方向转折的顶部，嘉黎以北亦有一高峰海拔6956米。与之相对，在嘉黎之南另有一海拔达6870米的高峰，为念青唐古拉山的第六高峰，为嘉黎县最高峰。念青唐古拉山脉共有现代冰川 2905 条，面积 5898 平方千米，是地球上中低纬度地区最强大的冰川作用中心之一。念青唐古拉山脉是燕山运动（主要是褶皱断裂和岩浆侵入）以后形成的，称褶皱山。但喜马拉雅运动时期，面貌发生了巨大的变化。由海拔极低的山间（山前）盆地或滨海低地跃升为海拔 3500 米以上的山脊。念青唐古拉山脉西接冈底斯山，向东北延伸，至那曲附近又随北西向的断裂带而呈弧形拐弯折向东南，接入横断山脉。念青唐古山脉贯穿县境，嘉黎县即地处念青唐古拉山脉向北凸出弧形的弧顶部位，山系纵横，高峰众多，据不完全统计，海拔 5000 米以上的山峰及山口 200 余座，详见表 1－1－1。

嘉黎县海拔 5000 米以上山峰及山口统计表

表 1－1－1

所在乡名	山（山口）名	山（山口）藏文名	海拔（米）
阿扎乡	阿果果	ཨ་འགོ་འགོ།	5618
	阿角果	ཨ་ཀྱུག་འགོ།	5590
	错尼	མཚོ་ཉིན།	5410
	扎多	བྲག་བརྡོལ།	5454
	敞宁	འཕྲང་གཉིས།	5294
	扎日阿	བྲག་རིགས་ལྔ།	5460
	次仁玉珍	ཚེ་རིང་གཡུ་སྒྲོན།	5924
	扎索尔鲁赞	བྲག་ཟོར་ཀླུ་བཙན།	6456
	登木雀孜	ལྡེམ་མཆོད་རྗེ།	5686
	加萨	བརྒྱ་ས།	5114
	嘎波董孜	དཀར་པོ་མདྲང་རྗེ།	5500
	康色	ཁམ་བསེ།	5262
	岗布孜	གངས་འབུར་རྗེ།	5405
	满者查秀	མཧ་ཏལ་ཁྲ་སྟོག	5344

续表 1

所在乡名	山（山口）名	山（山口）藏文名	海拔（米）
阿扎乡	门琼日孜	སྨན་ཚུང་རི་རྩེ།	5430
	木纳木却莫	མུ་ནམ་ཇོ་མོ།	6264
	布拉	བུ་ལྷ།	5183
	澎波孜	འབེན་པོ་རྩེ།	5323
	日顾扎孜	རི་སྐྱུ་འདྲ་རི།	5614
	恰若董	བྱ་རོག་གདོང་།	5015
	如夏赖孜	རུག་ཤག་ལེབ་རྩེ།	5614
	萨玛拉格	ས་དམར་ལ་སྣལ།	5570
	斯隆沃玛	སྲིབ་ལུང་འོག་མ།	5570
	亚查	གཡའ་ཁྲ།	5460
	亚朗日孜	དབྱར་ལམ་རི་རྩེ།	5420
	本达拉	འབེན་མདའ་ལ།	5372
	楚拉	ཁྲོ་ལ།	5394
	工乃拉	ཀོང་ནས་ལ།	5404
	杰拉	གྱེན་ལ།	5238
	拉根拉	ལ་རྒན་ལ།	5270
	列俄拉	ལེབ་སྔོན་ལ།	5404
	野拉	གཡེར་ལ།	5256
	杂拉	རྩ་ལ།	5395
鸽群乡	扎钦	བྲག་ཆེན།	5508
	多嚓	རྡོ་ཚྭ།	5406
	多琼扎拉	རྡུམ་ཆུང་བྲག་ནག	5514
	董多日孜	གདོང་མདོ་རི་རྩེ།	5390
	热瓦拉布	རེ་བ་ལྷ་བུ།	5356

续表 2

所在乡名	山（山口）名	山（山口）藏文名	海拔（米）
鸽群乡	亚查	གཡའ་ཁྲ།	5326
	查库尔	ཁྲ་འཁོར།	5294
	扎荣拉	བྲག་རོང་ལ།	5532
	多琼拉	རྫོག་ཆུང་ལ།	5272
	古举拉	མགུལ་བརྒྱུད་ལ།	5202
	加路松多	རྒྱ་ལོ་སུམ་མདོ།	5128
	东多拉	དུང་མདོ་ལ།	5218
	依拉	གཡེར་ལ།	5100
忠玉乡	夏我岗嘎	ཤར་འོད་གངས་དཀར།	5700
	洛钦拉（罗拉）	ལོ་ཆེན་ལ།	5299
	色吾拉	བསྲེ་བོ་ལ།	5126
	益西多吉	ཡེ་ཤེས་རྡོ་རྗེ།	6010
	八家龙	དཔེ་ཆ་ལུང་།	5802
	拉玉	ལྷ་ཡུལ།	5730
嘉黎乡	奔达赞布	འབེན་མདའ་བཙན་པོ།	5498
	扎那顶钦	བྲག་ནག་སྟེང་ཆེན།	5530
	隆钦孜	ལུང་ཆེན་རྩེ།	5270
	阿琼孜	ཨབ་ཆུང་རྩེ།	5268
	拉嘎玛娘	ལ་དཀར་མར་ཞག	5204
	热沙	རག་ས།	5415
	董多日孜	མདུང་མདོ་རི་རྩེ།	5390
	布亦拉	བུ་ཡེ་ལ།	5156
	棒古拉	བོང་གུ་ལ།	5532
	我曲	འོད་འཁྱོ།	5790

续表 3

所在乡名	山（山口）名	山（山口）藏文名	海拔（米）
桑前乡	扎玛日	བྲག་དམར་རི།	5416
	过如贡策尔	བསྐོར་རུ་དཀུན་མཚེར།	5416
	多朋巴扎	རྡོ་ཕོང་སྤྲ་འདྲ།	5504
	咔格日	ཁ་གེར་རི།	5290
	门松隆巴	སྨན་སུམ་ལུང་པ།	5515
	梭康孜	སོ་ཁང་རྩེ།	5327
	野日	གཡེར་རི།	5416
	扎隆拉	བྲག་ལུང་ལ།	5236
	吉热拉	སྐྱིད་ར་ལ།	5227
	嘎嘎拉	ག་ག་ལ།	5340
	牵拉	ཁྲིམ་ལ།	5216
	贡拉	གོང་ལ།	5250
	林拉	ལིང་ལ།	5358
	布亦拉	བུ་ཡེར་ལ།	5156
	色尔盖拉	སེར་སྐེ་ལ།	5266
	亚旭拉	གཡག་ཤུར་ལ།	5350
	直根拉	འབྲི་རྒན་ལ།	5293
措麦乡	康拉康钦	གངས་ལ་གངས་ཆེན།	5862
	那拉	ནག་ལ།	5490
	色娘	སེར་ཉག	5600
	仲钦	འབྲོང་ཆེན།	5628
	直堆	དྲེལ་སྟོད།	5516
	隆玛拉	ལུང་དམར་ལ།	5382
	萨嘎拉	ས་དཀར་ལ།	5186

续表 4

所在乡名	山（山口）名	山（山口）藏文名	海拔（米）
措多乡	阿如	ཨ་རུ།	5334
	边查董	སྤྲིན་ཁྲ་གདོང་།	5476
	扎那	བྲག་ནག	5539
	扎董那索	བྲག་གདོང་ནག་ཟོལ།	5331
	嘎布拉租	དཀར་པོ་ལྷ་གཙུག	5593
	嘎尔玛隆	གར་མ་ལུང་།	5477
	咔色本波	ཁ་སེར་བན་པོ།	5568
	隆仁	ལུང་རིང་།	5604
	玛本儿日	དམག་དཔོན་དཀྱིལ་རི།	5564
	那拉	ནག་ལ།	5604
	拿尼日	ན་ཉི་རི།	5702
	沃布尔热	སྤོ་འབུར་ར།	5648
	勇我日	སྤུང་དུ་རི།	5532
	热虚	རག་ཤུལ།	5478
	沙隆贡玛	ཟ་ལུང་གོང་མ།	5490
	亚查	གཡའ་ཁྲ།	5612
	亚日玛索	གཡའ་རི་དམར་ཟོར།	5460
	追坡	གཙོད་སོ།	5524
	仲隆	འབྲོང་ལུང་།	5509
	才娘拉	ཚལ་ཉག་ལ།	5357
	嘎当拉	དཀར་འདམ་ལ།	5326
	果钦拉	ཀོ་ཆེན་ལ།	5322
	江庆拉	རྒྱང་ཆེན་ལ།	5192
	罗多	སྒོ་རྡོལ།	5263

续表 5

所在乡名	山（山口）名	山（山口）藏文名	海拔（米）
措多乡	傲玛拉	ཨོག་མ་ལ།	5420
	曲贡拉	ཆུ་གོང་ལ།	5424
	日崩拉	རི་བོང་ལ།	5134
	沙入拉	གཟར་རུ་ལ།	5316
	义拉	ཡིད་ལ།	5163
	仲拉	འབྲོང་ལ།	5154
	子琼拉	ཙོག་ཆུང་ལ།	5384
	子格拉	ཙོག་གི་ལ།	5296
	果布拉	འགོ་སྤུ་ལ།	5572
	沙翁	ས་ངན།	5530
藏比乡	查隆	ཁྲ་ལུང་།	5428
	嘎玛列顶	སྐར་མ་གླད་སྟེང་།	5217
	达日拉	སྟ་རི་ལ།	5242
	浪日拉	གླང་རི་ལ།	5146
	麦多拉	མེ་རྡོ་ལ།	5306
	日乌切拉	རི་བོ་ཆེ་ལ།	5136
	亚琼拉	ཡར་ཆུང་ལ།	5056
	杂比拉	རྫ་འབེལ་ལ།	5014
措拉乡	错热格郁	མཚོ་ར་གུ་ཡུ།	5562
	错热格嘎	མཚོ་ར་གུ་དཀར།	5204
	果荣拉	འགོ་རོང་ལ།	5530
	康巴苏东木	ཁམ་པ་སུལ་སྡོམ།	5287
	果顶曲果拉	གོ་ལྡིང་ཆུ་མགོ་ལ།	5105
	那索日	ནག་ཟོར་རི།	5459

续表6

所在乡名	山（山口）名	山（山口）藏文名	海拔（米）
措拉乡	日那	རི་ནག	5027
	雄果日	གཤོང་ཀོ་རི།	5270
	尤日	གཡུ་རིལ།	5005
	杂昂巴	ཛ་ངང་པ།	5455
	布瓦拉根	ལྦུ་བ་ལ་ཀན།	5026
	布瓦拉沙尔	ལྦུ་བ་ལ་གསར།	5026
	错东拉	མཚོ་མདོང་ལ།	5244
	查布隆拉	ཁྲ་ཕུ་ལུང་པ།	5282
	董钦拉	གདོང་ཆེན་ལ།	5190
	多嘎尔拉	རྡོ་དཀར་ལ།	5025
	江九拉	རྐྱང་རྒྱུག་ལ།	5131
	姜仓拉	སྐྱུང་ཚང་ལ།	5362
	比荣拉	སྤྱིལ་རོང་ལ།	5034
	扎娘	ཛ་ཉག	5362
	左夏尔拉	མཛོ་ཤར་ལ།	5308
章若乡	米堆拉热	མི་འདུས་ལྷ་རག	5682
	奇乌热巴	ཁྱིའུ་རག་པ།	5430
	吉热拉	དཀྱིལ་རག་ལ།	5196
林堤乡	查德木	ཁྲ་ལྡེམ།	5570
	果嘎尔杂东	ཀོ་དཀར་རྫ་མདུང་།	5562
	果嘎尔娘母	ཀ་དཀར་ཉག་མོ།	5502
	诺布谢嘎	ནོར་བུ་ཞལ་དཀར།	5722
	萨色杂东	ས་སེར་རྫ་མདུང་།	5614
	色尔嘎	སེར་ག	5436
	日玛	རི་དམར།	5170

续表 7

所在乡名	山（山口）名	山（山口）藏文名	海拔（米）
多拉乡	巴日塘拉	སྤྲར་རི་ཐང་ལྷ།	5484
	扎日	བྲག་རི།	5190
	珠松	གྲུ་གསུམ།	5374
	岗根拉	གངས་རྒན་ལ།	5510
	拉钦	ལ་ཆེན།	5444
	来玛	ལེབ་དམར།	5430
	列卡巴	ཟླད་ཀྱ་བ།	5472
	莫格日	སྨུག་རི།	5638
	莫布日	སྨུག་པོ་རི།	5566
	尼玛隆日	ཉི་མ་ལུང་རི།	5085
	日根	རི་རྒན།	5674
	亚嘎日	གཡའ་དཀར་རིལ།	5430
	门木拉	སྨན་མོ་ལ།	5200
	它仓拉	མཐའ་མཚམས་ལ།	5300
	塘瓦拉	ཐང་བ་ལ།	5218
	央改拉	གཡང་སྐལ་ལ།	5046
绒多乡	坝惹日	ཐ་རིལ་རི།	5354
	边次白孜	དཔེ་ཕྱིབ་སྤྲིན་བརྩེགས།	5496
	察隆日	ཚ་ལུང་རི།	5506
	达琼孜	ཏ་ཆུང་རི།	5388
	果琼	ཀོ་ཆུང་།	5572
	江登孜	རྒྱང་སྟེང་རྩེ།	5446
	加色尔孜	རྒྱ་སེར་རྩེ།	5466
	批拉	འཕྲེད་ལ།	5584

续表 8

所在乡名	山（山口）名	山（山口）藏文名	海拔（米）
绒多乡	恰秀	བྱ་གཞུ།	5534
	央日孜	གཡང་རི་རྫེ།	5550
	通布扎嘎	དུང་སྒྲུག་བྲག་དཀར།	5658
	董宗拉	གདོང་ཆེན་ལ།	5278
	果隆拉	སྒོག་ལུང་ལ།	5492
	拉叶拉	ལ་གཡས་ལ།	5330
	熬普拉	ཨོག་ཕུ་ལ།	5432
	萨拉	ས་ལ།	5380
	萨嘎尔拉	ས་དཀར་ལ།	5364
夏玛乡	阿德尔	ཨ་སྡེར།	5437
	扎交西嘎	བྲག་ལྗོག་ཞེལ་དཀར།	5466
	果多	སྒོར་ཏོ།	5430
	岗根	གངས་རྒན།	5504
	嘎巴扎组	ཀྲ་པ་རྩ་བརྩུགས།	5350
	莫布	སྨུག་པོ།	5422
	莫波	སྨུག་པོ།	5330
	墨波尔	སྨོག་པོར།	5408
	日玛	རི་དམར།	5170
	色尔嘎	གསེར་སྒ།	5436
	亚查	གཡའ་ཁྲ།	5494
	雍忠	གཡུང་དྲུང་།	5432
	扎隆	བྲག་ལུང་།	5266
	扎那拉	བྲག་ནག་ལ།	5116
	直颇拉	དྲིལ་ཐོ་ལ།	5215

续表 9

所在乡名	山（山口）名	山（山口）藏文名	海拔（米）
夏玛乡	错吉拉	མཚོ་སྐྱིད་ལ།	5195
	岗根拉	གངས་ཀན་ལ།	5210
	勤秀贡拉	ཁྲིམ་གཙོགས་གོང་ལ།	5079
	拉玛尔	ལ་དམར།	5070
	拉根拉	ལ་ཀན་ལ།	5234
	鲁古拉	ལུ་གུ་ལ།	5232
	拉有同拉	ལ་ཡུ་འཐུང་ལ།	5254
	隆嘎尔拉	ལུང་དཀར་ལ།	5202
	那绒拉	ནག་རོམ་ལ།	5128
	吾仲拉	ཨོལ་གྲོང་ལ།	5374
	奇乌拉	ཁྱིའུ་ལ།	5148
	沙波拉	ཟ་པོ་ལ།	5234
	森格拉	སེང་གེ་ལ།	5218
	托波拉	མཐོ་པོ་ལ།	5272

注：最后一个字为“ལ—拉”者，皆为“山口”。

二、高原湿地

麦地卡盆地 嘉黎县西北部麦地卡盆地高原地貌保留完整，为一系列平缓高原面，广袤无垠。民间有“西藏大地之顶端”“穿北部麦地卡，无骏马难通行，无火枪难自保，无厚衣难御寒，无聪慧难辨路”之说。盆地呈东北—西南向，长约 65 千米，宽 20—28 千米。海拔 5000 米左右。盆地地形由山地、湖盆、宽谷组成，地势相对平缓，湖沼星罗棋布，低山、浅丘散布，河流蜿蜒其间，湿地面积亦广阔。盆地中的冰碛丘陵波状起伏，鼓丘、底碛丘陵广布。冰碛地貌类型齐全，有特别引人注目的鼓丘群和羊背岩分布。还有面积达 3600 平方千米的半覆盖型冰川的遗迹，郑本兴等认为这是晚更新世早期冰川作用的遗迹。其面积约占县域总面积的四分之一，境内高原草甸植被发育良好，是嘉黎县的主要牧区，且以寒冻风化与冻融活动等形成的冰缘地貌分布普遍，冻土面积亦广。

麦地卡是中新世形成的山原面残体，亦是拉萨河、易贡藏布和怒江支流罗曲等三大水系的发源地，更是国际知名的高原湿地代表之一。宽谷盆地起伏和缓，相对高差200—500米。盆地北宽南窄，北部宽15千米，南部宽4千米，长30多千米。其西南部谷底平均海拔高度4700米，东北部谷底平均海拔高度4900米，谷中河流众多，宽谷两侧为山地，海拔高度5100—5600米。

鼓丘　主要分布在麦地卡盆地，亦是西藏面积最大、最典型的地貌类型。鼓丘相对高5—10米，直径数十米至100—200米，从盆地边缘一直伸到热他曲（麦地布支流）中上游。鼓丘群宽3—4千米、长15千米，其排列方向与宽谷走向一致。类似的鼓丘群在麦地藏布支流东先曲、马荣曲上游亦有分布。

三、高山深切峡谷地貌

分布在县境西南部的色荣藏布流域和东部的哈仁曲流域，山高一般在5000—5600米，流经此间的河流谷底海拔4600—4800米，山地相对高差700—1000米，山高谷深。尤其是哈仁曲流域更为典型，高山险峻，谷坡陡立，平均坡度在30°—40°，部分地段甚至出现有直立谷坡而成为障谷，以致谷中无法陆路通行。峡谷中有宽谷地段，在支流河口出现扇地、多级阶地及河漫滩等，多已被开垦为农田，是嘉黎县境内的主要农业区。

易贡藏布上游峡谷　在阿扎以上的易贡藏布长约66千米，其源头地区为古冰川作用的U形槽谷，宽1千米左右，谷底宽500米以下，两侧冰水阶地发育，河流溯源侵蚀裂点尚未到达。柯扎附近至杠德段，易贡藏布长184千米，谷地宽约300米，局部段为峡谷，仅在尼屋区附近谷地较宽，达1千米左右，宽谷内阶地较发育。河流以单一河道为主，河宽一般在50米左右。嘉黎县（达马）一带，河长约50千米，形成深切曲流河段，曲流带宽约2千米，弯曲系数大约为2。凸岸保留有较平缓的谷丘，其上段海拔为4700—4800米，下段为4500—4600米。

四、冰川冰缘地貌

主要发育在海拔6000米左右的山峰及山麓地带。在现代冰川的外围，能见到一套以侧碛、终碛为主的新冰碛地形，形态完整，冰碛表面已发育土壤，且生长植被，是全新世新冰期的遗迹。在新冰期冰碛的外围，有较大规模的古冰川地形，虽经后期冰水、冰碛、重力等作用的改造，但形态仍较完整，如冰碛平台、冰碛缓丘等。冰碛物零星分布在县境内4500米以上的山脊或山坡上。在忠玉乡南部，高大的山顶成排展布，宛如一道巨大的高墙。其上冰峰耸立，山势嵯峨雄伟，白雪皑皑，道道冰川。因此发育了各种冰川和冰缘地貌，如角峰、鱼鳍梁、冰斗、终积、侧积、底积、U形悬谷、冰湖、冰蚀洼地等等，表面岩石裸露或被碎石层覆盖。

第二章　气候

第一节　气候特点

嘉黎县属亚寒带湿润高原季风气候和亚寒带半湿润高原季风气候区。嘉黎县念青唐古拉山脉南侧地区属于亚寒带湿润高原季风气候，嘉黎县西北部属于亚寒带半湿润高原季风气候。气候基本特点是：太阳辐射强，日照时间长；气温偏低，昼夜温差大；降水较多，蒸发量大；冬长夏短，春秋相连；气候垂直变化显著。

一、太阳辐射较强，日照充足

嘉黎县纬度较低，空气稀薄洁净，空气中尘埃和水汽含量少，透明度高，太阳辐射较强，光照充足。年日照时间2433.4小时。

二、气温偏低，降水分布不均

嘉黎县气温偏低，年平均气温－0.9℃，最热月7月平均气温8.2℃，最冷月1月平均气温－11.9℃。年平均降水量为738.1毫米，蒸发量1414.5毫米，相对湿度为61%。降水主要集中在6—9月，占全年降水量的80%以上。

三、气候差异较大，垂直分异明显

嘉黎县的气候水平分布略有差别，阿扎乡和色日荣乡属高原寒带半湿润高原季风气候区，尼屋乡为高原温带半湿润高原季风气候区，而县城附近的徐达乡一带则属于过渡类型区。垂直气候带分异明显，以嘉黎念青唐古拉山南坡为例，海拔2900—4200米地区为寒温带，年均气温3℃—5℃，最热月平均气温12℃—15℃，河谷种小麦、青稞，局部生长箭竹，山坡生长针叶混交林；海拔4200—4600米地区为亚寒带，年均气温0℃左右，最热月平均气温10℃左右，生长亚高山灌丛草甸植被；海拔4600—5100米地区为寒带，年均气温0℃以下，最热月平均气温10℃以下，生长高山灌丛草间植被；海拔5100—5300米地区为亚冰雪带，年均气温低于0℃，生长垫状植被；5300—5800米地区为冰川雪原。

第二节　气候要素

一、日照

嘉黎县日照时间长，日照较充足。由于受到海拔高、空气稀薄、尘埃含量少等因素影响，导致太阳辐射强。太阳辐射的年变化基本上随太阳高度角的变化而变化的。1月最小，随后逐月渐增，至5月份达到最高值，之后逐月减小，10月份后又逐月增大。年平均日照时数2433.4小时，日照率55%。5月份日照最长，月平均达228.6小时；9月份日照最短，月平均达181.4小时；11月份日照百分率最高，达71%，详见表1-2-1。

嘉黎县1—12月份日照统计一览表

表1-2-1　　单位：小时、%

月份 日照情况	1	2	3	4	5	6	7	8	9	10	11	12	备注
日照时数	206.6	185.1	208.1	207.9	228.6	195.1	183.7	179.4	181.4	217.9	224.8	215	2433.4（全年）
日照百分率	64	59	56	54	54	46	43	44	49	62	71	68	55（年均）

二、气温

嘉黎县年均气温-0.9℃，最热月7月平均温度8.2℃，最冷月1月平均气温-11.9℃，极端最高温度21.8℃，极端最低温度-36.8℃。年≥0℃持续日数173.8天，年≥0℃有效积温1008.4℃。

西藏年无霜期平均133天，嘉黎县最小为52天。嘉黎初霜日出现于8月24—29日，终霜日为8月30日。其他年界限温度的初日、终日等详见表1-2-2。

嘉黎县年界限温度的初日、终日、天数和积温情况表

表1-2-2

温度	≥0℃				≥3℃				≥5℃			
项目	初日（日/月）	终日（日/月）	天数（天）	积温（℃）	初日（日/月）	终日（日/月）	天数（天）	积温（℃）	初日（日/月）	终日（日/月）	天数（天）	积温（℃）
	4月27日	10月19日	173.8	1008.4	5月20日	4月10日	138	1009.3	2月6日	9月17日	108.1	858.8

三、降水

嘉黎县内年平均降水量为700.3毫米，相对湿度为61%。年平均降水日以那曲地区最多，为172.2天。7月份月平均降水日数最多，为22.6天；12月份月平均降水日数最少，为4.8天。根据1960—2005年降水资料，嘉黎最大的5天降水总量为1.48毫米，中雨天数1.62天，最多连续降水天数0.89天。7月份出现最大日降水量。1966年6月23日至7月24日，嘉黎县

连续降水，降水量达130毫米，为那曲地区最长连续降水日。嘉黎县1—12月每月降水量及平均降水日数见表1－2－3。

嘉黎县1—12月每月降水量及平均降水日数表

表1－2－3

项目＼月份	1	2	3	4	5	6	7	8	9	10	11	12	年合计
降水量（毫米）	7.0	11.0	18.6	34.5	73.8	141.0	143.8	128.4	100.6	27.2	9.2	5.2	700.3
平均降水日数（天）	6.8	8.7	11.8	15.1	18.3	22.2	22.6	22.5	21.5	11.9	6.0	4.8	172.2

四、风和地温

（一）风

嘉黎县1—6月大风日数较多，平均每月大风日数为3.7天，其中6月最多，为4.3天。而每年10—11月大风日数平均为2天，其中11月份大风日数最少，平均为1.4天。1988年6月大风日数最多，达12天。

（二）地温

嘉黎县地表年平均地面温度为4.5℃。其中，1月份最低，为－5.7℃；夏季7月份最高，达15.℃。夏季地温偏高，冬季偏低。

嘉黎县地表各深度各月平均地温见表1－2－4。

嘉黎站地表各深度各月平均地温表

表1－2－4　　单位:℃、厘米

深度＼月	1	2	3	4	5	6	7	8	9	10	11	12
5	－5.7	－3.9	0.3	4.6	8.9	10.9	12.9	15.1	9.8	6.2	－0.4	－4.6
10	－5.0	－3.5	－0.4	3.9	8.6	10.9	13.0	12.7	10.2	6.6	0.5	－3.4

续表

月 深度	1	2	3	4	5	6	7	8	9	10	11	12
15	-4.7	-3.4	-0.7	3.2	9.1	10.6	12.7	12.5	10.2	6.8	1.1	-0.3
20	-4.5	-3.3	-0.8	2.6	7.7	10.3	12.5	12.4	10.2	7.1	1.6	-2.5
40	-1.9	-1.8	-1.6	-1.1	4.1	7.5	9.7	9.8	8.4	6.0	2.1	-0.6
80	0.8	-0.03	0.1	0.9	5.1	8.4	10.8	11.4	10.2	8.8	5.3	2.7
160	2.9	1.8	1.4	1.7	3.9	6.5	8.7	9.7	9.8	8.9	6.8	4.6
320	5.1	4.0	3.4	3.1	3.5	4.9	6.4	7.7	8.4	8.4	7.6	6.3

五、气候变化

（一）气温

据嘉黎县1961—2010年50年来资料分析，年平均气温总体趋势为先偏低后偏高。其中，1971—1997年气温偏低，年平均气温基本在0℃以下。1979年出现最低气温-36.8℃；1998—2010年气温偏高，呈变暖趋势，这12年的年平均气温值为正值。1961—2010年，年平均气温最低的6个年份为：1980年（-1.3℃）、1981年（-1.2℃）、1982年（-1.3℃）、1983年（-1.7℃）、1992年（-1.3℃）、1997年（-1.5℃）；年平均气温最高的6个年份为：1964年（0.7℃）、1999年（0.7℃）、2005年（0.5℃）、

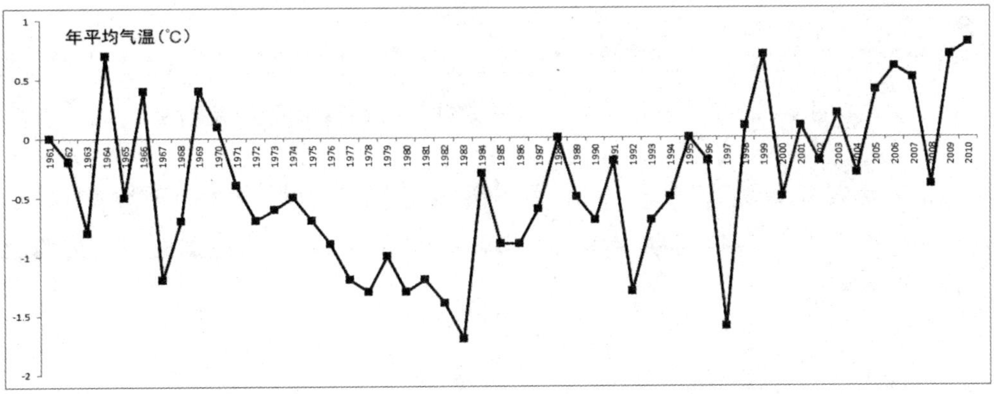

图1-2-1　1961—2010年嘉黎站年平均气温变化图

2006 年（0.6℃）、2009 年（0.7℃）、2010 年（0.8℃）。1961—2010 年嘉黎站年平均气温变化情况见图 1－2－1。

年日照时数从 20 世纪 70 年代后期开始上升，至 80 年代初开始下降，与 70 年代同期相比日照时数偏高；80 年代后期开始日照时数趋于稳定。

年霜期日数总体呈上升趋势，20 世纪 60 年代平均有霜日数 142 天，70 年代 143 天，80 年代 199 天，90 年代 213 天，21 世纪初 199 天。

（二）降水量

自 20 世纪 70 年代初至中后期嘉黎县降水量总体比 60 年代减少，气候倾向率为 17.28 毫米/10 年。自 1978 年后呈增多趋势，但是变幅不大，降水气候倾向率为 28.7 毫米/10 年。夏季降水气候倾向趋于增多（气候倾向率为 22.3 毫米/10 年），其余季节气候倾向率都趋于增加。年降水量最大值为 957.8 毫米（2003 年），最小值为 588.7 毫米（1961 年），最大值与最小值相差 369.1 毫米，为平均值（719.9 毫米）的 51.27%。1961—2010 年嘉黎站年平均降水变化情况见图 1－2－2。

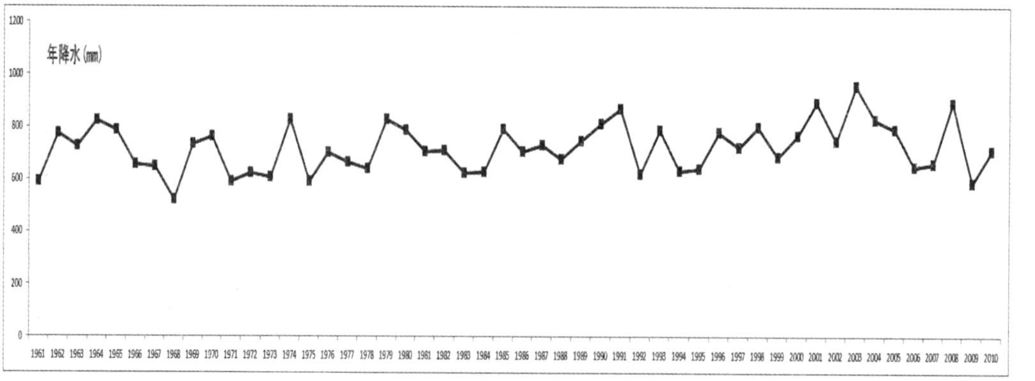

图 1－2－2 1961—2010 年嘉黎站年平均降水变化情况图

嘉黎县大风日数 1991—1993 年呈减少趋势，1992 年和 1993 年大风日数分别仅有 2 天，1995 年开始增加，1999 年达 44 天，之后开始减少，2010 年有大风日数 25 天。

第三章　土壤　土地资源

第一节　土壤

嘉黎县除忠玉乡有少量耕地外，绝大部分土地属牧区。由于地处高原亚寒带半湿润气候区内，土壤以高山草甸为主，类型较多。其分布有水平和垂直分布规律。由海拔低处向海拔高处依次出现棕壤、亚高山草甸土、高山草甸土、寒漠土或粗骨土等。

一、土壤分布规律

土壤的地理分布既与当地的生物气候条件相适应，表现为土壤地带性分布规律，亦与地貌、母质、水文、地质条件和其他因素相关，表现为土壤区域性分布规律。

土壤的地带性分布规律，是较大范围内各类土壤组合变化规律，往往受气候带制约。而土壤区域性分布规律，是较小范围内土壤组合变化规律，是在同一气候带内，由于其他成土条件变化而引起的。

（一）地带性分布规律

土壤地带性分布主要表现为水平分布和垂直地带性分布规律。嘉黎县处于藏北高原东南部，其北部与西部的海拔平均在4200—4500米以上，最大面积的土壤类型为高山草甸土。东南部山高谷深，谷底最低处为海拔3200米。东南部水分条件比西部、北部优越，而最高的海拔高度在6000米以上，山地上部分布有高山草甸土，高山草甸土之下依次分布酸性棕壤和棕壤。以高山草甸土为主的高原北部和西部是正向垂直分布，而东南部则是负向垂直分布。

1. 正向垂直地带分布

嘉黎县北部、西部因山地海拔高度不同导致温度条件变化，在同一山体的不同高度，植被类型亦发生变化，在外部条件的综合影响下，所发育的土壤类型从低到高出现明显的垂直变化。高原面上河谷低洼集水地带，发育着隐域草甸土、沼泽土等，河谷高阶地以上直至山地海拔5100米以下为高山草甸土；海拔5100—5200米，高山草甸植被盖度降至30%以下，土壤则为初步发育的原始高山草甸土。海拔5200米以上，植物更稀少，气候条件更恶劣，发育高山寒漠土，高山寒漠土以上为冰川和永久积雪。嘉黎县中部地带有高山草甸土分布，无寒漠土发育，只有粗骨土或裸岩分布。以上隐域性土壤、高山草甸土、原始高山草甸土、寒漠土（粗骨土）即为嘉黎县西部和北部的土壤垂直分布的带谱。

2. 土壤负向垂直分布

嘉黎县土壤负向垂直分布由阿扎镇附近开始，向东沿河谷，随着海拔降低，在不同的海拔高度出现不同植被类型，发育着不同类型土壤。构成由高山草甸土在上其他土壤在下的垂直带谱。

由阿扎镇附近向西、向北高原面上广泛分布高山草甸土，而由阿扎镇附近向东，海拔4800米以上，分布有高山草甸土。海拔4800米以下分布有亚高山草甸土。亚高山草甸土的分布范围由阿扎镇向东直至徐达曲（亦称普曲）下游甲窝弄，分布下限为海拔4000米左右。甲窝弄向东沿哈仁曲河谷直至尼屋乡政府附近，河谷两岸至海拔4800米处，由于温度条件较好，植被是高大乔木，其品种有松、杉、桦等，林下发育酸性棕壤。而海拔4800米以上，则为高山草甸土。忠玉乡附近及尼都藏布上中游，谷底3200米以上，河岸阶地上是棕壤亚类，而阴坡坡面海拔4400米以下，阳坡海拔4800米以下乔木植被下发育酸性棕壤（亚类），而海拔4800米以上则是高山草甸土，其分布上限是海拔5000米。海拔5000米以上是裸岩、粗骨土或冰川。高山草甸土为基面的负向垂直分布带谱是裸岩、粗骨土、高山草甸土、亚高山草甸土、棕壤。

（二）土壤区域性分布规律

土壤的区域性分布是在土壤地带范围内，由于区域性的地貌、水文、地质等条件的变化或其他因素的影响而引起的土壤有规律的变化。土壤区域性分布又包括土壤的中域分布和微域分布两种形式。土壤中域分布规律又分两种组合结构，即树枝状土壤组合和环状土壤组合。

1. 树枝状土壤组合

嘉黎县土壤的分布受山体走向、水系分布等的影响，呈树枝状分布。亚高山林灌草甸土沿河边山地两岸海拔较低处分布，山地高处则为其他类型土壤，河流呈树枝状，土壤亦成树枝状分布。呈这种组合形式的土壤还有亚高山灌丛草甸土、酸性棕壤、高山灌丛草甸土等。此类土壤县境内分布极普遍。

2. 环状土壤组合

此种土壤组合见于林堤乡附近的宽谷中，宽谷中心是隐域草甸土，而周围山地则分布着高山草甸土，高山草甸土以上则是高山寒漠土。这些土壤分布大体上以宽谷为中心，向周围成环状分布。

二、土壤类型

按《西藏自治区第一次土地资源技术规程》规定，嘉黎县土壤属于第三类等级。嘉黎县土壤分类，遵循成土条件、成土过程和土壤属性相结合的发生学原则，并以土壤属性作为划分各级单元的主要依据，采用土类、亚类、土属分类制。按上述土壤分类的原则依据及分类方法，嘉黎县土壤区划分为7个土类、14个亚类、26个土属，详见表1－3－1。

嘉黎县土壤分类系统表

表 1－3－1　　　　单位：亩、%

土类	亚类	土属	面积	占总面积
高山寒漠土	高山寒漠土	残坡积高山寒漠土	2212967.2	11.16
高山草甸土	原始高山草甸土	残坡积原始高山草甸土	1106272.3	5.58
		冰碛原始高山草甸土	21666.9	0.11
	高山草甸土	残坡积高山草甸土	4936180.8	24.9
		残坡积侵蚀高山草甸土	818356.4	4.13
		洪积高山草甸土	54290.6	0.27
		洪冲积高山草甸土	228738.9	1.15
		冲积高山草甸土	137047.8	0.69
		冰碛高山草甸土	1620576.2	8.17
	高山湿草甸土	坡积高山湿草甸土	80065.1	0.4
		洪积高山湿草甸土	21042.1	0.11
	高山灌丛草甸土	残坡积高山灌丛草甸土	438932.2	2.21
亚高山草甸土	亚高山草甸土	残坡积亚高山草甸土	261189.3	1.32
		冲积亚高山草甸土	196616.2	0.99
	亚高山林灌草甸土	残坡积亚高山林灌草甸土	375170.0	1.89
	亚高山灌丛草甸土	残坡积亚高山灌丛草甸土	869838.7	4.39
棕壤	棕壤	坡积耕种棕壤	1758.5	0.01
		洪积耕种棕壤	875.0	0.004
		洪冲积耕种棕壤	7967.8	0.04
		洪冲积棕壤	3454.2	0.017
	酸性棕壤	残坡积酸性棕壤	718824.0	3.63
草甸土	沼泽草甸土	洪冲积沼泽草甸土	131659.5	0.66
		冲积沼泽草甸土	62372.4	0.31

续表

土类	亚类	土属	面积	占总面积
沼泽土	草甸沼泽土	洪冲积草甸沼泽土	397174.4	2.0
	泥炭沼泽土	洪冲积泥炭沼泽土	35290.7	0.18
粗骨土	硅铝质粗骨土	残坡积硅铝质粗骨土	518081.7	2.61
其他	冰川、水面		4252769.2	21.45
合计			19825933.1	

三、主要土壤

（一）高山寒漠土

1991年嘉黎县共有高山寒漠土221.30万亩，占全县总土地面积的9.21%。主要分布在高海拔地区，平均海拔4800—5000米以上。高山寒漠土是土龄最短的一种土壤，其上与永久积雪相接，下部岩屑堆积成倒石堆。植物种类极少，仅有一些极耐旱的地衣、苔状蚤缀、红景天、雪莲、缘绒蒿等，总覆盖度仅1%—2%，极少见到动物活动。其成土母质是各类岩性残坡物，如花岗岩、砂岩、页岩等残坡积物。在高海拔的低温环境中，岩石风化程度低，岩屑粗，细粒少，质地粗，成土年轻性特征明显。由于受低温影响，土壤的底层常年冻结，仅在夏日的土壤表层昼夜正负温度频繁交替，冻融交替进行。高山寒漠土地表特征是植被稀疏、多砾石、土层浅薄、剖面发育不明显，植被根系极少，颜色为黑灰色，潮湿，底土层深灰色至黑灰色，半冻结，剖面总厚度60厘米。

（二）高山草甸土

嘉黎县境内分布较广，亦是主要土壤类型之一。1991年面积为798.42万亩，占那曲地区该土类总面积的12.37%。2010年面积946.32万亩。各乡镇均有分布，一般都分布在海拔4600—4700米以上的山顶，其分布上限是5000米，再向上是高山寒漠土、高山草甸土，下接亚高山草甸土。高山草甸土成土过程的主要特点是有明显的腐殖质积累和氧化还原作用，包括高山草甸土亚类和高山灌丛草甸土亚类。其中，高山草甸性土亚类面积112.79万亩，占那曲地区该土类总面积的12.75%。高山灌丛草甸土面积

38.15 万亩，占那曲地区该土类总面积的 63.10%；高山草甸土面积 10.30 万亩，占那曲地区该土类总面积的 2.85%。

（三）亚高山草甸土

分布在嘉黎县中部海拔 3900—4650 米地区。土壤面积 170.28 万亩。其中，亚高山草甸土亚类面积 46.60 万亩，占那曲地区该土类总面积的 9.11%；亚高山林灌草甸土分布在嘉黎县徐达和乌树等地，其面积 43.15 万亩，占那曲地区该土类总面积的 27.01%。

（四）棕壤

嘉黎县棕壤分布比较集中，主要分布在忠玉乡境内。阴坡海拔上限 4400 米左右。1991 年该土壤面积为 68.23 万亩，占那曲地区该土类总面积的 57.93%。2010 年该土壤面积 73.29 万亩。棕壤成土过程，主要包括腐殖质积累和淋溶化两种成土作用。土壤养分较高，表层土壤有机质最高达 37% 以上。

（五）沼泽土

面积 43.25 万亩，其中洪冲积草甸沼泽土占全县沼泽土总面积的 91.84%；洪冲积泥炭沼泽土占 8.16%。泥炭层较薄，多在 30 厘米以内。土壤显中性或弱酸性。嘉黎县境内分布沼泽土亚类草甸沼泽土，面积达 39.71 万亩，占那曲地区该土类总面积的 7.98%。

（六）草甸土

嘉黎县境内仅有亚类潜育草甸土，土壤面积 43.25 万亩，占那曲地区该土类总面积的 3.60%。分布地形往往是河流的河漫滩、低洼处，地下水位较高，潜水位 1 米左右，随着季节干湿而有所升降。成土母质为河流洪冲积物、冲积物。质地上细下粗，地表植被有大蒿草、苔草、蒲公英、萎陵菜等，地下水位较深处地表植被有落藜、蒿、车前草等。覆盖度 90%—100%。草甸土的成土过程包括腐殖质积累和草根层形成，季节性的氧化还原和潜育层的形成。

（七）粗骨土

嘉黎县境内粗骨土面积 51.81 万亩，占那曲地区该土类总面积的 2.31%。

第二节　土地资源

一、土地面积

截至2010年底，嘉黎县土地总面积为13217.3平方千米。

二、土地利用类型

嘉黎县境内土地利用现状类型可分为三级：一级7类，即耕地、林地、牧草地、居民点及工矿用地、交通用地、水域及未利用土地；二级21类，即水浇地、旱地、有林地、灌木林、疏林地、天然草地、人工草地、城镇、农村居民地、公路、农村道路、河流水面、湖泊水面、冰川及永久积雪、荒草地、盐碱地、沼泽地、沙地、裸岩石砾地、田坎、高寒荒漠地；三级6类，即可灌水浇地、冬春放牧草场、夏秋放牧草场、季节性放牧草场、退化及低质草场。嘉黎县是那曲地区农业用地结构类型最齐全的县之一。1984年，西藏自治区广泛深入开展土地资源调查，1991年基本完成了县、地(市)、自治区三级土地资料汇总。本节数据均采用此地次调查数据。嘉黎县土地总面积为1982.58万亩。其中未利用土地面积591.98万亩，占土地总面积的29.86%；已利用土地面积1390.60万亩，占土地总面积的70.14%。

(一) 耕地

1991年，嘉黎县耕地面积为5942.7亩，占那曲地区耕地总面积的6.58%。分水浇地和旱地。其中，水浇地面积3133亩，主要分布在尼屋藏布的尼屋段，平均海拔3100—3700米，是那曲地区耕地分布的低限。土壤为耕种棕壤，有机质含量高，可达2.07%—6.66%，质地较细，作物要高产稳产，必须灌溉；旱地多为坡耕地或分布在高阶地上，土壤为耕种棕壤，有机质含量高，土层稍厚，质地较细，含砾石较少。垦殖指数为0.03%，基本上一年一熟。作物单产达116.1公斤/亩。

（二）林地

1991 年，嘉黎县林地面积为 109.59 万亩，占那曲地区该类土地总面积的 33.1%，居那曲地区首位。其中有林地面积 50.63 万亩，灌木丛林地面积 55.71 万亩，疏林地面积 3.25 万亩。有林地集中分布在尼都藏布和徐达藏布沿岸，海拔多在 3600—4600 米，局部最低海拔 3100 米，最高海拔达 4800 米。植被以川西云杉和落叶松为主；灌木丛林分布在尼屋藏布和徐达藏布上段、色荣藏布的绒米、措麦一带。海拔多在 4300—4800 米，局部最低海拔 4100 米，最高海拔达 4900 米或 5000 米。林木多为杜鹃、高山柳、金露梅等灌木；疏林地主要分布在尼屋藏布和徐达藏布上段，海拔多在 3900—4700 米。植被以稀疏、低矮的圆柏和次生桦、栎为主。

（三）牧草地

1991 年，嘉黎县牧草地面积为 1178.21 万亩，占那曲地区牧草地总面积的 3.76%，其中，冬春放牧草场面积 109.39 万亩，夏秋放牧草场面积 896.38 万亩，非季节性放牧草场面积 168.84 万亩，低质草场面积 3.59 万亩。冬春草场分布海拔高度为 3800—4700 米。夏秋草场分布海拔高度为 4200—4900 米。季节性草场不平衡，冬春草场占天然草地面积的 9.29%，夏秋草场占天然草地面积的 76.08%。平均草产量 33.6 公斤/亩。载畜能力为 2.30 个羊单位/百亩。

（四）居民点及工矿用地

1991 年，嘉黎县城乡居民点及工矿用地 1342.1 亩，占那曲地区该类土地总面积的 3.71%，均为农村居民点用地。

（五）交通用地

1991 年，嘉黎县交通用地面积为 2297.5 亩，占那曲地区该类土地总面积的 4.47%。其中，公路面积 1885.3 亩，农村道路 412.2 亩。

（六）水域

1991 年，嘉黎县水域面积 101.84 万亩，占那曲地区该类土地总面积的 3.66%。其中，河流水面面积 6.86 万亩，湖泊水面面积 7.96 万亩，冰川及永久积雪 87.02 万亩。河流水面面积占那曲地区水面总面积的 17.1%。

（七）未利用土地

1991 年，嘉黎县未利用土地面积为 591.98 万亩，占那曲地区该类土地总面积 0. 57%，在那曲地区各县中为最多。其中，荒草地面积 11939. 22 万亩，占未利用土地的 56. 41%；盐碱地面积 377. 45 万亩，占未利用土地面积的 1. 59%；沼泽地面积 41. 78 万亩，占未利用土地面积的 0. 20%；沙地面积 197. 52 万亩，占未利用土地面积的 0. 93%；裸岩石面积 1080. 88 万亩，占未利用土地面积的 5. 11%；高寒荒漠地面积 7567. 30 万亩，占未利用土地面积的 35. 67%。

第四章　水文与水资源

第一节　河流

嘉黎县境内降水较充沛，水系发达，河流分布较均匀，均属外流水系，主要有两大流域，即色荣藏布流域（拉萨河河源区）、易贡藏布上游流域。

一、水文特点

嘉黎县主要河流自麦地卡向东南和西南方向流动。县境北部河流河床较浅，水流缓慢；东南部河床深切且狭窄，水流落差大，且自北部向东南部和西南部流量递增。其中，东南部哈仁曲，河床深、水流湍急，其下游河段200米流程内落差可达30米，并有数条瀑布悬于两岸，水利资源极丰富。

在雨季时，由于降水量大，河流泥沙含量高，呈悬浮状，河水浑浊。雨季过后，水位急降，泥沙含量少，河水变清。大多数河流以雨水河水补给为主、冰雪融水补给为辅，径流流量较大，泥沙含量较高，其他支流泥沙量较少。中部高原宽谷区，小河泥沙量较小，但在红色岩系地区泥沙量大。河流水温自北部向东南和西南递增，河源区有封冻现象。

二、主要河流

（一）麦地藏布

是拉萨河河源区，发源于念青唐古拉山中段南麓，彭错东南约15千米的彭错孔玛朵山峰下。干流流经嘉黎、林周、墨竹工卡、达孜、拉萨市区、堆龙德庆和曲水，于曲水县城附近汇入雅鲁藏布江。河道全长551千米，平均坡降2.9‰。拉萨河分为上、中、下游三段：河源至支流桑曲汇入口为上游段，河段长256千米；桑曲汇口至直孔为中游段，河段长138千米；直孔至河口为下游段，河段长157千米。其中河源位于嘉黎乡境内。行政上属麦地卡、桑巴、巴嘎和色日荣等乡村。河流自源头向西北流，经彭错帕尔玛和错卧玛两条小湖流入彭错。出彭错后称麦地藏布，先后纳则不弄、瓦瑞错、东德错、马荣曲、错勤弄巴、苦木错、赤雄曲、杰曲、林曲、亚惹穷曲和麦曲等支流，由东北向西南流，至吉隆又折向南流。麦地藏布上源水系发达，河谷宽阔，湖盆沼泽广布，天然植被稀疏，河流蜿蜒于丘陵宽谷盆地之中。其支流麦曲汇入后称色荣藏布，由东向西流，经帕绒、绒多、江多，纳军荣弄、叶朗之水，至桑曲汇入口。该段两岸分布有灌丛草甸，除帕绒附近外，由于地壳间歇性的上升运动，河床窄深。河水含沙量低，河流在冬季有结冰现象，局部河段冰情严重，甚至会出现封冻，可通行人马。上游地区土壤多为亚高山和高山草甸土，主要为牧区。

（二）麦曲

拉萨河左岸一级支流，发源于念青唐古拉山脉嘉黎县中部的夏玛乡。流域呈扇形，面积2312平方千米，其中冰川面积7.81平方千米。干流长76千米，河道平均坡降6.7‰。流域平均海拔约4500米，属高原山区湖盆地貌，东与帕龙藏布、尼洋河水系相连，南与雪绒藏布流域为邻，西连拉萨河干流，北邻拉萨河支流赤雄曲和亚惹穷曲。

麦曲流域多年平均年径流量约12.3亿立方米。水力资源理论蕴藏量2.24万千瓦。2004年建措多水电站，装机容量200千瓦。麦曲泥沙含量低，水质良好。河水在冬季有结冰现象，上游河段冰情严重。

麦曲自源头向南流，至夏玛，纳左岸支流佳东之水，河流折向西南，抵达垂琼，窃吾曲之水从左岸注入。至此为上源沼泽湖盆地带，两岸水系发育，沼泽地、泉水多有分布，河谷宽阔平坦，低山坡缓，牧草生长较好。自垂琼以下，河水继续流向西南，至嘎当拉，右岸腾弄、甘登朗之水汇入后，河道向南蜿蜒，抵达木赤勒又折向西流，经措多、古塘，于措多乡达拉附近注入拉萨河。河口位于东经 92°20′、北纬 30°28′。下游段左岸有支流错不朗曲、韩嘎曲和洋勒，流域面积均大于 100 平方千米，三条支流由南向北流，源头地带为湖盆地貌，河谷较宽阔。古塘以下的河谷一带，有部分灌丛草地分布，植被覆盖率较高。

（三）易贡藏布

帕隆藏布中游右岸一级支流，发源于嘉黎县阿扎镇曲隆（亦称雀隆）村境内的沃布尔沃玛附近，在通麦附近注入帕隆藏布。流域面积 13533 平方千米，河长 286 千米，天然落差 3070 米。位于西藏自治区东南部，地跨嘉黎、边坝和波密县。在嘉黎县境内流经同德乡、嘉黎镇、阿扎乡和忠玉乡。

易贡藏布流域介于东经 92°53′—95°04′、北纬 30°04′—31°02′之间，流域东邻波堆藏布流域，南与尼洋河流域接界，西部紧靠拉萨河流域，北与怒江流域相邻。

易贡藏布流域现代冰川发育，冰川及雪被覆盖面积约 3370 平方千米。出露岩性主要有前寒武系变质黑云母花岗闪长岩和前震旦冈底斯岩群的片麻岩、片岩、变粒岩等。流域内降水丰沛，雨季一般从 4 月开始，到 10 月结束。径流由雨水、冰雪融水和地下水组成。流域内森林茂密，植被覆盖率高，自然生态环境保持较完整，全年多数时间河水清澈，年悬移质输沙量约 24. 1 万吨。

源头至直仓（亦称扯仓）村以上为河源段，称程雄曲。河流自源头呈西北—东南流向，在曲隆村附近转为西东流向。地势高亢，地形平坦，为广阔的沼泽地。湿地草场发育，冬春季多雪。冰碛丘陵起伏，冰碛湖星罗棋布。直仓村至松曲汇口以上为上游，河段长 109 千米，河流总体呈西东流向。

河流在耶多（亦称烟多）村附近接纳右岸汇入的哈东隆巴后称付雄曲。蜿蜒向东流经朗若卡，在嘉黎县城阿扎镇纳右岸支流徐达曲。再经阿扎村东流进入峡谷段，至松曲汇口河段称秀达曲。上游段河谷宽窄相间，宽谷段水流平缓，冰碛阶地发育，河床覆盖层多以砂石组成。峡谷段河道内水流湍急，干、支流河段两岸谷坡陡峻，阶地不甚发育，仅在局部河段和支流汇口处有阶地和冲积扇分布。

松曲汇口至八盖乡为中游，河段长 84 千米，中游段河流总体呈西北东南流向，河流蜿蜒穿流于高山峡谷中。河谷深切，水流湍急。中游地区山陡谷窄，岩石破碎，呈现出典型的高山剥蚀地貌特征。受区域地质构造的控制和地层岩性的影响，河流基本沿断裂带发育。中游地区现代冰川极为发育，两岸各支流河源区常年白雪皑皑，冰碛、冰蚀地貌举目可见。在重村（冲村）附近接纳右岸支流尼都藏布，自西向东经忠玉乡至江巴急转南流，约 2 千米处纳左岸支流霞曲，称尼屋藏布，自此流入波密县。

（四）徐达曲

易贡藏布上游右岸一级支流，发源于嘉黎县阿扎镇门门杰（亦称明目改或门门改）村境内的杰拉山北麓。流域面积 393 平方千米，河长 30 千米，天然落差 466 米。流域内森林覆盖率高，河水清澈，年悬移质输沙量约 2.51 万吨。冬、春季冰情较为严重，10 月下旬至 11 月中旬出现初冰，12 月至翌年 3 月河流基本封冻，终冰期为 4 月中旬至 5 月中旬。多年平均年径流量约 2.67 亿立方米；水力资源理论蕴藏量 1.3 万千瓦。属原生态河流，尚未开发，自然生态环境保持较好。

上段称普曲，冰碛丘陵起伏，河谷较为宽阔。明目村（木木延）以下为湖盆地貌，在他加村（莫姆阿尔）附近纳左右两条支流，流入阿扎错。河床覆盖层多以沙石组成，河流出阿扎错后约 3 千米在阿扎镇附近汇入易贡藏布。

（五）松曲

易贡藏布上游左岸一级支流，又名桑钦曲。发源于嘉黎县嘉黎镇栋多村境内的几日阿拉托错。河长约 85 千米，流域面积约 2265 平方千米，天然落差 1171 米。流域内森林覆盖率高，人类活动影响小，全年多数时间河水清澈，年悬移质输沙量约 14.4 万吨。冬、春季冰情较为严重，10 月中旬至 11 月中旬出现初冰，终冰期为 4 月中旬至 5 月中旬。多年平均年径流量约 14.3 亿立方米，水力资源理论蕴藏量 22.96 万千瓦。

河流自源头呈北南流向，经栋多、普叶村，在扎玛多接纳右岸支流桑穷曲后转为西北—东南流向，河入中游段。上游段称桑青曲（亦称桑钦曲），地势高亢，河谷较为狭窄，水系发育，小支流（沟）众多，主要分布在右岸。河床覆盖层多以沙石组成。中游段称松曲，经当瓦多（又名通德）、阿庆村至日亚夺（亦称日瓦夺）村，在嘉黎镇附近纳左岸支流德曲后流入下游段。中游地区人口相对集中。下游段称乌树弄曲，在拉日果附近有温泉出露。下游段为峡谷地貌，两岸谷坡陡峻，河谷狭窄，水流湍急，河床覆盖层多以砂卵石组成。河流呈西偏东南流向，经斯塘、其定咔至亚塘村，在嘉黎县嘉黎镇玛塘村以下纳左岸支流洞多弄巴后汇入易贡藏布。流域内自然生态环境保持较好。

（六）尼都藏布

是易贡藏布中游右岸一级支流，发源于嘉黎县忠玉乡依嘎村北冲附近的罗拉山东麓。河长 68 千米，流域面积 1267 平方千米，天然落差 1847 米。流域内两岸山峰海拔多在 6000 米以上，终年白雪皑皑，云雾缭绕，冰川及冰碛地貌极为发育，冰川及雪被覆盖面积约 522 平方千米。流域内森林覆盖率高，自然生态环境保持完好。全年多数时间河水清澈，年悬移质输沙量约 2.17 万吨。河源及上游段河流冬、春季冰情严重，河流有封冻现象，11 月中旬左右出现初冰，终冰期为 3 月下旬左右。流域年径流量约 12.7 亿立方米，水利资源理论蕴藏量 11.56 万千瓦。

河流自源头至汇口总体呈西东流向。流域内山高谷深，河流深切。两岸森林茂密，谷坡陡峻，属典型的高山峡谷河流。河流蜿蜒穿行于深山峡谷中，水流湍急，河床覆盖层多以砂卵石组成。上游地区以牧业为主，中下游地区两岸人口相对集中，村落密集。河流经白冲、依嘎村至桑旺村总体呈西东流向，桑旺村至领沃才呈西南—东北流向，领沃才以下河段转为西东流向。再经堆巴村，在嘉黎县忠玉乡仲宇村附近汇入易贡藏布。

第二节　湖泊与冰川

嘉黎县境内湖泊面积较小，数量之多实属罕见，集中分布在麦地卡。冰川资源亦较丰富。

一、湖泊

嘉黎县境内虽没有大型湖泊，但是小湖泊数量众多，仅麦地藏布流域就分布着260多个面积大小不等的湖泊。其中，面积10公顷以上的湖泊有39个，湖泊湿地总面积约4789公顷。面积较大的湖泊有：彭错（869公顷）、东德错（443公顷）、错热错（404公顷）、峨弄错（279公顷）、窝穷错（225公顷）、舍格错（200公顷）、托弄错（178公顷）、司错（131公顷）、瓦瑞错（123公顷）、子格错（117公顷）、郎拉容马错（105公顷）、瞎前错（102公顷）。湖面平均海拔为4900米，均属外流水系。湖泊矿化度约400毫克/升，湖水清澈。湖体平均水深5米左右，储水量高达2.5亿立方米。

（一）嘉乃玉错

位于村雄曲与其支流普曲交汇处，主要有普曲补给，属淡水外流湖，海拔4500米。其形状呈长方形，南北长约1.5千米，东西最大宽度约6.5千米。平均水深8.0米。总面积6.9平方千米，湖水库容约5000万立方米。

（二）泽拉错

位于嘉黎县城的后山，属淡水湖，是泽嘎错的水源补给地，形状呈长条形，湖面面积17公顷，平均水深1.3米。

（三）泽嘎错

位于嘉黎县城的后山，形状呈马蹄形，属淡水湖，湖面面积为21.0公顷，平均水深不足1米，截至2010年，受水土流失及周边居民倾倒垃圾的影响，湖水受到轻微污染。

二、冰川

嘉黎县境内是念青唐古拉山脉东段，高峰众多，冰雪资源极其丰富。冰川覆盖面积6.4%，共有冰川706条，占那曲地区冰川总数的26.1%；冰川面积832.90平方千米，占那曲地区冰川总面积的30.1%，平均冰川面积约1.18平方千米。县境内长度10千米以上的大型冰川有3条。其中，巴龙贡冰川位于北纬30°20′06″、东经93°57′08″，面积48.2平方千米，长度14.7

千米，冰川末端海拔3879米，最高海拔6836米，冰川朝向为北东方向；文噶阿共冰川，位于北纬30°19′16″、东经93°35′12″，面积41.2平方千米，长度14.6千米，冰川末端海拔3856米，最高海拔6555米，冰川朝向为北东方向；嘎洛共冰川，位于北纬30°18′11″、东经93°45′49″，面积56.2平方千米，长度13.7千米，冰川末端海拔4004米，最高海拔6877米。

第三节　湿地和地下水

嘉黎县境内湿地面积较大，地下水资源亦丰富。湿地集中分布在麦地卡和阿扎镇境内。嘉黎县境内湿地较多，重点湿地有4处。

一、湿地

湿地内野生动物众多，按西藏动物地理区划，位于古北界—青藏区—羌塘高原小区。

（一）嘉乃玉错国家湿地公园

位于西藏东部嘉黎县县城所在地阿扎镇。地理位置为东经93°7′46″—93°15′02″、北纬30°33′37″—30°39′07″。湿地公园包括嘉乃玉错、泽拉错、泽嘎错以及三湖相连的村雄曲、沼泽地带等。东西长约12.5千米，南北宽约10.0千米。总面积3504.9公顷。其中湿地面积1249.1公顷，包括河流湿地105.2公顷、湖泊湿地1109.1公顷、沼泽湿地34.8公顷。2011年经国家林业局批准为国家湿地公园。

湿地公园地处藏北高原和藏东高山峡谷的过渡地带。河谷海拔4000—4600米，而河谷两岸山地海拔高度多在4800—5200米，山势陡峻，坡度大，但河床较为宽阔，河谷呈U字形，水流较平缓，主要土壤类型为高山草甸土和亚高山草原土等。

湿地公园水源补给主要是雪山融水，还有大气降水和地下水。流入湿地公园主要河流有两条，即村雄曲和普曲。其中，村雄曲发源地为念青唐古拉山脉南麓的舍格拉山峰，海拔5266米，湿地公园以上流域面积1157平方千米，河长74.3千米，河道平均坡降0.808%，湿地公园坡度为0.064%，河道宽50—200米，全流域多年平均径流量为7.13米/秒，全年来水总量为2.25亿立方米。普曲发源地为念青唐古拉山脉南麓的舍格拉山，湿地公园区以上流域面积547平方千米，河长36.3千米，河道平均坡降0.091%，河道宽10—50米，全流域多年平均径流量为3.13米/秒，全年来水总量为0.65亿立方米。

湿地公园内已记录野生脊椎动物有94种，隶属于5纲21目41科。其中哺乳类5目11科18种；鸟类13目26科68种；两栖类1目1科1种；爬行类1目1科2种；鱼类1目2科5种。有国家和西藏自治区重点保护野生动物28种。湿地区栖息和分布的主要动物：哺乳类有藏狐、棕熊、藏原羚、岩羊、盘羊、高原兔、黑唇鼠兔、藏鼠兔等；鸟类有普通鸬鹚、斑头雁、灰雁、针尾鸭、绿头鸭、赤麻鸭、红头潜鸭、凤头潜鸭、白眼潜鸭、赤嘴潜鸭、普通秋沙鸭、草原雕、鸢、大鵟、金雕、胡兀鹫、秃鹫、高山兀鹫、玉带海雕、白尾海雕、白肩雕、草原鹞、白头鹞、猎隼、红隼、燕隼普通雕鹞、灰林鹞、纵纹腹小鸮、白骨顶、黑水鸡、渔鸥、棕头鸥、普通燕鸥、长嘴百灵、褐背拟地鸦、红眉朱鹞、白腰雪雀、棕颈雪雀、棕背雪雀等；两栖类有高山倭蛙；爬行类有西藏沙蜥、红尾沙蜥；鱼类有异齿裂腹鱼、异尾高原鳅、西藏高原鳅、细尾高原鳅、短尾高原鳅等。国家和西藏自治区Ⅰ级重点保护野生动物12种：黑颈鹤、雪豹、藏狐、香鼬、西藏野驴、金雕、胡兀鹫、秃鹫、高山兀鹫、玉带海雕、白尾海雕、白肩雕。国家和西藏自治区Ⅱ级重点保护野生动物16种：棕熊、藏原羚、岩羊、盘羊、水獭、草原雕、鸢、草原鹞、白头鹞、大鵟、猎隼、红隼、斑头雁、普通雕鸮、灰林鸮、纵纹腹小鸮。

嘉乃玉错国家湿地公园内植被有高寒灌丛、高寒草甸、高山垫状植被、沼泽植被、水生植被等类型。已记录嘉乃玉错国家湿地公园内有高等植物37科124属274种。其中，裸子植物1科1属1种；被子植物36科123属273种。被子植物中，双子叶植物29科95属207种；单子叶植物7科28属66种。主要植物有藏北嵩草、华扁穗草、高山嵩草、矮生嵩草、蕨麻委陵菜、青藏苔草、西藏报春、高原毛茛、三裂碱毛、星舌紫菀、海乳草、海韭菜、水麦冬、高山委陵菜、斑唇马先蒿、水毛茛、长果婆婆纳、虎耳草、赖草、蒲公英、龙胆等。

（二）麦地卡湿地自然保护区

麦地卡湿地自然保护区地处嘉黎县北部，地理位置为东经92°39′53″—93°21′10″、北纬30°48′12″—31°17′57″。2005年被批准为国家重要湿地。2008年西藏自治区人民政府批准建立麦地卡湿地自治区级自然保护区，面积89541.01公顷，包括核心区45527.27公顷，缓冲区11604.75公顷，实验区32408.99公顷。湿地面积506107.32公顷，含河流湿地2917.32公顷，湖泊湿地478939公顷，沼泽湿地24251公顷。保护区内由于河流侵蚀作用较轻，河流切割程度自东向西减弱，因而仍保留有高原景观。山势较矮、丘陵起伏，山间为广阔平坦的古湖盆。海拔4750—5736米。

地貌包括3种类型：湖盆地貌类型有彭错、东德错、错热错、峨弄错、窝穷错、舍格错等湖泊区域，地势比较开阔，周围时有丘陵山地；谷地地貌类型，沿麦地藏布两岸发育，宽度从数千米到数十千米不等，河漫滩、阶地和洪积扇地分异较明显；山地地貌类型属高山或极高山地带，环绕保护区分布，山体形状不一，浑圆至陡峭均有，山体相对高差从数十米至数百米不等，绝大多数山峰在海拔5500米以上。主要土壤有高山寒漠土、高山草甸土、亚高山草甸土、沼泽土、沼泽草甸土以及新积土和粗骨土等，以沼泽化草甸土为主。

麦地卡湿地为雅鲁藏布水系，湿地主要河流是拉萨河源头——麦地藏布及其支流。麦地藏布发源于保护区东北部和比如交界的念青唐古拉山南麓拉查雄附近，朝西北进入彭错，再从东北向西南贯穿保护区湿地腹心地带，河面宽窄不一，其中最宽可达150米；除干流水较深外，其他水流较浅。河流冬季水量较小，水温较低，含沙量低。在湿地范围内麦地藏布流域分布着260多个面积大小不等的湖泊。湿地内河流、湖泊水源补给主要为高山冰雪融水、地下水和雨水3种途径补给。径流深在400—500毫米，河水的矿化度在100—200毫克/升，属弱矿化水。河水离子组成以重硫酸根离子和钙离子为主。

湿地内已记录重点湿地区内有野生脊椎动物414科122种，其中，哺乳类11科24种；鸟类29科87种；两栖类1科2种；爬行类1科2种；鱼类2科7种。有国家和西藏自治区重点保护野生动物33种。栖息和活动的主要动物有：哺乳类有埃氏鼠耳蝠、狼、藏狐、香鼬、狗獾、棕熊、雪豹、猞猁、荒漠猫、兔狲、西藏野驴、藏原羚、岩羊、盘羊、高原兔、黑唇鼠兔、拉达克鼠兔、喜马拉雅旱獭等；鸟类有普通鸬鹚、大白鹭、池鹭、斑头雁、灰雁、针尾鸭、绿头鸭、赤麻鸭、红头潜鸭、凤头潜鸭、白眼潜鸭、赤嘴潜鸭、普通秋沙鸭、草原雕、鸢、大鵟、金雕、胡兀鹫、秃鹫、高山兀鹫、玉带海雕、白尾海雕、白肩雕、草原鹞、白头鹞、猎隼、红隼、燕隼、藏雪鸡、普通雕鸮、纵纹腹小鸮、西藏毛腿沙鸡、黑颈鹤、白骨顶、红脚鹬、金眶鸻、蒙古沙鸻、白腰杓鹬、白腰草鹬、矶鹬、鹮嘴鹬、渔鸥、棕头鸥、普通燕鸥、长嘴百灵、褐背拟地鸦、红眉朱鹀、白腰雪雀、棕颈雪雀、棕背雪雀等；两栖类有高山倭蛙、西藏齿突蟾等；爬行类有西藏沙蜥、红尾沙蜥；鱼类有异尾高原鳅、异齿裂腹鱼、西藏高原鳅、高原裸鲤、拉萨裸裂尻鱼、双须叶须鱼等。其中，国家和西藏自治区Ⅰ级重点保护野生动物13种：雪豹、赤狐、藏狐、香鼬、西藏野驴、金雕、胡兀鹫、秃鹫、高山兀鹫、玉带海雕、白尾海雕、白肩雕、黑颈鹤。国家和西藏自治区Ⅱ级重点保护野生动物20种：棕熊、水獭、猞猁、荒漠猫、兔狲、藏原羚、岩羊、盘羊、草原雕、鸢、草原鹞、白头鹞、猎隼、红隼、燕隼、斑头雁、藏雪鸡、普通雕鸮、纵纹腹小鸮、西藏毛腿沙鸡。

植被随着海拔的增高依次为高山嵩草草甸—高山嵩草杂类草草甸—高寒稀疏草甸—高寒垫状植被—碎石。主要植被类型有高寒灌丛、高寒草甸、高山垫状植被、沼泽植被、水生植被等。已记录湿地区域内共有种子植物35科122属272种。其中常见的植物属有酸模、蓼、唐松草、毛茛、碱毛茛、水毛茛、葶苈、虎耳草、委陵菜、马蹄黄、黄芪、堇菜、老鹳草、沙棘、杉叶藻、水柏枝、棱子芹、杜鹃花、报春花、点地梅、龙胆、香薷、露珠草、海乳草、荆芥、马先蒿、刺参、紫菀、蒿、蒲公英、野青茅、拂子茅、扁穗草、嵩草、苔草、灯心草等。藏北嵩草是该区域沼泽湿地植物的代表种，其他主要优势植物种是高山嵩草、喜马拉雅嵩草、矮生嵩草、藏北苔草、扁穗草、华扁穗草、垫状金露梅、高原毛茛、圆穗蓼、珠芽蓼、云生毛茛、柔小粉报春、斑唇马先蒿、蕨麻委陵菜、紫花针茅、沙生针茅、赖草、藏沙蒿、青海刺参、山地黄芪、垂穗披碱草、中亚早熟禾、细火绒草、海韭菜、海乳草、杉叶藻等。

二、地下水

嘉黎县地下水较丰富，泉水较多，按地下水的埋藏成因分为孔隙潜水、裂隙潜水与承压的构造断裂水 3 种。其中，孔隙潜水存在于松散沉积物孔隙中，主要分布在山间河谷槽地冲积层、山前洪积—冲积扇堆积层、湖积平原的湖积层、现代冰川边缘冰积—洪积层以及山间谷地或山麓边缘残积—坡积层中。裂隙潜水主要存在于中酸性侵入岩、浅变质岩及前第四纪各种不同组合类型岩石的上部风化裂隙中，有的存在于上述岩石的断裂破碎带中。在重力作用下，以层状或脉状潜水形式在地下运移，补给地表径流或湖泊、沼泽等，有的以泉的形式出露地表；承压的构造断裂水赋存于构造断裂带中的裂隙水，常以温泉的形式或相对稳定的上升泉（冷泉）形式出露地表。

第五章　生物

第一节　植被

嘉黎县地理位置于青藏高原的东南部，念青唐古拉山脉东段南坡，高原湖盆地带与高原南部边缘峡谷过渡地带。境内可分两个大流域，即拉萨河上游的色荣藏布流域和易贡藏布上游流域。植被类型丰富多样。

一、植被分布

在中国和西藏植被的区划上，嘉黎县域境内的植被属于亚热带植被带—雅鲁藏布江中游谷地亚高山灌丛草原亚区—拉萨小区和雅鲁藏布江中下游常绿阔叶林亚区波密—易贡小区。

（一）水平分布

植被的水平地带性规律是由气候引起的水热条件变化造成的。嘉黎县自东南向西北气候呈明显的水平地带性规律，与其相应的植被亦具水平地带性规律。

嘉黎中部为藏东南温带湿润灌丛，亚高寒草甸带，气候温和半湿润。山地阴坡生长小叶杜鹃和高山柳灌丛，阳坡生长鸡骨柴川西锦鸡儿灌丛，谷底和阳坡还生长大果圆柏林灌丛。山地海拔4600米以下的阳坡、缓坡阶地、洪冲积扇生长以披碱草、禾草为主的亚高寒草甸，河谷、低坡均有栽培作物，有小麦、青稞、油菜以及部分蔬菜。

嘉黎西部中部亚寒带湿润高寒草甸带，气候较冷，半湿润，发育地带性高寒草甸植被，沿4300—4800米的河谷、盆地、山坡分布。以多种嵩草和圆穗蓼为优势、亚优势种的高寒典型草甸组为主，无乔木林，局部阴坡有高寒矮灌丛（以鬼箭锦鸡儿为主），无任何栽培作物。

嘉黎县域内的隐域性植被亦较发育，河滩湖滨湿地沼泽区发育有一定面积的嵩草属、扁穗草等组成的沼泽草甸。主要优势植物嵩草属、苔草是该区域沼泽、草甸植物的代表种，其他主要优势植物种有垫状金露梅、匍匐水柏枝、华扁穗草、高原毛茛、细叶西伯利亚蓼、珠芽蓼、云生毛茛、粉报春、马先蒿、蕨麻委陵菜、针茅、藏沙蒿、青海刺参、山地黄芪、披碱草、早熟禾、细火绒草、海韭菜、海乳草、杉叶藻等。

嘉黎县农业集中在海拔4400米以下亚高山带河谷地区，主要作物种类有冬小麦、春小麦、青稞、豌豆、蚕豆、油菜、马铃薯等。耕作制一般为一年一熟，少部分为一年两熟。经济果木有核桃、羌桃（光核桃）、杏、苹果、梨、花椒等。拉萨河流域上游的农作物种类较少；易贡河上游的农作物种类较多一些，且经济果木种类较多。

（二）垂直分布

河谷海拔2800米（部分山地海拔急剧上升到6000米），植被垂直带谱十分发育，为山地森林→亚高寒草甸、灌丛→高寒草甸，灌丛→高寒垫状植被→冰川。海拔3800—4000米山地发育川西云杉林。阳坡4000—4500米生长大果圆柏林，其上4500—4800米为金露梅灌丛；阴坡4000—4200米生长白桦与杜鹃混交的灌林，4200—4800米为小叶杜鹃灌丛，海拔4800—5200米生长高山嵩草草甸。5000—5300米为高寒垫状植被，5300米以上发育冰川。受两大水系流域水热条件的影响，植被垂直特征南北略有差异。

1. 拉萨河上游的色荣藏布流域和麦地卡地区

通常在海拔4000米以下，主要分布着以三刺草、喜马拉雅草沙蚕、白草、多种嵩草及几种蓼为优势植被为主的草原群落以及变色锦鸡儿、西藏狼牙刺、小角柱花等组成的落叶灌丛；在山麓复沙地上分布有固沙草群落。

海拔4000—4300米为草原、沼泽湿地植被地带；植被有变色锦鸡儿、垫状金露梅群落组成的高寒灌丛植被，有嵩草、圆穗蓼、紫花针茅、蕨麻委陵菜等组成的高寒草甸植被，有苔状蚤缀、垫状点地梅等组成的高山垫状植被，有水毛茛、杉叶藻、细叶眼子菜等组成的水生植被等类型。

海拔 4300—4500 米，覆被有小檗、绢毛蔷薇、锦鸡儿、绣线菊等亚高山灌丛和白草、针茅、长芒草、蒿属等草原群落。

海拔 4500—4900 米之间，为高山灌丛草甸带，主要植被类型为小嵩草甸、香柏灌丛（阳坡）和杜鹃、金露梅、高山柳灌丛、鬼箭锦鸡儿灌丛等；局部石砾质强的地段还分布有小片垫状植被。

海拔 4900—5200 米间为小嵩草高山草甸植被，并有片段的垫状植物群落。海拔 5200 米以上为高山稀疏植物群聚（高山冰缘植被）带。

海拔 5500—6000 米以上念青唐古拉山主脊上发育现代冰川。

2. 易贡藏布上游流域

海拔 3000 米以下有高山松林、川滇高山栎林、川西栎林及云南铁杉林。

海拔 3500 米以下的低山区，为常绿针叶林和落叶阔叶林带，生长的植物种类较多，常绿针叶林有云杉林等。落叶阔叶林有白红桦、山杨等。野生草本植物有银莲花、念珠芥、播娘蒿、报春等。云杉林分布的上限大致在海拔 3500 米。

海拔 3500—3700 米的中山区，是以白桦、山杨、云杉为主的落叶阔叶林和常绿针叶林，其下灌丛主要为竹，盖度基本上都在 60%。其他有小檗以及杂灌，盖度大约为 30%。

海拔 3700—3800 米的较高山区，以栎树为主，另有云杉、糙皮桦、白桦。林下有箭竹灌丛及其他草本植物。

海拔 3800—4100 米的高山区，植被以山地灌丛和山地草丛为主，有些地段分布着急尖长苞冷杉林，有时出现有亚高山中叶型杜鹃灌丛。主要山地灌丛还有窄叶鲜卑花、山岭麻黄、柱腺茶藨等，主要山地草丛有高山大戟、杉叶藻、小报春、马先蒿等等。

海拔 4200 米以上是高山灌丛草甸带，阴坡一般为雪层杜鹃、藏匐柳、银露梅、扫帚岩须等矮灌丛，阳坡为高山草甸，由小嵩草、细弱嵩草、珠芽蓼、早熟禾、灯心草及多种龙胆、虎耳草、火绒草、风毛菊、唐松草、苔草等组成。

海拔4500—4800米多流石滩，其上植物稀少，主要有雪莲、黑毛雪兔子、风毛菊、垂头菊、糖芥绢毛菊、绵参、翠雀花等，盖度极小。

雪线约在海拔5400米。海拔5400米以上的高峰上发育现代冰川。

第二节　植物资源

嘉黎县位于念青唐古拉山脉的东段南坡，总体地势西北向东南倾斜，向东南直抵西藏东部亚热带高山植被带的边缘，植物资源丰富。至2010年，嘉黎县已记录有高等植物111科411属923种，其中苔藓植物13科24属35种，蕨类植物21科35属65种，裸子植物3科7属10种，被子植物74科345属813种，详见表1－5－1。

嘉黎县高等植物名录

表1－5－1

序号		科名	属名	种名	拉丁文名
1	苔藓植物	牛毛藓科	牛毛藓属	黄牛毛藓	*Ditrichumpallidium*
2		曲尾藓科	小猫藓属	黎蒴小毛藓	*Microduspomiformis*
3			小曲尾藓属	小曲尾藓	*Dicranellacoarctata*
4			拟白发藓属	硬叶拟白发藓	*Paraleucobryumenerve*
5		丛藓科	丛本藓属	扭叶丛本藓	*Anoectangiumstracheyanum*
6			毛氏藓属	高山毛氏藓	*Molendoasendtneriana*
7			扭藓属	长叶扭藓	*Tortellatortuosa*
8			扭口藓属	尖叶扭口藓	*Barbulaconstricta*
9				长尖扭口藓	*B. ditrichoides*
10			墙藓属	长尖叶墙藓	*Tortulalongimucronata*
11				中华墙藓	*T. sinensis*

续表1

序号		科名	属名	种名	拉丁文名
12	苔藓植物	紫萼藓科	紫萼藓属	圆蒴紫萼藓	*Grimmiaapocarpa*
13				卵叶紫萼藓	*Grimmia ovalis*
14		真藓科	丝瓜藓属	泛生丝瓜藓	*Pohliacruda*
15				长蒴丝瓜藓	*P. elongata*
16			真藓属	真藓	*Bryum argenteum*
17				垂蒴真藓	*B. cernuum*
18		提灯藓科	提灯藓属	具缘提灯藓	*Mnium marginatum*
19				尖叶提灯藓	*M. cuspidatum*
20				侧枝提灯藓	*M. maximoviczii*
21				皱叶提灯藓	*M. arbusculum*
22		珠藓科	平珠藓属	挪威珠藓	*Bartramiahalleriana*
23		缩叶藓科	缩叶藓属	长柄缩叶藓	*Ptychomitriumlongisetum*
24		白齿藓科	白齿藓属	侧叶白齿藓	*Leucodonsecundus*
25		碎米藓科	柔齿藓属	柔齿藓	*Habrodonperpusillus*
26		羽藓科	牛舌藓属	单疣牛舌藓	*Anomodonabbreviatus*
27			羊角藓属	羊角藓	*Herpetineurontoccoae*
28			羽藓属	大羽藓	*Thuidiumcymbifolium*
29				毛尖羽藓	*T. huidiumphilibertii*
30				西藏羽藓	*T. tibetanum*
31			锦丝藓属	锦丝藓	*Actinothuidiumhookeri*
32		灰藓科	毛梳藓属	毛梳藓	*P. tiliumcristacastrensis*
33		金发藓科	金发藓属	高山金发藓	*Polytrichumalpinum*
34				桧叶金发藓	*P. juniperinum*
35			树发藓属	树发藓	*Microdendronsinense*

续表 2

序号		科名	属名	种名	拉丁文名
1	蕨类植物	石松科	石松属	成层石松	*Lycopodium zonatum*
2		石杉科	马尾杉属	网络马尾杉	*Phlegmariuruscancellatus*
3			石松属	劲直树状石松	*Strictum*
4				成层石松	*Lycopodium zonatum*
5		卷柏科	卷柏属	垫状卷柏	*Selaginella Pulvinata*
6				匍匐茎卷柏	*Selaginella chrysocaulos*
7				兖州卷柏	*Selaginella involvens*
8		木贼科	木贼属	节节草	*Hippochaeteramosissima*
9			问荆属	问荆	*Equisetum arvense*
10		阴地蕨科	小阴地蕨属	扇羽小阴地蕨	*Botrychium lunaria*
11			假阴地蕨属	绒毛假阴地蕨	*Botrypuslanuginosus*
12		瓶尔小草科	瓶尔小草属	小叶瓶尔小草	*Ophioglossumnudicaule*
13				心叶瓶尔小草	*O. reticulatum*
14		紫萁蕨科	紫萁属	绒紫萁	*Osmundaclaytoniana*
15		瘤足蕨科	瘤足蕨属	尖齿灰背瘤足蕨	*Plagiogyriaglaucescens*
16		膜蕨科	蕗蕨属	小果蕗蕨	*Mecodiummicrosorum*
17		蕨科	蕨属	蕨	*Pteridium aquilinum*
18		凤尾蕨科	凤尾蕨属	指状凤尾蕨	*Pteris dactylina*
19		中国蕨科	珠蕨属	珠蕨	*Cryptogrammaraddeana*
20				高山珠蕨	*Cryptogrammabrunnoniana*
21				稀叶珠蕨	*Cryptogramma*
22			粉背蕨属	细柄粉背蕨	*Aleuritopterisgresia*
23				假银粉背蕨	*Aleuritopterissubargentea*
24				银粉背蕨	*Aleuritopterisargentea*

续表 3

序号		科名	属名	种名	拉丁文名
25	蕨类植物	中国蕨科	薄鳞蕨属	薄叶薄鳞蕨	*Leptolepidiumdalhousiae*
26				绒毛薄鳞蕨	*Lepitolepidiumsubvillosum*
27			旱蕨属	西藏旱蕨	*Pellaeatibetica*
28				禾秆旱蕨	*Pellaeastraminea*
29			碎米蕨属	厚叶碎米蕨	*Cheilosoria insignis*
30		铁线蕨科	铁线蕨属	西南铁线蕨	*Adiantum roborowskii*
31		裸子蕨科	金毛裸蕨属	欧洲金毛裸蕨	*Gymnopterismarantae*
32				金毛裸蕨	*G. vestita*
33		书带蕨科	书带蕨属	西藏书带蕨	*Vittariatibetica*
34		蹄盖蕨科	羽节蕨属	羽节蕨	*Gymnocarpiumjessoense*
35			冷蕨属	皱孢冷蕨	*Cystopterisdickieana*
36				宝兴冷蕨	*C. moupinensis*
37			假冷蕨属	三角叶假冷蕨	*Pseudocystopterissubtriangularis*
38			蹄盖蕨属	西藏蹄盖蕨	*Athyrium tibeticum*
39				黑秆蹄盖蕨	*Athyrium wallichianum*
40				滇藏蹄盖蕨	*Athyrium duthiei*
41				波密蹄盖蕨	*Athyrium bomicola*
42				藏东南蹄盖蕨	*Athyrium austroorientale*
43		铁角蕨科	铁角蕨属	西北铁角蕨	*Asplenium nesii*
44				变异铁角蕨	*Asplenium varians*
45		鳞毛蕨科	玉龙蕨属	玉龙蕨	*Sorolepidiumglaciale*
46			耳蕨属	浅裂高山耳蕨	*Polystichumlachenense*
47				德钦高山耳蕨	*P. atuntzeense*
48				尖齿耳蕨	*P. longidens*

续表4

序号		科名	属名	种名	拉丁文名
49	蕨类植物	鳞毛蕨科	耳蕨属	波密高山耳蕨	*P. bomiense*
50				基芽耳蕨	*P. minusculum*
51				毛叶高山耳蕨	*P. mollissimum*
52				西藏高山耳蕨	*P. tibeticnm*
53			鳞毛蕨属	暗鳞鳞毛蕨	*Dryopteris cycadina*
54				密纤维鳞毛蕨	*D. discreta*
55				聂拉木鳞毛蕨	*D. nyalamense*
56				林芝鳞毛蕨	*D. nyingchiensis*
57				假纤维鳞毛蕨	*D. Pseudofibrillosa*
58				纤维鳞毛蕨	*D. sinofibrillosa*
59		骨碎补科	小膜盖蕨属	美小膜盖蕨	*Araiostegia pulchra*
60		水龙骨科	瓦苇属	扭瓦苇	*Lepisoruscontortus*
61				白边鳞瓦苇	*L. morisonensis*
62				西藏瓦苇	*L. tibeticus*
63			宽带蕨属	宽带蕨	*Platygyriawaltonii*
64			假瘤蕨属	弯弓假瘤蕨	*Phymatopsismalacodon*
65		槲蕨科	槲蕨属	川滇槲蕨	*Drynaria delavayi Christ*
1	裸子植物	松科	冷杉属	急尖长苞冷杉	*Abiesgeorgeiorr*
2			铁杉属	喜马拉雅铁杉	*Tsugadumosa*
3			云杉属	林芝云杉	*Picea linzhiensis*
4			落叶松属	西藏红杉	*Larix griffithiana*
5			松属	高山松	*Pinus densata*

续表 5

序号		科名	属名	种名	拉丁文名
6	裸子植物	柏科	圆柏属	大果圆柏	*Sabina tibetiea*
7				小子圆柏	*Sabina convallium*
8				香柏	*Sabina pingii*
9		麻黄科	麻黄属	山岭麻黄	*Ephedra gerardiana*
1	被子植物	杨柳科	杨属	山杨	*Populus davidiana*
2				藏川杨	*P. tibetica*
3				长序杨	*P. pseudoglauca*
4				清溪杨	*P. rotundifolia*
5			柳属	尖叶垫柳	*Salixacuminatomicrophylla*
6				环纹矮柳	*S. annulifera*
7				圆齿垫柳	*S. anticecrenata*
8				奇花柳	*S. atopantha*
9				大垫柳	*S. brachista*
10				筐柳	*S. cheilophila*
11				怒江矮柳	*S. coggygria*
12				丛毛矮柳	*S. floccosa*
13				长花柳	*S. longiflora*
14				迟花矮柳	*S. opsimantha*
15				尖齿叶垫柳	*S. oreophila*
16				长蕊柳	*S. longistaminea*
17				山生柳	*S. oritrepha*
18				川滇柳	*S. rehderiana*
19				杜鹃叶柳	*S. rhododenerifolia*
20				宽苞金背柳	*var. obtusa*

续表 6

序号		科名	属名	种名	拉丁文名
21	被子植物	杨柳科	柳属	黄花垫柳	*S. souliei*
22				硬叶柳	*S. sclerophylla*
23		胡桃科	胡桃属	核桃	*Juglans regia*
24		桦木科	桦木属	波密桦	*Betulabomiensis*
25				长穗桦	*Betulacylindrostachya*
26				白桦	*Betula platyphylla*
27				糙皮桦	*Betula utilis*
28		壳斗科	栎属	川滇高山栎	*Quercus aquifolioides*
29		荨麻科	荨麻属	高原荨麻	*Urticahyperborea*
30				宽叶荨麻	*U. laetevirens*
31				滇藏荨麻	*U. mairei*
32				三角叶荨麻	*U. triangularis*
33			冷水花属	亚高山冷水花	*Pilearacemosa*
34			楼梯草属	异叶楼梯草	*Elatostemamonandrum*
35			墙草属	墙草	*Parietariamicrantha*
36		檀香科	百蕊草属	波密百蕊草	*Thesiumbomiense*
37		桑寄生科	油杉寄生属	高山松寄生	*Arceuthobiumpini*
38		蛇菰科	蛇菰属	筒鞘蛇菰	*Balanophorainvolucrata*
39		蓼科	山蓼属	山蓼	*Oxyriadigyna*
40			大黄属	藏边大黄	*Rheum emodi*
41				掌叶大黄	*R. palmatum*
42				小大黄	*R. pumilum*
43			冰岛蓼属	冰岛蓼	*Koenigiaiislandica*

续表 7

序号		科名	属名	种名	拉丁文名
44	被子植物	蓼科	酸模属	西藏巴天酸模	*Rumexpatientia*
45				尼泊尔酸模	*R. nepalensis*
46			荞麦属	金荞麦	*Fagopyrum dibotry*
47				荞麦	*Fagopyrum esculentum*
48				苦荞麦	*Fagopyrum tataricum*
49			蓼属	萹蓄	*Polygonum aviculare*
50				细茎蓼	*P. filicaule*
51				圆叶蓼	*P. forrestii*
52				冰川蓼	*P. glaciale*
53				硬毛蓼	*P. hookeri*
54				圆穗蓼	*P. macrophyllum*
55				尼泊尔蓼	*P. nepalense*
56				多穗蓼	*P. polystachyum*
57				西伯利亚蓼	*P. sibiricum*
58				细叶西伯利亚蓼	*P. thomsonii*
59				珠芽蓼	*P. viviparum*
60		藜科	千针苋属	千针苋	*Acroglochinpersicarioides*
61			小果滨藜属	小果滨藜	*Microgynoeciumtibeticum*
62			藜属	藜	*Chenopodium album*
63				菊叶香藜	*C. foetidum*
64				杂配藜	*C. hybridum*
65		商陆科	商陆属	商陆	*Phytoraccaacinosa*
66		马齿苋科	马齿苋属	马齿苋	*Porturacaoleracea*

续表 8

序号		科名	属名	种名	拉丁文名
67	被子植物	石竹科	漆姑草属	漆姑草	*Sagina japonica*
68			卷耳属	簇生卷耳	*Cerastiumfontanum*
69				藏南卷耳	*C. thomsonii*
70			无心菜属	髯毛无心菜	*Arenaria barbata*
71				波密无心菜	*A. bomiensis*
72				腺毛叶老牛筋	*Arenaria glandulosa*
73				毛叶老牛筋	*A. capillaris*
74				山居雪灵芝	*A. edgeworthiana*
75				圆叶无心菜	*A. orbiculata*
76				无心菜	*A. serpyllifolia*
77			繁缕属	垫状繁缕	*S. pulvinata*
78				禾叶繁缕	*S. graminea*
79				湿地繁缕	*S. uda*
80				繁缕	*S. media*
81				云南繁缕	*S. yunnanensis*
82			狗筋蔓属	狗筋蔓	*Cucubalusbaccifer*
83			女娄菜属	女娄菜	*Melandriumapricum*
84				多茎女娄菜	*M. multicaule*
85			蝇子草属	库门蝇子草	*Silene kumaonensis*
86				白垩蝇子草	*S. subcretacea*
87				细蝇子草	*S. tenuis*
88				云南蝇子草	*S. yunnanensis*
89		毛茛科	芍药属	黄牡丹	*Paeoniadelavayi vat. lutea*
90				白花芍药	*P. sterniana*

续表9

序号		科名	属名	种名	拉丁文名
91	被子植物	毛茛科	驴蹄草属	花葶驴蹄草	*Caltha scaposa*
92			金莲花属	小金莲花	*Trollius pumilus*
93				毛茛状金莲花	*T. ranunculoides*
94			升麻属	升麻	*Cimicifuga foetida*
95			类叶升麻属	类叶升麻	*Actaeaasiatica*
96			乌头属	船盔乌头	*Aconitum naviculare*
97				铁棒锤	*A. pendulum*
98				波密乌头	*A. pomeense*
99				全裂乌头	*A. pseudodivaricatum*
100				美丽乌头	*A. pulchellum*
101				腋花乌头	*A. sinoaxillare*
102			翠雀属	囊距翠雀花	*Delphinium brunonianum*
103				蓝翠雀花	*D. caeruleum*
104				光叶翠雀花	*D. leiophyllum*
105				波密翠雀花	*D. pomeense*
106			拟耧斗菜属	拟耧斗菜	*Paraquilegiamicrophylla*
107			耧斗菜属	直距耧斗菜	*Aquilegia rockii*
108			唐松草属	高山唐松草	*Thalictrum alpinum*
109				偏翅唐松草	*T. delavayi*
110				堇花唐松草	*T. diffusiflorum*
111				腺毛唐松草	*T. foetidum*
112				小喙唐松草	*T. rostellatum*
113				芸香叶唐松草	*T. rutifolium*
114				石砾唐松草	*T. squamiferum*

续表10

序号		科名	属名	种名	拉丁文名
115	被子植物	毛茛科	银莲花属	展毛银莲花	*Anemone demissa*
116				钝裂银莲花	*A. obtusiloba*
117				草玉梅	*A. rivularis*
118				岩生银莲花	*A. rupicola*
119			铁线莲属	西藏铁线莲	*Clematis tenuifolia*
120				合柄铁线莲	*C. connata*
121				丽叶铁线莲	*C. gracilifolia*
122				绣球藤	*C. montana*
123				西南铁线莲	*C. pseudopogonandra*
124				长花铁线莲	*C. rehderiana*
125				西藏铁线莲	*C. tenuifolia*
126			侧金盏花属	短柱侧金盏花	*Adonis brevistyla*
127			毛茛属	高原毛茛	*Ranunculus brotherusii*
128				回回蒜	*R. chinensis*
129				云生毛茛	*R. longicaulis*
130				茬弱毛茛	*R. munroanus*
131				浮毛茛	*R. natans*
132			碱毛茛属	水葫芦苗	*Halerpestescymbalaria*
133			水毛茛属	水毛茛	*Batrachiumbungei*
134		小檗科	桃儿七属	桃儿七	*Sinopodophyllumhexandrum*
135			八角莲属	西藏八角莲	*Dysosmatsayuensis*
136			红毛七属	红毛七	*Caulophyllumrobustum*
137			小檗属	近似小檗	*Berberis approximata*
138				珠峰小檗	*B. everestiana*

续表 11

序号		科名	属名	种名	拉丁文名
139	被子植物	小檗科	小檗属	波密小檗	*B. gyalaica*
140				黑果小檗	*B. ignorata*
141				里龙小檗	*B. taylorii*
142				粉叶小檗	*B. temolaica*
143				阴生小檗	*B. umbratica*
144		樟科	木姜子属	木姜子	*Litseapungens*
145		罂粟科	绿绒蒿属	藿香叶绿绒蒿	*Meconopsisbetonicifolia*
146				长叶绿绒蒿	*M. lancifolia*
147				多刺绿绒蒿	*Meconopsishorridula*
148				拟秀丽绿绒蒿	*M. pseudvenusta*
149			紫堇属	天葵叶紫堇	*Corydalis balfouriane*
150				流苏瓣缘黄堇	*C. fimbripetala*
151				尼泊尔黄堇	*C. hendersonii*
152				细花紫堇	*C. napuligera*
153				蛇果黄堇	*C. ophiocarpa*
154				聂拉木黄堇	*C. papillipes*
155				波密紫堇	*C. pseudoadoxa*
156				毛茎紫堇	*C. Pubicaula*
157				囊果黄堇	*C. retingensis*
158				锥花黄堇	*C. thyrsiflora*
159		十字花科	芸薹属	包心菜	*B. Oleracea*
160				油菜	*Brassica campestris*
161				芥菜	*B. juncea*
162				白菜	*B. pekinensis*

续表 12

序号		科名	属名	种名	拉丁文名
163	被子植物	十字花科	芸薹属	芜菁	*B. rapa*
164			萝卜属	萝卜	*Raphaunus sativus*
165			独行菜属	头花独行菜	*Lepidium capitatum*
166				独行菜	*Lepidium apetalum*
167			遏蓝菜属	西藏遏蓝菜	*Thlaspiandersonii*
168			屈曲花属	披针叶屈曲花	*Iberis intermedia*
169			遏蓝菜属	遏蓝菜	*Thlaspiarvense*
170			芥属	芥	*Capsellabursapastoris*
171			碎米荠属	山芥碎米荠	*Cardaminegriffithii*
172				弹裂碎米荠	*C. impatiens*
173				三叶碎米荠	*C. trifoliolata*
174			南芥属	硬毛南芥	*Arabis hirsuta*
175				垂果南芥	*A. pendula*
176				翅籽南芥	*A. pterosperma*
177			拟南芥属	喜马拟南芥	*Arabidopsis himalaica*
178			焯菜属	沼泽焯茱	*Rorippaislandica*
179			山蓊菜属	密序山蓊菜	*Eutrema compactum*
180			念珠芥属	念珠芥	*Torularia humilis*
181				小念珠芥	*T. parva*
182			播娘蒿属	播娘蒿	*Deseurainiasophia*
183		景天科	红景天属	圆齿红景天	*R. crenulata*
184				长鞭红景天	*R. fastigita*
185				异齿红景天	*R. discolor*
186				喜马拉雅红景天	*R. Himalensis*

续表 13

序号		科名	属名	种名	拉丁文名
187	被子植物	景天科	红景天属	背药红景天	*R. Hodsonii*
188				狭叶红景天	*R. kirilowii*
189				圣地红景天	*R. sacra*
190				云南红景天	*R. yunnanensis*
191			景天属	尖叶景天	*S. fedtsehenkoi*
192				巴塘景天	*S. heckelii*
193				高山景天	*S. oreades*
194				甘南景天	*S. ulricae*
195		虎耳草科	黄水枝属	黄水枝	*Tiarella polyphylla*
196			岩白菜属	岩白菜	*B. purpurascens*
197			虎耳草属	波密虎耳草	*Saxifraga anadena*
198				小芒虎耳草	*S. aristulata*
199				岩梅虎耳草	*S. diapensia*
200				优越虎耳草	*S. eegregia*
201				素白拉虎耳草	*S. elliotii*
202				加拉虎耳草	*S. gyalana*
203				近异枝虎耳草	*S. heteroeladoides*
204				近优越虎耳草	*S. hookeri*
205				理塘虎耳草	*S. 1itangensis*
206				黑蕊虎耳	*S. melanocentra*
207				山地虎耳草	*S. montana*
208				对叶虎耳草	*S. contraria*
209				金星虎耳草	*S. stellaaurea*
210				甘青虎耳草	*S. tangutica*

续表 14

序号		科名	属名	种名	拉丁文名
211	被子植物	虎耳草科	鬼灯檠属	索骨丹	*Rodgersiaaesculifolia*
212			梅花草属	中国梅花草	*Parnassiachinensis*
213				突隔梅花草	*Parnassiadelavyi*
214				云梅花草	*P. nubicola*
215				类三脉梅花草	*Parnassiapusilla*
216			绣球花属	毛叶绣球	*Hydrangea heteromalla*
217			溲疏属	密序溲疏	*Deutzia compacta*
218				多射线溲疏	*var. multiradiata*
219				伞房花溲疏	*D. coymbosa*
220			茶藨子属	刺茶藨子	*Ribesalpestre*
221				冰川茶藨子	*Ribesglaciale*
222				狭萼茶藨子	*R. latiniatum*
223				柱腺茶藨子	*Ribesorientale*
224		蔷薇科	绣线菊属	拱枝绣线菊	*Spiraea arcuata*
225				毛叶绣线菊	*Spiraea mollifolia*
226				川绣线菊	*S. schneideriana*
227				西藏绣线菊	*S. tibetica*
228			鲜卑花属	窄叶鲜卑花	*Sibiraeaangustata*
229			珍珠梅属	高丛珍珠梅	*Sorbariaarborea*
230			绣线梅属	云南绣线梅	*Neilliaserratisepala*
231			栒子属	尖叶栒子	*Cotoneaster acuminatus*
232				灰栒子	*C. acutifolius*
233				匍匐栒子	*Cotoneaster adpressus*
234				黄杨叶栒子	*C. buxifolius*

续表 15

序号		科名	属名	种名	拉丁文名
235	被子植物	蔷薇科	栒子属	木帚栒子	*C. dielsianus*
236				丹巴栒子	*C. harrysmithii*
237				小叶栒子	*C. microphyllus*
238				水栒子	*C. multiflorus*
239				暗红栒子	*C. obscurus*
240				圆叶栒子	*C. rotundifolius*
241				红花栒子	*C. rubens*
242				康巴栒子	*C. sherriffii*
243			花楸属	纤细花楸	*Sorbus filipes*
244				西康花楸	*S. prattii*
245				西南花楸	*S. rehderiana*
246				康藏花楸	*S. thibetica*
247				川滇花楸	*S. vimorinii*
248			木瓜属	西藏木瓜	*Chaenomelesthibetica*
249			苹果属	山荆子	*Malus baccata*
250				丽江山荆子	*M. rockii*
251				变叶海棠	*M. toringoides*
252			悬钩子属	腺毛刺萼悬钩子	*Rubusacaenocalyx*
253				凉山悬钩子	*R. fockeanus*
254				美饰悬钩子	*R. subornatus*
255				直立悬钩子	*R. stans*
256			路边青属	路边青	*Geumaleppium*
257			草莓属	西藏草莓	*Fragaria nubicola*

续表16

序号		科名	属名	种名	拉丁文名
258	被子植物	蔷薇科	委陵菜属	蕨麻委陵菜	*Potentilla anserina*
259				二裂委陵菜	*P. bifurca*
260				楔叶委陵菜	*P. euneata*
261				毛果委陵菜	*P. eriocarpa*
262				西南委陵菜	*P. fulgens*
263				柔毛委陵菜	*P. griffithii*
264				银叶委陵菜	*P. 1euconota*
265				腺毛委陵菜	*P. longifolia*
266				多裂委陵菜	*P. multifida*
267				金露梅	*P. fruticosa*
268				铺地小叶金露梅	*P. parvifolia var. armenioides*
269				钉柱委陵菜	*P. saundersiana*
270			山莓草属	楔叶山莓草	*Sibbaldiacuneata*
271				大瓣紫花山莓草	*Sibbaldiamaeropetala*
272			蔷薇属	大叶蔷薇	*Rosa maerophylla*
273				峨眉蔷薇	*R. omeiensis*
274				绢毛蔷薇	*R. serieea*
275				西康蔷薇	*R. sikangensis*
276				扁刺蔷薇	*R. sweginzowii*
277				西藏蔷薇	*R. thibetica*
278			龙芽草属	龙芽草	*Agimoniapilos*
279			扁核木属	青刺尖	*Prinsepiautilis*
280			李属	微毛樱桃	*Prunus clarofolia*
281				锥腺樱	*P. conadenia*

续表 17

序号		科名	属名	种名	拉丁文名
282	被子植物	蔷薇科	李属	光核桃	*P. mira*
283				红毛樱	*P. rufa*
284				毛樱桃	*P. tomentosa*
285				川西樱	*P. trichostoma*
286				细齿稠李	*P. vaniotii*
287		豆科	槐属	砂生槐	*Sophora mogrcroftiana*
288			黄花木属	黄花木	*Piptanthusnepalensis*
289			黄华属	披针叶黄华	*Thermopsis lanceolata*
290				紫花黄华	*Thermopsisbarbata*
291			胡卢巴属	毛果胡卢巴	*Trigonella pubescens*
292			草木樨属	印度草木樨	*Melilotus indicus*
293			苜蓿属	天蓝苜蓿	*Medicago iupulina*
294				紫苜蓿	*M. sativa*
295			葛藤属	苦葛藤	*Pueraria peduncularis*
296			菜豆属	多花菜豆	*Phaseolus coccineus*
297				金甲豆	*P. lunatus*
298				菜豆	*P. vulgaris*
299			野豌豆属	西南野豌豆	*Vicianummularia*
300			兵豆属	兵豆	*Lens culinaris*
301			豌豆属	豌豆	*Pisum sativum*
302			锦鸡儿属	二色锦鸡儿	*Caragana bicolor*
303				矮锦鸡儿	*Caragana maximovicziana*
304				鬼箭锦鸡儿	*C. jubata*
305			米口袋属	高山米口袋	*Gueldenstaedtiahimalaica*

续表 18

序号		科名	属名	种名	拉丁文名
306	被子植物	豆科	黄芪属	波密黄芪	*Astragalusbomeensis*
307				木里黄芪	*A. muliensis*
308				长爪黄芪	*A. hendersonii*
309				光亮黄芪	*A. 1ucidus*
310				异长齿黄芪	*A. monbeigii*
311				马豆黄芪	*A. pastorius*
312			雀儿豆属	刺柄雀儿豆	*Chesneya spinosa*
313			棘豆属	镰荚棘豆	*Oxytropis falcata*
314				黑萼棘豆	*O. melanocalyx*
315				黄毛棘豆	*O. ochrantha*
316				黄花棘豆	*O. ochrocephala*
317				小叶棘豆	*O. microphylla*
318			岩黄芪属	滇岩黄芪	*Hedysarum limitaneum*
319			山蚂蝗属	雅致山蚂蝗	*Desmodium elegans*
320				美花山蚂蝗	*Desmodiumcallianthum*
321			胡枝子属	达呼里胡枝子	*Lespedeza davurica*
322		牻牛儿苗科	老鹳草属	穆坪老鹳草	*Geranium moupinense*
323				藏东老鹳草	*G. orientali—tibeticum*
324				多花老鹳草	*G. polyanthes*
325				汉江鱼腥草	*G. robertianum*
326				老鹳草	*Geranium. sibiricum*
327		旱金莲科	旱金莲属	旱金莲	*Tropaeolamajus*
328		蒺藜科	蒺藜属	蒺藜	*Tribulus terretris*

续表 19

序号		科名	属名	种名	拉丁文名
329	被子植物	芸香科	花椒属	花椒	*Zanthoxylumbungeanum*
330				西藏花椒	*Z. tibetanum*
331		远志科	远志属	西伯利亚远志	*Polygala sibirica*
332				单瓣远志	*P. nonopetala*
333		大戟科	黑钩叶属	雀儿舌头	*Leptopuschinensis*
334			大戟属	疣果大戟	*Euphorbia micractina*
335				高山大戟	*Euphorbia stracheyi*
336				大果大戟	*E. wallichii*
337		马桑科	马桑属	草马桑	*Coriaria terminalis*
338		卫矛科	卫矛属	丘生卫矛	*Euonymus clivicolus*
339				狭翘果卫矛	*E. monbeigii*
340				血色卫矛	*E. sanguineus*
341				脉瓣卫矛	*E. tingens*
342			南蛇藤属	茎花南蛇藤	*Celastrusstylosus*
343		槭科	槭属	长尾槭	*Acer caudatum*
344		凤仙花科	凤仙花属	川西凤仙花	*Impatiens apsotis*
345				辐射凤仙花	*Impatiens radiata*
346		鼠李科	鼠李属	刺鼠李	*Rhamnusdumetorum*
347				西藏鼠李	*R. tibetica*
348				帚枝鼠李	*R. virgata*
349			猫乳属	川滇猫乳	*Rhamnellaforrestii*
350			勾儿茶属	细梗勾儿茶	*Berchemialongipedicellata*
351				云南勾儿茶	*B. yunnanensis*

续表 20

序号		科名	属名	种名	拉丁文名
352	被子植物	锦葵科	锦葵属	中华锦葵	*Malva verticillata*
353			蜀葵属	蜀葵	*Althaea rosea*
354		藤黄科	藤黄属	多蕊金丝桃	*Hypericumhookerianum*
355		柽柳科	水柏枝属	匍匐水柏枝	*Myricariaprostrata*
356				卧生水柏枝	*M. rosea*
357				三春柳	*M. squamosa*
358				小苞水柏枝	*M. wardii*
359		堇菜科	堇菜属	双花堇菜	*Viola biflora*
360				鳞茎堇菜	*V. bulbosa*
361				羽裂堇菜	*V. forrestiana*
362				圆叶小堇菜	*V. rockiana*
363				光茎四川堇菜	*V. szetchwanensis*
364		瑞香科	瑞香属	长瓣瑞香	*Daphnelongilobata*
365			狼毒属	甘遂	*Stellerachamaejasme*
366		胡颓子科	胡颓子属	牛奶子	*Elaeagnus umbellata*
367		柳叶菜科	沙棘属	沙棘	*Hippophaerhamnoides*
368				柳叶沙棘	*H. salicifolia*
369			柳叶菜属	圆柱柳叶菜	*Epilobiumcylindricum*
370				水湿柳叶菜	*Epilobiumpalustre*
371				喜山柳叶菜	*Epilobiumroyleanllm*
372				锡金柳叶菜	*E. sikkimense*
373				滇藏柳叶菜	*E. wallichiaum*
374			柳兰属	柳兰	*Chamaenerionangustifolium*
375			露珠草属	高山露珠草	*Circaeaalpina*

续表 21

序号		科名	属名	种名	拉丁文名
376	被子植物	小二仙草科	狐尾藻属	穗状狐尾藻	*Myriophyllum spicatum*
377		杉叶藻科	杉叶藻属	杉叶藻	*Hippuris vulgaris*
378		五加科	常春藤属	常春藤	*Hedera sinensis*
379			五加属	锈毛五加	*Acanthopanax ferrugineus*
380			楤木属	浓紫龙眼独活	*Aralia atropurpurea*
381			人参属	珠子参	*Panax major*
382		伞形科	天胡荽属	柄花天胡荽	*Hydrocotylehimalaica*
383				怒江天胡荽	*H. salwiniea*
384			变豆菜属	软雀花	*Saniculaelata*
385				锯叶变豆菜	*S. serrata*
386			香根芹属	疏叶香根芹	*Osmorhlzaaristata*
387			窃衣属	小窃衣	*Torilis japonica*
388			棱子芹属	西藏棱子芹	*Pleurospermumhookeri*
389			瘤果芹属	云南瘤果芹	*Trachydiumkingdon—wardii*
390			柴胡属	窄竹叶柴胡	*Bupleurum stenophyllum*
391				竹叶柴胡	*B. marginatum*
392			葛缕子属	田葛缕子	*Carumburiaticum*
393			囊瓣芹属	澜沧囊瓣芹	*Pternopetalumdelavayi*
394			茴芹属	中甸茴芹	*Pimpinezhongdianensis*
395			丝瓣芹属	丝瓣芹	*Acronematenerum*
396			独活属	白亮独活	*Heracleum candicans*
397				裂叶独活	*Heracleum millefolium*
398		山茱萸科	株木属	高山株木	*Cornushemsleyi*

续表 22

序号		科名	属名	种名	拉丁文名
399	被子植物	杜鹃花科	杜鹃属	宽种杜鹃	*Rhododendron beesianum*
400				小叶美波杜鹃	*Rhododendron riparium*
401				弯柱杜鹃	*R. camplogynum*
402				灰背杜鹃	*R. coryanum*
403				硬毛杜鹃	*R. hirtipes*
404				黄管杜鹃	*R. kasoense*
405				黄钟杜鹃	*R. 1uciferum*
406				林芝杜鹃	*R. nyingchiense*
407				山育杜鹃	*R. oreotrephes*
408				波密杜鹃	*R. pomense*
409				微毛樱草杜鹃	*Rhododendroncepalanthbides*
410				矮小杜鹃	*R. pumilum*
411				血红杜鹃	*R. sanguineum*
412				三花杜鹃	*R. triflorum*
413				紫玉盘杜鹃	*R. uvarifolium*
414				白毛杜鹃	*R. vellereum*
415				黄杯杜鹃	*R. wardii*
416				雪层杜鹃	*Rhododendron nivale*
417				樱草杜鹃	*R. primulaeflorum*
418			岩须属	扫帚岩须	*Cassiopefastigiata*
419			吊钟花属	毛叶吊钟花	*Enkianthusdeflexus*
420			米饭花属	毛叶米饭花	*Lyonia villosa*
421			白珠树属	铜钱叶白珠	*Gaultheria nummulariodes*
422				鹿蹄草叶白珠	*Gaultheria pyroloides*
423				刺毛叶白珠	*G. trichophylla*

续表23

序号		科名	属名	种名	拉丁文名
424	被子植物	报春花科	珍珠菜属	藜状珍珠菜	*Lysimachiachenopodioides*
425			点地梅属	直立点地梅	*Androsaceerecta*
426				乐叶点地梅	*A. graminifolia*
427				垫状点地梅	*Atapete*
428			报春花属	圆叶报春	*P. baileyana*
429				镰叶雪山报春	*P. falcifolia*
430				白心球花报春	*P. atrodentata*
431				宽裂掌叶报春	*P. 1atisecta*
432				亮白小报春	*P. candicans*
433				深红小报春	*P. rubicunda*
434				深红小报春	*P. rubicunda*
435				波密脆蒴报春	*P. pomeiensis*
436				中甸灯台报春	*P. chungensis*
437				巨伞钟报春	*P. florindae*
438			独花报春属	西藏独花报春	*Omphalogrammatibeticum*
439				独花报春	*Omphalogrammavincarflora*
440		蓝雪科	紫金标属	紫金标	*Ceratostigmawillmotianum*
441				架棚	*Ceratostigma　minus*
442		木樨科	素馨属	矮探春	*Jasminum　humile*
443				素方花	*J. officinale*
444		马钱科	醉鱼草属	泽当醉鱼草	*Buddlejatsetangensis*
445		龙胆科	龙胆属	拉康龙胆	*Gentiana　1hakangensis*
446				长梗龙胆	*Gentianawaltonii*
447				硕花龙胆	*G. amplicrater*

续表 24

序号		科名	属名	种名	拉丁文名
448	被子植物	龙胆科	龙胆属	多雄山龙胆	*G. doxongshanensis*
449				线叶龙胆	*G. farreri*
450				丝柱龙胆	*G. filistyla*
451				青藏龙胆	*G. futtereri*
452				无茎龙胆	*G. namlaensis*
453				山景龙胆	*G. oreodoxa*
454				朗县龙胆	*G. sherriffii*
455				乌双龙胆	*G. urnula*
456				蓝玉簪龙胆	*G. veitchiorum*
457				矮龙胆	*G. wardii*
458				波密龙胆	*G. bomiensis*
459				肾叶龙胆	*G. crassuloides*
460				圆球龙胆	*G. globosa*
461				宽边龙胆	*G. latimarginalis*
462				蓝白龙胆	*G. leucomelaena*
463			扁蕾属	湿生扁蕾	*Gentianopsis paludosa*
464			喉毛花属	柔弱喉毛花	*Comastomatenellum*
465			花锚属	椭圆叶花锚	*Halenia elliptica*
466			肋柱花属	大花肋柱花	*Lomatogoniummacranthum*
467			獐牙菜属	宽丝獐牙菜	*Swertia dilatata*
468				毛萼獐牙菜	*Swertia hispidicalyx*
469		萝藦科	鹅绒藤属	牛皮消	*Cynanchumauriculatum*
470				竹灵消	*Cynanchuminamoenum*
471				青羊参	*C. otophyllum*

续表25

序号		科名	属名	种名	拉丁文名
472	被子植物	紫草科	滇紫草属	细花滇紫草	*Onosmahookeri*
473			微孔草属	微孔草	*Microula sikkimensis*
474			附地菜属	附地菜	*Trigonotispeduncularis*
475				藏附地菜	*T. tibetica*
476			鹤虱属	山西鹤虱	*Lappulashanhsiensis*
477			琉璃草属	倒提壶	*Cynoglossum amabile*
478				西南琉璃草	*C. wallichii*
479				倒钩琉璃草	*Cynoglossum glochidiatum*
480				琉璃草	*C. zeylanicum*
481		唇形科	掌叶石蚕属	掌叶石蚕	*Rubiteucrispalmata*
482			筋骨草属	筋骨草	*Ajuga ciliata*
483				匍枝筋骨草	*A. lobata*
484			荆芥属	藏荆芥	*Nepeta angustifolia*
485				齿叶荆芥	*N. dentata*
486				穗花荆芥	*N.* 1*aevigata*
487				块根荆芥	*N. raphanorhiza*
488				狭叶荆芥	*N. souliei*
489			夏枯草属	硬毛夏枯草	*Prunella hispida*
490			糙苏属	萝卜秦艽	*Phlomis medicinalis*
491				螃蟹甲	*P. yonughusbandii*
492			独一味属	独一味	*Lamiophlomis rotata*
493			鼬瓣花属	鼬瓣花	*Galeopsis bifida*
494			野芝麻属	宝盖草	*Lamiumamplexicaule*
495			绵参属	绵参	*Eriophytonwallichianum*

续表 26

序号		科名	属名	种名	拉丁文名
496	被子植物	唇形科	水苏属	粗齿水苏	*Stachys kouyangensis*
497			鼠尾草属	粘毛鼠尾草	*Salvia roborowskii*
498				锡金鼠尾草	*S. sikkimensis*
499			姜味草属	灯笼草	*Clinopodiumpolycephalum*
500				匍匐风轮菜	*C. repens*
501			牛至属	牛至	*Origanum vulgare*
502			薄荷属	薄荷	*Mentha haplocalyx*
503			香薷属	香薷	*Elsholtziaciliata*
504				密花香薷	*Elsholtziadensa*
505				鸡骨柴	*E. fruticosa*
506				球穗香薷	*E. strobilifera*
507			香茶菜属	狭基香茶菜	*Rabdosiagerardiana*
508				川藏香茶菜	*Rabdosiapseudoirrorata*
509		茄科	山莨菪属	山莨菪	*Anisodus tanguticus*
510				丽山莨菪	*Anisodusfischerianus*
511			马尿泡属	马尿泡	*Przewalskia tangutica*
512			天仙子属	天仙子	*Hyoscyamusniger*
513			辣椒属	辣椒	*Capsicum annuum*
514			茄属	马铃薯	*Solanum tuberosum*
515				龙葵	*Solanum nigrum*
516			番茄属	番茄	*Lycopersicon esculentum*
517			曼陀罗属	曼陀罗	*Datura stramonium*
518		玄参科	藏玄参属	藏玄参	*Oreosolen wattii*
519			肉果草属	肉果草	*Lancea tibetica*

续表 27

序号		科名	属名	种名	拉丁文名
520	被子植物	玄参科	鞭打绣球属	鞭打绣球	*Hemiphragmaheterophyllum*
521			胡黄连属	胡黄连	*Pierorhizascrophulariiflora*
522			婆婆纳属	北水苦荬	*Veronica anagallisaquatica*
523				察隅婆婆纳	*V. chayuensis*
524				拉萨长果婆婆纳	*V. ciliata*
525				多毛伞房花婆婆纳	*V. szechuanica*
526			兔耳草属	短穗兔耳草	*Lagotis brachystachya*
527			松蒿属	草柏枝	*Phtheirospermumtenuisectum*
528			马先蒿属	阿拉善马先蒿	*Pedicularis alaschanica*
529				蒙藏马先蒿	*Pedicularisalaschanica*
530				奇异马先蒿	*P. anomala*
531				金黄马先蒿	*P. aurata*
532				波密马先蒿	*P. bomiensis*
533				伞房马先蒿	*P. corymbifera*
534				隐花马先蒿	*P. cryptantha*
535				密腺马先蒿	*P. densispica*
536				裹盔马先蒿	*P. elwesii*
537				凸尖马先蒿	*P. apiculata*
538				喙毛马先蒿	*p. rhyhchotrlcha*
539				毛盔马先蒿	*P. trichoglossa*
540		列当科	草苁蓉属	丁座草	*Boschniakiahimalaica*
541		苦苣苔科	粗筒苣苔属	藓丛粗筒苣苔	*Briggsiamusclcola*
542		车前科	珊瑚苣苔属	石花	*Corallodiscusflabellatus*
543				卷丝苣苔	*Corallodiscus kingianus*
544			车前属	平车前	*Plantago depressa*

续表 28

序号		科名	属名	种名	拉丁文名
545	被子植物	茜草科	野丁香属	白毛野丁香	*Leptodermisforrestii*
546				粉背野丁香	*L. potaninii*
547			茜草属	茜草	*Rubiamanjith*
548				光茎茜草	*R. wallichiana*
549			拉拉藤属	猪殃殃	*Galium aparine*
550				六叶律	*G. asperuloifes*
551				红花拉拉藤	*G. baldensiforme*
552				奇特猪殃殃	*C. paraboxum*
553				弯梗拉拉藤	*G. tricorne*
554		忍冬科	接骨木属	血莽草	*Sambucus adnata*
555			荚蒾属	蓝黑果荚蒾	*Viburnum atrocyaneum*
556				黄栌叶荚蒾	*V. cotinifolium*
557				甘肃荚蒾	*V. kansuense*
558				西藏荚蒾	*V. thibeticum*
559			忍冬属	淡红忍冬	*Lonicera acuminata*
560				刚毛忍冬	*Lonicera hispida*561
561				粗刺毛忍冬	*L. aetosa*562
562				杯萼忍冬	*Lonicera inconspicua*563
563				柳叶忍冬	*L. 1anceolata*564
564				越桔忍冬	*L. myrtillus*565
565				岩生忍冬	*L. rupicola*566
566				陇塞忍冬	*L. tangutica*567
567				毛花忍冬	*L. trichosantha*568
568				华西忍冬	*L. webbiana*

续表 29

序号		科名	属名	种名	拉丁文名
569	被子植物	忍冬科	风吹箫属	风吹箫	*Leycesteriaformosa*
570		败酱科	甘松属	甘松	*Nardostachysjatamansi*
571			败酱属	秀苞败酱	*Patriniaspeciosa*
572			缬草属	长序缬草	*Valerianahardwickii*
573		葫芦科	波棱瓜属	波棱瓜	*Herpetospermumpedunculosum*
574			黄瓜属	黄瓜	*Cucumis　sativus*
575			西瓜属	西瓜	*Citrullus　lanatus*
576			南瓜属	南瓜	*Cucurbita　moschata*
577		桔梗科	党参属	辐冠党参	*Codonopsisconvolvulacea*
578				臭党参	*C. foetens*
579				长花党参	*C. thalictrifolia*
580			风铃草属	西南风铃草	*Campanula　colorata*
581			沙参属	川藏沙参	*Adenophora　liliifolioides*
582			袋果草属	袋果草	*Peracarpacarnosa*
583		菊科	泽兰属	异叶泽兰	*Eupatorium　heterophyllum*
584			翠菊属	翠菊	*Callistephuschinensis*
585			狗娃花属	青藏狗娃花	*Heteropappusboweri*
586				圆齿狗娃花	*H. crenatifolius*
587				拉萨狗娃花	*H. gouldii*
588			紫菀属	腺点小舌紫菀	*Aster　glandulosus*
589				辉叶紫菀	*A. fulgidulus*
590				须弥紫菀	*A. himalaicus*
591				凹叶紫菀	*A. retusus*
592				绿毛紫菀	*A. souliei*
593				云南紫菀	*A. yunnanensis*

续表 30

序号		科名	属名	种名	拉丁文名
594	被子植物	菊科	飞蓬属	一年蓬	*Erigeron annuus*
595				短葶飞蓬	*E. breviscapus*
596				长茎飞蓬	*E. elongatus*
597				珠峰飞蓬	*E. himalayensis*
598				加舌飞蓬	*E. multiradiatus*
599				紫苞飞蓬	*E. porphyrolepis*
600			火绒草属	密生雅谷火绒草	*Leontopodiumparadoxum*601
601				弱小火绒草	*L. pusillum*602
602				毛香火绒草	*L. stracheyi*603
603				细茎毛香火绒草	*L. tenuicaule*
604			香青属	同色香青	*Anaphalissubconcolor*
605				淡黄香青	*A. flavescens*
606				珠光香青	*A. margaritacea*
607				尼泊尔香青	*A. nepalensis*
608				紫苞香青	*A. porphyrolepis*
609			鼠麴草属	鼠麴草	*Gnaphalium affine*
610			旋覆花属	锈毛旋覆花	*Inulahookeri*
611			蚤草属	臭蚤草	*Pulicaria insignis*
612			天名精属	葶茎天名精	*Carpesiumscapiforme*
613				暗花金挖耳	*C. triste*
614			豨莶属	豨莶	*Siegesbeckia orientalis*
615				腺梗豨莶	*S. pubescens*
616			向日葵属	向日葵	*Helianthus annuus*
617			大丽花属	大丽花	*Dahlia pinnata*

续表 31

序号		科名	属名	种名	拉丁文名
618	被子植物	菊科	牛膝菊属	牛膝菊	*Galinsoga parviflora*
619			蒿属	直茎蒿	*Artemisia edgeworthii*
620				昆仑蒿	*A. nanschanica*
621				小花牡蒿	*A. parviflora*
622				猪毛蒿	*A. scoparia*
623				大籽蒿	*A. sieversiana*
624				波密蒿	*A. tafelii*
625				毛莲蒿	*A. vestita*
626				西藏北艾	*A. xizangensis*
627			毛冠菊属	大果毛冠菊	*Nannoglottismacrocarpa*
628			蜂斗菜属	毛裂蜂斗菜	*Petasitestricholobus*
629			千里光属	波密千里光	*Senecio kongboensis*
630				多头千里光	*S. myriocephalus*
631				节花千里光	*S. nodiflorus*
632				千里光	*S. scandens*
633				川西千里光	*S. solidagineus*
634			橐吾属	毛叶橐吾	*Ligularia chimiliehsis*
635				阔叶橐吾	*L. platyphylla*
636				酸模叶橐吾	*Ligulariarumicifolia*
637				紫花橐吾	*L. purpuracea*
638				东久橐吾	*L. tongkyukensis*
639			垂头菊属	矮垂头菊	*Cremanthodiumhumile*
640				车前状垂头菊	*C. plantagineum*
641			牛蒡属	牛蒡	*Arctium lappa*

续表 32

序号		科名	属名	种名	拉丁文名
642	被子植物	菊科	飞廉属	刺飞廉	*Carduus acanthoides*
643			刺儿菜属	高出刺儿菜	*Cephalanoplosalpestre*
644			蓟属	贡山蓟	*Cirsinmbolocephalum*
645				绵头蓟	*C. eriophoroides*646
646				藏蓟	*C. irsinmtibeticum*
647			风毛菊属	苞叶雪莲	*Saussureaobvallata*
648				小苞雪莲	*S. lhasaensis*
649				黑毛雪兔子	*S. hypsipeta*
650				拉萨雪兔子	*S. kingii*
651				波密风毛菊	*S. bomiensis*
652				重齿叶绿风毛菊	*S. katochaetoides*
653				狮牙状风毛菊	*S. leontodontoides*
654				林周风毛菊	*S. Ihunzhugensis*
655				丽江风毛菊	*S. likiangensis*
656				褐黄风毛菊	*S. ochrochlaena*
657			藏菊属	美叶藏菊	*Dolomiaeacalophylla*
658				南藏菊	*D. wardii*
659			兔儿风属	宽叶兔儿风	*Ainsliaealatifolia*
660			大丁草属	尼泊尔大丁草	*Leibnitzianepalensis*
661			蒲公英属	毛葶蒲公英	*Taraxacumeriopodum*
662				反苞蒲公英	*T. grypodon*
663			绢毛菊属	绢毛菊	*Soroserisgillii*
664			合头菊属	合头菊	*Syncalathiumkawaguchii*
665			岩参属	蓝花岩参	*Cicerbitacyanea*

续表 33

序号		科名	属名	种名	拉丁文名
666	被子植物	菊科	厚喙菊属	厚喙菊	*Dubyaeahispida*
667			还羊参属	西藏还羊参	*Crepistibetica*
668			苦荬菜属	山苦荬	*lxeris chinensis*
669			黄鹌菜属	细梗黄鹌菜	*Youngiagracilipes*
670		眼子菜科	眼子菜属	浮叶眼子菜	*Potamogeton natans*
671		水麦冬科	水麦冬属	海韭菜	*Triglochinmaritimum*
672		禾本科	箭竹属	西藏箭竹	*Sinarundinariasetosa*
673			画眉草属	知风草	*Eragrostis ferruginea*
674				黑穗画眉草	*Eragrostisnigra*
675				小画眉草	*E. minor*
676			草沙蚕属	线形草沙蚕	*Tripogon filiformis*
677			羊茅属	羊茅	*Festuca ovina*
678				小颖羊茅	*F. parvigluma*
679				紫羊茅	*F. rubra*
680			早熟禾属	白顶早熟禾	*Poa acroleuea*
681				早熟禾	*Poa annua*
682				波密早熟禾	*P. bomlensis*
683				江南早熟禾	*P. faberi*
684				卡西早熟禾	*P. khasiana*
685				开展早熟禾	*P. lipskyi*
686				草地早熟禾	*P. pratensis*
687			雀麦属	多节雀麦	*Bromus plurinodis*
688				雀麦	*Bromus japonicus*
689			短柄草属	短柄草	*Brachypodiumsylvaticum*

续表 34

序号		科名	属名	种名	拉丁文名
690	被子植物	禾本科	鹅观草属	肃草	*Roegneria stricta*
691			小麦属	普通小麦	*Triticum aestivum*
692				提莫非维小麦	*T. timopheevii*
693				圆锥小麦	*T. turgidum*
694			披碱草属	披碱草	*Elymus dahuricus*
695				垂穗披碱草	*Elymus nutans*
696			大麦属	大麦	*Hordeum vulgare*
697				藏青稞	*H. trifurcatum*
698			猬草属	猬草	*Asperelladuthiei*
699			三毛草属	长穗三毛草	*Trisetumclarkei*
700			燕麦属	野燕麦	*Avenafatua*
701			黄花茅属	藏黄花茅	*Anthoxanthumhookeri*
702			拂子茅属	短芒拂子茅	*Calamagrostis hedinii*
703				段苇拂子茅	*C. pseudophragmites*
704			棒头草属	棒头草	*Polypogon fugax*
705			落芒草属	细弱落芒草	*Oryzopsis lateralis*
706				藏落芒草	*O. tibetica*
707			芨芨草属	展穗芨芨草	*Achnatherumeffusum*
708				醉马草	*A. inebrians*
709				羽茅	*A. sibiricum*
710				芨芨草	*A. splendens*
711			针茅属	长芒草	*Stipa bungeana*
712			马唐属	止血马唐	*Digitariaischaemum*
713				喙马唐	*D. rostellata*

续表 35

序号		科名	属名	种名	拉丁文名
714	被子植物	禾本科	狗尾草属	金狗尾草	*Setaria glauca*
715				狗尾草	*S. viridis*
716			狼尾草属	白草	*Pennisetumflaccidum*
717			野苦草属	云南野苦草	*Arundinellayunnanensis*
718			白茅属	白茅	*Imperatacylindrrica*
719			求米草属	竹叶草	*Oplismenuscompositus*
720			固沙草属	固沙草	*Orinusthoroldii*
721		莎草科	藨草属	水葱	*Scirpusvalidus*
722			扁穗草属	华扁穗草	*Blysmussinocompressus*
723			荸荠属	具槽秆荸荠	*Eleocharis valleculosa*
724			莎草属	长尖莎草	*Cyperuscuspidatus*
725			嵩草属	川滇嵩草	*Kobresiacercostachys*
726				矮生嵩草	*K. hnmilis*
727				喜马拉雅嵩草	*K. royleana*
728				窄果嵩草	*K. stenocarpa*
729			苔草属	高秆苔草	*Carexalta*
730				窄果苔草	*C. angustifructus*
731				藏东苔草	*C. cardiolepis*
732				芒尖苔草	*C. doniana*
733				红嘴苔草	*C. haematostoma*
734				毛囊苔草	*C. inanis*
735				明亮苔草	*C. laeta*
736				膨囊苔草	*C. lehmannii*
737				青绿苔草	*C. leucochlora*

续表 36

序号		科名	属名	种名	拉丁文名
738	被子植物	莎草科	苔草属	秀丽苔草	*C. munda*
739				圆囊苔草	*C. orbicularis*
740				白尖苔草	*C. oxyleuca*
741				粗根苔草	*C. pachyrrhiza*
742				无翅苔草	*C. pleistogyna*
743				红褐苔草	*C. rubrobrunnea*
744		天南星科	菖蒲属	菖蒲	*Acorus*
745			天南星属	一把伞南星	*Arisaema erubescens*746
746				黄苞南星	*A. flavum*747
747				曲序南星	*A. tortuosum*
748		灯心草科	地杨梅属	多花地杨梅	*Luzula multiflora*
749				大序地杨梅	*L. sudetica*
750			灯心草属	葱状灯心草	*Juncus allioides*
751				小灯心草	*Juncus bufonius*
752				雅灯心草	*J. Concinnus*
753				小花灯心草	*J. articulatus*
754				灯心草	*J. effusus*
755				喜马灯心草	*J. himalensis*
756				甘川灯心草	*J. 1eucanthus*
757				长苞灯心草	*J. leucomelas*
758				吉隆灯心草	*J. longibracteaus*
759				锡金灯心草	*J. sikkimensis*
760				展苞灯心草	*J. thomsonii*

续表 37

序号		科名	属名	种名	拉丁文名
761	被子植物	百合科	丫蕊花属	云南丫蕊花	*Ypsilandrayunnanensis*
762			洼瓣花属	紫斑洼瓣花	*Lloydiaixiolirioides*
763			贝母属	川贝母	*Fritillaria cirrhosa*
764				梭砂贝母	*Fritillaria delavayi*
765			百合属	藏百合	*Lilium paradoxum*
766			穗花韭属	穗花韭	*Milula spicata*
767			葱属	天蓝韭	*Allium cyaneum*
768				粗根韭	*A. fasciculatum*
769				太白韭	*A. pratti*
770				蒜	*A. sativum*
771				高山韭	*A. sikkimense*
772			七筋姑属	七筋姑	*Clintoniaudensis*
773			万寿竹属	万寿竹	*Disporumcantoniense*
774			鹿药属	管花鹿药	*Smilacinahenryi*
775				紫花鹿药	*S. purpurea*
776			黄精属	卷叶黄精	*Polygonatumcirrhifolium*
777				独花黄精	*P. hookeri*
778				轮叶黄精	*P. verticillatum*
779			重楼属	七叶一枝花	*Paris polyphylla*
780			天门冬属	西藏天门冬	*Aspargaustibeticus*
781			沿阶草属	沿阶草	*Ophiopogon bodinieri*
782				长丝沿阶草	*O. clarkei*
783			粉条儿菜属	高山粉条儿菜	*Aletrisalpestris*
784				无毛粉条儿菜	*A. glabra*
785				少花粉条儿菜	*A. pauciflora*

续表38

序号		科名	属名	种名	拉丁文名
786	被子植物	百合科	菝葜属	防己叶菝葜	*Smilax menispermoidea*
787		鸢尾科	鸢尾属	尼泊尔鸢尾	*Iris decora*
788				锐果鸢尾	*I. goniocarpa*
789				卷鞘鸢尾	*I. potaninii*
790		兰科	杓兰属	大花杓兰	*Cypripedium macranthon*
791			紫茎兰属	紫茎兰	*Risleyaatropurpurea*
792			鸟巢兰属	尖唇鸟巢兰	*Neottia acuminate*
793			鸢尾兰属	狭叶鸢尾兰	*Oberoniacaulesens*
794			绶草属	绶草	*Spiranthessinensis*
795			红门兰属	广布红门兰	*Orchis chusua*
796				二叶红门兰	*O. diantha*
797			舌唇兰属	二叶舌唇兰	*Platantherachlorantha*
798				小花舌唇兰	*P. minutiflora*
799			角盘兰属	角盘兰	*Herminiummonorchis*
800			无柱兰属	糙茎无柱兰	*Amitostigmaforrestii*
801			兜背兰属	兜背兰	*Neottianthecucullata*
802			手参属	角距手参	*Gymnadeniabicornis*
803			玉凤花属	条叶玉凤花	*Habenaria 1eptocaulon*
804				紫斑玉凤花	*H. purpureo*
805			对叶兰属	西藏对叶兰	*Listerapinetorum*
806			头蕊兰属	长叶头蕊兰	*Cepalantheralongifoila*
807			火烧兰属	小花火烧兰	*Epipactis helleborine*
808				大叶火烧兰	*E. mairei*
809			虾脊兰属	三棱虾脊兰	*Calanthe tricarinata*

续表 39

序号		科名	属名	种名	拉丁文名
810	被子植物	兰科	斑叶兰属	小斑叶兰	*Goodyerarepens*
811			山兰属	狭叶山兰	*Oreorchismicrantha*
812			沿兰属	沿兰	*Malaxismonohyllos*

注：嘉黎县高等植物有 111 科 411 属 923 种，本表仅列出 812 种植物。

一、主要植物类型

嘉黎县主要经济植物用途为药用、食用，亦可制作芳香油、油料、鞣料、淀粉、纤维等，同时还包括作为种植资源具有重要经济价值的作物品种。其中，药用植物资源丰富，有 100 余种，如贝母、菌类、高山党参、臭党参、川藏沙参、黄芪、半夏、小檗、刺参、夏枯草、藏黄芪、车前、曼陀罗、麻黄、银粉背蕨、大黄、独一味、柴胡、红景天、西藏巴天酸模、珠芽蓼、猪毛菜、乌头、雪灵芝、独活、龙胆、秦艽、山莨菪、藏玄参、雪莲、雪兔子、蒲公英、象南星、黄精、天门冬、黄芪、猪毛蒿（俗称东北茵陈）、花葶驴蹄草、毛莨状金莲花、拟耧斗菜、黄堇、蕨麻委陵菜、镰荚棘豆、三春柳、双花堇菜、白心球花报春、球穗香薷、七叶一枝花等；芳香类植物以菊科蒿属植物为主，主要包括猪毛蒿、臭蒿、藏白蒿等，另外还有密花香薷、毛穗香薷、川藏香茶菜、香柏等多种植物；纤维植物包括筐柳、西藏铁线莲、小苞水柏枝、甘遂等，其中甘遂用于制作藏纸，具有良好的防虫效果；油料植物包括油菜、芥菜、遏蓝菜、头花独行菜、垂果大蒜芥、微孔草、西藏微孔草、小花西藏微孔草等；主要作物种类有冬小麦、春小麦、青稞、豌豆、蚕豆、马铃薯、大白菜、小白菜、莲花白、莴笋、菠菜、芹菜、韭菜、辣椒、大蒜、南瓜等温带和暖温带的农作物。

二、代表性植物

急尖长苞冷杉　乔木，高 20—30 米，胸径达 60 厘米；树皮块裂；大枝开展，小枝密被褐色或锈褐色柔毛。叶线形，长 1.2—2 厘米，宽约 2 毫米，边缘微反曲。在海拔3100—3800米地带组成纯林或与林芝云杉等树种组成混交林。属珍贵的用材和生态树种。

林芝云杉 乔木，高达40米，胸径达1米；树皮深灰色，裂成厚块片；小枝不下垂，通常较粗，密生短柔毛。叶较扁，背面无气孔线。在海拔2900—3900米地带组成纯林，或与急尖长苞冷杉等针叶树组成混交林。属珍贵的用材和生态树种。

油麦吊云杉 乔木，高达30米，胸径达1米；树皮淡灰色或灰色，裂成薄鳞状块片脱落；大枝平展，树冠尖塔形；侧枝细而下垂。叶线形，扁平，长1—2.2厘米，上面有两条白粉气孔带，下面光绿色。生于海拔3800米以下林中。属于国家Ⅱ级重点保护植物。

西藏红杉 乔木，高达20余米，树皮深纵裂，大枝平展，小枝细长下垂，幼枝有毛，短枝近平滑。叶长2.5—5.5厘米。生于海拔4000米以下的山坡，组成小面积纯林，或与林芝云杉等混生。属珍贵的用材和生态树种。

高山松 乔木，高达30米，胸径达1米以上，树皮裂成块片，一年生枝较粗，黄褐色，有光泽，无毛。叶通常2针一束，长6—15厘米。生于海拔3900米以下地带的山地、峡谷、阶地，常组成纯林，或与林芝云杉等树种混生。属珍贵的用材和生态树种。

山杨 乔木，高6—7米。一年生枝紫褐色，有残存的绒毛，或近光滑，幼枝密生绒毛，呈灰白色。叶卵形至宽卵形，长11—14厘米，先端急尖或短渐尖，基部心形或近圆形，边缘具腺状圆锯齿，上面绿色，下面苍白色，有毛。叶柄圆，长3—6厘米，密被绒毛。生于海拔3400米以下的冲积扇地，在山谷杂木林、河边及采伐迹地上习见，常形成片状纯林。属珍贵的用材和生态树种。

小叶瓶尔小草 陆生小型植物，根状茎短而直立。叶有营养叶与孢子叶之分，均出自总柄；植株通常高5—7厘米。生山坡草丛中，分布在海拔4300米以下地带。具有重要的科研价值，是自治区重点保护植物。

大果圆柏 乔木，稀呈灌木状，生鳞叶的枝通常分枝不密，近圆柱形或四棱形。鳞叶绿色或黄绿色，稀微被蜡粉，交叉对生，排列较疏或较密。刺叶生于幼树上，或在树龄不大的树上与鳞叶并存，三叶交叉轮生。球果卵圆形或近球形，熟时红褐色或褐色，后呈黑色或蓝黑色，内有一粒种子，是西藏的珍贵树种之一。

香柏　香柏是常绿针叶灌丛中分布最广泛、分布地带最高的一个木本植物群落。常占据阳坡，分布在海拔5000米以下地带。嘉黎香柏灌木丛高度只有50厘米，多呈径约2—3米的圆形丛斑。生于海拔4800米以下的灌丛或灌丛草甸中。属珍贵的香料树种。

尖齿叶垫柳　垫状灌木，主干较短，暗褐色，分枝多。当年生枝红褐色，稍直立，高仅数厘米，无毛。叶长圆形至倒卵形，先端急尖，短渐尖或钝，上面绿色，无毛。生于海拔4100米以上的山顶、山坡灌丛中及草甸和岩石缝中。属珍贵的高山木本植物。

毛小叶垫柳　垫状灌木，茎干匍匐生根。枝平卧或微上升。当年生枝被长柔毛，后无毛。叶卵状长圆形、长椭圆形或倒卵状长椭圆形，长3—7毫米，先端钝或尖，上面绿色，无毛，下面带苍白色，被绢毛，全缘。生于海拔4200米的高山草甸。

长穗桦　乔木，高16—18米。树皮灰黑色至黑褐色，枝条暗紫褐色，有条棱、无毛，小枝黄褐色，密生黄色长柔毛。叶椭圆卵形、矩圆形或长卵形，偶有宽卵形，长5—14厘米，顶端渐尖或长渐尖，边缘具不规则的刺毛状重锯齿。生于海拔2400—3800米的林中。属珍贵的用材和生态树种。

白桦　乔木，高达20余米，树皮灰白色，平滑，成层剥落。枝条红褐色，无毛，疏生白色皮孔。叶厚纸质，宽卵形，三角状卵形或三角状菱形，长3—7厘米，顶端锐尖，边缘具重锯齿或单齿，无毛。生于海拔3500—4100米的阴坡或半阴坡林中。属珍贵的用材和生态树种。

砂生槐　砂生槐群系外貌灰绿色，季相比较单调，但在5—6月砂生槐开花季节，蓝紫色花朵开满枝梢，季相较为美丽。生于海拔4200米以下的山坡灌丛中、河漫滩砂质地、石质干山坡。属珍贵的生态木本植物。

西藏蔷薇　小灌木，小枝稍弯曲，无毛，有浅黄色直立皮刺。小叶片长圆形，1—1.3厘米，顶端圆钝。花瓣白色，宽倒卵形，密被白色长柔毛。果卵球形，光滑无毛。萼片直立宿存。生于海拔3800—4000米云杉林下或杨、桦次生林下。属区域常见生态灌木。

白花芍药 多年生草本。茎高50—90厘米，无毛。下部叶为二回三出复叶，上部叶3深裂或近全裂，小叶或裂片狭长圆形至披针形，长10—12厘米。生于海拔2800—3500米山地林下。为珍贵的中、藏药材和观赏植物。

展毛翠雀花 茎高约35厘米，基部之上稍密被反曲和开展的白色柔毛，通常分枝。基生叶和近基部叶有稍长柄；叶片圆五角形，宽5—6.5厘米，3全裂，中央裂片楔状菱形，叶柄长8—15厘米，疏背开展柔毛。生于海拔2550—4200米的草坡、田边、林间草地或林边。为中药、藏药药材。

星叶草 一年生小草本，高3—10厘米。宿存的两子叶和叶簇生，子叶线形或披针状线形，长4—11毫米，无毛；叶菱状倒卵形、匙形或楔形，长0.35—2.3厘米，边缘上部有小牙齿，齿顶端有刺状短尖，无毛，背面粉绿色。生于海拔3400—4000米山地石下、林边、云杉林或高山栎林中。为珍贵药材植物。

桃儿七 多年生草本，根状茎粗壮，横走，节状。茎直立，基部被褐色大鳞片。叶2枚，具长柄，心脏形。花大，单生，粉红色，先叶开放。果为大浆果，红色。生于海拔4000米以下林缘、林下或灌丛下。根茎与果实均有较高的药用价值。

蕨麻委陵菜 多年生草本。根向下延长，有时在根的下部长成纺锤形或椭圆形块根。茎匍匐，在节处生根。基生叶为间断羽状复叶。小叶片通常呈椭圆形、倒卵椭圆形或长椭圆形，长1—2.5厘米。花瓣黄色，倒卵形，顶端圆形。生于海拔4700米以下的湖边沟谷草甸、山坡湿润草地、河滩草地及水渠旁。块根被称为“人参果”，亦是中药、藏药药材。

波密黄芪 半灌木状草本，高1—1.5米。茎直立，上部有分枝，中空，有条棱，幼时密被长柔毛，以后变无毛。生于海拔3500米以下的河边、田边、山坡草地或灌丛中。属药材植物。

三春柳 花序常数个簇生并侧生于小枝上，往往早于叶开放，较短。多生于海拔3800—5000米的河滩沙地或河滩草地。

天胡荽 多年生草本，茎基部匍匐，上部及分枝直立，高15—37厘米，被柔毛。叶革质，肾圆形，长1.5—3.5厘米，宽3—6厘米，顶端锐尖或钝，边缘有复锯齿，基部心形，两面均被短刺毛或有紫色疣基的毛。生于海拔 3000 米以下山脚阴湿地、水沟边或松林下。属药材植物。

光核桃　乔木，高达 10 米，枝条细长，开展，无毛，嫩枝绿色，老时灰褐色，具紫褐色小皮孔。叶片披针形或卵状披针形，长 5—11 厘米。果实近球形，肉质，不开裂，外面密被柔毛，核扁卵圆形，长约 2 厘米，两侧稍压扁，顶端急尖，基部近截形，稍偏斜，表面光滑。生于海拔 4000 米以下针阔混交林中或山坡、林缘、田埂、路旁等处及庭院栽培。是重要的经济树木。

硬毛杜鹃　常绿灌木或小乔木，高约 2—4 米，小枝细瘦，直径约 3 毫米，幼时嫩绿色或淡棕色，密被长约 3—5 毫米的腺毛，以后逐渐脱落，老枝灰白色，常无毛。生于海拔 3000—4000 米的针叶林中。属观赏植物。

波密杜鹃　灌木，高 0.6—1.2 米，叶长圆状椭圆，先端圆形，具短尖头，叶背被黄褐色分支装薄层毛被，被丛卷毛。生于海拔 3350—4000 米灌丛中或针叶林下。属珍贵的观赏植物。

血红杜鹃　常绿小灌木，高 1—2 米，树皮灰褐色，薄片剥落，幼枝绿色，被白色的薄毛被，无腺体，在花序下的小枝直径 3—3.8 毫米。顶生冬芽长圆形。叶革质，常 4—5 枚集生于枝顶，倒卵形、宽椭圆形至狭长圆形。生于海拔 3900—4350 米针叶林缘或灌丛中。属珍贵的观赏植物。

山莨菪　多年生直立草本，全体通常无毛，高 0.4 米—0.8 米，稀达 1 米。根粗壮，直径达 4 厘米，叶纸质或近坚纸质，长圆形或狭长圆状卵形，长 8—18 厘米，宽 4—6 厘米，顶端渐尖，基部楔形，或下延，全缘或具啮状细齿，或者具 1—3 对粗齿。花常单生于枝腋，俯垂，长 3—4 厘米，花冠紫色，钟状。生长分布在海拔 4600 米以下山坡灌丛、草地、住宅、田边。根、种子可入药，用于镇痛，种子亦是提取莨菪烷类生物碱的重要资源植物。属国家Ⅱ级重点保护植物。

丽山莨菪　本变种与前者的主要区别是，叶缘有 1—3 对不等的粗齿或呈波状，有时具疏缘毛；花冠裂片常带褐紫色，花冠筒里面基部具 5 块紫斑，枝条及叶被疏柔毛或有时几无毛。生于海拔 3400 米山坡林缘、草地上。为珍贵的药用植物。

独一味　无茎多年生草本，具根茎。生于海拔 5100 米以下高山强度风化的碎石滩中或石质高山草甸、河滩地。是重要的药材资源。

藏北嵩草 多年生草本，高10—25厘米，根状茎密集。生于海拔5200米以下湖边、山坡、河滩、冲积扇的沼泽草甸和高山草甸上。是重要的牧草。

三、冬虫夏草

冬虫夏草（*Cord yce ps sinensis*）是蝙蝠蛾幼虫被虫草菌感染，死后尸体、组织与菌丝结成坚硬的假菌核，在冬季低温干燥土壤内保持虫形不变可达数月之久（冬虫），待夏季温湿适宜时从菌核长出棒状子实体（子囊座）并露出地面（夏草）。夏季，蝙蝠蛾产卵于地面，经过一个月左右孵化变成幼虫后钻入潮湿松软的土层。土里的虫草菌侵袭了幼虫，在幼虫体内生长。经过一个冬天，到第二年春天来临，虫草菌丝开始生长，到夏天时长出地面，外观像根小草。菌孢把虫体作为养料，生长迅速，虫体一般为4—5厘米，菌孢一天之内即可长至虫体的长度，这时的虫草称为“头草”，质量最好；第二天菌孢长至虫体的两倍左右，称为“二草”，质量次之。因为僵化后会长出根须，故被称作冬虫夏草。虫草生长在海拔3000—5000米的高山草地上，虫体形如蚕，长3—5厘米，直径0.3—0.8厘米。表面深黄色至黄棕色，有环纹20—30个，近头部的环纹较细，头部呈棕色，有足8对，中部4对较明显。根据当年气候如降水量等条件情况，虫草产量有多有少，有“虫草大年”和“虫草小年”之说。

早在1757年吴仪洛撰《本草从新》中就有“冬虫夏草甘平保肺，益肾，补精髓，止血化痰，已劳嗽，治膈症皆良”的记载。中医认为，虫草入肺肾二经，既能补肺阴，又能补肾阳，主治肾虚、阳痿遗精、腰酸痛、病后虚弱、久咳虚弱、劳咳血、自汗盗汗等。

（一）地理分布

冬虫夏草主要分布在高寒山区和高山雪线附近，常见于高原海拔3500米以上的高山上。冬虫夏草的垂直分布主要为海拔3000—5000米。西藏冬虫夏草主要生长于海拔3500—4500米的亚高山或高山灌丛草甸带和高山草甸带中，主要分布在6个地（市）的40个县。嘉黎县是西藏自治区冬虫夏草的主产区之一，虫草资源较丰富。每年5月中下旬至6月底7月初，嘉黎县组织群众挖虫草。嘉黎县共有虫草采集点167个，其中，阿扎镇采集点10个、嘉黎镇采集点64个、鸽群乡采集点8个、措多乡采集点9个、麦地卡乡采集点6个、绒多乡采集点7个、夏玛乡采集点20个、林堤乡采集点3个、藏比乡采集点11个、忠玉乡采集点28个、牧场采集点1个。

2010—2015年嘉黎县各乡镇虫草产量见表1－5－2。

2010—2015年嘉黎县各乡镇虫草产量统计表

表1－5－2　　单位：千克

乡镇／年份	阿扎镇	嘉黎镇	鸽群乡	夏玛乡	林堤乡	措多乡	绒多乡	藏比乡	忠玉乡	麦地卡乡
2010	1301	1220	1148	2184	778	1817	1251	772	686	1840
2011	1708	1294	1457	2331	787	1847	1473	839	716	2137
2012	1396	1370	1457	2244	793	2132	1620	937	732	2197
2013	1476	1538	1240	2398	842	2041	1674	954	723	2088
2014	1611	1554	1200	3291	844	2178	1648	966	745	2207
2015	2069	1511	1239	2947	824	2158	1725	962	746	2244

（二）生长条件

1. 气温

冬虫夏草生长的最适宜气温为7—12℃。西藏那曲地区冬虫夏草产区气温为－1.9—4.0℃，极端最高气温为21.8℃，极端最低气温为－41.2℃，≥0℃持续日数为173.8天，≥0℃有效积温为1008.4—1514.2℃。在冬虫夏草和寄主蝙蝠蛾昆虫生长的海拔内，1月份气温为－15.2—－3.1℃，春末初夏（4—5月）冬虫夏草长出地面时，该层平均气温亦在－2.4—－0.5℃。在冬虫夏草密集分布的海拔4500米上下范围内，年气温在0℃以下，最热的两个月（7—8月）气温在海拔3900米为3.3—6.6℃，海拔4300米降至2.4—4.5℃。昼夜温差十分明显，形成夜冷昼热的特殊现象。因此，冬虫夏草在高寒草甸中月平均气温在1.2℃以上就可开始正常生长。

2. 地温

虫草寄主幼虫和冬虫夏草几乎都在土壤中，与地温关系密切。地温的高低直接影虫草寄主幼虫以及冬虫夏草的生长发育，地温的高低由气温的高低以及土壤质地、土壤含水量等因素决定。

3. 降水

在自然状况下，影响冬虫夏草产量的因素极多，可大致分为物理因素和生物因素。适宜的光照、气温、降水、空气湿度、土壤、植被等对虫草生长发育均有重要影响，其中降水量对虫草形成及其产量产生较大影响。据采集虫草的农牧民介绍，在早春（3—4 月）降雪量较大的年份，冬虫夏草产量高。空气湿度在 80% 以上，虫草子座生长快而肥大；在降雪少的干旱年份和空气湿度低于 50% 时，虫草生长发育不良，子实体瘦小干瘪，导致虫草产量显著下降。另外，产区降水量随季节变化亦有差异，产区降水多集中于下半年，特别是虫草及其寄主快速生长发育的 6—9 月降水时间多在午后和夜间，夜雨率 50%—70%。3—5 月的降水形式为降雪，若早春降雪量少，则当年的虫草产量低。若虫草发育期降水少则子实体易被日光晒，不能很好地完成有性阶段的生长发育，从而影响产量和质量。冬虫夏草菌的子囊孢子萌发期空气相对湿度需要达到 85% 以上，而其他生长期与寄主昆虫最适湿度相同，为 70%—85%。冬虫夏草最适土壤含水量为 36%—48%。当土壤水分低于 30% 时生长明显缓慢，当低于 20% 时开始萎缩，低于 10% 时虫草子座干枯，当土壤含水量饱和时，冬虫夏草的菌核部分（虫体部分）很快发黑腐烂。

4. 日照

冬虫夏草生长与光照的关系十分密切，它们大部分都喜好生活在光照长的坡脊和两侧的半坡中，特别是子实体有较强的趋光性。大部分都朝阳光照射多的方向弯曲生长。光照多时，子实体就长得快，反之则慢。在高寒草甸中，年日照时数多在 1380—2850 小时，较强的紫外线对冬虫夏草的子囊孢子成熟有明显的促进作用。

总之，虫草有性阶段对气候条件特别是对气温、湿度、光照等有强烈的依赖性。在气温≤0℃时，子实体停止生长。日平均气温 3℃以上，空气相对湿度70%以上，光照充足，子实体生长迅速，如光照不足，不能完成有性世代；如相对湿度在50%以下，子实体变干，子囊孢子不能形成，不能完成有性阶段的生长发育。

5. 气候变化对冬虫夏草分布的影响

由于受全球气候变化和青藏高原生态环境变化的影响，整个青藏高原雪线上升。青藏高原高寒草甸的冬虫夏草分布格局亦出现明显的变化，冬虫夏草主产区内核心分布带明显变狭小。1980年前冬虫夏草核心分布地带海拔为3800—4500米，而至2010年，核心分布地带海拔比1980年前上升200—500米，主要在海拔4400—4700米地带。多年调查结果显示，冬虫夏草出现明显的两极分布格局，个体大的冬虫夏草往高海拔区域转移，1980年前主要分布在海拔4200—4500米，最高分布海拔在4850米以下；2010年主要分布在海拔4600米以上地带，最高分布海拔已经超过5200米。个体小的种群往海拔3900米以下的高山栎林和冷杉林中转移。原来冬虫夏草分布较集中的海拔4200—4500米地带，种群数量逐年减少，有部分地带已经多年未见长出冬虫夏草且未发现寄主昆虫—虫草蝙蝠蛾分布。

第三节 野生动物资源

嘉黎县境内的拉萨河上游麦地藏布（色荣藏布）流域和易贡河上游流域是野生动物南北交流的重要通道。不仅有许多高原特有野生动物，亦有属于我国南方南洋界大地理区域的野生动物和属于我国北方古北界大地理区域的野生动物。

一、野生动物区系

县域内高原湖盆沼泽地区，是黑颈鹤和鸭类、鹬类等高原水禽夏季重要的繁殖地。独特的地理条件为多种野生动物种群的栖息和迁徙提供了良好的生态环境。麦地卡是国际重要的湖沼湿地区，水鸟种类及数量亦较多。主要野生脊椎动物有鼠耳蝠、雪豹、豹、棕熊、黑熊、狼、豺、赤狐、藏狐、香鼬、水獭、西藏野驴、马麝、岩羊、斑羚、鬣羚、赤斑羚、高原兔、喜马拉雅旱獭、鼠类、鼠兔类、鸢、胡兀鹫、高山兀鹫、金雕、红隼、雕鸮、黑颈鹤、藏雪鸡、棕尾虹雉、黑鹇、斑头雁、赤麻鸭、百灵鸟等，以及野鸭类、雪雀类、朱雀类、鹀类、山雀类等。麦地卡湿地区的高原裂腹鱼类储藏量较高，高原特有两栖类动物高山倭蛙和爬行类高原蝮蛇等在嘉黎县亦有分布。

截至2010年底，嘉黎县已记录野生脊椎动物有240种，其中主要野生鸟类有178种，野生哺乳类动物有45种，野生两栖类动物有5种，野生爬行类动物有4种，野生鱼类动物有8种，有国家和西藏自治区Ⅰ级重点保护野生动物22种，国家和西藏自治区Ⅱ级重点保护野生动物34种。详见表1－5－3、1－5－4。

嘉黎县主要野生动物名录

表1－5－3

	类名	目名	科名	种名	拉丁文名	保护级别
1	哺乳类	食虫目	鼩鼱科	长爪鼩鼱	*Soriculusnigrescens*	
2				帕米尔鼩鼱	*Sorexbuchariensis*	
3		翼手目	蝙蝠科	喜马拉雅鼠耳蝠	*Myotis muricola*	
4				须鼠耳蝠	*Myotis mystacinus*	
5		灵长目	猴科	猕猴	*Macaca mulatta*	国家Ⅱ
6				熊猴	*Macacaassamensis*	国家Ⅰ
7		食肉目	犬科	狼	*Canis lupus*	区Ⅱ
8				豺	*Cuonalpinus*	国家Ⅱ
9				藏狐	*Vulpes ferrilata*	区Ⅰ
10				赤狐	*Vulpes vulpes*	区Ⅰ
11			熊科	棕熊	*Ursusarctos*	国家Ⅱ
12				黑熊	*Selenarctosthibetanus*	国家Ⅱ

续表 1

	类名	目名	科名	种名	拉丁文名	保护级别
13	哺乳类	食肉目	鼬科	石貂	*Martes foina*	国家Ⅱ
14				黄喉貂（青鼬）	*Martes flavigula*	国家Ⅱ
15				香鼬	*Mustela altaica*	区Ⅰ
16				黄鼬	*Mustela sibirica*	区Ⅰ
17				猪獾	*Arctonyxcollaris*	
18				水獭	*Lutralutra*	国家Ⅱ
19			猫科	雪豹	*Panthera uncia*	国家Ⅱ
20				金猫	*Felis temmincki*	国家Ⅱ
21				兔狲	*Felis manul*	国家Ⅱ
22				猞猁	*Lynx lynx*	国家Ⅱ
23		奇蹄目	马科	西藏野驴	*Asinus kiang*	国家Ⅰ
24		偶蹄目	猪科	野猪	*Sus scrofa*	
25			鹿科	白唇鹿	*Cervus albirostris*	国家Ⅰ
26				马麝	*Moschus sifanicus*	国家Ⅰ
27			牛科	藏原羚	*Procaprapicticaudata*	国家Ⅱ
28				鬣羚	*Capricornissumatraensis*	国家Ⅱ
29				赤斑羚	*Maemorheduscranbrooki*	国家Ⅰ
30				斑羚	*Maemorhedus goral*	国家Ⅱ
31				岩羊	*Pseudoisnayaus*	国家Ⅱ
32				盘羊	*Ovis ammon*	国家Ⅱ
33		兔形目	兔科	高原兔	*Lepus oiostolus*	
34			鼠兔科	藏鼠兔	*Ochotona tibetana*	
35				大耳鼠兔	*Ochotona macrotis*	
36				黑唇鼠兔	*Ochotona curzoniae*	

续表 2

	类名	目名	科名	种名	拉丁文名	保护级别
37	哺乳类	兔形目	鼠兔科	灰鼠兔	*Ochotona roylei*	
38				灰颈鼠兔	*Ochotona forresti*	
39		啮齿目	松鼠科	喜马拉雅旱獭	*Marmota himalayana*	
40				小鼯鼠	*Petaurista elegans*	
41			鼠科	小家鼠	*Mus musculus*	
42				巢鼠	*Micromysminutus*	
43			仓鼠科	藏仓鼠	*Cricetulukamensis*	
44				松田鼠	*Pitymysleucurus*	
45				库蒙高山田鼠	*Alticolastracheyi*	
1	两栖类	无尾目	蛙科	高山倭蛙	*Altiranaparkeri*	
2				高原林蛙	*Rana kukunoris*	
3			锄足蟾科	西藏齿突蟾	*Scutigerboulengeri*	
4				林芝齿突蟾	*S. nyingchiensis*	
5			蟾蜍科	西藏蟾蜍	*Bufonidaetibetanus*	
1	爬行类	有鳞目	壁虎科	西藏裸趾虎	*Cyrtodactylustibetanus*	
2			鬣蜥科	拉萨岩蜥	*Laudakia sacra*	
3				红尾沙蜥	*Phrynocephaluserythrurus*	
4			蝰科	高原蝮	*Gloydiusstrauchi*	
1	鱼类	鲤形目	鲤科	异齿裂腹鱼	*Schizothoraxoconnori*	
2				拉萨裂腹鱼	*S. waltoni*	
3				拉萨裸裂尻鱼	*Schizopygopsisyounghusbandi*	
4				高原裸鲤	*Gymnocypriswaddelli*	
5				尖裸鲤	*Oxygymnocyprisstiwartii*	区 I

续表3

	类名	目名	科名	种名	拉丁文名	保护级别
6	鱼类	鲤形目	鳅科	异尾高原鳅	*Triplophysastewartii*	
7				西藏高原鳅	*T. tibetana*	
8				斯氏高原鳅	*T. stoliczkae*	

嘉黎县主要野生鸟类名录

表1－5－4

种序	目名	科名	种名	拉丁文名	保护级别
1	䴙䴘目	䴙䴘科	凤头䴙䴘	*Pedicepscristatue*	
2	鹈形目	鸬鹚科	普通鸬鹚	*Phalacrocorax carbo*	
3	鹳形目	鹭科	苍鹭	*Ardeacinerea*	
4			池鹭	*Ardeolabacchus*	
5			牛背鹭	*Bubulcus ibis*	
6	雁形目	鸭科	斑头雁	*Anser indicus*	区Ⅱ
7			赤麻鸭	*Tadornaferruginea*	区Ⅱ
8			绿翅鸭	*Anas crecca*	
9			绿头鸭	*Anas palryrhynchos*	
10			赤膀鸭	*Anas srrepera*	
11			白眉鸭	*Anas guerquedula*	
12			琵嘴鸭	*Anas clypeata*	
13			鹊鸭	*Bucephala clangula*	
14			普通秋沙鸭	*Mergus merganser*	
15	隼形目	鹰科	鸢	*Milvus horschus*	国家Ⅱ
16			雀鹰	*Accipiter nisus*	国家Ⅱ
17			松雀鹰	*Accipetervirgatus*	国家Ⅱ

续表 1

种序	目名	科名	种名	拉丁文名	保护级别
18	隼形目	鹰科	大鵟	*Buteo hemilasius*	区 Ⅰ
19			普通鵟	*Buteo buteo*	区 Ⅰ
20			金雕	*Aquila chrysaetos*	国家 Ⅰ
21			草原雕	*Aquila rapax*	区 Ⅰ
22			玉带海雕	*Haloaeetusloucoryhus*	国家 Ⅰ
23			白尾海雕	*Haloaeetusalbicilla*	国家 Ⅰ
24			高山兀鹫	*Gypaetushimalayensis*	区 Ⅰ
25			胡兀鹫	*Gypaetus barbatus*	国家 Ⅰ
26			鹗	*Pandion haliaetus*	国家 Ⅱ
27		隼科	猎隼	*Falco cherrug*	区 Ⅰ
28			红隼	*Falco tinnunculus*	区 Ⅰ
29			燕隼	*Falco subbuteo*	国家 Ⅱ
30	鸡形目	雉科	藏雪鸡	*Tetraogallustibetanus*	国家 Ⅱ
31			高原山鹑	*Perdix hodgsoniae*	
32			环颈山鹧鸪	*Arborophilatorqueola*	
33			棕尾虹雉	*Lophophorusimpejanus*	国家 Ⅰ
34			藏马鸡	*Crossoptilonharmani*	国家 Ⅱ
35			黑鹇	*Lophuraleucomelana*	国家 Ⅱ
36			雉鸡	*Phasianuscolchicus*	国家 Ⅱ
37	鹤形目	鹤科	蓑羽鹤	*Anthrapoidesvirgo*	国家 Ⅱ
38			黑颈鹤	*Grus nigricollis*	国家 Ⅰ
39		秧鸡科	黑水鸡	*Gallinulaclloropus*	
40			骨顶鸡	*Fulicaatra*	

续表 2

种序	目名	科名	种名	拉丁文名	保护级别
41	鸻形目	鸻科	凤头麦鸡	*Vanellus vanellus*	
42			剑鸻	*Charadriushiaticula*	
43			金眶鸻	*Charadriusdubius*	
44			蒙古沙鸻	*Charadriusmongolus*	
45		鹬科	白腰杓鹬	*Numenius arquata*	
46			白腰草鹬	*Tringaochropus*	
47			红脚鹬	*Tringatotanustotanus*	
48			青脚鹬	*Tringanebularis*	
49			矶鹬	*Ttingahypoleucos*	
50			孤沙锥	*Capella solitaria*	
51		鹬科	扇尾沙锥	*Capella gallinago*	
52			丘鹬	*Scolopaxrusticola*	
53		反嘴鹬科	鹮嘴鹬	*Ibidorhynchastruthersii*	
54			反嘴鹬	*Recurvirostraavosetta*	
55	鸥形目	鸥科	棕头鸥	*Larusbrunicephalus*	
56			红嘴鸥	*Larusridibundus*	
57			渔鸥	*L. ichthyartus*	
58			普通燕鸥	*Sterna hirundo*	
59	鸽形目	鸠鸽科	雪鸽	*Columba leuconota*	
60			岩鸽	*Columba rupestris*	
61			灰林鸽	*Columba pulchricollis*	
62			山斑鸠	*Streptopeliaorientalis*	
63			灰斑鸠	*S. decaocto*	
64			火斑鸠	*Oenopopeliatranquebarica*	

续表3

种序	目名	科名	种名	拉丁文名	保护级别
65	鹦形目	鹦鹉科	大绯胸鹦鹉	*Psittaculaderbiana*	国家Ⅱ
66	鹃形目	杜鹃科	四声杜鹃	*Cuculusmicropterus*	
67			大杜鹃	*Cuculuscanorus*	
68			小杜鹃	*C. poliocephalus*	
69	鸮形目	鸱鸮科	纵纹腹小鸮	*Athene noctua*	国家Ⅱ
70			雕鸮	*Bubo bubo*	国家Ⅱ
71			短耳鸮	*Asioflammeus*	国家Ⅱ
72			灰林鸮	*Strixaluco*	国家Ⅱ
73	夜鹰目	夜鹰科	普通夜鹰	*Caprimulgus indicus*	
74	雨燕目	雨燕科	白腰雨燕	*Apus pacificus*	
75			楼燕	*Apus apus*	
76	佛法僧目	佛法僧科	棕胸佛法僧	*Coracias benghalensis*	
77		翠鸟科	普通翠鸟	*Alcedoatthis*	
78		戴胜科	戴胜	*Upupa epops*	
79	䴕形目	啄木鸟科	蚁䴕	*Jynxtorquilla*	
80			棕腹啄木鸟	*Dendrocoposhyperythrus*	
81			黑啄木鸟	*Drgocopusmartius*	
82			三趾啄木鸟	*Picoidestridactytus*	
83			黄颈啄木鸟	*Dendrocoposdarjellensis*	
84	雀形目	百灵科	长嘴百灵	*Melanocorypha maxima*	
85			短趾沙百灵	*Calandrellacinerea*	
86			细嘴短趾百灵	*C. acutirostris*	
87			小沙百灵	*C. rufesens*	
88			凤头百灵	*Galeridacristata*	

续表4

种序	目名	科名	种名	拉丁文名	保护级别
89	雀形目	百灵科	小云雀	*Alauda gulgula*	
90			角百灵	*Eremophilaalpestris*	
91		燕科	崖沙燕	*Ripariariparia*	
92			岩燕	*Pryonoprognerupestris*	
93			家燕	*Hirundorustica*	
94			金腰燕	*Hirundodaurica*	
95			毛脚燕	*Delichonurbica*	
96		鹡鸰科	白鹡鸰	*Motacilla alba alboides*	
97			黄头鹡鸰	*Motacillacitreola*	
98			粉红胸鹨	*Anthusroseatus*	
99		山椒鸟科	长尾山椒鸟	*Pericrocotusethologus*	
100		鹎科	黄臀鹎	*Pycnonotusxanthorrhous*	
101			红耳鹎	*Pycnonotusjocosus*	
102			黑（短脚）鹎	*Hypsipetesmadagascariensis*	
103		伯劳科	灰背伯劳	*Laniuscollurioides*	
104			棕背伯劳	*Laniusschach*	
105		鸦科	喜鹊	*Pica pica*	
106			褐背拟地鸦	*Pseudopodoces humilis*	
107			红嘴山鸦	*Pyrrhocoraxpyrrhocorax*	
108			黄嘴山鸦	*Pyrrhocoraxgraculus*	
109			寒鸦	*Corvusmonedula*	
110			渡鸦	*C. corax*	
111		河乌科	河乌	*Cincluscinclus*	

续表5

种序	目名	科名	种名	拉丁文名	保护级别
112	雀形目	岩鹨科	领岩鹨	*Prunella collaris*	
113			鸲岩鹨	*Prunella rubeculoides*	
114			高原岩鹨	*Prunella himalayana*	
115			褐岩鹨	*Prunella fulvescens*	
116			棕胸岩鹨	*Prunella strophiata*	
117		鹟科	黑胸歌鸲	*Luscinia pectoralis*	
118			金胸歌鸲	*Lusciniapectardens*	
119			栗腹歌鸲	*Lusciniabrunnea*	
120			红胁蓝尾鸲	*Tarsigercyanurus*	
121			赭红尾鸲	*Phoenicurusochruros*	
122			黑喉红尾鸲	*Phoenicurushodgsoni*	
123			蓝额红尾鸲	*Phoenicurus frontalis*	
124			白喉红尾鸲	*Phoenicurusschisticeps*	
125			北红尾鸲	*Phoenicurusauroeus*	
126			红腹红尾鸲	*Phoenicuruserythrogaster*	
127			红尾水鸲	*Rhyacornisfuliginotus*	
128			蓝大翅鸲	*Grandala coelicolor*	
129			小燕尾	*Enicurusscouleri*	
130			斑背燕尾	*Enicurus maculates*	
131			黑喉石即	*Saxicola torquata*	
132			漠即	*Oenanthe deserti*	
133			白项溪鸲	*Chaimarrornisleucocephalus*	
134			栗胸矶鸫	*Monticolarufiventris*	
135			蓝矶鸫	*Monticola solitaria*	

续表 6

种序	目名	科名	种名	拉丁文名	保护级别
136	雀形目	鹟科	紫啸鸫	*Myiophoneus caeruleus*	
137			乌鸫	*Turdusmerula*	
138			灰头鸫	*Turdusrubrocanus*	
139			眼纹噪鹛	*Garrulaxocellatus*	
140			黑顶噪鹛	*Garrulaxaffinis*	
141			黄腹柳莺	*Phylloscopusaffinis*	
142			褐柳莺	*Phylloscopusfuscatus*	
143			黄眉柳莺	*Phylloscopusinornatus*	
144			暗绿柳莺	*Phylloscopustrochiloides*	
145			冠纹柳莺	*Phylloscopusreguloides*	
146			花彩雀莺	*Leptopoecilesophiae*	
147			棕胸蓝鹟	*Ficedulahyperythra*	
148			棕腹仙鹟	*Niltavasundara*	
149			铜蓝鹟	*Muscicapathalassina*	
150		山雀科	大山雀	*Parus major*	
151			绿背山雀	*Parusmonticolus*	
152			煤山雀	*Parusater*	
153			黑冠山雀	*Parusrubidiventris*	
154			褐冠山雀	*Parusdichrous*	
155			沼泽山雀	*Paruspalustris*	
156			红头长尾山雀	*Aegithalosconcinnus*	
157		䴓科	白脸䴓	*Sitta leucopsis*	
158			普通䴓	*S. europaea*	
159			红翅旋壁雀	*Tichodromamuraria*	

续表 7

种序	目名	科名	种名	拉丁文名	保护级别
160	雀形目	攀雀科	火冠雀	*Cephalopyrusflammiceps*	
161		文鸟科	山麻雀	*Passer rutilans*	
162			树麻雀	*Passer montanus*	
163			白斑翅雪雀	*Montifringillanivalis*	
164			褐翅雪雀	*M. adamsi*	
165			白腰雪雀	*M. taczanowskii*	
166			棕颈雪雀	*M. ruficollis*	
167			棕背雪雀	*M. blanfordi*	
168		雀科	黄嘴朱顶雀	*Carduelisflavirostris*	
169			林岭雀	*Leucosticte nemoricola*	
170			高山岭雀	*L. brandti*	
171			大朱雀	*Carpodacusrubicilla*	
172			拟大朱雀	*Carpodacusrubicilloides*	
173			红胸朱雀	*Carpodacuspuniceus*	
174			暗色朱雀	*Carpodacusnipalensis*	
175			红眉朱雀	*Carpodacuspulcherrimus*	
176			朱雀	*Carpodacuserythrinus*	
177			红额松雀	*Pinicolasubhimachala*	
178			红交嘴雀	*Loxiacurvirostra*	
179			白翅拟蜡嘴雀	*Mycerobascarnipes*	
180		鹀科	灰眉岩鹀	*Emberizacia*	

二、重要野生动物

（一）主要珍贵野生哺乳动物

熊猴 藏名译音“折玛”，别名：喜马拉雅猴、阿萨姆短尾猴。体长

62—66 厘米，体重约 15 千克。外形与猕猴较相似，主要区别是熊猴头顶有“旋”，而猕猴没有。顶毛向四周辐射。尾短，尾毛短而紧密，尾长不及头体长之半。头、颈背、体背后部及前肢外侧呈红棕色或锈褐色，体背后部、后肢外侧呈灰黄褐色，腹部下方银灰或略带灰黄色。栖息地海拔高度为 3500 米以下，常活动于温暖湿润的常绿阔叶林或针阔叶混交林内，以野果、嫩叶等为食。属国家和自治区Ⅰ级重点保护野生动物。

猕猴　藏名译音“折吾”“折”，别名：恒河猴、黄猴。体长 51—63 厘米。头顶无“旋”，毛从额部往后覆盖。尾长 18—22 厘米，尾毛蓬松。两颊具颊囊。头、颈、肩、前背毛色为灰褐色，后背至臀部、后肢外侧前方及尾基棕黄色，腹面淡灰色，臀部胼胝呈鲜红色。栖息地海拔高度为 4300 米以下，一般多在阔叶林和针阔叶混交林带出没，喜欢集群活动。多以野果和植物种子为食，有时亦捕食倒木腐皮下或石头下的昆虫，偶尔到农作物区采食。属国家和自治区Ⅱ级重点保护野生动物。

豹　藏名译音“萨卜思”“色”，别名：金钱豹、文豹。体长 1.0—1.5 米，尾长 75—85 厘米，体重 50—140 千克，头圆而耳短。四肢略短。上体背毛橙黄色或橘黄色，下体纯白色；体背及体侧遍布椭圆形黑斑或梅花状环斑，尾上斑纹细小，尾尖黑色。栖息地海拔高度为 3900 米以下，常活动于阔叶林、灌丛，寒温带针叶林山地中，以石洞、树丛或灌丛为巢穴。善于爬树，常潜伏于树上袭击经过的动物，昼伏夜出，为食肉动物。嘉黎县忠玉乡一带曾有过记录，截至 2010 年已没有见到豹活动的痕迹。属国家和自治区Ⅰ级重点保护野生动物。

雪豹　藏名译音“斯”“岗斯”，别名：草豹、土豹子。体长 1.0—1.3 米，体重 80—120 千克，雄兽个体略大于雌体。尾较粗大，尾毛长且蓬松。全身呈灰白色，通体满布黑色斑点和黑环，尾端黑色。四肢粗短。栖息地海拔高度为 5300 米以下，常活动于高山裸岩、草甸、灌丛地带，有随岩羊等偶蹄类动物迁徙的习性。雪豹在嘉黎历史上是较多的物种，截至 2010 年已较少见。属国家和西藏自治区Ⅰ级重点保护野生动物。

棕熊　藏名译音“折蒙”，别名：马熊、藏马熊。体长可达 1.8 米以上，体重约 180 千克。全身棕白色相间，吻部、眼周毛色呈浅棕色，下颏栗棕色，四肢内侧与腹部呈棕色，胸斑白色。栖息地为海拔5200米以下，多活动于山间谷地、山地阳坡、河溪旁以及食物较丰富处和夏季牧区放牧点附近。棕熊有食草原鼠类的习性，是维护草原生态平衡的重要野生动物，但偶有危害牧民财产的事件发生。属国家和西藏自治区Ⅱ级重点保护野生动物。

黑熊 藏名译音“董”“朵木”，别名：狗熊、黑瞎子。长1.2—1.5米，体重约150千克。头部宽圆，眼小，耳较大。通体黑色，仅胸部有一明显的月形白斑，鼻部和颜面部棕黄色，颏部毛白色，幼兽毛色较浅，但胸部白斑极明显。栖息地海拔高度为4400米以下，常在森林中活动，多在白天取食，日落休息，有冬眠的习性。以植物的嫩枝、叶和蘑菇、苔藓、野菜、种子等为主食，还嗜吃蚂蚁和蜜蜂。属国家和自治区Ⅱ级重点保护野生动物。

黄喉貂（青鼬） 藏名译音“阿岗”“色盂欧色”，别名：青鼬、密狗。头体长50厘米左右，是貂属中最大的一种。四肢短，尾长超过体长的2/3。头部、颈背、耳背、臀部及足部均为黑褐色，体背、腰部为棕黄色或米黄色，颏下白色，喉部、前胸、颈侧和肩胛为柠檬黄色，腹部浅褐色。栖息地海拔高度为3000米以下，常活动于针阔叶混交林区。以食肉为主，还经常上树采食各种野果，又嗜食蜂蜜。属国家和自治区Ⅱ级重点保护野生动物。

石貂 藏名译音“俄”，别名：岩貂、扫雪。体长45—50厘米，体重2—3.5千克。上体为浅咖啡色，下体趋淡，四足、尾部与背脊同色。耳短而宽圆，四肢粗短。尾长约为体长的1/2，尾毛蓬松而端毛尖长。喉胸部有一乳白色或茧黄色不规则的块斑。栖息地为海拔4100米左右的地带，多活动于林区山地、干寒高原、多石的沟壑区域。属国家和西藏自治区Ⅱ级重点保护野生动物。

香鼬 藏名译音“社蒙”，别名：黄鼠。雄体长23—25厘米，雌体长20—21厘米，颈长，四肢短。上体及四肢外侧棕黄或褐黄色，颜面部棕黑色，腹部及四肢内侧为浅黄色或橘黄色。栖息地海拔高度为4400米以下，常活动于高山灌丛草原、高原草原及草甸中。香鼬是小型鼠类的天敌，对于控制农、林、牧业的鼠害有着重要的作用。属西藏自治区Ⅰ级重点保护野生动物。

猪獾　藏名译音“准巴”，别名：獾子、獾猪、土猪。体长 65—72 厘米，体重 5—6 千克。耳壳短圆，四肢短，尾长为躯体长的 1/3。颜面部具 3 条白色纵纹，体背黑色与白色相混杂，呈灰白色调。绒毛白色或乳白色，腹面和四肢棕黑色，尾黄白色，端部白色。栖息于山地灌丛、森林、丘陵草丛，挖洞而居，若不受干扰，其栖居地较固定，有冬眠习性。主要以植物的根、茎、果实及蛙类、蚯蚓、蜥蜴、昆虫等为食。属国家保护的有益的或者有重要经济、科学研究价值的“三有”陆生野生动物。

水獭　藏名译音“章木”“曲莎木”，别名：獭猫、獭子、水狗。体长 60—80 厘米，体重 2—5 千克。是鼬科动物中营半水栖生活的兽类。身体呈长扁圆柱形，头部稍宽扁，耳小而短圆，尾较长，为 30—50 厘米。通体呈棕黑色或咖啡色，腹面毛色较淡，为浅棕色。栖息于河、溪、湖沼及岸边。在水边的灌丛、树根下、石缝或杂草丛中筑洞。属国家和西藏自治区Ⅱ级重点保护野生动物。

兔狲　藏名译音“日匈”，别名：玛瑙，羊猞猁。体长 50 厘米左右，尾长 22—26 厘米，体重 3 千克左右，体形粗壮而显短。背毛褐黄色，体背后部有数条较显的黑色细横纹。尾粗而浑圆，有 6—8 条黑色横纹，尾尖黑色。栖息地海拔高度为 3500—4500 米，多单独栖居，以岩石裂缝或石块下面为穴，或利用喜马拉雅旱獭的弃洞等。夜行性，在晨昏时活动较频繁，以鼠兔、喜马拉雅旱獭、鼠类为主食。兔狲是鼠类的主要天敌，是国家和西藏自治区Ⅱ级重点保护野生动物。

猞猁　藏名译音“义”，别名：藏猞猁、林拽。体长 95—105 厘米，体重 15—22 千克。尾长 18—20 厘米，面部酷似猫，耳尖具 4 厘米长的簇毛，尾较粗短。背面毛基灰色，中段红棕色，毛尖浅灰或白色。栖息于海拔高度 5000 米以下的草甸、草原、林缘等地，多在高山灌丛草原、高原草原、山地裸岩等地活动。猞猁是维持草原生态平衡的重要物种，属国家和西藏自治区Ⅱ级重点保护野生动物。

西藏野驴　藏名译音“江”，别名：藏野驴、亚洲野驴。体长 180—220 厘米，体重约 280 千克。头短，吻圆钝，耳壳长超过 17 厘米，颈部鬣毛短而直立。整体看似浅灰棕褐色，尾下半段具暗棕色长毛，体背深棕褐色，冬毛较深，肩部至尾根具较窄的黑褐色脊纹。栖息地海拔高度5500米以下，常活动于高原草原、荒漠草原和山地荒漠区，喜欢在河谷漫滩、湖滨退缩地和开阔草地集大群活动，善在辽阔的草原上以一列纵队扬蹄疾跑。西藏野驴是我国特有物种，亦是国家和西藏自治区Ⅰ级重点保护动物。

藏狐 藏名译音“博吉瓦玛”，别名：沙狐、草地狐。体长55—60厘米，体重3.5—6千克。毛色在背部和前肢为浅棕黄色，头部灰棕黄色，体侧和尾灰色，尾尖污白色。栖息于海拔5200米以下的地带，常活动于灌丛及草甸地带。藏狐以食鼠类为主，是草原上重要的益兽，亦是西藏自治区Ⅰ级重点保护野生动物。

赤狐 藏名译音“瓦玛”“哇”，别名：狐狸、南狐、红狐。体长55—75厘米，体形细长，吻尖，耳大，尾毛蓬松，尾粗而长，超过头体长1/2。背毛红棕色或呈浅黄褐色，耳背黑褐色，下体污白色，尾尖白色。栖息地海拔高度为4800米以下，常活动于森林、灌丛及草甸，喜单独活动。食物主要是喜马拉雅旱獭及鼠类，亦吃野禽、蛙、鱼、昆虫等，还吃各种野果和农作物。属西藏自治区Ⅰ级重点保护野生动物，也是国家保护的有益的或者有重要经济、科学研究价值的“三有”陆生野生动物。

狼 藏名译音“江克”。外形似家犬而较大，体长1米以上，体重25—30千克。四肢强健，耳直立，尾短粗，尾巴经常低垂。体背灰白或浅黄灰色。栖居范围较广，现已较稀少，主要活动在草原、草甸牧区。常见捕食野生偶蹄类动物及野兔、旱獭、鼠兔，偶尔亦抢食家畜。狼的存在对一些动物和种群的健康发展能起到有益作用，狼在自然界中通常只能捕食一些老、弱、病、残的动物个体，防止了病源的蔓延。狼是《濒危野生动植物种国际贸易公约》附录Ⅱ的保护物种，亦是西藏自治区Ⅱ级重点保护野生动物。

豺 藏名译音“帕瓦”，别名：豺狗、红豺、红狼。体长约1米，体重12—16千克，体形小于狼，尾较粗。头部、颈部、肩部及背部毛色为棕褐色，腹部淡白色、黄色或浅棕色，四肢外侧同背色，尾灰褐色。栖息于海拔3600米以下地区。豺所能猎食的主要是种群中不健康的动物个体，在维护自然生态平衡中起积极作用。属国家和自治区Ⅱ级重点保护野生动物。

白唇鹿 藏名译音“夏玛尔布”“夏瓦曲呷”，别名：白鼻鹿、扁角鹿。雄鹿体长约2米，肩高可达1.2米，体重约250千克。成体健壮的雄性鹿角通常分为5—6只，多呈扁圆状，为污白色。白唇鹿背毛粗硬，有明显的眶下腺。最明显的鉴别特征是鼻侧、唇及下颌为白色。上体毛色棕黄或黄褐色，头、颈和颜面部色深，耳内侧毛为白色，腹部和臀部淡黄色，臀部有黑色边缘，尾中央部分近于黑色。栖息地海拔3500—5200米。白唇鹿耐寒怕热，故多活动于针叶林上缘的灌丛中和高山草原带。属国家和自治区Ⅰ级重点保护陆生野生动物。

马麝 藏名译音“拉”“拉瓦”，别名：獐子、高山麝。体长约90厘米，体重约15千克。头狭长，吻尖，雄性上犬齿呈獠牙状，尾极短而粗。雄性腹部有麝香腺。雌雄均无角，体毛棕褐色或黄褐色，颈背有栗色斑块，上有土黄色毛丛，形成4—6个排成两行的斑点。栖息地海拔高度为5200米以下，常活动于香柏、高山杜鹃灌丛、高山柳、金露梅等灌丛和多裸石地带。历史上嘉黎县境内数量较多，曾一度猎捕过度，数量明显减少。属国家和西藏自治区Ⅰ级重点保护野生动物。

鬣羚 藏名译音“加”“夹”，别名：苏门羚、四不像、山驴子。全长1.2—1.5米，体重60—90千克，肩高1米左右。雌雄均有一对短角，角长最短12厘米，眶下腺大而明显。耳长12—16厘米，似驴，颈背有鬣毛，吻端裸露，四肢粗壮。全身毛棕褐或褐色，夹有灰白色。栖息地海拔高度为4200米以下，常活动于山地暖温带地区的森林中，垂直活动范围较大，为典型的林栖动物。主要食物是灌木的枝叶、幼芽和草本植物，喜欢吃松萝与菌类植物。属国家和自治区Ⅱ级重点保护陆生野生动物。

赤斑羚 藏名译音“加热”，别名：红斑羚、红山羊。体长95—105厘米，四肢粗壮，蹄较大；尾较短，不及10厘米。雌雄均有一对黑色角，肩高60—70厘米。通体红棕色，胸部同于体色，中央具一条褐色纵纹，腹面黄褐色，尾褐黑色。栖息地海拔4000米以下，活动于多巨岩陡坡的高山深谷且人迹罕至的地方。早晨和午后觅食，主要以植物的嫩芽、绿叶为食。属国家和自治区Ⅱ级重点保护野生动物。

斑羚 藏名译音“纳瓦俄呷”，别名：青羊、野山羊。体长95—160厘米，颏下无胡须，眶下腺退化。雌雄均有一对短而直的黑色角，除角尖外，横棱显著，鬣毛较短，尾短，约 12—16 厘米。体毛为灰棕色至浅棕黄色，尾黑色，尾基棕灰白色，夏毛深，冬毛浅。栖息地海拔高度为 3800 米以下，最高不超过林带上限。食物以林下灌木和小乔木的幼枝、嫩叶和草本植物为主。属国家和自治区Ⅱ级重点保护陆生野生动物。

藏原羚 藏名译音“果瓦”，别名：西藏黄羊、白屁股。体长 80—100 厘米，体重 10—15 千克。雄羊具长 30 厘米左右的角，角下面 2/3 段略向后弯，且具多数环棱。毛色灰棕，夏季较深，冬季较淡，臀部和腹部为白色。栖息地海拔高度为 5100 米以上，常活动于高原、高山草甸、湖滨地带，在水源充足的山谷和湖滨地带活动较多。属青藏高原特产、国家和西藏自治区Ⅱ级重点保护野生动物。

岩羊 藏名译音“耐亚”，别名：石羊、崖羊、蓝羊。体长 100—140 厘米，肩高 70—90 厘米，体重 40—80 千克。两性具角，雄性角粗大，角尖间距宽达 70 厘米，耳角基部靠近，仅距一狭缝隙。上体毛色褐黄或青灰色，冬毛色较深。栖息地海拔高度为 6000 米以下。从 20 世纪 90 年代开始实施野生动物保护措施后数量逐年增多，常活动于多裸岩与山谷草地。属国家和西藏自治区Ⅱ级重点保护野生动物。

盘羊 藏名译音“年”，别名大头羊、大角羊。体长 1.8 米，体重达 150 千克。雌雄均有角，雄性两角为明显旋状角形，角基粗大约呈浑圆状；雌性角简单而短细。通体背毛粗硬而短，唯颈部毛较长，上体褐灰色或污灰色，胸、腹、四肢内侧和下部及臀部均呈灰白色。尾短而不明显。栖息地海拔高度为 6100 米以下，常活动于地形开阔及山势起伏的高原。盘羊是典型的高山特有动物，属国家和西藏自治区Ⅱ级重点保护野生动物。

（二）重要珍稀鸟类

牛背鹭 别名：牛鸡鸦。中型涉禽，体长 0.5 米左右，体重 320—450 克。头、颈部均为棕黄色，背部生有色泽稍浅的蓑羽，体色依季节不同变化极大，冬季成鸟除头顶稍染有棕色外，其余呈白色，嘴黄色，趾和爪为黑褐色。栖息于浅水地带，亦常见停歇于牛背上，以寻觅毛间的虱类、螨类和蜱类等为食，故而习称为牛背鹭。每年夏季在嘉黎县可见到。是国家保护的有益的或者有重要经济、科学研究价值的“三有”陆生野生动物。

黑颈鹤　藏名译音“宗宗”“充充格纳”，别名：藏鹤、仙鹤。体长约130厘米，体重6—8千克。头部裸露部分为暗红色，头、前颈及飞羽为黑色，尾羽褐黑色，身体余部均为灰白色。栖息地海拔为5200米以下，在本县麦地卡地区夏季有参与繁殖的亲鸟。属国家和西藏自治区Ⅰ级重点保护野生动物。

彩鹳　藏名译音“曲恰村坚”，别名：白头老鹳。体长约93厘米，体重4.0—4.5千克。头、颈以及整个上体概为白色，但翅上覆羽具有黑绿并显光泽的大斑，嘴长而稍显侧偏，呈橙黄色。夏季少见于开阔的浅水区、沼泽或河岸及多草湿地。属国家和西藏自治区Ⅱ级重点保护野生动物。

斑头雁　藏名译音“昂巴果查”，别名：灰鸭。体长约75厘米，体重2—3千克。头顶具二道黑褐色横贯枕部，故有斑头雁之称。通体灰白色，背部淡灰褐色，腰及尾上覆羽白色，上腹淡灰色，下腹及尾下覆羽污白色。栖息地海拔为5000米以下。在本县夏季参与繁殖的亲鸟较多，大约每年10月之前离开。是西藏自治区Ⅱ级重点保护野生动物，亦是国家保护的有益的或者有重要经济、科学研究价值的“三有”陆生野生动物。

赤麻鸭　藏名译音“昂斯”，别名：黄鸭。体长约65厘米，体重1.5千克左右。通体黄褐色，头顶和颈色泽较淡，尤其颈部近棕白色，雄鸟下颈基部有一道狭窄的黑色领环纹，上背及两肩赤黄褐色，下背淡褐黄色，具有铜绿色金属光泽，下体暗褐色。栖息于海拔5000米以下的湖泊、河流等岸边。每年4月来到本县沼泽、河湖地区，10月之前离开。是西藏自治区Ⅱ级重点保护野生动物，亦是国家保护的有益的或者有重要经济、科学研究价值的“三有”陆生野生动物。

绿头鸭　别名：鸭子、野鸭、大麻野鸭。属于大型鸭类，体长可达60厘米，体重1.0—1.2千克。雄鸟头及颈为灰绿色，但闪有翠金绿的光泽，上体大多暗褐色，下体自胸以下为灰白色，尾下覆羽黑色。雌鸟体形比雄鸟稍小，背部暗褐色，头顶和后颈黑色，稍杂以棕黄色。见于湖泊、河岸、水潭中。每年夏季嘉黎县水域遇见率较高。是国家保护的有益的或者有重要经济、科学研究价值的“三有”陆生野生动物。

凤头潜鸭 别名：凤头鸭子。属中型鸭类，体长40厘米左右，体重可达800克。雄鸭头颈为黑色，略具金属紫色光泽，后头有一簇黑色，有长而下垂的羽冠；雌鸭体色基本与雄鸭相似，但基部黑色部分为褐色所代替，冠羽亦没有雄鸭冠羽修长。每年夏季常在河流较平缓区和湖泊上活动，其群体少则几十只，多则数百只，常与其他的野鸭、白骨顶等混群生活。是国家保护的有益的或者有重要经济、科学研究价值的“三有”陆生野生动物。

鹊鸭 属于中型鸭类，体长可达95厘米，体重不足500克。雄鸟颊部两侧各有一块近圆形的白斑，除额部呈亮黑色以外，整个头部，包括头侧、上颈均为金属绿色；雌鸟与雄鸟体色区别甚大，雌鸟头、整个上体以及两覆羽呈灰褐色，下体为白色。每年夏季在河、湖、沼泽地区见到。是国家保护的有益的或者有重要经济、科学研究价值的“三有”陆生野生动物。

普通秋沙鸭 藏名译音：夹尔玛，别名：尖嘴鸟、鱼鸭。体长达65厘米，体重可超过500克。嘴大而厚，鼻孔位于嘴峰的中部。雄鸟头部和上颈黑褐色，枕部有一簇较短的羽冠，下颈和上背白色，下背黑色与上背分界明显；雌鸟头部棕褐色，上体以及两翅均为灰色，下体白色。夏季在县境内可见到，冬季离开本县。不集群，常1—2只活动。是国家保护的有益的或者有重要经济、科学研究价值的“三有”陆生野生动物。

黑水鸡 中型涉禽。体长30—35厘米，体重170—180克。上体黑褐色或橄榄褐色，下体石板灰色，头、颈暗黑褐色，胸、腹部中央及下腹杂以白色，两肋具显著的白斑，额甲及嘴基红色。夏季栖息于河滩、沼泽地带，冬季离开本县。遇见率较低。是国家保护的有益的或者有重要经济、科学研究价值的“三有”陆生野生动物。

白骨顶 别名：骨顶鸡、水秧鸡。属中型涉禽，体长40—50厘米，体重500—800克。通体黑色，嘴和额部甲板白色，夏季成鸟前额部之白色裸露部分显得特别明显。夏季栖息于湖泊、河流及其他宽阔的水域内，秋冬季离开本县。是国家保护的有益的或者有重要经济、科学研究价值的“三有”陆生野生动物。

红脚鹬 别名：红脚鸟。属小型涉禽，体长18—28厘米，体重90—150克。头顶灰褐而沾有棕色，上体灰褐色，嘴长而直，大部为橙红色，端部黑色，腿、脚较长，为橙红色。夏季栖息于湖泊、河流、沼泽、草原，喜欢数只成群活动。是国家保护的有益的或者有重要经济、科学研究价值的“三有”陆生野生动物。

鸢　藏名译音“欧哇”，别名：黑耳鸢、老鹰、岩鹰。中型猛禽，体长近80厘米，体重可达1千克。上体暗褐色，头顶和后颈渲染棕白色，并具黑褐色干纹，尾暗褐色，呈叉状，胸和腹暗褐色。常活动于海拔5200米以下的山野、城镇、村寨附近，多单只盘旋于高空。以各种小型啮齿类以及小鸡、小蛙、小鱼等为食。是国家和西藏自治区Ⅱ级重点保护陆生野生动物。

白尾海雕　藏名译音“措拉久嘎”，别名：黑鹰、白尾雕。体长约75—85厘米，体重2.5—3.0千克。头和颈淡褐色，上体大部分暗褐色并杂以深褐色羽毛，飞羽黑褐色具棕白色羽轴，喉淡黄色，胸、腹部褐色，羽缘稍淡，尾纯白色。栖息地海拔为5300米以下，多活动在河、湖附近沼泽地带。县域内遇见率较低。属国家和西藏自治区Ⅰ级重点保护野生动物。

玉带海雕　藏名译音“措拉替嘎坚”。体长约76—84厘米，体重2.5—3.0千克。身体主要呈暗褐色，头部、后颈呈赭褐色，羽端黄褐色，上体各羽具淡色羽缘，尾羽黑色，中间一条白色宽横带斑，尾上覆羽棕褐色，羽端棕黄色，体背飞羽暗褐色，下体棕褐色，具淡色羽缘，腋部具白斑。栖息地海拔为4000—5300米，喜欢活动在高原开阔地带、大河及湖泊周围。县域内遇见率较低。属国家和西藏自治区Ⅰ级重点保护野生动物。

草原鹞　藏名译音“扎唐差”，别名：鹞子。体长约46—51厘米，体重0.5—0.7千克。雄鸟上体大都灰色，腹部白色，雌鸟大都暗褐色，头后与颈后杂以白纹，下体棕黄而沾灰色，尾为白色。栖息地海拔为5000米以下，喜欢活动在高原草原的空旷地带。属国家和西藏自治区Ⅱ级重点保护野生动物。

金雕　藏名译音“加卜拉”，别名：洁白，金头。体长90—100厘米，体重3—5千克。背部及两翅羽毛具有紫色光泽，两翼展开时，翼下可见一道白斑。栖息于海拔5000米以下的高山草原和灌丛地带。属国家和西藏自治区Ⅰ级重点保护野生动物。

红隼　别名：红鹰、茶隼、红鹞子。体形较小而稍显修长，体长不足

40 厘米，成年体重 200 克左右。上体多为砖红色，且具暗褐色横斑，爪黄色。栖息于海拔 5000 米以下的山地、旷野及村落附近。以捕食啮齿类、昆虫和小型鸟类为主。是国家和西藏自治区Ⅱ级重点保护野生动物。

高山兀鹫 藏名译音“日妥屠尔恰”，别名：喜山兀鹫。体长 100—120 厘米，体重约 6—9 千克。通体黑褐色或灰褐色，头裸出，颈背有短的黑灰褐色绒羽，后颈完全裸出无羽。因它有裸露的头，极易鉴别。筑巢于裸露山地悬崖绝壁上，筑巢材料有植物茎叶和动物羽毛。常在开阔的高原上空翱翔，有大型动物尸体的地方经常能见到该鹫。是草原上清除大型动物尸体的腐食性动物，是草原预防疾病传染蔓延的重要“清道夫”。属国家Ⅱ级、西藏自治区Ⅰ级重点保护野生动物。

胡兀鹫 藏名译音“恰贵”“屠尔恰”，别名：大胡子雕、髭兀鹫。鹰科中的大型种类，体长 1.3 米，体重可达 8 千克，展翅宽可达 1.5 米。头顶周围有一圈黑羽，颏下具有一簇粗硬的刚毛，整个上体色调暗晦，下体以棕黄色为主。栖息于海拔 5500 米以下的高山草原和灌丛地带，以各种动物的尸体为主要食物，还猎捕旱獭、野兔、鼠、鼠兔等，具有极强的消化力，可消化较粗大的骨头。有大自然“清道夫”的美称。属国家和西藏自治区Ⅰ级重点保护野生动物。

大鵟 藏名译音“岔”“莎斯钦布”，别名：花豹，毫豹。属大型猛禽，体长可达 75 厘米，体重 2 千克左右。有两种色型，即淡色型上体暗褐色，头顶和颈后黄白色，具有暗色羽干纹，背、肩、腰暗褐色，具棕白色纵纹和羽缘；暗色型通体暗褐色，肩和翼上覆羽羽缘淡褐色，头和颈部羽色稍淡，羽缘棕黄色，眉赤色，尾近白色，而且具有暗褐色横斑。栖息于山地、草原地带，栖息地海拔最高可达 4500 米。猎食多种有害啮齿动物，对保护草原和农林生产作用极大。属国家Ⅱ级、西藏自治区Ⅰ级重点保护陆生野生动物。

普通雕鸮 藏名译音“欧巴”，别名：猫头鹰。体长 52—70 厘米，体重 2—2.5 千克。眼先具白色须状羽，面盘浅棕色，整个上体呈棕褐不规则斑杂状，下体多为棕而粗的暗棕色纵纹。栖息于海拔 4500 米以下的山地、河谷灌木丛中，夜行性，以多种啮齿动物及小型鸟类为食，是农林牧业的益鸟。属国家和西藏自治区Ⅱ级重点野生保护野生动物。

高原山鹑　藏名译音“斯巴”，别名：沙伴鸡、小山鹑、山鸡、瓜瓜鸡。小型鸡类，体长30厘米，体重0.25千克左右。头顶紫栗色，额基、后颈为棕白色，眼下有一块黑斑向下迁伸至喉部与灰棕褐色的耳羽相连，两肋棕白色，具栗色横斑，爪黑色。栖息于海拔4600米以下的高山草原、草原灌丛，经常在山前缓坡及耕地边一些草坡地带活动，性喜集群。是国家保护的有益的或者有重要经济、科学研究价值的“三有”陆生野生动物。

棕尾虹雉　大型鸡类，体长65—75厘米，体重2—2.6千克。雄鸟头顶呈金属绿色，冠羽修长，羽干裸露，羽端有匙状，上体为铜绿色，两翅表面有金属紫绿色光泽，尾羽棕色，尾上覆羽蓝绿色，下体黑色，雌鸟体表不艳丽。栖息于海拔4800米以下的山地针叶林、阔叶林及灌丛地带。是国家和西藏自治区Ⅰ级重点保护陆生野生动物。

藏马鸡　藏名译音“恰昂”，别名：喜马拉雅马鸡、哈曼马鸡。大型鸡类，体长75—85厘米，体重2—3千克。通体羽毛均呈蓝灰黑色，微显紫灰色光泽，头顶绒黑色，颏、喉、前颈中央以及耳羽簇均为纯白色，下背至尾上覆羽淡灰色，腹部灰白色，胸部暗灰蓝色，两胁淡灰色。栖息于海拔3500—4300米的高山地带，常结小群活动。以多种植物种子、幼枝嫩叶以及须根等为食，亦啄食部分昆虫等。属西藏地区特有动物，亦是国家和西藏自治区Ⅱ级重点保护陆生野生动物。

黑鹇　大型鸡类，体长70—90厘米，体重0.8—1.2千克。雄鸟头顶至颈基为紫黑色，头顶具有紫黑色微具光泽的冠羽，腰羽具明显的白色羽端，胸羽灰色，雌鸟上体大多呈浅褐色，具灰色羽缘，下体色泽淡灰色。多栖于海拔3500米以下的阔叶林及灌丛中。属国家和西藏自治区Ⅱ级重点保护陆生野生动物。

藏雪鸡　藏名译音“孔姆”“拉卜恰果木”，别名：雪鸡、淡腹雪鸡。体长60厘米左右，体重1.5—2千克。通体以灰褐色为主，上体两翅羽均杂以黄、灰和黑色，余部灰白色，两翅各有一块白斑，飞行时，白斑尤其明显，胸、腹以及尾下覆羽均布有黑色细纹，尾上覆羽淡棕色，尾羽之内片黑色，外羽片色稠，与尾上覆羽相同。栖息于海拔6000米以下裸露岩石、稀疏灌丛及高山草甸地带。属国家和西藏自治区Ⅱ级重点保护野生动物。

棕头鸥 体长30—40厘米，体重0.2—0.4千克。头棕红色，背部浅灰，嘴、脚深红色。以鱼类为食。每年4月初到嘉黎，9月飞离繁殖地。是国家保护的有益的或者有重要经济、科学研究价值的“三有”陆生野生动物。

普通燕鸥 中型水鸟，体长31—37厘米。翅较长、窄而尖，外侧尾羽极度延长，尾呈深叉状。嘴、脚黑色或红色，夏羽额、头顶至枕黑色，背蓝灰色，下体白色，胸以下灰色，外侧尾羽黑色，亚成年体外飞羽亦为黑色，飞翔时极明显，头顶前部白色，有黑色斑点，头顶后部和枕为黑色，背灰色。每年夏季来到嘉黎县湿地区，秋季后离开。

（三）两栖和爬行动物

西藏齿突蟾 体较长而扁，雄蟾体长4.8—6.0厘米，雌蟾体长5.6—6.8厘米。皮肤粗糙，头部较光滑，雄蟾背部满布大小刺疣。生活时整个背面灰橄榄色，咽喉部及四肢腹面浅肉色，腹部浅灰色。雄蟾无声囊，无雄性线。生活于海拔5100米以下的小山溪或泉水流溪尽源处石下或石头间隙内，或在大中型溪流岸边石下，所在环境一般植被稀少，大小卵石甚多。属国家保护的有益的或者有重要经济、科学研究价值的“三有”陆生野生动物。

高山倭蛙 藏名译音“贝巴”。雄性体长4.0—4.8厘米，雌性体长4.6—5.2厘米。大部皮肤粗糙，仅头部较光滑。生活时背面多为橄榄棕色，亦有黄棕、灰棕、棕褐色等，成体背面自吻后直达肛部有一条黄色或灰白色脊纹。雄体无声囊，无雄性线。生活于海拔4700米以下的湖泊、水塘、沼泽地带及山溪、河流附近。属国家保护的有益的或者有重要经济、科学研究价值的“三有”陆生野生动物。

（四）主要鱼类

异齿裂腹鱼 别名：欧氏弓鱼、横口四列齿鱼、副裂腹鱼、异齿弓鱼。体长160—335毫米。背侧青灰色，腹部银白色，体侧、背鳍、尾鳍有黑色斑点。以藻类为食，于浅滩流水处产卵，4—5月为繁殖旺季。

拉萨裂腹鱼 别名：拉萨弓鱼、贝氏裂腹鱼。体长221—274毫米，体修长，稍侧扁。头长，吻较尖，口下位，马蹄形，吻褶发达，唇后沟连续，须2对，后须稍长，末端达到眼后缘下方，体被细鳞。背侧部黄褐色，腹部浅黄色，体侧有许多不规则黑色斑点。以底栖水生脊椎动物为主食物，兼食着生藻类。4—6月为产卵盛期。分布在色荣藏布河段。

尖裸鲤　别名：斯氏裸鲤鱼。体长218—250毫米，体修长，略侧扁。吻部尖长，上颌稍长于下颌，下颌前缘无锋利角质，上唇较发达，下唇狭细，分左右两叶，唇后沟中断，无须，除肩带部分有少数不规则鳞片及臀鳞外，体表其他部分裸露无鳞。腹膜灰白色，背部青灰色，体侧灰白色，腹部银白色，在头背及体侧常具深灰色斑点，各鳍淡黄色。主要以其他鱼类为食。分布在色荣藏布河段。属维持水生生态的重要物种，亦是西藏自治区Ⅰ级重点保护野生动物。

高原裸鲤　别名：瓦氏裸鲤。体长16—36厘米，体重300—600克。口端位或亚下位，略倾斜，下颌前缘无锐利角质，无须，除臀鳞和肩鳞外，其他部位裸露无鳞，臀鳞发达，其行列的前端可达腹鳍，腹鳍末端后伸达腹鳍起点至臀鳍起点之间距离的1/2处。以硅藻、蓝藻和轮虫类为主要食物。是麦地卡湿地区湖内的主要鱼类，储量较大。

西藏高原鳅　体长100—140毫米。体延长，前躯高而扁圆，尾柄较低。吻部较尖，唇厚，上唇多乳突，下唇多深皱褶，须3对，短小，体无鳞，体表散布有不明显的微小结节。体背部和体侧具不规则扭曲的深褐色短横条，背鳍、尾鳍的褐色小黑点常排列成行。栖息于河流缓流、湖泊或沼泽地水生植物丛生的浅水处，以浮游动物为主要食物，兼食硅藻类。每年6月前后繁殖。县域河流均有分布。

第四节　生态建设

嘉黎县属易贡藏布上游河谷土壤保持和谷地山原牧业适度发展生态功能区和拉萨河源头水源涵养与牧业适度发展生态功能区。其中，易贡藏布上游河谷土壤保持和谷地山原牧业适度发展生态功能区地处嘉黎县西北的念青唐古拉山脉南麓，包括嘉黎县和边坝县境内的易贡藏布河上游流域，面积

8887.04 平方千米。人口较多的河谷地区、灌丛植被和林木因缺乏薪柴而遭到严重破坏，保水保土功能下降；亚高山灌丛草甸受过度放牧的影响而出现草地退化现象是主要生态环境问题。区内具有发展畜牧产业生产的良好条件，宜牧土地多分布在河谷地带，草地资源开发潜力较好，具有建大面积人工优质草地的条件。生态功能定位为：土壤保持、水源涵养和牧业适度发展。在发展谷地和山原牧业的同时，应注意土地资源的合理开发利用，强调牧业的开发与土壤保持生态功能作用的发挥，加强土壤保持工作，防止水土流失，加大冷季草场建设的力度。

拉萨河源头水源涵养与牧业适度发展生态功能区位于那曲地区中南部、念青唐古拉山中段南侧，包括那曲县的尤卡、谷露等乡和嘉黎县的章若、措拉、林堤、藏比、多拉等乡，人口约 1.9 万人，总面积 10747.22 平方千米。为拉萨河河源，麦地藏布、麦曲等小支流呈网格状汇入热振藏布。植被状况较好，除少部分地区有草地退化问题外，大部分地区生态系统良好，但因采挖虫草和过度放牧造成草地退化，并有恶化趋势。属水源涵养极重要区。生态功能定位为：牧业适度发展，水源涵养和生物多样性保护。

第六章　自然灾害

第一节　气象灾害

嘉黎县境内气象灾害主要有干旱、雪灾、强降水、霜冻、雷击、洪涝等。

一、雪灾

嘉黎县雪灾频率仅次于聂拉木（60%），达43%。初夏干旱发生频率为10%，盛夏干旱发生频率为13%；初夏洪涝发生频率20%；盛夏洪涝发生频率7%。初夏暴雨日数8天，盛夏暴雨日数7天。西藏年降雪日数在10.1—153.8天，以拉孜县最少，嘉黎县最多达153.8天。

清道光十年（1830年，第十四饶迥金虎年）嘉黎连遭雪灾匪患，加之进入十二月后连降大雪，且从二十八日至翌年一月四日降雪特大，致使麦地卡至嘉黎山川平原皆为大雪覆盖，牛马等各类牲畜无草可吃，造成甲德游牧者鲁卡尔和果若两户牲畜约63头（只）及差民查穷和乃克二人驮牛约20头，在赶往路远少雪地方放牧时，遭盗匪劫掠。尤其是甲德放牧者等几个贫困户，仅有的几头驮牛亦被强盗赶走，剩余牲畜亦因大雪饿死。

1977年4月下旬至5月中旬，那曲地区的巴青、申扎、嘉黎3个县，受春季雪灾影响的有22个区、42个公社，积雪深度30—50厘米，受灾面积占总面积的50%，牲畜一天半到3天吃不上草的重灾公社37个。藏北各县受此次雪灾而死亡的牲畜占牲畜总数的5%—8%。

1988年12月19日，气温急剧下降，嘉黎县遭受雪灾。

1989年9月底至翌年4月30日，嘉黎降雪多次而导致雪灾，积雪深度50—100厘米，其中，特重灾地区交通完全断绝。

1992年12月下旬至1993年4月，嘉黎县西部部分乡、村由于降雪频繁，遭受雪灾。

1996年10月25日至1997年3月中旬，嘉黎县陆续出现多次降雪过程，牲畜死亡8844头（只、匹）。

1997年9月至1998年4月，那曲地区普降大到暴雪，造成严重雪灾。嘉黎县大雪封山，牲畜死亡率达30%。

1999年10月16—20日，由于受孟加拉湾台风的影响，嘉黎县部分乡、村出现暴雪天气。

2004年10月底至翌年1月底，措多乡11村降雪，最厚达85厘米。2005年1月10—24日，措多乡11村共有23头（只）牲畜死亡，其中，牛16头、绵羊4只、山羊3只。1月24日夜间，嘉黎县措多乡、鸽群乡出现降雪天气，雪深4厘米。

2005年10月21日晚间至22日白天，在嘉黎县范围内出现降雪天气，县城雪深为5厘米，措拉乡雪深达30余厘米，林堤乡雪深为20余厘米。10月30日晚间至31日白天，县城雪深为3厘米，藏比乡降雪最大，雪深达9厘米，林堤乡达2厘米。10月31日至11月1日，在嘉黎县范围内出现大面积降雪，其中，县城雪深13厘米，降雪最大的绒多乡累计雪深达40厘米，造成牲畜无法出牧，林堤乡雪深达35厘米。

二、干旱

1981—2010年西藏各站初夏干旱发生频率为10%—53%。各地平均6—10年一遇。嘉黎初夏干旱发生频率为10%，为西藏最小。嘉黎等县盛夏轻旱频率不足10%。

1983年5月下旬至8月，全县天气高温少雨，发生严重干旱。

1994年6月下旬至7月下旬，出现旱情，返青牧草提前1个月枯黄。

三、强降水

1991 年6 月8 日至7 月5 日，那曲地区遭受强降水和冰雹，造成山洪暴发，河水猛涨，致使公路、桥涵、农田、房屋遭到水毁。嘉黎养护段被冲毁路基17 处，总长2 千米，经济损失2. 5 万元；水毁乡村骡马驿道300 千米。

2004 年7 月26 日，嘉黎县出现短时降水，24 小时降水量达36 毫米，县城往那曲方向约10 千米处出现大面积山体塌方事件，造成交通中断，虽然县里已经组织人力进行抢修，到27 日下午5 点交通仍处于瘫痪状态。此外，由于降水强度大，部分桥梁被损坏。

2008 年6 月18—25 日，嘉黎县天气连续出现小到中雨天气过程。由于连续降水，导致河水上涨，县境内公路及桥梁大面积被冲毁及淹没，其中0. 13 千米嘉鸽公路破坏比较严重，边达10 村2007 年修建的涵洞桥被水冲毁。

2009 年11 月16—18 日，嘉黎县出现暴雪天气，降雪厚度达到了29. 6 毫米，18 日8 时有39 毫米积雪。此次降雪破嘉黎县历史同期极值。由于嘉黎县雪后部分路段积雪较深，道路结冰，对交通和牧业生产经营带来了不利影响。

2010 年8 月28 日，受降水影响，阿扎镇江乃玉错湖水上涨，夏玛乡多拉小学4 名教师在清理垃圾过程中跌入湖中，1 人获救，其余3 人下落不明。

四、冰雹与雷击

嘉黎县春季冰雹日数为1. 0—2. 0 天，夏季冰雹日数为11 天，秋季冰雹日数为2. 5—3. 8 天。雷暴日数为10 天。嘉黎县冰雹灾害较轻，主要集中在6—9 月，大冰雹会造成损失。

1999 年8 月，嘉黎县出现雷击事件，经济损失严重。

2005 年9 月30 日下午，嘉黎县夏玛乡出现雷击事件，致一人死亡。

2008 年6 月24 日，嘉黎县雷电损坏电视台收视机、电话等，直接经济损失10 万元左右。

五、洪涝

1998 年 6 月中旬至 9 月，嘉黎县发生严重洪涝灾害。

2002 年 5—7 月，那曲地区 11 个县（区）先后遭受洪灾，倒塌房屋 355 户 474 间，面积 11750 平方米，造成危房 37 间，冲毁人畜简易桥 80 座、乡村道路 132.5 千米，个别电站堤坝已达警戒水位。其中，嘉黎县乡村人畜简易桥被水毁 10 座，20 座牧桥出现危险，天然草场被淹没 3335 公顷，那嘉公路严重受损，被水冲没或淹没 7 处，贡曲桥基被河水掏空，益拉山、鸽群乡水毁公路 40 千米，嘉绒路基毁坏多处，直接经济损失 150 余万元。

2003 年 6 月 1 日至 7 月 18 日，那曲地区连降大雨，嘉黎、申扎两县部分乡村发生洪涝灾害。冲毁公路、河堤等设施 21 处。

六、风灾

1972 年 2 月 8 日上午 10 时，那曲地区遭受 12 级暴风袭击。嘉黎部分地区损失严重。

1993 年 5 月 30 日 19 时 50 分，嘉黎县出现龙卷风，风速 15 米/秒，直接经济损失 36 万元。

1999 年 3 月，嘉黎县城出现 10 级大风，吹倒中学围墙，部分单位屋顶铁皮被吹翻。

第二节　生物灾害

嘉黎县境内生物灾害主要有鼠害、毒草和虫害等。

一、鼠害

鼠类主要是高原鼠兔和喜马拉雅旱獭。它们无情地吞噬牧草，严重时破坏草场，削弱草场生产力。高原鼠兔和鼢鼠的危害亦比较严重，在调查中能见到居民点附近有成群的鼠洞。资料显示，高原鼠兔分布广、数量多、危害大，具有极强的挖掘能力，每亩草地鼠洞达40—100个，最多可达300个，1只鼠兔一年吃掉的牧草可以饲养1只绵羊，3只喜马拉雅旱獭每年吃掉的鲜草可以饲养1只绵羊。

二、毒草

嘉黎县境内毒草灾害比较严重。旱季牧草长势差，而毒草长势迅猛，牲畜吃了毒草以后，会严重影响体质和繁殖能力，有些中毒严重的牲畜还会死亡。毒草种类主要有黄花棘豆、劲直黄芪、狼毒、披针叶黄芪等植物，有的地方有毒植物已成主要群落，使可食牧草的能力减弱。牲畜食劲直黄芪中毒后，神经麻痹，表现为醉酒状。其主要危害对象为一岁羊。毒害植物的存在，影响了草场的利用率，加速了草场退化。全县除高山草甸带外，其余草地均有毒草生长。

三、虫害

每当旱情发生，虫害随之而来，危害农作物和牧草生长。县境内的虫害主要以草原毛虫为主，藏语称“布那”。每年6月繁殖，繁殖速度极快，对草原的破坏极大。一条毛虫平均日食鲜草1.5克。自2006年开始，嘉黎县连续三年出现草原毛虫灾害。其中，2006年6月，嘉黎县发生草原毛虫灾害，受灾严重；2007年，林堤乡草原毛虫灾害危害面积达到8.15万亩，最高密度达到325只/平方米；2008年草原毛虫害进一步扩展到林堤、措多、藏比等乡镇。

第三节　其他灾害

一、地震

据《西藏地震史料汇编》记载，1948年3月12日，巴青、嘉黎附近发生5.5级地震。

二、滑坡崩塌

2004 年 6 月 1—23 日，因洪涝灾害嘉黎县部分公路路基坍塌，冲毁桥梁 5 座，淹没草场 66.7 公顷。

2006 年 6 月 7—11 日，嘉黎县出现小到中雨、局地大雨的降水过程。降水致使嘉黎镇 12 村发生泥石流、山体滑坡，大量泥沙堵塞河道，交通中断 12 小时。

三、火灾

2006 年 1 月 18 日，嘉黎县措拉乡 2 村、17 村冬季草场发生火灾，至 19 日下午 4 时，县值班室接到措拉乡报告，由于当地持续大风，火灾蔓延到 19 村、4 村；晚 17 时 56 分县值班室再次接到措拉乡火灾情况汇报时，火势已蔓延到 16 村和 14 村，火势难以控制，对附近农牧民群众的生命和财产造成极大的威胁。后在多方努力下，终将大火扑灭。

第二篇
政区建置

第一章 建置区划

第一节 位置境域

嘉黎县位于自治区东中部，那曲地区东南部的唐古拉山与念青唐古拉山之间，东经91°48′—94°09′、北纬30°18′—31°11′，面积13217.3平方千米，属西藏自治区那曲地区管辖。嘉黎县北靠那曲地区比如县，东与昌都地区边坝县毗邻，南部与林芝地区工布江达县相接，西南与拉萨市当雄县、墨竹工卡县、林周县接壤，西北连接那曲县，东南与林芝地区波密县紧邻，东西长约310千米，南北宽约150千米。距离那曲地区行政公署所在地那曲县210千米，距离自治区首府拉萨市537千米。全县地势西高东底，平均海拔在4500米以上。县人民政府驻阿扎乡。

第二节 建置沿革

“嘉黎”又称“拉里”，为汉语音译，藏语意为“神山”。

在7世纪前，嘉黎属工噶布王辖境。

7世纪中叶，松赞干布征服工噶布王后将嘉黎收归吐蕃政权治下，划入“苏毗茹”。

7世纪中期，雅隆悉补野部落从山南崛起，征服了西藏高原所有部落，在其统治下嘉黎逐渐形成以拉日、杂萨、阿扎、秀达等为主的4个部落，嘉黎等地主要为那琼氏管理地区。

8 世纪，吐蕃赞普赤松德赞与工噶布王立誓结盟，承诺工噶布王世代管理工布的特权，嘉黎复归工噶布王。

9 世纪中期，吐蕃政权在内讧和平民起义的冲击下土崩瓦解，西藏陷入长达 400 多年的分裂割据局面。地方割据势力和嘉黎藏传佛教噶举派势力结合，修建了拉日寺，成为割据一方的地方势力，并形成以贵族和寺院经济为主的封建农奴制度。

9 世纪中叶，工布地区爆发了著名的奴隶平民大起义（史称“火把起义”），工噶布王的统治崩溃。

11 世纪，工噶布王的后裔阿杰在工布恰纳（今米林县羌纳乡）崛起，重新成工布地区的统治者。

12 世纪末到 13 世纪初，蒙古人占据中国辽阔的北方，并将势力扩充到青藏高原，使西藏成为蒙古王子旭烈兀等人的封地。萨迦班智达携八思巴到甘肃的凉州会见了蒙古王子阔端，确立了萨迦派在西藏地方政权中主导地位，结束了西藏地方分裂割据 400 多年的局面。

1260 年，忽必烈在北京定都，定国号为元。

1268 年，元朝中央政府大臣阿贡、弥林到西藏进行第二次户口清查，在此基础上确立了在西藏建立十三万户制度。嘉黎县属于直贡万户管辖的草原部落。

元朝至元二十七年（1290），西藏发生“直贡内乱”，元中央政府派镇西王铁木儿不花两次入藏平定“直贡之乱”，巩固了萨迦地方政权。元中央政府在西藏设置了 3 条通往西藏的驿站，嘉黎县拉日成为一个重要驿站。

元朝至正十四年（1354），帕竹万户打败萨迦地方政权建立了帕竹地方政权，由于同属噶举派，嘉黎县仍然属直贡寺管辖。帕竹政权的创立者在西藏实行了“宗豁”制度。嘉黎县在那一时期没有设立宗等机构，嘉黎仍由地方部落或拉日寺势力管辖。

明朝中央政府，对西藏地方豪强势力和有影响的教派实行了“多封众建”的政策。嘉黎县的地方势力同属噶举派管辖，但在地方势力中拉日部落人口较多也相应强大，在嘉黎县东部地区，今天嘉黎县忠玉乡属嘎朗第巴势力管辖。

明崇祯十五年（1642），五世达赖喇嘛在蒙古和硕特部落首领固始汗的支持下，在西藏建立了甘丹颇章地方政权，西藏地方进入蒙古汗王治理的历史时期。固始汗顺应历史潮流，归顺朝廷，被清中央政府册封为“遵行文义敏慧固始汗”，开启了西藏历史上的蒙古和硕特部汗王统治时期，甘丹颇章政权建立后，将嘉黎地方则归拉里寺管理。

康熙五十六年（1717），准噶尔部首领策旺阿拉布坦派大将策凌敦多布率领大军6000人侵扰西藏，统治西藏的蒙古和硕特部首领拉藏汗被杀，结束了蒙古和硕特部汗王治理西藏达75年之久的格局。

康熙五十九年（1720）清中央政府在平定准噶尔部的侵扰后，在西藏确立了驻藏大臣制度和噶伦制度，嘉黎西部的一些地区直接归驻藏大臣衙门节制。嘉黎境内最大的寺院拉日寺改宗格鲁派，属色拉寺下属寺院。

清乾隆十六年（1751），清廷将拉里（嘉黎）划归驻藏大臣直接管辖。在清朝中央政府的管理下，嘉黎县未设宗，所辖的拉日成为川藏大道上重要的驿站，驿站由清中央政府派兵驻守，清兵管理驿站和过往官员的生活，附近的群众支付一定的“乌拉”差役。嘉黎也成为川藏大道上最重要的物资转运地和最大的驿站，一般由五品同知衔守备率领120多人的官兵驻守，保卫驿站和周围的安全。清代驻守西藏的驻藏大臣和帮办大臣，都从嘉黎拉日驿站经由工布江达到达拉萨。据清朝驻藏大臣松筠所著《西藏图考》载：古代嘉黎的疆域“东至夹贡塘界二百七十里，西至常多塘界二百四十里。”这一时期，嘉黎附近百姓依然由部落和寺院进行管理，百姓支差由部落头人等指派。

清宣统三年（1911），清朝在辛亥革命的冲击下垮台。

民国元年（1912）中华民国政府成立。驻守在拉日驿站的清兵也各自散去，有的回到内地，有的就在附近安家。驿站在西藏地方政府的管理下，依然是西藏地方政府和来往昌都地区的重要通道。西藏地方政权设嘉黎宗，下辖桑巴、阿扎、拉日、通多、同德、许达、乌苏荣、南口珠、古拉等9个部落，并处于川藏大道的要冲，也成为腹心地区联系外部地区的重要连接地。

1911—1951 年 40 年间，掌管嘉黎事务的首领都是西藏地方政府派遣的拉日宗本。拉日喇嘛以三大寺（甘丹寺、哲蚌寺、色拉寺）堪布的名义被派遣至拉日，先做三大寺院的喇本（主管拉日寺）。从民国二年（1913）起，尼屋三塘宗隶属于拉日七茹，拉日喇嘛随之也变成拉日七茹首领，也就正式成为拉日宗本。以前拉日宗本由色拉寺孜朗杰扎仓派遣，1913 年起，西藏地方政府在拉日设宗，拉日宗本由孜译仓所派公职仔本担任。

1911 年 10 月辛亥革命的爆发，昔日驻守在拉日的同知守备撤走，但有部分清军在当地结婚生子而留下。新成立的中华民国无暇管理嘉黎地区事务。

民国十七年（1928），民国政府在今四川省巴塘设西康政务委员会，将嘉黎县（嘉黎宗）划入西康政务委员会。

民国二十八年（1939）1 月，民国政府在今四川康定设西康省，将嘉黎县（嘉黎宗）划入西康省。

民国三十一年（1942），西藏地方政府摄政王达扎管理西藏地方政府期间，在嘉黎设立拉日宗，并成为达扎活佛的香火地。

1951 年西藏和平解放后，废除了杨巴雅尔格杰的摄政定本之位，其转任丁青办事处财政科科长，由尼巴（管家）吉仲、普平措（彭攀本朗杰扎巴之子）和普坚赞担任吉米（总管）。

1951 年 1 月 1 日，昌都地区人民解放委员会宣告成立。经国务院批准，将嘉黎划归昌都地区人民解放委员会。昌都地区人民解放委员会下辖第一、第二办事处，共管辖昌都等地区的 33 个宗，拉日宗属第二办事处管辖，并由昌都解放委员会派出军代表和拉日宗政府宗本等成立宗解放委员会。

1951 年前，嘉黎宗隶属朵麦基巧管辖。

1951 年 5 月 23 日，《中央人民政府和西藏地方政府关于和平解放西藏办法的协议》（简称《十七条协议》）签订，标志着西藏和平解放。同年 8 月 21 日，18 军先遣支队司令王其梅和参谋长陈竞波率领的军队抵达拉日时，拉日人民热烈欢迎 18 军的到来。随后人民解放军派出工作人员在拉日等地开展相应工作，按照《十七条协议》精神，解放委员会未在拉日开展地方工作，其工作主要是了解当地民情、风俗，地方事务主要还是由拉日宗政府进行管理。

1951 年 8 月，嘉黎宗隶属昌都地区人民解方委员会第一办事处管辖。

1952 年，成立嘉黎宗人民解放委员会。

1956 年，西藏地方政府设立塔工基巧（相当于地区机构），拉日宗划归塔工基巧管辖。

1957 年，中央按照“六年不改”的方针，将拉日宗派出的军代表等机构人员撤回。

1959 年 3 月 19 日，西藏上层反动集团发动全面武装叛乱，3 月 28 日，中央人民政府解散西藏地方政府，在西藏实行民主改革。

1959 年 4 月，撤销嘉黎宗人民解放委员会。

1959 年 7 月，嘉黎县成立军事管制委员会，并派驻军管会的代表。

1959 年 9 月 23 日，中共嘉黎县委员会成立。

1959 年 10 月 27 日，中共黑河分工委在现嘉黎县管辖的麦地卡区建立临时党委，下属有 6 个乡，由黑河分工委直接领导。该临时党委于 1962 年 1 月撤销。

1959 年 12 月 23 日，嘉黎宗改称嘉黎县，成立嘉黎县人民政府，归塔工行政公署管辖。

1959 年民主改革前夕，全宗共有 650 户 3250 多人。宗设有宗本（即县长）、定本（管军队）、计美（管乌拉差役）。各部落头人称为左扎、根保。

1960 年 1 月 7 日，经国务院正式批准，撤销嘉黎宗，设置嘉黎县，隶属林芝专区管辖，下辖嘉黎、阿扎、同德、桑巴等 4 个区、12 个乡。

1960 年 2 月，塔工行政公署改称林芝行政公署，嘉黎县属林芝行政公署管辖。

1960 年 6 月，嘉黎县人民政府将原来的 9 个部落划分为桑巴、嘉黎、同德、阿扎 4 个区，下设 12 个乡，即村巴、向措、阿扎、徐达、松穷、松多、嘉黎、鸽群、同马、乌苏绒、通多、德吉。

1961 年 11 月 22 日，经中共西藏林芝分工委研究决定，中共嘉黎县委员会下设县委办公室、组织部、财贸部、农牧部 4 个工作机构。

1962 年 6 月 23 日，麦地卡区委成立，划归黑河县管辖。

1962年7月1日，为巩固牧区的社会主义阵地，确保党的方针政策得到贯彻执行和保障各项任务的完成，中共嘉黎县委员会在嘉黎区通马乡举办积极分子集训班，其间第一次发展3名预备党员和5名共青团员。同日，在嘉黎区通马乡建立第一个党团混合支部，由嘎荣任支部书记。该支部有预备党员3名，即嘎荣、才旺卓玛（女）、索朗曲吉（女）。

1962年9月27日，经林芝分工委批准，嘉黎县正式撤销财贸部、农牧部，这两个部的工作交给县政府农牧科和财粮科办理。

1963年6月，组织部、宣传部合并为组宣部。

1964年5月，经自治区工委批准，将墨竹工卡县的巴嘎区及其所属的措麦、上措麦、下措麦、江红、多拉、仰波、香居7个乡，色日绒区及其所属的荣多、荣麦、窝雪3个乡划归嘉黎县管辖。

1964年6月1日，麦地卡区委划归嘉黎县管辖。

1964年6月，西藏自治区筹备委员会对全区行政区划进行调整，撤销林芝地区行政公署和所辖的雪巴县，将雪巴县所管辖的尼屋区划归嘉黎县，将那曲县管辖的麦地卡区划归嘉黎县，将墨竹工卡县管辖的色日绒区、巴嘎区划归嘉黎县，嘉黎县人民政府所辖8个区公所，26个乡人民政府。嘉黎县划归那曲行政公署管辖。7月27日，经国务院批准，林芝专区撤销后，嘉黎县划归那曲专区管辖。同时，那曲县的麦地卡区及其所属的措扎、措拉、东堤、章若4个乡划入嘉黎县；10月31日，经国务院批准，撤销拉萨市雪巴县，将雪巴县尼屋区及其所属的忠玉、岗嘎、改嘎、萨旺4个乡划入嘉黎县管辖。

1965年，嘉黎县设嘉黎、巴嘎、同德、阿扎、桑巴、色日绒（色日荣）、尼屋、麦地卡8个区，下辖31个乡。

1966年，嘉黎县驻地由嘉黎村迁至达玛村。

1969年10月，成立嘉黎县革委会，下辖8个区革委会，并在全县范围内成立26个人民公社。

1970—1971年，嘉黎县所辖乡先后改建为人民公社。

1980年，按照自治区统一部署，嘉黎县革委会撤销，恢复成立嘉黎县人民政府，各区革委会改称区公所，人民公社改称乡人民政府。

1984 年，在全区进行政社分开、建立乡政府时，嘉黎县所辖人民公社复称为乡。

1988 年 9 月，西藏自治区在全区实行撤区并乡工作中，将嘉黎县的 8 个区和 31 个乡合并为 10 个乡镇。

1989 年 6 月全区撤区并乡时，将其原辖的 8 个区、31 个乡撤并为 14 个乡，下辖 121 个村民委员会。

1989 年 9 月，经国务院批准，县人民政府驻地由嘉黎乡迁往阿扎乡。

1997 年，嘉黎县设 14 个乡，将原辖的 121 个村民委员会调整为 122 个村民委员会。

1999 年全区行政区划调整时，嘉黎县的政区未作调整，仍设 14 个乡，下辖 122 个村民委员会。

2000 年，嘉黎县设 14 个乡，下辖 122 个村民委员会。

2000 年 5 月，阿扎乡改称为阿扎镇。

2010 年嘉黎乡划为镇。到 2010 年，全县有 2 个镇 8 个乡，下辖 122 个行政村。

第二章　乡镇概况

1951 年 1 月 1 日，昌都地区人民解放委员会成立，下辖第一、第二办事处，共管辖昌都等地区的 33 个宗，拉日宗属第二办事处管辖。1956 年，西藏地方政府设立塔工基巧，拉日宗划归塔工基巧管辖。1959 年 7 月，嘉黎县成立军事管制委员会，12 月 23 日，成立嘉黎县人民政府，归塔工行政公署管辖。1960 年 2 月，塔工行政公署改称林芝行政公署，嘉黎县属林芝行政公署管辖。1964 年 6 月，西藏自治区筹备委员会对全区行政区划进行调整，嘉黎县划归那曲行政公署管辖。到 2010 年，全县有 2 个镇 8 个乡，下辖 122 个行政村。

第一节　阿扎镇

一、自然地理

阿扎镇是嘉黎县县城驻地，地处嘉黎县中部，海拔 4500 米。可利用草场面积 160. 72 万亩，草畜平衡面积 142. 68 万亩，全镇草场类型以山地灌木丛类和山地草甸类为主。地势西高东低，西部为草原，东部由于气候原因，能生长柏树、桦树、青冈树、杉树、杜鹃树等植物。在山间河谷低地能种植青稞、蔬菜。属高原亚寒带半湿润季风气候区，受地形的影响，西部寒冷，东部温和，冬寒夏凉，降水充足，日温差较大，冬季降雪频繁，无霜期短，常年平均气温 -0.9℃，1 月份平均气温 13.9℃，7 月份平均气温 8℃，年降水量 695.5 毫米。自然灾害主要有雪灾、风灾、干旱、洪水、泥石流等。县境内有国家一、二级保护动物有十几种。

二、建置沿革

6 世纪中后期，嘉黎属于苏毗管辖。7 世纪，松赞干布统一青藏高原，建立吐蕃政权，建立五茹，嘉黎属于苏毗茹管辖。9 世纪中叶吐蕃政权发生内乱，陷入长达 400 多年的割据状态，阿扎等嘉黎四部落在噶举派大力发展时期成为其管辖的势力范围。

在清中央政府治理期间，当雄蒙古八旗和藏北三十九族地区属于驻藏大臣衙门管辖，阿扎部落属于色拉寺下属拉日寺管辖。

1959 年，设阿扎乡，属阿扎区。1960 年建乡。1969 年改为公社。1971 年，阿扎乡改建为东风人民公社。

1970 年 7 月 4 日，经县革委会研究同意，阿扎区徐达乡于 8 月 1 日成立人民公社，并定名为“八一”人民公社。9 月 19 日，经县革委会研究同意，阿扎区村巴乡与村雄乡分别于 10 月 1 日和 10 月 3 日成立人民公社，并定名为村巴人民公社与村雄人民公社，将村巴乡革委会与村雄乡革委会改称村巴人民公社革委会和村雄人民公社革委会，行使政社合一的职权。阿扎乡、徐达乡也就是嘉黎县原所在地。

1984 年，在全区进行政社分开、建立乡政府时，东风人民公社复称为阿扎乡。该乡流动人口较多，交通便利，是嘉黎县的政治、经济、文化中心，乡政府驻地为斯定卡居委会。

1989 年 6 月全区撤区并乡时，撤销阿扎区，将原阿扎、村巴、徐达、村雄 4 个乡合并，设置阿扎乡，直属嘉黎县，下辖 10 个村民委员会。

1999 年全区行政区域调整时，保留阿扎乡及其所辖的 10 个村民委员会。

2000 年，阿扎乡辖斯定卡、阿扎、静莫、巴打、达孜、村巴、支日阿多、雄、赤仓、清雄 10 个村民委员会。乡人民政府驻阿扎村。

2002 年，阿扎区正式改名为阿扎镇人民政府，辖 10 个行政村和 1 个居委会。同年，阿扎镇开始实行土地分配制与草场承包制。

至 2010 年，辖 10 个行政村、41 个自然村和 1 个居委会，有农牧户 476 户，人口 2476 人，有 12 个党支部、党员 149 名，总面积为 243.92 万亩，其中牧地面积为 117.08 万亩。

三、经济和社会发展

阿扎镇境内湖泊、河流众多，经济以牧业为主，盛产虫草、麝香等。矿产资源丰富，以铜、铅锌矿为主，还富有石灰石、砂石等建筑材料。阿扎镇党委、政府充分发挥地缘、人缘优势，坚持走实业致富道路，积极带领全镇人民抓住机遇，加大劳务输出和参与市场竞争力度，切实增加农牧民群众收入，并着手打造阿扎镇砂石厂特色经济实体，通过安居工程建设，努力使群众安居乐业。

1992 年，阿扎镇作为嘉黎县政府驻地进行大规模建设，并在自治区和那曲地区的支援下，按照规划各县直机构统一修建。县城内道路修建为水泥路面，单位机关干部、职工住宿楼统一规划。

2003 年，被地区中国农业银行评为“信贷信用镇”。

2003—2007 年，曾先后三次被那曲地委授予基层党组织“先进集体”和“精神文明”示范点。在此期间，阿扎镇斯定卡村（1 村）、静莫村（3 村）、达孜村（5 村）、苏日达村（7 村）分别被自治区、地区和嘉黎县评为“小康示范村”和“精神文明村”。

2004 年，阿扎镇共确定嘉黎县县级“文明户”90 户，其中上报那曲地区地级“文明户”5 户，西藏自治区区级“文明户”3 户，在星级“文明户”中八星级占 82%。

2005 年，阿扎镇正常维修简易桥梁累计 15 座。

2005 年底，阿扎镇牲畜存栏数为牛 14021 头，绵羊 260 只，山羊 380 只，其中母畜 9754 头，仔畜成活率 94.3%；肉产量 259.48 吨，奶产量 343.24 吨。年总收入为 733.26 万元，人均收入为 2620.03 元。

2006 年初施行医疗保险参保工作，截至当年底，阿扎镇参加农牧民医疗保险人数为2099人，占全镇人口的84.8%。医疗机构有县医院、镇卫生所各一座，基本能满足嘉黎县群众需要，实现了小病、常见病不出县。阿扎镇境内交通便利，各项基础设施日益完善，程控电话、移动网络、电力、电视接收设施健全，“村村通”工程落实较好，电影“2131”工程年年超额完成任务。全镇累计新修公路5.5公里，维修公路60公里。

2006年10月16日正式开始草场承包工作，在2001年实施草场承包经营责任制和2004、2005年草场承包到户试点工作的基础上，坚持“草场公有、承包到户、自主经营、长期不变”的指导方针。

2006年底，阿扎镇牲畜存栏数为牛16009头，绵羊217只，山羊192只，母畜9774头，仔畜成活率95.8%；肉产量273.51吨，奶产量499.7吨，年总收入为757万元，人均收入为3370元。

2007年，阿扎镇特色产业不断发展壮大，各村积极加大“娘亚牛”养殖力度，数量达到了11000头左右。

2007年底，阿扎镇牲畜存栏为牛17017头，绵羊179只，山羊138只，仔畜成活率98.68%；肉产量280.06吨，奶产量203.6吨，经济总收入为1141.67万元，人均收入4987元。

2008年，阿扎镇加快交通、能源等基础设施和重大项目建设。在立项建设的基础上，重点整治乡村公路，同时积极协调解决农牧区人畜饮水问题；在原有通电线路的基础上，因地制宜逐步解决了偏远行政村用电问题；累计维修桥梁3座，新建村级文化室3座；同时加快网围栏建设，促进草场承包经营责任制工作向更深层次发展。累计新修公路22.7公里，整修公路26.1公里。

2008年底，阿扎镇党委、政府加强组织领导，按照“生产发展、生活宽裕、乡风文明、村容整洁、管理民主”的总体要求，坚持新建与改造、住房与基础、环境与形象齐抓的原则，早动手、提前谋划，发动群众，抓好选点规划、资金筹措、建材储备、技能培训等环节，改善居住条件，综合配套整体推进。阿扎镇项目新建户68户，自筹总投入资金41万元，国家补助资金68万元；改扩建5户，自筹总投入20万元，国家补助资金2.5万元；绝对贫困户8户，安居工程补贴款20万元。

2008年底，阿扎镇牲畜存栏牛14607头，绵羊602只，山羊77只，其中母畜9629头；肉产量283.06吨，奶产量为258.01吨，经济总收入1199.31万元，人均纯收入3708.87元。

2010年12月，全镇适龄儿童入学率98%，辍学率控制在2%以内，升学率98.56%，非文盲率达到96%。

第二节　嘉黎镇

一、自然地理

嘉黎镇南与阿扎镇相邻，西与措拉乡接壤，北与鸽群、措拉两乡毗连，东与忠玉乡、边坝县连接。距县城72公里，全镇面积1321.3平方千米，常住人口0.36万人，90%以上为藏族，也有少数汉族、回族、土族，主要分布在镇区所在地，以经商为主。嘉黎镇曾经是嘉黎县城所在地，1968年县城搬迁到阿扎镇。

嘉黎镇位于北纬30°44′、东经92°20′，海拔4400米，地处嘉黎县境东南部。属于高原亚寒带半湿润季风气候区，受地形影响，西北寒冷，东南温和，冬寒夏凉，降水充足。地势从西北到东南由高到低倾斜，属高原亚寒带半湿润季风气候区。降水充足，日温差较大，冬季降雪频繁，无霜期短，常年平均气温-0.9℃，1月份平均气温-11.9℃，7月份平均气温8℃，年降水量695.5毫米。自然灾害主要有雪灾、风灾、干旱、洪水、泥石流等。东南部生长着古木参天的原始森林，有令人流连忘返的乌苏绒大峡谷，这里气候温和、四季分明、雨水充沛、空气湿润、资源丰富，是野生动物的乐园。珍稀野生动物种类多达上百种，国家一、二级保护动物有十多种；主要树种有松树、柏树、青冈树、杉树、杜鹃树等。

嘉黎镇历史上是茶马古道的必经之路。相传早在1000多年前，各民族汇融于此。据县内老人回忆，以前此地有关帝庙、清真寺等（“文化大革命”时被毁）。1951年，18军先遣支队在副政委王其梅率领下，与西藏地方政府和谈代表阿沛·阿旺晋美、土登列门一道于7月25日从昌都出发，经边坝进入嘉黎县，在翻越海拔6000余米的奔达山时，运送物资的骡马因不能适应恶劣的气候死伤过半，此山因此称作“死马山”。

嘉黎镇有藏北草原风情、茶马古道及风景秀丽的原始森林、高山峡谷等。

二、建置沿革

1959年，设嘉黎乡，属嘉黎区。

1961年，嘉黎区下设5个乡，即嘉黎乡、乌苏乡、托玛乡、桑前乡、桑琼乡。

1970年，嘉黎乡改建为嘉黎人民公社。

1984年，在全区进行政社分开、建立乡政府时，嘉黎人民公社复称为嘉黎乡。

1988年撤区并乡，设立嘉黎乡和桑前乡。

1989年6月全区撤区并乡时，撤销嘉黎区；将原嘉黎乡、同玛乡、乌树龙乡3个乡合并，设置嘉黎乡，直属嘉黎县，下辖9个村民委员会。

1999年，在全区行政区划调整时，保留嘉黎乡及其原辖的9个村民委员会。

2000年，嘉黎乡辖尼惹、阿布琼、热多、拉日一、拉日二、拉日三、切塘、亚尔塘、玛尔塘9个村民委员会。乡人民政府驻拉日一村。

2001年，嘉黎乡和桑前乡合并后成立嘉黎镇，下设15个行政村，即约青村、郭若卡村、帮布村、普叶村、亚庆村、东多村、扭热朵村、阿琼村、日瓦朵村、奔达村、萨钦隆村、切塘村、亚塘村、玛塘村、拉日果村。

三、经济和社会发展

嘉黎镇的经济主要以畜牧业为主，随着全区经济社会的不断发展，全镇牧业生产稳步发展。

2001年之前全镇没有公路。随着国家惠民政策的实施，以及对各方面的大力投入，全镇交通状况有了很大改善，15个行政村全部铺设了村级砂石路。

截至2008年，嘉黎镇是嘉黎县的虫草主产区，全镇有采集虫草能力的人1950人。嘉黎镇草场面积为110万亩，其中能采集虫草的草场有60万亩，每亩约产虫草6—7根，年人均采集虫草为0.5斤。

截至2009年上半年，嘉黎镇牲畜存栏数19058头（只、匹），其中牦牛16793头，绵羊455只，山羊1441只，马369匹。仔畜成活率达98.42%，大畜死亡率控制在0.68%，牲畜出栏率达到34.9%。牧区个体工商户有116家，其中农村个体小卖部90家，农村个体餐馆26家。全镇牧民群众多种经营收入达120万元。全镇大小车辆56辆，摩托车656辆。全年劳务输出人数达416人，车辆输出56辆，劳务输出收入51万元。嘉黎镇地区生产总值达2933.59万元，农牧民人均收入6827.6元，其中现金收入4916元。虫草产量744.65公斤，贝母产量84.5公斤。

2009年，嘉黎镇共有17个党支部，党员163名，民兵70名，团员106名。各级组织能够充分发挥先锋模范作用，在农牧民群众季节性搬迁、乡村公路和桥梁维修、防抗灾以及突发事件处理等方面充分体现出共产党员的先进性。

2010年底，嘉黎镇实现地区生产总值3077.84万元，农村经济总收入1153.92万元，全镇牲畜存栏总数为17529万头（只、匹），肉类产量12吨，畜产品商品率为32.3%，牧农民人均收入8052.6元（以虫草收入为主）。

截至2010年，嘉黎镇设有党委、人大、政府等机构，有桑前希望小学、嘉黎镇中心小学、镇卫生院、派出所、兽防站等隶属单位。随着国家对农牧区发展的高度重视和一系列惠民政策的落实，新型农村合作医疗保险覆盖率达96%以上，群众的就医条件有了较大改善。小学入学率100%，初中入学率95%。教学质量在全县均名列前茅。已有20多个学生通过自治区统考前往内地西藏班就读初中。新建60多公里的村级公路，为牧民搬迁夏季草场提供了方便。嘉黎镇为全县较早设立派出所的乡镇，共有干警11名，对维护全镇社会稳定以及确保群众生命财产安全等发挥了极大的作用。

嘉黎镇15个行政村均建有村级文化室，丰富群众文化生活，对有效推动精神文明建设发挥着极大的作用。

嘉黎镇曾是茶马古道必经之地，是马帮的驻扎地，一度推动了藏汉等各民族之间的文化交流，曾建有关帝庙、清真寺等，后遭破坏。清朝时期曾任钱粮把总和兵马千总的驻军官员李肇龙为关帝庙题词“浩气凌霄”，牌匾至今保存基本完好。嘉黎镇至今仍是藏汉及其他民族之间共荣、发展的友谊之地。至今保存完整的格鲁派寺庙拉日寺，距今已有550年的历史，坐落在嘉黎镇北部的半山腰上，形成独特的嘉黎风景。

随着全区经济社会的不断发展。地、县两级加大投入，使嘉黎镇镇区市政建设有了飞速发展，尤其是在全地区乡镇“三化”建设工作的推波助澜下，截至2010年，已建设完成镇区街道的水泥硬化，移动和电信的服务信号基本覆盖全镇，农行营业所的设立极大地方便了农牧民群众，篮球场以及健身设施丰富了群众的文化生活。行政机关建有办公楼、职工周转房、食堂、职工蔬菜大棚等基础设施。21世纪以来投资1000多万元的防洪堤坝、通寺道路的拓宽改造、人畜饮水井、9村钢架桥、镇新办公楼与文化室等项目的建设，极大地加快了全镇市政基础设施的建设步伐。

截至2010年，嘉黎镇开展了建设经济强镇、优美村、富民户的活动，实施扶贫工程、光明工程、民兴工程、信息工程、便民工程，全镇基本实现村村通公路、村村通电视、家家都有电视机与摩托车，部分村已达到“六通”的要求，即通电、通水、通电话、通公路、通广播、通邮。

嘉黎镇直属机构有：卫生院、兽防站、两所小学、水电站、林管站、粮食局等，服务行业基本齐全。城镇规划基本形成，全镇通车里程达112公里，地方年财政收入超过10万元以上，已成为嘉黎县的强镇之一。

第三节　林堤乡

一、自然地理

林堤乡位于嘉黎县西北部那嘉公路沿线上，地势由西北向东南倾斜，平均海拔在4770米左右，位于北纬30°58′04″、东经92°34′33″，其范围以阿依唐为中心，并包括阿依拉山、麦地藏布在内的生态敏感区域，有“嘉黎县北大门”之称。年日照时数为2582.2小时，年降水量1598.0毫米，年平均气温-0.3℃，年最高温度19.9℃，最低温度-28.0℃。辖7个行政村、18个自然村。属于高原亚寒带半湿润季风气候区，受地形的影响，西北寒冷，东南温和。冬寒夏凉，降水充足。林堤乡东邻夏玛乡，西接色尼区罗马镇，南与措多乡相连，北与麦地卡及比如县接壤。乡政府所在地在央热村（5村），距嘉黎县城116公里，距那曲地区99公里。

林堤乡资源有龙胆花、草红花、兔耳草、雪莲花、红景天、贝母、冬虫夏草等。地貌主要以沼泽、湿地、高寒草地、高寒草甸草原为主；地形以高寒山地、山麓倾斜平原、高原盆地谷地平原、冰碛丘垄为主。

天气变化多样，四季不分明，只有冷暖季节之分。夏秋为暖季，温暖而潮湿；冬春为冷季，寒冷而风大。年平均气温-0.3℃；最冷月（12月、1月）气温-28.6℃—-10.4℃，年温差28℃左右，气温年内变化较大。风大，日照时间长，太阳辐射强。主要气象灾害有冬春大雪、冬春火灾、风灾、暴风雪、冰雹、霜冻、强降温以及雷暴。高寒缺氧，冬春季节风多雪大，为藏北高原地区强降雪中心。全年相对无霜期为78天，全年无绝对无霜期。

乡境内矿产资源有金、铅、水晶、云母等，野生动物有羚羊、黄羊、岩羊、盘羊、狼、野兔、狐狸、猞猁、豺、豹子、鹿、獐子、马熊、狗熊等。

野生植物有虫草、贝母、大黄、雪莲花等。经济以牧业为主，主要饲养牦牛、绵羊、山羊、马等。土特产主要有高原畜产品及虫草、贝母等。供旅游观光的有阿依拉山等。

草场面积62.94万亩，其中禁牧草场面积5万亩，可利用草场面积57.94万亩。全乡有大小湖泊108个，乡境内主要河流为麦地藏布、阿依湖。

二、建置沿革

西藏和平解放前，最早隶属于直贡巴哈部落，后借租于永噶部落，属三十九族部落中比如纳雪贡六林之永噶部落范围。

1959 年建乡，属桑巴区管辖。

1971 年，林堤乡改建为林堤人民公社。

1984 年，在全区进行政社分开、建立乡政府时，林堤人民公社复称为林堤乡。

1988 年撤区并乡时又单独立乡。

1989 年 6 月全区撤区并乡时，撤销桑巴区，保留林堤乡，直属嘉黎县，下辖 7 个村民委员会。

1999 年全区行政区划调整时，保留林堤乡及其原辖的 7 个村民委员会。

2000 年，辖恰查、沃索、冷底、嘎如、姜脚那堆、姜脚那麦、卡龙巴 7 个村民委员会。乡人民政府驻姜脚那堆村。

三、经济和社会发展

全乡面积 149020 公顷，平均海拔 4770 米左右，属纯牧区，现辖 7 个行政村、18 个 5 户以上的自然村。363 户，总人口为 1788 人。其中扶贫户 213 户、1041 人，分别占林堤乡总户数的 58.68% 和总人口的 58.22%。该乡基础设施条件差，整个林堤乡 7 个行政村中有 1 所小学、1 座光伏电站、1 所卫生院。至 2010 年，有党支部 8 个、党员 71 人、预备党员 2 人、入党积极分子 6 人，团支部 8 个、团员 55 人。有民兵连 1 个，2 个排，4 个班，69 人，其中党员 9 人，团员 35 人，退伍军人 3 人。

1993 年，林堤乡小学成立，教育发展起步。

2008 年，实施“农牧科技全面普及、义务教育巩固提高、医疗卫生辐射基层、科学文化凝聚共识”的发展战略。在 2008 年度普九验收过程中，初中入学率达到 100%，小学入学率达到 98%，圆满完成普九工作任务。7 个行政村中有村医 14 名和乡级卫生所 7 名医技人员，实行包村制度，针对常住人口长期开展轮换巡回医疗工作，解决了当地百姓“缺医少药、就医难”的突出问题，超额完成县委、县政府下达的“参合”指标数，新型农牧区合作医疗工作初见成效。信用社为农牧区带来实惠，购买粮食、安居工程建设等有效地解决了牧民群众的燃眉之急。

2008 年完成第六届村两委换届选举工作，35 人成为新一届村领导。实现农牧民人均纯收入1319.29元。

教育工作稳步推进。截至2010年，有1所小学、1所幼儿园，其中，小学有教师19名、学生302名；幼儿园有教师3名、学生80名。高中以上文化程度的约占总人口的10%；小学毕业和初中文化程度的约占70%；半文盲人数较多，约占20%。学校基础设施日趋完善，教育工作取得长足发展。

第四节　夏玛乡

一、自然地理

夏玛乡位于嘉黎县西南部，地处省道305沿线，距县城68公里，东邻阿扎镇、嘉黎镇，南接措多乡，西接林堤乡，北邻措拉乡。该乡地处西藏高原中部，山脉连绵起伏，总面积1390平方千米，平均海拔4830余米，年均气温-3℃。乡境内主要河流是拉萨河源头麦地卡河流，山脉有著名的曲白嘎山。

夏玛乡拥有丰富的藏药资源，主要有藏红花、雪莲花、冬虫夏草、红景天、贝母、高山辣根菜、高山龙胆、丛生笔龙胆、地丁、黄连、青莲花、角茴香、长筒马先蒿、乌奴龙胆、野蒿、飞燕草等。野生动物有棕熊、狼、岩羊、高山羚羊、岩雕、猞猁、狐狸、兔子、野马、黑颈鹤、雕、秃鹫、猫头鹰、老鹰、红嘴山鸦、鹞、丁丁鸟、云雀、鸽子、水獭等。矿产资源主要有铅、锌、银、铜、钼等。

二、建置沿革

1959年，设夏玛乡，属桑巴区。

1964年5月，夏玛乡随巴嘎区由拉萨市墨竹工卡县划归嘉黎县。

1971年，夏玛乡改建为夏玛人民公社。

1981年，在全区进行政社分开、建立乡政府时，夏玛人民公社复称为夏玛乡。

1989年全区撤区并乡时，撤销桑巴区；将原夏玛乡、江洪乡（原“江红”）两个乡合并，设置夏玛乡，直属嘉黎县，下辖8个村民委员会。

1999年全区行政区划调整时，保留夏玛乡及其原辖的8个村民委员会。

2000年，夏玛乡辖门塘库、夏玛、乃仓、甲仁、塔孔、甲给、春迁、春琼8个村民委员会。乡人民政府驻门塘库村。

2001年，夏玛乡共有8个村，分别是门塘库村（1村）、夏玛村（2村）、乃仓村（3村）、甲仁村（4村）、塔孔村（5村）、甲给村（6村）、春迁村（7村）、春琼村（8村）。

2002年将多拉、夏玛两乡合并为夏玛乡。

2002年，夏玛乡共有13村，分别是门塘库村（1村）、夏玛村（2村）、乃仓村（3村）、甲仁村（4村）、塔孔村（5村）、甲给村（6村）、春迁村（7村）、春琼村（8村）、坡尔仓村（9村）、贡西村（10村）、朗庆村（11村）、多拉村（12村）、阿寨库村（13村）。其中塔孔村（5村）、甲给村（6村）东南方向与林芝贡布江达县接壤。

三、经济和社会发展

2001年，夏玛乡共有8个村民委员会，289户，1938人。牲畜总头数22364头（只、匹），其中牛13323头，羊8531只，马510匹。虫草98.8公斤。

2002年，夏玛乡共有13村，540户，3422人。牲畜总头数37403头（只、匹），其中牛22540头，羊14028只，马835匹。虫草41.6公斤。

2003年，夏玛乡共有13村，553户，3469人。牲畜总头数35596头（只、匹），其中牛22360头，羊12399只，马837匹。虫草75.76公斤。可利用草场面积114580公顷。

2004年，夏玛乡共有13村，576户，3572人。牲畜总头数35585头（只、匹），其中牛23216头，羊11557只，马812匹。虫草82.26公斤。可利用草场面积114580公顷。

2005年，夏玛乡共有13村，579户，3613人。牲畜总头数36087头（只、匹），其中牛24601头，羊10715只，马771匹。虫草100.575公斤。

可利用草场面积 114580 公顷。

2006 年，夏玛乡共有 13 村，614 户，3706 人。牲畜总头数 36704 头（只、匹），其中牛 26196 头，羊 9798 只，马 710 匹。虫草 105.05 公斤。可利用草场面积 114580 公顷。

2007 年，夏玛乡共有 13 村，650 户，3784 人。牲畜总头数 36559 头（只、匹），其中牛 27609 头，羊 8422 只，马 528 匹。虫草 59.265 公斤。可利用草场面积 114580 公顷。

2008 年，夏玛乡共有 13 村，669 户，3867 人。牲畜总头数 36537 头（只、匹），其中牛 26790 头，羊 9139 只，马 608 匹。虫草 92.87 公斤。可利用草场面积 162183.76 公顷。

2009 年，夏玛乡共有 13 村，708 户，4029 人。牲畜总头数 31084 头（只、匹），其中牛 25214 头，羊 5329 只，马 541 匹。虫草 153.4 公斤。可利用草场面积 162183.76 公顷。

2010 年，夏玛乡共有 13 村，745 户，4190 人。牲畜总头数 33134 头（只、匹），其中牛 27675 头，羊 4934 只，马 525 匹。虫草 200.31 公斤。可利用草场面积 162183.76 公顷。

截至 2010 年底，夏玛乡共有干部职工 66 名，男 28 名，女 38 名。其中乡政府 33 名，文化站 19 名，卫生院 3 名，兽防站 10 名，工人 1 名。乡境内拥有嘉黎县最大的寺庙——比俄寺，有在编僧人 34 人。

第五节　绒多乡

一、自然地理

绒多乡位于嘉黎县东南部，北邻那曲县，西连当雄县、林周县，南接墨竹工卡县。距县城 154 公里，平均海拔 4500 余米，面积 1423 平方千米。辖 11 个行政村，37 个自然村。乡政府、乡党委驻秋赤库村。

绒多乡境内矿产资源有金、铅、铜、水晶等。野生动物有羚羊、黄羊、岩羊、盘羊、狼、野兔、狐狸、猞猁、鹿、獐子、狗熊等。藏药材有菌类、贝母、大黄、雪莲花等。此外还有丰富的温泉资源及著名的爬地柏。

二、建置沿革

1959 年设乡。

1960 年，设绒多（荣多）乡，属墨竹工卡县的色日荣区。

1964 年 5 月，绒多乡随色日荣区由墨竹工卡县划归嘉黎县。

1971 年，绒多乡改建为绒多人民公社。

1971 年改公社，归墨竹工卡管辖，境内由 3 个乡组成，分别为：绒多乡（1 村、2 村、3 村、4 村）、乌秀乡（5 村、6 村、7 村）、绒麦乡（8 村、9 村、10 村、11 村），1988 年划归嘉黎县，撤区并乡时改名为绒多乡。下属 11 个行政村和 37 个自然村。

1984 年在全区进行政社分开、建立乡政府时，绒多乡人民公社复称为绒多乡。

1989 年全区撤区并乡时，撤销色日荣区；将原绒多乡、绒麦乡、握雪乡 3 个乡合并，设置绒多乡，直属嘉黎县，下辖 11 个村民委员会。

1996 年，人口约 0.3 万人，辖塘木、森土龙巴、纳支岗、色波库、恰欧嘎、玉荣松多、加嘎松多、巴才孔玛、朵日库、北日朵、杂纳库 11 个行政村。

1999 年全区行政区划调整时，保留绒多乡及其所辖的 11 个村民委员会。

2000 年，绒多乡辖赤库、森多、扎布、芒隆夺、夏亚、塔吾切、杂那、董罗库、扎庆库玛、森波库、曲桑朵 11 个村民委员会。乡人民政府驻赤库村。

2000 年，绒多乡常住人口 2423 人。

2010 年底，绒多乡有 1 个乡党委、13 个党支部，其中 1 个乡机关党支部、11 个村党支部和 1 个学校党支部，实现了村村建立党支部。迄今为止，全乡共有干部职工 18 人，设有乡小学 1 所（在职教师 22 人），卫生院 1 所（有工作人员 6 名），兽防站 1 个（工作人员 3 名），营业所 1 个（工作人员

2名)，扎西曲林拉康1座。

三、经济和社会发展

截至2010年底，全乡共有489户，2767人，其中女性1372人，劳动力1032人，半劳动力158人（半劳动力中女性93人)。该乡为纯牧业区，主要收入来源为畜产品和虫草等。基础设施较为完善，光伏电站、水电站、有线电话、移动通信等设施都已具备，另有7个村开通了有线电视，有8个行政村和大部分自然村实现了通公路，群众出行难的问题基本得到解决。另有3个行政村和少部分自然村为季节性通车。

2010年底，全乡生产总值为2243.68万元。第一产业收入1125.1万元（出售产品收入904.64万元)，其中种植业（包括虫草、贝母）收入438.54万元，牧业收入686.56万元；第三产业收入1118.58万元，其中交通运输业收入786.53万元，商业、饮食业收入16.55万元，其他收入315.5万元。除去总费用783.83万元，2010年全乡纯收入为1459.85万元，农村居民人均纯收入5275.93元，人均现金收入3259.48元。牲畜总量为25390头（只、匹)，其中牛18935头，绵羊3252只，山羊2687只，马516匹，同比增长率为3.28%；母畜总数为14192（头、只、匹)，适龄母畜总数为9899（头、只、匹)，适龄母畜占母畜总数的69.75%。农林牧业生产情况：虫草287.15斤，贝母1386.99斤，肉类产量493.51吨，奶类产量376.4吨，绵羊毛产量2.61吨，山羊毛产量0.52吨。

安居工程 2007年新建51户，贫困户3户，全部任务于当年内完成。2008年初，所有安居工程户均住上了新房。

水利工程 2007年在绒多乡5村建成第一座水电站（茫龙多水电站)，该电站装机容量为200千瓦（实际使用只有20千瓦)，电网覆盖率20%左右（包括1、2、5村的部分区域)。

采石场 2007年，在上级有关部门的大力支持和帮助下，在绒多乡7村建起第一个自主产业采石场。2010年该采石场年收入在10万元左右，年利润6万—7万元。

草场承包 2006年，在加强组织领导、深入调研的基础上，根据“先试点，再推广”的原则，逐步实现全乡草场承包到户。于2007年逐户发放草场经营权证，同时还解决了自然村村界立桩的纠纷问题。

扶贫开发　2010年绒多乡的经济水平已处于全县的前列，但是由于经济收入水平的高低不等，截至2007年底，全乡还存在65户贫困户，相比2006年的72户减少了7户，相比2001年的115户减少了50户。2007年全乡低保享受人员为18户164人。

卫生事业　2010年初参加合作医疗的有2786人，未参加的有186人。4月份实施免费医疗经费分配方案，按43%大病统筹金人均27.22元，全乡完成80894.87元，并划入家庭账户中。在全乡大力宣传优生优育、生殖保健等知识，人口素质不断提高。

教育事业　乡小学始建于1975年，当时只有1名教师、15名学生。2010年，学校占地面积20720平方米，校舍建筑面积2820平方米，其中教学及教学辅助用房588平方米，学生宿舍852平方米，学生餐厅400平方米，教职工周转房980平方米。2010年在校生435人，设有6个年级、9个班级，其中，一年级48人，二年级51人，三年级46人，四年级55人，五年级55人，六年级180人。有专任教师18人，其中大专16人，中专2人，教师学历合格率100%。食堂工作人员3人。全乡适龄儿童入学率达到98.9%，初中入学率为97.3%，15—50周岁人口文盲率为1.39%。

第六节　鸽群乡

一、自然地理

鸽群乡位于嘉黎县城东北部，东邻昌都市边坝县加贡乡，西接麦地卡乡，南与嘉黎镇、北与比如县羊秀乡接壤。距县城78千米，平均海拔4500米，面积118万亩，草场面积95万亩。鸽群乡不仅盛产冬虫夏草，其他自然资源也较为丰富，主要有贝母、雪莲花、红景天以及其他多种草药；矿产资源主要有金、铜、铁、水晶、玉等；野生动物主要有獐子、野牛、鹿、野马、岩羊、狗熊、狼等。

二、建置沿革

曾名“同德”。鸽群的藏语意为“小牛皮”。位于县境东北部。乡人民政府驻地距县政府驻地78千米。

1959年，设鸽群乡，属同德区。

1961年，郭欠松多地方正式成立通德区（通朵和德谷的简称），包括阿吉、德吉、通朵等乡，划分了9个组（村）。

1963年，通德区搬迁至董琼多，成立区党支部委员会、治安委员会、妇联等组织。

1970年，鸽群乡改建为鸽群人民公社。

1984年，在全区进行政社分开、建立乡政府时，鸽群人民公社复称为鸽群乡。

1988年撤区并乡时原鸽群乡和拉古乡合并建立现在的鸽群乡，乡府驻同德，辖贡献登、龙永格、同德、同多、达里松多、德果、宗多、学嘎贡折、阿托嘎9个村民委员会。

1989年全区撤区并乡时，撤销同德区；将原鸽群乡、德古乡、同多乡3个乡合并，设置钨群乡，直属嘉黎县，下辖9个村民委员会。

1999年全区行政区划调整时，保留鸽群乡及其原辖的9个村民委员会。

2000年，鸽群乡辖同德、贡献登、龙永格、同多、达里松多、德果、多宗、学嘎贡折、阿托嘎9个村民委员会。乡人民政府驻同德村。

截至2010年底，鸽群乡下辖卫生院1所、兽防站1所、文化站1所，有乡镇干部（含乡派出所干警）51人。全乡共有9个行政村（辖贡西顶、卡嘎改、董琼多、宗多、错隆、达日多、阿托库、学孔玛、西吾隆9个村民委员会）、22个自然村，631户、2895人，有拉康1处、经济合作组织3家。

三、经济和社会发展

截至2009年底，鸽群乡全乡有631户、2895人，牲畜总数为15982头

(只、匹)。地区生产总值达2268.99万元，其中一产收入达2080.49万元，二产收入达45万元，三产收入143.5万元，农牧民人均收入8151元，人均现金收入达6053元，年末各类存款50万元。

2010年，鸽群乡有一所中心小学，有学生257名，其中一年级54人，二年级42人，三年级35人，四年级43人，五年级32人，六年级51人。有教职工21人，其中专任教师17人，代课教师1人。

在上级相关部门的正确领导下，经全体教职工的共同努力、广大人民群众积极配合与广泛参与，鸽群乡于2005年通过“普六”验收，2007年通过“扫盲”验收，2008年通过“普九”验收，2009年通过“普九”巩固验收。

第七节 藏比乡

一、自然地理

藏比乡位于嘉黎县西南部，平均海拔4700米，东与夏玛乡交界，西与那曲县由恰乡为邻，南与措多乡相接，北依林堤乡，麦地藏布河自西向东横穿藏比乡汇入拉萨河。距县府所在地120多公里，距那嘉公路30多公里。总面积800平方千米，可利用草场总面积为1044012.4亩，每年10月开始基本进入冬季，最低气温可达-30℃。植物主要有虫草、贝母、红柳、爬地柏等，动物主要有棕熊、水獭、雪猪、岩羊、狼、狐狸、鸽子、猫头鹰、秃鹫等。农牧民生产主要以牧业为主，牲畜有牦牛、山羊、绵羊、马等。自然灾害主要有雪灾和泥石流，历史上最高降雪量达80厘米。总体上自然资源匮乏，特别是虫草资源少，草场质量不高。

二、建置沿革

藏比，曾译为“赞比”，曾名“仰波”“乌纳”“握朗”等，藏比的藏语意为“片石团”。

1959年设乡，由巴嘎区统一管理。

1960年，设仰波乡，属墨竹工卡县。

1964年5月，仰波乡（后历经多次更名，最终定名藏比乡）随巴嘎区由墨竹工卡县划归嘉黎县。

1970年，藏比乡改建为藏比人民公社。

1984年，在全区进行政社分开、建立乡政府时，藏比人民公社复称为藏比乡。

1988年撤区并乡。正式成立藏比乡党委、人大、政府，驻地那查村，将原藏比乡和措麦乡的4村合并，设置藏比乡，归属嘉黎县委管辖，辖昂仓、那查、嘎当木、央隆、美巴尔、浪阿库、处角玛等7个行政村，15个自然村。

1999年全区行政区划调整时，保留藏比乡及其原辖的7个村民委员会。

2000年，藏比乡辖东波、买巴、冬布德、嘎当木、央隆、昂仓、杂比7个村民委员会。乡人民政府驻东波村。

三、经济和社会发展

全乡有7个行政村、15个自然村，共262户、1648人，其中男805人，女843人，青壮年劳动力641人。缺乏品牌性支柱产业，农牧民经济收入主要靠虫草采挖和畜产品销售，但受到虫草资源少、草场不肥沃的限制，加之2010年以前通信非常不便，与外界的联系仅靠两部卫星电话。经济增长迟缓，人均收入较低，全乡经济发展较为滞后。

2008年5月14日，藏比乡召开虫草采挖工作专题会议，加大宣传虫草采挖相关规定的力度，并进一步完善《藏比乡虫草采挖管理办法》，明确工作职责，确保行为有规范、制度有保障。

2010年，该乡有小学1所，教师12人；卫生院1所，配有2名医生，其中1名为聘用人员；兽防站1所，配有2名兽医；尼姑庙1座，修建于1838年，于1985年修扩建，现有僧尼37人。

第八节　措拉乡

一、自然地理

措拉乡旧称麦地卡，位于嘉黎县北部。因形似马蹄印记而得名。是麦地卡湿地自然保护区所在乡。地处东经92°45′55″—93°19′25″、北纬30°51′04″—31°09′44″之间。其范围以麦地藏布为中心并包括沼泽湿地、湖泊湿地和河流湿地在内的生态敏感区域。东邻嘉黎镇、西接那曲县、南靠林堤乡、北依比如县。乡政府所在地在该乡5村，距嘉黎县城131公里，距那曲地区131公里，距那嘉公路30公里。这里雪山巍峨环列，河流湖泊蜿蜒密布，牧草繁茂，野生动物众多。是那曲地区境内为数不多的水源涵养地，也是野生动植物资源的宝库。

乡境内有“西藏麦地卡湿地国家级自然保护区”，这一湿地所代表的地域是世界上最独特的区域之一，是青藏高原极具有代表性又具有典型性的高原湿地。虽然受高海拔气候条件的影响，但湿地内生态系统类型相对多样，生物多样性丰富度相对较高，并且由于长期以来该区几乎未受到人类社会生产活动的干扰，湿地生态系统基本保持原始状态。这里是各种湿地鸟类栖息、繁殖的最佳场所。但同时湿地生态系统也极其脆弱，一旦遭到破坏，便会引起大面积湿地、草场退化或沙化的后果，对整个地理区域乃至周边的生态安全构成威胁。

地形地貌　全乡平均海拔5000米。地貌主要以沼泽、湿地、高寒草地、高寒草甸草原为主。地形以高寒山地、山麓倾斜平原、高原盆地谷地平原、冰碛丘垄为主。

气候　属高原亚寒带半湿润气候，天气变化多样，四季不分明，只有冷暖季节之分，夏秋为暖季，温暖而潮湿；冬春为冷季，寒冷而风大。气温-1.7—0.7℃；最冷月（12月、1月）气温-11.6—-10.4℃，年温差20℃左右，气温年内变化较大。风大，日照时间长，太阳辐射强。主要气象灾害有冬春大雪、冬春火灾、风灾、暴风雪、冰雹、霜冻、强降温以及雷暴。该乡高寒缺氧，为藏北高原地区强降雪中心，年相对湿度为52%—55%，年降水量为480毫米，年日照时数为2852.6—2881.7小时，全年相对无霜期为78天，无绝对无霜期

自然资源 共有植物种类1000多种。其中珍稀濒危植物6种，特有植物达67种。动物共有332种，国家重点保护动物29种，其中国家一级保护动物7种，国家二级保护动物22种，其中9种哺乳动物属濒危物种。草场面积210.94万亩，其中禁牧草场面积12万亩，可利用草场面积198.94万亩。全乡约有大小湖泊108个，乡境内主要河流为麦地藏布，彭措湖为拉萨河源头之一。

二、建置沿革

西藏和平解放以前，措拉乡属三十九族部落中比如纳雪贡六林之永噶部落范围。和平解放后，成立县级编制的麦地卡专区，归丁青办事处管辖。

1959年，设措拉乡，属那曲县麦地卡区。

1964年，措拉乡随麦地卡区由那曲县划归嘉黎县。

1969年麦地卡区分4个乡，即措拉乡、措查乡、章若乡、董得乡。

1971年，措拉乡改建为措拉人民公社。

1980年，措拉乡小学成立。

1984年，在全区进行政社分开、建立乡政府时，措拉人民公社复称为措拉乡。

1989年，全区撤区并乡时，撤销麦地卡区。将原措拉、措查两个乡合并，设置措拉乡，直属嘉黎县，下辖11个村民委员会。

1999年，全区行政区划调整时，保留措拉乡及其原辖的11个村民委员会。

2000年，将措拉乡和章若乡合并为措拉乡，下辖20个行政村。

2003年，麦地卡湿地自然保护区成立，为县级自然保护区。2008年，升级为自治区级自然保护区。

2010年，措拉乡辖麦地卡、沙桑木嘎、错来、错东、扎惹、那朗孔马贡才、查仓龙巴、错琼、错庆龙巴、加就、错查11个村民委员会。乡人民

政府驻麦地卡村。

三、经济和社会发展

全乡土地面积149020公顷，平均海拔5000米，属纯牧区，至2010年，辖20个行政村，64个5户以上的自然村（按5户以下计算为74个自然村）。728户，总人口为3886人，其中劳动力1599人，男1916人，特困户有257户、1250人，分别占措拉乡总户数的35%和总人口的32%。全乡有2所小学、2座光伏电站、1所卫生院、3部卫星农话点。87%以上自然村不通公路，没有手机信号。

1960年被那曲地区表彰为“防抗灾先进”乡。

1980年麦地卡区小学建立，教育发展起步，2016年建立幼儿园，教育工作稳步推进。有1所小学、1所幼儿园，其中有小学教师20名，学生360名；幼儿园教师3名，幼儿113名。学校基础设施日趋完善，教育工作取得长足发展。

1984年被那曲地区表彰为“建设草原振兴牧业乡”。

2008年，在加快发展经济的同时，加大科技、文化、卫生等的投入力度，促进各项事业全面协调可持续发展。实施“农牧科技全面普及、义务教育巩固提高、医疗卫生辐射基层、科学文化凝聚共识”的发展战略，顺利完成草场承包全部工作。在普九验收过程中初中入学率达到100%，两所小学入学巩固率达到98%，圆满完成“普九”工作任务。合作医疗覆盖广泛，合作医疗基金达37300元，参合比例达到100%，全乡20个行政村有村级医生从业人员15名，另有乡级卫生所5名医技人员，实行包村制度，针对偏远、居住人口稀少的村庄以及章若小学长期开展轮换巡回医疗工作，解决了当地百姓“缺医少药、就医难”的突出问题，超额完成县委、县政府下达的“参合”指标数，通过一年来的运转，措拉乡新型农牧区合作医疗工作已初见成效。乡信用社为农牧区带来了直接的经济实惠，全年为农牧民群众提供贷款974万元用于购买粮食、安居工程建设等，有效地解决了牧民群众的燃眉之急。针对本乡医务工作人员少、缺乏正规专业人员及技术人员的问题，自治区文化厅投资40多万元，对包括乡临时工在内的20名牧民群众在那曲进行为期3年的藏医专业培训。乡投资136.6万元，顺利完成114户牧民群众的安居工程建设。完成第六届村两委换届选举工作，62人成为新一届村两委领导。实现农牧民人均纯收入1719.99元。

措拉乡矿产资源主要有铁、铅等；野生动物资源主要有旱獭、野兔、高原鼠、雄鹰、岩羊、獐子、野鸡、秃鹫、野驴和各种湿地鸟类等；野生植物资源主要有广阔的那杂草和少量的邦杂草，以及生长在高海拔的各种药材；旅游资源有西藏麦地卡湿地国家级自然保护区、拉萨河源头星罗棋布的湖泊、世界上海拔最高的高原湿地鸟岛、广阔的草原等。另外，措拉乡日照时间长，太阳辐射力强，发展太阳能具有得天独厚的优势，风能资源也极为丰富。

第九节　措多乡

一、自然地理

措多乡位于嘉黎县城西南部，东经92°05′、北纬30°04′，土地总面积为621万亩，其中草地面积162万亩，可利用草地面积152万亩，理论载畜量16.943万个绵羊单位。全乡地势沿河流方向逐步降低，西南略低，西北、东北、东南均较高，平均海拔4500米，属高原大陆性气候，天气变化明显，常年平均气温-1℃，年积温1400℃，东北、东南、西北部寒冷，地表冻结期为5个月，年相对无霜期为70天。西面和北面与夏玛乡、藏比乡接壤，西南与绒多乡、墨竹工卡县门巴乡相连，东南与工布江达县金达镇相连。距县城约110公里，乡政府驻地巴嘎村，海拔4660米，辖15个行政村、32个自然村。

措多乡地处交通要塞，自然地貌奇特，孕育出很多特色资源、历史遗迹、自然景观。珍稀野生动物多达几十种，有些也是国家一、二级保护动物，常见野生动物有岩羊、盘羊、狼、野兔、狐狸、鹿、棕熊等。藏药材主要有虫草、贝母、雪莲花、鹿茸、熊胆等。

措普湖　措普湖位于措果村（4 村）境内，海拔约 4800 米，湖泊面积 3 平方千米，由流经该地的错不朗藏布形成，四周为群山环抱。夏季湖面清澈，看起来像一颗湛蓝的宝石，晴天山色倒映，风景十分秀丽。湖泊周边湿地生态系统独特、水草丰茂，成千上万的斑头雁、赤麻鸭、野鸭、黄鸭、鸳鸯以及各种鹤类来此栖息、繁衍，措普湖俨然成了鸟类的天堂。

朗布那曲　意为大象鼻子里流出来的水，位于多奇吾村（6 村），由该村朗布（意为大象）山山脚多个泉眼涌出汇流而成，长度仅 800 米，最后流入麦曲汇合成麦地藏布的支流。该曲常年恒温，即使在寒冷的冬季也从不会积冰。

温泉　温泉位于弄竹角村（12 村），水流量大，蕴含矿物质多，水温宜人。

二、建置沿革

1960 年，设措多乡，属墨竹工卡县巴嘎区。

1964 年 5 月，措多乡随巴嘎区由墨竹工卡县划归嘉黎县。

1971 年，措多乡改建为措多人民公社。

1981 年撤除人民公社，建立区，名为“巴喀区”。共有 4 个乡，即措多乡、措麦乡、娘布乡、藏比乡。建立了学校、粮站、贸易公司、卫生所、兽防站等机构。

1984 年，在全区进行政社分开、建立乡政府时，措多人民公社复称为措多乡。

1988 年撤区建乡，原来的娘布乡和措多乡合并，成立措多乡，由曲杰同志任乡党委书记；将措麦乡单独设立为一个乡，索朗扎巴同志任乡党委书记。

1999 年全区行政区划调整时，保留措多乡及其原辖的 9 个村民委员会。

2000 年，措多乡辖惹许、克德棍巴、哈果、沙热多、错果、那布棍材、多久、德尔庆、次钦 9 个村民委员会。乡人民政府驻惹许村。

2002 年，措多乡和措麦乡合并，称措多乡，典路同志任乡党委书记，次仁顿珠同志任乡长。

2010 年，建立乡派出所和乡兽仿站。全乡设有 1 个乡党委、16 个党支部。15 个村陆续建立了村文化室。

三、经济和社会发展

2001 年，措麦乡有 6 个村委会，总户数 306 户，总人口 1706 人。到 2010 年，全乡有 747 户、4747 人，有 9 个村委会，总户数 380 户，总人口 2147 人。牲畜存栏总数 16007 头（只、匹），其中牦牛 9953 头，绵羊 3327 只，山羊 2214 只，马 513 匹。农村经济总收入 262.82 万元，人均纯收入 1288.68 元。

至 2010 年，全乡辖 15 个行政村、32 个自然村，共 747 户、4747 人。牲畜存栏总数 28984 头（只、匹），出栏 9926 头，出栏率达 34.25%，其中出售 4816 头，出售率达 16.62%，牲畜总增率 17.1%，幼畜成活率 95.6%。农村经济总收入 2320.86 万元，人均纯收入 4140 元。有寺庙 3 座，分别是赤多寺、丹古寺和克地寺。

安居工程 自 2006 年实施安居惠民工程以来，2010 年措多乡共实施安居工程 511 户，除新分户口外，安居工程覆盖面达 68.4%。2010 年按照计划完成安居工程项目 144 户、新建 144 户，建设完成率达到 100%。全乡群众居住条件大为改善，曾经的黑、旧、破的土坯房和帐篷，逐步被宽敞明亮的石头房所替代，群众住房实现了质的飞跃。

2006 年开始陆续实行的“四配套”等项目，使措多乡农牧民群众的经济发展和生活水平显著提高。

畜牧业 2007 年，经过实地调研并结合全乡实际，在措多乡 9 村开展牦牛组群及育肥工作，并于 2007 年底完成育肥基地建设。为进一步保护“娘亚”牛优良品种及开展品种选育工作，2008 年在 9 村实施“娘亚”牛种畜场建设项目。娘亚牛亦称嘉黎牦牛。措多乡娘亚牛产地主要有 1 村、2 村、3 村、4 村、5 村、9 村等 6 个村，娘亚牛是西藏三大牦牛优良品种之一。其特点为：犄角纤细且向头两边延伸阔度大，尾巴细长，毛薄，肋骨相比其他牦牛少一组（一边各少 1 根）；肉质层次分明、肥美。娘亚牛作为措多乡牧业特色资源，主要以繁育、销售种牛为主，计划在繁育壮大后组建娘亚牛加工生产线，将娘亚牛推向更加广阔的市场。

医疗卫生　措多乡现有乡卫生院1所，医务人员2名。自实施新型农村合作医疗制度以来，到2010年，实收合作医疗基金40390元，参加人员680户、4160人（五保户、特困户不包括在内），农牧民合作医疗个人集资覆盖率98.35%，切实解决了农牧民看病难的问题。全年人口自然增长率控制在12‰。节育率达到9.8%，五苗接种率100%。

教育事业　2006年措多乡现有小学两所，即措麦小学、措多小学，分别位于乡政府驻地（惹许村）和措多乡政府原驻地（亩迟勒村）。乡政府严格落实教育“三包”经费，狠抓师资队伍建设，控辍保学，从而使全乡群众教育思想从被动送子女上学转变为主动送学，确保乡“普九”工作顺利通过。2009年，措多乡两所学校在校生601人。适龄儿童入学率达到90%以上。

水利设施　2007年措多乡电站建成投产，电站装机容量200千瓦，加上农网工程的实施，能够解决8村、9村、1村、2村、6村、7村、15村以及12村部分群众的用电问题。

交通设施　措多乡地理位置重要、交通便利，全乡均为普通砂石道路，总长约130公里，所有行政村、自然村均有道路通达，有县道贯穿全乡，通达绒多乡、藏比乡，另有乡道通往墨竹工卡县及拉萨方向，有简易道路通往工布江达县及林芝方向。

第十节　忠玉乡

一、自然地理

忠玉乡位于嘉黎县的最东部，距县城118公里。忠玉乡东与林芝地区波密县相连，北与昌都地区边坝县接壤，西部毗邻林芝地区工布江达县。

忠玉乡是嘉黎县唯一的半农半牧地区，总面积2660平方千米，97%以上覆盖着原始森林。雪山、森林、农田、河谷构成千姿百态的自然风景。主要风景有依嘎大雪山、巴龙湖、依嘎大瀑布、杂日大瀑布等。忠玉乡分为上尼屋、下尼屋两地，上尼屋位于耸立的雪山脚下，下尼屋位于藏东峡谷盆地。气候属高原温带半湿润季风气候，年平均气温 8.5℃，年降雨量 800 毫米，85% 的雨水集中在 7—9 月，历年平均蒸发量 1228.5 毫米。自然资源和旅游资源都十分丰富，并盛产野生香菇、核桃、青冈菌等。

二、建置沿革

历史上，忠玉乡为波密嘎朗第巴管辖的 9 个部落之一，在传统习惯上与波密等地的生活习惯相同。受嘎朗第巴地方势力的统治。西藏和平解放前，忠玉乡约有 80 余户、800 多人；和平解放后，昌都边坝县、丁青县和那曲比如县等地人口迁入。截至 2006 年，全乡共有 323 户、1791 人。建有小型水电站 1 座、中心小学 1 所、电视差转台 1 座等。

曾译为“中玉”“忠玉”。曾名“红卫”。位于县境东南部边缘。

1959 年，设忠玉乡，属雪巴县尼屋区。

1964 年 10 月，忠玉乡随尼屋区由雪巴县划归嘉黎县。

1970 年，忠玉乡改建为红卫人民公社。

1984 年，在全区进行政社分开、建立乡政府时，红卫人民公社复称为忠玉乡。

1989 年 6 月，在全区撤区并乡时，撤销尼屋区，将原忠玉、改嘎、岗嘎、萨旺 4 个乡合并，设置忠玉乡，直属嘉黎县，下辖 15 个村民委员会。

1999 年全区行政区划调整时，保留忠玉乡及其原辖的 15 个村民委员会。

2000 年，忠玉乡辖东麦、恰玉、忠玉、托巴、孟长格长、扎西岗、达果、岗卡、重、崩达、沙旺、白雄、孜布、荣钦等 15 个村民委员会，乡人民政府驻东麦村。

三、经济和社会发展

2006 年以来，忠玉乡经济保持良好发展势头，乡生产总值由 2006 年的 436.84 万元增加到 2010 年的 1430.86 万元。劳务输出从 2006 年的 320 人次，增加到2010年的860人次。

2006—2010年，全乡完成固定资产投资1103万元，主要完成了1—15村村级活动场所、1—9村人畜饮水工程、乡人民法庭、乡兽防站、两栋乡职工周转房、乡职工食堂等基础设施建设项目。5年来，投资3600万元，共修建公路150公里、桥梁13座、涵洞68公里。投资450万元，突出抓好农田水利基本建设工程，新修农田灌溉水渠工程等。完成安居工程259户。全乡共争取资金300万元，主要用于农业补贴、环境整治等，为乡域经济发展提供了保障，农牧民生产生活水平得到明显提高。

第三篇
党政群团

第一章　中国共产党嘉黎县地方组织

1950年9月，中共昌都委员会成立，分3个分工委，即中共昌都分工委、中共三十九族分工委、中共波密分工委，当时嘉黎宗属三十九族分工委管辖。1955年1月23日，中共三十九族分工委撤销。1956年10月，西藏自治区筹委会建立后，设立塔工基巧办事处，嘉黎宗即属塔工基巧办事处管辖。1959年7月下旬，西藏自治区筹委会设立塔工行政公署，嘉黎宗改为嘉黎县，属塔工行政公署管辖。1960年2月20日，塔工行署改为林芝行署，嘉黎县同时归林芝行署管辖。1964年6月，撤销林芝专区后，自治区将嘉黎县划归那曲地区行署管辖。自1972年6月嘉黎县召开第一次党员代表大会，选举产生中共嘉黎县委员会及其工作机构常务委员会，到2006年，共召开党员代表大会6次，选举产生六届中共嘉黎县委员会及其常务委员会。截至2010年12月，嘉黎县有10个乡镇党委、1个机关党委、150个党支部，其中10个乡机关党支部，123个行政村（居）党支部，17个县机关党支部，实现了村村建立党支部的目标。全县共有党员1321名，其中农牧民党员880名，在岗职工党员418名，退休党员23名。

第一节　机构

一、宗办事处党委

1950年1月至1959年3月，是西藏民主改革的准备阶段。这一时期，党在西藏的主要任务是贯彻执行《中央人民政府和西藏地方政府关于和平解放西藏办法的协议》（简称《十七条协议》），对西藏的现行政治体制，中央不予变更，嘉黎宗当时和西藏其他地区一样，维持着西藏地方政府的管理。

1950年9月，中共昌都委员会成立，当时嘉黎宗属三十九族分工委管辖，由昌都解放委员会派驻军事代表工作组开展工作。1951年底成立解放委员会，委员会成员由昌都解放委员会派出的军代表和地方政府的宗本以及各部落头人组成，在地方行使管理权。1955年1月23日，中共三十九族分工委撤销。1956年10月，西藏自治区筹委会建立后，设立塔工基巧办事处，嘉黎宗即属塔工基巧办事处管辖。同时，经中央批准，中共西藏工委成立中共嘉黎宗办事处党委，机关设在嘉黎区的拉仁郭，没有下属机构，任命孙海为办事处党委书记，郭福山为办事处党委副书记。1957年8月，根据中央“六年不改，适当收缩”的方针，中共嘉黎宗办事处党委被撤销。

中共嘉黎宗办事处党委负责人名录见表3－1－1。

中共嘉黎宗办事处党委负责人名录

表3－1－1

机构名称	职务	姓名	性别	民族	任职时间
中共嘉黎宗办事处党委（1956.10—1957.08）	书记	孙海	男	汉	1956.10—1957.08
	副书记	孙福山	男	汉	1956.10—1957.08

二、中共嘉黎县委员会

（一）中共嘉黎县委员会

1959年7月下旬，西藏自治区筹委会设立塔工行政公署，嘉黎宗改为嘉黎县，属塔工行署管辖。1959年7月23日，经中共西藏工委决定，成立中共嘉黎县委员会，原名是拉里县，机关设在原嘉黎区的拉仁郭。1960年2月20日，根据国务院《关于西藏地（市）、县行政区域划分的决定》，塔工行署改为林芝行署，嘉黎县同时归林芝行署管辖。

1960年6月，嘉黎县人民政府将原来的9个部落划分为桑巴、嘉黎、同德、阿扎4个区，区下共设立12个乡，即村巴、向措、阿扎、徐达、松穷、松多、嘉黎、鸽群、通马、乌苏绒、通多、德吉。1960年6月，从边坝窜来一股叛乱分子，与本县匪首阿扎一起，勾结徐达部落反动头子进行叛乱。嘉黎县人民在县委的领导下，积极参加平叛斗争，并协助解放军进行统战工作。在广大牧民群众的支持下，经过徐达寺庙一战，彻底平息叛乱，全县局势基本稳定。随之，嘉黎县开展"三反两利"和"三反三算"运动，推翻压在牧民头上的三座大山，废除乌拉差役、高利贷、人身依附和"计美其美"（赋税），调整"协"的租额，继之又实行《牧区工作三十条》政策，稳定牧民个体所有制，极大地调动了广大牧民的生产积极性，也提高了共产党在牧民心中的威信。

1961年11月22日，经中共西藏林芝分工委会议研究，中共嘉黎县委员会下设县委办公室、组织部、财贸部、农牧部。巩固牧区社会主义阵地，为保证党的方针政策贯彻落实，完成各项任务，1962年7月1日，县委在嘉黎区通马乡举办积极分子集训班，培养了3名预备党员噶荣、才旺卓玛（女）、索朗曲吉（女）和5名共青团员。在嘉黎县通马乡建立了第一个党团混合支部，由噶荣任支部书记。1962年9月27日，经林芝分工委批准，撤销财贸部、农牧部，这两个部门的工作交于县政府农牧科和财粮科。1963年6月组织部和宣传部合并为组宣部。同时，将那曲县的麦地卡区、墨竹工卡县的色日荣和巴嘎区、雪巴县（已并入林芝县）的尼屋区划归嘉黎县。1964年6月撤销林芝专区后，自治区将嘉黎县划归那曲地区行署管辖。

1966年10月，全县各级党政机构能坚持正常工作。之后随着运动的进行，县委领导机构和工作机构有名无实，处于瘫痪状态。区乡两级党政机构只能起到过问日常生产的作用。1967年3月，中国人民解放军西藏军区党委决定成立中共嘉黎县人民武装部委员会，由中共那曲军分区党委领导。由武装部出面组建的“抓革命促生产”办公室代行中共嘉黎县委员会、县政府职权，使混乱的局势有所缓和。

1968年8月18日，经西藏军区批准正式成立嘉黎县革命委员会。1970年2月8日，经那曲地区党的核心小组批准，中共嘉黎县革命委员会党的核心小组成立，由县人武部领导担任主要领导，县革命委员会是党的核心小组的工作机构，也是县革委会的工作机构，即办事组、政工组、生产指挥组和人民保卫组。1970年，根据形势的发展，设立社会主义改造办公室这一临时机构，全县局势趋于稳定。

嘉黎县党的核心小组在恢复组建区、乡党组织方面做了大量工作，并开始办社。区社改办成立后，开始大规模办社，至1972年，全县共办起3个人民公社。1968年4月26日，经县军代组、县“抓革命促生产”办公室研究，批准同德区鸽群乡成立人民公社革命委员会，于5月1日召开成立大会。

1972年6月3日，嘉黎县召开第一次党员代表大会。大会通过宋振远代表党的核心小组向大会所作的工作报告，选举中国共产党嘉黎县第一届委员会，选出县委委员23名，候补委员2名。在第一次全委会上，选出了县委常委、第一书记、书记和副书记。

中共嘉黎县委员会恢复后，根据上级精神，没有建立县委的工作机构，仍以县革命委员会的“四大组”为工作机构，事实上是县委、县革委会的工作机构合署办公。到1976年7月，“四大组”撤销，中共嘉黎县委员会的工作机构办公室、组织部、宣传部得到恢复。截至1976年底，全县有干部291名、党总支1个、区委8个、基层党支部49个（其中乡党支部31个）、党员273名。

1976年10月，“文化大革命”结束，全国进入社会主义建设新时期。1978年12月，党的十一届三中全会召开，实现了新中国成立以来党的历史的伟大转折。嘉黎县广大党员、干部在党的历史的伟大转折中，进行清除“左”的思想影响教育，在思想上拨乱反正，在政治上正本清源。在此基础上，中共嘉黎县委员会的工作重点也由以阶级斗争为纲，逐步转移到以经济建设为中心上来，沿着党在新时期的路线前进。

自1980年开始，在党的十一届三中全会路线指引下，中共嘉黎县委员会认真落实党中央关于西藏工作的一系列指示精神，进行拨乱反正，开展真理标准问题的讨论，坚持实践是检验真理的唯一标准，努力恢复党的实事求是、一切从实际出发、理论联系实际、密切联系群众的优良作风，加强党的思想建设和组织建设。首先进行平反冤假错案，努力落实人的政策和民族、宗教、统战政策工作。在政治上坚持四项基本原则，反对资产阶级自由化，加强民族团结，树立“两个离不开”① 的思想。努力维护祖国统一，反对民族分裂。在经济建设方面本着“调整、改革、整顿、提高”的方针，进行农牧业、企业经济体制改革，充分调动广大牧民的生产积极性，增强企业职工的主人翁责任感，由此推动了全县各项事业的蓬勃发展。

1980年，由于贯彻中央对西藏工作的重要指示，对开展真理标准问题的讨论有了初步的认识，努力清除“左”的余毒，转移党的工作重心，中共嘉黎县委员会狠抓和落实人的政策，放宽经济政策。对“文化大革命”中遭受打击和错误处理的干部、职工，给予平反昭雪和经济补偿。对错征没收的牧主、富牧，落实了赎买政策。给“四类分子”② 全部摘掉帽子，恢复其公民权。

中共嘉黎县委员会自1980年冬季开始，认真贯彻落实那曲地委第二次牧业生产工作会议精神，全县普遍实行“包产到户”“包干到户”等生产责任制，取消一切形式的摊派和征购，广大牧民得以休养生息。由于经济上的放宽政策，牧业经营自主权得到扩大，生产获得较快发展，群众生活逐步提高，全县各项工作开始走上正轨。

1980年7月14日，嘉黎县委组织部和宣传部联合举办机关干部业余文

① “两个离不开”：即汉族离不开少数民族，少数民族离不开汉族。

② “四类分子”：指20世纪40—70年代，中国对地主分子、富农分子、反革命分子和坏分子这四类人的统称。

化学习班。学习班根据干部文化水平和年龄等实际情况，分为藏话与藏文初、中级和汉文初、中级共4个班。藏话班的学员大多是一些年龄较大的汉族干部，要求结业后能学会一般的生产、生活用语。藏文班的学员大多是年轻干部，要求结业时做到一般藏文能读会写。1981年12月撤销嘉黎县革命委员会，改为公社管理委员会。1983年，嘉黎县委带领全县人民抓牧农业生产，实行土地、畜牧承包到户的政策，使全县牧业生产得到稳步发展。恢复了县委纪律检查委员会、组宣部。

嘉黎县委领导机构沿革经历了三个阶段：第一个阶段是1976年10月至1981年5月机构和人事变动，第二个阶段是1981年5月机构和人事变动至1984年4月机构改革，第三个阶段是1984年4月机构改革至1987年6月全县召开第二次党代会。

1982年，嘉黎县召开区委书记会议，会议主要分为三个议程进行：一是学习文件，领会精神，统一认识，明确任务；二是汇报总结过去的工作，提出问题，研究解决；三是制定安排今后的工作任务。会议肯定了嘉黎县已取得的成绩，实事求是地评价了嘉黎县的形势。会议强调要一手抓物质文明建设，一手抓精神文明建设，为完成嘉黎县今后的工作任务而努力奋斗。

1983年，嘉黎县召开四级干部会议，反复学习党的十二大文件，在全面理解党的十二大精神的同时，紧紧围绕党的战略目标，讨论关于20世纪末工农业总产值翻两番问题。

1984年4月开始，在区党委和那曲地委的统一部署下，按照新时期干部学习“四化”的要求，坚持“两个离不开”的原则，对县委领导班子进行一次大调整，同时进行嘉黎县第二次机构改革，设立3个区级机构，使全县区级机构达24个。1987年5月召开嘉黎县第二次党代会时，调整为17个，减少了7个。新组建的区级班子干部总数64人，其中县直机关41名，各区23名，较调整前的73人减少9人；调整后本民族干部占区级干部总数的82.8%；汉族干部11人，占区级干部总数的17.2%；妇女干部3人。调整后新班子平均年龄37.6岁，比调整前降低3.2岁。调整后的新班子中，大中专文化程度的有23人（大专5人，中专18人），占35.9%，比调整前的19人增加4人，知识结构有所优化。

1985 年 5 月，根据中央决定，在区党委和那曲地委的统一安排下，全县普遍开展整党工作。对干部党员以思想作风整顿为主，组织处理为辅，对基层党员主要进行正面教育。在整党后期，重新进行了党员登记，参加整党的机关党员应为 134 人，实际参加 116 人，外出治病、进修学习未能参加整党工作的党员共 18 人。同时，将积极要求进步的 35 名青年吸收入党。1986 年 7 月 1 日，嘉黎县集中一段时间对县机关广大党员开展关于党风、党性和党纪的教育。

1987 年 2 月 5 日，县委专门召开会议，研究部署贯彻中央文件的方法步骤，并抽调 4 名县级、5 名区级和 5 名一般干部组成 5 个工作组，分赴各区，深入基层，认真宣传贯彻。12 月 8 日，举办第一期中层干部党的十三大文件学习班。

1989 年，嘉黎县密切联系实际学习贯彻四中全会精神。在县直机关和乡级主要党员干部中开展对党的十三届四中全会和邓小平、江泽民等中央领导的重要讲话精神的学习贯彻。

这一阶段，中央针对西藏工作连续发出工作指示，极大地鼓舞了广大牧民群众，彻底解放了广大干部、群众的思想。县委领导全县人民对本县实际进行反复讨论和再认识后，决定彻底摆脱“左”的羁绊，全县普遍实行“牲畜归户、私有私养、自主经营，长期不变”的 16 字方针，极大地调动了广大群众的农牧业生产积极性，使生产获得稳步发展，群众生活显著改善。1987 年，全县农牧业总产值达到 1032.25 万元，比 1977 年增长 6.04%，人均收入 446.302 元，是 1977 年的 4 倍。为修复“文化大革命”中遭受一定程度破坏的寺庙，确保正常的宗教活动，国家拨专款修复 8 座寺庙。

自 1972 年 6 月嘉黎县召开第一次党员代表大会，选举产生中共嘉黎县委员会及其工作机构常务委员会，到 2006 年，共召开党员代表大会 6 次，选举产生六届中共嘉黎县委员会及其常务委员会。

中共嘉黎县委员会常委会在县委全体会议闭会期间行使委员会职权，主持日常工作，注重抓好党的组织建设、纪律检查、宣传教育、统一战线、经济建设、稳定社会局势等工作，注意研究党内外的思想、政治状况。

在做好自身建设、抓好党建工作的同时，县委常委会还对全县政治、经济等方面的大事定期、不定期地进行研究讨论，发挥其领导决策作用，带领全县各族干部群众开展经济、社会等各项工作。

截至2010年12月，嘉黎县有10个乡镇党委、1个机关党委、150个党支部，其中10个乡机关党支部、123个行政村（居）党支部、17个县机关党支部，实现了村村建立党支部的目标。全县党员总数为1321名，其中农牧民党员880名，在岗职工党员418名，退休党员23名。

（二）中共嘉黎县委员会办公室

1959—2010年中共嘉黎县委班子成员名录见表3－1－2。

1959—2010年中共嘉黎县委班子成员名录

表3－1－2

机构名称	职务	姓名	性别	民族	任职时间
中共麦地卡临时党委（1959.10—1962.01）	书记	栾毅	男	汉	1959.10—1960.12
		贾志斌	男	汉	1960.12—1962.01
	副书记	贾志斌	男	汉	1959.10—1960.12
		胡学礼	男	汉	1960.07—1962.01
		黄大庆	男	汉	1960.12—1962.01
	委员	刘振清	男	汉	1959.10—1962.01
		李文生	男	汉	1959.10—1962.01
		李振忠	男	汉	1959.10—1962.01
		刘秀茂	男	汉	1960.06—1962.01
		唐胜英	男	汉	1960.06—1962.01
中共嘉黎县委员会（1959.09—1970.02）	书记	代承均	男	汉	1959.09—1962.03
		宫玉亮	男	汉	1962.03—1966.03
					1966.05—1967.02

续表1

机构名称	职务	姓名	性别	民族	任职时间
中共嘉黎县委员会（1959.09—1970.02）	副书记	宫玉亮	男	汉	1959.09—1962.03
		吴德润	男	汉	1959.09—1961.12
		刘兴沛	男	汉	1961.12—1964.05
					1966.05—1967.02
		弓成木	男	汉	1962.07—1964.05
					1966.05—1967.02
		拉布丹	男	藏	1964.05—1967.02
		成崇山	男	汉	1964.05—1967.02
	委员	王凤鸣	男	汉	1962.01—1965.12
		郭志清	男	汉	1962.01—1965.08
		安加	男	藏	1965.11—1967.02
		胡成文	男	汉	1965.11—1967.02
		万瑛	男	汉	1965.11—1967.02
中共嘉黎县革命委员会党的核心领导小组（1970.02—1972.06）	组长	易承洪	男	汉	1970.02—1971.06
		耿庆余	男	汉	1972.04—1972.06
	副组长	弓成木	男	汉	1970.02—1972.06
	成员	安加	男	藏	1970.02—1972.06
		王相林	男	汉	1970.02—1972.06
中共嘉黎县委员会（1972.06—2010.12）	第一书记	宋振远	男	汉	1972.06—1974.01
	书记	耿庆余	男	汉	1972.06—1976.07
		次仁加保	男	藏	1973.12—1980.06
		杨占峰	男	汉	1973.12—1976.10
		次仁多吉	男	藏	1981.05—1982.01
		余子俊	男	汉	1982.01—1984.05

续表 2

机构名称	职务	姓名	性别	民族	任职时间
中共嘉黎县委员会（1972.06—2010.12）	书记	罗琼	女	藏	1981.10—1984.04
		洛桑欧珠	男	藏	1984.04—1987.10
		格日多	男	藏	1995.08—1996.09
		林金龙	男	汉	1995.08—1998.07
		王祖焕	男	汉	2001.06—2004.06
		陈应许	男	汉	2004.06—2007.06
		黄荣定	男	汉	2007.06—2010.12
	副书记	次仁加保	男	藏	1972.06—1973.12
		次仁多吉	男	藏	1973.03—1973.12
		维色	女	藏	1973.09—1981.12
		多吉	男	藏	1974.12—1978.11
		谢汉华	男	汉	1974.12—1982.06
		范敦厚	男	汉	1974.12—1980.09
		嘎尔德（忠明）	男	藏	1974.06—1976.10
		张业才	男	汉	1977.01—1978.05
		忠明	男	藏	1976.10—1980.09
		崩达	男	藏	1977.10—1982.06
		刘洪斌	男	汉	1979.06—1981.12
		杨喜海	男	汉	1979.06—1980.09
		赵雄堂	男	汉	1979.06—1980.09
		崔生	男	蒙古	1980.09—1986.03
		杨绍华	男	汉	1979.06—1983.12
		曲达	男	藏	1981.12—1987.06
		才加	男	藏	1984.04—1987.06

续表3

机构名称	职务	姓名	性别	民族	任职时间
中共嘉黎县委员会（1972. 06—2010. 12）	副书记	江村旺扎	男	藏	1987. 06—1987. 10
		赵志廉	男	汉	1987. 06—1987. 10
		阿朗	男	藏	1995. 08—2001. 09
		索朗旺堆	男	藏	1995. 08—1998. 10
		金树云	男	汉	1995. 08—1998. 07
		才旺欧珠	男	藏	1997. 07—2001. 09
		张西廷	男	汉	1998. 07—2001. 06
		布穷	男	藏	1998. 10—2001. 09
		姆娌	女	藏	2000. 07—2003. 05
		金先军	男	汉	2001. 06—2001. 09
		普珍	女	藏	2002. 06—2006. 06
		汤致勇	男	汉	2003. 04—2006. 04
		群宗	女	藏	2003. 12—2006. 09
		白玛占堆	男	藏	2005. 08—2006. 09
		嘎松美郎	男	藏	2006. 06—2010. 12
		琼培	男	藏	2006. 04—2010. 12

三、区乡镇党委

1961—2010年嘉黎县下属区乡镇党组织领导人名录见表3－1－3。

1961—2010 年嘉黎县下属区乡镇党组织领导人名录

表 3－1－3

机构名称	职务	姓名	性别	民族	任职时间
中共嘉黎区委（1961.07.29 建立）	书记	王凤鸣	男	汉	1961.06—1962.10
		安加	男	藏	1962.10—1964.05
		丁伍群	男	汉	1964.05—1967.02
		谢汉华	男	汉	1972.06—1973.06
		刘家龙	男	汉	1972.10—1973.06
		普穷	男	藏	1973.06—1976.07
					1981.05—1984.08
		索朗巴珠	男	藏	1976.07—1978.06
		桑美	男	藏	1978.06—1981.05
		班久	男	藏	1984.08—1987.10
	副书记	安加	男	藏	1960.08—1962.08
		洛桑次成	男	藏	1972.10—1987.10
		普穷	男	藏	1973.03—1973.06
		吴斌	男	汉	1972.06—1984.08
		仁钦	男	藏	1981.11—1987.10
中共嘉黎区委（1961.07.29 建立）［通马乡（公社）党支部］	书记	嘎荣	男	藏	1962.07—1976.10
中共嘉黎区委（1961.07.29 建立）［嘉黎乡（公社）党支部］	书记	贡觉洛旦	男	藏	1963.03—1987.10
		索朗曲吉	男	藏	1976.10—1987.10
中共嘉黎区委（1961.07.29 建立）［乌苏绒乡（公社）党支部］	书记	洛杰	男	藏	2004—2006
		郭雪莲	女	汉	2006—2008
		洛桑	男	藏	1963.07—1972.06

续表1

机构名称	职务	姓名	性别	民族	任职时间
中共嘉黎区委（1961.07.29建立）［乌苏绒乡（公社）党支部］	书记	唐久	男	藏	1973.09—1976.10
		当久	男	藏	1976.10—1987.10
中共嘉黎区委（1961.07.29建立）［桑前乡（公社）党支部］	书记	元旦	男	藏	1963.07—1987.10
中共嘉黎区委（1961.07.29建立）［桑穷乡（公社）党支部］	书记	勇别	男	藏	1963.07—1972.06
		塔青	男	藏	1973.09—1987.10
中共阿扎区委（1961.07.29建立）	书记	苗维合	男	汉	1961.06—1963.11
		胡成文	男	汉	1964.05—1965.11
					1966.05—1967.02
		刘顺曾	男	汉	1972.08—1973.06
		多加	男	藏	1973.06—1976.07
		陈天思	男	汉	1979.06—1987.09
		穷嘎	男	藏	1984.08—1987.07
		群典	男	藏	1987.07—1987.10
	副书记	完德太	男	汉	1962.01—1962.10
		拉化太	男	藏	1962.01—1962.10
		胡成文	男	汉	1963.09—1964.05
		贾生林	男	汉	1965.11—1967.02
		多加	男	藏	1972.08—1973.06
		梅次仁	男	藏	1973.06—1984.08
		王红英	女	汉	1974.10—1976.07
		尼玛曲扎	男	藏	1976.07—1978.10
		旺杰	男	藏	1978.10—1981.05

续表 2

机构名称	职务	姓名	性别	民族	任职时间
中共阿扎区委（1961.07.29 建立）	副书记	吴金	男	汉	1981.05—1982.09
		嘎玛	男	藏	1987.07—1987.10
中共阿扎区委（1961.07.29 建立）［阿扎乡（公社）党支部］	书记	嘎姆	女	藏	1963.07—1987.10
		江英	男	藏	2007.08—2008.11
		扎西	男	藏	1964.08—1977.08
		贡才	男	藏	1977.08—1987.10
中共阿扎区委（1961.07.29 建立）［村雄乡（公社）党支部］	书记	拉加布	男	藏	1963.07—1987.10
中共阿扎区委（1961.07.29 建立）［村巴乡（公社）党支部］	书记	次仁平措	男	藏	1963.07—1979.07
		扎西顿珠	男	藏	1979.07—1987.10
中共同德区委（1961.07.29 建立）	书记	李曲江	男	藏	1972.09—1976.07
		普穷	男	藏	1976.07—1981.05
		旺杰	男	藏	1981.05—1984.08
					1987.07—1987.10
		贡觉	男	藏	1984.08—1987.07
	副书记	马泽宾	男	汉	1961.06—1964.07
		刘金成	男	汉	1962.01—1967.02
		贾生林	男	汉	1964.05—1972.12
		旦真	男	藏	1972.09—1987.07
		才洛	男	藏	1973.06—1975.04
		群典	男	藏	1984.08—1987.07
		阿布	男	藏	1987.07—1987.10

续表 3

机构名称	职务	姓名	性别	民族	任职时间
中共同德区委（1961.07.29 建立）［德古乡（公社）党支部］	书记	阿穷	男	藏	1963.04—1987.10
		次仁占堆	男	藏	1963.04—1987.10
		同加	男	藏	2004—2006
		普布扎西	男	藏	2006—2007
		江巴	男	藏	2007—2008
中共同德区委（1961.07.29 建立）［同多乡（公社）党支部］	书记	才旺罗布	男	藏	1963.07—1987.10
中共桑巴区委（1961.07.29 建立）	书记	李曲江	男	汉	1972.06—1972.09
		次仁多吉	男	藏	1972.09—1973.06
		白玛才旦	男	藏	1973.06—1978.06
		穷嘎	男	藏	1978.06—1984.08
	副书记	丁伍群	男	汉	1961.06—1964.05
		拉化太	男	藏	1962.10—1965.04
		李曲江	男	藏	1964.07—1967.02
中共桑巴区委（1961.07.29 建立）［夏玛乡（公社）党支部］	书记	曲白	男	藏	1964.04—1967.02
		秋白	男	藏	1970.02—1987.10
中共桑巴区委（1961.07.29 建立）［江洪乡（公社）党支部］	书记	思达	男	藏	1964.04—1972.06
		洛达	男	藏	1972.06—1987.10
		罗姆	女	藏	1964.04—1972.06
		达桑	男	藏	1974.09—1984.10
		贡嘎	男	藏	1984.10—1987.10
中共桑巴区委（1961.07.29 建立）［林堤乡（公社）党支部］	书记	扎西	男	藏	1964.04—1984.06
		洛白	男	藏	1984.06—1987.10

续表4

机构名称	职务	姓名	性别	民族	任职时间
中共尼屋区委（1961.07.29建立）	书记	谢汉华	男	汉	1960.03—1967.02
		朗青	男	藏	1973.06—1974.10
					1981.05—1984.08
		强巴桑登	男	藏	1974.10—1981.05
		王华全	男	汉	1984.08—1987.07
		才旺欧珠	男	藏	1987.07—1987.10
	副书记	于志坚	男	汉	1960.05—1962.09
		杨玉才	男	汉	1962.09—1964.04
		完德太	男	汉	1964.11—1966.05
					1972.06—1974.10
		巴志	男	藏	1973.06—1981.05
		才旺欧珠	男	藏	1984.08—1987.07
		达曲	男	藏	1984.08—1987.10
中共尼屋区委（1961.07.29建立）[忠玉乡（公社）党支部]	书记	多吉罗布	男	藏	1964.04—1987.10
		智秋	男	汉	2004—2007
		小才旦	男	藏	2007—2008
中共尼屋区委（1961.07.29建立）[岗嘎乡（公社）党支部]	书记	多吉罗布	男	藏	1965.08—1987.10
		才旦	男	藏	1962.09—1964.12
		阿布	男	藏	1964.04—1966.05
		屋吉桑珠	男	藏	1966.05—1987.10
		贡堆	男	藏	1974.09—1987.10
中共尼屋区委（1961.07.29建立）[莎旺乡（公社）党支部]	书记	才旦	男	藏	1962.09—1964.12
		阿布	男	藏	1964.04—1966.05
		胡成文	男	汉	1965.11—1973.05

续表 5

机构名称	职务	姓名	性别	民族	任职时间
中共尼屋区委（1961.07.29 建立）［莎旺乡（公社）党支部］	书记	张忠泽	男	藏	1973.05—1974.10
		华建	男	藏	1974.10—1975.08
					1976.10—1978.06
		吴金	男	藏	1975.08—1976.10
		白桑	男	藏	1974.10—1979.08
		阿朗	男	藏	1979.12—1981.05
		桑美	男	藏	1981.05—1981.12
		元旦	男	藏	1981.11—1984.08
		克珠	男	藏	1984.08—1987.07
		曲杰	男	藏	1987.07—1987.10
中共尼屋区委（1961.07.29 建立）［措多乡（公社）党支部］	书记	洛达	男	藏	1963.07—1978.10
		吴金	男	藏	1978.10—1979.10
		次仁达娃	男	藏	1981.05—1987.07
		格桑江措	男	藏	1987.07—1987.10
		平措	男	藏	1978.10—1987.10
中共尼屋区委（1961.07.29 建立）［措麦乡（公社）党支部］	书记	群久	男	藏	1963.07—1982.08
		穷久	男	藏	1972.12—1976.10
		阿吉次仁	男	藏	1982.08—1987.10
中共尼屋区委（1961.07.29 建立）［娘保乡（公社）党支部］	书记	旦才	男	藏	1963.07—1987.10
中共尼屋区委（1961.07.29 建立）［藏比乡（公社）党支部］	书记	巴达	男	藏	1963.07—1987.04
		格多	男	藏	1978.04—1987.10

续表6

机构名称	职务	姓名	性别	民族	任职时间
中共色日绒(荣)区委（1961.07.29 建立）	书记	梁玉香	男	汉	1963.01—1963.12
		贾生林	男	汉	1972.06—1973.02
		多吉	男	藏	1973.02—1974.12
		朱世信	男	汉	1979.06—1980.09
		克珠	男	藏	1981.05—1984.08
		元旦	男	藏	1984.08—1987.07
		次仁达娃	男	藏	1987.07—1987.10
	副书记	索朗巴珠	男	藏	1964.03—1967.02
		戌玉祥	男	汉	1973.02—1973.06
		旦真	男	藏	1973.06—1975.04
		尼玛曲扎	男	藏	1974.10—1976.07
		才洛	男	藏	1975.04—1978.12
		仁钦	男	藏	1976.10—1981.11
		白加	男	藏	1984.08—1987.10
中共色日绒(荣)区委（1961.07.29 建立）［绒多乡(公社)党支部］	书记	益西	女	藏	1963.07—1987.10
中共色日绒(荣)区委（1961.07.29 建立）［绒麦乡(公社)党支部］	书记	英比	男	藏	1963.07—1967.02
					1970.02—1972.06
		索朗次仁	男	藏	1972.11—1978.04
		阿乃	男	藏	1978.04—1987.10
		布桑	男	藏	1972.10—1987.10

续表 7

机构名称	职务	姓名	性别	民族	任职时间
中共麦地卡区委（1961.07.29 建立）	书记	张锡忠	男	汉	1962.02—1964.02
		索朗巴珠	男	藏	1973.01—1976.07
		民久	男	藏	1978.06—1987.07
		加多	男	藏	1987.07—1987.10
	副书记	毛希翘	男	汉	1962.02—1964.06
		次仁多杰	男	藏	1964.02—1967.02
		白玛才旦	男	藏	1973.01—1973.06
		克珠	男	藏	1973.06—1981.05
		桑美	男	藏	1976.07—1978.06
		达杰	男	藏	1981.05—1987.10
中共麦地卡区委（1961.07.29 建立）［措拉乡（公社）党支部］	书记	索朗罗布	男	藏	1963.07—1972.06
					1976.10—1979.06
		旺珠	男	藏	1972.06—1976.10
					1979.06—1987.10
中共麦地卡区委（1961.07.29 建立）［措扎乡（公社）党支部］	书记	多洛	男	藏	1963.07—1979.06
		宗日	男	藏	1979.06—1987.10
中共麦地卡区委（1961.07.29 建立）［章若乡（公社）党支部］	书记	桑珠	男	藏	1963.07—1972.06
		崩	男	藏	1972.06—1976.10
		桑珠	男	藏	1976.10—1979.09
中共麦地卡区委（1961.07.29 建立）［东堤乡（公社）党支部］	书记	旦真	男	藏	1963.07—1987.10
		崩	男	藏	1979.09—1987.10

1987—2010 年嘉黎县下辖乡镇党组织领导人名录见表 3 - 1 - 4。

1987—2010 年嘉黎县下辖乡镇党组织领导人名录

表 3 - 1 - 4

机构名称	职务	姓名	性别	民族	任职时间
中共阿扎镇委员会（1996—2009）	书记	多杰	男	藏	1996. 03—1999. 08
		桑旦	男	藏	1999. 08—2002. 06
		旦旺	男	藏	2002. 06—2006. 06
	副书记、镇长	索朗旺布	男	藏	2002—2006. 05
		吉布	男	藏	2006. 05—2007. 10
		达瓦桑布	男	藏	2007. 10—2009. 10
中共嘉黎镇委员会（2002—2010）	书记	次仁达吉	男	藏	2002. 04—2004. 03
		罗杰	男	藏	2004. 04—2006. 07
		郭学连	男	汉	2006. 04—2008. 04
		贡布	男	藏	2008. 04—2010. 03
	副书记、镇长	郭学连	男	汉	2002. 04—2006. 03
		贡布	男	藏	2006. 03—2008. 03
		普布次仁	男	藏	2008. 04—2010. 03
中共林堤乡委员会（1988—1997）	书记	伦白	男	藏	1988. 09—1990. 09
		多杰	男	藏	1990. 09—1993. 09
		顿曲	男	藏	1993. 09—1997. 09
	副书记、乡长	赤多	男	藏	1988. 09—1990. 09
		阿罗久美	男	藏	1990. 09—1993. 09
		斯格扎巴	男	藏	1993. 09—1997. 09
中共夏玛乡委员会（1988—2010）	书记	索朗旺久	男	藏	1988. 06—1992. 03
		土久	男	藏	1992. 03—1996. 05
		昂旺江白	男	藏	1996. 05—2002. 08

续表 1

机构名称	职务	姓名	性别	民族	任职时间
中共夏玛乡委员会（1988—2010）	书记	土松	男	藏	2002. 08—2004. 06
		尼玛旺青	男	藏	2004. 06—2006. 06
		扎西巴珠	男	藏	2006. 06—2010. 12
		克珠	男	藏	2001—2005
		美巴	男	藏	2005—2007
		多果	男	藏	2007—2009
	副书记、乡长	吉布	男	藏	2001—2005
		顿珠罗布	男	藏	2005—2007
		多吉才加	男	藏	2007—2009
中共鸽群乡委员会（2005—2010）	书记	周加	男	藏	2005. 06—2007. 09
		普布扎西	男	藏	2007. 09—2008. 12
		江巴	男	藏	2008. 12—2010. 12
	副书记、乡长	普布扎西	男	藏	2005. 07—2007. 09
		江巴	男	藏	2007. 09—2008. 12
中共措拉乡委员会（1988—2010）	书记	加多	男	藏	1988. 09—1997. 09
		扎西多杰	男	藏	1997. 09—2002. 09
	副书记、乡长	仁增卓玛	女	藏	1988. 09—1997. 09
		才旺多杰	男	藏	1997. 09—2002. 09
		旺培	男	藏	2002. 09—2005. 09
		米玛次仁	男	藏	2005. 09—2010. 09
中共措多乡委员会（2001—2010）	书记	赤多	男	藏	2001—2005
		丹罗	男	藏	2005—2007
		阿培	男	藏	2007—2009
		扎西	男	藏	2009—2010. 12

续表 2

机构名称	职务	姓名	性别	民族	任职时间
中共措多乡委员会（2001—2010）	副书记、乡长	次塔	男	藏	2001—2005
		顿珠罗布	男	藏	2005—2007
		扎西	男	藏	2007—2009
		次多	男	藏	2009—2010. 12
中共忠玉乡委员会（1987—2008）	书记	才旺欧珠	男	藏	1987. 07—1996. 09
		格桑	男	藏	1996. 09—2002. 05
		智秋	男	藏	2002. 05—2004. 08
					2005. 08—2008. 12
		大次旦	男	藏	2004. 08—2005. 08
	副书记、乡长	格桑	男	藏	1996. 06—1996. 09
		索朗多吉	男	藏	1996. 09—1999. 07
		智秋	男	藏	1999. 07—2002. 05
		大次旦	男	藏	2002. 05—2004. 08
		小次旦	男	藏	2004. 08—2008. 12

第二节　党员代表大会

一、中共嘉黎县第一次党员代表大会

1972 年 6 月 3 日，嘉黎县召开第一次党员代表大会。大会通过宋振远代表党的核心小组向大会所作的工作报告。大会选举中国共产党嘉黎县第一届委员会。选出县委委员 23 名，候补委员 2 名。在第一次全委会上，选出县委常委、第一书记、书记和副书记，宋振远任第一书记，耿庆余任书记，杨占峰、次仁加保任副书记。

二、中共嘉黎县第二次党员代表大会

1986 年 6 月 18—22 日，嘉黎县召开第二次党员代表大会。应到代表 107 名，实到 94 名。这次大会审议通过上届县委的工作报告和纪律检查委员会工作报告。选举产生中共嘉黎县第二届委员会和中共嘉黎县纪律检查委员会。会议选举产生中国共产党嘉黎县第二届委员会委员 17 名，候补委员 3 名，选举产生中国共产党嘉黎县纪律检查委员会委员 6 名。同时召开中共嘉黎县委员会二届一次全委会和中共嘉黎县纪律检查委员会一次全委会，选举产生县委书记、副书记、常委，洛桑欧珠任书记，江村旺扎、赵志廉任副书记，曲达、才洛、卢明运、桑美、沈孝延为常委；选举产生纪检委书记和副书记，曲达任书记，西绕任副书记。

三、中共嘉黎县第三次党员代表大会

1990 年 7 月，嘉黎县召开第三次党员代表大会，会议历时 5 天。此次大会审议通过上一届县委的工作报告和县纪委工作报告；选举产生中共嘉黎县第三届委员会和中共嘉黎县纪律检查委员会。在中共嘉黎县第三届全委会上，选举产生县委常委、书记和副书记；纪律检查委员会全委会选举产生纪检委书记和副书记。

四、中共嘉黎县第四次党员代表大会

1995 年 5 月，嘉黎县召开中国共产党第四次代表大会和纪律检查委员会。出席会议代表 85 名。会议审议通过上一届县委、县纪委工作报告；选举产生中共嘉黎县第四届委员会和中共嘉黎县纪律检查委员会。会议选举产生中国共产党嘉黎县第四届委员会委员 17 名，候补委员 2 名，选举产生中国共产党嘉黎县纪律检查委员会委员 7 名。同时召开中共嘉黎县委员会四届一次全委会和中共嘉黎县纪律检查委员会一次全委会，选举产生县委书记、副书记、常委。

五、中共嘉黎县第五次党员代表大会

2000 年 11 月，中共嘉黎县第五次代表大会隆重召开。出席会议代表 171 名。审计通过上一届县委和同级纪委的工作报告；会议选举产生新一届委员会和同级纪律检查委员会。会议选举产生中国共产党嘉黎县第五届委员会委员 20 名，候补委员 4 名，选举产生中国共产党嘉黎县纪律检查委员会委员 10 名。同时召开中共嘉黎县委员会五届一次全委会和中共嘉黎县纪律检查委员会一次全委会，选举产生县委书记、副书记、常委。

六、中共嘉黎县第六次党员代表大会

2006 年 8 月 16 日，中共嘉黎县第六次代表大会隆重召开。会议应出席代表 155 名，实到代表 146 名，参加选举的代表 146 名。第五届县委书记陈应许、县纪委书记群宗分别代表中国共产党嘉黎县第五届委员会、中国共产党嘉黎县纪律检查委员会向大会作工作报告。两个工作报告全面回顾和总结了过去五年来县委、县纪委的工作情况，并对做好今后五年的工作作出安排部署，提出明确的目标要求。选举产生 23 名县委委员、4 名县委候补委员、9 名县纪律检查委员会委员、3 名出席中国共产党西藏自治区第七次代表大会代表；选举产生中国共产党嘉黎县第六届委员会委员、常务委员、书记、副书记，以及中共嘉黎县纪律检查委员会委员、书记、副书记名单。

第二章　党务工作

第一节　纪检监察

一、机构

20 世纪 60 年代，嘉黎县成立纪律检查委员会，在“文化大革命”中被取消，70 年代初期其工作由嘉黎县革委会代替。

1979 年 8 月，中共嘉黎县纪律检查委员会恢复设立.

1987 年 6 月，机构调整中，中共嘉黎县纪律检查委员会配备副县级领导人员。

1986 年，中共嘉黎县第二次代表大会上选举产生了第二届中共嘉黎县纪律检查委员会，纪律检查委员会选举产生了纪委书记和副书记。

1996 年 12 月 12 日，嘉黎县监察局成立，纪律检查委员会与监察局合署办公。

2000 年，中共嘉黎县第五次党代会选举产生中共第五届嘉黎县纪律检查委员会，纪律检查委员会选举产生了纪委书记和副书记。

2006 年 8 月 16 日，中共嘉黎县第六次党代会选举产生第六届中共嘉黎县纪律检查委员会。

2006 年 8 月 17 日，中共嘉黎县纪律检查委员会举行了第一次全委会议，会议选举产生纪委书记和副书记，会议通过《中共嘉黎县纪委工作规则》，明确了纪律工作的核心内容。

截至2010年，中共嘉黎县纪律检查委员会和嘉黎县监察局共有编制4人，有工作人员4人，无工人。在2010年之前嘉黎县纪律检查委员会和嘉黎县监察局无下设办公室等机构，嘉黎县监察局为方便开展相关工作，内设办公室、信访室。

1979—2010年中共嘉黎县纪律检查委员会班子成员名录见表3-2-1。

1979—2010年中共嘉黎县纪律检查委员会班子成员名录

表3-2-1

机构名称	职务	姓名	性别	民族	任职时间	备注
中共嘉黎县纪律检查委员会	书记	刘洪斌	男	汉	1979.08—1981.12	兼任
		曲达	男	藏	1981.12—1984.04	兼任
					1986.06—1987.10	
		白桑	男	藏	1984.04—1987.06	
		巴扎	男	藏	1987.10—2000.07	
		姆娌	女	藏	2000.07—2003.05	
		群宗	女	藏	2003.12—2005.01	
		央吉	女	藏	2005.01—2010.12	
	副书记	白桑	男	藏	1979.08—1981.05	
		阿朗	男	藏	1981.05—1987.06	
		西绕	男	藏	1987.06—2003.04	
		赵兴邦	男	汉	2003.04—2004.06	
		闫晓芬	男	汉	2004.06—2005.05	
		达瓦	男	藏	2005.07—2010.12	
	委员	才洛	男	藏	1979.08—1981.12	
		桑美	男	藏	1987.06—1987.10	
		丁宗臣	男	汉	1987.06—1987.10	
		琼培	男	藏	1987.06—1996.12	

续表

机构名称	职务	姓名	性别	民族	任职时间	备注
中共嘉黎县纪律检查委员会	委员	白玛占堆	男	藏	1996. 12—2000. 05	
		白桑	男	藏	2000. 07—2006. 07	
		赵旭霄	男	汉	2000. 07—2001. 06	
		旺堆	男	藏	2000. 07—2001. 12	
		薛新凯	男	汉	2000. 07—2006. 07	
		层落	男	藏	2000. 07—2003. 06	
		达嘎	男	藏	2000. 07—2004. 06	
		程磊	男	汉	2000. 07—2004. 06	
		洛杰	男	藏	2000. 07—2005. 07	
		布落	男	藏	2000. 07—2005. 06	
		才嘎旺堆	男	藏	2006. 07—2010. 12	
		平措	男	藏	2006. 07—2010. 12	
		白玛欧珠	男	藏	2006. 07—2010. 12	
		邢权	男	汉	2006. 07—2010. 12	
		张猛	男	汉	2006. 07—2010. 12	
		阿美	男	藏	2006. 07—2010. 12	
		洛桑益西	男	藏	2006. 07—2010. 12	

2000—2010 年嘉黎县监察局班子成员名录见表 3－2－2。

2000—2010 年嘉黎县监察局班子成员名录

表 3 -2 -2

机构名称	职务	姓名	性别	民族	任职时间
嘉黎县监察局	局长	赵兴邦	男	汉	2003.04—2004.06
		闫晓芬	女	汉	2004.06—2005.05
		达瓦	男	藏	2006.07—2010.12
	副局长	赵兴邦	男	汉	2000.07—2003.04
		尼玛旺金	男	藏	2003.09—2004.05
		鲜志勇	男	汉	2004.07—2010.12

注：1996 年 12 月至 2003 年 3 月无正职，1996 年 12 月至 2000 年 6 月无副职。

二、党风廉政建设

截至 2010 年 12 月，嘉黎县纪委监察局紧紧围绕党中央和中央纪委历次会议精神，以及区、地纪委关于党风廉政宣传工作要求，以科学发展观为指导，创新工作思路，改进工作方法，围绕党风廉政建设教育的针对性和有效性，充分发挥宣传教育在反腐倡廉中的作用，重点围绕开展廉政警示教育，制作廉政宣传画，组织观看警示教育片，学习上级讲话精神和通报文件，组织领导干部给干部职工上廉政党课，召开警示教育大会，举办专项讲座和撰写个人心得体会等，在全县开展了切实有效的党风廉政宣传教育工作，并将廉政宣传教育工作纳入年度党风廉政建设检查考评的重要内容，嘉黎县纪委监察局不断加强廉政文化建设，以先进的廉政理论为指导，以先进的思想为核心，以多种形式的廉政教育活动引导全县广大党员干部职工坚守清正廉洁的正道，自觉筑牢崇廉拒腐的思想防线。

三、查办案件

1980 年受理问题线索 1 件，立案 1 件，给予留党察看 1 人。

1984 年受理问题线索 1 件，立案 1 件，给予留党察看 1 人。

1988 年受理问题线索 2 件，立案 2 件，给予党内警告 2 人。

1989 年受理问题线索 3 件，立案 3 件，开除党籍 2 人，撤销党内职务 2 人，党内严重警告 1 人。

1991 年受理问题线索 1 件，立案 1 件，留党察看 1 人。

1993 年受理问题线索 1 件，立案 1 件，留党察看 1 人。

1995 年受理问题线索 5 件，撤销党内职务，留党察看 1 人，党内严重警告 1 人，党内警告 1 人，取消预备党员资格 2 人。

1996 年受理问题线索 2 件，立案 2 件，行政记大过 1 人，免于行政处分。

1997 年受理问题线索 6 件，立案 5 件，结案 1 件，党内严重警告 1 人，行政警告 2 人，记过 5 人，记大过 1 人，组织处理 1 人。

1998 年受理问题线索 1 件，立案 1 件，党内严重警告 1 人，行政降级 1 人。

2000 年受理问题线索 1 件，立案 1 件，行政记大过 1 人。

2004 年受理问题线索 5 件，立案 4 件，党内警告 2 人，严重警告 2 人，行政记大过 1 人，延长预备期 1 人。

2005 年受理问题线索 3 件，立案 2 件，结案 1 件，双开 1 人，行政开除 1 人，行政记大过 1 人，行政记过 1 人。

2006 年受理问题线索 1 件，立案 1 件，行政警告 2 人。

2008 年受理问题线索 2 件，立案 2 件，双开 1 人，撤职 1 人。

2010 年受理问题线索 1 件，立案 1 件，行政警告 1 人。

四、执法纠风工作

1996—2010 年，县纪委监察局紧紧围绕中央、区、地纪委纠风工作要求，认真部署安排纠风工作，加强监督检查，把纠风任务细化分解落实至领导班子成员、部门领导和一般干部头上，做到人人有责任、人人有责担，形成一级抓一级、层层抓落实的良好局面。不断转变机关作风，提高办事效率，针对不正之风多发易发的重点单位和部门，通过设立举报箱、公布投诉电话、聘请行风政风监督员等方式对外拓宽监督渠道，重点对强农惠农政策落实情况开展纠风治理工作，对各种乱收费、乱罚款等不正之风开展专项整治。加强日常监督考核，每年年底对各单位实行考评，对工作作风不实、纪律松散的单位和个人进行通报批评，逐步形成比学赶超的浓厚氛围。

第二节 组织工作

一、机构

1960—2010 年中共嘉黎县委员会组织部门班子成员名录见表 3 - 2 - 3。

1960—2010 年中共嘉黎县委员会组织部门班子成员名录

表 3 - 2 - 3

机构名称	职务	姓名	性别	民族	任职时间
组宣部	部长	弓成木	男	汉	1960. 05—1962. 07
		王凤鸣	男	汉	1962. 10—1967. 02
		刘家龙	男	汉	1976. 07—1978. 06
		陈高	男	汉	1979. 06—1980. 09
		白桑	男	藏	1981. 08—1984. 04
		阿朗	男	藏	1984. 08—1987. 07
		桑美	男	藏	1987. 07—1987. 10
	副部长	旺堆	男	藏	1981. 05—1984. 08
组织部	部长	白桑	男	藏	1989. 03—1992. 03
		程永山	男	汉	1992. 03—2000. 09
		陈大德	男	汉	2000. 09—2004. 08
		陈先虎	男	汉	2004. 08—2009. 11
		邵光魁	男	汉	2009. 11—2010. 12

二、组织建设

1962年7月1日，为巩固牧区的社会主义阵地，保证党的方针政策得到贯彻执行和保障各项任务的完成，中共嘉黎县委员会在嘉黎区通马乡举办积极分子集训班，其间第一次发展3名预备党员和5名共青团员。1962年7月1日，在嘉黎区通马乡建立了第一个党团混合支部，由噶荣任支部书记。

2006年开展乡镇党委换届选举工作，共选举产生党委委员56名，乡镇党委书记10名，副书记19名。选举产生出席县第六次党代会的代表121名。

截至2007年8月，全县现有10个乡镇党委、1个县直机关党委、153个基层党支部，其中10个乡镇机关党支部、123个村（居）党支部、20个县直部门党支部。已实现村村建立党支部的目标。

截至2007年底，嘉黎10个乡镇仍有40名聘用干部，约占乡镇干部总数的40%，有14名聘用干部担任乡镇领导干部。在夏玛乡、绒多乡等的10个村修建了村党员活动室，其他113个村还没有村党员活动室。

2008年，开展村（居）党组织和第六届村（居）委会换届选举工作。全区首次招录大学生村官，招募“三支一扶”① 人员。

2008年开展三个主题教育，即中国特色社会主义主题教育活动，“反对分裂、维护稳定、促进发展”主题教育活动，“反对分裂、维护稳定、促进发展”主题教育活动，以及“讲党性、重品行、作表率，树组工干部新形象”学习实践活动。

2009年，嘉黎县首次开展县直单位公开招考工作。在庆祝中国共产党成立88周年之际，对措多乡9村党支部等12个先进基层党组织、黄荣定等11名优秀党务工作者、坚多等32名优秀共产党员进行表彰。创建党建示范点10个。多方筹集资金20万，建立了党内帮扶资金机制。

2010年，嘉黎县在党的基层组织和党员中深入开展创先争优活动。顺利通过自治区级“普六”“普九”“扫盲”验收工作。全县参加中考学生93人，小学参加内地西藏班考试学生104人。7月举办“欢腾的七月”文艺汇

① “三支一扶”：支农、支教、支医和扶贫工作。

演，隆重纪念建党 89 周年。

三、党员发展

截至 2004 年 12 月底，全县乡村党员数为 903 名，其中妇女党员 143 名，乡村党员占全县党员总数的 80%。

截至 2005 年 5 月，嘉黎县的党员数为 1135 名。

截至 2006 年 12 月底，全县党员 1321 名，其中农牧民党员 880 名，乡镇机关党员 208 名，农牧民妇女党员 97 名，农牧民党员占全县党员总数的 67%。

截至 2007 年 12 月底，全县党员总数为 1397 名，其中妇女党员 163 名，农牧民党员 928 名。

截至 2008 年底，全县共有党员 1529 名，当年共培养 146 名入党积极分子，发展党员 132 名。

2009 年共培养 146 名入党积极分子，发展党员 151 名。

2010 年共发展基层党员 186 名，培养入党积极分子 169 名。

四、干部管理

1959 年 7 月，嘉黎县成立，嘉黎县机关和区委、区公所共有编制 52 人。至 70 年代末，人员编制一直没有增加。1988 年，机关实行定编定员，全县行政编制为 254 人，事业单位 80 人。到 2010 年 12 月，行政机关编制一直没有增加，事业单位人员随着大专院校的人员分配增加到 150 人。

2002 年，县直机关行政编制为 123 名，机关后勤服务编制 12 名，政法编制为 30 名。其中公安编制为 16 名，法院编制为 8 名，检察院编制为 6 名。领导职数 68 名，其中正科级 26 名，副科级 42 名。县委分管工青妇工作的领导兼任工青妇办公室主任，另配备 3 名专职副主任（正科级），分别主管工青妇工作。县人民法院正、副院长按 1 正 2 副配备，县检察院正、副检察长按 1 正 2 副配备。乡镇行政编制共 126 名，乡镇领导班子职数 54 名（人大主席由乡镇党委书记兼任）。

2007 年，县直机关行政编制为 128 名，其中党委工作部门 32 名，人大工作部门8名，政府工作部门83名，工青妇工作部门5名。乡镇行政编制为167名，其中乡镇党委工作部门24名，人大工作部门21名，政府工作部门112名，人民团体10名。

截至2007年12月底，全县机关、事业单位干部总数为682人。机关干部313人，其中乡镇机关干部118人（含聘用干部27人），县直机关干部195人（含援藏干部5人）；事业单位干部369人（含援藏干部1人）。

截至2008年5月，全县县乡两级行政机构总数为42个，县直行政机构为32个（正科级行政机构为25个、副科级行政机构为7个），乡镇行政机构为10个；县乡两级事业单位机构总数为64个，县直事业单位机构为14个（其中林管站、编译室2个机构为参照单位），乡镇事业单位机构为50个（其中每个乡镇设学校、文化站、卫生所、兽防站、机关后勤服务中心5个事业机构）。全县县乡两级行政编制总数为349个，县直行政编制178个，乡镇行政编制171个（其中公安派出所专项编制6名）；县乡两级事业单位编制总数为473个，县直事业编制为180个，乡镇事业编制为293个。全县县乡两级机构编制除个别单位超编外，总体上缺编。

2008年公务员登记后，公安局分配8人，事业单位转入机关1人，调入3人，调出7人，退休6人，辞职1人。

2008年嘉黎核定编制371名，实有人员292人，其中公务员管理的行政编制364名，已登记人员260人，暂缓登记23人；群团参照核定编制5人，实有9人。

2008年全区首次招录大学生村官，招募“三支一扶”人员。当年，嘉黎县有2名村官和3名“三支一扶”人员。

2009年增加编制43名，其中阿扎镇、林堤乡、措多乡、绒多乡、夏玛乡各增加5名，检察院增加5名，法院增加2名，组织部增加1名，人大办增加1名，公安局增加7名，嘉黎镇增加2名。

2009年嘉黎县核定编制409名，其中群团参照核定编制3名，实有人员6名；公务员管理的行政编制406名，实有人员298名，已登记公务员284名，暂缓登记44名。

2010年全县招录村官6名，截至该年底，全县共有村官14名。

五、党员干部教育培训

2005 年开展保持共产党员先进性教育活动和基层组织建设年活动。2 月 25 日，嘉黎保持共产党员先进性教育活动正式启动，县委高度重视，召开三次会议专题研究活动有关事宜。县委针对嘉黎党员和基层党组织的实际，把保持共产党员先进性教育分三个批次进行，第一批为县直党政机关，参加学习的党员 178 名；第二批为乡镇机关，参加学习的党员 147 名；第三批为农牧区基层党组织，参加学习的党员 811 名。全县参学党组织 160 个，参加学习的党员 1136 名。

2009 年举办村党支部书记培训班 4 期，共培训村党支部书记 122 人。

第三节　宣传思想

一、机构

1963 年 6 月，组织部、宣传部合并为组宣部。1966—1976 年期间，县委宣传部的工作由办事组取代。1976 年 7 月，县委宣传部得到恢复。1976 年 10 月至 1981 年 5 月，宣传部独立办公。

1961—2010 年中共嘉黎县委员会宣传部门班子成员名录见表 3 - 2 - 4。

1961—2010 年中共嘉黎县委员会宣传部门班子成员名录

表 3 - 2 - 4

机构名称	职务	姓名	性别	民族	任职时间
宣传部	部长	张志峰	男	汉	1961. 12—1962. 10
		王凤鸣	男	汉	1963. 06—1967. 02
	副部长	李曲江	男	藏	1978. 06—1979. 10
		潘久田	男	汉	1976. 07—1976. 10
					1979. 10—1982. 07

续表

机构名称	职务	姓名	性别	民族	任职时间
宣传部	副部长	普穷	男	藏	1984. 08—1987. 07
		根登江措	男	藏	1987. 08—1995. 07
		贡觉斯塔	男	藏	1999. 07—2003. 07
		米玛次仁	男	藏	2003. 07—2006. 08
		赵兴邦	男	汉	2006. 08—2010. 12
		格桑卓玛	女	藏	1995. 08—1999. 07
		陈毅	男	汉	2003. 07—2007. 08
		罗杰	男	藏	2007. 08—2010. 12

二、宣传工作

嘉黎县人民政府成立以来，嘉黎县委宣传工作始终围绕党的中心工作，在20世纪60年代初期，主要宣传《牧区三十条》《农区二十六条》，贯彻党在西藏的特殊政策，以及社会主义改造时期的各项方针、政策。

1966年10月以后，全县的宣传工作主要以宣传毛泽东思想为主。

1978年12月党的十一届三中全会召开以后，党的工作重心转移到经济建设上来。

1994年中央召开第三次西藏工作座谈会以后，嘉黎县宣传思想工作始终坚持以邓小平理论和“三个代表”重要思想为指导，坚持党的基本理论、基本路线、方针、政策，围绕中心、服务大局，坚持方向、改革创新，统筹谋划、真抓实干。以抓好县、乡两级理论学习为基础，切实加强全县理论学习工作长效机制，建立严格的理论教育检查考核监督机制，使全县党员干部理论教育工作走上规范化、制度化轨道。加强新闻宣传报道工作，做好对重大活动和事件的报道，力求新闻的时效性，建立完善通讯员奖励机制。加大嘉黎县在上级媒介的报道力度，有力地宣传了嘉黎，鼓舞了干劲，扩大了影响，增强了嘉黎县在外界的知名度。充分展示了嘉黎的新发展、新变化、新生活。

三、精神文明建设

1976 年起，嘉黎县在中小学生中广泛开展爱祖国、爱人民、爱劳动、爱科学、爱社会主义的“五爱”教育活动。

2007 年，深入开展社会主义荣辱观进单位、进学校、进社区、进农村、进寺庙、进家庭“六进”工作，为使精神文明创建工作有计划、有步骤地开展，结合嘉黎实际出台了《嘉黎县文明单位创建实施意见》《嘉黎县文明乡村创建实施意见》，完善了《嘉黎县文明单位、文明乡村、文明户评选标准和办法》，对全县的精神文明创建活动进行规范。组织实施“电视进万家工程”“电视整乡推进工程”等，为边远山区的困难群众赠送电视机 540 台。

嘉黎县宣传思想工作主题突出，总体呈现出理论武装有新成效，围绕中心有新举措，内外宣传有新声势，文明创建有新起色。嘉黎县委宣传思想工作得到那曲地委宣传部的充分肯定，先后被地委宣传部评为那曲地区“先进县委宣传部”“创新先进县委宣传部”。

四、宣传思路

2007 年后嘉黎县宣传思想工作的总体思路为：把握“一条主线”，突出“两个重点”，实现“三个突破”，营造“四种氛围”，奋力开创宣传思想工作跨越式发展的新局面。准确把握做好新形势下宣传思想工作的总体要求，以“高举旗帜、围绕大局、服务人民、改革创新”16 字方针为指导，切实把思想统一到党的十七大的重大部署上来，做好党的十七大精神的贯彻落实，在贯穿、结合、转化上下功夫。把党的十七大精神贯彻到经济社会发展的全过程，体现在改革发展稳定的各个方面，落实到各乡镇、各部门的各项工作中；紧密联系改革开放和现代化建设的实际，紧密联系党的建设实际，切实找准党的十七大精神与实际工作的结合点，把学习宣传贯彻落实党的十七大精神的成效转化为运用科学理论分析和解决问题的实际能力，转化为推动科学发展观、推动“五个嘉黎”建设的具体措施和实际行动。更加自觉、主动地推动社会主义文化大发展大繁荣，进一步增强做好新形势下宣传思想工作的责任感和使命感。

第四节　统一战线

一、机构

1984 年 8 月，嘉黎县正式成立中共嘉黎县委员会统战部，主管统战、民族、宗教工作。在上级主管部门及县委、县政府的大力支持和全体干部职工的共同努力下，为维护祖国统一、增强民族团结和嘉黎县各项事业的发展作出了应有的贡献。

嘉黎县统战工作始终按照“划清两个界限、尽到一个责任”的原则和工作要求，始终把握“大团结、大联合”的主题，坚持“长期共存、互相监督、肝胆相照、荣辱与共”的方针，开展各项工作，为全县经济的跨越式发展和社会全面进步提供良好的政治环境。

1984—2010 年嘉黎县委统战部部长名录见表 3-2-5。

1984—2010 年嘉黎县统战部部长名录

表 3-2-5

机构名称	职务	姓名	性别	民族	任职时间
统战部	部长	梅次仁	男	藏	1984.08—1987.07
		普琼	男	藏	1984.08—1999.07
		阿旺江白	男	藏	1999.07—2004.05
		琼培	男	藏	2004.05—2007.09
		坚多	男	藏	2007.10—2008.10
		江英	男	藏	2008.10—2010.12

1951 年 10 月，从嘉黎宗解放委员会派出军代表和工作人员，在嘉黎主要开展以下两方面的工作：一是调查了解嘉黎群众的民生、民计工作，有针对性地发放无息贷款，支持贫困群众发展生产，并掌握群众的活动情况。二是在上层贵族、寺院中宣传《十七条协议》精神，让上层人士了解党对西

藏的民族、宗教政策，对人民解放军进驻西藏、保卫祖国给予充分的理解和支持，在有条件的情况下改善群众的生产生活。

1956 年 10 月，嘉黎宗成立办事处党委，由塔工基巧办事处党委领导。遵照上级指示，宗党委始终把民族、宗教和统战工作作为重要内容，广泛宣传《十七条协议》精神，宣传党的民族和宗教政策，努力争取地方上层进步人士，开展以维护祖国统一、增强民族团结、各民族平等互助为主要内容的统战工作。根据《十七条协议》精神，团结民族、宗教界上层人士，培养积极分子，争取中间分子，启发群众，彻底驱除帝国主义势力，孤立民族反动派。通过上层爱国进步人士和广大群众的支持，完成了物资运输、筑路支前、为群众发放无息贷款、防病治病等各项任务。

这一时期，嘉黎县没有建立专门的统一战线组织，但中共嘉黎县委员会始终把统战、民族、宗教工作列入重要议事日程，认真贯彻执行中央和西藏工委制定的一系列统战、民族、宗教政策。广大干部自觉地尊重藏族人民的宗教信仰和风俗习惯，团结教育民族、宗教界爱国人士。

粉碎“四人帮”以后，特别是 1978 年 12 月党的十一届三中全会以后，嘉黎县为落实党的统战、民族、宗教政策做了大量工作。

1984 年 8 月，县委设立统战部，主管统战、民族、宗教工作。

第五节　政法协调

一、机构

根据中央和西藏自治区对政法队伍监管和建设的要求，西藏自治区在有条件的地方设置了政法委，一般由县委副书记兼任，在机构设立初期一般机构设置在县委办，后来成立县委政法委办公室。

1982 年 6 月 14 日，嘉黎县设置政法委员会，由一名县委副书记和一名副县长兼任领导。

1989 年 8 月，嘉黎县成立“稳定局势、综合治理”领导小组，属政法委领导，由县委 1 名副书记、县政府 1 名副县长分别担任正、副主任，各乡镇成立相应组织。

1993 年 8 月，成立嘉黎县社会治安综合治理委员会（简称“综治委”）。

1997 年初，正式成立中共嘉黎县政法委员会，并逐步配备工作人员，政法委办公室成为正科级建置。

1993—2010 年嘉黎县政法部门书记、副书记名录见表 3 – 2 – 6。

1993—2010 年嘉黎县政法部门书记、副书记名录

表 3 – 2 – 6

机构名称	职务	姓名	性别	民族	任职时间
嘉黎县社会治安综合治理委员会	书记	才旺欧珠	男	藏	1993. 08—1997
中共嘉黎县政法委员会	书记	才旺欧珠	男	藏	1997. 01—2004. 03
		汤智勇	男	汉	2004. 04—2006. 06
		何林	男	汉	2006. 07—2008. 10
		张军虎	男	汉	2008. 07—2010. 12
	副书记	达瓦次仁	男	藏	2000. 07—2004. 06
		童晓东	男	汉	2004. 07—2010. 12

二、政法工作

1982 年，根据党的路线、方针、政策和县委的部署，县政法委员会组织、协调、指导政法机关，围绕全县社会局势稳定大局，定期分析形势，提出具体措施，把稳定局势任务层层落实到机关各部门、各乡镇和个人；充分发挥公检法部门的职能作用，依法严厉打击少数分裂主义分子和其他犯罪分子的破坏活动。1987—1991 年，政法委员会组织政法部门查处反动标语、反动传单等案件，制定应对突发事件预案，建立值班巡逻制度。宣传引导干部群众旗帜鲜明地反对动乱、暴乱和骚乱，反对分裂，维护祖国统一。1993—2010 年期间，针对嘉黎县存在的突出治安问题，并完善相关制度，加强管理。对僧尼进行爱国主义教育，解决寺庙在落实政策过程中出现的问题等。

县政法委从本县实际情况出发，制定政法各部门严肃执法的具体措施，大力支持、严格监督政法各部门依法行使职权；督促办理大案要案，推动大案要案的查处工作；研究、协调有争议的重大疑难案件；指导和协调政法各部门在依法相互制约的同时，密切配合，互相支持。协助党组织做好政法部门领导干部的考察与管理工作，加强政法队伍建设和领导班子建设。配合普法办、社会治安综合治理委员会做好法制宣传教育工作。

三、普法教育

1986 年 8 月至 1990 年 12 月，按照中央的要求，开展“一五”普法教育工作。为做好这项工作，县里和各乡镇分别成立了普法领导小组，普法办公室设在县委宣传部，有计划、较系统地对全县干部职工和农牧民群众进行普法宣传教育。组织干部群众学习《宪法》《刑法》《刑事诉讼法》《民法通则》《民事诉讼法》《婚姻法》《兵役法》《继承法》《经济合同法》《民族区域自治法》《森林法》《草原法》《义务教育法》《治安管理处罚条例》等，进行自查验收和全县考核验收。通过普法，受教育群众达 2 万多人次，受教育面达到 95% 以上。

从 1991 年开始，按照中共中央、国务院颁布的《关于在公民中开展法制宣传教育的第二个五年规划》和七届全国人大常委会第十八次会议通过的《关于深入开展法制宣传教育的决定》等文件精神，进行“二五”普法宣传教育工作。同年 9 月，作出具体安排，在调整充实普法领导机构、广泛宣传动员、搞好试点、培训骨干的基础上全面铺开。根据机关与农牧区普法对象文化水平的不同情况，有步骤、分层次、有针对性地组织农牧民学习《民族区域自治法》《义务教育法》《土地管理法》《婚姻法》《治安管理处罚条例》《妇女权益保障法》《经济合同法》《军事设施保护法》《劳动法》《刑事诉讼法》《森林法》《草原法》《矿产资源法》《税法》等 30 多个法律法规。

1996—2000 年，开展“三五”普法教育，普法以《宪法》为核心，紧密结合嘉黎县的实际，有重点、有针对性地选学相关法律法规。农牧区主要学习《农业法》《水利法》《土地管理法》《草原法》《水土保持法》《妇女权益保障法》《未成年人保护法》《婚姻法》《治安管理处罚条例》，以及国务院有关减轻农民负担的规定等法律法规。县直党政群机关重点学习《行政处罚法》《治安管理处罚条例》《劳动法》《国家赔偿法》《民族区域自治法》和邓小平关于社会主义民主法制建设的论述。企事业单位重点学习《企业管理法》《合同法》《税法》《产品质量法》《公司法》《劳动法》等。经商人员重点学习《税法》《消费者权益保护法》《产品质量法》等。县普法办公室还先后邀请那曲地委党校教师讲授法制课，每年对普法工作进行总结，肯定成绩，查找不足。

2001—2005 年，开展“四五”普法教育。

2006 年开展“五五”普法教育。

四、社会治安综合治理

1991 年后，县普法办公室、县法院在抓好普法教育的同时，狠抓反分裂，反对动乱、暴乱、骚乱斗争，防止国内外敌对势力西化、分化渗透活动。积极开展寺庙爱国主义教育工作，加强对寺庙和僧尼的管理，教育僧尼和信教群众在法律许可的范围内从事正常的宗教活动，把宗教活动纳入政府管理轨道。开展“严打”斗争，打击各种刑事犯罪活动。坚持“群防群治、打防结合、齐抓共管”的方针和“谁主管谁负责”的原则，既依靠政法部门统一管理，又充分发挥各部门、各单位以及个人的积极性和主动性。加强政法队伍建设，充分发挥政法部门在社会治安综合治理中的主力军作用。认真做好落实政策工作，解决落实政策遗留问题。为保证综合治理措施的落实，自 1998 年起实行社会治安治理目标管理责任制，制定《目标管理责任书》及其考评办法，把抓社会治安综合治理工作的好坏作为领导干部政绩考核的主要内容之一，并实行“一票否决制”，每年进行考评。

五、反分裂斗争

1959 年以来，达赖集团一直企图把西藏从祖国大家庭中分裂出去。在西方敌对势力和达赖集团的策划下，1987 年 9 月 27 日，拉萨发生骚乱事件。

1987 年 9 月至 1990 年，县委及时传达自治区党委、政府以及那曲地委的有关指示，揭露拉萨几次骚乱事件的真相，教育干部群众充分认识拉萨骚乱事件的性质是分裂祖国、破坏民族团结的行为，充分认识骚乱事件的根源和危害，认识到反分裂斗争的长期性、复杂性和尖锐性，增强反分裂斗争的自觉性和坚定性。1989 年 8 月，县委成立“稳定局势、综合治理”领导小组，各乡镇也成立相应组织，加强对反分裂斗争的领导。要求每个共产党员、干部、职工和农牧民群众要站稳立场，旗帜鲜明地反对分裂，维护祖国统一，对骚乱闹事做到“不参与、不支持、不信谣、不传谣”，发现可疑情况及时报告。加强对寺庙的管理和对僧尼的爱国主义教育，建立和完善寺庙各项规章制度，把寺庙纳入各级政府管理。各乡镇、各部门建立值班巡逻制度，加强安全保卫工作。充分发挥公检法等部门的职能作用，制定应对突发事件的处置方案。

1990 年 6 月，中共嘉黎县委员会成立“严打”斗争领导小组，在重点打击行凶杀人、抢劫、盗窃、暴乱、骚乱等 8 个方面的犯罪活动的同时，做好反分裂斗争工作。1993 年 8 月，成立社会治安综合治理委员会，进一步加强社会治安综合治理及反分裂斗争工作。

1995—2010 年，全县干部群众进一步树立“稳定压倒一切”的指导思想，坚持“打防并举、预防为主、标本兼治、重点治本”的工作方针，深入开展反分裂斗争，大力开展社会治安综合治理工作。推行社会治安综合治理责任制，坚持“谁主管、谁负责”的原则，使“群防群治、联防联治、自防自治”为主体的一系列综合治理措施落实到基层。在全县范围广泛开展反对分裂、维护祖国统一和民族团结的思想教育活动，进行马克思主义价值观、民族观、宗教观和文化观教育以及无神论、唯物论教育。狠抓社会治安综合治理、内部安全保卫、外来人员管理、易燃易爆物品管理工作，定期不定期地清理整顿社会上存在的事故隐患，加强法制宣传教育工作。

第三章　群众团体

1959 年 3 月，嘉黎县成立妇女联谊会，后改为妇女联合会。1992 年 8 月，嘉黎县总工会成立。1959 年 3 月，嘉黎县成立青年联谊会，后改为青年联合会。嘉黎县妇女联谊会是党领导下的统一战线性质的妇女群众组织。其宗旨是：团结爱国进步上层妇女，宣传党的民族平等、宗教信仰自由政策，鼓励支持爱国进步的上层妇女参加对民族和人民有益的各项工作。

青年联谊会是具有统一战线性质的爱国青年的群众组织。该组织在中国共产党的领导下，为普及民族的科学文化知识，加强民族团结，提高爱国主义思想，引导青年树立良好的学习风气，动员青年积极参加伟大祖国的各项建设事业，做了许多有益的工作。

第一节　工会

一、机构

1956 年，嘉黎县工青妇办公室成立。

1992 年 8 月，嘉黎县总工会成立。根据《中国工会章程》，嘉黎县积极发展总工会会员，建立工会基层委员会。

1987—2010 年嘉黎县工会部门负责人名录见表 3－3－1。

1987—2010 年嘉黎县工会部门负责人名录

表 3－3－1

机构名称	职务	姓名	性别	民族	任职时间
嘉黎县总工会	主席	格桑加措	男	藏	1992.09—1997.06
	副主席	措嘎	女	藏	1987.10—1993.05
		廖英	女	汉	1992.03—1993.05
		索朗玉珍	女	藏	1993.05—1995.05
		格桑卓玛	女	藏	1997.06—2010.07
工青妇办公室	主任	仁增卓玛	女	藏	1996.06—1999.10
		格桑卓玛	女	藏	1999.10—2005.06
		智秋	女	藏	2005.06—2009.06
		平措	男	藏	2009.06—2010.10
	副主任	措嘎	女	藏	1987.10—1993.05
		索朗玉珍（兼）	女	藏	1993.05—1995.05
		格桑卓玛（兼）	女	藏	1994.01—1999.10

二、工会工作

嘉黎县总工会成立后，在县委和地区总工会的双重领导下，按照《工会法》和《中国工会章程》规定的任务、职能、权利和义务，围绕工会工作重点，在工作中坚持群众路线，依靠广大会员办工会，根据会员意见和要求开展活动，积极为职工服务，把工会建设成“职工之家”，起到党和政府与职工沟通、协调的桥梁作用。

团结发动广大职工积极投身参与改革开放和两个文明建设。开展职工教育，以邓小平理论和党的基本路线为指导，在全体会员中开展“四个主义”（共产主义、社会主义、爱国主义、集体主义）、“四观”（马克思主义价值观、民族观、文化观、宗教观）、“三不忘”（不忘旧社会的苦、不忘党的恩情、不忘为两个文明建设作贡献）教育，激发广大职工热爱中国共产党、热爱社会主义国家、热爱集体、热爱西藏的热情，坚决反对分裂。大力开展“送温暖”活动，每年元旦、春节、藏历年三大节日“送温暖”活动有序开展，在“五一”国际劳动节、西藏自治区的重大节日里，县总工会认真组织和指导开展各种活动，丰富职工的业余文化生活，加强职工队伍的精神文明建设。

组织职工学习，开展文体活动。组织全县干部职工学习马列主义、毛泽东思想、邓小平理论，针对不同的干部职工，举办以学习邓小平理论为主要内容，以党的十五大精神和香港回归、澳门回归、党的十六大精神，以及《工会法》为主要内容的宣传、知识竞赛、文艺演出等形式多样的活动；充分利用每年节假日、纪念日开展丰富的活动，并且结合西藏的历史开展反分裂宣传教育，使全县职工增强维护祖国统一、加强民族团结的自觉性，在大是大非面前立场坚定、旗帜鲜明，反对民族分裂，树立马克思主义宗教观，破除狭隘的民族主义观念，自觉抵制封建思想和文化渗透。通过开展以上活动，使全县干部职工进一步认清了没有共产党就没有新嘉黎，激发了各族干部热爱祖国、热爱嘉黎、建设嘉黎的热情。

2000—2010年，嘉黎县总工会在服务县委、县政府的中心工作中，始终坚持贯彻《工会法》以维护劳动者的权益和利益。在节假日期间，按照规定为干部、职工发放一定的物品进行慰问，并根据上级工会组织的要求，做好干部、职工到外地或者内地休养的安排，到2010年12月，共送12名干部、职工到内地休养。

第二节 团委

一、机构

1959年3月，嘉黎县建立青年联谊会，后改为青年联合会。“文化大革命”初期，青年联合会尚能坚持工作，随着运动的深入，工作中断。

1987年7月在机构改革中，共青团嘉黎县委与嘉黎县妇联组织合并，改称“青妇办公室”，配有主任、副主任数名。

1959—2010年嘉黎县团委部门班子成员名录见表3－3－2。

1959—2010年嘉黎县团委部门班子成员名录

表3－3－2

机构名称	职务	姓名	性别	民族	任职时间
嘉黎青年联谊会（嘉黎青年联合会）	干事	丁宗臣	男	汉	1959.03—1966.05
嘉黎县团委	书记	维色	女	藏	1973.09—1975.09
		东日	女	藏	1982.08—1987.07
		格桑江措	女	藏	1976.07—1980.06
		西绕	男	藏	1980.06—1981.05
青妇办公室	主任	东日	女	藏	1987.07—1987.10
		仁增卓玛	女	藏	1993.06—1997.06
		格桑	男	藏	1997.06—1998.10
		格桑卓玛	女	藏	1998.10—2002.06
		唐世华	男	汉	2002.06—2008.10
		尼玛普赤	女	藏	2008.10—2010.10
	副主任	扎西塔杰	男	藏	1992.04—1994.10
		格桑卓玛	女	藏	1996.02—1998.10

二、共青团工作

1959年3月嘉黎县成立青年联谊会以来，县团委在县委和上级团委的关怀下，在各项工作中发挥了重要作用。认真做好团中央文件贯彻，抓好团组织的基层建设；加强团干部队伍思想建设；加强民族团结，提高做好本职工作能力；加强文化、业务、技术学习；加强团的组织生活。

1982年，嘉黎县组织开展“全民礼貌月”活动，组织广大团员青年学雷锋、树新风、立新功，用实际行动争做建设社会主义精神文明的先锋。

1985年，县团委整顿团的基层组织，加强团的自身建设，提高团组织的战斗力。

1997 年，县团委加强爱国主义教育，深入开展学习邓小平理论，积极参与社会主义精神文明建设，全面实施“青年乡村小康行动”，广泛开展青年志愿者服务活动，认真开展“希望工程、爱心储蓄”等活动。

2007 年 7 月 16 日，根据嘉黎县扫盲工作的要求，工青妇和教育局联合组成的工作组深入到绒多、措多、藏比、林堤、措拉和夏玛 6 个乡了解 2005—2006 年脱盲人员发证情况，以及未脱盲的 15—50 岁以下人员的开学情况。8 月 5 日，为完善基层工会、妇联、青年团组织，县工青妇负责人分别前往措拉、嘉黎、鸽群、夏玛、林堤、藏北、措多、绒多、阿扎等9 个乡镇，对基层工会、妇联、共青团组织进行重新调整并加强人员配备，建立健全基层组织。9 月 12 日下午，在自治区团委、地区团委负责人陪同下，白玛央金女士及丈夫泽定先生来到嘉黎县，县工青妇格桑卓玛和县教育局扎嘎同志与措多乡小学教职员工一起迎接白玛央金女士一行。措多乡“白玛央金第二希望小学”是白玛央金女士出资捐建的，自学校建立以来，她每年都要到校考察学校的发展及学生的学习生活情况。

2008 年 3 月 18 日，工青妇党支部按照县委、县政府及组织部的要求，召开在家党员及干部职工会议，揭批达赖集团的罪行。

2008 年，针对青少年法律意识薄弱，易受外界影响而产生不当行为甚至违法犯罪的特点，嘉黎工青妇负责人与县预防青少年犯罪办公室邀请县法院的普布吉宗，利用双休日为嘉黎中学全体师生进行法制讲座。

2009 年，在县城举行以“迎国庆、创平安、促和谐”为主题的万人签名活动，掀起平安建设的新高潮。

第三节　妇联

一、机构

1959 年 3 月，嘉黎县建立妇女联谊会，后改为妇女联合会。“文化大革命”中妇联工作中断。1987 年 7 月，在机构改革中，县妇联和县团委合并为青妇办公室，并配有主任、副主任数名。

1963—2004 年嘉黎县妇女工作部门主要成员名录见表 3 - 3 - 3。

1963—2004 年嘉黎县妇女工作部门主要成员名录

表 3 - 3 - 3

机构名称	职务	姓名	性别	民族	任职时间
嘉黎县妇女联谊会（嘉黎县妇女联合会）	主任	真宗	女	藏	1973. 09—1978. 11
		昌珍	女	藏	1984. 08—1987. 08
	副主任	马玉珍	女	藏	1963. 09—1963. 11
		嘎尔姆	女	藏	1973. 09—1973. 12
		王洪英	女	藏	1976. 07—1982. 10
		仁增卓玛	女	藏	1981. 05—1982. 09
嘉黎县妇联	主任（主席）	东日	女	藏	1987. 07—1987. 10
		仁增卓玛	女	藏	1993. 06—2004. 11
	副主任（副主席）	措嘎	女	藏	1987. 10—1993. 05
		廖英	女	汉	1992. 03—1993. 05
		索朗玉珍	女	藏	1993. 05—1995. 03
		格桑卓玛	女	藏	1994. 01—1999. 10

二、妇联工作

1959 年 3 月，随着组织的建立，妇联领导发动广大妇女投入到轰轰烈烈的民主改革运动中，广大妇女在保卫平叛改革的胜利果实和农牧业生产建设中发挥了重要作用。

1978 年开始，为提高广大妇女的思想觉悟和社会地位，县妇联积极组织妇女投入社会主义现代化建设，学习贯彻中共十一届三中全会以来的路线、方针、政策，解放思想、实事求是。教育广大妇女坚持四项基本原则，积极走上改革开放、治穷致富的道路。

1987 年，县妇联认真组织学习《中共中央政治局扩大会议公报》，坚定不移地坚持四项基本原则，旗帜鲜明地反对资产阶级自由化。发动妇女积极投身改革，加强对妇女的法制宣传教育，教育她们更新观念、提高素质，肩负起新时期的历史使命。

1993 年，在全体妇女中开展“双学双比巾帼建功”等活动。

1997 年，嘉黎县建立健全妇联组织，深入实施扫盲工作，提高妇女的文化素质，并配合有关单位做好计划生育工作。

2000 年以后，在全国妇联的指导下，嘉黎县妇联开展了“爱心、母亲”活动，在关爱孩子的过程中，体现妇女在经济生活中的重要地位。每年“五四”青年节配合团委召开大型运动会，“六一”儿童节到县小学、中学慰问，在国庆节、元旦、春节、藏历年组织妇女参加文艺演出，义务打扫卫生、清除白色垃圾等，丰富多彩的文娱活动极大地丰富了妇女、青少年的业余文化生活。

1995—2010 年期间，由于各种原因，嘉黎县未召开妇女代表大会。

第四篇
政权政务

第一章　人大

1959 年 3 月，西藏地方上层反动集团发动全面武装叛乱，人民解放军奉命平息叛乱，3 月 28 日，根据国务院命令解散西藏地方政府，开始在西藏全面建立人民政权的活动。1959 年 12 月，嘉黎县人民政府成立。1960 年召开第一次全县人民代表会议，选举产生了嘉黎县人民政府县长。

第一节　机构

一、县人大常委会

1981 年 12 月，嘉黎县人大常委会成立，嘉黎县人大代表是由阿扎镇、嘉黎镇、夏玛乡、林堤乡、措拉乡、措多乡、绒多乡、鸽群乡、藏比乡、忠玉乡 10 个乡镇与县直各单位和企事业单位选民选举产生的，每届任期 3 年，1998 年后改为 5 年一届。嘉黎县人民代表大会每年举行一次大会，会议由县人民代表大会常务委员会主持召集，所有人大代表参加会议，不是代表的县委、县政府领导和各乡镇、县直各单位、企事业单位主要负责人列席会议。县人民代表大会会议根据有关法律规定，必须有三分之二以上的代表出席才能举行。嘉黎县第三届人民代表大会于 1981 年 12 月 25 日召开，并成立县人大常委会。

1981—2010 年嘉黎县人大常委会班子成员名录见表 4－1－1。

1981—2010 年嘉黎县人大常委会班子成员名录

表 4－1－1

机构名称	职务	姓名	性别	民族	任职时间	备注
嘉黎县人大常委会	主任	崩达	男	藏	1981. 12—1984. 09	
		洛桑欧珠	男	藏	1984. 11—1987. 10	兼任
		才加	男	藏	1987. 10—1993. 09	
		嘎日多吉	男	藏	1992. 09—1994. 08	
		阿朗	男	藏	1994. 09—2007. 11	
		琼培	男	藏	2007. 11—2010. 12	
	副主任	索朗巴珠	男	藏	1981. 12—1987. 10	
		丹巴达杰	男	藏	1984. 11—1987. 10	
		格格	男	藏	1988. 09—1993. 09	
		民久	男	藏	1993. 09—1997. 10	
		桑美	男	藏	1997. 10—2002. 11	
		其美多吉	男	藏	1997. 10—2002. 11	
		巴扎	男	藏	1997. 10—2002. 11	
		才旺欧珠	男	藏	2003. 11—2010. 12	
		加多	男	藏	2002. 11—2010. 12	
		坚多	男	藏	2005. 11—2008. 10	
		白桑	男	藏	2005. 11—2010. 12	
		曹毅	男	汉	2007. 11—2010. 12	

二、县人大常委会办公室

1984 年，嘉黎县人大常委会根据那曲地区指示，成立县人大办公室作为人大常委会的办事机构。主要承担人大工作的文件起草，负责人大代表视察工作安排，会议中人大代表提出的议案和意见的整理及反馈工作。并根据人大常委会的安排检查各乡镇的人大工作，对县委交付的工作进行安排落实，每年一次的人大会议由人大办公室落实和安排。2010 年人大常委会办公室编制 5 人，配备 1 名办公室主任、1 名副主任。

三、乡镇人大机构

1996 年，根据《西藏自治区乡（镇）人大工作条例》规定，全县 2 镇 8 乡设立人大主席团，设主席一名、专职副主席一名，乡级人大主席团主席一般由乡镇党委书记兼任。乡人大主席团为乡人民代表大会常设机构和工作机构，每届任期 3 年。1998 年后，每 5 年进行各乡镇人大换届工作。

按照广泛性和代表性的要求，进一步优化代表结构。乡镇人民代表大会主席团主席、副主席必须是人大代表；乡镇党委书记、有关副书记应提名为本级人大代表，其他领导干部在人大代表中的数量适度控制；提高来自基层的工人、农牧民、知识分子代表在本级人大代表中的比例。妇女代表的比例达到 20% 以上。

为切实保证乡镇领导班子的整体素质，选配好乡镇领导班子候选人是乡镇人大换届选举工作的重要任务。各乡镇注意总结历届换届选举工作的好经验，认真抓好换届选举工作的各个环节。特别强调依法尊重选民和代表参选的各项权利，任何组织和个人不得以任何借口、任何形式干扰、压制选民和代表行使法定的各项权利。在每 5 年的换届选举工作之前，县人大常委会在乡镇举办人大换届选举工作培训。

乡镇人代会每年召开一次会议，会期 2 天，一是听取和审议乡镇人民政府和人大工作报告，二是讨论决定本乡镇范围内的大事，三是乡镇人民代表就本乡镇工作提出议案、意见、要求和建议。

乡镇人大每季度组织代表开展一次活动，听取代表和群众意见与要求，并及时与乡镇、村领导沟通，解决和处理一些群众关心的问题。

第二节　会议

一、嘉黎县第一届人民代表大会

1965年7月25日至8月2日，嘉黎县第一届人民代表大会召开，选举产生第一届县长、副县长、法院院长和县人大委员会成员。

二、嘉黎县第二届人民代表大会

1977年7月，嘉黎县召开第二届人民代表大会，选举产生县第二届革委会组成人员，出席会议代表200名。第一次人民代表大会和第二次人民代表大会召开时没有常设机构，工作由县委、县政府办公室承担。

三、嘉黎县第三届人民代表大会

1981年12月，嘉黎县召开第三届人民代表大会，第二届革委会主任忠明作工作报告。出席会议的191名代表，选举产生县第三届人大常务委员会组成人员：主任1人，副主任1人；选举产生县人民政府组成人员：县长1人，副县长2人；选举产生县人民法院院长和县人民检察院检察长。会议通过县政府工作报告，审议县人民法院、检察院的工作报告和财政预算安排情况报告。

这次大会正式取消嘉黎县革命委员会，恢复县人民政府，并成立嘉黎县人大常委会，县人民代表大会各项工作逐步走上正轨。本次大会后，全县开展基层换届普选工作，普选公社管理委员会成员，取消公社革委会。

四、嘉黎县第四届人民代表大会

1984年11月28日至12月1日，嘉黎县召开第四届人民代表大会，出席会议代表87名。会议听取、审议并通过县人民政府工作报告；审议通过其他4个工作报告；选举产生嘉黎县第四届人民代表大会常务委员会组成人员及县人民政府县长、副县长，县人民法院院长和县人民检察院检察长。第四届人大常委会主任由洛桑欧珠（兼）担任，副主任由索朗巴珠、丹巴达杰担任。

五、嘉黎县第五届人民代表大会

1987年10月26日，嘉黎县召开第五届人民代表大会。会议讨论通过政府工作报告；审议通过其他4个工作报告。

六、嘉黎县第六届人民代表大会

1990年11月8日，嘉黎县召开第六届人民代表大会第一次会议，出席大会代表71人，列席代表44人。通过各项会议议程，大会听取和审议县人民政府《嘉黎县国民经济和社会发展"九五"计划（修订）和2010年远景目标纲要报告（审议稿）》，听取和审议嘉黎县1990年财政决算和1991年财政预算的报告，听取和审议嘉黎县1990年国民经济和社会发展计划执行情况与1991年国民经济和社会发展计划草案报告，听取、审议县人大常务委员会、县法院、县检察院工作报告，并对如何进一步振兴嘉黎县经济、深化改革等问题进行讨论。

七、嘉黎县第七届人民代表大会

1993年9月5日，嘉黎县召开第七届人民代表大会第一次会议，与会代表78人，列席代表25人。选举产生县人大常务委员会委员、人大常务委员会主任与副主任、政府县长与副县长、县法院院长、县检察院检察长。大会听取和审议县政府、县人大常务委员会以及县法院、县检察院工作报告；听取和审议通过嘉黎县1992年财政预算执行情况和1993年财政预算的决议；通过关于嘉黎县国民经济计划执行情况和1993年国民经济及社会发展计划的决议。1994年9月，嘉黎县召开第七届人民代表大会第二次会议，选举阿朗为第七届人大常委会主任，丹巴达杰、民久为副主任。

八、嘉黎县第八届人民代表大会

1997 年 10 月，嘉黎县召开第八届人民代表大会第一次会议，参会代表 91 人，列席代表 45 人，大会主席团 17 人。大会听取和审议县人民政府工作报告、县人大常委会、法院、检察院等工作报告，听取和审议财政局 1997 年财政决算执行情况和 1998 年财政预算报告，以及嘉黎县 1997 年国民经济和社会发展计划执行情况与 1998 年国民经济和社会发展计划报告，会议通过各项报告的决议。

九、嘉黎县第九届人民代表大会

2002 年 11 月 20 日，嘉黎县召开第九届人民代表大会第一次会议，正式代表 93 人，列席代表 34 人。大会听取和审议县人民政府工作报告、县人大常委会工作报告、2002 年财政决算执行情况与 2003 年财政预算报告以及县法院、县检察院工作报告，听取和审议 2002 年国民经济和社会发展计划执行情况与 2003 年国民经济和社会发展计划报告。大会采取等额选举与无记名投票方式，选举产生第九届人民代表大会常务委员会委员 9 人，选举主任 1 人、副主任 4 人；选举产生县长、副县长、县法院院长及县检察院检察长；通过大会各项决议。

十、嘉黎县第十届人民代表大会

2007 年 11 月 20 日，嘉黎县召开第十届人民代表大会第一次会议，正式代表 93 人，列席代表 42 人。大会听取和审议县人民政府工作报告、县人大常委会工作报告、2007 年财政决算执行情况与 2008 年财政预算报告以及县法院、县检察院工作报告，听取和审议 2007 年国民经济和社会发展计划执行情况与 2008 年国民经济和社会发展计划报告。大会采取等额选举与无记名投票方式，选举第十届人民代表大会常务委员会委员 10 人，选举主任 1 人、副主任 4 人；选举县长、副县长、县法院院长及县检察院检察长。并通过大会各项决议。

随着社会的发展与进步，人们的法律意识不断增强。为保证人民的合法权益，推进全县依法治县进程，对新时期的人大工作提出更高的要求，县人大常委会领导班子成员加强对法律法规知识的学习，重点学习“一府两院”在依法行政、公正司法方面的有关法律知识。人大常委会主要领导率先垂范，起好带头表率作用，组织好在人大机关工作的人员进行学习，并结合人大开展的执法检查活动进行交流与讨论。

人大常委会领导班子成员进一步加强与人大代表的联系，充分发挥代表的作用，自觉接受人大代表和人民群众的监督，执政为民，全心全意为人民服务。人大及其常委会作出重大决策前，坚持通过多种途径听取人大代表和人民群众的意见，通过信访渠道了解民意，努力使各项决策真正体现人民的意志，符合发展的要求。坚持常委会与代表联系的各项制度，邀请或组织代表参加常委会会议、视察检查等活动，努力拓宽代表知情知政的渠道，积极为代表依法行使职权创造良好的条件。加强人大代表与人民群众的密切联系，使人大代表自觉接受选民或选举单位的监督，及时反映人民群众的呼声和要求，真正代表人民群众的利益和愿望。真正解决和处理好为谁执政、靠谁执政、怎样执政的根本问题。

乡镇人大工作处于最基层，与人民群众联系最为密切，乡镇人大工作开展得好坏，直接影响全县工作的大局。嘉黎县人大常委会加大对乡镇人大工作的联系和指导力度，随时了解乡镇人大的工作情况，采取经常下乡的办法，直接了解当地人民群众反映的问题并听取乡镇人大领导的汇报，加大对乡镇人大工作的指导。加大对人民代表大会制度、社会主义民主法制和依法治国方略的宣传。提高乡镇人大工作人员的业务能力和水平，加强对乡镇人大干部的培训，围绕“三法、一则、一条例”进行重点学习。实行人大常委会副主任下乡制度，指导乡镇人大工作。

第三节　履行职能

嘉黎县人大常委会，第一届至第二届县人民代表大会未设常设机构常务委员会，第一届由县人民委员会（县人民政府）行使本级人民代表大会常设机构职权，第二届为革命委员会行使职权。根据第五届全国人民代表大会第二次会议通过的《中华人民共和国地方各级人民代表大会和地方各级人民政府组织法》（以下简称《组织法》）关于设立县人大常务委员会作为县人民代表大会的常设机构的规定，1981 年 12 月召开的第三届县人民代表大会第一次会议选举产生第三届人民代表大会常务委员会作为本级人民代表大会的常设机关，在人民代表大会闭会期间依法行使地方国家权力机关职权。人大常务委员会下设办公室作为工作机构。1984 年 12 月 14 日成立人大常委会党组。到 1997 年，人大常务委员会经过 5 次换届，从县人大常务委员会成立至 2010 年 12 月，县人大常委会都按照《组织法》的规定行使职权。嘉黎县人大常委会在中共嘉黎县委员会的直接领导和上级人大的指导下，以马列主义、毛泽东思想、邓小平理论、“三个代表”重要思想、科学发展观为指导，认真贯彻中共西藏自治区党委、中共那区地委两级人大工作会议精神，巩固党的执政地位，积极开展人大各项工作。

一、议案办理

每届人民代表大会召开期间，人大代表就政治、经济等工作提出议案，包括意见、要求和建议。由议案审查委员会在会议期间收集，经整理分类以后向大会作报告，会后由常委会再次研究后转县人民政府办理。办理时间不超过半年。县人民政府积极办理代表所提议案工作，加强民主法制建设，加强党和政府同人民群众的联系，做好各项工作。能够及时办理的，及时办理；条件不具备，一时不能办理的，待条件具备时再行办理；需转上级有关部门研究办理的及时转上级有关部门。办理后均向代表作出答复，下次人代会上再向大会作《议案办理情况报告》。代表提出的议案，如水利设施建设、人畜饮水等问题大多得到解决，一时不能解决的也给予答复。

二、任免干部

坚持党的“四化”方针和德才兼备的原则，从1979年12月到2000年11月期间，按照上级党组织的推荐和法院院长、检察院检察长的提名，共任命正科级干部56名。对于免职干部，均按照要求办理免职手续；对于群众意见较大的个别干部坚持不予任命。

2001—2010年共任命正科级干部54名。

三、审议

每届人大会议召开，人大代表听取“一府两院”工作报告，审议财政预算、决算，对于不合理的工作提出意见和批评。从1981年先后对嘉黎县国民经济计划“七五”“八五”“九五”“十五”“十一五”、国民经济与社会发展计划等重要经济发展项目进行审议，对涉及民生、民计的项目认真审核，对群众关心的问题，特别是扶贫领域的问题提出合理化建议供县委、县政府决策。主要审议的内容涉及交通建设、基本建设、农牧林生产、卫生、城市建设、户籍管理等方面。

四、工作监督与法律监督

县人大常委会自成立以来，开展对《宪法》《民族区域自治法》《婚姻法》《森林法》《代表法》《选举法》《义务教育法》《刑法》《刑事诉讼法》《民法通则》《治安处罚法》等法律法规的学习宣传，对各单位的贯彻执行情况进行检查，对贯彻实施中存在的问题提出建议和改进意见。受理群众有关法律方面的来信、来访和申诉。

每届人代会听取和审议政府以及财政局、计经委、法院、检察院工作报告，每半年听取一次农牧、民政、人事、监察、商业等政府部门的工作汇报，听取人大任命干部的述职报告并广泛征求意见，审议其负责人是否称职，开展法律法规执行情况检查等。县人民代表大会按照“职权法定、依法监督、有效监督、高效便民”的要求，努力做到既不失职又不越权，不断研究改进视察、执法检查、审议工作报告等监督方式，在突破难点、增强实效上下功夫，努力解决好政府在管理中的“越位”“缺位”和“错位”问题，使监督工作不断有新亮点、新进展。切实纠正有法不依、执法不严、违法不究的问题，特别是对全县基础设施建设工程项目的管理，杜绝不符合正规招投标、不履行正常手续的问题。不断强化监督职能，促进依法行政和公正司法。抓住改革发展稳定和人民群众普遍关心的重点难点问题，加强监督，支持和促进“一府两院”依法行政、公正司法，提高执法水平。认真总结经验，改进方式方法，创新监督手段，丰富监督内容，不断提高监督实效。

五、指导乡镇人大和联系代表工作

坚持对乡镇人大工作指导及干部培训制度，成立16个县人大代表小组，在各个乡镇建立人大代表小组，协助乡镇人大抓好代表活动，听取并及时反映乡镇人民代表与群众的意见和要求。每届县、乡换届选举前，县人大常委会拟提出县、乡换届选举委员会组成人员和县、乡换届选举工作初步方案，报中共昌都县委员会批准后实施。同时，成立办事机构，具体承担日常工作和全县换届选举工作，检查指导乡镇换届选举工作，严格按照法定程序，开展选民登记、颁发选民证、张榜公布代表候选人、投票选举、向选民公布选举结果等各项工作。县选举委员会在每次换届选举工作展开前，都要举办换届选举工作骨干培训班，认真学习《中华人民共和国宪法》《中华人民共和国选举法》等相关法律法规及实施细则和流动人员参选等办法，增强选民的主人翁意识，提高选民的参选积极性。

第二章　政府

1959 年 12 月，嘉黎县人民政府成立，机关设在原嘉黎区的拉仁郭。1960 年 2 月 20 日，塔工基巧办事处改为林芝行署，嘉黎县同时归林芝行署管辖。1964 年 6 月，撤销林芝专区后，自治区将嘉黎县划归那曲地区行署管辖。1965 年 7 月 25 日至 8 月 2 日，嘉黎县第一届人民代表大会召开，选举产生嘉黎县第一届县长、副县长、法院院长和县人民委员会成员。到 2010 年底，县人民政府共换届 6 次，每次均按照法定程序，由人代会选举县长、副县长。其间由党组织提名调任县长和副县长均经人民代表大会进行选举。

第一节　机构

一、宗政府

7 世纪前期，雅隆悉补野部落首领松赞干布先后兼并各个部落，统一西藏地区，建立吐蕃政权，嘉黎一带亦归吐蕃管辖。

1268 年，元中央政府在西藏进行第二次人口清查，并根据当时西藏各地人口和历史情况，将前后藏分为 13 个万户司，统一归属萨迦地方政权管理，每司设一万户长，嘉黎一带属于直贡巴万户长管辖。

明崇祯十五年（1642 年，藏历第十一饶迥水阳马年），五世达赖喇嘛在蒙古汗王固始汗的支持下打败藏巴第悉政权，在拉萨建立甘丹颇章地方政权。这一时期，五世达赖喇嘛只管理宗教事务，地方事务由蒙古汗王管理，这一形式延续了 75 年。当时嘉黎归拉里寺管辖，其内部的小部落还是由头人自行管理，负责向地方政府交税。

中华民国二年（1913 年，藏历第十一饶迥水鼠年），十三世达赖喇嘛回到拉萨，开始在西藏全面实行“新政”，西藏地方政府在嘉黎设宗。当时的嘉黎宗下有桑巴、通多、阿扎、拉仁郭、同德、许达、乌苏绒、南口珠、古拉 9 个部落。民主改革前夕，全宗共有 650 多户、3250 多人。宗设有宗本，下辖马本、左扎、根保等各级头人若干，实行头人管理制度。

1950 年 9 月，中共昌都工作委员会成立。10 月，昌都战役打响。1951 年 5 月 23 日，中央人民政府与西藏地方政府签订《十七条协议》，西藏和平解放。根据《十七条协议》精神，对西藏的现行政治制度，中央不予变更，因此，嘉黎宗仍保持政教合一的封建农奴制度。

1956 年，西藏自治区筹备委员会建立，在塔工基巧设立办事处，同时，也设立嘉黎宗办事处。这是在噶厦各级政府仍然存在的情况下，带有政权性质的协商办事机构。嘉黎宗办事处成立后，主要开展统战、民族、宗教工作。宣传《十七条协议》精神，同时进行扶贫和社会救济工作，逐步扩大党在群众中的影响，使广大藏族人民感受到党的温暖，从而为加强民族团结、反对分裂势力，西藏人民走上社会主义道路奠定基础。

1921—1959 年嘉黎宗历届宗本名录见表 4－2－1。

1921—1959 年嘉黎宗历届宗本名录

表 4－2－1

机构名称	职务	姓名	性别	民族	任职时间
嘉黎宗	宗本	土登朗嘎	男	藏	1921—1925
		强巴旦增	男	藏	1925—1929
		土登嘎旦	男	藏	1928—1931

续表

机构名称	职务	姓名	性别	民族	任职时间
嘉黎宗	宗本	旦巴达杰	男	藏	1931—1934
		吉扎拉	男	藏	1934—1937
		然央拉	男	藏	1937—1940
		加增平措	男	藏	1940—1942
		洛桑次程	男	藏	1942—1946
		土登他义	男	藏	1946—1947
		嘎达瓦拉	男	藏	1947—1949
		嘎旦拉	男	藏	1949—1951
		江层巴珠	男	藏	1951—1957
		登增平措	男	藏	1957—1959
		尼多忠果	男	藏	1959—1959

二、嘉黎县人民政府

1956 年 10 月 12 日，中共西藏工委决定成立嘉黎宗办事处，驻地拉仁郭，下设办公室、公安局、民政科、农牧科、财政科、行政科和宗教事务委员会，隶属中共塔工基巧办事处。

1957 年 8 月，根据中央“六年不改、适当收缩”的方针，中共嘉黎宗办事处党委被撤销。

1959 年 7 月，由于西藏上层反动集团发动武装叛乱，遵照中共西藏工委指示，嘉黎宗改为嘉黎县，属塔工行署管理。不久，塔工行署改为林芝行署，嘉黎县遂划归林芝行署管辖。

1959 年 8 月，林芝（塔工）军管会在嘉黎宗设立军事代表组，负责平叛工作。代承均、吴德润、刘兴沛、拉布丹为军事代表组领导人。

1959 年 12 月，嘉黎县人民政府成立，机关设在原嘉黎区的拉仁郭。

1960 年 6 月，嘉黎县人民政府将原来的 9 个部落划为桑巴、嘉黎、同德、阿扎 4 个区，下设 12 个乡。

1964 年 6 月，林芝专区撤销后，西藏自治区筹备委员会将那曲县的麦地卡、墨竹工卡县的色日荣和巴嘎区，雪巴县（并入林芝县）的尼屋区划归嘉黎县，并将嘉黎县划归那曲专署管辖。

在平叛改革和西藏自治区成立时期，县人民政府工作机构并不健全，初期只设办公室，行使着综合性的职能。随着形势的发展，县人民政府逐渐增设民教科、公安局、法院、农牧科、财粮科、气象站、贸易公司、县牧场等机构和单位，后全县行政区划几经变动，到“文化大革命”前夕，共辖 8 个区、31 个乡。

1965 年 7 月 25 日至 8 月 2 日，嘉黎县第一届人民代表大会召开，选举产生嘉黎县第一届县长、副县长、县法院院长和县人民委员会成员。

1968 年 8 月 18 日，嘉黎县革命委员会成立，由军队代表、干部代表、群众代表“三结合”组成。县革委会是最高权力机构，其主要成员由人民武装部领导担任，工作机构是办事组、政工组、生产指挥组、人保组和 1971 年设立的社改办公室，即党政不分的“四组一室”，下属权力机构则被相应建立的革委会所取代。

1976 年 7 月，“四大组”撤销，陆续增设一些科室。也有些科室在此之前已设立，但属于“四大组”的下属机构。

按照 1975 年和 1978 年的国家宪法精神，地方各级革命委员会是地方各级人民代表大会的常设机关或执行机关，同时又是地方各级人民政府。在 1977 年 7 月召开的嘉黎县第二届人民代表大会上，选举产生嘉黎县第二届革委会组成人员，出席会议代表 200 名。直到 1979 年 7 月第五届全国人民代表大会第二次会议通过的《中华人民共和国地方各级人民代表大会和地方各级人民政府组织法》，革命委员会的名称方被取消，嘉黎县革命委员会这一政权形式一直持续到 1981 年 12 月。

1981 年 12 月，嘉黎县第三届人民代表大会召开，县人民政府工作正式恢复。

1984 年 8 月，经自治区党委政府同意，嘉黎县进行机构改革，将原设科改为局，将原来 16 个县直工作机构增加到 24 个，人事局与县委组织部合署办公。

1987 年，嘉黎县再次进行县直机构改革，工作机构由原来的 24 个减少到 18 个。同年 7 月，县人大办公室与县委办公室合署办公，县文教局改为教育局，县团委、县妇联合并为青妇办公室。到 2010 年底，县人民政府共换届 6 次，每次均按照法定程序，由人代会选举县长、副县长。其间由党组织提名调任县长和副县长都经人民代表大会进行选举。

1951—2010 年嘉黎县人民政府历届班子成员名录见表 4 -2 -2。

1951—2010 年嘉黎县人民政府历届班子成员名录

表 4 -2 -2

机构名称	职务	姓名	性别	民族	任职时间
昌都地区解放委员会驻嘉黎宗军事代表处（1951—1956）	代表	李俊堂	男	汉	1951. 08—1951. 11
		侯思明	男	汉	1951. 11—1954. 08
		徐之英	男	汉	1954. 08—1956. 06
		孙海	男	汉	1956. 07—1956. 09
	副代表	许佩	男	汉	1951. 08—1956. 07
昌都地区嘉黎宗解放委员会（1951—1959）	主任	李俊堂	男	汉	1951. 11—1957. 08
	副主任	登真尼玛	男	藏	1951. 11—1959. 03
		江村边觉	男	藏	1951. 11—1959. 03
		罗布扎堆	男	藏	1951. 11—1959. 03
		许佩	男	汉	1951. 11—1957. 08
		登比尼玛	男	藏	1951. 11—1959. 03
嘉黎县军事代表组（1959—1961）	军代表	代承均	男	汉	1959. 08—1961. 06
	军副代表	吴德润	男	汉	1959. 08—1961. 06
		刘兴沛	男	汉	1959. 08—1961. 06
		拉布丹	男	藏	1959. 08—1961. 06

续表1

机构名称	职务	姓名	性别	民族	任职时间
嘉黎县人民政府（1959—2010）	县长	拉布丹	男	藏	1959. 12—1964. 05
		安加	男	藏	1964. 05—1967. 02
		维色	女	藏	1981. 12—1984. 04
		才加	男	藏	1984. 04—1987. 04
		江村旺扎	男	藏	1987. 04—1993. 04
		江村	男	藏	1993. 04—1995. 04
		索朗旺堆	男	藏	1995. 04—1997. 10
		普穷	男	藏	1997. 10—2002. 04
		普珍	女	藏	2002. 04—2006. 07
		嘎松美郎	男	藏	2006. 07—2010. 12
	副县长	刘兴沛	男	汉	1959. 08—1961. 12
		弓成木	男	藏	1961. 10—1964. 05
		万瑛	女	汉	1965. 07—1967. 02
		才加	男	藏	1981. 12—1984. 04
		丹巴达杰	男	藏	1981. 12—1984. 11
		巴扎	男	藏	1983. 01—1985. 11
					1987. 04—1987. 10
		何刚	男	汉	1983. 01—1984. 11
		陈佰坤	男	汉	1984. 06—1987. 10
		江春	男	藏	1984. 06—1987. 10
		才洛	男	藏	1984. 04—1993. 11
		普穷	男	藏	1992. 01—1997. 11
		欧俊平	男	汉	1992. 01—1997. 11
		许爱平	男	汉	1995. 06—1998. 06

续表 2

机构名称	职务	姓名	性别	民族	任职时间
嘉黎县人民政府（1959—2010）	副县长	吴存忠	男	汉	1995. 06—1998. 06
		加多	男	藏	1997. 02—2002. 11
		扎西达杰	男	藏	1997. 02—2003. 11
		白玛次仁	男	藏	1997. 02—2000. 10
		林邦正	男	汉	1998. 07—2001. 06
		彭永松	男	汉	1998. 07—2001. 06
		群宗	女	藏	1997. 02—2002. 06
		达瓦	男	藏	1997. 02—2003. 11
		张敬盛	男	汉	2001. 02—2004. 11
		米玛扎西	男	藏	2002. 02—2006. 11
		余月明	男	藏	2001. 07—2004. 06
		索朗扎巴	男	藏	2002. 02—2004. 12
		才旦朗杰	男	藏	2002. 01—2007. 11
		陈波	男	汉	2004. 07—2007. 06
		曹毅	男	汉	2002. 02—2007. 12
		罗布次仁	男	藏	2002. 02—2010. 12
		吴有先	男	汉	2005. 01—2010. 12
		生嘎扎巴	男	藏	2002. 01—2010. 12
		黄山河	男	汉	2007. 07—2010. 12
		王书琴	女	汉	2008. 03—2010. 12
		占堆	男	藏	2007. 11—2010. 12
		普布次仁	男	藏	2007. 11—2010. 12

三、嘉黎县人民政府办公室

1959 年 12 月，嘉黎县人民政府成立，下设政府办公室，承担县政府的文件起草、上级公文的收发以及对区乡文件的下传等工作，为县人民政府的办事机构，按照职能处理全县的日常工作。在 20 世纪 60 年代担负大量的关于文化、教育、卫生等方面的协调工作。1966 年 10 月开始办公室工作由“四大组”取代，1968 年 8 月 18 日，嘉黎县成立县革命委员会时，恢复办公室成为革委会的办事机构。1978 年恢复成立县政府办公室，设有主任 1 名、副主任 2 名。1988 年机构改革时编制为 7 人，为正科级单位。至 2010 年 12 月，编制 9 人。

四、区乡镇政府

（一）区、乡政权

1959 年 3 月至 1966 年间，嘉黎、阿扎、同德、桑巴、尼屋、巴嘎、色日荣、麦地卡 8 个区公所和 31 个乡政府先后成立，配正副区长及相关干部。这一阶段，各区、乡相继成立革委会，革委会主任多由各区委、乡党支部书记兼任；各乡革委会在办社后，称作公社革委会。

1966 年“文化大革命”开始。1968 年 8 月，县革命委员会成立，11 月 8 日经中共嘉黎县革委、县人民武装部党委批准，各区革命领导小组成立。1971 年 11 月 24 日，经黑河地区革命委员会党的核心领导小组批准，成立各区革命委员会，并先后成立 31 个人民公社革命委员会。各区革委会形成一级临时权力机构。

1981 年 12 月，嘉黎县各区革命委员会撤销，恢复各区公所，为县人民政府派出机构。根据《西藏自治区党委、自治区人民政府关于加强基层政权建设若干政策规定（试行）》有关精神，1987 年 6 月 28 日至 12 月 6 日，嘉黎县进行区改乡，并乡撤区，将原有 8 个区公所调整为区科级 14 个乡，全面实行由县直接领导各乡镇的管理体制。乡镇配正副乡镇长及相关干部，原 31 乡党支部组建调整为 14 个乡总支和党支部。

2002 年，嘉黎县调整行政区划，将 14 个乡镇合并为 8 个乡 2 个镇，即阿扎镇、嘉黎镇、夏玛乡、林堤乡、措多乡、绒多乡、措拉乡、藏比乡、忠玉乡、鸽群乡。

（二）各乡镇政权领导

1959 年 7 月至 1971 年成立农民协会期间，党委负责人称主任，乡人民政府负责人称乡长。1965 年，开始组建人民公社，乡长逐渐改称社长。1969 年 8 月，成立各区革命委员会，社长改称主任。1979 年 11 月，人民公社管理委员会负责人仍称主任。1984 年 9 月，人民公社管理委员会改为乡人民政府后，负责人称乡长。1987 年 9 月，区改乡、撤区并乡后，乡级政权改为村，负责人称主任。

1959—1987 年嘉黎县各区、乡班子成员名录见表 4－2－3。

1959—1987 年嘉黎县各区、乡班子成员名录

表 4－2－3

机构名称	职务	姓名	性别	民族	任职时间
嘉黎区公所	区长（主任）	安加	男	藏	1961.10—1962.10
		尼玛曲扎	男	藏	1979.10—1981.05
		吴斌	男	藏	1981.05—1984.08
		仁钦	男	藏	1984.08—1987.10
	副区长（副主任）	刘金城	男	汉	1960.08—1962.01
		吴斌	男	藏	1961.11—1967.02
		旺扎西	男	藏	1964.05—1967.02
		郭索巴	男	藏	1964.11—1967.02
		次仁旺堆	男	藏	1964.05—1965.11
		阿珠	男	藏	1981.05—1984.08
嘉黎区公所（嘉黎乡）	乡长（主任）	旺巴旦	男	藏	1959.07—1962.06
		布姆阿日	女	藏	1962.06—1967.02
		知拉	男	藏	1976.10—1987.10

续表 1

机构名称	职务	姓名	性别	民族	任职时间
嘉黎区公所（通马乡）	乡长（主任）	尼玛曲扎	男	藏	1959. 07—1962. 07
		穷嘎	男	藏	1962. 07—1964. 04
		索朗曲吉	女	藏	1964. 04—1967. 02
		洛桑	男	藏	1976. 10—1987. 10
嘉黎区公所（乌苏绒乡）	乡长（主任）	洛桑	男	藏	1959. 07—1962. 08
		当久	男	藏	1962. 08—1967. 02
		唐久	男	藏	1976. 10—1987. 10
嘉黎区公所（桑前乡）	乡长（主任）	嘎布	男	藏	1959. 07—1963. 03
		智秋	男	藏	1963. 03—1967. 02
		元旦	男	藏	1976. 10—1987. 10
嘉黎区公所（桑穷乡）	乡长（主任）	勇别	男	藏	1962. 08—1966. 05
		央培	男	藏	1966. 05—1967. 02
		塔青	男	藏	1976. 10—1987. 10
阿扎区公所	区长（主任）	胡成文	男	汉	1960. 08—1963. 09
		多杰次仁	男	藏	1963. 09—1964. 05
		次仁旺堆	男	藏	1981. 05—1987. 07
		嘎玛	男	藏	1987. 07—1987. 10
	副区长（副主任）	郭索巴	男	藏	1961. 11—1964. 11
		次仁旺堆	男	藏	1965. 11—1967. 02
		梅次仁	男	藏	1976. 10—1984. 08
		群典	男	藏	1981. 05—1984. 08
		多吉占堆	男	藏	1981. 05—1984. 08
		措嘎	女	藏	1984. 08—1987. 07

续表 2

机构名称	职务	姓名	性别	民族	任职时间
阿扎区公所（阿扎乡）	乡长（主任）	格桑	男	藏	1959. 07—1967. 02
		嘎姆	女	藏	1976. 10—1987. 10
阿扎区公所（徐达乡）	乡长（主任）	次拉拉旦	男	藏	1959. 07—1961. 06
		洛桑	男	藏	1961. 06—1964. 08
		扎西	男	藏	1966. 05—1967. 02
		徐钮	男	藏	1976. 10—1987. 10
阿扎区公所（村雄乡）	乡长（主任）	拉加布	男	藏	1963. 07—1966. 05
		布格	男	藏	1966. 05—1967. 02
		白给	男	藏	1976. 10—1987. 10
阿扎区公所（村巴乡）	乡长（主任）	次仁平措	男	藏	1960. 04—1966. 05
		穷索朗	男	藏	1966. 05—1987. 10
同德区公所	区长（主任）	王志杰	男	汉	1961. 10—1962. 10
		班久	男	藏	1981. 05—1984. 08
		群典	男	藏	1984. 08—1987. 07
		阿布	男	藏	1987. 07—1987. 10
同德区公所	副区长（副主任）	贾生林	男	汉	1961. 10—1964. 05
		桑登	男	藏	1961. 11—1967. 02
		银木老	男	藏	1965. 11—1967. 02
		班久	男	藏	1979. 10—1981. 05
		巴登旺秀	男	藏	1981. 05—1987. 07
同德区公所（鸽群乡）	乡长（主任）	次仁占堆	男	藏	1959. 10—1566. 05
		扎布	男	藏	1966. 05—1967. 02
		村培	男	藏	1976. 10—1987. 10

续表3

机构名称	职务	姓名	性别	民族	任职时间
同德区公所（德古乡）	乡长（主任）	阿穷	男	藏	1959. 10—1966. 05
		扎西塔加	男	藏	1966. 05—1987. 10
同德区公所（同多乡）	乡长（主任）	才旺罗布	男	藏	1959. 10—1967. 02
		顿加	男	藏	1976. 10—1987. 10
桑巴区公所	区长（主任）	李曲江	男	藏	1964. 05—1964. 07
		白玛才旦	男	藏	1976. 10—1978. 06
		旦增土珠	男	藏	1984. 08—1987. 07
		贡觉	男	藏	1987. 07—1987. 10
	副区长（副主任）	多吉次仁	男	藏	1961. 11—1963. 09
		巴志	男	藏	1964. 11—1967. 02
		穷嘎	男	藏	1976. 10—1978. 06
		索朗旺久	男	藏	1979. 10—1984. 08
		贡觉	男	藏	1981. 05—1984. 08
		加多	男	藏	1984. 08—1987. 07
桑巴区公所（夏玛乡）	乡长（主任）	米加	男	藏	1959. 10—1966. 05
		秋白	男	藏	1966. 05—1967. 02
		洛桑	男	藏	1976. 10—1987. 10
桑巴区公所（江洪乡）	乡长（主任）	罗姆	女	藏	1960. 08—1966. 05
		门加	男	藏	1966. 05—1987. 10
桑巴区公所（多拉乡）	乡长（主任）	崩巴	男	藏	1960. 08—1966. 05
		达洛	男	藏	1966. 05—1967. 02
		秋白	男	藏	1976. 10—1987. 10
桑巴区公所（林堤乡）	乡长（主任）	阿布	男	藏	1960. 08—1967. 02
		鲁培	男	藏	1976. 10—1987. 10

续表4

机构名称	职务	姓名	性别	民族	任职时间
尼屋区公所	区长（主任）	王德全	男	汉	1961.05—1962.07
		白大树	男	汉	1962.09—1964.04
		朗青	男	藏	1966.05—1967.02
		强巴桑登	男	藏	1976.10—1981.05
		巴志	男	藏	1981.05—1984.08
		才旺欧珠	男	藏	1984.08—1987.07
	副区长（副主任）	巴志	男	藏	1960.03—1964.11
		王瑞城	男	汉	1960.08—1966.05
		翟有成	男	藏	1979.06—1980.09
		达曲	男	藏	1982.08—1987.10
尼屋区公所（忠玉乡）	乡长（主任）	多吉罗布	男	藏	1959.07—1966.05
		同嘎	男	藏	1966.05—1967.02
		俄洛	男	藏	1976.10—1987.10
尼屋区公所（岗嘎乡）	乡长（主任）	布果	男	藏	1959.07—1964.09
					1966.05—1967.02
		洛桑旦巴	男	藏	1976.10—1987.10
尼屋区公所（改嘎乡）	乡长（主任）	屋吉桑珠	男	藏	1959.07—1967.02
		崩穷	男	藏	1976.10—1987.10
尼屋区公所（莎旺乡）	乡长（主任）	阿布	男	藏	1959.07—1967.02
		贡堆	男	藏	1976.10—1987.10
巴嘎区公所	区长（主任）	索朗巴珠	男	藏	1960.03—1967.02
		华建	男	藏	1976.10—1978.06
		次仁旺堆	男	藏	1981.05—1984.08
		次仁达娃	男	藏	1984.08—1987.07
		格桑江措	男	藏	1987.07—1987.10

续表 5

机构名称	职务	姓名	性别	民族	任职时间
巴嘎区公所	副区长（副主任）	西绕	男	藏	1960. 10—1967. 02
		白玛玉珍	女	藏	1962. 09—1965. 11
		格桑布孜	男	藏	1964. 04—1965. 11
		张君	男	汉	1965. 11—1967. 02
		白桑	男	藏	1976. 10—1978. 06
		次仁顿珠	男	藏	1976. 10—1981. 05
		白加	男	藏	1979. 10—1981. 11
		措嘎	女	藏	1981. 05—1984. 08
		索朗旺久	男	藏	1984. 05—1987. 07
巴嘎区公所（措多乡）	乡长（主任）	洛达	男	藏	1960. 06—1967. 02
		点洛	男	藏	1976. 10—1987. 10
巴嘎区公所（措麦乡）	乡长（主任）	巴吉	女	藏	1960. 06—1967. 02
		阿吉次仁	男	藏	1976. 10—1987. 10
巴嘎区公所（娘保乡）	乡长（主任）	旦增	男	藏	1962. 08—1967. 02
		洛崩	男	藏	1976. 10—1987. 10
巴嘎区公所（藏比乡）	乡长（主任）	扎巴	男	藏	1960. 06—1967. 02
		巴日	男	藏	1976. 10—1987. 10
色日荣区公所	区长（主任）	白加	男	藏	1984. 08—1987. 10
	副区长（副主任）	次仁顿珠	男	藏	1960. 03—1967. 02
		拉巴卓玛	女	藏	1960. 03—1962. 10
		张君	男	汉	1962. 09—1962. 10
		白玛玉珍	女	藏	1966. 05—1967. 02
		郭索巴	男	藏	1976. 10—1981. 05

续表6

机构名称	职务	姓名	性别	民族	任职时间
色日荣区公所（绒多乡）	乡长（主任）	益西	男	藏	1960. 06—1967. 02
		洛拉旺久	男	藏	1976. 10—1987. 10
		才旺多吉	男	藏	1996. 06—2002. 04
色日荣区公所（绒麦乡）	乡长（主任）	英比	男	藏	1960. 06—1967. 02
		索朗次仁	男	藏	1976. 10—1987. 10
色日荣区公所（乌雪乡）	乡长（主任）	布桑	男	藏	1976. 10—1987. 10
	副乡长（副主任）	钦差	男	藏	1962. 02—1963. 06
		次仁多吉	男	藏	1963. 06—1964. 02
		阿乃	男	藏	1987. 07—1987. 10
	副区长（副主任）	次仁多吉	男	藏	1962. 06—1963. 06
		银木老	男	藏	1963. 06—1965. 11
色日荣区公所（乌雪乡）	副区长（副主任）	白玛才旦	男	藏	1964. 02—1967. 02
		克珠	男	藏	1976. 10—1981. 05
		拉旺次仁	男	藏	1981. 05—1984. 08
		俄珠	男	藏	1984. 08—1987. 10
		仁增卓玛	女	藏	1984. 01—1987. 10
麦地卡区公所（措拉乡）	乡长（主任）	贡热	男	藏	1959. 07—1962. 06
		才仁白吉	女	藏	1962. 06—1967. 02
麦地卡区公所（措扎乡）	乡长（主任）	布穷	男	藏	1959. 07—1966. 05
		达娃	男	藏	1966. 05—1967. 02
		扎西多吉	男	藏	1976. 10—1987. 10
麦地卡区公所（章若乡）	乡长（主任）	吉格	男	藏	1961. 06—1966. 05
		崩	男	藏	1966. 05—1967. 02
		阿索	男	藏	1976. 10—1984. 11

续表7

机构名称	职务	姓名	性别	民族	任职时间
麦地卡区公所（东堤乡）	乡长（主任）	旺杰	男	藏	1961.06—1964.05
		扎西平措	男	藏	1964.05—1966.05
		阿布	男	藏	1976.10—1987.10

第二节　施政

民主改革前，由于三大领主的残酷压迫和剥削，加之自然条件恶劣，各种灾害频繁，西藏牧业生产发展十分缓慢，人民群众生活极其悲惨。嘉黎县当时80%以上较好的牧场和85%的牲畜被宗政府、贵族、寺庙所占有，全县40%的牧民没有牲畜，形成牧奴对领主的人身依附关系。乌拉差、计美其美、计约其约等沉重的赋税，使广大牧奴长年累月饥寒交迫，挣扎在死亡线上。

1959年12月嘉黎县人民政府成立后，开展“三反两利”和“三反三算”运动，推翻压在牧民头上的三座大山，废除乌拉差、高利贷、人身依附和“计美其美”，调整“协”的租额，继之又实行“牧区30条”政策，稳定牧民个体所有制，极大地调动了广大牧民的生产积极性，也提高了共产党在牧民心中的威信。

1961年，按照中央“稳定发展”的方针和西藏工委“农区26条”和“牧区30条”政策，嘉黎县进行发放农业贷款、举办会计训练班、抓好农牧业和手工业、召开牧业工作会议、支援前线、保护山林和林卡、清产核资、防洪抗灾救灾、盐粮交换、粮食征购等工作。

1964年的“三反两利”运动和“牧区30条”政策的实施，提高了生产力，使农牧业生产稳步发展。到1966年，全县牲畜发展到219787头（只、匹），粮食总产量达到856074斤。

1965年7月25日，嘉黎县第一次人民代表大会召开后，政府贯彻“以牧为主、农牧结合”的生产方针，狠抓农牧业生产、改造低产田、文教卫生和扶贫等工作。

1967 年 3 月，嘉黎县成立“抓革命促生产”办公室，1968 年 8 月，县革命委员会成立，1970 年 8 月，县革命委员会成立“四大组”，开展以“农业学大寨”为中心的农田水利基本建设等工作。

1976 年 7 月，县革命委员会“四大组”撤销，10 月，打倒“四人帮”以后，中共嘉黎县革委会逐步把工作重点转移到经济建设上来。以“农业学大寨”为龙头，狠抓经济工作。1982 年 2 月，嘉黎县召开三级干部会议，号召全县人民把工作重点进一步转移到经济建设上来，努力抓好现代化建设。

1980 年，中央第一次西藏工作座谈会对西藏工作作出重要指示，县政府认真执行中央放宽搞活、休养生息、免征免购等一系列特殊政策和措施，进一步解放思想，大胆探索发展农牧业生产责任制形式，1981 年 12 月，县人民政府恢复，推行“包产到户”“包干到户”的双包生产责任制，进一步调动农牧民群众的生产积极性。12 月，组织群众认真贯彻中央和自治区“经济上实行进一步调整，政治上实行进一步安定”的指示，落实干部政策和各项经济政策，不断完善农牧区生产责任制，包括土地承包、经济合同、生产协作、社队干部职责。搞好农、牧、林副业工作，安排好军烈属、五保户、困难户的生产与生活。

1984 年 5 月开始，全县实行“土地承包到户使用，自主经营、长期不变；牲畜归户，私有私养、长期不变”的“两个归户、两个长期不变”政策，废除人民公社。县人民政府领导不断解放思想，抓经济工作的力度逐步加大，群众的生产积极性真正得到发挥，经济加快发展。1986 年，全县农、牧、副业总产值达 1011. 7 万元，全县人均收入 405. 68 元。

1984 年中央召开第二次西藏工作座谈会后，县人民政府把工作重点进一步转移到经济建设上来。狠抓经济体制改革，大力支持和发展农牧副业专业户、重点户，发展商品生产；全面贯彻“以牧为主，农牧结合”的方针，大搞多种经营；发展民族手工业，改革农村经济管理体制，努力发展集体和个体经济。

1986年，为解决全县干部群众吃菜难问题，嘉黎县建成蔬菜基地2个。县人民政府认真做好稳定完善农村生产经营责任制，加快改革开放、经济发展、精神文明建设等工作。按照“八五”“九五”规划的要求，大力发展社会主义市场经济，推动经济发展。

1992年，县人民政府领导成员认真学习邓小平南方讲话精神。1994年，中央第三次西藏工作座谈会召开后，进一步解放思想，转换脑筋，开拓进取，积极探索发展经济的新路子。制定“九五”发展规划和2010年远景发展目标计划。认真调整产业结构，采取招商引资、内引外联、合资经营、合作开发的办法，引进资金、技术和人才，发展多种经营和乡镇企业，大力发展城郊型经济和畜牧业。1995年7月，第一批援藏干部到达嘉黎，在浙江省温州市、台州市的大力支援下，嘉黎经济建设呈现快速发展的势头。

2000年，全县实现地区生产总值4463万元，农牧业总产值实现2856万元，农村经济总收入3679.26万元，地方财政收入100.70万元，农牧民人均纯收入1352.21元，农作物总产量1321.19吨（其中粮食为822.12吨），牲畜存栏221374头（只、匹），人均占有牲畜9.4头（只、匹），牧业产值达到1476万元，占地区生产总值的51%。全县贫困人口由以前的1986户、9888人减少到106户、560人。

2001年，全县财政总收入1343.8万元。其中上级财政定额补助799.5万元，转移支出279.6万元，返还增值税9.3万元，教育事业费收入255.4万元。组织收入120万元（不含增值税上划部分），其中税收类75万元。营业外收入3.45万元，其他收入41.55万元。各类牲畜年底存栏数达到238000头（只、匹），其中牛141200头，绵羊58045只，山羊28918只，马7047匹，猪2790头。牛肉产量1539.32吨，羊肉产量304.61吨，牛奶产量2385.12吨，羊奶产量204.18吨。小麦产量517.63吨，青稞产量371.32吨，豌豆产量36.39吨，油菜籽产量3.54吨。

2002年，全县固定资产完成投资2948.46万元（其中基建投资2840.96万元），比上年增加1330.46万元。地方财政收入140万元，其中工商税收类83.2万元，企业所得税11.7万元，其他收入45.1万元。粮食总产量888.9吨。各类存款达到3523万元，比上年增加1224万元。

2003 年，全县地区生产总值 7805. 29 万元，比上年增加 1360. 99 万元，同比增长 21. 1%，其中第一产业增加值 3737. 29 万元，占 47. 8%；第二产业增加值 1056 万元，占 13. 5%；第三产业增加值 3012 万元，占 38. 7%。财政总收入 3148. 6 万元，地方财政收入 162. 3 万元，其中税收收入 137. 7 万元，其他收入 24. 6 万元。当年培训各类人才 4757 人。农牧业总产值 4893. 66 万元，比 2002 年增加 776. 93 万元，同比增长 18. 77%。全年完成固定资产投资 3039. 9 万元（不含民间投资），比 2002 年增加 90. 63 万元，同比增长 3. 1%。牲畜存栏 235806 头（只、匹）。粮食总产量 893. 22 吨，比 2002 年增加 4. 23 吨。农牧民人均收入 1782. 29 元，较上年增长 13. 2%，人均现金收入 1288. 29 元，较上年增长 59. 6%。

2004 年，全县实现地区生产总值 9468. 15 万元，同比增长 21. 3%，其中第一产业完成增加值 4401. 15 万元，同比增长 17. 76%；第二产业完成增加值 1404. 6 万元，同比增长 33. 01%；第三产业完成增加值 3662 万元，同比增长 21. 58%。财政总收入达到 3680. 3 万元，县级财政收入为 210 万元，其中税收类收入 122. 6 万元，其他收入 87. 43 万元。农牧民人均收入达到 2257. 55 元，其中鸽群乡人均收入最高，为 4618. 6 元，林堤乡人均收入最低，为 1273. 26 元；农牧民人均现金收入达 1854. 6 元，同比增长 43. 96%。各类牲畜存栏 234070 头（只、匹），总增长率达 24. 78%，粮食总产量达 974. 97 吨，同比增长 9. 15%。

2005 年，全县实现地区生产总值 10492 万元，较上年增加 1024. 25 万元，同比增长 11%，其中第一产业实现增加值 4826 万元，同比增长 10%；第二产业实现增加值 1466 万元，同比增长 4%；第三产业实现增加值 4200 万元，同比增长 14. 69%。财政总收入为 240 万元，其中税收收入 146 万元，其他收入 94 万元，同比增长 14%。乡镇企业产值 444. 34 万元。多种经营收入 4176. 167 万元。农牧民人均纯收入 2568. 90 元，比上年增加 311. 35 元，同比增长 13. 79%；农牧民人均现金收入 1932. 46 元，同比增长 4. 20%。各类牲畜存栏 229953 头（只、匹），各类牲畜出栏 6043 头（只、匹），出栏率为 25. 8%。粮食总产量达到 767. 5 吨。

2006 年，全县实现地区生产总值 17956. 41 万元，比 2005 年增加

7464.41万元，同比增长58.4%，全年完成固定资产投资8990.36万元。全县消费品零售总额为4693.7万元，比上年增加709.9万元，增长17.8%。财政总收入320万元，其中税类收入250万元，其他收入70万元，比2005年的240万元增加了80万元，同比增长33.3%。虫草产量2748.7公斤，实现收入4397.42万元，占农牧民总收入的49.9%。乡镇企业产值620万元。多种经营收入4026.36万元。截至年末，各类牲畜存栏233150头（只、匹），比上年增加3197头（只、匹），其中牛165713头，比上年增加9423头，增长6%；绵羊37465只，比上年减少4900只，下降11.6%；山羊20450只，比上年减少775只，下降3.7%；马6152匹，比上年减少205匹，下降3.2%；猪3370头，比上年减少346头，下降9.3%。幼畜成活率为94.3%，比上年的93.56%提高0.74个百分点。全年各类牲畜出栏60084头（只、匹），出栏率为26.13%，比上年的25.8%提高0.3个百分点。畜产品商品率为50.2%，同比提高0.4个百分点。动物疫苗免疫密度达到100%。农作物播种面积达343.64公顷（包括复种面积），粮食总产量803.39吨，比上年增产35.89吨，增长4.7%。虫草产量2748.7公斤，贝母产量1458.1公斤，苹果产量24.9吨，核桃产量9.88吨，桃子产量8.8吨。

2007年，全县实现地区生产总值33684.75万元，比2006年增加15728.34万元，同比增长188%，其中第一产业实现增加值4742.7万元，同比增长108%；第二产业实现增加值16766.92万元，同比增长478%；第三产业实现增加值12175.13万元，同比增长121%。农牧民人均纯收入3341.42元，比上年增加了896.22元，同比增长36.7%；农牧民人均现金收入2256.15元，同比增长12%。全年完成固定资产投资18715.05万元，比上年增长108.2%。消费品零售总额为5914.1万元，比上年增加1220.4万元，增长26%。全县车辆总计2906台，比上年增加192辆，增长7.1%。全年财政总收入完成7778.4万元，增长117%，其中定额补助收入完成1644万元，专项补助3312.4万元，转移支付补助1853万元，税费改革转移支付补助169万元，地方财政收入800万元（其中税收收入完成600万元，占组织收入的75%，非税收收入完成200万元，占组织收入的25%，比2006年的327万元增加了473万元，同比增长145%。虫草产量2010.75公斤，实现收入6434.4万元，占农牧民总收入的50.5%。乡镇企业产值9176.9万元，多种经营收入3953.01万元。年末，各类牲畜存栏242483头（只、匹），比上年增加9333头（只、匹），其中牦牛173823头，比上年增加11677头，增长7.2%；绵羊35477只，比上年减少1988只，下降5.3%；山羊19718只，比上年减少732只，下降3.6%；马5705匹，比上年减少447匹，下降7.3%；猪3686头，比上年增加316头，增长了10.56%。马、牛、羊比例为2.7∶72.1∶25.2，基本实现了“发展牛、稳定羊、控制马”的目标。幼畜成活率93.4%，与上年同期相比下降0.9个百分点。全年各类牲畜出栏63768头（只、匹），出栏率为27.35%，比上年的26.13%提高1.22个百分点；全年各类牲畜成畜死亡2631头（只、匹），死亡率1.12%，比上年的1.86%降低了0.74个百分点；畜产品商品率为53.38%，同比提高了3.18个百分点。动物疫苗免疫密度达到100%。农作物播种面积达4950.45公顷，总产量1138.84吨，比上年减少16.25吨，下降1.4%。其中，小麦播种面积1845亩，产量达322.88吨；青稞播种面积2278.69亩，产量432.95吨；豆类播种面积81亩，产量10.13吨；青饲料播种面积745.76亩，产量372.88吨。虫草产量2010.75公斤，贝母产量1339.8公斤，苹果产量22.41吨，核桃产量8.9吨，桃子产量7.92吨。

2008年，农村经济总收入15545.44万元，其中第一产业收入13246.41万元，第二产业收入320.07万元，第三产业1978.96万元，农牧民纯收入11157.66万元，人均纯收入2899元。各类牲畜存栏226071头（只、匹），较上年存栏数减少16412头（只、匹）。其中牦牛163653头，绵羊33030只，山羊15570只，马5295匹，牛、羊、马比例为30.91∶9.18∶1。各类牲畜出栏75949头（只、匹），出栏率33%。粮食作物合计播种283.53公顷，产量831.57吨，小麦播种121.18公顷，小麦产量381.73吨；青稞播种153.79公顷，青稞产量403.73吨。农作物播种面积340.75公顷，其中蔬菜7.51公顷，其他作物49.71公顷，园林水果产量24.65吨，其中苹果11.29吨，桃子13.36吨。

2009年，农村经济总收入17098.19万元，其中第一产业收入14009.75

万元，第二产业收入470.14万元，第三产业2618.3万元，农牧民纯收入12956.98万元，人均纯收入3294.32元。各类牲畜存栏206625头（只、匹），较上年存栏数减少19446头（只、匹）。其中牦牛159990头，绵羊23343只，山羊13730只，马4699匹，牛、羊、马比例为34.05∶2.92∶1。仔畜成活率96.74%，牲畜死亡率2.49%；出栏72088头（只、匹），出栏率32.13%。粮食作物合计播种341.31公顷，产量783.34吨，小麦播种121.18公顷，产量354.94吨；青稞播种153.79公顷，产量375.4吨。蔬菜播种面积8.07公顷，其他作物49.71公顷。园林水果25.42吨，其中苹果11.72吨，桃子13.7吨。

2010年，全县牧业生产的防抗灾人员成立县级抗灾办1个、乡抗灾小组9个，人数157人；村抗灾突击队260个，人数3254人；乡镇转牧草调剂小组80个，人数378人。防抗灾草场天然草场433块，412.1674万亩；围栏草场497块，132.723万亩，饲料及代饲品1956.14万斤，各类草486.54万斤。储备青稞7325403公斤，大米4026597公斤，人均储备粮食547公斤。牛羊圈原有5045个，新建591个，维修2180个；暖棚原有3595个，新建768个，维修873个；羔宫原有1635个，新建261个，维修598个；活动圈原有1241个，新建119个，维修276个。储备牛粪291.4036万袋、羊粪2.0577万袋、柴火1538车。储备药品392种，价值49.256万元；兽药208种，价值4.82万元。粮食作物产量合计809.42吨。截至年底，嘉黎县农用机械总动力48562.92千瓦，有小型拖拉机46台、联合收割机37台、农用运输车509辆。2010年机收面积990.15亩，有效灌溉面积3314.85亩。

第三节　安全生产监督管理

嘉黎县安全生产监督管理局未成立前，安全生产工作职责最先由县经济贸易委员会履行，县经济贸易委员会撤销后，由县劳动和社会保障局履行。嘉黎县安全生产监督管理局成立后，安全生产机构等得到完善。

一、机构与人员

（一）嘉黎县安全生产委员会

2005 年 6 月初，嘉黎县成立安全生产委员会，由主任、副主任及 14 个成员单位组成，并设立嘉黎县安全生产委员会办公室，办公室设在嘉黎县安全生产监督管理局。

2007 年，正式使用“嘉黎县安全生产委员会”红头文件。

2008 年 4 月调整充实嘉黎县安全生产委员会，由主任、副主任及 23 个成员单位组成，办公室继续设在县安全生产监督管理局。

2005—2010 年嘉黎县安全生产系统历任班子成员名录见表 4 - 2 - 4。

2005—2010 年嘉黎县安全生产系统历任班子成员名录

表 4 - 2 - 4

机构名称	职务	姓名	性别	民族	任职时间	备注
嘉黎县安全生产委员会	主任	陈波	男	汉	2005. 06—2008. 03	
		黄山河	男	汉	2008. 04—2010. 12	
	副主任	曹毅	男	汉	2005. 06—2008. 03	
		生嘎扎巴	男	藏	2008. 04—2010. 12	
嘉黎县安全生产监督管理局	局长	赵云鹏	男	汉	2005. 06—2010. 12	副科级

（二）嘉黎县安全生产监督管理局

2004 年底，嘉黎县下发《关于印发〈嘉黎县安全生产监督管理局职能配置和人员编制方案〉的通知》（嘉政发〔2004〕37 号）文件，规定县安监局为县政府办公室管理的副科级机构，主管嘉黎县安全生产工作；嘉黎县安全生产监督管理局行政编制 1 人，其中领导职数 1 人，即局长 1 名（副科级）。

2005 年 6 月底，任命县安监局局长；8 月雕刻嘉黎县安全生产监督管理局公章；10 月从大中专毕业生中超编分配 1 名工作人员；11 月为县安监局安排办公场所。2006 年，县安监局工作经费纳入财政预算；印制“嘉黎县安全生产监督管理局文件”文头。2006—2007 年，县安监局先后配备电脑、传真机。2008—2010 年，县安监局设一名局长（副科）、一名科员。

（三）其他机构

在成立县安委会及安监局的同时，嘉黎县成立预防道路交通事故领导小组、嘉黎县防雷减灾领导小组等相关机构。2006 年各乡镇成立乡镇安全生产工作领导小组。

二、开展的主要工作

2005 年 7 月，县安监局负责人参加西藏自治区安全生产监察执法人员资格培训班。2006 年 7 月取得安全生产监管执法证。

2006 年 7 月，在嘉黎县绒多乡 7 村龙玛拉从事非煤矿山开采的西藏中凯矿业有限公司取得安全生产许可证。9 月，嘉黎县新世纪加油站和中国石油公司那曲分公司嘉黎县加油站取得中华人民共和国危险化学品经营许可证。

2007 年，中国石油公司那曲分公司嘉黎县加油站实施重建工程，消除了长期存在的安全隐患。同年 11 月，在嘉黎县绒多乡 6 村蒙亚阿从事非煤矿山开采的西藏华夏矿业有限公司取得安全生产许可证。

2008 年 3 月，组织矿山、建筑、危险化学品、易爆物品、消防、电力、雷电防护、烟花爆竹等各类安全生产检查（不包含道路交通安全检查）达 36 次，行程约 3248.5 公里，出动执法人员 165 人次，检查 421 家次，针对发现的安全隐患下发整改指令书 42 份。

2009 年，嘉黎县安全生产监督管理局获得市级年度安全生产工作第三名。

2010 年，嘉黎县安全生产监督管理局获得嘉黎县党风廉政建设责任制考评三等奖。

第四节　信访工作

1959 年 12 月嘉黎县人民政府成立后，始终把群众的生计问题放在重要位置。在平叛和民主改革中及时处理群众反映的问题，对处理存在问题的及时给予纠正。

1990 年 4 月，在处理落实政策时，对群众的 7 封来信和反映的 12 起问题给予处理。

1992 年，对群众草场纠纷来信 8 起，及时派民政局干部下乡调查了解情况并作出处理。在县里没有专门信访机构的同时，由县委、县政府办公室承担群众来访来信的处理工作。在接到群众的来信和来访后，县委、县政府指派专人进行处理。在政策允许的范围内作出合理公正的解释，尽量给予群众满意的答复。

嘉黎县地处藏北，群众较为淳朴，在县委、县政府处理问题过程中，一般来说群众基本上能做到积极配合和听从调解，在县人民政府成立的 50 年时间里，嘉黎县没有发生重大的上访事件。

第五节　档案工作与地方志编修

一、档案工作

（一）机构

1959 年西藏民主改革后嘉黎县建立档案室，为中共嘉黎县委员会办公室的一个下属机构，有 1 名档案管理人员。1984 年 1 月 3 日，嘉黎县档案室成立，1987 年起，划归县人民政府系统，由嘉黎县人民政府办公室领导。

（二）收集、保管

嘉黎县档案室收集的资料主要是 1959 年以来中共嘉黎县委员会、人大、政府、县直各单位和各个乡镇的文书档案、资料。中共嘉黎县委员会、人大、政府文书档案、资料每年立卷归档后直接存入档案室，县直各单位档案、资料按照《中华人民共和国档案法》规定，分期进行整理后再存档。

档案种类有11种：（1）文书档案，（2）各类照片档案，（3）珍贵文物照片，（4）县委常委档案，（5）专题档案，（6）各种会议记录本，（7）旧印章，（8）人口普查统计表，（9）年报统计表，（10）锦旗、光荣册、奖杯、奖状，（11）嘉黎县文物。

（三）编研利用

自档案室成立以来，县档案室进行嘉黎县1959—2010年基础数据（包括农业、牧业、林业、副业、企业、收益分配）汇编，以及自然灾害（包括旱灾、病虫害、雹灾、洪灾）的实况汇编。

档案资料提供利用编制检索工具方面，编有案卷目录、卷内目录、专题档案目录、档案室指南等。

档案室内制定有岗位责任制、档案利用制度、档案安全保密制度等10项规章制度。

接待档案、资料利用在时间上没有具体规定，随叫随到，及时服务。查找档案时需在登记簿上填写用途、查找时间等事项。档案室成立以来为县直各单位、乡镇、县志编修提供了丰富的档案资料。

二、地方志编修

1995年8月，根据中共中央政治局委员、国务委员、中国地方志指导小组组长李铁映关于“西藏也要修志”的指示精神，西藏自治区党委于同年10月召开专题会议，研究和部署西藏修志工作，确定由自治区党委党史研究室承担地方志工作。至此，西藏地方志工作正式启动。

1996年6月，西藏自治区地方志编纂委员会和自治区地方志办公室经自治区党委批准成立。

1997年，根据自治区地方志编纂委员会和那曲地区行署的部署要求，嘉黎县以“党委领导、政府组织、专家修志”的原则，成立以县长普穷为主任，由县直机关单位负责人参加的嘉黎县地方志编纂委员会，委员会在县人民政府办公室下设的办公室，办公人员为兼职修志，并明确责任分工。同时，嘉黎县还制定符合志书体裁、结构和体例的《嘉黎县志》篇目，并下发给分工单位，嘉黎县志地方志工作正式启动。由于从事方志工作的人员缺乏方志学专业知识，业务素质相对不高，且大多是临时抽调，人员流动性较大，造成县志工作多年来原地踏步、迟迟得不到推进。

2015 年，成立以嘉黎县委副书记、县长吾金才塔为主任的县志编修领导小组，具体工作由县人民政府办公室落实。

2017 年 8 月《嘉黎县志》通过复审。

2018 年 9 月通过终审。

2020 年 10 月通过验收。

第五篇
政事纪要

第一章　政事概要

1950年10月，昌都解放。1951年5月23日，《十七条协议》签订，西藏宣告和平解放。1959年，成立嘉黎县军事管制委员会，在全县范围内农区开展以“三反双减”① 和土地分配等为主要内容的民主改革运动。1959年12月23日，嘉黎县人民政府建立，在全县建立起33个互助小组。1960年2月14日，嘉黎县属林芝专员公署管辖。1964年8月，嘉黎县归黑河专区管辖。1976年10月粉碎“四人帮”后，县革委会部分工作机构陆续恢复。1978年12月党的十一届三中全会召开后，确立了以经济建设为中心的政治路线。1980年3月，中央召开第一次西藏工作座谈会，确立了中央的援藏和特殊政策。1984年，中央召开第二次西藏工作座谈会，确立了“两个长期不变”的方针，确立了“免征免购”政策，极大地提高了农牧区群众的生产主动性。

第一节　贯彻《十七条协议》

1951年5月23日，中央人民政府和西藏地方政府代表签订《十七条协议》，西藏宣告和平解放。同年8月25日，18军先遣支队在18军副政委王其梅、先遣支队参谋长陈竞波率领下到达拉日（嘉黎境内），在拉日宗宣传

① “三反双减”：即反叛乱、反乌拉、反奴役和减租减息。

《十七条协议》，受到拉日宗群众的欢迎。先遣支队在拉日宗短暂停留后进军拉萨。

拉日宗所辖的4个部落，其地方事务主要由色拉寺管辖的拉日寺管理。宗政府基本上由拉日寺派出的人员进行管理。拉日宗作为昌都总管府所辖的宗，被称为解放地区，昌都地区解放委员会成立后，昌都地区成立了2个办事处，拉日宗归第二办事处管辖，并在拉日宗成立解放委员会。派出军代表在拉日宗开展宣传《十七条协议》，并将各地地方势力人物纳入宗解放委员会中。按照《十七条协议》精神，地方政府照常供职。在宣传《十七条协议》的同时，宗解放委员会在开展工作中主要以上层人士为主，对上层人士宣传党的方针和民族政策。在民间主要开展社会调查和了解民风民俗工作。1957年7月，从拉日宗4个部落中选派思想进步、身体健康的5名青年到中央民族学院学习。针对拉日宗地处藏北高寒雪灾频发的特点，宗解放委员会还作了大量扶贫救灾工作，在牧区对牧民发放无息贷款，进行生产扶持和救济。

1957年9月，按照中央“六年不改”的方针，拉日宗解放委员会撤销，工作人员基本上撤走，只留少数工作人员和上层保持联系。拉日宗地方政府在党的《十七条协议》精神宣传下，执行《十七条协议》。

拉日宗地处川藏大道要隘之地，历史上流落在此的清军较多。在20世纪50年代初，人民解放军进军西藏的途中，有一部分人流落在此的清兵后代很多已经不会讲汉语，但对经过拉日宗的人民解放军感到特别亲切，在这部分人的影响下，周围的群众积极加入支援解放军的行列中，帮助人民解放军完成进军拉萨等地的任务。

第二节　平叛与改革

1959年3月19日，西藏地方政府上层反动集团发动全面叛乱。中国人民解放军奉中央人民政府之命令，开展平叛斗争，在各族群众和爱国僧侣的支持下，很快平息叛乱。中共林芝分工委报中共西藏工作委员会批准，成立嘉黎县军事管制委员会，派出军事代表和地方干部到拉日宗，组成中国共产党拉日宗工作的党委机构，由戴承钧任军事管制委员会书记。

1959 年 8 月 14 日，中国共产党林芝分工委遵照西藏工委“关于放手发动群众，积极领导翻身农奴，团结爱国人士，建立人民民主专政新秩序”的指示，在全县农区开展以“三反双减”和土地分配，牧区开展以“三反两利”（反叛乱、反奴役、反封建，牧工、牧主两利），寺庙开展以“三反三算”（反叛乱、反奴役、反封建，算政治压迫账、算等级压迫账、算经济剥削账）为主要内容的民主改革运动。对参加叛乱的农奴主及其代理人，没收其占有的生产资料，无偿分配给农奴和奴隶，对没有参加叛乱的农奴主及其代理人占有的生产资料，由国家赎买，然后分配给农奴和奴隶。运动中，废除了旧债藏银、青稞，减轻了利息，废除不平等契约，解放朗生（家奴）；农民分得土地和耕畜、农具、房屋等生产生活资料。

1959 年 12 月 23 日，嘉黎县人民政府建立，由戴承钧任中共嘉黎县委员会书记、拉布丹任县长。嘉黎县按照西藏工委和林芝分工委的指示和决定，积极领导全县人民开展了以“三反两利”“三反三算”为主要内容的民主改革运动，彻底废除了封建、农奴制度的统治，使广大人民群众翻身解放，成为新西藏的主人。在民主改革运动中培养和锻炼了群众，一些旧社会的奴隶提高了政治觉悟。这一时期实行免税政策和“牧区三十条”政策，激发了牧区群众的生产积极性，畜牧业生产得到发展，群众生活得到改善。

1960 年 2 月 14 日，西藏自治区筹备委员会按照中央部署，在西藏进行行政区划调整，将比如县的麦地卡划归嘉黎县，将工布江达县的色绒多划归嘉黎县，嘉黎县属林芝行政公署管辖。1964 年 8 月，撤销林芝行政公署，将雪巴县所辖的尼屋区划归嘉黎，嘉黎县归黑河专区管辖，嘉黎县共有 8 个区、26 个乡。

1960 年 9 月，县贸易公司为了迎接牧业丰收后的商业旺季，大搞民间畜力运输，力争在大雪封山前，把群众需要的生产和生活资料准备充足，把当地的土畜产品运出去。全县 8 个乡组织 900 头牦牛搞运输，运进茶叶、百货、盐巴、棉布、牧业生产工具等 184 吨，基本上能保证冬春两季的物资供应，并运出土畜产品 65 吨。县贸易公司在组织群众性的民间畜力运输工作中，对运输人员加强了政治、思想工作和爱护国家财产、保证物资安全的教育，大大提高了运输效率和降低了商品损耗。在运输中，运输人员发扬了互相帮助、互相协作的精神。下雨时，为防止商品受潮受湿，各组互相帮助盖篷布；在通过狭路或过河时，大家互相照顾、顺序前进，因此避免了事故，避免了牲畜伤亡和商品受损。

1960 年 10 月，县兽医组组织一个兽防队，在全县范围内普遍对牲畜进行一次预防注射。经过半月的努力，共注射 3 万多头牛、2 万多只羊，并治好病牛 100 多头，受到群众的广泛好评。

民主改革以来，嘉黎县群众挣脱了千百年来的封建农奴制度，人民群众在党和政府的领导下，焕发出极大的生产热情，在政治和经济上得到了翻身，在 20 世纪 60 年代迎来了建设发展的第一个高潮。

第三节　稳定与发展

1959 年 12 月县人民政府成立后，在西藏工委“农区二十条”“牧区三十条”精神的指引下，嘉黎县人民群众在县委、县人民政府的带领下，积极发展生产。按照西藏工委和林芝分工委“搞生产互助”的指示，在全县建立了 33 个互助小组。

1960 年 5 月，林芝专区土畜特产收购门市部，在嘉黎县设立了一个门市部，开展土畜产品收购业务。嘉黎县委、县人民政府首先发动群众，普查药材资源，并在县委召开的干部会议上对采挖药材工作作出安排。此后，有的区组织了挖药队，乡组织挖药组，互助组也在放牧间隙采挖药材。从 6 月中旬到 9 月中旬，全县采挖的春大黄、虫草、知母、麝香和鹿角等药材价值 23400 多元，按人口平均，每人收入 7 元多。嘉黎乡组织的 4 个采药小组，在 3 个月内采挖春大黄、虫草、知母等 10000 多斤，卖出 3800 多元，每个劳动力平均收入 84 元多。

1961 年 1 月 18 日，嘉黎县委、县政府通过检查“两利”政策贯彻执行情况，调动了牧工牧主的生产积极性。同时，教育广大劳动牧民加强对牲畜的饲养管理，继续贮草、整修棚圈，在保护牲畜安全过冬越春的工作方面取得了显著成绩。

从各区乡检查“两利”政策执行情况来看，一般的牧主（未叛乱的）和牧工都签订了“两利”合同并认真执行。但也有的牧主与牧工未签订合同或未认真执行已签订的合同。根据这一情况，各区乡领导分别召集牧工、牧主讲解党的政策，领导双方进行协商，签订或修订合同，对过去未执行合同或未按时按量付给牧工工钱的牧主进行教育，要求他们补发工钱。使牧工、牧主对党的政策有了进一步的了解，激发了牧民放牧和经营管理牲畜的积极性，纷纷保证一定把牲畜保护好，使其安全过冬。

各区乡除了检查“两利”政策的贯彻执行情况外，同时也抓牲畜的放牧饲养管理和继续贮草、整修棚圈、预防雪灾等工作的落实。

牧民们在保畜过冬工作中，还加强了冬春草场的管理和使用，一般先让牲畜吃阴坡的草，留着阳坡草在积雪时再吃（阳坡积雪少，且易融化）。桑巴区留下的阳坡草场的草，可供全区牛羊吃两个多月。这样便使牛羊在下小雪时，也能上山吃草。家里贮备的草，在大雪封门时才喂牲畜，更进一步保证了牲畜在冬季不会挨饿。此外，全县的兽防干部和民间兽医也经常深入牧场进行疫情巡回检查，发现疫病及时治疗、扑灭，对保护牲畜也起了一定作用。

1961 年 5 月，嘉黎县各级干部在整风后实行“三三制”，三分之一的干部留县坚持工作，三分之一的干部到各区扎点，三分之一的干部进行巡回检查。县委书记戴承钧带领工作组到阿扎乡进行调查研究，对接羔育幼中的问题和放牧的规模、群众生活等都进行调查并提出进一步工作的建议。

各级干部下去后，严格坚持同吃、同住、同劳动、同学习的规定，帮助群众安排生产，组织群众开荒种菜，并对贫寒的牧户进行救济，把救济粮送上门。

1961 年 4 月 30 日，雪巴县为了满足广大农民对食盐的需求，组织 200 多头驮畜驮运 19300 斤粮食，前往嘉黎县交换食盐。到达嘉黎县后，在当地牧民的积极协助下，很快就换到 8500 多斤食盐。通过这次盐粮交换工作，不仅解决了雪巴县群众对食盐的需求，而且对改善嘉黎县牧区人民的生活起到了积极作用。

1962年，组织全县党员干部尤其是领导干部认真学习中共中央、西藏自治区筹委会关于宗教信仰自由、处理反叛分子及干部教育方面的政策文件，明确工作任务和方向，嘉黎县在民主改革后进入全面稳定发展的新时期。

1963年，在县直机关开展“增产节支”运动和反对贪污盗窃、反对投机倒把、反对铺张浪费、反对分散主义、反对官僚主义的“五反”运动。重点整顿基层政权组织和基层党组织，使基层组织牢牢掌握在人民群众放心的人手中。

1965年，组织全县干部传达学习自治区筹委会第七次扩大会议精神，对全县干部、职工、群众进行形势任务、社会主义和政策教育，使全县干部、职工、群众对党的方针政策和新时期的任务有了明确的认识。

1961—1965年，全县农牧业连续5年获得丰收，粮油年均增产9%，牲畜纯利率15%。农牧民个体经济有了较大发展，社会秩序较为稳定，宗教、统战、文化、教育、卫生、交通、通讯有了较大发展，人民生活水平有了较大提高。新修县人民医院1所、公办小学1所。大部分乡镇通了公路。

这一时期是西藏发展相对稳定的时期，也是西藏各项工作逐步开展的时期，为西藏的社会主义改造和建设奠定了基础。嘉黎县在这一时期也进入了发展稳定的繁荣时期。

第四节　社会主义改造

1966年10月“文化大革命”在全国开始后，初期，嘉黎县还能正常开展工作。1967年1月，县委和政府已经不能正常开展工作，3月，那曲军分区派军代表进驻嘉黎县，开展“三支两军”（支左、支工、支农，军管、军训）工作，同时，对各区实行军管。组建“抓革命促生产”办公室，取代县委、县人委职权，开展全县“抓革命促生产”运动。

1968年，开展社会主义教育运动，在全县兴起大办人民公社的运动。

同年8月，先后建立起了嘉黎县第一个红旗人民公社（嘉黎乡）。1970年以后，在全县各区逐步建立人民公社，这一时期，区公所管理人民公社，全县共有17个人民公社。

1971年6月，奉西藏军区命令，嘉黎县成立县革命委员会，采取“三结合”（部队代表、干部代表、群众代表）的办法组成县革命委员会，县革委会对人民公社进行整顿，建立健全全县基层领导班子和公社管理委员会制度。在农区大力推广冬小麦种植技术和田间管理技术，农牧业生产发展迅速。伴随着全国农业学大寨运动的开展，全县大搞农田基本建设，在牧区也大力开展牧业学大寨活动，农牧业生产得到较大发展。

1972年，组织全县干部群众，以办学习班、以会代训、组织宣传队等方式，广泛宣传学习党的十大精神。进一步落实党的各项方针政策，加强民主建设，严格执行分配、征购、统销政策，落实农业“八字宪法”①，推动各项工作。

1974年，嘉黎县根据西藏自治区革委会的要求，制定《嘉黎县一九七五年和“五五”期间农牧业发展规划》，提出嘉黎县经济发展的任务指标。

1975年，嘉黎县继续采取办班学习、大会宣传方式，学习贯彻党的十届二中全会精神，进一步部署建成大寨县工作。在全面贯彻“农业学大寨”“工业学大庆”的活动中，嘉黎县农具厂等单位积极下乡到农牧区中，为群众解决生产中遇见的问题，为群众修复农具、播种机等器具。

1976年9月9日，毛泽东主席逝世，全县人民在县革命委员会的带领下，开展悼念活动。

20世纪60—70年代，嘉黎县按照自治区革委会的部署，完成社会主义改造和基层政权的建设，各项事业已基本建立起来。各区、人民公社建立了兽防站，在4个区建立了民办小学。在8个区中建立了区卫生所，农牧群众的小病在区卫生所就能解决。并在各乡村中培养赤脚医生，解决群众居住分散看病困难问题。

---

①“八字宪法”：即农业增产的八项措施，指土、肥、水、种、密、保、管、工八字。

这一时期，同时也是全国开展学习毛泽东著作活动的高潮时期，在全县干部、职工中开展了学习毛泽东著作的活动，并将学习活动和开展“四清”①、公社试点、基本建设等实际工作结合起来，全县掀起活学、活用毛泽东著作的高潮。

第五节 改革开放与经济建设

1976 年 10 月，县革委会部分工作机构陆续恢复。

1977 年，嘉黎县组织力量开展党的基本路线教育。深入各区、人民公社学习宣传，贯彻党的十一大精神。

1978 年 11 月，党的十一届三中全会召开后，确立了以经济建设为中心的政治路线。为贯彻党的政策方针，嘉黎县抽调县区干部和农牧区积极分子组成工作组，深入 26 个人民公社，开展党的基本路线教育，发动干部认真学习毛主席的《论十大关系》。

1978 年 9 月，为解决县城到尼屋区不通公路的问题，在自治区政府的支持下，嘉黎县争取资金 500 万修建了县城嘉黎区到尼屋区的乡村公路，结束了县城到尼屋区不通公路之历史。

1979 年，按照自治区部署，嘉黎县开始对档案进行复查，解决历史遗留问题，共纠正冤假错案 12 起，对错判人员进行妥善安置，并对全县的“四类分子”进行摘帽工作。

1980 年 3 月，中央召开第一次西藏工作座谈会，确立了中央的援助和特殊政策，使西藏出现了一批前所未有的现代工业和交通设施，为西藏现代化建设奠定了良好的基础。

1983 年，县委、县政府大力发展农牧区经济，在改善群众生活政策出台后，主动参与经济活动的人越来越多，在县城驻地的嘉黎区群众首先看到了发展运输的前景，主动到农业银行贷款买车的人逐步增多，既解决了农牧

---

① “四清”：指清思想、清政治、清组织和清经济。

区的运输问题，也增加了群众收入。章若公社按照群众意愿，实行联产承包责任制，极大地调动了社员群众的生产积极性。

1984 年，县委、县政府在全县开展了“两个离不开”思想宣传教育，积极引导干部群众完整、准确地理解党的民族政策，正确树立马克思主义民族观，进一步密切社会主义时期的新型民族关系。同年 5 月，嘉黎县根据本县自然条件，积极推广优良种畜，不断提高牦牛在畜群中的比例。

1989 年，外来经商人员逐步增多，在县城驻地逐渐开办了几家商店，方便了县城驻地干部、职工的生活，但这个时期的商品主要是以小商品和百货为主，基本上规模不大，外来经商人员多以青海、甘肃、四川人为主，本地群众很少参与经商活动。

1992 年，全县最后一次为冤假错案人员落实政策，为他们补发工资和落实工作，共补发人民币 13700 元，为 5 人落实了工作。

1994 年 7 月中央第三次西藏工作座谈会确定了全国支援西藏的方针，县委、县政府在全县认真贯彻落实会议精神，在立足自身发展的同时，在浙江援藏的帮助下，制定了长期发展规划。在农区忠玉乡对原始天然林实行保护措施，对乱砍滥伐制定惩罚措施；在牧区对过载养畜也制定相应的管理办法，提出了合理利用草场资源、科学发展的新观念。

1995 年 3 月，在县人大常委会上，县委、县政府根据实际情况提出了在全县范围内实施《野生动物保护条例》，全面禁猎。

第二章　援藏工作

第一节　援藏政策

1994 年 7 月，中央第三次西藏工作座谈会确定了全国支援西藏的方针，浙江省对口支援县嘉黎县。从 1995 年 7 月开始，浙江省先后派出多批次援藏干部对嘉黎县进行援助建设。

第二节　人才援藏

截至 2010 年，浙江省温州市、台州市、瞿州市累计派出 5 批援藏干部对口支援嘉黎县。

1995—2010 年浙江省温州市、台州市、瞿州市对口支援嘉黎县干部名录见表 5 -2 -1。

1995—2010年浙江省温州市、台州市、瞿州市对口支援嘉黎县干部名录

表5－2－1

批次	姓名	性别	民族	职务	任职时间
第一批（1995—1998）	林金龙	男	汉	县委书记	1995.07—1998.06
	金树云	男	汉	县委副书记	1995.07—1998.06
	许爱平	男	汉	常务副县长	1995.07—1998.06
	吴存忠	男	汉	副县长	1995.07—1998.06
	叶正社	男	汉	县委办主任	1995.07—1998.06
	朱士新	男	汉	县政府办主任	1995.07—1998.06
	周孟德	男	汉	县乡企局局长	1995.07—1998.06
	戴志华	男	汉	县贸易局局长	1995.07—1998.06
第二批（1998—2001）	张西廷	男	汉	县委副书记	1998.07—2001.06
	林邦正	男	汉	常务副县长	1998.07—2001.06
	彭永松	男	汉	副县长	1998.07—2001.06
	叶朝胜	男	汉	县委办主任	1998.07—2001.06
	程磊	男	汉	县财政局局长	1998.07—2001.06
第三批（2001—2004）	王祖焕	男	汉	县委书记	2001.07—2004.06
	金先军	男	汉	常务副书记	2001.07—2004.06
	余月明	男	汉	常务副县长	2001.07—2004.06
	严永明	男	汉	县委办主任	2001.07—2004.06
	徐勇	男	汉	县卫生局局长	2001.07—2004.06
	金敬宝	男	汉	县计委主任	2001.07—2004.06
第四批（2004—2007）	陈应许	男	汉	县委书记	2004.07—2007.06
	陈波	男	汉	常务副县长	2004.07—2007.06
	项伟胜	男	汉	常委、县委办公室主任	2004.07—2007.06
	管秉阳	男	汉	县发改委主任	2004.07—2007.06

续表

批次	姓名	性别	民族	职务	任职时间
第四批（2004—2007）	王振翔	男	汉	县教育局局长	2004.07—2007.06
	阮棉钦	男	汉	县卫生局局长	2004.07—2007.06
第五批（2007—2010）	黄荣定	男	汉	县委书记	2007.07—2010.06
	黄山河	男	汉	常委、常务副县长	2007.07—2010.06
	伊柏峰	男	汉	常委、县委办主任	2007.07—2010.06
	蒋献生	男	汉	县发改委主任	2007.07—2010.06
	杜林峰	男	汉	县教育局局长	2007.07—2010.06
	赵天杰	男	汉	县卫生服务中心主任	2007.07—2010.06

第三节　资金与项目援藏

西藏和平解放以来的50年中，国家一直给予嘉黎县财政补贴，每年的补贴占全县总支出的75%以上，中央有关部门和兄弟省市也从人力、物力、财力方面给予了大力支持。

一、基本情况

浙江省温州市、台州市、瞿州市党政组织和全市人民的无私援助，促进了嘉黎县经济发展和社会政治局势稳定，增进了两地人民的友谊，体现了祖国大家庭的温暖和社会主义制度的优越性。援藏干部牢记市委、市政府的嘱托，不辜负浙江人民的希望，怀着对嘉黎人民的深情厚谊，为建设嘉黎、发展嘉黎、创造嘉黎县安定团结的政治局面，克服高原缺氧的不适和家庭亲人分离等诸多困难，尽职尽责地在嘉黎县工作，为嘉黎培养了人才、传授了经验，起到了榜样作用，为嘉黎县的两个文明建设作出了重要贡献。

二、浙江省温州市、台州市、衢州市对口支援嘉黎县情况

嘉黎县第一批援藏资金投入150万元，修建了县幼儿园等工程。

嘉黎县第二批援藏资金投入450余万元，新建政府综合办公楼等工程。

嘉黎县第三批援藏资金投入1150余万元，修建了嘉黎县政府招待所等工程。

嘉黎县第四批援藏干部根据三年援藏工作计划，充分利用一切机会向其原工作单位所在地党委、政府和有关部门介绍嘉黎、宣传嘉黎。共投入资金1100余万元，完成了浙江路、村曲河桥、夏玛乡兽防站、措多乡小学迁移等工程。同时，为加强对机关干部的培训，于2006年11月初组织了第一、二批内地党政考察团赴内地进行学习，为嘉黎县的经济发展发挥了积极作用。

第六篇

工商粮贸

第一章　商业

第一节　机构

历史上，嘉黎县境内商业活动控制在“三大领主”及极少数自由民手中，商品经济不发达，自给自足的自然经济占主导地位。1959 年 3 月西藏民主改革后，部分农牧民将生产的民族手工业品及农副产品用于市场交换，亦农牧亦商，个体商业数量极少。1960 年 4 月，嘉黎县成立第一个供销合作社。1996 年后，嘉黎县贸易公司（供销合作社）全部交给那曲地区唐拉外贸公司经营。2010 年，嘉黎县供销合作社经营主要为房屋出租，已无其他经济来源。

第二节　国营商业

一、供销社

1960 年 4 月，嘉黎县成立第一个供销合作社，参加入股的有 510 户群众，交纳股金 1.6 万多元，同年 8 月相继成立阿扎、嘉黎、夏玛等 8 个供销社，入股户数达到了全县总户数的 95% 以上。1965 年 9 月，嘉黎县贸易公司和供销合作社达到 14 个，后因合乡并镇，合作社减少为 11 个。

供销社主要经营茶叶、土特产、特需用品、烟酒以及糖果等副食品，布匹、服装等针织品，铁锹、十字镐等生产用具，肥皂、煤油、青稞、酥油、牛羊肉、电筒等日用品。各供销社还按照规定的任务收购羊毛、皮张、虫草等土特产品和名贵药材，定期或不定期上交县贸易公司。从1976年起，各供销社根据群众居住远而分散的特点，除继续深入村户售货外，还在部分村设立代购、代销店。供销社成立后，按照“发展经济，保障供给”的方针，对发展嘉黎县农牧业生产、改善群众生活起到了极大的作用。

1961年10月，嘉黎县先后在15个乡成立供销社，有供销人员45人。同时，还在偏远农村成立供销点（代购代销点）2个，有供销人员2人。供销社（点）主要经营烟酒、茶叶、白糖、盐巴、肥皂、布匹、煤油等生活用品。至1963年底，嘉黎县供销社增至17个，有人员51名；供销点增至15个，有工作人员15名。供销社（点）总资产83.8万元，总收入42万元，纯收入2万元。

由于受交通等因素限制，嘉黎县商业活动受到影响，各供销社（点）销售时有时无，商品因购销失衡导致积压、损坏和变质现象严重，部分供销社有名无实。至1976年底，能正常经营的供销社6个、供销点15个，共有工作人员27名。供销社（点）总资产102.67万元，总收入80.16万元，纯收入4.58万元。1978年中共十一届三中全会以后，随着农牧区经营体制的转变，供销社经营得到恢复和发展。1980年，全县各供销社（点）总资产达126.39万元，总收入109.43万元，纯收入6.27万元。

1985年，根据自治区人民政府批转自治区商业厅《关于商业体制改革若干问题报告的通知》，嘉黎县进行商业体制改革，在各供销社分别实行“国家所有、独立核算、集体经营、照章纳税、自负盈亏”的承包经营责任制。关闭部分长期经营亏损、停运的供销社，对10个供销社、15个供销点实行个人承包或集体承包，供销社经营规模进一步扩大，全县供销社（点）总资产达149.2万元，总收入116.6万元，纯收入8.3万元。

1988年，县商业局在各供销社（点）内部实行按营业收入完成比例提取工资制度，建立健全了价格、工资、福利、奖金、分红、生产基金、退休基金、畜产品收购基金等多项制度。并结合“撤区并乡”工作，对全县供销社进行清理整顿。清理整顿后，全县有乡供销社11个、供销点10个，有供销人员25名，供销社（点）总资产达92.7万元，总收入74.1万元，纯收入6.8万元。

1994年，嘉黎县根据自治区和那曲地区商业工作会议精神，对各供销社（点）实行“分级核算、分级经营、分级管理、盈亏归地方财政”的政策。但由于日益激烈的市场竞争，加之经营管理不善，供销社规模进一步萎缩，各供销社总资产仅有33.3万元，总收入25.2万元，纯收入3.4万元。此后，由于外来个体经济灵活多样的经营方式对嘉黎市场的冲击，各供销社逐步停办。

1996年后，嘉黎县贸易公司（供销合作社）全部交给那曲地区唐拉外贸公司经营，由于地区唐拉外贸公司长期缺货，人员分流到嘉黎县较多，加之县贸易公司的绝大部分货品被拉往地区唐拉外贸公司销售，销售后的货款和货物未能返还至嘉黎县贸易公司，县贸易公司面临倒闭。2001年，由于全县交通条件的不断改善，有的合作社经营方向不够明确，管理制度不健全，个别供销社经营不善，账目不清，存在赊账、挪用、短款等问题，加之地区唐拉外贸公司等诸多因素，导致嘉黎县供销社无法开展经营活动。

2010年，嘉黎县合作社共有职工73人，其中在岗58人，退休10人。固定资产总额为398万元，经营只靠出租房屋勉强生活，已别无其他经济来源。

二、其他集体商业

除供销社外，嘉黎县其他集体商业出现于20世纪80年代以后。20世纪80年代初期，随着本县改革开放力度的加大，各乡、村采取合伙经营或联营方式，在农牧区兴办茶馆、藏餐馆及百货经营部等集体性质的商业经营网点，经营规模小，具体数量无统计。

三、商品购销

历史上，县境内商品经济不发达，自给自足的自然经济占主导地位，商品流通环节单一，商品购销规模、数量小。

20世纪60—70年代，嘉黎县商品流通主要通过国营及集体商业机构按照统购统销的方式进行，商品购销包括内地购进的生产、生活用品和本地收购的农畜产品。全县各级商业机构对畜产品的收购，按照“国家和群众兼顾”“先征、后留、再购”及“派购（富裕户）为主，自由收购（贫困户）为辅”的原则进行，人民公社畜产品的收购按户为单位计算。同时，为帮助贫困群众开展正常的生产活动和维持基本的生活所需，全县各级商业机构还对部分群众进行商品赊销。在商品经济体制下的统购统销制度导致全县商品购销极不平衡，造成多余的商品积压受损，而急需的商品却供不应求。

20 世纪 70—80 年代初，一类商品由自治区下达分配；二类商品由地区统一计划；三类商品由各企业和商业科调配。1987 年，国家实行指令性计划管理的商品有食盐、民茶、白糖、红糖、名酒、卷烟；国家实行指导性计划管理的商品有副食类、针织品类、文化用品类、五金交电类。1992 年，指令性计划由原来的 122 种（类）调减为 14 种（类），如粮食、食盐、砖茶、金尖茶、茯茶、紧茶、卷烟、棉絮、汽油、煤油、麝香等；指导性计划的 22 种（类），如鲜（冻）猪肉、红茶、盐糖、烟叶、名酒、棉纱、棉布、涤棉面布、民族铝锅、铁锹、普通灯泡、自行车、缝纫机、药品等。其余商品全部实行市场调节，指令性商品由自治区统一组织货源、统一分配、统一调拨；指导性和市场调节的商品，由嘉黎县商业部门自行组织货源。嘉黎县实行指导性计划管理的农副土特产品有虫草、贝母、熊掌、绵羊毛、牛皮、羊皮、牛绒、青稞、小麦、油菜籽、豌豆等 11 种。1989 年，嘉黎县商业企业及集体企业实行第一轮承包经营，国营和集体企业利润按 66% 上缴财政，企业自留 34%，留利中提取 30% 作为发展基金，20% 作为风险金，30% 作为奖励基金。茶叶是西藏人民特别喜爱的一种必不可少的生活用品，是嘉黎人民日常生活的主要必需品，和平解放后党和政府把边销茶作为民族特供商品，列入国家计划管理，国营商业部门实行计划调拨，保证供应。改革开放以后，随着货源的增多，取消计划调拨，实行放开供应。

1990 年，根据自治区商业厅文件精神，全县各级国营商业认真开展清理商品和清理资金的“两清”工作。1991 年，根据自治区商业厅《关于一次性削价处理积压商品有关问题的通知》精神，对全县各级国营商业企业、集体企业进行了一次性削价处理积压商品的工作。削价幅度为 20.81%，全

县各级国营商业企业、集体损失金额为84.7万元，

1992年以后国营商业、集体企业根据市场要求，自行组织货源，自主经营，自负盈亏。财务管理机制自国营商业、集体企业组建以来，全县实行报账制，由县商业贸易统一核算账目，盈亏体现在县商业贸易公司。县商业贸易公司报地区、自治区贸易总公司核算，利润上缴，亏损由地区、自治区贸易总公司弥补。

1978年中共十一届三中全会以后，嘉黎县商品购销逐渐摆脱封闭呆板的经营方式，除个别商品外，大多按市场经济体制自由运转，商品购入量和销售量都大幅上升。20世纪80—90年代，随着嘉黎县改革开放的持续深入，全县商业繁荣兴盛，商品流通渠道呈多元化发展，商品购销平衡稳定。

1960—1985年嘉黎县主要畜产品收购情况见表6-1-1。

1960—1985年嘉黎县主要畜产品收购情况统计表

表6-1-1　　　　单位：万公斤、万张

品种 年份	羊毛	牛毛	羊绒	牛绒	羊皮	牛皮	酥油
1960	1.12	0.03	0.04	0.07	0.71	0.17	0.37
1961	1.33	0.03	0.04	0.08	0.73	0.18	0.38
1962	1.29	0.04	0.04	0.09	0.76	0.18	0.41
1963	1.65	0.04	0.05	0.10	0.95	0.02	0.47
1964	1.66	0.04	0.05	0.12	0.95	0.02	0.47
1965	1.48	0.05	0.05	0.18	0.15	0.12	0.42
1966	1.87	0.06	0.07	0.16	0.10	0.01	0.51
1967	2.03	0.06	0.09	0.25	0.15	0.01	0.52
1968	2.02	0.04	0.08	0.23	0.11	0.01	0.56
1969	1.76	0.04	0.06	0.23	0.27	0.02	0.58
1970	2.18	0.04	0.06	0.23	0.23	0.03	0.61
1971	2.34	0.05	0.06	0.18	0.79	0.05	0.59

续表

年份＼品种	羊毛	牛毛	羊绒	牛绒	羊皮	牛皮	酥油
1972	2.38	0.05	0.07	0.14	0.70	0.02	0.51
1973	2.20	0.05	0.08	0.08	1.80	0.02	0.50
1974	2.32	0.05	0.06	0.07	0.98	0.02	0.53
1975	2.26	0.05	0.06	0.08	0.45	0.03	0.53
1976	2.40	0.05	0.05	0.09	0.20	0.03	0.55
1977	2.46	0.05	0.05	0.11	0.35	0.04	0.56
1978	2.51	0.07	0.06	0.10	0.32	0.03	0.57
1979	2.58	0.06	0.06	0.11	0.29	0.03	0.56
1980	2.58	0.08	0.06	0.10	0.38	0.05	0.58
1981	2.79	0.08	0.07	0.10	0.44	0.06	0.56
1982	2.79	0.05	0.08	0.12	0.40	0.05	0.58
1983	2.82	0.06	0.09	0.12	0.39	0.08	0.57
1984	2.92	0.08	0.08	0.11	0.49	0.11	0.58
1985	2.93	0.10	0.09	0.13	0.52	0.10	0.57

历史上，嘉黎县作为藏北地区高寒县，是历史上有名的驿站中的“穷八站”之一，1992 年，被国务院评定为国家级贫困县。

2010 年，中共嘉黎县委和县政府大力支持和鼓励农牧民群众成立合作组织，引导群众摒弃落后观念，改变粗放的经营方式，促进农牧业产业结构的优化和升级。根据嘉黎县农牧局 2010 年 4 月份统计，嘉黎县现有农牧民合作组织 130 家，而且规模还在不断发展壮大。

第三节　私营商业

历史上，县境内商业活动控制在“三大领主”及其代理人手中。商人从那曲、拉萨、尼泊尔、印度等地驮来茶、盐、糖、油、布等日用品，在农牧区进行买卖或以货换物。

西藏民主改革后，部分农牧民将生产的各种手工业品及农副产品用于市场交换，亦农牧亦商，但个体商业数量极少。

改革开放初期，政府鼓励农牧民从事商业活动，但由于历史上县境内群众不善于经商以及市场不完善等原因，个体私营商业活动规模小、数量少。至1979年，全县仅有个体商户7户。

1984年，农牧区“两个长期不变”政策落实后，县内存在富余劳动力的农牧民家庭开始从事商业经营，县外个体商户也开始进来从事商业贸易活动。是年底，全县个体经营户达95户，经营范围涉及采集、养殖、种植、加工、商业、运输及建筑等。至1987年底，全县个体经营户达139户，其中商业72户，加工业33户，运输业29户，建筑业5户。全县个体经营总收入达266.8万元。

20世纪90年代以后，随着对内、对外开放政策的不断落实，个体私营商业增长迅速。1992年，全县个体商户达到117户。1996年，个体商户增至186户。截至2000年底，共有个体商户316户。

截至2010年12月，在各乡镇都有个体商家在乡镇所在地经商，经营饭馆、超市等。忠玉乡群众利用地处林区的优势，在改革开放初期开展了木碗、酥油桶、竹编等个体经营活动，但由于受交通不便等因素的影响，部分产品销售情况不好，后来群众基本不再从事此项加工活动。

第二章　多种经营

第一节　机构

民主改革以后，嘉黎县多种经营和乡镇企业由农牧局管理。

1960 年，嘉黎县在大抓牧业生产的同时，大力发动群众采集药材，增加牧民收入，支援国家建设。1961 年 9 月 5 日，雪巴县为满足广大农民对食盐的需要，于 4 月 30 日组织 200 头驮畜，驮运 19300 多斤粮食前往嘉黎县交换食盐。通马乡牧民在学习自由交换政策以后，全乡牧民除准备好充足的食盐外，还拿去交换酥油 3100 多斤、羊毛 1100 多斤、各种皮张 150 张，以及大量肉食和副业产品。据估计，这些物资运到农区以后，可以换到 30000 多斤粮食，全乡平均每人可以有粮 130 多斤。交换规模和准备的物资都达到了历史最高水平。

1979 年 10 月，成立社队企业管理科，负责乡镇企业管理。

1980 年撤销社队企业管理科，业务仍归农牧局管理。

1981 年 5 月，成立多种经营管理局；1987 年 7 月撤销，业务交回农牧局管理。

1993 年 5 月，成立乡镇企业管理局，管理多种经营、乡镇企业，负责制定乡镇企业多种经营计划，为农牧民发展乡镇企业提供资金、技术等服务，发展多种经营，负责工业、矿产资源开发、蔬菜生产等发展计划的制定与实施，资金来源与投入、招商引资、经营管理、人才培训协调联络等工作。

1979—2010 年嘉黎县多种经营管理局、乡镇企业管理局领导名录见表 6－2－1。

1979—2010 年嘉黎县多种经营管理局、乡镇企业管理局领导名录

表 6－2－1

机构名称	职务	姓名	性别	民族	任职时间
县多种经营管理局（1981. 05—1987. 07）	局长	李文俊	男	汉	1979. 10—1981. 05
		白玛旺杰	男	藏	1981. 05—1987. 07
	副局长	李文俊	男	汉	1976. 10—1979. 10
		阿吉旦巴	男	藏	1981. 05—1984. 08
		多吉占堆	男	藏	1984. 08—1987. 07
县乡镇企业管理局（1993. 05—　）	局长	郭雪莲	男	藏	1993. 05—2002. 07
		曹寿英	男	汉	2002. 07—2004. 12
		白玛多杰	男	藏	2005. 02—2010. 12

第二节　乡镇企业

人民公社时期，嘉黎县基本没有像样的乡镇企业。为解决人才匮乏问题，20 世纪 90 年代初，嘉黎县采取派干部挂职、招聘和请技术人员进来指导、派人出去学习的办法进行培训，培养了大批用得上、留得住的实用人才。

1993 年 5 月，县乡镇企业管理局成立，加大了发展乡镇企业的力度。

一、主要企业

（一）嘉黎县藏药加工厂

嘉黎县藏药加工厂始建于 1995 年，占地总面积 5000 平方米，建筑面积

1667.9 平方米。该加工厂是县藏医院下属单位，其中享有盛誉的民间藏医专家多人，在县藏医院多年临床经验的基础上，已研制出 160 多种纯天然的常用药和 5 种名贵藏药，尤其是“哲孔常觉黑药王”“珍宝月光金刚丸”“滋补术精华之宝”等藏药，更是其拳头产品，也是重要的新藏药。

（二）嘉黎县建筑安装公司

成立于 1973 年，占地面积 30000 平方米，主要从事建筑以及木器加工等业务，经过多年发展，该公司已成为嘉黎县的主要集体企业之一。

县建筑安装公司 2000 年实现总产值 105.1 万元，利润 29.5 万元；2001 年实现总产值 179 万元，利润 30 万元；2002 年实现总产值 120 万元，利润 93.3 万元；2003 年实现总产值 119.2 万元，利润 53 万元；2004 年实现总产值 240.9 万元，利润 58.9 万元；2005 年实现总产值 444.34 万元，利润 45 万元；2006 年实现总产值 230.90 万元，利润 20.5 万元；2007 实现总产值 242.89 万元，利润 25.3 万元；2008 年实现总产值 260.45 万元，利润 29.21 万元；2009 年实现总产值 237.13 万元，利润 22.25 万元；2010 年实现总产值 280.56 万元，利润 26.36 万元。拥有固定资产 268 万元，有职工 10 人。

（三）嘉黎县粮油公司

成立于 1960 年，占地面积 10000 平方米，建筑面积 5000 平方米，其中大型厂库 2 座。截至 2010 年，拥有固定资产 268 万元，有职工 51 人，主要经营青稞、大米、麦粉、菜籽油，同时兼营畜牧产品、西藏中药材，年营业额 300 万元，年利税 50 万元，是全县支柱企业之一。

（四）嘉黎县贸易公司

成立于 1962 年，是嘉黎县创建最早的企业之一。地处县城中心，占地面积 12000 平方米，建筑面积 3000 平方米，经营面积 700 平方米，主要经营百货、中药材、副食品、畜产品。截至 2010 年，有职工 10 人，固定资产 189 万元、流动资金 51 万元。

（五）嘉黎县神山藏药材有限公司

创建于 2001 年，占地面积 320 平方米，固定资金 50 多万元，注册资金 30 万元，有工作人员 9 名。主要经营冬虫夏草、藏红花、贝母、红景天等县境内名贵藏药材，已初步打开区内外藏药材销售市场，形成了采、供、销一条龙经营模式，年销售额可达200万元。

2001年各种藏药材总产量2890斤，总产值14.45万元，销售收入18.239万元；2002年总产量2600斤，总产值12.22万元，销售收入22.24万元；2003年总产量2000斤，总产值10.1万元，销售收入25.22万元；2004年总产量1889.8斤，总产值11.58万元，销售收入25.7万元；2005年总产量3148斤，总产值15万元，销售收入28.28万元；2006年总产量4055.36斤，总产值45.67万元，销售收入36万元；2007年总产量3648.9斤，总产值241.32万元，销售收入52.2万元；2008年总产量6147.62斤，总产值91.42万元，销售收入64.8万元；2009年总产量6314.5斤，总产值92.98万元，销售收入72万元；2010年总产量6914.2斤，总产值261.25万元，销售收入117万元。

二、藏药材

嘉黎县神山藏药材开发公司始建于1997年3月，是在县人民医院、县藏医院的基础上发展壮大起来的。自1997年起，通过各种途径，先后培养了民间藏医药专业人才80名，嘉黎县藏医院有职工26人，其中，在全区享有盛誉的民间藏医药专家1人，被评为高级职称的1人，被评为中级职称的2人，被评为初级职称的8人，硕士研究生1人，大专生5人，中专生10人，全县共有藏医医务人员100人。以上人员均从事藏医临床制剂工作10年以上，具有一定的临床经验，成为藏医医疗、教学、科研的重要技术力量。嘉黎县富有多种藏药材，目前发现和可利用的藏药材1000余种，如虫草、西藏延覃、胡黄连、五灵脂、金腰、岩山、波棱瓜、丹参、白当归、贝母、天麻、雪莲、红景天、高原灵芝草等珍贵的野生药用植物。

贵重药材采集情况如下：1997年采集1283斤，总产量1000.6斤，销售收入12.3万元；1998年采集1316.4斤，总产量1300.2斤，销售收入14.78万元；1999年采集1412.6斤，总产量1520斤，销售收入15.5万元；2000年采集1522斤，总产量1890斤，销售收入16万元；2001年采集1572.7斤，总产量2890斤，销售收入18.24万元；2002年采集1612斤，总产量2600斤，销售收入22.24万元；2003年采集1742.3斤，总产量

2000 斤，销售收入 25.22 万元；2004 年采集 1784.4 斤，总产量 1889.8 斤，销售收入 25.7 万元；2005 年采集 1832 斤，总产量 3543.6 斤，销售收入 38 万元；2006 年采集 1842.6 斤，总产量 3892 斤，销售收入 57 万元；2007 年，总产量 3648.9 斤，销售收入 34.8 万元；2008 年，总产量 3648.9 斤，销售收入 43.2 万元；2009 年，总产量 3648.9 斤，销售收入 48 万元；2010 年，总产量 3648.9 斤，销售收入 78 万元。

三、发展前景

1993—2000 年，全县地区生产总值年均保持 18% 的发展速度，到 2005 年地区生产总值达到 9263 万元，基本实现在 2000 年基础上翻一番。

2005 年农牧民人均纯收入达到 2433.6 元，年均增长 16%，基本消除绝对贫困，绝大部分农牧民达到小康，部分群众实现富裕生活的目标。地方财政收入达到 290 万元，平均年增长 18%。全社会固定资产投资总规模达到 1 亿元，农牧业、能源、交通、邮电通信、水利等基础设施有较大改善。同时，建立几处大型物资交易市场，充分发挥市场对资源的基础性配置作用。教育规模进一步扩大，每年对教育基础建设的投入保持在县财政的 15% 以上。医疗卫生基础设施条件进一步改善，人民的健康有了保障。城镇建设步伐加快，县城和乡镇建设取得新的进展，2008 年城市化水平提高到 20% 左右。

2010 年生产总值实现 28251 万元，人均收入 4806 元，财政收入 1973 万元，社会固定资产投资达到 13411.83 万元。

第三节　种养业

嘉黎县种植业不发达，主要集中在忠玉乡，在牧区乡的种植主要以畜草为主。历史上嘉黎镇有过小规模蔬菜种植，种植的蔬菜主要有萝卜、白菜、土豆、葱、蒜、豌豆等，品种比较少。

1959 年 12 月，嘉黎县人民政府成立后，来到嘉黎县工作的汉族和其他民族的干部、职工在嘉黎县城附近开荒种地，解决吃菜难的问题，在长期的生活中附近的群众也被他们带动开始种植蔬菜。

在 1990 年以前嘉黎县干部、职工的吃菜问题基本上是自己想办法解决。1990 年以后，县城由嘉黎乡搬迁至阿扎乡以后，由于阿扎乡海拔高等原因，不具备种植蔬菜的条件，机关干部吃菜难的问题没有得到解决。

为解决全县人民吃菜难的问题，嘉黎县农牧局于 1995 年在县城开发了 15 亩菜地，并将其承包给承包商，最初确有一定的经济效益，也在一定程度上解决了全县人民吃菜难的问题。但随着外来经商人员的增多，特别是经营蔬菜的人员及贩卖蔬菜的品种增多，承包菜地的效益逐步降低，导致承包商亏本。因此，2004 年底菜地停止种植。

种植业 2001 年收入 1 万元；2002 年收入 3. 36 万元；2003 年收入达 15 万元。

嘉黎县嘉黎镇、忠玉乡有饲养藏猪、藏鸡的传统，嘉黎县藏猪、藏鸡开发公司于 2002 年 9 月在老县城成立。藏猪、藏鸡开发项目为广大农牧民带来了很好的经济效益，对脱贫致富起到了积极作用，但因藏猪、藏鸡的开发还不够深入和受 2003 年“非典”的影响，藏猪、藏鸡的开发处于停滞状态，尽管“非典”结束后曾先后几次到拉萨等地推销，但仍没有打开销路。2004 年只好将所有藏猪屠宰销售，收入 9. 6 万元。

忠玉乡群众根据气候条件，在乡党委、政府的号召下发展蜜蜂、中草药种养殖，并在家庭院落种植苹果等果树，但受忠玉乡交通条件等所限，群众的种养殖效益并不明显，产品基本上自产自销，没有形成特色产业。

第四节　服务业

随着嘉黎县经济的快速发展，一些农牧民群众开办起了商店、饮食业等，既增加了一定的现金收入，又带动了全县多种经营收入。

一、饮食业

饮食业及其他，1996 年收入 11 万元；1997 年收入 12. 1 万元；1998 年收入 9. 84 万元；1999 年收入 10. 2 万元；2000 年收入 28. 7 万元；2001 年收入 31. 62 万元；2002 年收入 33. 71 万元；2003 年收入 41. 87 万元；2004 年收入 431. 93 万元；2005 年收入 363. 473 万元；2006 年收入 499. 96 万元；2007 年收入 405 万元。

二、多种经营收入

2001 年实现总收入 96. 31 万元；2002 年实现总收入 99. 49 万元；2003 年实现总收入 382. 3 万元；2004 年实现总收入 1400. 6 万元；2005 年实现总收入 4176. 176 万元。

三、技能培训

2001 年各类技能培训 320 人；2002 年培训 430 人；2003 年培训 521 人；2004 年培训 1078 人；2005 年培训 902 人。

四、劳务输出

2001 年，劳务输出 622 人，实现收入 21. 06 万元；投入车辆 43 台，实现收入 21. 9 万元。

2002 年，劳务输出 798 人，实现收入 32. 3 万元；投入车辆 68 台，实现收入 32. 6 万元。

2003 年，劳务输出 1251 人，实现收入 154. 8 万元；投入车辆 130 台，实现收入 144. 4 万元。

2004 年，劳务输出 2064 人，实现收入 298. 06 万元；投入车辆 71 台，实现收入 112. 35 万元。

2005 年，劳务输出 2904 人，实现收入 391. 8 万元；投入车辆 271 台，实现收入 250. 1 万元。

第三章　粮油

嘉黎作为川藏大道上重要的驿站，清中央政府在嘉黎设有粮台供应前往拉萨等地的官兵，以及保障驻藏大臣住宿等事宜。1962 年 6 月，嘉黎县成立财粮科，农畜产品有牛羊肉、牛羊皮张、羊毛、牛绒、药材等，县内的土特产品由私商自由收购，征收的粮食主要是青稞。

第一节　机构与管理

一、机构

1962 年 6 月，嘉黎县成立财粮科，同时兼管粮油工作，粮油业务开展后，配置会计、保管员各一名，各乡镇分别配有一名财粮助理员，负责粮食及财政工作。全县有专（兼）职粮油工作人员 9 名，负责全县粮油的入库、储运、加工、销售等业务工作。业务上属地区财粮局领导，实行按季度、年度向地区财粮局报账制。1976 年 7 月起实行独立核算，成立县粮站，由县商业科领导。1992 年 1 月成立县粮食局（科级）。

1962—2010 年嘉黎县粮食部门班子成员名录见表 6 - 3 - 1。

1962—2010 年嘉黎县粮食部门班子成员名录

表 6－3－1

机构名称	职务	姓名	性别	民族	任职时间	备注
财粮科	科长	刘丕杰	男	汉	1962. 10—1964. 01	
		陈厚德	男	汉	1976. 07—1976. 10	
商业科	副科长	刘克增	男	汉	1972. 11—1977. 06	
		李万寿	男	藏	1976. 07—1976. 10	
		陈厚德	男	汉	1975. 04—1976. 07	
嘉黎县粮食局	局长	陈厚德	男	汉	1976. 10—1981. 05	
		益西多吉	男	藏	1981. 05—1987. 07	
		曲尼旦巴	男	藏	1999. 07—2002. 08	
		徐泾邦	男	汉	2005. 09—2010. 12	
	副局长	益西多吉	男	藏	1978. 12—1981. 05	
		加多	男	藏	1987. 07—2007. 02	兼任

二、业务管理

1962 年，县财政科以国家下拨的流动资金、银行贷款作为资金开展粮油业务。粮油征购入库期间工作量大，由县里派人协助，粮油工作人员负责收购、付款、入库工作。平时供应的内地粮从地区粮食仓库调入。县粮食局在粮油经营管理中，坚持“增产节约”的方针，加强经营管理，尽量减少支出，如减少重复运输等。

三、价格管理

1956 年 8 月，根据中共西藏工委财经部发出的降低粮价的有关文件精神，为改善西藏人民的生活，将藏北地区对外粮价进行适当降低，即青稞由每斤 0. 28 元降为 0. 25 元，大米由每斤 0. 5 元降为 0. 4 元，面粉由每斤 0. 55 元降为 0. 45 元，糌粑由每斤 0. 42 元降为 0. 38 元。

1961年，在调整粮油价格中，本着有利于发展农牧业生产，有利于西藏建设，有利于农牧交换和物资交换的原则，拉萨的青稞收购价提高为1角5分，豌豆提高为1角。青稞原收购价为0.13元、销售价0.14元，调整后的销售价为0.15元；小麦原收购价为0.13元、销售价为0.14元，调整后的收购价为0.145元；豌豆原收购价为0.1元，调整为0.2元；蚕豆原收购价为0.145元，调整为0.2元。

1984年9月，国营粮食经营部门的粮食、油菜籽的收购保持一定的地区差价，以促进粮食、油菜籽的流通。

1988年9月，根据自治区人民政府常务会议精神，对小麦、粮油收购价格作适当调整，即提高限价。冬小麦由每公斤0.52元调整为0.62元，春小麦由每公斤0.46元调整为0.54元，油菜籽由每公斤1.08元调整为1.28元，青稞由每公斤0.64元调整为0.70元，蚕豌豆不作调整。

1989年4月，根据国家物价局、商业局相关文件规定精神，对部分粮油价格进行调整。最高限价冬小麦每公斤由0.76元调整为0.82元，提高了0.06元；春小麦由每公斤由0.76元调整为0.82元，提高了0.06元；油菜籽每公斤由1.32元调整为1.44元，提高了0.12元。

1995年6月，那曲地区对县境内的挂面在原来销售价格的基础上，分别下调为1.00元、1.10元、1.20元3个档次价格。

1996年，县境内特制精粉每公斤1.73元，陕西精粉每公斤1.97元，标粉每公斤1.34元，精粉挂面每公斤1.98元。

1997年后，随着市场经济的发展，粮油价格逐步由市场决定。到2010年12月，基本上是随行就市。

四、票证管理

1960年西藏发行地方粮票以来，只限于在机关团体、企事业单位内部使用。农牧民到城镇看病、办事、探亲、访友等，凭社队证明去食堂吃饭可免收粮票，但买不到粮食制成品；社队干部出去学习、开会、参观，口粮由国家解决。1966年1月1日起发行新版全国通用粮票，粮票面额有5斤、3斤、1斤、0.5斤、0.2斤5种。在城镇和农牧区同全国一样发行“全国通用粮票”，同时在全区范围内发行新版西藏粮票。

1976年1月1日，经自治区革委会批准，在全区范围内发行新版西藏地方粮票。在计划经济管理时期，粮油票证属于国家严格控制和管理的重要票证之一，严禁涂改、邮寄、买卖等，遗失不补。在实行粮油票证的各个历史时期，嘉黎县粮油部门严格执行国家和上级的有关规定，严格粮油票证发放范围和程序，设专人、专账、专库，并做到日清月结和账表、账实、账据相符。从1994年2月1日起，进行深化粮食流通体制改革，各种粮票停止使用，并对各种粮票进行清理与回收。1997年后，粮油由市场定价，可以自由买卖和流通。

五、财务管理

1960年8月7日，根据西藏自治区筹委会粮食局出台的《粮食企业资金管理暂行办法》，嘉黎县粮食供应站尽全力做到合理运用资金，既保证收购，又不积压资金。督促各乡（区）及时进行清理，办理结算，余款上缴，回笼时，销售款及时存入银行，减少资金积压。各乡（区）的销售额，每10天向县粮食局汇报一次，对销售收入资金的管理，做到先收款、后出粮，一律不准赊销。在资金紧张时，嘉黎县粮食部门迅速组织资金回笼和资金投放工作，掌握粮食征购进度，合理调配资金。粮食征购入库时，一般情况下不直接发放农贷粮，在完成征购任务的同时，大力协助银行做好货币回笼和储蓄工作。对信贷资金管理，从编制贷款计划到使用、还款，均制定出一系列完善、高效的措施，做到勤贷、勤还、减少利息开支。积极收回占压的资金，提高定额流动资产的使用效率，加强专用资金的管理，实行专款专用。

第二节　征购

一、公粮征收

1959年10月，在平叛取得基本胜利、充分发动群众进行民主改革的基础上，经报西藏工委批准，自治区筹委会在全区范围内，有计划、有步骤地开展爱国公粮的征收工作。按照自治区统一规定，嘉黎县人民政府建立粮食管理部门，从1959年开始征收公粮，实行统购统销政策，以解决农牧民的粮食销售、城镇人口和农牧区缺粮人口的口粮问题，同时，按照计划供应城镇人口的口粮，保证他们的粮食需要。1959年11月1日，嘉黎县按照西藏自治区筹备委员会颁布的《西藏地区1959年征收爱国公粮暂行办法》，自1959年起开始征收爱国公粮，在征收过程中，嘉黎县根据自治区要求，按照“多收多征、少收少征、不收不征”的原则进行爱国公粮征收。在征收季节，成立以县长或县委书记为主任委员，包括各有关部门代表在内的公粮征收委员会，负责领导、督促与检查公粮征收工作。各乡人民政府或农协负责组织征收工作，调查评议委员会负责调查、登记、评议工作。

在嘉黎县征收的粮食品种主要是青稞。爱国公粮的征收程序大致如下：首先由各乡村评议委员会进行调查评议，并将纳粮户的人口、土地、产量登记入册，报送县人民政府核查。县人民政府按照各户的实际产量和征收原则，确定纳粮户的应征数额，填写公粮征收清册和纳粮通知，各纳粮户凭纳粮通知交纳粮食。为保证征购粮食质量，纳粮户需在征收前将粮食晒干扬净，经粮库检验合格后，方可入库。

1960年，经西藏自治区工委批准，西藏自治区筹备委员会制定和颁布《西藏自治区1960年征收爱国公粮暂行办法》，规定凡有农业收入的单位或个人都是公粮的交纳人，必须按照规定向国家交纳爱国公粮。爱国公粮的征收以农户为单位，按农业人口每人平均全年农业收入的余额累进计征，人均产量90千克以下的免征。征收粮食品种为青稞、小麦、荞麦、豌豆和蚕豆。嘉黎县按照《西藏自治区1960年征收爱国公粮暂行办法》的规定，在全县范围内征收青稞、小麦、荞麦等粮食。1961年，西藏自治区筹备委员会颁布《西藏自治区爱国公粮征收办法》及《实施细则》，征收爱国公粮以1960年实际产量为计算基础，5年不变，增产不增税。同时实行鼓励开荒的政策，谁开垦的土地归谁所有，新开垦的荒地，5年内免征爱国公粮。嘉黎县按照此办法进行征收。

此后，随着自治区爱国公粮征购办法的变化，嘉黎县严格按照自治区统一规定进行爱国公粮的征收工作。

1980 年，全区停止征收爱国公粮，嘉黎县亦不再向农民征收公粮。

二、粮油收购

1959 年，嘉黎县按照自治区的规定开始实行粮食统购统销政策，当年完成统购任务 167.63 万千克。1960—1964 年，全县粮食实行定产、定购、定销的“三定”政策，并采取一年一定的办法，使粮食统购任务基本稳定。嘉黎县从 1964 年开始收购油菜籽。1957—1977 年，全县粮食收购在原“三定”基数上进行了调整。

1980 年中央第一次西藏工作座谈会以后，西藏农牧区实行免收公粮政策，畜牧产品、土特产品也实行免收政策，如农牧民要卖畜产品和土特产品可按照市场价交易。

1989 年以后，嘉黎县群众的粮食收购工作基本停止，群众出售的大都是畜牧产品，粮食基本上都由群众自主安排。

三、土特产收购

嘉黎县农畜产品有牛羊肉、牛羊皮张、羊毛、牛绒等，县内的土特产品由私商自由收购。西藏和平解放后，杂铜、废钢铁、破布等由政府安排任务，统一收购。

1963 年，嘉黎县成立土特产品收购交换站，收购的土特产品总值 27824.2 元。1967 年，县财贸科收购土特产品总值 39845 元，其中手工业产品 3000 元。收购的品种与数量为：虫草 15 千克，党参 250 千克，桃仁 150 千克；畜产品类 2709 元，羊毛 1600 千克，牛皮 150 张，猪肉 2700 千克，牛羊肉 4248 千克，鲜蛋 3000 个；干蘑菇 500 千克。同年，收购杂铜 300 千克，废钢铁 190 千克，旧布 200 千克，总价值 1287 元。

1974 年，县贸易公司对羊毛、羊皮、牛羊猪肉、动物油、酥油实行派购，收购药材 17834 元。

1989 年 4 月，县政府成立土特产品综合收购领导小组，切实加强收购管理工作，凡在县内收购中药材的外来人员，必须先征得政府同意方可收购。1990 年，对各单位废机油进行回收，每月回收一次，收购废机油后按计划供应当月油料。1994 年，县贸易公司收购土特产品 158742 元。

1999 年，外来人员开始在县内收购废垃圾、塑料、杂铜、废钢铁等。

四、生产资料收购

1972 年，全县销售化肥 4500 千克。1978 年，那曲地区分配给嘉黎县工农 F－11 型手扶拖拉机 4 台。

1984 年 3 月，那曲地区农机公司调给县供油站柴油 620 吨。县政府按各区农业机械的保有量、油耗量以及商品粮贡献多少进行分配，要求嘉黎的 6 个区保证从事农牧业生产机械作业，然后分配到有拖拉机的户和社队，按 4 个季度的生产情况发放供油凭证，凭证分季度限量供应。一、四季度各供应全年指标的 20%，二、三季度各供应全年指标的 30%，确保节约用油。严禁乱卖柴油或转让给其他单位和个人。

1985 年，木材销售按计划凭票据供应，县办农场生产的原木料主要供应本县建设用材或供应给木材加工点加工锯材，一般不外销。1987 年，销售木材、薪柴、横梁木、电杆、木炭总收入 27.4 万元。

1993 年，县内实施对农村冬播、春播作物及油菜化肥价格补贴 50%。

1996 年 4 月，化肥价格补贴降为 25%。

五、仓储

县粮食局成立之初储粮设备简陋，保管技术落后。根据国家粮食部提出的“四无粮仓”（无虫害、无鼠雀、无霉变、无事故）要求，每年定期对仓库进行防霉、防鼠、防虫和防事故检查。库内储存成品粮油统一包装，堆垛存放，便于盘检，利于通风、散热，院库备有消防器具。粮食管理实行收付有据、粮账相符的责任制，进一步制定落实“四无”粮仓措施，盘仓查库，登记造册。

第三节　供应与销售

一、城镇供应

1960 年，嘉黎县政府按照 1955 年国务院对城镇非农业人口的粮油实行计划定量供应相关文件精神，干部职工和城镇居民按年龄和工种，依人定量，凭粮食供应证供应成品粮。人口增减变化凭户口迁移证明办理粮油供应的上户、下户手续。对学校师生参加劳动规定了补助标准；对工商用粮和饲料用粮采取了指标控制、计划供应的办法。

1976 年正式发行西藏地方粮票，与全国通用粮票一起流通，但全国通用粮票与地方粮票的流通范围仅限于机关、团体、企事业、学校等单位内部，不在广大农牧民和城镇居民中流通。领粮票扣减粮食供应指标。粮票的使用，方便了干部职工出差、休假和农牧民外出。随着粮食市场的放开，从 1994 年 1 月起逐渐停止计划供应，4 月 1 日停止使用粮票。1997 年全面开放粮食市场，对外放开供应粮食。

二、农村供应

1959 年，少数农牧民由于受灾等原因而缺粮。政府对缺粮户一直进行返销，解决了暂时缺粮的困难。1960 年，县政府实行粮食定销到户，按照“保证生产、控制销售、合理分配、重点安排”和“少缺少供、多缺多供”的原则进行供应。对确有困难的缺粮户给予优先照顾。返销多的年份全县达数十万公斤，少的年份也有数万公斤。在国家返销的同时，政府还采取免征购，发放救灾、救济粮的办法加以解决，县政府发动群众互借互济，保证了缺粮户的基本生活。个别牧业村、组的口粮按照历史习惯，采用农畜产品交换的办法自行解决。

中共嘉黎县委员会、县政府还将解决好缺粮问题、安排好群众生活，作为县、乡干部工作的一项重要内容，与其他工作一并纳入年终工作考核。20

世纪80年代后期，因粮食年年增产，对个别缺粮户采取从村、组储备粮中解决，或者采取互借互济的办法予以解决，农村供应逐年减少，此后逐渐取消农村返销供应。

1972—1991年部分年份嘉黎县商品购销存总额情况见表6－3－2。1972—1991年部分年份嘉黎县社会商品零售总额情况见表6－3－3。

1972—1991年部分年份嘉黎县商品购销存总额情况表

表6－3－2　　单位：万元

年份	国内纯购进总额	合计	对居民销售商品零售额	县机关零售额	农牧区零售额	年末库存总额
1972	2.35	38.7				49.25
1973	2.46	40				23.58
1974	2.8	44.97				38.88
1975	3.34	53.6				38.48
1976	2.92	49.72				33.66
1977	2.51	44.48				33.24
1978	3.02	58.18				39.4
1979	5.93	50.34	14.46	14.46	35.88	25.37
1980	2.36	62.09	27.94	27.94	34.15	14.98
1981	6.87	53.09	19.69	19.69	33.4	14.08
1982	3.88	64.08	24.3	24.3	39.78	11.92
1983	7.87	70.28	26.05	26.05	44.22	29.44
1984	58.95	67.15	26.3	26.03	40.84	29.33
1988	211.66	715.45	422.39	122.93	293.06	128.39
1989	342.56	490.34	205.04	13.94	285.3	99.49
1990	312.56	506.2	207.5	24.15	298.7	119.84
1991	195.5	207.91	28.11	28.11	179.8	17.58

1972—1991 年部分年份嘉黎县社会商品零售总额

表 6－3－3　　　　单位：万元

年份	社会商品零售总额	按经济类型分			按商品用途分	
		全民	集体	个体	对居民销售商品零售额	对生产队和社员的农业资料零售额
1972	38.7	38.7				
1973	40	40				
1974	44.97	44.97				
1975	53.64	53.64				
1976	49.72	49.72				
1977	44.48	44.48				
1978	58.18	58.18				
1979	50.34	50.34			14.46	35.88
1980	62.09	62.09			27.94	34.15
1981	53.1	53.1			19.69	33.4
1982	64.08	64.08			24.3	39.78
1983	70.28	70.28			26.05	44.22
1984	67.15	67.15			26.03	40.84
1988	422.99	279.24	102.4	41.35		
1989	299.24	92.5	204.18	2.56		
1990	324.95	121.5	191.8	8.7	0.85	2.1
1991	207.91	151.3	38.2	10.41	2	

1962—2000 年部分年份嘉黎县商品销售情况见表 6－3－4。1972—1991 年部分年份嘉黎县主要农副产品收购情况见表 6－3－5。1985—2000 年部分年份嘉黎县主要畜产品产值统计见表 6－3－6。

1962—2000 年部分年份嘉黎县商品销售情况表

表 6－3－4　　　　单位：万元

年份	资金平衡额	商品流通额	财产损失额	年份	资金平衡额	商品流通额	财产损失额
1962	65.64	155.32	5.18	1990	834.6	356.13	6.3
1965	59.4	242.20	8.25	1991	885.3	297.8	11.9
1975	48	283.36	6.75	1992	901.2	316.5	17.5
1978	60.25	310.07	4.4	1993	967.3	332.4	12.45
1980	58.95	236.54	5.5	1994	873.35	547.44	23.73
1983	66.38	181.76	7.2	1995	783.53	823.47	17.46
1984	59	296.54	6.92	1996	935.35	1142.35	43.56
1985	462.98	257.12	8.97	1997	1092.44	1324.58	57.68
1986	626.98	335.49	10.2	1998	967.32	1278.88	65.6
1987	698.3	289.45	12.1	1999	892.44	1563.35	96.4
1988	710	225.66	10.08	2000	1013.53	1893.54	112.3
1989	780.6	182.3	5.85				

1972—1991 年部分年份嘉黎县主要农副产品收购情况表

表 6－3－5

年份	山绵羊皮（张）	山绵羊毛（斤）	牛皮（张）	牛毛（斤）	麝香（斤）	贝母（斤）	虫草（斤）
1972		360			322.72	2053.7	0.2
1973		660	196	50	252.8	898.5	
1974		1720	189	1978	169.8	427	0.2
1975	6	1890	436	2190	175.94	639	4.5
1976	189	1840	316	2697	153.02	1317	1.6
1977	216	1960	400	2603	156.24	755	1.45
1978	222	150	408	2836	113.65	1380	0.18

续表

年份	山绵羊皮（张）	山绵羊毛（斤）	牛皮（张）	牛毛（斤）	麝香（斤）	贝母（斤）	虫草（斤）
1979	642	5695	584	2237.2	151.63	1433.33	0.7
1980	471	440.3	398	528.5	100.31	968.54	0.03
1981	321	384.3	352	321.4	83.4	1010.4	0.3
1982	203	416.75	363	55.6	103.4	837.2	0.7
1983	71	362.75	351	27	135	4111.1	0.4
1984	324	236	284	32.4	94.01	2172.38	2.5
1989					25.51	1258.6	41.45
1990	38799	4092	17922	1196	31.26	210	8.48
1991		1806.94			99.73	1406.6	97.56

1985—2000年部分年份嘉黎县主要畜产品产值统计表

表6-3-6

年份	山羊毛产量（吨）	绵羊毛产量（吨）	半细毛羊产量（吨）	羊绒产量（吨）	牛绒产量（吨）	牛毛产量（吨）	牛皮产量（万张）	山羊皮产量（万张）	绵羊皮产量（万张）	牛犊皮（张）	禽蛋产量（公斤）	虫草（斤）	麝香（斤）	鹿茸（斤）	贝母（公斤）
1985	23.4	72.05	0.97			65.8	0.81	1.07							
1988	17.81	57.62		13.7	18.0	15.6	0.81	1.25	1.17	13		30	4		235
1989	36.46	12.3	7.92	1.86	2.14		1.28	2.13	1.76		50	41	2.5	0.1	629
1990	20.47	63.94		8.18	9.41	15.3	1.79	2.04	1.84			8.5	3.1		210
1991	22.38	68.09		8.95	10.1	16.76	0.91	1.56	1.44		49.1	48	9.9	0.3	703
1992	46.23	141.7		1.91		3.56	0.96	1.7	1.51	47.4					
1993	22.39	69.24				18.4									
1994	26.4	66	45.2	8.73	23.3	17.1	1.31	2.05	1.74	803					
1995	18.5	58.97	4.4	7.02	10.09	16.82	1.64	2.12	2.05	400	22.6				
1996	20.86	136.2	136	8.35	27.01	17.1	1.53	2.06	1.8		75.4		1.7	2	
1997	21.44	69.5	61.5	8.75	10.79	17.98	1.55	2.16	2.09	2904	184				
1999	20.76	73.38	73.3	8.2	10.34	18.81	1.5	2.17	2	300	126				
2000		71.42		8.36	12.21	28.69	1.99		2.32	87	2108				

第四节　储运与加工

1975 年，嘉黎县贯彻执行“统一征购、统一销售、统一拨调、统一库存”的粮油管理制度，对超额完成上级分配粮食征购任务的粮食上缴自治区粮油仓库。1973—1975 年，在“一定三变”① 基础上进行调整，超过订购任务的部分实行按统购价的 50% 作加价奖励，通过粮油收购体制改革，调动了农牧民群众的积极性。嘉黎县的粮油储备管理经西藏自治区粮油部门统一管理，粮食入库的品种，根据各生产队实际情况，各区统筹掌握，对各类粮食品种要分别入库，冬小麦和春小麦分别保管。

嘉黎县粮食仓库是西藏自治区的粮食储备库，粮油由专门人员管理。粮食储备库一般采用酒精湿度计和水银温度计检查粮油温度和湿度，测定粮食水分常用油蒸式水分测定器。粮油管理站为提高粮油储运管理效率，采用了机械设备。粮油供应纳入国家计划，统一经营，实行定额定月分配。单位供应实行单位编制粮食计划，按月进行供应，发购粮证；农牧民的粮食供应主要通过财粮科征收公粮加以解决。粮油由专门技术人员进行管理。

一、保管

1959 年西藏民主改革后，县政府逐步配齐粮油保管人员，县里除有人专管以外，各乡镇由一名财粮助理员兼管粮油保管工作。1960 年，嘉黎县加强对各区部分公粮、余粮和没收叛乱领主及代理人的粮食进行保管。库存的粮食，未经市委批准，不得动用，违者按情节轻重予以处分。对边远仓库存放的粮油进行集中，以便保管。在雨季来临前，各区对粮食仓库进行检查、补修，以防潮湿发生霉变，同时严防鼠、虫害，以及不法分子偷盗或放火等。实行严格的开仓支粮制度，未经县委同意，一律不得动用。嘉黎县没有专门的油料储藏仓库，牧民家中每年秋收的油菜籽榨出的清油，基本以罐

① “一定三变”：指坚定垦荒精神，转变理念、转变要求、转变方法。

装储存，定期检测化验，确保成品油质量。罐装酥油储存，做到“橙黄不辣口、无霉”。粮油仓库一般设专人管理，油品储存一般采用桶装和罐装。

1980年进行全县清仓盘点，搞清实有库存，理顺保管工作。各乡镇分别理清粮油保管账目。在保管中逐步完善规章制度，进一步严格执行出入库手续，做到出库必须有县粮站的出库通知单，定期盘库，保管人员相对稳定，严格交接手续。认真贯彻“防重于治，以防为主，防治并举”的方针，定期和不定期地进行粮食常规检查和专项检查，开展无虫、无霉烂、无鼠雀、无事故的“四无”粮食宣传教育工作。实行定人员、定器材、定损耗的管理责任制，减少粮油损失，确保粮油质量。一般家用酒精湿度计和水银温度计检查粮油的湿度和温度，测定粮食水分常采用油蒸式水分测定器，若仓库气温、湿度达不到储存要求，主要采用“适时通风”加以调节，以确保粮食安全。粮油储存分包装和散装、库内和露天储存等形式。

二、调运

历史上，嘉黎县没有公路，粮油调运全靠人背畜驮。20世纪60年代初，嘉黎县组织群众运粮装仓，将粮食运到粮库。60年代后期马车增多，改为马车调运。70年代初由于物资紧缺，县调出粮油任务重，按照地区的安排，嘉黎县组织运输大会战，全县出动30余辆马车多次往返于那曲，返回时运回百货。进入80年代，由于汽车增多，汽车运输费用比畜力和马车运输费用低，粮油调运以汽车运输为主。全县的粮油调拨根据地区粮食局下达的调拨计划，结合嘉黎县粮油库存情况，由县粮食局下达调拨任务给所属各库进行调出。县内调拨为外调集运、站间调剂。地区内调拨为调原粮到地区粮库，以地区粮库调入县内所需大米、面粉等。每年调出粮食数量不等。20世纪90年代，随着市场经济的发展，县里的粮食个体运输户，以及县政府的车辆都要到那曲地区粮食仓库运输分配给嘉黎县的指标粮食，以保障全县的粮食供应。

（一）调进

1967年，粮油调运的目的是解决全县机关单位职工用粮及牧民缺粮的问题，调运粮油量很少。联产承包责任制落实后，粮油产量逐年增加，农牧民生活条件逐步提高。为调节粮油储存结构，满足全县人民的生活需求，全县的粮油调进，采用马队运输的方式进行。

1978 年，从内地调粮 12.39 万斤，当地粮调入 90.7 万斤，其中从彭波调入小麦 74.4 万斤，从粮油加工厂调入当地面粉 3.3 万斤，从嘉黎农场调入小麦 13 万斤，调出油菜籽 47 万斤，从城关区调出酥油 4275 斤，以保证农民的生产供应。

1988 年在原有库存的基础上，共调运各种油料 120.2 万升，其中汽油 27.36 万升，柴油 9.18 万升，各种油类销售总额 100.5 万元。

1992 年，县商业局完成粮食调运工作。粮食局公司按照有关指示，结合本县的实际情况，做好调运、库存工作，保证全县用粮单位和农牧业生产的需要。

（二）调出

自粮油公司成立后，粮油的调出计划直接由上级单位规定，按规定的目标责任书执行。为了保证农民的粮食供应，县粮站统筹安排，粮油公司也制定了调出计划，形成调入与调出有序进行的机制，粮油的调出主要由马车队完成。

三、粮食加工

西藏和平解放前，县内农业生产的粮食及油料均由农户自行加工，加工工具为手推小石磨、木石榨油等。木石榨油分布较少，主要分布在油菜产区。木石榨由砧石、压杆和压石构成，榨油前先将油菜籽在石臼中捣碎，然后放在笼里蒸熟之后将烂熟的油菜籽装入牛毛袋子里放在砧石上，用压杆挂上压石压，至油榨尽为止。1952 年农牧民用水磨和人力手推小磨进行粮食加工。手推小石磨，体积小，重量轻，托运方便，多为农牧户或半农牧户放牧、憩息时使用，主要磨新鲜的糌粑。水磨使用广泛，主要用来加工面粉或糌粑。

20 世纪 70 年代初期，对水磨进行加工，将原来的平板石磨扇改为有齿磨扇“人”字形。改进后的磨扇提高了工作效率。农民的粮食加工大多为满足自己的生活需要。

1982 年，县粮站购电动磨面机 2 台，安排 2 人专门从事冬小麦的面粉加工，当年面粉加工能力提高 1.4 万千克左右。1983 年嘉黎县的土油榨油点只有 2 家，由私人经营管理，传统的清油加工为土油榨法，出油率低，质量较差。1984 年，县粮站购进电动榨油机 1 台，年加工成品食用植物油 1 万千克。私人经营清油加工厂为提高工作效率，加强管理，引进螺旋式榨油机 1 台，日产油 200 千克。居民的生活用油质量得到了保障。

20 世纪 90 年代初，社会上出现私营小型粮油加工作坊，在各乡镇根据实际情况，建立了规模不等的粮油加工乡办企业，方便了人民群众生活，促进了粮油加工业的发展。加工后的粮油麦皮作为家庭养殖牛、羊、鸡等的饲料。饲料加工没有设立专业的加工场。

1998 年，全县有私人经营的加工面厂 2 家，拥有 FMS2300 磨粉机 1 台，以加工的面粉、糌粑为主。

1985—2000 年嘉黎县粮油加工厂基本情况见表 6－3－7。

1985—2000 年嘉黎县粮油加工厂基本情况表

表 6－3－7　　　　单位：人、万元

项目 / 年份	职工数	产值	流动资金		专用基金支出	产品销售收入			
	工人		平均余额	年末占用		合计	税金	成本	利润
1985	15	14.6	5.4	4	2.1	14.6		4.3	10.3
1986	18	12.2	7.9	3.1	3.6	12.2	1.8	5	7.2
1987	21	10.4	6	5.7	4.3	10.4	3.2	3.6	6.8
1988	25	15.7	4.3	4	5	15.7		5.7	10
1989	27	19	8.5	3.2	5.7	19		7.1	11.9
1990	22	20	9	6	6	20		6.9	13.1
1991	25	13.6	6.4	6.3	8	13.6	1.3	5	8.6
1992	30	17.5	10.2	5	7.4	17.5	3.2	4.8	12.7

续表

项目 年份	职工数	产值	流动资金		专用基金支出	产品销售收入			
	工人		平均余额	年末占用		合计	税金	成本	利润
1993	32	20.1	7.7	5	8.3	20.1		7.7	12.4
1994	33	23	9.9	7	9.4	23		9	14
1995	29	37	7.3	6.9		37		10	27
1996	31	30.4	10.4	8		30.4		8.6	21.8
1997	35	27	8.7	9.6		27		7	20
1998	33	25.5	11.7	10.5		25.5		9.5	16
1999	34	28.1	12	7		28.1		13.2	14.9
2000	29	40	20	9.5		40		10	30

第七篇

交通　邮电　城建

第一章　交通

1968 年 8 月，修筑嘉黎至那曲公路。1976 年 10 月，作为省道 305 线的延伸线，修建了嘉黎县县城到尼屋区的公路，该公路长 79 公里。嘉黎县交通事业由县计委管理。1979 年 10 月，设立嘉黎县交通局，1987 年 7 月撤销，2002 年 8 月正式恢复成立嘉黎县交通局。截至 2010 年，有县道 4 条，共长 406.685 公里；专用公路 1 条，长 22.169 公里；乡道 1 条，长 57.653 公里；村道 34 条，共长 348.362 公里。嘉黎县境内国省干线由县养护段进行养护，县、乡、村道由县交通局进行养护。

第一节　机构

1959 年 12 月，嘉黎县人民政府成立后，对一直困扰嘉黎发展的交通问题十分重视。嘉黎县交通事业一直由县计委管理。由于机构编制等问题未能解决，2000 年以前嘉黎县交通由县计委主管。

1979 年 10 月，嘉黎县交通局设立。1987 年 7 月撤销。

2002 年，根据《中共那曲地区委员会办公室关于印发〈嘉黎县、乡（镇）机构改革方案〉的通知》精神，嘉黎县交通局于 2002 年 8 月正式恢复成立。

截至 2010 年，嘉黎县交通局编制 3 人，其中局长 1 名，副局长 1 名，工作人员 1 名。

1979—2010 年嘉黎县交通局班子成员名录见表 7－1－1。

1979—2010 年嘉黎县交通局班子成员名录

表 7－1－1

机构名称	职务	姓名	性别	民族	任职时间
交通局	局长	李曲江	男	藏	1979. 10—1981. 05
		强巴桑登	男	藏	1984. 08—2002. 08
		坚多	男	藏	2002. 08—2004. 12
		次仁顿珠	男	藏	2006. 09—2010. 12
	副局长	根登江措	男	藏	1979. 10—1981. 12
		西绕	男	藏	1984. 08—2002. 08
		苏兆锋	男	汉	2002. 08—2010. 12
		扎西巴珠	男	藏	2005. 10—2006. 07

第二节　交通管理

西藏和平解放后，嘉黎县公路交通事业在党中央、国务院的关怀重视下，从无到有逐步发展。交通运输是嘉黎县的经济命脉，公路运输承担着90%以上的货运和80%以上的客运任务，促进了嘉黎县的经济发展和社会文明进步，促进了各民族之间的经济文化交流，对增强民族团结、巩固祖国边陲安全起到了重要作用。

一、公路养护情况

公路养护管理的主要职责是围绕中心、服务大局，突出养管工作保障和服务职责。

抓好公路保通工作，为经济发展提供基础保障。经济、国防对公路交通的依赖程度高，坚持“预防为主、防治结合”的方针，切实保障公路畅通是公路养护管理工作的首要目标。

加强公路日常养护管理，提高公路的使用效益。随着西藏经济的飞速发展，区内外人员往来、物资流通急剧增加，交通流量的增加势必增加公路养护管理的难度，但西藏地广人稀，灾害频繁等客观原因导致公路养护成本居高不下，只有不断加强公路日常养护，努力提高公路的使用效益，才能满足日益加速的社会经济发展的要求。全县努力加强以干线公路路面养护为中心的全面养护力度，使县、乡干线的整体服务水平得到明显改善。

继续加快推进农村公路建设养护工作，提升路网整体服务水平。农村公路不仅解决农牧民的出行问题，而且也是尚不完善的干线公路网的辐射和延伸，地位尤其重要，要进一步加大对农村公路的养护管理力度，农村公路重建轻养的状况逐步得到改观。

加强和重视桥涵的隐患排查和日常养护。做到轻微病害及时处治、大的病害心中有数、技术状况的评定有据可查，基本保障稳步提高路网整体服务的能力。

积极争取配套资金购置养护机械。养护机械的数量逐步增加，配置更加合理，极大降低了养路职工的劳动强度，有效缓解了公路抢险保通工作压力，为公路养护水平不断提高奠定了良好基础。

二、公路主要地质病害的处治措施

（一）对泥（水）石流的处治

泥（水）石流处治方法有桥涵跨越、过水路面、修导流堤、平整山坡以及修筑台阶、排水及支挡工程。一是通过平整山坡、清方、设置台阶、排水及修筑拦挡坝与涵洞或桥结合处理规模较大的泥石流；二是修筑导流堤使泥（水）石流通过涵洞或桥穿过路基。

（二）对涎流冰的处治

涎流冰地区的路基设计应以防为主，防治结合。尽可能绕避涎流冰严重地段，线路尽可能设计在干燥的阳坡上，并尽量以路堤或浅路堑通过。无法绕避时，对河谷涎流冰主要采取提高路基及桥涵跨越方式通过。

对山坡涎流冰，综合采用治水、防冰、汇、疏、排、堵及设置人工构筑物的方式治理。自然横坡缓于1∶10的填方路基，根据现场情况采用两种方案：一是埋设暗管排水与挡冰堤相结合的方法；二是通过聚冰沟与挡冰坝相结合的方法。自然横坡陡于1∶10的填方路堤，根据不同的地形情况采取两道或多道挡冰堤处治涎流冰，或者采用渗池与盲沟结合的方式处治涎流冰。

（三）对冻土的处治

首先对全线的冻土进行全面勘查，初步掌握冻土的分布、类型及可能带来的危害，确定线路走向，考虑路线沿山坡上时，尽量选在平缓、干燥、向阳地带；路线沿河谷地带时，尽量选在阶地或大河滩区；路线线位尽量避开冻土的不良地质地段，路基尽量采用填方。采用上述措施处理后，仍不可避开的冻土路基，可根据具体情况采取不同的处治措施。

一般冻土路基地段 指少冰冻土、多冰冻土的路基，该类冻土路基地段可不做特殊处理，仅在路堤基底、路堑基底换填50厘米，上面用粗粒土填筑。

高含冰量冻土路基地段 包括富冰冻土、饱冰冻土及含土冰层路基。该类冻土路基的处理，分路堤和路堑两种。路堤缓于1∶5的斜坡地段，为避免基底厚层地下冰热融，基底不挖台阶，采用的路基结构主要考虑基底保温、坡脚保温和防水。平坦地段首先满足冻土地区最小路堤填筑高度要求，若满足不了，则应开挖换填，换填深度以路堤高度和换填深度之和不小于最小路堤填高且不小于50厘米控制。当满足条件后，则按以下方案处理：当路堤填高大于2米时，路基基底铺设20厘米厚砂砾石隔离层，路基中部设置30厘米厚砂砾石反滤层，如该段路基为砂卵石土填筑，则不设置反滤层，路基两侧设置宽2米、高1米的保温护道。当路堤填高不大于2米时，对路基基底采用砂卵石换填，路基两侧设置保温护脚，且隔离层大于1米。路堑边坡上部有高含冰土的路堑地段，采用全部换填及坡面保温措施处理；路堑边坡上部局部有高含冰土的采用局部加固措施。

冻土沼泽路基 该类型部分路段为淤泥质土，应尽可能换填。为防水和保温，在路基外两侧设置挡水捻或边沟，填平基底，设置（压实沉降后厚度40厘米）泥炭隔温层，路基两侧设置保温护脚。

热融滑坍路基　采用基底换填、保温和边坡加固等措施处理，路基换填深度根据挖方路基基底情况确定。边坡保温层采用塔头草水平叠置，宽度50厘米。边坡采用根据热融滑坍段路基边坡的坡率、地层情况采用堆土或浆砌片石加固。

热融沉陷　对该类型路段路基基底铺设砂砾石隔离层，路基中部设置30厘米厚砂砾石反虑层，如该路基为砂卵石土填筑，则不设置反滤层，路基两侧设置宽2米、高1米的保温护道。

冰丘及冰锥路基　由于该类型破坏力极大，对规模较大的冰丘和冰锥路线尽可能绕避，对规模较小的冰丘及冰锥，可以通过冻结构和保温暗沟等措施处理。

由于各路段出现的冻土情况可能属于上述各种情况中的一种或几种，一般结合现场实际综合确定防护措施。

第三节　道路与运输

一、道路

（一）古道

嘉黎县茶马古道历史遗迹从比如县的布格拉宗一直到嘉黎县的措多乡，途中有几个站点，分别是桑前松多、动嘎拉、美休，这一条线路上，残留了许多修路的痕迹，多段路面仍留有较深的类似古代马车木轱辘辙印。传说这条路修筑于唐代文成公主进藏前期，其用途是为文成公主进藏运送物资。在清代嘉黎作为川藏大道上的主要驿站，承担了昌都到拉萨的主要运输，也是人们进入拉萨的主要通道。在各部落之间也有传统的骡马驿道相连。

1960年，嘉黎县贸易公司为迎接牧业丰收后的商业旺季，大搞民间畜力运输，力争在大雪封山前，把群众需要的生产和生活资料准备充足，把当地的土畜产品运出去。从7月份起全县8个乡组织900头牦牛搞运输，运进茶叶、百货、盐巴、棉布、牧业生产工具等148吨，基本上能保证冬春两季的物资供应，同时运出土畜产品65吨。

（二）公路

1964 年，根据那曲生产建设委员会的指示精神，嘉黎县负责修筑的黑易公路，修至县新地址——达马，并负责修通后的维修工作。1968 年 8 月，修筑嘉黎至那曲公路，动用民工 2000 多人、驮畜 1000 多头，1982 年 1 月初通车。1976 年 10 月，自治区交通厅派出工程队修建嘉黎县县城到尼屋区的公路，作为省道 305 线的延伸线，该公路长 79 公里，结束了尼屋区不通公路的历史。

1984 年，公社民兵连开展建设精神文明活动后，一、二排的民兵自动组织起来，抓住秋季河水浅、气温高的时机，一鼓作气，分别在两个生产队的沿河要道口修起 12 座木桥。其中有 4 座长 30 米、宽 2 米以上，其余 8 座桥中最小的长在 26 米、宽在 1 米以上。同时，他们还为第一生产队新开辟了一条长 110 余米、宽 1 米的山间通道，为群众冬夏季节搬运草场提供了方便。

1995 年，国家拿出 900 万元开始修筑嘉黎至忠玉 118 公里的公路，来自四川、青海、甘肃等地的筑路大军完成了大部分的通车里程。

2003 年，修筑了位于嘉黎县境内的那嘉线至藏比乡公路，路线全长 48.28 公里。

2005 年，修筑了嘉黎县嘉黎乡德曲桥至扎西邓公路，起自嘉黎乡，沿乌苏绒河左岸，经梭则村、尺登卡村，止于嘉黎镇扎西邓村，路线全长 21.2651 公里。

2007 年，实施了嘉黎县藏比乡藏美公路等 2 个通村公路工程，均位于藏比乡境内，沿线经过藏比乡嘎尔当村、美巴尔村、那查村，路线全长 17.4 公里。

2007 年，实施了嘉黎县嘉黎镇嘉奔公路等 6 个通村公路工程，均位于嘉黎镇境内，沿线经过嘉黎镇奔达村、郭若卡、约青村、普叶、亚庆、东多村、萨钦隆村，路线全长 34.9 公里。

2007 年，实施了嘉黎县措拉乡措亚公路等 7 个通村公路工程，均位于措拉乡境内，沿线经过措拉乡查仓村、措乃、措董、帕热、棍次铅姆村、那朗村、亚普、改仁村，路线全长 54.7 公里。

2007 年，实施了嘉黎县忠玉乡中浪公路工程，位于忠玉乡境内，路线全长 4 公里。

2008 年，实施了嘉黎县鸽群乡鸽达、通阿公路等 2 个通村公路建设项目，路线全长 34 公里。

2009 年，实施了嘉黎县绒多乡通村公路，位于绒多乡境内，路线全长 26.83 公里，其中支线 1 起点 k0 +000，终点 k13 +744.45，路线长 13.744 公里；支线 2 起点 k0 +000，终点 k13 +082.04，路线长 13.082 公里。

2009 年，完成嘉黎县忠玉乡四村公路工程，位于忠玉乡境内，路线全长 10 公里；完成嘉黎县藏比乡通村公路工程，位于藏比乡境内，路线全长 23.589 公里，其中支线 1（6 村—7 村）起点 k0 +000，终点 k12 +579，路线全长 12.579 公里；支线 2（7 村—4 村）起点 k0 +000，终点 k11 +010，路线长 11.010 公里。

2010 年，全县有县道 406.658 公里，专用公路 22.169 公里，乡道 57.653 公里，村道 348.362 公里。

二、交通运输

（一）畜力运输

历史上人们外出多以骑马代步，如运输重物，则多用牛、马、骡等驮运。在嘉黎县，嘉黎镇作为川藏大道上的主要驿站，一直以来嘉黎等部落的群众都必须承担过往官员的畜力运输，出牛、马等帮助官员运输行李等物件。

（二）人力运输

民主改革前，人力运输在西藏很普遍。在高山峡谷地区，为领主、官府运输物资全靠人背、马驮。民主改革后，马车、手推车增多，背夫减少。到 20 世纪 90 年代，除短距离以外，长途已基本无人力运输。

（三）车辆运输

民主改革以后，嘉黎县马车运输迅速发展。到 20 世纪 70 年代末，全县马车发展到 30 多辆，运输各类物资。1978 年，嘉黎县坚持“两条腿走路”的方针，把马车和牦牛组织起来，把不通公路地方的物资运到公路沿线，减轻了汽车运输的压力。粮食部门曾把马车运输作为节省开支的重要措施。80年代中期，马车运输逐渐被汽车运输取代。

第四节　公路养护

嘉黎县境内国省干线由县养护段进行养护，县、乡、村道由县交通局进行养护。截至2010年，县道有4条，共406.685公里；专用公路1条，共22.169公里；乡道1条，共57.653公里；村道34条，共348.362公里。

县交通运输局负责全县农村公路养护管理工作的监管、指导和考核工作，县养护段具体负责辖区内县道的管理和养护工作，各乡镇具体负责辖区内乡道和村道的日常养护管理。县养护段参与制定本辖区农村公路发展规划和建设计划，建立农村公路养护数据库，参与农村公路建设和管理等，监督指导各乡镇做好农村公路日常管理养护及其设施的保护工作，配合上级路政部门处理本辖区的路政安监，负责对乡镇农村公路年度工作目标的检查和考核。汛期和雨雪天气，做好预防措施，及时进行抢修，保障公路畅通。遇到重大灾情申报当地人民政府，会同有关部门和群众进行抢修。农村公路养护分为小修保养、中修和大修三种：（1）小修保养。对管养范围内的公路及其沿线设施进行预防性保养和修补其轻微损坏部分，使其保持完好状态。分为日常养护和小修工程两种。其主要内容为：路基、路面的保洁，排水沟的清淤、疏通，路基、路面及沿线设施轻微损坏的修补。（2）中修工程。对公路及其沿线设施的一般性损坏部分进行定期修理加固。其主要内容为：整段整线在原路面上加铺4厘米以下面层，对严重损坏的局部路面、较大损坏桥涵和防护构造物进行维修。（3）大修工程。指对管养范围内的公路及其工程设施的较大损坏进行周期性的综合修理，以全面恢复到原设计标准或在原技术等级范围内进行局部改善和个别增建，以逐步提高公路通行能力的工程项目。其主要内容为：整段整线在原等级范围内翻修补强，重新铺装高级或次高级路面，在原有路面上加铺4厘米以上面层，以及桥梁的加固、严重损坏部分的维修。

第二章　邮电

历史上，清朝中央政府在现嘉黎县嘉黎镇设有驿站，以支差的方式担负邮政业务，一直延续到1951年西藏和平解放。1957年，嘉黎县工作队党委建立邮电局。1963年，嘉黎县邮电局开办了平信、普挂、保价挂号、特挂、印刷品、育人读物、明信片等信函业务。1964年，全区进行行政区划调整，嘉黎县邮电局由那曲地区邮电局管理。1966年，嘉黎县首次开展电话业务。2004年，西藏移动那曲分公司嘉黎县分公司挂牌成立。2010年，全县2镇8乡基本实现电信通信信号覆盖，完成全县及乡镇铜缆网络覆盖工作，至是年12月底，用户总数达到2705户（手机及宽带、座机总量）。

第一节　邮政

一、机构

清朝中央政府在西藏从拉萨到昌都设立了33个驿站，其中拉里果是第13个驿站，嘉黎县辖内有山湾、阿咱、拉里、擦竹卡、多洞和甲贡6个驿站，各个驿站、驻驿兵卒数目根据地方情形设置，驿站间的距离也不尽相同，其里程长度皆以行进难易程度和具体路况而定。驿站不仅担负过往官员食宿，也担负信件的传送任务，传送信件公文的事务由清军担任，附近群众负责供应和支应马差。驿站由粮台管理，兵丁也由粮台和塘汛负责。1911年10月10日辛亥革命爆发后，清军撤走，驿站由西藏地方政府接管，在嘉黎县过往的公文由嘉黎宗政府承担，宗政府根据支差的规定，将传送公文信件的差事交给嘉黎镇附近的群众或者部落，这种支差的方式一直延续到1951年西藏和平解放。

1957年，嘉黎县工作队党委建立邮电局。1959年12月，嘉黎县人民政府成立，嘉黎县邮电局由林芝地区邮电局直接管理，有营业员1人、投递员2人。1964年全区进行行政区划调整，嘉黎县邮电局由那曲地区邮电局管理。

1992年起，相继建立乡邮电所，职工增加到12人，其中大中专毕业生占全局职工的25%以上。

1972—2010年嘉黎县邮电（政）局班子成员名录见表7－2－1。

1972—2010年嘉黎县邮电（政）局班子成员名录

表7－2－1

机构名称	职务	姓名	性别	民族	任职时间
邮电局 (1972.10—1987.07)	局长	殷凤东	男	汉	1972.10—1976.10
		秦超先	男	汉	1978.11—1980.09
		贡觉曲加	男	藏	1987.07—1987.10
	副局长	罗布	男	藏	1976.10—1984.03
		贡觉曲加	男	藏	1984.03—1987.07
邮政局 (1994.01—2010.12)	局长	扎西桑登	男	藏	1994.01—2010.12

二、业务

（一）信函投递

1963年，嘉黎县邮电局开办了平信、普挂、保价挂号、特挂、印刷品、育人读物、明信片等信函业务。邮政投递方式一般可分为局内投交和按址投递两种。进口邮件必须进行内部处理后，再分别交由营业窗口和投递部门投递给相关用户。

1. 局内投交邮件

（1）同批投交同一收件人或同一收件单位（包括其内部个人）的印刷品重量满5千克的。（2）住宅楼房地面层以上的给据邮件。（3）写交邮政专用信箱的邮件（但其申请按址投递，经同意的除外）。（4）重量短少，封皮或内件破损，或有违反规定寄递禁寄物品嫌疑，需要收件人到邮局会同拆验的。（5）有其他原因（如补纳资费等）需要收件人到邮局办理手续的。（6）经按址投递，但因故无法投交的（如经两次投递，因收件人外出，而又无合法代领人领取的邮件），可以出具小条或采取其他办法转告收件人到邮局领取。（7）各类包裹、保价函件和特挂信函。（8）存局候领邮件，可以在营业窗口前用揭示板进行通知，写明××有挂号信（包裹、汇款）即可。（9）尚不具备通邮条件的新建单位，由投递局通知相关单位到邮局领取的邮件。

2. 按址投递邮件

（1）除规定局内投交邮件之外的各类平常、给据邮件，包括汇款和各类领取邮件通知单，有条件能保证妥投的特挂信函，也可按址投递。（2）全国各种邮发报刊。（3）使用专用信箱的用户，经申请后同意按址投递的邮件。

（二）邮寄

1957年，嘉黎县邮电局成立，由于县邮电局距离地区较远，包裹业务不多，主要有普通包裹、保价包裹、商品包裹等。随着改革开放的深入和经济的快速发展，业务量逐年增多，业务种类也有所增加，有航空包裹、快递小包、纸包等。1994年5月1日，县邮电局正式开办邮政快件业务，这项业务具有速度快、时间性强等特点，受到用户的普遍欢迎。2004年1月1日，开办了特快专递业务，由于特快专递具有特、快、专的特点，业务发展很快，业务量和收入逐渐增多。

（三）汇兑

1965年起，嘉黎县邮电局开办了普通汇款和电报汇款业务。20世纪80

年代开办邮政快件汇款以来，原汇款最高限额难以满足需求，又开办了高额汇款，汇票在途时间也从原来的20多天减少到5—6天，业务量不断增加，如密码汇款、入账汇款、商务汇款等日益增多。

（四）报刊业务

新中国成立后，国家报刊出版发行事业进入一个崭新的历史时期的主要标志就是报刊“邮发合一”。1952年12月，中央人民政府邮电部、新闻出版总署联合作出了《关于改进出版物发行工作的决定》，开创了国家报刊发行工作的新纪元。1968年，嘉黎县开办了邮政报刊业务。报刊发行有订阅、零售、代销、赠阅、交换以及贴报等方式。主要采取的是订阅和零售这两种方式。嘉黎邮政营业厅内常年设立收订窗口办理日常报刊订阅业务，随着信息化的发展，至2010年，报刊收订增加了电话订阅、网上订阅方式，全县报刊收订流转额达70余万元。

（五）集邮业务

1996年，嘉黎县开办增值性集邮业务。截至2010年底，全县集邮预订户为4户，集邮尚不普及，县域集邮业务主要为订制型邮册制作和窗口零售集邮册。

三、乡村邮路

嘉黎县平均海拔在4500米以上，地形复杂、气候变化无常。截至2010年12月，全县有1个邮政中心支局和9个邮政营业所，现有在岗职工7人、劳务工10人、临时合同工10人。有邮路3条，邮路单程总长度363公里，全县有农村投递线路122条，单程总长度2779公里，为汽车邮路和摩托车投递邮路。

第二节　通讯

一、邮电通信

嘉黎县电话业务的开展始于1966年，在县里主要以县各机关为主，没有长途电话业务，县邮电局按一年一部电话30元的价格收取服务费。1978年是50门，2000年是2000门。长途业务电话由1978年的10条增长到2000年的514条。1978年全县电话普及率是0.1部/百人。

除传统业务稳步发展外，电信新业务也实现跨越式发展。电视电话会议、虚拟网、分组交换、数字数据（DDN）电子信箱（E-mail）、160、166、168综合语音信息服务平台、IC电话、IP电话、一线通（ISDN）、电子商务及计算机互联网等新业务的出现大大方便了与外面的联系。

电信局成立之初使用的是数字程控交换机，提供的业务只有基本的语音通话、传真功能，上网也只有拨号，而且速度特别慢，总用户数才400户。2000年底，嘉黎县电信局电话交换机数字程控化比重达到100%。

1992年，邮电通信“八五”工程建设项目启动后，坚持“统筹规划、条块结合、分层负责、联合建设”的方针，从实际出发，有重点、分层次、分步骤地解决县邮电局的长途通信问题，短短的几年时间，建立了VSAT卫星通信地球站，全部实现市内电话程控化并进入国际国内长途直拨网，实现了历史性的飞跃。

1991—1995年，县邮电局规模很小，后经卫星通信地球站VSAT和程控电话局建设，极大地改善了嘉黎县的通信条件，结束了几十年来县内不通长途电话和没有市内电话的历史。实现了县城电话程控化、长途传输卫星化的目标，并朝着数字化、光纤化方向迈进。1997年完成了县邮电局VSAT（TES）站扩容。1998年底，顺利完成县邮政、电信的分营。2004年，成立嘉黎县电信局，县城所在地成功开通好易通业务。2007年发展了好易通业务、宽带业务、DDN业务和各项增值业务等。2010年，嘉黎镇、鸽群乡、忠玉乡、阿扎镇、夏玛乡、林堤乡开通了好易通及传真业务，其他乡及22个行政村或自然村开通了农话卫星通信，电信局2007年9月份用户总数达到3084户，1—9月份收入达到187万元。对机要、公安、人武部、武警中队、邮政、农行、税务开通了专线光缆。至2010年，该单位有合同工4人，劳务工1人。

2010年，全县2镇8乡基本实现电信通信信号覆盖，完成了全县及乡镇铜缆网络覆盖工作，截至2010年12月底，用户总数达到2705户（手机及宽带、座机总量），年收入到达480万元。中国电信集团公司嘉黎县电信局是那曲地区各县区域内规模较大、服务面较广的全业务通信运营商和综合智能信息服务运营商。中国电信集团公司嘉黎县电信局牢固树立科学发展观，坚持党的群众路线，始终把发展作为第一要务。中国电信集团公司嘉黎县电信局以固定电话网、移动通信网和互联网组成嘉黎县最大的通信网，以光线为主，以卫星为辅，以无线网接入为补充的传输网络覆盖嘉黎县所有县城、乡镇、行政村。

二、中国移动

西藏移动那曲分公司嘉黎县分公司于2004年挂牌成立。截至2010年，嘉黎县移动公司共有员工6人、GSM基站71个、TD基站3个，活动客户数为10056户，客户份额占68%。

2007年，嘉黎县移动公司在嘉黎县正式全面实现移动通信单向收费，中国移动旗下的三大品牌：全球通、神州行、动感地带，均实现本地接听全部免费，不限时、不限量。2009年，嘉黎县移动公司启动“村村通电话”工程，共成功建设基站34个。

自2004年成立至2010年，嘉黎县移动公司日益发展壮大。中国移动的全球通、神州行、动感地带等已家喻户晓，135、136、138、139、150、152、157、158、182、183、187、188等服务网号也已为广大客户所熟知，嘉黎县移动公司秉承“沟通从心开始”的企业服务理念，以遍布嘉黎县各乡镇的服务网点努力为客户提供一体化的优质服务，以覆盖各乡镇及村庄的GSM、TD基站满足了客户多样化的通信需求。

第三章　城乡建设

历史上，嘉黎县基础设施主要以清军驻守的粮台和塘汛为主。1959 年 12 月嘉黎县人民政府成立后，在嘉黎区设立县城驻地，嘉黎区成为嘉黎县的政治文化中心，办公房主要以简易平房为主，在办公区周围修建一些干部、职工的住房。1994 年 7 月中央召开第三次西藏工作座谈会以后，确定由浙江省援助嘉黎县，在浙江省的支援和自治区的扶持下，嘉黎县城的建设规模不断扩大。1996 年嘉黎县开始大规模建设公路沿线和县城的公共设施，基本工作都由县城建局管理和执行。到 2000 年，嘉黎县总投资达 8000 万元，修建房屋 12 万平方米。2000—2010 年，新建建筑面积 19.5 万平方米。

第一节　机构

历史上，嘉黎等地的基础设施主要以清军驻守的粮台和塘汛为主，各部落也没有专门的人员进行城镇规划和管理，宗政府设置的随意性很大。这也和藏北草原的地理环境和条件有关，宗政府的宗本一般派代理人对各宗进行管理，基本职能就是收取税赋，在收取任务完成后即回到拉萨。

1959 年 12 月嘉黎县人民政府成立后，在嘉黎区设立县城驻地，嘉黎区成为嘉黎县的政治文化中心。这一时期，修建的房屋主要是县委、县政府等的办公机构，规模也较小。主要以简易平房为主，在办公区周围修建一些干部、职工的住房。

20 世纪 60—80 年代，嘉黎老县城的管理随意性较大，建设投资也不多，各乡镇的建设只有 1988 年在撤区并乡工作中，对新成立的乡镇进行了规划建设。县城的干部、职工基本上是几十年来都住在 20 世纪 60 年代修建的房屋中工作、生活。县城的管理和规划工作主要由县经济计划委员会负责。

1982 年 1 月 6 日，召开县直各单位负责同志会议，专题讨论搬迁问题，会议一致同意嘉黎县搬迁到阿扎区所在地。经国务院批准，县城于 1989 年搬迁至阿扎乡。由于经济等原因，县城的基础设施建设仍比较滞后。

1994 年 7 月中央召开第三次西藏工作座谈会以后，确定由浙江省援助嘉黎县，在浙江省的支援和自治区的扶持下，嘉黎县城的建设规模不断扩大。

第二节　县城规划建设

1996 年，嘉黎县开始大规模建设公路沿线和县城的公共设施，具体工作基本由县城建局管理和执行。

到 2000 年，嘉黎县总投资达 8000 万元，修建房屋 12 万平方米。

2000—2010 年，新建建筑面积 19.5 万平方米，县乡镇规划编制总投资 1225 万元。

一、乡镇建设

1959 年 12 月，嘉黎县人民政府成立后，在全县设立了 8 个区公所和 26 个乡人民政府，这 8 个区公所驻地和乡政府驻地，基本选择人口相对集中以及历史上传统部落头人过冬的地方。很多区公所修建的房屋基本上是土坯房屋，规模不大，仅供区公所、乡干部办公和住宿。20 世纪 70 年代各区公所、人民公社的驻地建设基本没有变化。

1988 年，根据西藏自治区撤区并乡政策，嘉黎县 8 个区合并为 10 个乡。2004 年，嘉黎乡、阿扎乡设置为镇。2010 年，嘉黎县全县辖 2 个镇、8

个乡，共有 2 个居委会、120 个行政村。除县城、各乡镇政府驻地外，规模均较小。

1996 年起开展乡镇街景改造工作。嘉黎县街景改造规划工作，包括 5 个重点乡镇：林堤乡、措拉乡、夏玛乡、忠玉乡和阿扎镇。其项目总投资为 8000 万元，其中忠玉乡为 4000 万元，其他乡镇各 1000 万元。截至 2010 年，各乡镇地形图已全部测绘完成。

二、农区和半农半牧区的建筑

农区和半农半牧区的藏式房在建筑结构上与城区相同，但外观、内部装修普遍不及城区民宅。1980 年以后，少数富裕的农户建有崩空（藏语音译，即指藏房）10 间左右，经济发展较慢的乡村，农牧民每户有崩空 3—7 间。

三、生产生活

县境内的阿扎等地牧民一直保持逐水草而居、随季节迁徙的生产、生活习惯，没有固定居所，家家备有易搬迁的牛毛帐篷，随时随地可搭可收。

党和政府为改善牧民的生活居住条件，20 世纪 70 年代开始提倡牧民修建冬季定居点。牧区各冬季牧场陆续建起一批木结构的藏式平房，牧民冬季居住条件初步得到改善。

第八篇

人事　劳动　民政

第一章 人事劳动

1959 年 12 月，中共嘉黎县委员会、县人民政府成立，中共嘉黎县委员会组织部管理全县的人事组织工作。1988 年，撤区并乡时县人事局和县委组织部合并办公机构。2007 年 1 月 1 日开始嘉黎县全面实施干部职工“五险一金”。截至 2010 年底，全县干部职工总数为 1033 人。

第一节 机构

一、人事部门

1959 年 10 月，在嘉黎县平叛改革过程中，嘉黎县军事管制委员会在全县开展了基础政权建设工作。1959 年 12 月中共嘉黎县委员会、县人民政府成立，中共嘉黎县委员会组织部管理全县的人事组织工作。从 1960 年起，职工分为干部、工人两大类，干部任免由县委组织部负责，县级、科级干部任免由地委组织部决定。职工调动、录用等由人事局负责。1984 年，随着人事制度的改革，各主管局、下属各科室干部的任免由县委组织部、人事局负责办理。

20 世纪 60—80 年代，劳动工作一直由计划经济委员会管理，主要管理工人的招收和工人的档案以及工资。1996 年根据那曲地区机构编制委员会

《关于下达各县县乡行政事业编制的通知》和《关于印发嘉黎县等八县机构设置方案的通知》文件精神，县劳动和社会保障局正式成立，编制 5 人。

劳动和社会保障局的主要职责为：贯彻国家劳动法规，维护社会主义劳动秩序；负责全县安全生产工作；负责全县职工的工资分配；维护职工的合法权益；主管城镇社会保障和劳动保险工作；培育县级劳动力市场。

1988 年撤区并乡时县人事局和县委组织部是一个机构，两块牌子、一套人马，编制 9 人，由一名县委组织部副部长兼任人事局局长（正科）。2010 年 10 月国务院机构改革，撤销嘉黎县人事局、嘉黎县劳动和社会保障局，两家单位职能合并，成立嘉黎县人力资源和社会保障局。

县人事局主要负责人事制度改革、推行国家公务员制度，贯彻执行党的干部路线和方针政策，以及国家和自治区的人事政策、法规。办理干部的任免、工资福利有关待遇和离退休手续的报批。研究制定全县人事工作的中长期规划和年度计划，编制全县机关、事业单位人员和工资计划，制定适应本县特点的干部教育计划和培训安排，负责大、中专生的接收和安置工作。

二、劳动部门

1959 年民主改革以前，嘉黎县无劳动管理机构，各类劳动者由三大领主随意招收，作为奴隶、用人或亲信使用。1961 年 6 月，嘉黎县人民政府成立民教科，管理全县文教、卫生、民政及劳动事务。1970 年 1 月，嘉黎县革委会成立办事组、政工组、生产组及保卫组，民教科工作由政工组接替。1977 年 12 月，嘉黎县革委会撤销办事组、政工组、生产组，全县劳动事务由嘉黎县计划委员会（简称县计委）接管。1981 年 3 月，县计委、财政科、商业科合并为财经科。1983 年 8 月，县直机关机构改革，县计划委员会改为经济计划委员会（简称县经计委）。1987 年 6 月，县党政群机关机构改革，县经济计划委员会改为计划经济委员会（简称县计经委）。截至 2000 年，嘉黎县计经委共有正副主任各 1 名、工作人员 8 名。

第二节　人事管理

一、干部录用与调配

1959 年开始，部分工人从事干部工作，实行“以工代干”。1987 年，在区改乡、并乡撤区工作中，主要为乡镇招收聘用制干部，此后，一部分被吸收为国家正式干部，一部分被解聘。

到 1960 年底，全县有干部 68 人，其中少数民族干部 48 人，占全县干部总数的 70.6%。1961 年 11 月，中共嘉黎县委员会成立组织部，负责全县干部选拔录用、工作调动、工资福利、干部管理等工作。干部来源于上级派遣和西藏干部学校分配的学员。

1962 年，嘉黎县进行扩编，为提高干部职工的素质，对职工队伍进行人员精减、调配，并从内地调入大中专院校毕业生充实干部队伍。当年，全县干部增加到 113 人，比 1961 年增加 41 人。20 世纪 70 年代，鉴于全县干部职工文化程度偏低、平均年龄偏大等情况，县人事科陆续调配一批大中专院校毕业生到各部门工作，干部队伍结构趋于合理。

1972 年，全县共有干部 87 人，其中女性 25 人，占 28.7%；少数民族干部 70 人，占 80.5%；大中专文化程度的 5 人，占 5.7%。至 1979 年底，全县共有干部 213 人，其中大专文化程度的 22 人，高中文化程度的 79 人。

20 世纪 80 年代，一批大中专院校毕业生陆续分配到县直各部门工作，同时将部分在职干部送到区内外学习培训。

1980 年，全县共有干部 213 人，其中大专文化程度的 22 人，中专文化程度的 74 人，高中文化程度的 23 人。

1984 年，全县有干部 319 人，其中女性干部 76 人，占 23.8%；少数民族干部 274 人，占 85.9%；大中专文化程度的 158 人，占 49.5%。

1988 年，全县有干部 490 人，其中少数民族干部 429 人，占 87.6%；妇女干部 99 人，占 20.2%；大中专文化程度的 210 人，占 42.9%。

1990 年，全县共有干部 500 人，其中女性干部 119 人，占 23.8%；少数民族干部 469 人，占 93.8%；大中专文化程度的 194 人，占 38.8%。

1994 年，全县共有干部 521 人，其中汉族干部 41 人，占 7.9%；藏族干部 480 人，占 92.1%；大中专文化程度的 279 人，占 53.6%。

2000 年，全县共有干部职工 768 人，其中女性干部 265 人，占 34.5%；少数民族干部 689 人，占 89.7%；本科文化程度的 16 人，占 2.1%；大中专文化程度的 690 人，占 89.8%；高中以下文化程度的 62 人，占 8.1%。

截至 2010 年底，全县干部职工总数为 1033 人，其中公务员 399 人，事业单位工作人员 553 人，工勤人员 81 人。女性干部 474 人，占 45.9%；汉族 156 人，占 15.1%。本科以上文化程度的 210 人，大专文化程度的 401 人，大专以下文化程度的 422 人。县级干部 21 人，科级干部 156 人，科级以下干部 221 人。

二、社会保障

2005 年 1 月 1 日，嘉黎县全面实施企业职工工伤保险制度。2007 年 1 月 1 日，嘉黎县全面实施干部职工医疗保险、生育保险、事业单位工伤保险、企业养老保险制度。2008 年 1 月 1 日，全面实施城镇居民医疗保险制度。2010 年 7 月 1 日，全面实施城乡居民养老险保险。

三、离退休干部管理

20 世纪 50 年代，嘉黎县干部离退休以后，可以享受退休金待遇和相应的政治待遇。

1978 年 6 月，《国务院关于安置老弱病残干部的暂行办法》颁布，规定干部享受退休待遇的具体条件为：男年满 60 周岁，女年满 55 周岁，工作满 10 年；男年满 50 周岁，女年满 45 周岁，工作满 10 年，且完全丧失工作能力的；因公致残，经医院证明完全丧失工作能力的。凡符合上述条件之一的人员均可办理退休手续、享受退休待遇。

1980 年 10 月，《国务院关于老干部离职休养的暂行规定》颁布。1982 年 2 月，《中共中央关于建立老干部退休制度的决定》颁布；同年 4 月，

《国务院关于老干部离职休养制度的几项规定》颁布。嘉黎县人事部门严格按照国家文件各项规定办理离退休手续，全县干部离退休工作逐步走上制度化、规范化、合理化轨道。

嘉黎县干部职工以藏族为主，汉族干部、职工进藏工作后，有的因家庭困难和身体等方面的原因调回内地，有的调到其他单位，在县工作到退休的不多，所以退休的干部职工多为当地藏族同志。民主改革前后参加工作的藏族干部、职工随着年龄的增长，到20世纪80年代退休的逐年增多。

1985年嘉黎县开始办理干部、职工退休手续，他们无论居住在农村还是城镇，都按照国家有关政策，享受应有的退休金、住房补贴、医疗费等待遇。县委、县政府每年春节、藏历年前召开座谈会并走访慰问离退休老干部，听取他们的意见和建议。

20世纪90年代初，嘉黎县为进一步妥善安排管理老干部离退休事宜，成立老干部党支部，专门负责全县离退休老干部工作。

1995年起，嘉黎县退休干部职工退休金按新规定执行，享受退休生活补贴、地区补贴、物价补贴、烤火取暖补贴等。

四、退职

根据国务院1978年下发的《国务院关于工人退休、退职的暂行办法》规定，结合嘉黎县实际，对确实因病不能坚持工作又不符合退休条件的或者自愿放弃工作的干部职工实行病退或退职的办法。

20世纪60年代，嘉黎县有少数干部职工在“文化大革命”中被劝退和下放。80年代，嘉黎县在落实政策时将原下放的干部职工作退职处理，并一次性发给适当的生产、生活和安家补助费。

20世纪90年代，为改变机关干部职工工作作风，提高工作效率，嘉黎县对极少数政治思想、工作作风等方面表现较差的干部职工给予退职处理。

第三节　工资福利

一、工资制度

1951年至1956年8月，嘉黎县干部职工工资主要实行供给制，具体包括津贴、伙食、被服3个部分。其中，津贴分为29个等级标准，以工资分为计算单位，工资分值随物价的变动而变动。

1956年，嘉黎县党政机关、人民团体、学校、医院等单位干部职工工资待遇按国家统一规定实行货币工资制度。干部实行职务等级工资制度，工人实行级别工资制度，各级工资额由标准工资、物价津贴、地区津贴3部分组成。

1959年民主改革时，嘉黎县工资制度按照西藏工委1958年7月1日起试行的全国统一规定的11类地区标准工资执行。在工人中实行“以生产技能评定等级”的“八级工资”制度。

1960年，根据国务院下发的关于调整西藏地区职工工资的有关文件精神，规定对于职工的实际生活水平，在不降低伙食部分的前提下，职工工资采取略高于11类地区标准工资的办法进行调整。

1963年，嘉黎县按照干部职工的工作实绩和表现，报经上级有关部门批准后，对部分干部职工工资进行升级增资调整。

1966年，工人计件工资、奖金、津贴被误认为是奖金挂帅和物质刺激而予以取消，长期实行高就业低收入的工资分配制度。

1968年，嘉黎县按照自治区革委会生产指挥组关于职工转正定级工作的指示，在全县范围内对1964年后未转正定级（符合条件）的学徒工和复员退伍军人进行转正定级工作。

1971年，国务院下发的关于调整部分职工和工人工资的文件，规定对国家行政机关、全民所有制企事业单位中1957年底以前参加工作的三级工，1960年底以前参加工作的二级工，1966年底以前参加工作的一级工，以及与上述工人工作年限相同、工资等级相似的工作人员的工资进行调整。嘉黎县分别对1957、1960、1966年底以前参加工作的干部职工，按照升级前工资级别和规定的相应条件，采取群众评议、上级批准的办法进行升级调整。

1977年，根据国务院关于调整部分干部职工工资的文件精神，结合全县部分干部职工工龄长、工资偏低的实际情况，在全县范围内进行较大幅度的工资调整。

1978年，嘉黎县低工资分配制度随国家经济体制改革而进行相应调整。根据自治区革委会办公厅1978年有关劳动工资的指示，全县试行计件工资奖金和津贴制度，工人工资有所增长。同年，自治区计划经济委员会、劳动局下发《关于做好补调工资的通知》，要求对1972年缓调、缓增、缓定的职工补调工资。

1979年，国务院下发关于职工升级的文件，从1979年11月起按1978年底以前参加工作的固定职工和计划内的临时工为基数的40%计算升级面，对国家机关职工、全民所有制企事业单位中态度、能力和贡献较好的人员给予升级。升级的职工按本人现任工资级差增加工资额，级差小于5元的，增加至5元；大于5元的，将超过部分冲销附加工资。嘉黎县再次进行工资调整，主要针对国家机关和全民事业单位贡献大的干部，经单位提名、群众评议，领导审核、平衡，上级批准予以增资。

1981年，全国文教、卫生、体育系统调资升级，嘉黎县按有关规定办理文教、卫生、体育部门干部职工的调资工作。

1982年1月15日，嘉黎县成立调资办公室，提高县小学教职工、医疗卫生单位部分职工工资。同年10月，经国务院和中央有关部门批准，对西藏执行的地区生活费补贴改为4类工资区。生活费补贴标准由原来的25%、30%、35%和40%分别调整为45%、52%、60%和66%，执行一类、二类工资区的每人每月8元，执行三类工资区的每人每月12元，执行四类工资区的每人每月18元。并对文教、卫生工作人员的工资作出调整。同年12月，根据《国务院关于调整国家机关、科学文教卫生等部门部分工作人员工资的决定》文件精神，以学历、职称、职务、工作成绩和能力为原则，一般人员晋升一级，工龄长、工资偏低者晋升两级。不搞群众评议，由各单位按规定条件提名晋级，经党委审核，主管部门平衡、审核、批准执行。

1984 年，嘉黎县根据国务院及西藏自治区有关文件精神，实行相应政策，如在藏工作满 15 年以上可享受“地区性临时补贴”，工作满 20 年以上可享受固定一级工资；在三类地区工作满 7 年，可享受固定一级工资，同时继续享受学历浮动一级，对符合条件的均予以调整。

1985 年，中共中央、国务院决定对国家机关、企事业单位干部职工工资制度进行改革。嘉黎县将现行等级标准工资类加各补贴的工资制度改革为以职务工资为主要内容的结构工资制度，工资由职务工资、工龄工资、基础工资、地区工资补贴四部分组成。同年，国家颁布《各类学校毕业生见习期的临时性工资和职务工资标准》，嘉黎县根据有关规定，对高、中等专业院校毕业生执行临时工资待遇，其工作满一年后，按规定给予转正定级。

1986 年，嘉黎县根据《关于 1986 年适当解决国营企业工资问题的通知》文件精神，适当调整企业单位职工工资。

1986 年，嘉黎县根据《西藏自治区人民政府关于执行劳动人事部文件①有关问题的通知》指示，在全县对 1986 年 3 月 31 日以前在藏工作满 20 年固定晋升一级工资的职工，按本人固定升级前的原工资套改新工资标准，再按现工资标准固定晋升一级工资；对 1986 年 4 月 1 日以后在藏工作满 20 年的职工，按现任工资标准固定晋升一级工资。若晋升一级的级差高于新工资标准固定晋升一档的档差，高出部分暂时保留，以后随本人增加工资时予以抵销。对 1986 年 3 月 31 日以前享受“地区性临时补贴”，即在藏工作满 5 年以上的职工向上浮动一级工资（包括在藏工作满 20 年固定晋升一级工资后再向上浮动一级工资）的职工，按原领取金额计发。对 1986 年 4 月 1 日以后在藏工作满 5 年的职工，按现行工资标准向上浮动一级。

同年，嘉黎县按照自治区党委、自治区人民政府批转《〈关于西藏自治区国营企业统一新工资标准和给部分职工浮动升级实施方案〉的通知》，对县级企业的干部执行 17—5 级正制，区级和区级以下企业干部执行 17—8 级正制；按县级、区级企业和产业的分类，工人工资各执行一种标准，技工执

① 《劳动人事部对西藏、青海提出的处理工资改革中有关问题具体办法的复函》（劳人薪〔1986〕100 号）。

行15级制，普工执行11级制。各企业参加套改新工资标准的正式工作人员，一律按本人原11类工资区的月标准工资（低于40元的按40元计算）就近向上套入新的干部、工人工资标准。套改后，仍按自治区现行规定的各项津贴、补贴待遇标准享受。同时，对于县内经济效益好，又有一定支付能力的企业，还可给1982年6月底以前参加工作并表现突出的职工在套改的基础上浮动升级。

从1988年开始，嘉黎县全面推行企业工资总额同经济效益挂钩的制度，企业获得运用经济手段调节企业工资分配的自主权。

1989年，自治区人民政府下发《关于企业职工普遍浮动一级工资列入成本转为固定工资级别报告的通知》文件。从1989年1月1日起，将1982年6月底以前参加工作并在生产工作中作出贡献的职工，普遍浮动一级工资列入成本转为固定工资级别；对国营企业单位未参加工改的离退休人员，在原来每人每月12元的基础上，再发给每人生活费补贴5元。

1990年，根据国务院规定，国家机关、事业单位工作人员普调一级工资。干部工资主要由基础工资、职务工资、在藏20年（15年）固定一级工资、在藏40年（30年）固定一级工资、大中专学历固定工资、学历浮动工资、5年浮动工资、艰苦边远地区津贴等构成，取消职工肉价补贴。

1993年8月，国务院颁布的《国家公务员暂行条例》规定，工资制度贯彻“按劳分配”原则，对国家公务员实行职级工资制度。同年，嘉黎县根据自治区计划经济委员会、劳动局、财政厅有关文件规定，执行新的企业等级工资标准，按照新的标准全部调整为档案工资，并将国家和自治区统一政策规定的津贴、补贴纳入标准工资。具体规定为：适当增加标准工资，每人每月平均增加50元；调整收入结构，将各类地区生活费补贴标准由原来的45%、52%、60%和66%分别调整为63.91%、71.82%、80.86%和87.65%；将地区生活费补贴改为边远艰苦地区津贴，提高标准后每人每月200元。同时还试行岗位工资制。

1994年以后，实行职级工资制，建立起正常增资制度，实行地区津贴、整顿津贴、改革奖金制度。

1997、1999年，根据国家和自治区人民政府有关规定，对全县国家机关、事业单位干部职工工资进行两次大的调改，干部职工工资有较大增幅。

1999 年，根据藏人字发〔1999〕122 号文件规定："实行职级工资制的人员中，已达到本职务最高级别、连续五年考核称职或三年考核优秀的，可按照倒级差（即本级别工资和下一级别工资的差额）的数额增加级别工资，但级别不变。"这一规定从同年 7 月 1 日起执行，对部分干部职工工资进行了增资调整。

2000 年，为理顺工资关系，保证工资管理工作的正常进行，明确调整标准，对 1999 年机关、事业单位中的工作人员，经 1998 年和 1999 年年度考核为称职（合格）以上并符合晋升工资档次条件的，均从 1999 年 10 月 1 日起晋升一个档次，增资部分乘以艰苦边远地区津贴；对 1997 年 7 月 1 日及其以后因各种原因（如职务晋升、级别变动、8 年学历固定、20 年固定等）增加的工资，均乘以艰苦边远地区津贴，此项规定很大程度上提高了干部职工的基本津贴工资。

从 2001 年 10 月 1 日起，机关公务员（含参照、依照公务员制度管理的人员）各职务层次职务工资起点标准由最低 50 元至最高 480 元提高到最低 100 元至最高 850 元，同时机关工人的岗位（职务）工资标准也相应调整，机关工人的奖金部分按照其在工资构成中的比例相应提高。从 2001 年 10 月 1 日起，调整事业单位工作人员工资构成中的固定部分，固定部分调整后，非固定部分按国家规定的工资构成比例相应提高；机关事业单位新参加工作的技术工人学徒期和普通工人熟练期工资分别调整为 365 元和 358 元。此次调整的在编机关、事业单位工作人员的工资标准，均可加乘工资类区的西藏特殊津贴比例。

2003 年 7 月 1 日起，机关公务员（含参照、依照公务员制度管理的人员）各职务层次职务工资标准由现行的 100—850 元分别提高到 130—1150 元，同时机关工人的岗位（职务）工资标准也相应调整，机关工人的奖金部分按照其在工资构成中的比例相应提高。从 2003 年 7 月 1 日起，调整事业单位工作人员工资构成中的固定部分，固定部分调整后，非固定部分按国家规定的工资构成比例相应提高；机关事业单位新参加工作的技术工人学徒期和普通工人熟练期工资分别由原每人每月 365 元和 358 元调整为 390 元和

383 元。此次调整的在编机关、事业单位工作人员的工资标准，均可加乘工资类区的西藏特殊津贴比例。在一定程度上提高了全县干部职工的工资收入。

2004 年，调整事业单位试行人员聘用制度有关工资待遇，受聘人员的工资待遇，要与其岗位职责、工作绩效紧密结合，坚持按劳分配与按生产要素分配相结合，坚持效率优先，兼顾公平，向关键岗位和特殊岗位倾斜。此次改革逐步规范了个人收入，使职工收入公开化、透明化。

2007 年，嘉黎县全面贯彻落实机关事业单位工资制度改革，理顺了收入分配关系，建立了科学合理的机关事业单位工资收入分配制度，进一步调动干部职工工作积极性、主动性和创造性具有重大意义。

其内容主要为：从 2006 年 7 月 1 日起，在册的正式工作人员除工勤人员以外，均实行职级工资制。公务员基本工资构成由职务工资和级别工资两项构成，晋升职务增加工资，按年度考核结果晋升级别增加工资，新录用高校毕业的公务员，均实行一年试用期，试用期工资可直接按期满后工资确定；机关工人工资套改仍实行岗位技术等级工资制，基本工资由岗位工资和技术等级工资两项构成，技术工人晋升技术等级后，工资逐级就近就靠晋升工资，岗位工资每两年考核合格及以上则可上升一档次。同时对所有在册的正式工作人员只要年度考核为称职（合格）及以上的人员，发放年终一次性奖金。事业单位工作人员实行绩效工资制度，岗位绩效工资由岗位工资、薪级工资、绩效工资、津贴补贴四部分构成，其中岗位工资和薪级工资为基本工资，岗位工资又体现在工作人员所聘岗位的职责和要求，事业单位岗位分为专业技术岗位、管理岗位、工勤技能岗位，不同等级的岗位对应的工资标准也不相同。年度考核为合格及以上的工作人员，每年增加一级薪级工资。

2008 年，按国家规定执行事业单位岗位绩效工资制度的义务教育学校正式工作人员，从 2009 年 1 月 1 日起实施绩效工资，绩效工资分为基础性和奖励性两部分，基础性绩效工资主要体现地区经济发展水平、物价水平、岗位职责等因素，占绩效工资总量的 70%；奖励工资主要体现工作量和实际贡献。

2009 年，按国家规定执行事业单位岗位绩效工资制度的公共卫生与基层医疗卫生事业单位正式工作人员，从 2009 年 10 月 1 日起实施绩效工资，绩效工资分为基础性绩效工资和奖励性绩效工资两部分，基础性绩效工资主要体现地区经济发展水平、物价水平、岗位职责等因素，在绩效工资中所占比重为 60%—70%，一般按月发放；奖励工资主要体现工作量和实际贡献等因素，根据考核结果发放。

2010 年，“三支一扶”人员工作生活补贴按月发放，其标准为：忠玉乡（三类区）3000 元/月，县城、其他乡镇（四类区）3300 元/月。

二、工资调整津贴、加班工资、奖金、特殊规定

（一）工资调整津贴

嘉黎县国家行政机关、人民团体、全民所有制企事业单位工人工资调整津贴与在职干部职工基本相同。截至 2000 年底，嘉黎县按照国家和自治区的相关规定，先后执行过地区生活费补贴、肉食及副食品价格补贴；御寒服装（装备）补助费和职工个人取暖补贴；工龄补助费和工龄津贴；高原地区临时补贴、边远艰苦地区临时补助费和边远艰苦地区津贴；西藏特殊津贴及其他津贴、补贴等政策。

（二）加班工资

1978 年，嘉黎县按照上级部门的有关规定，对于在法定节假日、公休日内加班而又无法补休的职工，发给加班工资。加班工资标准由企业按不同工种制定，经主管部门审查后报劳动部门批准执行。

1982 年，嘉黎县按照国家相关规定，执行职工节假日、公休日加班工资的新标准。实行计时工资制的职工，按本人工资总额的 200% 发给加班工资；实行计件工资制的职工，除当时应得的计件工资外，再按 100% 发给加班工资。

1995 年 1 月 1 日，《中华人民共和国劳动法》颁布实施，规定安排劳动者加班的，支付不低于工资 150% 的工资报酬；休息日安排劳动者工作的，支付不低于工资 200% 的工资报酬；休假期安排劳动者工作的，支付不低于工资 300% 的工资报酬。

（三）奖金

1960—1966 年，嘉黎县对企业职工超额完成任务进行奖励，实行超产奖、质量奖和节约奖，以调动劳动者生产积极性。1966—1976 年，企业职工奖金被取消。1978 年 12 月中共十一届三中全会召开以后，嘉黎县根据国家相关政策规定，重新恢复企业职工奖励机制，企业实行“有奖有惩，奖勤罚懒”和奖惩“上不封顶，下不保底”等制度，企业奖金发放与企业经济效益直接挂钩。

（四）特别津贴

嘉黎县人事部门根据国务院有关规定，按照全县海拔高低、交通状况等因素，执行西藏特殊津贴、津贴补贴标准，嘉黎县全县除东部忠玉乡执行三类区标准之外，县城和其他乡镇均执行四类区西藏特殊津贴、津贴补贴标准。

（五）工龄工资

嘉黎县根据干部的学历、工龄实行浮动工资。1951—1989 年工龄工资为 0.5 元/年；1990—1993 年工龄工资为 1.3 元/年。1993 年 10 月工资改革后，行政单位工作人员的工龄工资增加到 4 元/年，事业单位职工工龄工资增加到 3 元/年。

三、福利待遇

嘉黎县按照国家有关规定，国家干部职工享受各类干部福利待遇，即公费医疗、福利费、探亲费、丧葬抚恤、生活补贴、取暖费等补贴。

1959 年 3 月至 20 世纪 90 年代初，嘉黎县党政机关、事业单位工作人员实行公费医疗。90 年代中期，住院按工龄、职务分比例报销，门诊药费改由自理。

1984 年以前，嘉黎县企业单位按照财政部规定，每年按企业工资总额的 11% 提取福利基金，用于开办职工食堂、医务室、理发室、澡堂等集体福利设施的建设，同时建立生活困难补助、上下班交通补助、冬季御寒补助等福利补贴制度。

1985 年实行利改税后，国家规定企业可以从年利润中提取 20% 作为职工福利基金，用于职工集体福利设施的建设，此项基金与财政部规定的福利基金可以合并使用。职工探亲路费和上下班交通补助费不足部分可列入企业行政经费开支。

1996年，中共那曲地委下发《关于批转地委组织部、地区财政局、地委老干局、地区劳动局〈关于那曲地区行政机关、事业单位离退休干部工人医疗费报销问题的试行办法〉的通知》，规定对离休干部医疗费执行实报实销；对1959年3月20日前参加革命工作，工资关系仍在西藏的各族退休干部、工人，门诊医疗费报销92%，住院治疗费报销97%；对1959年3月20日以后参加工作的退休干部、工人，实行门诊医疗费包干，每人每年350元，住院治疗费财政报销95%，个人自理5%。

1999年，嘉黎县根据自治区“国有企业大、中专毕业生（含无上述学历但已取得助理级以上专业技术职务的各类科技人员），在藏二类地区连续工作每满8年，三、四类地区连续工作每满7年，可固定一级工资”的政策，由企业按照“自主分配工资和奖金”的规定自行决定。同年，根据《国务院办公厅转发劳动保障部等部门关于做好提高三条社会保障线水平等有关工作意见的通知》精神，对于办理下岗证并进入企业再就业服务中心，签订了基本社会保障和再就业协议的下岗工人，按照相关规定给予发放基本生活费和代缴社会保险费待遇。

在藏工作的区外干部职工，一年半可享受探亲假1次，假期为90天，确因工作需要不能休假者，可在下次合并休假，假期工资照发。家不在嘉黎的区内干部职工，每年可享受探亲假1次，假期为30天，工资照发。女职工除享受正常休假外，可休产假半年，若产后5个月内办理独生子女证者可休产假1年，产假前6个月享受全工资，后6个月享受基础、职务、工龄、级别、地区补贴工资。

2000年起，在县机关、各乡镇机关工作的干部职工，每年可享受取暖费135元，防寒费71.99元。干部职工每月可享受电费补助15元、开水费2元。乡镇干部每月可享受一定的交通补贴，二类地区35元/月，三类地区50元/月。每年春节、藏历年前夕，县委组织部、县人事局、县总工会都会代表县委、县政府慰问退休老干部、老职工。嘉黎县工会在每年底会向全县工会会员发放工会福利。

对因公致残的干部职工，根据其伤残程度，经县级以上人民医院诊断并开具证明，由组织人事、劳动部门签署意见后，报上级部门批准，可办理不同等级的伤残证，享受国家规定的相关待遇。

四、工资待遇

20 世纪 60—70 年代，知识分子参加工作后，按照文凭享受相应级别工资。1984 年，按照自治区劳动人事厅、财政厅、科委和教育厅联合通知，对进藏工作的大中专毕业生开始实行满 8 年固定一级工资待遇。同年，对企业、事业单位知识分子评定技术职称，具有职称的人员，经县政府聘用后给予高套一级工资并享受相应职级待遇。此外，对知识分子在晋职、入党、住房、解决家属子女户口和就业上给予照顾。

五、干部职工的医疗等保障

民主改革以来，中共嘉黎县委员会、县人民政府始终把发展嘉黎经济、提高农牧民的生活水平作为根本任务认真抓好，并把安排好农牧民生活作为考核乡、村党政组织政绩的一项指标，与经济发展、精神文明建设等工作同等重视。20 世纪 60—70 年代，农牧民群众缺乏生活资料的比较多，县委、县政府十分重视，每年都及时返销或给予救济，以保证生活困难群众有饭吃，并对住房有困难的社队帮助建房。民主改革以来，农牧民长期享受免费医疗，其后又实行合作医疗，基本解决了农牧民看病就医难的问题。全县农牧民大多逐步摆脱了贫困，极少数困难户享受社会救济和社会支援。孤寡老人享受“五保”照顾，做到了老有所依、老有所养。

干部职工在职期间都享受应有的福利待遇，工人享受应有的劳动保障。从民主改革到 2005 年期间，干部职工都享受公费医疗，20 世纪 90 年代前期实行实报实销。随着药品价格上涨，医药费开支大大增加，嘉黎县对公费医疗进行了改革，住院费如实报销，平时的医药费实行以职务、工龄为主的医疗费包干办法。既保证了干部职工的就医，又节约了开支。

干部职工还享有规定的休假、病假、产假待遇。

第四节　机构编制

西藏和平解放初期，嘉黎干部实行定编定员，由县委组织部与县民政科等部门主管。

1962 年，贯彻落实中央“精兵简政”、落实编制政策，对县内机构进行统编定编，县委编制为 16 人，设书记 1 人、副书记 1 人；县政府编制为 26 人，设县长 1 人、副县长 2 人。

20 世纪 70 年代，根据自治区《关于地区（市）县、区三级行政机构编制的通知》精神，嘉黎县行政机构编制按人口多少、地区大小被评为丙等县，编制共 100 人。1976 年 10 月，根据中共拉萨市委指示，恢复设立并调整县委工作机构，设县委（县革委会）办公室、组织部和宣传部。

1980 年，嘉黎县行政机构仍按丙等县级别定编。1984 年 5 月机构改革后，县政府区级单位由 16 个科、室，扩大到 23 个局、委、室。1985—1989 年，部分汉族干部内调后，嘉黎县按照上级要求，坚持“缺一补一、出一进一”和调剂为主的原则，辅以招聘、考试录用等办法，对所缺干部进行适当补充。

1996 年 1 月，自治区编制委员会制定《关于地（市）机构改革的实施意见》。1998 年，嘉黎县根据那曲地区编制办核定的人员编制数，结合嘉黎实际，按照政事、政务分开，精简、效能、统一的原则，制定并实施定机构、定职能和定编制的“三定”方案。

第五节　劳动就业与保险保护

一、就业调配

1959 年民主改革以后，嘉黎县根据上级部门的安排，按照相关规定招收工人，充实到县党政机关及企事业单位工作。

1966年，嘉黎县根据中共那曲地委《批复地区专署党组〈关于抽调民工补充自治区交通厅公路工程建设的意见〉的通知》要求，采取招收合同或义务工役制的方式，在全县招收民工50人。服务期为3年，期满后部分民工转为留队工人。1968年，嘉黎县根据国务院“常年性工作必须使用固定工”的规定，先后将全县合同工、轮换工、临时工转为国家固定工，并形成统一招收、统包统配的用工制度。20世纪60年代，嘉黎全县共招收工人42人。

从1970年开始，嘉黎县实行群众推荐、民主评议、社队基层领导审查、劳动行政部门批准的方法招收工人。1974年，嘉黎县根据那曲地区革委会《关于贯彻执行自治区革委会批转区计委〈关于一九七四年工人内调工作的意见〉的安排意见》要求，内调工人5名。1979年，嘉黎县根据国家和自治区相关规定，对下放到农村牧区的12名知青中的部分人员进行安置，有10人转为国家正式工人。20世纪70年代，嘉黎全县共招收工人39人。

1980年，嘉黎县按照上级的要求继续开展工人内调工作，至1982年底，全县分3批共内调工人16人。1983年，嘉黎县根据那曲地区经计委文件指示，在全县进行退休、退职工人子女顶替岗位的工作，共解决退休、退职工人子女就业2人。1984年，嘉黎县根据自治区人民政府文件通知，全面试行劳动合同制的用工制度。1986年，嘉黎县根据《国务院关于国营企业暂停招工的通知》要求，于1986年6月18日至9月30日期间暂停全县国营企业招工、招干、转干及子女替岗工作。20世纪80年代，嘉黎全县共招收工人27人。

1996年，县劳动部门对持有城镇户口的闲散人员和待业青年办理待业登记手续，发放城镇失业人员登记证，在有条件时按上级下放的指标对待业人员进行考核和录用。1998年，嘉黎县根据那曲地区劳动局《那曲地区国有企业下岗职工基本生活保障和再就业工作实施意见》要求，在全县范围内开展下岗职工的登记、培训和再就业工作，并先后组织全县技术工人参加脱产、函授和技术等级评定，以提高在职工人的文化水平和技术能力。20世纪90年代，嘉黎全县共招收工人56人。

1999—2010年，嘉黎县积极鼓励国有企业吸收本地人员就业，不裁现有员工。10年内，嘉黎县国有企业在不裁员的基础上共新招录25名人员。2010年向粮油公司、农电公司、贸易公司和建筑安装公司等国有企业和集体企业拨付稳岗补贴共28余万元。同时为了降低本地城镇失业人员的数量，2008年起嘉黎县提供政府购买公益性岗位，将就业困难人员、“3545”失业人员①、城镇低保户等群体招录到公益性岗位就业，以提高城镇就业率。

二、保险保护

（一）劳动保险

1959年嘉黎县建县后，劳动保险工作按照1953年政务院修订的《中华人民共和国劳动保险条例》和1957年国务院制定的《关于工人、职员退休处理的暂行规定》等法律法规，规定企业职工在生育、患病、伤残、年老和死亡时，可以得到适当的物质帮助。1966—1976年，嘉黎县劳动保险工作未能正常开展。

1982年，嘉黎县根据国家和自治区关于整顿和加强劳动保险工作的要求，对国营企业重新实施《中华人民共和国劳动保险条例》，并根据国务院转发国家人事局、国家劳动总局《关于西藏干部、工人离休、退休、退职工作中有关问题处理意见的报告》，规定进藏干部职工，凡在海拔3500米及以上地区工作年限达到10年以上15年以下的，退休费标准提高5%；工作年限达到15年以上的，退休费标准提高10%；离退休工人住房补贴按每人3000元标准一次性计发。

1984年，推行劳动合同制后，嘉黎县根据自治区人民政府《关于发布贯彻国务院〈关于劳动改革制度四项规定的实施细则〉的通知》要求，对符合条件的待业人员办理享受待业保险基金手续。同年，离退休工人住房补贴由每人3000元调整到6000元。对于在海拔4000米以上地区从事高温、高空、井下以及采伐等作业的工人，连续工作满15年可提前5年退休。

1987年，自治区人民政府颁布实施《关于全区国营企业职工离、退休

① “3545”失业人员：指城镇登记失业一年以上的人员中，35—40周岁女性、45—50周岁男性人员。

费用实行社会统筹的试行办法》，各地（市）相继成立社会保险就业服务管理机构，嘉黎县劳动保险事业也随之走上制度化、规范化道路，在全县开展合同制工人退休养老基金的筹集、管理和使用等各项业务。统筹周转金由参保单位缴纳职工标准工资的15%，合同制工人除所在单位缴纳标准工资的15%以外，个人另需缴纳标准工资的3%，每年增长0.5%。

1991年，自治区人民政府下发《关于增加企业单位退休人员生活补贴的通知》，嘉黎县按照要求认真落实补贴政策。增加退休费以学历浮动、高原地区临时补贴为计算基数，在原退休待遇的基础上，工龄在10年（含）以上15年以下的工资提高15%，工龄在15年（含）以上20年以下的工资提高10%，工龄在20年（含）以上的工资提高5%。同年，嘉黎县根据国务院《关于企业职工养老保险制度改革的决定》和自治区人民政府《西藏自治区全民所有制单位职工离退休费用实行社会统筹办法》的规定，对县内全民所有制单位职工离、退休费用实行社会统筹，养老保险费用由国家、企业包办改为国家（基本养老保险）、企业（补充养老保险）和个人（储蓄养老保险）共同负担。国营企业固定职工缴纳的统筹基金按工资总额与离退休费总额之和的20%计算；合同制工人按所在单位缴纳个人工资总额的20%与个人缴纳工资总额的3%之和计算；集体所有制单位的全民所有制职工按全民所有制职工工资总额的20%计算。

1992年，自治区人民政府新颁布实施《西藏自治区全民所有制职工离、退休费用实行社会统筹暂行办法》，嘉黎县根据新规定开展劳动保险工作。同年，自治区《关于增加全区地方全民所有制企业离退休人员离退休费的意见》文件规定：1985年6月30日以前退休又未参加1986年工资套改的人员，每人每月增发离退休费12元；地方全民所有制企业离退休人员，以离退休费为计算基数再增加10%。

1994年，自治区下发《关于深化企业工资改革，适当解决企业工资问题和提高离退休人员离退休金的意见》，规定1959年（含）以前参加工作的离退休人员按100%计发；1985年（含）以前工作、参加过1986年工资套改的离退休人员分别增发280元和250元；1985年7月1日至1993年12月31日办理手续的离退休人员分别增发250元和220元。同年，自治区人民政府下发《西藏自治区国有企业职工待业保险办法》文件，嘉黎县根据相关规定开展国有企业职工待业保险工作，国有企业职工待业保险费按全部职工工资总额的0.8%缴纳。

1995年1月，国家颁布实施《中华人民共和国劳动法》，明确规定劳动者在生育、患病、负伤、退休和失业等方面，依法享受社会保险待遇。嘉黎县认真贯彻执行有关劳动保险的法律法规规定。

1996年，国务院下发《关于深化企业职工养老保险制度改革的通知》，规定企业职工基本养老保险采取社会统筹和个人账户相结合的办法实施。职工投保以上一年度月均工资为个人缴费基数，月均工资超过当地职工月均工资200%或300%以上的部分，不计入缴纳基数；低于当地职工月均工资60%的，按60%计算。个人统筹基金按缴费基数的3%缴纳，每年提高0.5%，最终达到个人账户养老保险费用的50%。退休人员免缴。企业统筹基金按职工工资总额的一定比例缴纳基本养老保险费。职工领取的月基本养老金按基本养老保险个人账户额除以120计算。

1997年，自治区下发《关于审批工人离退休工作的通知》，规定国家机关、人民团体、全民所有制企、事业单位的固定工人，男年满60周岁，女年满50周岁，连续工作满10年的可以退休；劳动合同制工人，男年满55周岁，女年满45周岁，缴纳养老保险基金满15年的可以退休；从事高温、高空、井下以及采伐等繁重体力或有害健康工作的工人，连续工作满10年可提前5年退休。此外，因工致残（持有残疾证明）或男年满50周岁，女年满40周岁，连续工作满10年，丧失劳动能力（持有医学证明）的可提前退休。

1998年，自治区人民政府下发《批转自治区财政厅、劳动厅〈西藏自治区调整企业离退休人员基本养老金实施方案〉的通知》，规定调整范围为1996年12月31日前办理离退休手续的国有企业人员，具体划分为：离休人员每人每月150元；1985年6月30日以前退休人员每人每月130元；1985年7月1日至1993年12月31日退休人员每人每月100元；1994年1月1日至1996年12月31日退休人员每人每月80元。嘉黎县根据文件规定对企业离退休人员基本养老金进行调整。同年，自治区劳动厅下发《关于养老保险社会统筹基金核定有关问题的通知》，要求凡统筹范围单位实际发放工资总额高于职工档案工资总额的，按单位实际发放工资总额的 20% 核定缴纳养老统筹金；单位实际发放工资总额低于职工档案工资总额的，按职工档案工资总额加离退休费总额之和的 20% 核定缴纳养老统筹金。

1999 年，自治区劳动局、人事局下发《关于企业离休干部和建国前参加工作的退休工人增加离退休费的通知》，规定自 1999 年 5 月 1 日起，给企业离休干部和新中国成立前参加工作的退休工人增加离退休费待遇。具体标准为：对 1985 年 6 月 30 以前离退休人员每人每月增加 275 元；对 1993 年 3 月 1 日以前离退休人员每人每月增加 245 元；对 1993 年 12 月 31 日以后离退休人员每人每月增加 225 元。

2000 年，根据相关文件规定，嘉黎县对部分国有企业离退休人员基本养老金进行调整：1997 年 1 月 1 日至 1999 年 6 月 30 日离退休人员自办理手续享受基本养老金的当月起，每人每月增发 80 元；1999 年 7 月 1 日至 1999 年 12 月 31 日离退休人员自办理手续享受基本养老金的当月起，每人每月增发 160 元。同年，嘉黎县按照相关规定，将合同制工人养老金个人缴纳部分按标准工资的 7% 执行。

2000—2010 年期间，全县社会保险参保的险种先后增加了企业职工工伤保险，企事业单位失业保险、事业单位工伤保险、城镇职工基本医疗保险、城镇职工生育保险、城镇居民基本医疗保险等险种，进一步完善全县社会保险制度，提高了保险覆盖面。同时对企业职工养老保险缴费比例作了适当调整，个人缴费、单位缴费比例分别调整到 8%、20%。对离退休企业职工基本养老金待遇也进行了调整，10 年间每年提高一次养老金的标准，每年平均每人提高养老金达到 120 元/月以上。

（二）劳动保护

1959 年民主改革以前，嘉黎县仅有极少的手工业作坊，生产条件原始落后，人力投入强度大，劳动者最基本的安全得不到保障。民主改革后，嘉黎县按照国家有关劳动保护法律法规的要求，组建劳动保护机构，完善劳动保护机制，实施劳动保护措施，保障劳动安全生产。按照 1956 年国务院《工厂安全卫生规程》和 1963 年劳动部《试行国营企业职工个人防护用品发放标准》文件规定，嘉黎县根据县内党政机关、人民团体、企事业单位工人工作的特点，发放劳保服装、盔帽、鞋靴、手套、毛巾、肥皂等劳保用品。

1976 年，嘉黎县根据自治区革委会和那曲地区计划委员会关于对安全生产事故进行调查和整顿的要求，在全县范围内开展安全生产事故调查和整顿工作，各类安全生产事故大幅减少。

1984 年实施劳动合同制后，嘉黎县用人单位和工人之间通过签订劳动合同的形式确定劳动关系，明确双方的责任和权利，并以法律效力来保障劳动者的安全。同年，嘉黎县根据自治区劳动人事局、财政厅、商业厅和人行西藏分行《关于试行〈西藏自治区国营企业职工个人防护用品发放标准的暂行规定〉的通知》要求，按照标准向工人发放防护服、防水靴、胶布鞋、安全帽、平光镜、口罩、围巾、褂子、围裙、袖套、手套、绑腿、毛巾等劳动防护用品。

从 1988 年开始，嘉黎县根据上级部门的安排，分期分批对县内各单位职工，特别是一线工人进行安全生产培训，同时对生产设备的购买、安装、调试、使用、维护、改造等流程进行严格监督和规范管理，保证人员、设备和生产均在安全可靠的环境下运行。

1995 年 1 月，国家颁布实施《中华人民共和国劳动法》，对劳动者的就业、工资、工作时间、休息休假、社会保险、社会福利、劳动保护及劳动合同作出明确规定。嘉黎县在广泛宣传和深入贯彻《劳动法》的同时，还分别于 1997、1999 年执行那曲地区《关于在全地区私营企业和个体工商户中全面实行劳动合同制度》《关于推行集体合同制工作的安排意见》等劳动保护规章制度。

2004、2008 年国家先后颁布《中华人民共和国劳动保障监察条例》《中华人民共和国劳动合同法》等劳动保护相关法律法规。嘉黎县委、县政府根据规定，加强对全县劳动用工场所的劳动保障监察力度，加大对劳动纠纷的调解力度。2008 年，根据上级要求，实行工程领域民工工资保障金制度，并建立嘉黎县民工工资保障金账户，按国家基建项目总投资 10% 的比例，收缴民工工资保障金，以避免国家基建项目领域民工工资拖欠情况的发生，维护了劳动用工市场秩序。

第二章　民政

嘉黎地处藏北高原腹地，易遭受重大自然灾害。20 世纪 60 年代以后，在党和人民政府的领导下，嘉黎县委、县政府针对县境内经常出现的自然灾害，建立了救灾机制。1986 年，嘉黎县民政局正式成立，全面管理和开展全县民政业务。特别是 20 世纪 90 年代后，随着经济情况的好转，嘉黎县在救灾机制上进一步强化领导，民政局专门成立救济办公室管理民政救济事务。

第一节　机构

1976 年后，嘉黎县政权系统工作机构陆续设立，逐渐健全。民政机构也在这一时期建立，1972 年 2 月，成立嘉黎县民政科。1986 年正式成立嘉黎县民政局。

1972—2010 年嘉黎县民政部门历任领导名录见表 8 - 2 - 1。

1972—2010 年嘉黎县民政部门历任领导名录

表 8－2－1

机构名称	职务	姓名	性别	民族	任职时间	备注
民政科	科长	刘顺曾	男	汉	1972.02—1973.03	
		多加	男	藏	1973.03—1976.07	
		郭景武	男	汉	1976.07—1978.10	
	副科长	张君	男	汉	1976.07—1976.10	
嘉黎县民政局	局长	多加	男	藏	1976.10—1978.10	
		尼玛曲扎	男	藏	1978.10—1981.05	
		张君	男	汉	1981.05—1982.06	
		吴斌	男	藏	1984.08—1987.07	
		旺堆	男	藏	1987.07—1987.10	
		嘎玛	男	藏	1987.10—1992.04	
		土珠	男	藏	1996.07—2000.04	
		布罗	男	藏	2000.04—2005.06	
		平措	男	藏	2005.06—2008.12	
		万国宾	男	汉	2008.12—2010.12	
		张君	男	汉	1976.10—1981.09	
		桑登	男	藏	1981.09—1984.08	
	副局长	吴金	男	藏	1984.08—1987.07	
		阿吉旦巴	男	藏	1987.07—1996.07	
		龙雪军	男	藏	2000.01—2005.11	
		哈比布拉	男	藏	2007.10—2009.12	

第二节　民政救济

嘉黎地处藏北高原腹地，容易遭受重大自然灾害。西藏地方政府时期，出现重大灾情均由部落各自为政进行救助，由于人力物力等所限，在重大自然灾害来临时，很多群众的生活基本上无法正常维持。

20 世纪 60 年代以后，在党和政府的领导下，嘉黎县委、县政府针对县境内经常出现的自然灾害建立了救灾机制，特别是 90 年代以后，随着经济状况的好转，嘉黎县在救灾机制上进一步强化领导，民政局专门成立了救济办公室管理民政救济事务。

为进一步贯彻落实好《关于对西藏自治区农牧区家庭子女和享受城镇最低生活保障待遇居民家庭子女减免学杂费实行资助政策的通知》精神，确保一次性资助高校特困生工作落在实处，确保每一个学生不因家庭经济困难而辍学，嘉黎县民政局严格审核，按照“四证一书”，即身份证、准考证、学校录取通知书、乡镇人民政府（街道办事处）出具的证明和个人申请书。① 在证明上必须盖有县人民政府及民政局的公章，对符合资助条件的贫困户学生由分管民政的县长审核签字，由县民政局统一收集后报地（市）民政局审核，再由地（市）民政局报自治区民政厅、自治区教育厅审定批准。

为了搞好慈善事业，嘉黎县经常开展募捐活动。在县委、县政府的高度重视下，民政工作主管领导顾全大局，积极组织，统筹安排，由民政局、工青妇宣传组织实施。如 2000 年，共募集扶贫济困资金 65000 元、衣物 360 件、棉鞋 2 双、人造毛冬季藏袍 4 件，参加募集单位共 43 个、670 人，扶贫济困捐助花名册张榜公布，受益人共 270 人。通过捐助活动，体现了广大干部职工“携手慈善、共创和谐”及踊跃献爱心的精神，很好地完成了扶

① 申请救助特困生的城镇居民家庭必须持有低保证；农牧区的必须持有农牧区特困群众生活救助证，未发证的地方必须是年人均收入在 300 元以下已审核登记的特困家庭的子女。

贫济困捐助活动的各项工作，受到了社会各界的一致好评。

第三节　社会救助

一、农牧区特困群众生活救助

嘉黎县民政局根据自治区民政厅《关于建立和完善农牧区特困群众生活救助制度意见的通知》精神，通过本人提出申请，村（居）委会初步审查，召开会议进行评议，报乡镇政府审核，县民政局深入基层调研、核实等，2006 年上报地区民政局确定的农牧区长期生活救助对象共有 411 户、2055 人。

二、农牧区特困群众医疗救助工作

结合嘉黎县实际，为进一步落实好农牧区特困群众医疗救助工作，按照《西藏自治区农牧区特困群众医疗救助暂行办法》的精神，对五保户及无劳动能力、无生活来源、无法定赡养人或残疾人、未成年人、因患大病个人负担过高医疗费用而影响家庭基本生活的人员进行了深入细致的统计。到 2010 年，全县农牧区医疗救助对象确定为 92 户、460 人。

三、五保供养

为贯彻落实国务院《农村五保供养工作条例》，嘉黎县不断提高农村五保户的供养水平，以保障他们的生活、医疗、卫生等合法权益。

2006 年，嘉黎县五保户共有 97 户、98 人，年人均发放供养金 1300 元。

2007 年，嘉黎县五保户共有 117 户、117 人，年人均发放供养金 1500 元。

第四节　优抚安置

一、优待与抚恤

在退伍军人安置工作方面，嘉黎县严格按照西藏自治区人民政府有关退伍军人安置的规定，对符合安置条件的对象及时安置；对不符合安置条件的想方设法帮助他们寻找就业门路。为保障复员退伍军人的合法权益，维护嘉黎改革开放稳定大局，县民政局在党委、政府的高度重视下，2004 年积极组织，安排调查领导小组对全县党政机关、各企事业单位复员退伍军人进行了一次摸底排查工作，通过积极的组织领导工作，退伍军人权益得到了保障，形成了比较完善规范的安置体系。

针对优待抚恤对象，嘉黎县努力解决他们住房、生活、医疗方面的困难和问题，认真落实国家有关优抚政策，按时足额发放抚恤金、优待金，依法保障优抚对象的生活。2005 年 3 月，根据相关文件精神，提高了优抚对象的遗属生活困难补助标准。2006 年，按新标准发放困难补助费共计 36768 元。

2010 年，县民政局全面执行优抚对象的生活困难补助金发放工作。

二、拥军优属

2003 年，县委、县政府领导换届，嘉黎县相应调整了“双拥”工作领导小组，并按照“领导挂帅、群众参与、军地联动、整体推进”的总体要求，在 7 月“双拥”宣传月期间开展了内容丰富、形式多样的拥军优属活动，进一步密切了“同呼吸、共命运、心连心”的新型军民关系。在“双拥”工作中把拥军优属和拥政爱民有机结合起来，把领导的积极性和群众的创造热情结合起来，把平时的优待和节日走访慰问工作结合起来，注重在政治上关心，在生活上提供优厚待遇。

县民政局为促进“双拥”工作，在每年“八一”建军节期间，县主要领导都会到部队慰问官兵，体现了军爱民、民拥军的鱼水情。

三、烈士褒扬

嘉黎镇烈士陵园是全县的爱国主义教育基地，2003 年通过援藏资金维修后，目前保存完好。该陵园始建于1959 年，占地面积1406 平方米，长37 米、宽38 米。安葬着在平息1959 年西藏一号战区“彭措湖战役”（麦地卡战役）中牺牲的一二四师四〇〇团张富德、李尚信等41 名烈士和在西藏社会主义事业建设中因公牺牲的干部群众9 名，共计50 名革命烈士，其中无名烈士一名。

四、低保

（一）城镇低保

嘉黎县严格按照《西藏自治区实施〈城市居民最低生活保障条例〉办法》，一切从实际出发，党委、政府高度重视，成立专门领导小组，对现有的低保户进行了严格的排查和核实，基本做到低保“四公开”，低保对象有进有出的良性发展格局逐步形成，对低保对象做到建档立卡、动态管理。每月资金按时到位，及时发放给低保户。截至2010 年，嘉黎县有城镇低保对象110 户、375 人，这些人扣除全年收入后，不足部分按照低保标准（270 元），按季度及时发放。

（二）农村低保

凡具有本县农业户口，根据家庭收入核算办法，按照农村低保对象的申请审批程序及保障金发放办法，将家庭年人均收入低于800 元的农村困难家庭，均纳入农村低保范围。2007—2010 年全县农村低保对象有1249 户、2233 人。

从2007 年开始实行城镇困难群众和牧区困难群众医疗救助政策，以解决困难群众就医难的问题。

第五节　婚姻登记

嘉黎县民政局狠抓婚姻管理工作，逐步完善嘉黎县婚姻登记管理工作，贯彻实施《中华人民共和国婚姻法》及《西藏自治区实行〈中华人民共和国婚姻法〉的变通条例》。将婚姻登记表、结婚证发放到各乡镇人民政府，并指派一名民政助理专门管理此项工作，以保障公民合法权益，降低离婚财产分割纠纷与子女抚养问题。

第六节　勘界管理

根据2002年5月13日中华人民共和国国务院发布的《行政区域界线管理条例》精神，县民政局结合县域界线管理实际，在主管民政领导的统一安排部署下，逐项落实，专项检查，于2004年4月按通知精神，转发了《关于转发〈行政区域界线管理条例〉办法的通知》。各乡镇接到通知后，结合实际，深入基层、深入群众，认真贯彻落实，做到了广泛动员、广泛宣传。通过耐心的解释工作使广大农牧区群众理解和明白了行政区域界线管理工作的重要性和必要性。通过开展《行政区域界线管理条例》宣传活动，切实解决了行政区域界线管理工作中存在的突出问题，巩固了行政区域界线勘定成果，维护了行政界线地区的社会稳定，促进了嘉黎县经济的协调可持续发展，为行政区域界线法制化管理奠定了扎实可靠的基础。

第九篇
法治　军事

第一章　公安

1959 年 4 月，嘉黎县社会治安公共安全由军队管理。

1960 年 9 月，嘉黎县公安局成立，负责嘉黎社会治安和公共安全。

1968 年 2 月，恢复嘉黎县公安局建制。

1968 年 8 月至 1973 年 6 月，由人保组代替公安局职能。

第一节　机构

西藏和平解放前，嘉黎各部落之间出现的治安、刑事案件均由部落首领按照习惯法进行处理。如果出现命案，宗政府则按照西藏地方法律进行判决。

1959 年 4 月嘉黎县社会治安公共安全由军队管理。实行军事管制，1960 年 9 月，嘉黎县成立公安局，始设治保组织。治保组织及委员的工作任务是调解纠纷，对辖区内所发案件及时向乡镇政府或公安局报案，并做好现场保护工作。

1964 年，林芝专区撤销，嘉黎县划归那曲地区管辖，当时全县共有 8 个区 31 个乡。嘉黎县公安局经中共嘉黎县委员会、县政府同意，在每个区配备 1 名公安特派员，共 8 人。

1968 年 2 月，恢复嘉黎县公安局建制，中共嘉黎县革委会成立人保组，取代公安司法工作。由范敦厚任人保组组长、丹巴达杰任副组长、常森洪任副书记，巴扎、普措扎西、张组先、村培等任委员。1976 年 4 月恢复成立县公安局，县公安局在20世纪80年代初编制8人，公安局领导为正科级。

1978年，全县治保组织已有122个，各组设立治保委员共244人。1979年2月，嘉黎县公安局治安股成立，主要工作任务是：依据国家制定的治安业务管理法律法规，运用警察行政手段和现代科学技术，通过公开管理，预防和制裁违法犯罪，实行社会治安综合治理，维护治安秩序和公共安全，保护公民合法权益，达到保卫社会主义制度和人民民主专政政权，保障社会主义物质文明和精神文明建设顺利进行的目的。

2002年5月，在上级部门的大力支持下，嘉黎县公安局办公大楼破土动工，总投资249万元，于2003年5月投入使用。

2003年5月，经中共那曲地委编委批准，设立嘉黎县嘉黎镇派出所，编制5人。行政上由嘉黎镇政府领导，业务上由嘉黎县公安局领导。但受多方因素影响直至2008年尚未建成。

2003年7月25日，由浙江省宁波市公安局援助资金120万元的嘉黎县公安局综合大楼破土动工，于2004年8月投入使用。

2005年7月，那曲公安处拨款在嘉黎县措多乡修建措多乡派出所，但由于下达编制受限，该派出所至2008年尚未成立。

2006年5月，那曲公安处投资146万元重建嘉黎县公安局看守所，保障正常开展收押犯人工作。

2006年7月，西藏自治区公安厅投资156万元为嘉黎县公安局修建12套民警周转房，于2007年5月投入使用。

2010年，县公安局配置领导5人，其中副县级1人、正科级1人、副科级3人，内设办公室、刑侦大队、治安大队、国内安全保卫大队、信通室、110值班室、看守所等机构。民警基本情况：嘉黎县公安局民警编制为30人，实有民警32人，平均年龄29.6岁，其中50岁以上的1人，30—40岁的9人，20—30岁的22人，年龄结构较为合理；文化程度参差不齐，其中具有本科文化程度的2人，大专文化程度的22人，中专文化程度的3人，高中及初中文化程度以下的5人。

1960—2010年嘉黎县公安部门历任班子成员名录见表9-1-1。

1960—2010年嘉黎县公安部门历任班子成员名录

表9－1－1

机构名称	职务	姓名	性别	民族	任职时间	备注
嘉黎县公安局（1960.09—1969.06）	局长	郭志清	男	汉	1962.10—1966.11	
					1966.11—1967.02	
	副局长	郭志清	男	汉	1960.09—1962.10	
		多吉次仁	男	藏	1964.05—1969.06	
人保组（1968.08—1973.06）	组长	范敦厚	男	汉	1968.08—1973.06	
		丹巴达杰	男	藏	1973.01—1973.06	
嘉黎县公安局（1981.05—2010.12）	局长	巴扎	男	藏	1981.05—1984.08	
		丁银气	男	汉	1987.07—1988.11	
		白玛次仁	男	藏	1993.09—1999.07	
		达嘎	男	藏	1999.08—2001.07	
		赵多希	男	汉	2001.07—2004.03	
		阿美	男	藏	2004.03—2010.12	
	副局长	巴扎	男	藏	1976.06—1981.05	
		村培	男	藏	1981.05—1984.08	
		丁银气	男	汉	1984.08—1987.07	
		白玛次仁	男	藏	1987.07—1993.09	
		达嘎	男	藏	1990.01—1999.08	
		索朗	男	藏	1999.08—2001.10	
		边巴次仁	男	藏	2001.10—2005.05	
		石均	男	汉	2005.05—2010.12	
		洛桑晋巴	男	藏	2010.01—2010.12	

第二节 治安保卫

一、治安管理

1959年9月，在平叛改革中，县公安局除配合人民解放军清剿境内的残匪外，积极开展县域境内的治安保卫工作。通过“三反双减”、平叛斗争和土改运动，逐步稳定了社会秩序。20世纪60年代，经过平叛改革后，县域内治安形势较稳定，在麦地卡平叛剿匪中，对安置在麦地卡地区的叛乱分子家属以及被裹胁的群众进行教育，并妥善安置好他们的生活；对麦地卡区治安进行重点治理。

1978年12月，党的十一届三中全会召开，确立了以经济建设为中心的政治路线，以此为标志，中国进入社会主义现代化建设新时期，公安工作也进入新的发展阶段。嘉黎县公安局认真贯彻党的十一届三中全会以来的路线、方针、政策，经过拨乱反正和整顿恢复，逐步把公安工作重点转移到保卫社会主义现代化建设上来。

1979年，根据《中共中央关于地主、富农分子摘帽问题和地、富子女成份问题的决定》，嘉黎县对那些多年来遵守政府法令、老实劳动、不做坏事的地主、富农分子以及反革命分子和其他坏分子，经过群众评审，由县革命委员会批准摘掉帽子，给予其农村人民公社社员待遇。1983年8月至1984年6月，按照公安部《关于给现有四类分子一律摘掉帽子的通知》和区公安厅通知精神，嘉黎县的四类分子全部摘掉帽子，完成对地、富、反、坏分子教育改造的历史任务。

20世纪80年代，嘉黎县公安局在县委、县政府和那曲公安处的领导下，全县公安民警、武警官兵积极响应党中央、国务院的号召，恪尽职守，维护大局稳定。

20世纪90年代，随着改革开放的不断深入，国家经济建设步伐进一步加快，国家经济体制由计划经济向市场经济转变，人流、物流、资金流、信息流空前频繁，社会治安面临一些新情况新问题。针对这些新情况、新问题，嘉黎县公安局坚持贯彻中央“稳定压倒一切”的方针，以服从和服务经济建设为中心，以维护社会政治稳定和治安大局平稳为目标，组织大规模专项斗争和区域治理，依法从重从快打击处理了一批严重刑事犯罪分子和经济犯罪分子。强化治安防范和内部安全防范，重点整顿治理了一批治安混乱的地区和部位。同时，嘉黎县公安局不断更新观念，不断改革创新，与时俱进，开拓进取，积极探索改革开放和市场经济条件下维护社会治安稳定的新方法和新路子，坚持打防并举，积极落实社会治安综合治理各项措施，为全县人民营造了良好的社会环境，为嘉黎县的经济建设和社会发展作出了积极贡献。

1998 年 3 月，嘉黎县公安局被公安部评为全国优秀公安局。同年 8 月，在嘉黎镇、绒多、措多、藏比、林堤、夏玛、鸽群、措拉、忠玉增设公安特派员，主要负责受理和查处治安案件、保护刑事案件现场、将较大治安案件或刑事案件移交县公安局、排查处理矛盾纠纷等工作。至 2000 年，乡镇公安特派员共处理治安案件 100 起，调处矛盾纠纷 48 起。

2003 年 5 月，昌都地区江达县一些牧民群众与嘉黎县鸽群乡因虫草资源引发纠纷，嘉黎县公安局根据中共嘉黎县委员会、县政府指示，积极配合县有关部门解决此纠纷。

2004 年 2 月 25 日，嘉黎县忠玉乡修筑扶贫通达公路的民工 100 余人与项目承包人发生纠纷，引起中共那曲地委、行署和中共嘉黎县委员会、县政府的高度重视，由那曲行署公安处、那曲地区劳动和社会保障局，中共嘉黎县委员会、县政府和县公安局、县人民法院、县劳动和社会保障局组成的工作组先后 5 次下到忠玉乡进行调解处理，积极做好民工思想工作，确保了全国“两会”期间嘉黎县社会局势稳定。

2004 年，嘉黎县公安局加强对娱乐服务场所的治安管理。同年 11 月，开展校园周边秩序整治。按照全区统一部署，开始对学校、幼儿园周边存在的影响正常教学秩序、侵害师生人身安全等突出问题进行集中整治。派出民警深入学校及周边开展治安巡逻，对重要路段、重点时段和易发案部位加大巡逻密度，通过整治，校园周边环境得到进一步改善，社会满意度明显提高。

2005 年 5 月，在县政法委的统一组织协调下，县公安局全力开展“打黑除霸”专项斗争，嘉黎镇、鸽群乡一批涉枪犯罪嫌疑人被一网打尽，两乡镇社会治安混乱的局面得到扭转。

2006 年，公安机关以《娱乐场所管理条例》颁布为契机，加强公共场所治安管理。积极采取召开广播会、群众会和场所负责人会议、悬挂标语等形式，深入宣传落实《娱乐场所管理条例》，定期组织人员培训，提高管理水平。以推进监控设施建设为突破口，进一步规范娱乐场所治安管理。

2007 年，县公安局对全县枪支弹药、管制刀具等危险物品进行规范化管理，收缴各类非法枪爆物品和管制刀具，严厉打击涉枪涉爆违法犯罪行为。

2008 年，县公安局以全国综治工作要求为重点，进一步完善和规范矛盾纠纷排查调处机制，大力推进社会治安防控体系建设，广泛深入开展基层平安创建活动，完善责任制，健全各负其责、齐抓共管机制。

2009 年，县公安局主要以流动人口管理工作为重点，严格落实流动人口登记、办证制度，确保“人来有登记、人走有注销”。进一步强化流动人口管理机制，加强流动人口信息采集工作。

2010 年，县公安局主要加强对公共场所、特种行业的规范化管理，严格实行安全检查制度。加大对公共场所、特种行业、单位内保和枪支的规范管理，制定了一系列管理制度。

第三节　户政管理

和平解放后，特别是 1959 年西藏民主改革后，开始对进入西藏的外来人口实行管理。在计划经济时代，户籍管理逐步形成制度化并与粮食供应挂钩。因当时社会生产力有限、物资紧缺，嘉黎县实行城镇户口制度和农牧区户口制度，只有持城镇户口的人员才能在城镇工作和就业，同时严格控制在藏工作人员的家属进藏。20 世纪 60—80 年代，城镇户口迁入嘉黎县，基本上按照那曲地委、行署指定的计划严格执行，一般控制在 4‰左右。

1974年，根据《中华人民共和国户口登记条例》，对全县各户建立户口登记，登记内容包括常住、暂住、出生、死亡、迁出、迁入等。

80年代，随着改革开放政策的贯彻和商品经济的发展，人口流动逐渐活跃。为证明居民身份，保障公民合法权益，便利公民进行正常的社会活动，维护社会秩序，1984年4月6日，国务院颁布《中华人民共和国居民身份证试行条例》。1985年9月6日，全国人大常委会第十二次会议通过并公布《中华人民共和国居民身份证条例》，公安机关对身份证依法管理。

1988年，嘉黎县公安局开始颁发居民身份证工作。居民身份证办公室设在县公安局治安科。居民身份证的发证范围是居住在嘉黎县境内城乡，有常住户口、年满16周岁以上的中国公民。16—25周岁居民发放有效期10年的居民身份证；26—45周岁居民发放有效期20年的居民身份证；46周岁以上居民发放长期有效的居民身份证。发证机关是嘉黎县公安局，制证单位是自治区公安厅居民身份证制作中心。为配合居民身份证颁发工作，嘉黎县公安局在全县开始使用常住人口登记表，详细登记每个公民的身份信息，对外来人口的管理，采取统一的暂住证制度，以有效管理外来人员。

1989年，考虑到居民身份证制证周期长、易给群众造成不便的实际情况，嘉黎县开始颁发临时居民身份证，嘉黎县居民身份证日常管理制度日趋完善。

1998年，嘉黎县公安局建立户口卡片7285张，发放户口本7285本，建立户口档案7285份。

2006年，嘉黎县公安局认真做好换发第二代居民身份证工作。区换发二代证工作领导小组给嘉黎县下达换证任务后，县公安局结合工作实际制定详细工作方案，按时间段、季节变化科学安排，不搞集中突击受理。按照急用先办原则，优先组织一代身份证到期、年满16周岁人员的申领工作，以及参加考试、应征入伍、外出务工等急需身份证人员的换发证工作。

2007—2010年，嘉黎县公安局进行户籍制度改革，将原有手写户口信息统一录入到自治区人口信息系统，到2010年共发放户口本11000本。

第四节　刑事侦查与监所管理

1995 年 5 月到 2004 年 4 月，嘉黎县公安局设刑警队，负责打击刑事犯罪。2004 年，刑警队更名为刑侦大队。

一、刑事侦查

20 世纪 80 年代后，国家实行以经济建设为中心和对内搞活、对外开放的方针政策，国家经济建设日新月异，人、财、物流动日渐活跃，国家经济建设进入快速发展的新时期。社会治安也伴随着出现一些新情况和新问题。1983 年 8 月至 1986 年 12 月，全区公安机关坚决贯彻中共中央《关于严厉打击刑事犯罪活动的决定》和全国人大常委会《关于严惩严重危害社会治安的犯罪分子的决定》，在全区迅速开展了严厉打击严重刑事犯罪活动的斗争（简称“严打”）。按照依法“从重从快”的方针，在中共嘉黎县委、县政府的领导下，县公安局广泛发动群众，采取多种措施，侦破了一批刑事案件，摧毁了一批犯罪团伙，抓获和依法处理了一批刑事犯罪分子，有力打击了刑事犯罪活动的嚣张气焰，人民群众普遍有了安全感。

2005 年 6 月 3 日，林芝地区工布江达县公安局向嘉黎县公安局通报：林芝地区工布江达县发生一起持枪抢劫杀人案，凶案犯罪嫌疑人向嘉黎县方向逃窜。根据自治区公安厅的具体指示精神，嘉黎县委、县政府、县政法委与那曲公安处就案情进行讨论，并成立了组织指挥领导小组，制订出具体的工作方案。组织搜捕小组开展搜捕行动，重点排查，设卡堵截。设卡堵截搜捕工作人员经过五天五夜连续奋战，终于在 6 月 8 日上午将犯罪嫌疑人抓获，并移交上级有关部门作进一步处理，“6 · 02”持枪抢劫杀人案成功破获。

2005 年 9 月 9 日下午 5 时 30 分，嘉黎县公安局同时接到那曲公安处刑侦支队、甘肃省临夏县公安局刑侦大队通报，告知他们查获犯罪嫌疑人马某某在利用嘉黎县电话超市的公用电话与家中通话，要求嘉黎县公安局协助抓捕。嘉黎县公安局接到通报后立即组织抓捕工作。后经县公安局周密安排部署，工作人员密切配合，将犯罪嫌疑人马某某成功抓获，并交由甘肃临夏公安局刑侦大队将犯罪嫌疑人带回。

二、监所管理

1959 年 12 月嘉黎县人民政府成立，县公安局配合解放军开展平叛工作。

20 世纪 60—90 年代，嘉黎县看守所主要负责监管看守刑期较短的人犯。对重刑犯一般都送到上级进行劳动改造。县看守所由县中队进行守卫，内部由县公安局进行管理。

2002 年，嘉黎县公安局对看守所进行重建，为钢筋混凝土结构，占地总面积 1938. 6 平方米，使用面积 1845 平方米。内部设拘留所、看守所。拘留所占地面积 100 平方米，使用面积 75 平方米，共有监房 5 间；看守所占地面积 250 平方米，使用面积 225. 44 平方米，共设监房 5 间，每间使用面积 11. 6 平方米，看守小院面积 144. 32 平方米。

第五节　消防与交通管理

一、消防管理

嘉黎县公安局专职消防大队于 2007 年 9 月 30 日组建，隶属于那曲地区公安消防支队，正营制建置，业务受县公安局领导，消防设备购置由县财政支出。由于嘉黎县在那曲地区属于国家级贫困县，县消防大队设备购置简陋，营房等设施建设基本上由上级部门投入。嘉黎县消防大队为更好开展工作，对全县复杂场所经常进行检查，对消防应急工作进行全面指导。张贴消防宣传知识，对部分场所开展消防演练。在每年秋冬干燥寒冷季节，由县消防大队对麦田、草场、林地、库房以及民居火灾易发事项进行广播通知，各乡治保组织配合，对农牧民群众进行防火宣传。各机关、团体、医院、学校、工厂按照“谁主管、谁负责”原则，层层落实消防管理和防火值班制度，并派专人对消防隐患进行排查和消除。由于消防宣传工作到位，以及县城规模不大，复杂场所不多，嘉黎县未发生过重大火灾。

二、交通管理

20世纪60年代，嘉黎县建有公路省道305线，公路通车以后，主要以单位车辆为主，车辆较少，如发生重大交通事故，由地区公安处派人处理。县境内发生的交通事故，由地区公安处委托县公安局处理并上报。

80年代初，随着改革开放的深入和经济社会的发展，社会私营机动车辆逐渐增多，对机动车辆的管理、司驾人员的培训和交通法规、职业道德的教育，成为县公安局的一项重要工作。县境内机动车管理主要包括对驾驶员的监督，一年一度机动车辆的年检，道路安全知识的宣传教育，负责对交通事故现场的勘察。如遇重特大交通事故，则均由地区交警大队来人勘察，县公安局协助处理。

2010年，县公安局依照《刑法》《刑事诉讼法》和《道路交通安全法》规定，协助地区交警大队依法处理交通事故。

第二章　检察

第一节　机构

1978 年 12 月，嘉黎县人民检察院恢复重建，当时从其他单位抽调 4 名工作人员开展检察工作。1981 年 12 月，嘉黎县第三次人民代表大会正式选举产生检察长。1982 年 5 月，嘉黎县成立检察委员会。1988 年 8 月，嘉黎县检察院设立刑事检察科和经济检察科，配齐除检察长、副检察长以外的 6 名检察员、助理检察员和其他干警。1999 年 6 月，县检察院单独成立中共嘉黎县检察院党支部。2000 年 4 月，嘉黎县调整充实内设机构，设立民事行政检察科、批捕科、起诉科、法纪监所检察科（含控申、举报中心）、技术科和办公室等 6 个科室，有干警 12 人，全面行使全县检察业务工作。

1978—2010 年嘉黎县人民检察院历任班子成员名录见表 9－2－1。

1978—2010 年嘉黎县人民检察院历任班子成员名录

表 9－2－1

机构名称	职务	姓名	性别	民族	任职时间
县人民检察院	检察长	才洛	男	藏	1978. 12—1984. 04
		扎西次仁	男	藏	1984. 04—1987. 07
		丁宗臣	男	汉	1987. 07—1987. 10
		牟光明	男	汉	1987. 10—1999. 08

续表

机构名称	职务	姓名	性别	民族	任职时间
县人民检察院	检察长	薛新凯	男	汉	1999.08—2007.11
		彭全意	男	汉	2007.11—2010.12
	副检察长	曲扎	男	藏	1981.12—1982.01
		丁宗臣	男	汉	1984.08—1987.07
		嘎玉	男	藏	1987.07—1987.10
		陈洪玖	男	汉	1987.10—2010.12

注：1978 年 12 月至 1981 年 12 月无“副检察长”一职。

第二节　刑事检察

一、审查批捕

1979 年 8 月至 1980 年，按照全国检察工作会议精神，县人民检察院依法行使检察权，主要打击一切叛国和分裂祖国的犯罪活动，打击反革命分子和其他严重刑事犯罪分子。认真执行“坦白从宽、抗拒从严”政策，坚持依靠群众，贯彻惩办与宽大相结合政策。1981—1984 年，县检察院边建设、边学习、边工作。针对普通犯罪增多的状况，紧紧围绕社会治安整顿开展批捕工作。依法对已构成犯罪、证据确凿、主要犯罪事实清楚，可能判处有期徒刑以上刑罚、确有逮捕必要的，及时作出批准逮捕的决定。1985 年后，检察院担负起辖区内所有一般刑事案件的批捕工作。1993—1997 年，县检察院坚持以“严格执法、狠抓办案”工作方针统揽全局，严厉打击分裂主义分子，深入开展反贪污受贿工作，不断加大打击力度，坚持“从重、从快、从严”方针，批准逮捕案件一般在 4 日内办结。2001—2010 年，共计批捕案件 90 件 117 人，其中批准逮捕案件 89 件 116 人，未批准逮捕 1 件 1 人。

二、审查起诉

县人民检察院认真执行第五届全国人民代表大会第二次会议通过的刑事诉讼法。按照最高人民检察院关于审查批捕、审查起诉、出庭公诉工作试行规定，县人民检察院开始全面担负审查起诉职能，对需要起诉的重大刑事案件进行认真审查。在办案中实行承办人员审查、集体讨论、检察长决定的办案原则，严把起诉关。

1979 年 11 月至 1980 年，共受理公安机关移送审查起诉各类刑事案件 2 件 3 人，提起公诉后法院均作了有罪判处。

1980 年 8 月以后，县检察院对提起公诉、人民法院开庭审判的案件，均派员以国家公诉人的身份出庭支持公诉，并且监督审判活动是否合法。对于被告人是少数民族的，全部采用其民族语言文字提起公诉并参与诉讼，确保当事人的合法权益。1981—2000 年，为维护社会稳定，保障社会经济发展，在坚持办案原则制度的同时，对重大疑难案件均提交检察委员会研究决定。其间共受理、审查公安机关移送起诉各类案件 78 件 169 人，经审查提起公诉的占 96%；退回公安机关补充侦查的占 2%；免予起诉的占 1%；不起诉的占 1%。在此期间，还针对案发单位存在的比较大的问题，提出检察建议 12 份。

1996 年 3 月 17 日，第八届全国人大四次会议通过新的《刑事诉讼法》，将审判方式改为“抗辩式”，以检察出席法庭的公诉人为中心，进行举证、示证、质证，工作难度和工作量加大。

2001—2010 年期间公诉案件共计 95 件 116 人，其中起诉案件 87 件 104 人。

第三节　法律监督

一、立案监督

县检察院把握立案监督主动权，把有案不立、有罪不究、以罚代刑作为立案监督的重点。1979—2010 年共审查公安机关所办的治安案件和收容审查案件 40 多件，尤其对群众反映的案件进行了重点检查。

二、侦查监督

检察院逐步把提前介入作为加强对公安机关侦查和预审案件侦查监督的一项重要工作。1979—2010 年，共提前介入 96 件 127 人。对公安机关侦查的案件，检察院到重大案件现场参与尸解 25 次，追捕 13 件 17 人，不批捕 9 人，撤销案件 6 起。对公安机关办案中存在的问题提出纠正意见 7 次。

三、审判监督

检察院建立后，即开展对审判活动的监督，以保障诉讼参与人在庭审中的各项权利。在担负公诉职能的同时，抗诉被纳入检察机关的日常工作，检察院开始行使抗诉职权。1979—2010 年，检察院共提起抗诉 6 件 6 人，提出纠正意见和口头建议 3 次。

四、执行监督

1979—2010 年，检察院坚持经常检查与定期检查相结合制度，对保外就医、判处缓刑、监外执行的人犯，进行全面检察 18 人次，发现问题及时与有关机关协同处理，提出纠正意见 6 次。

第四节　检察制度改革

一、检务公开

1999年开始，把“检务公开”作为接受监督、保证公正执法、实行公开办案的一项重大举措。干警持证上岗，设立监督意见箱，公布监督电话，在社会上聘请监督员，发放监督卡、“告知卡”，延伸干警8小时以外管理；制定人大监督制度、纪委联席会议制度；定期或不定期向人大汇报工作，并邀请人大代表视察工作，听取他们的意见、批评和建议。

二、主诉、主办检察官制度

按照《最高人民检察院关于加强基层检察院建设的意见》精神，结合实际，县检察院积极探索新时期的工作特点，一改过去层层汇报、层层请示、层层审批的弊端。努力做到责、权、利相统一，发挥承办人主观能动性，不断提高办案质量和办案效率，办案周期明显缩短。

三、人事制度改革

从1999年开始，县检察院推进以竞争上岗、双向选择、民主评议、科级干部任前公示制度为主要内容的干部制度改革，改变了过去在干部制度上论资排辈、一潭死水的局面，激发了干警的工作热情。

县检察院建立后，长期未设立单独办公室。1998年4月设立办公室后，文档、财务等工作逐步走上正轨。截至2010年，行文133份，制定各种法律文书350多件，制定、修改、完善规章制度16项，书写简报信息68份，发新闻稿件18份。

第五节　经济民事与行政检察

一、经济检察

1980年，县检察院开始开展经济检察业务，有力打击经济领域犯罪活动。

1980—2010年，共受理经济案件20件27人，其中立案侦查15件21人，移送其他部门处理案件10件10人。侦查终结后，免予起诉案件2件2人，起诉案件1件1人，撤销案件1件1人，依法起诉判刑案件19件20人。共为国家挽回经济损失100余万元。在所办案件中，贪污案占30%，挪用公款案占70%。针对案发单位存在问题提出检察建议12份，并帮助这些单位健全财务制度，以扩大办案效果。

二、民事行政检察

县检察院建立后，一度未开展民事行政检察工作。1998年4月成立民事行政检察科后，民事行政检察工作逐步正规化、制度化。

第六节　法纪与监所检察

一、法纪检察

县检察院建立初期，机构不健全，人员较少，法纪检察被纳入刑事检察工作范围。1998年4月法纪检察科成立后，将法纪检察、举报与处理群众来信来访密切结合起来。

1980—2000年，受理法纪案件7件8人，依法追究刑事责任4件5人。

2000—2010年，嘉黎县人民检察院接待来信来访累计达141人次。

二、监所检察

未成立监所检察科以前，有专人负责开展监所检察工作。1998 年 4 月成立法纪监所检察科后，监所检察工作逐步走向经常化、制度化、正规化。

1998—2010 年，定期不定期对监所管理工作进行检查，共深入看守所 70 多次，对监所先后发出纠正违法通知 4 次。通过不断加强在押人员的法制宣传教育和思想工作，绝大多数关押人员能够遵守监所规定，接受改造。

截至 2010 年，全院监所检察共计 483 次。

第三章　审判

第一节　机构

嘉黎县人民法院始建于1965年7月25日，当时仅有一名法院干部，由中共嘉黎县委员会书记兼任。由于党和政府当时工作重点是开展“三反双减”和土地改革等运动，审判工作未开展起来。

1966—1973年，县人民法院被撤销，其业务由县革命委员会下属的人民保卫组代行。1975年10月，县人民法院重新恢复，有院长1人、干警2人。1986年，干警人数增加至5人。

截至2010年，县人民法院设立立案庭、刑事审判庭、民事审判庭和审监庭、执行局、办公室、行政庭等机构。法院干警人数增至13人，获得法官资格7人，书记员2人，法警2人。

1965—2010年嘉黎县人民法院班子成员名录见表9－3－1。

1965—2010年嘉黎县人民法院班子成员名录

表9－3－1

机构名称	职务	姓名	性别	民族	任职时间
县人民法院	院长	胡成文	男	汉	1965.07—1967.02
		普布	男	藏	1975.04—1981.05
		桑美	男	藏	1981.12—1997.10

续表

机构名称	职务	姓名	性别	民族	任职时间
县人民法院	院长	次仁罗布	男	藏	1997. 10—2002. 09
		吴新宏	男	汉	2002. 09—2007. 09
		贡觉卓玛	女	藏	2007. 09—2010. 12
	副院长	普布	男	藏	1976. 10—1981. 05
		根登江措	男	藏	1981. 12—1984. 11
		旺青多杰	男	藏	1984. 08—1995. 03
		扎西朗加	男	藏	1995. 04—1997. 10
		仁青遵珠	男	藏	1997. 11—2003. 09
		郑荣华	女	藏	1997. 11—2002. 09
		洛桑益西	男	藏	2007. 12—2010. 12

第二节　审判制度

一、官方审判

和平解放前，按照习惯法，对轻微的刑事民事案件，如婚姻家庭案件等，采取不告不理原则；对严重的刑事案件，如杀人、偷盗、抢劫和危害统治阶级利益的案件，均由宗政府受理。

1950 年 10 月，昌都解放并成立宗解放委员会后，刑事案件和民事纠纷均由宗军事代表处和宗解委会根据政策实行行政权与审判权合二为一的运行机制（代行审判权）。

1959 年，县人民政府成立，未设立专门的司法机构，各类案件审判职权由县政府行使。

1975 年 10 月，县人民法院恢复后，对于民间纠纷案件，需起诉的直接向民事审判庭起诉。在民事审判中，法庭依据《民法通则》《民事诉讼法》等，坚持两审终审制度，依法调解、处理各类民事纠纷，防止矛盾激化。对刑事案件，由人民检察院作为公诉人向人民法院提起诉讼。经人民法院审查，凡符合立案条件的予以立案，凡不符合立案条件的，退回或驳回起诉，不予立案。在刑事审判中，法庭依据《宪法》《刑法》《刑事诉讼法》等，遵循两审终审制度、合议制度、回避制度、死刑复核制度、审判监督制度等，运用实体法和程序法，对危害国家安全犯罪案件、严重刑事犯罪案件、严重经济案件以及普通刑事犯罪案件和其他刑事犯罪案件进行审判，并给予法律制裁，以保障国家安全和社会稳定。

审判机关所用刑罚为全国通用的 9 种刑罚，1997 年修订为 8 种，即死刑、无期徒刑、有期徒刑、拘役、管制、剥夺政治权利、没收财产、罚金。其中，前 5 种为主刑，后 3 种为附加刑。对于犯罪的外国人，可以独立施行或附加实施驱逐出境。

二、审判制度改革

（一）实行主审责任制

1997 年以来，县人民法院根据《人民法院审判人员违法审判责任追究办法（试行）》《人民法院审判违纪行为处分办法（试行）》《人民法院审判人员回避制度》，实行“主审责任制”。

（二）庭审方式改革

首先由立案室统一立案，统一收缴案件受理费，进行诉前保全，由各业务庭对立案庭移送来的案件进行分开排放。其次推行庭前会议，在庭审前由法院主审人召集双方当事人对案件证据进行对质，通过交换证据，双方当事人明确自己所持证据的分量，知道哪些证据有用或没用，哪些需要补充，从而减少庭审不必要的重复，缩短庭审时间，提高办案效率。

（三）使用简易程序

简易程序的大量使用，使适用简易程序审理的案件每年占案件总数的 80% 以上。同时，为解决全院审判人员严重不足和群众诉讼积累多的问题，对于民事审判中不能调解结案的也一直在法律规定的范围内最大限度地使用简易程序审理。

第三节　刑事与民事审判

一、刑事审判

嘉黎县人民法院恢复后开展审判工作，并开始实行人民陪审员制度。1980 年 1 月，《刑法》和《刑事诉讼法》颁布实施后，县人民法院“以事实为依据，以法律为准绳”，依法办案。对历史案件进行全面复查。本着实事求是原则，完善各项制度。

1993 年，县人民法院审判开始实行错案追究责任制。

1997 年 1 月 1 日和 1997 年 10 月 1 日，新《刑法》和《刑事诉讼法》先后颁布实施，法院干警认真学习，在审判实践中严格贯彻执行。严把案件实体关、程序关，改革审判方式。

从 1975 年恢复法院工作至 2010 年，共办理刑事案件 140 件。

二、民事审判

在民事案件审理中，审判人员认真审查事实，核对证据，分清是非曲直，正确运用法律。

1991 年 4 月新《民事诉讼法》实施后，法院全面贯彻“谁主张、谁举证”原则，强化庭审功能，改革审判方式，扩大案件的社会综合效应。注重调解，耐心教育，防止矛盾激化，98% 以上的当事人服从调解或服从判决。简化诉讼程序，采取审判人员深入纠纷地、案发地就地审理、巡回办案等许多便民措施。

县法院从建院到 2010 年，共办理民事案件 467 件。

第四节　经济与行政审判

一、经济审判

随着社会主义市场经济体制的建立，经济合同纠纷不断增加，经济纠纷也相应增加。为保障企业或经营者合法权益，县人民法院于 1995 年 11 月建立经济审判庭，审理经济案件中个人或其他组织之间的经济纠纷。新《合同法》实行后，县人民法院加大贯彻执行力度，依法及时调处、化解人民内部矛盾，避免因经济纠纷调处不力而引发其他各类案件。

二、行政审判

1990 年 10 月 1 日《行政诉讼法》实施以来，审判人员依法办案，为维护公民合法权益、支持和监督行政机关依法行政、维护社会稳定发挥了积极作用。

第四章　司法

嘉黎县司法局成立于2009年，自成立以来一直紧紧围绕县委、县政府中心工作，在上级业务部门的正确指导下，以维护社会稳定和促进社会和谐建设为重点，扎实开展法制宣传、人民调解、安置帮教、社区矫正、法律援助、特殊人群等各项工作。

第一节　普法与法制教育

1993年，县人民法院订购充足的藏汉双语普法教材，从干部职工到农牧民群众、从城镇学校到乡村学校，多方位、深层次进行普法教育，开展普法教育269次，受教育人数达到11330人次，发放普法教材480册，对青少年法制宣传教育130次，受教育人数达到1480人，普及率达到95%。同时，在日常巡回办案期间，开展“以案讲法”“送法上门”等活动，有效提高了全县公民的法制观念，增强了公民学法、用法、守法的自觉性，提高了依法保护自身合法权益的主动性。

第二节　人民调解

一、习惯调解

和平解放以前，西藏部分地区民间存在使用“赔命金”私下了结杀人、伤害案件的情况，在宗族势力影响下，“赔命金”是解决家族纠纷最为便捷的方法。赔了命价就不再受处罚。因此，用金钱财物赎罪、减轻处罚或逃避处罚的较多，赔命金赔付的数额连年增加，给肇事家庭或家族带来极大的经济负担，许多家庭因此成为贫困户或特困户，有的甚至倾家荡产，背井离乡。

二、官方调解

为动员社会力量调解人民内部纠纷，1976 年在阿扎乡进行基层调解委员会试点工作。2001 年底，在原调解委员会试点基础上，全县建立 19 个基层调解委员会，有调解人员 133 名、人民陪审员和司法助理员 33 人。2010 年，已组建全县乡村两级普法组织 137 个，有工作人员 408 人。进一步加强和完善了调委会学习制度、调解登记制、信息联络制等，在乡调委会中还涌现出自治区级普法先进集体 1 个、先进个人 2 名。

第五章 军事

第一节 驻军

一、中央政府用兵西藏

（一）元朝

元至元五年（1268 年，藏历第五饶迥铁龙年），元中央政府在西藏进行第二次人口普查后，在西藏设置以萨迦派为首的十三万户管理西藏地方事务。

元至元二十七年（1290）西藏发生直贡派不服从萨迦地方政权管理的“直贡之乱”，元中央政府派出镇西王铁木儿不花率领元军与萨迦本钦阿迦伦一起平定直贡派的叛乱，维护了西藏稳定。嘉黎县作为直贡派管理的势力范围，在平定“直贡之乱”后，元朝留下一部分军队驻守嘉黎，保障藏北地区安宁，以保持萨迦和大都（今北京）的联系。随着元中央政府的灭亡，这部分军队的后裔基本上流落在藏北草原上。

（二）清朝

清康熙五十六年（1717 年，藏历第十二饶迥火鸡年），蒙古准噶尔部首领策旺阿拉布坦派大将策凌敦多布率 6000 兵马侵扰西藏，在拉萨执杀治理西藏的蒙古和硕特部首领拉藏汗，结束蒙古和硕特部首领治理西藏的历史。准噶尔部的侵扰活动影响了清中央政府治理西藏的部署。

康熙五十七年（1718 年，藏历第十二饶迥土狗年），清中央政府派军从青海入藏平息准噶尔部袭扰西藏，清军派将军额伦特、都统色楞率兵数千人在那曲驻守，准备打击准噶尔部兵，在嘉黎有部分清军驻守，驻守期间由于粮道被准噶尔军队截断，在外无援军内无粮草的情况下，驻守嘉黎的清军，在准噶尔部军队4000多人的围攻下，全军覆没。

康熙五十八年（1719年，藏历第十二饶迥土猪年），康熙帝决定第二次派兵进军西藏驱逐准噶尔大军，派十四皇子允禵率三路大军进军西藏，征西将军噶尔弼、四川永林协副将岳钟琪率川、滇、楚、浙等满汉官兵从四川打箭炉进兵，为南路，在平定准噶尔部袭扰后，清军在嘉黎短暂驻守，从四川理塘迎回七世达赖喇嘛。清朝中期，清兵驻守嘉黎时，嘉黎称为拉里汛，作为重要的塘汛和粮台，担负大量过往清军和来往官员军驿任务。

乾隆十三年（1748年，藏历第十三饶迥土龙年），在拉里汛设置总、外委各一名，统领驻防绿营兵50名，后设粮员一名，用来转输粮饷。从此，嘉黎作为联系卫藏地区的重要通道，一直有清军驻守，清中央政府按照西藏形势决定驻军人数。在平定“阿尔布巴之乱”“珠尔默特那木扎勒之乱”“驱逐廓尔喀入侵”等军事行动中，大量清军从嘉黎等地前往拉萨等地，凸显出嘉黎在清朝战略地位上的重要性。

嘉庆二年（1797年，藏历第十三饶迥火蛇年），拉里汛协办苏雄、姚全二人与拉里汛塘兵丁唐佥元、周正达、朱金龙、杨应春、袁加贵等5人合计捐银12两，修整江达汛鹦哥嘴道路。

清宣统元年（1909年，藏历第十五饶迥土鸡年），钟颖率领川军1700多人，从四川出发经过昌都，在川滇边务大臣赵尔丰支持下，在嘉黎作短暂停留，以迎接后续粮草和辎重。清宣统三年（1911）10月10日，辛亥革命爆发，驻守在嘉黎的100多名官兵，部分回到昌都，部分流落到民间。

1913年10月，英帝国主义者在印度召开西姆拉会议，于1914年7月与西藏地方代表私下签订“西姆拉条约”，擅自划定所谓“麦克马洪线”。民国中央政府针对英国人侵略西藏的行径，派出四川总督尹昌衡率军西征，云南总督蔡锷率军支援，尹昌衡率军经昌都、边坝、嘉黎到达工布江达太昭等地，在嘉黎留守部队，作为后勤保障军，后因英国人的干涉，征西军退出西藏，驻守嘉黎的军队也随之撤出。

（三）中国人民解放军进驻西藏

1951年8月23日，中国人民解放军18军先遣支队在军副政委王其梅和先遣支队参谋长陈竞波的率领下，翻越海拔5000多米的丹达山，继而过鲁贡拉、嘉黎、奔达拉。在嘉黎停留期间，向附近的上层人士和群众宣传《十七条协议》精神，积极介绍党的民族政策和宗教政策，扩大了解放军的政治影响，使嘉黎群众对中国共产党有了较为全面的认识。在嘉黎得到附近群众支援后，先遣支队向拉萨挺进。后18军52师在副师长陈之植、副政委阴法唐率领下，进驻嘉黎，并建立向工布江达县中转的物资站，18军大部队基本上从嘉黎等地向拉萨进军，完成进驻国防要地的任务。

1959年3月19日，西藏地方上层反动集团发动全面武装叛乱，嘉黎和比如交界的麦地卡川青叛乱分子的盘踞地，成为骚扰地方的一害。为平定麦地卡叛乱分子，西藏军区平叛部队、人民解放军平叛部队124师在嘉黎县、比如、那曲等地形成环形包围圈，对麦地卡叛乱分子实行进剿（也称一号地区作战），嘉黎县驻守和进剿的部队大约有两个团的兵力。在平定麦地卡叛乱分子后，人民解放军留少量部队在嘉黎驻守，归林芝军分区管辖。1964年，嘉黎划归黑河专区管辖，嘉黎留守部队归黑河军分区管辖。

1967年3月，奉西藏军区命令，嘉黎县人民武装部成立，未编制科室，隶属那曲军分区。同年，中国人民解放军西藏军区党委决定成立中共嘉黎县人民武装部委员会，由3人组成，设书记、副书记各1名，受中共那曲军分区党委领导。

1968—1975年，县委、县政府及其工作机构处于瘫痪状态。县人民武装部奉西藏军区命令执行“三支两军”（支左、支农、支工、军管、军训）任务，并成立嘉黎县“抓革命促生产”办公室，代行县委、县政府职权，处理一切军政事务。

1972年4月，召开嘉黎县人民武装部第一次党员代表大会，选举产生中共嘉黎县人武部第一届委员会，由9名委员组成。第一次全委会选举产生党委书记和副书记。嘉黎县军事系统建立党支部2个。同年6月，召开嘉黎县人民武装部第二次党员代表大会，选举新一届党委书记、副书记、委员。

1978年5月编制军事科、政工科。1981—1986年进行四次整编。1987

年4月撤销军事科、政工科。1996年1月，重设军事科、政工科，并增设后勤科。

2003年编制调整中，取消副部长编制。2004年编制调整中，恢复副部长编制，取消军重科科长和后勤科助理员编制，由副部长兼任军事科科长。

县人民武装部自成立以来，积极履行职责，为维护社会稳定和促进经济发展作出了重要贡献。1990年，县人民武装部组织65名民兵参加嘉黎县维稳执勤。2007年3月，人武部组织本部和应急民兵参加军警民联防大演练。2008年3月，组织22名应急民兵圆满完成维稳执勤任务；6月，组织应急民兵20人将抢劫嘉黎镇虫草犯罪嫌疑人抓获；2009年3月，组织民兵应急分队在集结地域进行防骚乱暴乱演习。2010年5月，组织40名民兵参加地方植树活动；6月，人武部全体官兵配合地方施工人员进行本部营房建设；8月，人武部协调武警、公安和民兵全力抢救3名落水人员。

1967—2010年嘉黎县人民武装部领导名录见表9－5－1。

1967—2010年嘉黎县人民武装部领导名录

表9－5－1

机构名称	职务	姓名	性别	民族	任职时间	备注
县人民武装部	部长	陈朝礼	男	汉	1967.03—1971.05	
		刘国良	男	汉	1971.05—1975.12	
		刘学庆	男	汉	1976.06—1979.02	
		张德福	男	汉	1979.12—1981.03	
		次旺	男	藏	1981.03—1984.03	
		赵志海	男	汉	1984.06—1986.10	
		边巴次仁	男	藏	1989.01—1990.09	
		贾德元	男	汉	1990.10—1993.05	
		杨大刚	男	汉	1993.05—1996.10	
		唐德宇	男	汉	1996.10—2001.12	

续表 1

机构名称	职务	姓名	性别	民族	任职时间	备注
县人民武装部	部长	罗明凯	男	汉	2001.03—2003.03	
		桑杰吉布	男	藏	2003.03—2006.03	
		吴刚	男	汉	2006.03—2008.03	
		聂积斌	男	汉	2008.03—2010.03	
		何兴专	男	汉	2010.03—2010.12	
	政委	易承洪	男	汉	1967.03—1969.04	
		王相林	男	汉	1969.04—1971.09	
		耿庆余	男	汉	1971.09—1974.01	
		杨绍华	男	汉	1977.10—1983.09	
		多嘉	男	藏	1983.09—1985.01	
		洛桑欧珠	男	藏	1985.05—1986.07	县委书记兼第一政委
		沈孝言	男	汉	1987.06—1988.06	
		王铁许	男	汉	1989.10—1993.10	
		贾德元	男	汉	1993.05—1994.07	
		薛永明	男	汉	1994.07—1995.05	
		陈德胜	男	汉	1995.06—1997.10	
		张平绪	男	汉	1999.03—2001.07	
		李鸿章	男	汉	2001.03—2003.03	
		李世伦	男	汉	2003.03—2005.03	
		吕崇记	男	汉	2005.03—2007.03	
		江忠明	男	汉	2007.03—2009.03	
		熊勤云	男	汉	2009.03—2010.03	
		蒲伟光	男	汉	2010.03—2010.12	

续表2

机构名称	职务	姓名	性别	民族	任职时间	备注
县人民武装部	副部长	易承洪	男	汉	1967. 03—1970. 11	
		袁从军	男	汉	1967. 03—1967. 08	
		张德福	男	汉	1970. 01—1971. 04	
		谭仁义	男	汉	1971. 04—1972. 06	
		李仁前	男	汉	1970. 06—1972. 10	
		党知	男	藏	1972. 03—1977. 06	
		次仁顿珠	男	藏	1972. 06—1976. 10	
		周世金	男	汉	1974. 03—1978. 08	
		德吉平措	男	藏	1974. 11—1977. 12	
		次仁顿珠	男	藏	1976. 10—1983. 12	
		格桑次仁	男	藏	1976. 10—1977. 10	
		林万富	男	汉	1977. 10—1980. 10	
		王宏策	男	汉	1983. 11—1986. 09	
		边巴次仁	男	藏	1986. 11—1987. 10	
	副政委	陈朝礼	男	汉	1967. 04—1973. 04	
		王相林	男	汉	1967. 04—1969. 04	
		耿庆余	男	汉	1970. 01—1972. 01	
		格桑次仁	男	藏	1972. 01—1976. 10	
		多吉次仁	男	藏	1972. 06—1974. 09	
		朱海清	男	汉	1974. 11—1975. 12	
		张正祺	男	汉	1978. 06—1981. 11	
		沈孝廷	男	汉	1986. 11—1987. 10	

二、地方驻军

（一）部落武装

9世纪吐蕃政权在王室的内讧和平民起义风暴中崩溃，西藏陷入长达400多年的分裂割据局面。

元至元五年（1268年，藏历第五饶迥铁龙年），元中央政府在西藏进行第二次户口清查中，在西藏设立十三万户，拉日寺归直贡派管辖。西藏发生直贡派贡嘎桑布反对萨迦地方政权的叛乱，元中央政府支持萨迦派地方政权，这一时期嘉黎各部落也征集了兵员，以对抗萨迦派，在元中央军队的征剿下，直贡派势力基本被消灭，部落势力也受到冲击，地方武装基本不存在。

清朝时期，嘉黎县尼屋地方势力属于波密嘎朗第巴势力，尼屋部落在几百年的发展过程中，始终有自己的地方武装，也成为当时西藏地方豪强割据势力的一方代表，在内部自成系统，不受西藏地方管辖。对西藏地方政府实行不纳粮、不出税的政策，西藏地方政府对其内部事务基本上没有过问的权力。1902年，尼屋和八盖的嘎朗第巴武装在边坝县驿站劫掠清中央政府供给十三世达赖喇嘛的物资，驻藏大臣裕钢召集西藏地方政府武装第一次对嘎朗第巴实行清剿，沉重打击了嘎朗第巴割据势力，使得嘎朗第巴势力感受到统一中央政府的威仪，对驻藏大臣衙门表示归顺和服从之心。

清朝末年，尼屋等地嘎朗第巴武装经常骚扰川藏大道上过往的商旅和官员，被舒板多理事官拿办。嘎朗第巴不服，怂恿匪徒出来抢劫，扰攘大道。驻藏大臣联豫派兵进行征讨，因走错路被打败，在川滇边务大臣赵尔丰支持下，征讨获胜。

清宣统三年（1911）10月10日辛亥革命爆发后，嘎朗第巴势力又得到恢复。1918年，西藏地方政府派兵到嘎朗第巴管理地方征收赋税，被嘎朗第巴势力消灭，西藏地方政府派兵3000多人，征讨嘎朗第巴，在消灭嘎朗第巴势力后，尼屋等地的地方武装被消灭。

（二）藏军

1918年，西藏地方政府在英帝国主义的支持下，发动对昌都、察隅等地的围攻，嘉黎成为西藏地方政府向昌都等前线运送兵员和粮草的兵站，派藏军驻守于此保卫驿站。

1950年，为阻挡中国人民解放军进军西藏，西藏地方政府在全西藏征集兵员，前往昌都沿金沙江一线布防，嘉黎成为重要的驿站，运往昌都等地的兵员和粮草大部分要经过此地。藏军在此驻守一个排的兵力保卫驿站。

1951年5月23日西藏地方政府与中央人民政府签订《十七条协议》后，按照协议精神，藏军成为人民解放军武装力量的一部分。

1959年3月28日，因西藏地方上层反动集团发动武装叛乱，人民解放军平定盘踞在麦地卡的叛乱分子后，嘉黎等地的地方势力和叛乱分子武装被消灭。

（三）执勤一大队嘉黎中队（武装警察部队）

1967年3月至1975年12月，县人民武装部辖有县中队。1984年，县中队划归武警那曲支队管辖。到2010年，武警嘉黎县中队作为一支地方武装，配合县公安局维护社会稳定。

嘉黎县中队先后荣立集体三等功一次，多次被总队和支队表彰为“先进中队”和“先进党支部”。

1982—2010年嘉黎县中队领导名录见表9－5－2。

1982—2010年嘉黎县中队领导名录

表9－5－2

机构名称	职务	姓名	性别	民族	任职时间	备注
民警中队	队长	张光强	男	汉	1982.08—1986.10	
嘉黎县中队	中队长	张光强	男	汉	1983.01—1988.03	兼任
		杜俊	男	汉	1988.04—1989.05	
		王友彬	男	汉	1989.06—1994.08	
		王卫东	男	汉	1994.09—1997.06	
		梁勇	男	汉	1997.07—1999.12	
		蔡连海	男	汉	2000.01—2000.06	

续表

机构名称	职务	姓名	性别	民族	任职时间	备注
嘉黎县中队	中队长	次仁	男	藏	2000. 07—2001. 06	
		赵燚	男	汉	2001. 07—2003. 06	
					2006. 01—2007. 12	
		宋道文	男	汉	2003. 07—2006. 01	
		袁剑峰	男	汉	2007. 12—2010. 12	
	政治指导员	田七一	男	汉	1983. 01—1988. 03	
		胥新富	男	汉	1988. 04—1999. 03	
		曾祥富	男	汉	1990. 04—1993. 05	
		肖贵春	男	汉	1993. 06—1996. 12	
		汪学华	男	汉	1997. 01—2002. 12	
		李竞奇	男	汉	2003. 01—2004. 06	
		向义忠	男	汉	2004. 07—2009. 03	
		李欣	男	汉	2009. 03—2010. 12	

第二节　兵役与民兵

历史上西藏的兵役制度，基本上是按照部落征集制度进行征兵。在7世纪吐蕃政权建立后，在所征服的部落和辖地中实行大规模征兵制度，兵员主要来自被征服部落的奴隶和平民。9世纪吐蕃政权崩溃后，西藏兵役制度在割据时期基本上保留下来，在各割据势力和贵族头人中虽然没有常备兵，但在各自势力范围内保留相应私人武装。这一现象直到清朝中期还存在，特别是在偏远的藏北草原等地，部落头人一般都有自己的私人武装，用于保护部落，武装人员也都由部落的男丁担任。

一、和平解放前的征兵机构

嘉黎县在吐蕃时期属于苏毗茹管辖之地。在各部落征战之中，嘉黎所属的地方均为苏毗茹部落征兵之地，虽然没有明确的征兵机构，但战时征兵都按照约定俗成的办法进行，即百姓战时为兵、平时为民。雅隆悉补野部落统一青藏高原后一直延续这一征兵制度。

9世纪下半叶，吐蕃政权在平民起义的浪潮冲击下崩溃，西藏陷入400多年的分裂割据时期。嘉黎作为噶举派势力管辖地区，虽然没有征兵机构，但在噶举派与其他地方势力的交战中，嘉黎4个部落也按照吐蕃时期的征兵办法进行。

元朝时期，西藏各地方势力有一定的地方武装，在萨迦地方政权的管理下，各万户武装基本散落在民间，只有在与其他势力发生冲突时才征集兵员。

“直贡之乱”之后到清朝中期，嘉黎基本上没有进行过征兵。

1642年，五世达赖喇嘛在固始汗的支持下建立西藏地方政权。在蒙古和硕特部首领治理西藏时期，需要征兵时实行募兵制、派兵制，以蒙古兵丁为主，同时也在各贵族所辖庄园内征集兵员。

清康熙五十六年（1717年，藏历第十二饶迥火鸡年），准噶尔部入侵西藏，结束和硕特部首领治理西藏的历史，西藏地方的征兵制度基本上保留传统征集方式，只是没有战时那样频繁，需要用兵时才采取征集制度。在清中期基本上没有常备兵制，地方政府基本上不用养兵。

1792年，在平定廓尔喀人入侵西藏后，按照《钦定善后章程二十九条》，西藏建立常备兵制，形成相对完善的兵役制度。

清宣统三年（1911年）10月10日辛亥革命爆发后，在英帝国主义的支持下，西藏地方政府为达到控制青海、四川涉藏地区的目的，在传统征兵制度基础上，采取“岗顿”征兵制度，嘉黎由于地处草原，征兵员额较少。

1950年，西藏地方政府企图阻止人民解放军进驻西藏，在嘉黎各个部落强行征兵，要求凡年满18—60岁都需要当兵。因嘉黎人口稀少，在所属4个部落里征兵80人左右，他们被派往昌都。昌都战役结束后，剩余藏军被解散。

二、和平解放后的征兵机构和复转军人安置

1955 年 7 月 30 日，第一届全国人民代表大会第二次会议通过《兵役法》，实行义务兵役制。按照《十七条协议》精神，对西藏现有制度不予变更，人民解放军在西藏没有实行征兵工作，只在西藏宣传《兵役法》。

1959 年 3 月，西藏地方上层反动集团发动全面武装叛乱，人民解放军奉中央军委命令实行平叛，解散西藏地方政府，由西藏自治区筹委会行使西藏地方政府职权。1959 年 9 月，林芝军分区成立，统一管理林芝地区征兵工作。由于刚开始实行民主改革，在西藏依然没有实行征兵，为平叛改革需要，人民解放军只在被送往内地院校学习的藏族学生中招收少量学员兵，主要职责是担负翻译和看押审讯叛乱分子工作。

1962 年 4 月，西藏行政区划调整，嘉黎县划归那曲地区管辖，征兵工作由那曲军分区负责。1965 年那曲成立军分区动员科，主要负责兵员征集、预备役登记、国防动员和民兵工作。

1966 年 10 月，那曲地区革委会成立，那曲地区兵员征集工作由地区革命委员会、军分区组成的“征兵办公室”具体负责。

嘉黎县人民政府和县武装部成立联合征兵办公室，征兵机构设在县武装部，县民政局配合征兵工作，按照《兵役法》，对全县适龄青年进行征兵。每年征兵之际，县政府主要领导和武装部领导担任征兵办公室主任，负责招收嘉黎县适龄青年入伍。由于嘉黎县人口少，每年征兵名额基本上在 5—7 名。招收兵员按照适龄青年志愿报名原则，县征兵机构进行审核，对政治思想合格、身体健康的青年按照优中选优的程序进行筛选，以保证兵员质量。

在部队服役期满后，嘉黎县按照国家规定对复转军人进行妥善安置，主要安排在其原来所属乡镇工作。复转军人由于在部队经过一定的锻炼，回到家乡都成为乡镇的主要建设力量。对一些文化程度不高的复转军人，县、乡政府将他们安排到村委会担任领导，并按照国家规定每年给予一定补贴。对革命伤残军人按照国家有关规定给予妥善安置。每年“八一”建军节期间，县民政局组织慰问复转军人和伤残军人，按照每人 1000 元标准进行补助，

伤残军人一般在2000元左右。

在退伍军人安置工作方面，嘉黎县严格按照西藏自治区人民政府有关退伍军人安置规定，并结合实际，对符合安置条件的对象及时安置，对不符合安置条件的想方设法帮助他们寻找就业门路。同时，为保障复员退伍军人合法权益，维护嘉黎改革开放稳定大局，县民政局在党委、政府的高度重视下，积极组织安排调查领导小组对全县党政机关、各企事业单位复员退伍军人情况进行调研，以形成比较完善规范的安置体系。

三、民兵

和平解放前，嘉黎县的地方武装由各部落自行掌握。嘉黎县忠玉乡的尼屋部落原属于波密嘎朗第巴势力管辖，在尼屋存在过较大的地方武装。

1951年5月23日，中央人民政府与西藏地方政府签订《十七条协议》，西藏和平解放。1959年3月，西藏地方上层反动集团发动全面武装叛乱，人民解放军奉中央军委命令进行平叛，西藏进入民主改革时期。1959年12月，在嘉黎县建立县人民政府，解散西藏地方政府管辖的嘉黎宗政府。在县革委会、武装部的组织下，嘉黎县各区都成立了民兵组织。

嘉黎县民兵由那曲军分区、县人民武装部实行统一规划、统一建设、统一指挥。县人民武装部是民兵工作的直接组织和指挥机构。平时组织实施民兵的各项建设和预备役训练以及人民群众的国防教育等工作；战时指挥、带领民兵参战、支前。

按照中共中央1954年相关文件精神，整个民兵建设工作由各级地方党委切实掌握，不是只交由军事系统单独管理，而是与全部地方工作密切配合，贯彻党管武装的原则。

1959年12月嘉黎县人民政府成立，为配合全区平叛改革工作，成立民兵工作组，由一名副书记挂帅主管民兵工作。1959年10月，人民解放军队对盘踞在麦地卡的叛乱分子进行清剿，嘉黎县民兵工作组积极配合平叛改革斗争，组织发动民兵、群众支前，为人民解放军带路参与到平叛中。

1962年6月，西藏行政区划调整，嘉黎县划归那曲地区管辖，那曲军分区对嘉黎县的民兵组织进行统一管理。民兵训练工作和内部管理由嘉黎县人武部负责。20 世纪 60—70 年代，嘉黎县各区都组建了民兵组织，民兵规模相对较大，凡是政治合格、身体健康的青年男女均可报名参加民兵组织。

20 世纪 80 年代，随着经济建设工作的开展，各区乡的民兵组织基本上被撤销。嘉黎县人武部根据新形势工作需要，结合嘉黎实际，成立民兵应急分队，这些民兵组成人员主要是从在嘉黎县各机关事业单位工作且身体健康、政治合格的年轻干部、职工中选拔。在县人武部的组织下，每年参加训练，并担负应急事务处理工作。嘉黎县徐达民兵连自 1982 年以来自觉开展社会主义精神文明活动，义务为群众架桥、修路，为五保户、困难户解忧排难，被群众誉为“雷锋式的好民兵”。公社民兵一、二排的民兵自觉组织起来，在徐达公社第一、二生产队的沿河要道口修起 20 座木桥。还为第一生产队新开辟一条长 110 余米、宽 1 米的山间通道，为群众冬夏季节搬运草场提供了方便。到 2010 年，嘉黎县民兵应急分队仍然存在，担负中共嘉黎县委员会、县人民政府交办的各项应急工作。

第十篇
农牧林水

第一章　畜牧业

第一节　机构

嘉黎县人民政府成立后于1959年12月成立农牧科，管理全县牧业工作。1969年10月，县农牧科撤销，其工作由县革委会生产指挥组管理。1975年恢复农牧科。1984年，县农科站改为畜牧局，正科级建置，编制8人，管理县兽防站、林业站等单位。

1962—2010年嘉黎县农牧部门班子成员名录见表10-1-1

1962—2010年嘉黎县农牧部门班子成员名录

表10-1-1

机构名称	职务	姓名	性别	民族	任职时间	备注
农牧科（1959.12—1969.10）	科长	王志杰	男	汉	1962.10—1967.02	
	副科长	戌玉成	男	汉	1964.05—1964.07	
生产指挥组（1969.10—1975）	组长	张祖全	男	汉	1973.06—1976.07	1969.10管理工作
	副组长	桑登	男	藏	1973.06—1976.07	
		张君	男	汉	1973.06—1976.07	

续表

机构名称	职务	姓名	性别	民族	任职时间	备注
农牧科（1975—1984）	科长	郭景武	男	汉	1972. 10—1976. 07	
		张祖全	男	汉	1976. 07—1979. 10	1975 年恢复农牧科
		索朗巴珠	男	藏	1978. 09—1982. 01	
		边巴次仁	男	藏	1981. 11—1984. 05	
	副科长	洛桑扎西	男	藏	1972. 08—1977. 10	
		桑登	男	藏	1976. 07—1976. 10	
		西绕	男	藏	1976. 10—1980. 09	
		王长有	男	汉	1979. 08—1980. 07	
		色布吉	男	藏	1981. 05—1987. 10	
农牧局（1984—2010）	局长	边巴次仁	男	藏	1981. 11—1984. 05	1984 年成立农牧局
		扎西塔杰	男	藏	1988. 01—1997. 04	
		旦增土珠	男	藏	1998. 02—2002. 04	
		朱生俊	男	汉	2003. 01—2008. 12	
		智秋	男	藏	2009. 01—2010. 12	
	副局长	色布吉	男	藏	1981. 05—1984. 08	
		有传荣	男	藏	1984. 08—1987. 10	
		王学文	男	藏	1987. 07—1993. 10	
		智目	男	藏	1993. 10—1996. 12	
		生嘎扎巴	男	藏	1997. 01—1999. 12	
		智目	男	藏	2000. 01—2003. 12	
		普布罗布	男	藏	2004. 01—2007. 10	
		吉布	男	藏	2007. 10—2010. 12	

第二节　牧业生产关系

一、封建农奴制度下的所有制

吐蕃时期，嘉黎境域内极少数平民私人占有土地、草原和牲畜等生产资料，绝大部分属奴隶主所有。

元、明时期，嘉黎境域内土地、草原和牲畜等生产资料归地方首领及寺庙所有。

据《那曲地区文史资料选辑》第18辑之“拉日宗历史”记载，清代和中华民国时期，嘉黎境域内土地、草原和牲畜等生产资料基本归地方政府、寺庙、贵族（即三大领主）所有。地方政府的庄园和差户直接承担宗政府差役，贵族的庄园和差户通过贵族承担宗政府差务。地方政府庄园和差户占有土地以“冈”为单位支差，贵族、寺庙庄园和差户占有土地以“顿”为单位支差，贵族、寺院和差户占有土地承担政府差务及所属贵族、寺院差务。

民主改革时，嘉黎县农奴分类多达43种。农奴主及代理人70户674人，拥有土地3874藏克[①]，房屋139间，牲畜11490头（只、匹），农具341件；中等及富裕农奴270户1128人，拥有土地8661藏克，房屋1462间，农具237件；贫苦农奴和奴隶1379户4031人，拥有房屋417间，牲畜9860头（只、匹）。

在封建农奴制度下，穷苦百姓基本上沦为寺院、部落头人的奴隶，很多

① 藏克：藏族地区计算耕地面积的单位。1藏克地即可播种1克（斗）种子的土地，约相当于1市田。

百姓在寺院、部落头人“计美其美”① 制度下，世代为奴隶。

二、社会主义制度下的所有制

（一）个体所有制

嘉黎县在土地改革运动中，把土地分给广大人民群众和寺庙、僧尼、农奴主及其代理人，使“三大领主”成为自食其力的劳动者。民主改革运动按农区、牧区和寺庙三大块，有针对性进行。在农区开展“三反双减”和土改分配运动，废除封建农奴土地所有制。在牧区开展“三反两利”② 和牲畜、草场分配运动，废除牧主阶级霸占草场特权，没收和收买牧主的牲畜，分配给原放牧者所有，废除各种“协”的剥削方式。同时，建立牧民协会，政府通过无偿补助牲畜、发放无息贷款和低息贷款等方式，扶助牧区发展牧业生产。在寺庙进行“三反三算”③ 运动、民主改革运动，废除“政教合一”封建农奴制度，废除高利贷、租税等。农奴主、领主及其代理人、农奴等在运动中分到土地和牲畜。

1959 年，为及时帮助嘉黎县牧民解决生产、生活困难，中共塔工分工委对过去被三大领主残酷压迫而生活艰难的牧民，除给予必要的粮食救济外，还在嘉黎县设立贸易机构，供给牧民当前需要的生产、生活用品，大力开展收购畜产品工作。

1959 年秋，中共嘉黎县委员会按照中央《关于农业生产互助合作的决议》精神，引导全县农牧民群众走互助合作化道路，按照自愿、互利原则，

① “计美其美”：藏语音译，意为“不生不死”。在西藏封建农奴制度下，官家（西藏地方政府）、贵族、寺院三大领主在牧区常用的剥削方式之一，近于强制性高利贷。封建领主将牲畜强迫发放给牧奴，每年按牲畜数量定额收取牧租，所生幼畜归牧奴所有，发放的牲畜如果死亡，由牧奴负责，据以征收牧租的牲畜数“生不增加，死不减少”，租额不增不减，并且不许退还所租牲畜。承租者死亡后，由其后代继续交租，永无完结。这种制度在民主改革后已被废除。

② “三反两利”：反叛乱、反乌拉、反奴役和牧工，牧主两利。

③ “三反三算”：反叛乱、反特权、反剥削，算政治迫害账、算阶级压迫账、算经济剥削账。

在农牧区成立多种形式的农牧业生产互助组，以行政村为单位，分常年互助组、季节性互助组、临时性互助组3种形式，一般由10—15户组成，组长由全体组员推选。

1960年3月，全县民主改革运动基本结束，在民主改革运动中没收叛乱农奴主和赎买未叛乱农奴主的土地、牲畜、粮食、房屋及其他财产，分给农牧民群众，实行“谁养归谁所有、谁种归谁收”的政策。民主改革运动中共废除苛捐杂税100多种。

1961年，中共嘉黎县委员会通过检查“两利”政策贯彻执行情况，调动牧工牧主生产积极性。同时还教育广大劳动牧民加强对牲畜的饲养管理，继续贮草，整修棚圈，在保护牲畜安全过冬越春工作方面取得显著成绩。同年5月，嘉黎县有农业互助组124个，参加户数1614户；有临时互助组17个，参加户数335户。为调动农牧民群众参加互助组的积极性，县委决定由乡镇干部和互助组联合种地，大搞实验田。当年全县有实验田184藏克。至1961年8月，全县有常年性互助组136个，临时性互助组5个；入组户数2046户，入组人数为6371人。1962年，全县互助组由206个大组变成547个小的临时（季节）或常年互助组，入组户数为3181户。互助组建立后，认真贯彻执行1961年中共西藏工委制定的《关于农村若干具体政策的规定》（即“农区26条”）和1962年制定的《关于牧区当前若干具体政策的规定》（即“牧区30条”），基本确定牧民个体所有制，农牧业生产和农牧区经济得到发展。

1965年底，全县有互助组531个，入组3299户13196人。

20世纪80年代初期，嘉黎县开始实行定额联系产量的牧业生产责任制。

（二）集体所有制

1963年，嘉黎县唐古乡在全县开办第一个农业合作社——唐古公社。

1966年8月，根据中共中央和自治区党委指示精神，全县在开展“三教”① 运动的基础上，开始组建人民公社，将原互助组和农户土地、牲畜、

① “三教”：即“三大教育”，是指阶级教育、社会主义教育和爱国主义教育。1966年2月25日，自治区党委向西南局提出了《关于三大教育运动中若干问题的意见》，指出“三大教育”运动的根本目的是逐步实现社会主义改造，逐步实现人民公社化。

大小农具大部分折价入社，归集体所有。

1970 年，嘉黎县 8 个区完成人民公社组建活动，生产资料实行公社、生产队两级所有，社员经营少量的自留畜和家庭副业。集体所有制分配，以生产资料队为基本核算单位，兼顾国家、集体、个人三者利益，多劳多得，按劳分配。分配实行劳力定级、干活评分制度。生产队按社员劳动数量和劳动质量及社员本人劳动态度计分，一般劳力以 10 分一个劳动日计分。劳动分配根据牧区生产、收获季节特点和社员生产生活需要，实行定期、半年或年终决算以及预分分配方式。

1974 年，全县 26 个乡成立农牧业人民合作社，实行政社合一，农牧业社会主义改造基本结束。同年 3 月，澎波农场根据拉萨市《关于办社中存在的若干问题和处理意见》，对社员自留地、饲料地、自留畜、互助组公社积累及草场征购等问题作出明确规定。同年，嘉黎县对 26 个人民公社进行整顿，认真贯彻中共中央《关于改变农村人民公社基本核算单位问题的指示》《农村人民公社工作条例》（简称《农业六十条》或《农村六十条》）和“调整、巩固、充实、提高”方针，确立两级所有、队为基础的所有制形式，同时贯彻“三个兼顾”（兼顾国家、集体、个人）和“各尽所能、按劳分配”及男女同工同酬政策。

1978 年，全县共组建 26 个人民公社、84 个生产队，公社均以建社前的乡为单位，全县实现人民公社化。人民公社建立后，实行经营、劳动、分配统一。社员实行劳动工分制，年底按劳动工分多少参加生产队的分配，每个生产队为一个基本核算单位。劳动工分的评定由生产队队长和会计根据每个社员的政治态度、全劳力、半劳力、男劳力、女劳力的劳动能力和贡献，设定工分档次，按人头记分。年底生产队分配时，在留足生产储备粮和提留粮后，按基本粮和公分粮两部分进行分配。

1983 年，嘉黎县贯彻执行中央文件，实行“大包干”为主的生产责任制。同年 11 月，全县有生产队 128 个，其中 86 个生产队实行“大包干”生产责任制，占总人数的 71%。

（三）农牧业生产责任制

1980 年，嘉黎县在部分生产队开展生产责任制试点工作。同年 7 月，全县实行“包产到组、联产计酬”的生产队3个，大包干生产队3个，临时作业组25个。

1981年，嘉黎县德固公社一队开始实行包产到户的生产责任制，当年摘掉了多年靠救济过日子的贫困帽子。包产到户、责任到人的生产责任制使干部群众的积极性得到调动，责任心明显增强。遇到特大雪灾时，社员们精心护理各类牲畜，拿出个人的糌粑、青稞草、奶渣等精饲料喂养老弱牲畜，使大畜的死亡率降到了历史最低点，幼畜的成活率达到了历史最高水平。在大灾之年不但没有减产，而且牲畜总增8%以上。各类畜产品如酥油、奶渣、牛绒、羊毛等都比过去有了不同程度的增加。副业收入与1980年同期相比增加37%。同年，生产责任制在全县范围内推广，10月，全县实行生产责任制的生产队86个，占生产队总数的73.2%；包工到组联产计酬队47个。

1982年，农牧业生产责任制不断完善。在推行各种形式的生产责任制过程中，嘉黎县坚持从实际出发，县委领导和乡镇干部充分按照广大群众意愿和要求，共同商讨制定适合自身特点的生产责任制形式。5月，全县126个生产队都实行不同形式的生产责任制，其中实行“双包”到户97个，占生产队总数的77.0%；包产到组联产计酬15个，占生产队总数的11.9%。役畜下放到户，实行队有户养、养用相结合。包干到户责任制权、责、利明确，利益直接，方法简便。生产责任制的实行，调动了广大农牧民群众的积极性，有力促进了全县社会生产力发展。嘉黎县在落实生产责任制的同时，保证农业机械、化肥和农药使用，做到按计划安排生产，包括全年粮油播种面积、播种时间、播种质量、积造农家肥任务、植树造林计划等，做到统一管理和使用农机具、统一生产投资、统一分配。

1984年，根据中央指示，全县开始在农牧区推行“两个长期不变”①政策，打破“大锅饭”、平均主义分配制度。生产责任制的建立和不断完善，经济体制和模式的逐步转化，促使农牧区广大人民群众的思想观念转

① “两个长期不变”：即土地归户使用，自主经营，长期不变；牲畜归户，私有私养，自主经营，长期不变。

变。实行“两个长期不变”政策后，全县农牧业生产总值、农村经济总收入逐年增加。

1986 年 5 月 25 日，由 68 人组成的 8 个工作组和地区 1 个工作组，分别下到各区、乡和村，狠抓宣传工作，着重引导群众抓住每个生产环节，为嘉黎县农业生产做了大量工作。

1987 年 3 月，县委对实行生产责任制的各户所承包的牲畜和土地与生产队签订收回合同。10 月，嘉黎县贯彻中共中央、自治区党委对农牧区实行免征免购、休养生息等特殊政策，在 3 个区、13 个公社进行经济体制改革，落实土地承包到户、牲畜分配到户、自主经营的生产责任制。针对农牧区实际情况，明确统一冬春草场使用权，保证冬季草场合理使用；统一草场基本建设和草原灭鼠、灭虫治理，保证草场载畜量提高；统一畜种改良和疫病防治，保证牲畜生产性能提高；统一确定牲畜存栏数、出栏率，保证草场平衡和牧业经济效益不断提高。

2000—2010 年，嘉黎县高度重视“三农”工作，全面推行农牧区税费改革，取消农业税，认真落实各项惠农政策，不断完善农牧区草场（土地）承包制度，强化农牧民监督管理制度，实施退牧还草、鼠虫害治理等生态环境工程，生态环境得以改善。

第三节　家畜

一、种类

嘉黎县是一个以牧业为主的半农半牧地区，全县除 1 个半农半牧乡外，其余 9 个乡镇均为纯牧区，畜牧业历史悠久，家畜品种丰富。

（一）尼屋藏猪

尼屋（忠玉）藏猪，藏语为“蕃帕”，嘉黎县忠玉乡为尼屋藏猪中心产区，县辖阿扎镇、嘉黎镇也有零星分布。

尼屋藏猪是当地人民长期饲养的原始藏猪品种中一个代表性养殖资源。它的来源及形成历史较早，昌都卡若遗址中出土了许多老幼动物骨骼及猪骨碎片，说明在新石器时代西藏就将藏猪作为家畜饲养，同时又有民间从远古野猪驯养之说法等等。

藏猪及其产品作为天然绿色食品，在国内有较大市场空间。藏猪具有高钙低脂、肉质鲜嫩、营养丰富等特点，是典型的瘦肉型品种。除产量和供应量不足外，不论是从产品质量、成本、价格上，还是从市场需求量、消费者喜好、市场空间上，藏猪都具有较强市场竞争力。

（二）娘亚牦牛

嘉黎“娘亚”牦牛是西藏三大优良牦牛类群中最重要的一个类群，是经过较长历史自然选择和人工选择而形成的，在嘉黎县畜牧业生产中占有重要地位，是西藏十分宝贵、纯度较高的特色家畜品种资源之一。它体格高大，生产性能良好，发育快。“娘亚”牦牛肉品质好，风味独特，色泽鲜红，蛋白质含量高（21%），而脂肪含量低（1.4%—3.7%），无污染。作为种畜的“娘亚”牦牛部分已推广到日喀则、山南、昌都、林芝等地，产品具有较强的市场竞争力。

嘉黎县阿扎镇从20世纪60年代开始进行“娘亚”牦牛选育，并取得一定成效。附近牧民一直以养殖“娘亚”牦牛作为致富增收的门路，不断扩大“娘亚”牦牛生产规模，以向全区提供更多“娘亚”牦牛，为发展地方特色畜牧业经济增添活力，同时带动地区及全区畜牧业经济发展，促进农牧民增收。

嘉黎县“娘亚”牛选育扩繁基地采取“娘亚”牛选育推广、城郊畜牧业、养畜大户三结合的“公司+牧户”的经营方式。2005年“娘亚”牛选育扩繁基地仔畜成活率达到90%以上，成畜死亡率控制在4%以内。截至2005年下半年，已上市肉类11035斤，其中牦牛肉8186斤，羊肉2849斤。在很大程度上丰富了县城畜产品市场。

2006—2010年，嘉黎县在全区推广“娘亚”牛1257头，为全县乃至全区畜牧业发展发挥了一定作用。

二、产出

1970年8月15日，嘉黎县实有53230头牛、24798只山羊、48825只绵羊，共计124853头（只）。1971年，实有54228头牛，23341只山羊，49348只绵羊，共计126937头（只）。1972年，牧区以牧业为主，以增加牲畜总量为中心任务，努力提高畜牧产业产量和质量，要求全县牲畜总量在1971年底实有总量的基础上争取增加5%—7%。牲畜的最大敌人是“病多与草缺”，全县上下着眼于“草、营、病”，积极做好各种牲畜疫病防治工作，加强草原建设，提高幼畜成活率。

1989年，嘉黎县贯彻党中央对西藏工作的重要指示，明确工作指导思想，干部群众干劲倍增，扎扎实实搞生产。县、乡组织工作组，深入村户，同牧民群众一起总结往年接羔育幼的经验教训，制定搞好接羔育幼工作计划，落实生产措施，广大牧民群众一心扑在牧业生产上，千方百计提高仔畜成活率，减少大畜死亡，以夺取牧业生产丰收。截至1989年4月27日，全县生产各类幼畜26031头（只），成活23549头（只），成活率达90.47%，大畜死亡率为2.09%。其中生产牛犊667头，成活648头，成活率97.15%；生产绵羊羔18991只，成活17601只，成活率92.68%；生产山羊羔6373只，成活5300只，成活率83.16%。

2006年，各类牲畜年末存栏233150头（只、匹），其中牛162156头、绵羊37465只、山羊20450只、马6152匹、猪3370头。牛肉产量26462.89吨，羊肉产量372.93吨，牛奶产量2930.26吨，羊奶产量110.87吨，绵羊毛产量31.05吨，山羊毛产量4.26吨，羊绒产量4.29吨，牛毛产量38.93吨，牛绒产量49.3吨，牛皮20221张，羊皮24368张，羔羊皮471张。畜产品综合商品率47.2%，牲畜出栏率26.13%，仔畜成活率94.3%，成畜死亡率1.86%。

三、畜种改良

20世纪60年代初，在县委的领导和帮助下，嘉黎县牧场对全县的牦牛进行了一次调查，对优良品种进行登记。在普查中发现，巴嘎区的娘保公社、阿扎区的徐达公社、嘉黎区的乌苏绒公社等地的牦牛体形较大，生产性能较好，便初步定为地方优良品种。后来，县牧场从这些地方换来100多头种公牛，与牧场的母牛进行交配，所生的杂交牦牛出现了明显的变化。在此基础上，嘉黎县又从工布江达县金达区多其木公社购买了13头种公牛，与牧场母牛交配，取得了明显的效果。

1978年，县牧场开始固定品种，进行大量繁育。在进行土种选优时，种畜场的职工为防止乱交乱配和近亲交配，采取公母分群放牧，同时通过加强饲养管理来提高种畜的生产性能。

1982年，县牧场培育出大批适应性强、抗病力强、体形外貌和生产能力都超过当地牛的优良品种“娘亚牛”。1978—1982年，嘉黎县种畜场为县内输送种牛500多头，向县外输送种牛182头。

1983年，嘉黎县委和县人民政府把提高牦牛的质量和畜产品的产量放在畜牧业生产的首位。广大牧民群众采取合理淘汰，购买和交换优良种畜，分群放牧，加强管理等措施来发展牧业生产。同时积极搞好自群繁育，有计划地推广新品种，进一步调整畜群结构，努力提高经济效益，促进良种牦牛的发展。同年，全县牦牛达115000多头，占牲畜总数的46%。

第四节　草场

一、草场资源

1989年，全县草场总面积680万亩，其中人工草场面积4500亩，围栏草场面积2600亩。1999年，全县草场总面积45.33万公顷，其中人工草场面积333公顷，围栏草场面积3480公顷。

二、草场建设与保护

民主改革前，全县草场普遍存在重放、轻建、轻管现象，草场不断退化，资源浪费现象严重。

1967年，为保护草场，嘉黎县修建渠道90条，灌溉草场4939亩，种野草181亩。给草场送肥575327袋。

从20世纪70年代中期开始，嘉黎县建立健全严格的草场管理和使用制度。落实“两个归户”政策后，在进一步充实、完善的基础上，将各项制度落实到户、到人。

1981年，嘉黎县在落实包产到户的牧业生产责任制过程中，在坚持草场所有权属于国家的前提下，经过群众反复讨论和比较，并总结办社以来的经验，最后决定草场由生产队统一管理。为加强草场的统一管理与合理使用，各社、队建立健全了草场管理组织。公社建立了草场管理委员会，生产队成立了草场管理小组。通过实行严格的草场管理制度，绝大多数群众都能根据草管会的统一安排，有计划地使用草场。

1995年，嘉黎县继续实行保护草场资源政策，坚持以草定畜，解决草牧矛盾，在合理利用现有草场的同时，扩大人工种草面积，全年共计人工种草6600亩，新建网围栏52000米。

2000年，嘉黎县仍实行“两个长期不变”政策。牧业方面把划分草场、归户使用、自主经营作为2000年畜牧业的一项重要任务，出台《嘉黎县落实草场承包责任制的实施办法》，为8836户发放了草场承包使用证，全面落实草场承包责任制，调节草场载畜量，有效制止掠夺式放牧。

嘉黎县积极推进草原经营体制改革，自2001年实施草场承包经营以来，不断总结经验，完善实施办法，改进工作方法，通过开展草场承包到户工作，进一步明确草场责、权、利，调动草场承包者保护、管理、利用和建设草场的积极性，对全县畜牧业经济发展起到较大促进作用，有效缓解草畜矛盾、实现草地的永续利用，为畜牧业可持续发展奠定了基础。

2001年9月至2002年6月，根据《嘉黎县草场有偿承包经营责任制实施办法》，成立县、乡、村三级草场承包责任制领导小组，下派14名县级干部带队的草场承包指导组，历时300天，举办培训班33场次，培训1066人次，解决村与村草场纠纷65起，乡与乡草场纠纷12起，以自然村、联户、户的形式落实草场承包责任制，全县草场承包到户951户，占牧户总数的23.65%；承包到联户410组3076户，其中最小的组2户，最大的组6户，联户形式承包占牧户总数的76.49%。签订承包合同12081份，发放草场使用证4027份。

2004年，嘉黎县进一步完善草场承包到户试点工作，根据那曲地区经济工作会议精神、农牧工作会议精神，先后两次组成工作组对2001年实施草场承包以来的工作进行广泛深入调研，听取社会各界对落实草场承包责任制的意见，征求牧区群众意见；召集各乡镇负责人，召开座谈会，专题讨论草场承包以来各乡镇存在的问题。通过深入调研，查找分析存在问题，经过反复酝酿，结合相关文件精神，在2001年实施草场承包经营责任制的基础上，提出《嘉黎县完善草场承包经营责任制实施意见》，将草场承包经营权落实到最小经营单位——户。

2004年10月16日至11月15日，嘉黎县进一步落实草场承包工作。成立草场承包责任制工作领导小组，县长挂帅，县分管领导和纪检、检察、公安、农牧、纪委、财政、民政等部门主要负责人为成员，全面负责对草场承包经营责任制工作的指导、监督、协调工作。派出由县级干部带队的9个草场承包工作指导组下到各乡，举办各类大小培训班37期，培训人员2286人次，解决乡与乡之间草场纠纷17起、村与村之间草场纠纷60起，完成全县14个村666户草场承包到户工作。

2005年，根据西藏自治区党委《关于进一步落实和完善草原经营责任制的意见》《关于印发〈西藏自治区落实和完善草原经营责任制试点工作方案〉的通知》和那曲地区《关于加快草原畜牧业发展的意见》等有关法律法规文件精神，以及那曲地委、行署关于草原经营承包责任制工作的具体要求，结合嘉黎县实际，充实完善《嘉黎县完善草场承包经营责任制实施办法》，制定《嘉黎县完善草场承包经营责任制实施方案》，把草场承包到户工作作为全县牧区体制改革工作的重中之重来抓，充分调动农牧民群众保护、建设和管理利用草场的积极性，实现草原永续利用和畜牧业持续发展，促进农牧区经济发展和社会进步。截至2001年11月初，全县冬春草场承包到户1782户，占全县总户数的41.9%，完成藏比、林堤、夏玛、措拉4个乡的冬春草场承包到户工作。

2006年，根据西藏自治区统一安排及嘉黎县经济工作会议安排部署，县委、县人大、县政府及时召开专题研讨会，修订和完善《嘉黎县草场承包到户工作实施方案》。2006年10月12日至11月底，为确保草场承包到户工作顺利实施，派出由县级领导干部带队，由县直各单位抽调30名骨干组成的9个草场承包工作组，分别在藏比、林堤、夏玛、措拉、措多、绒多、鸽群、嘉黎、阿扎9个牧业乡镇开展草场承包到户工作。通过县直工作组及各乡镇党委、人民政府和广大牧民群众的共同努力，共完成3715户22113人的草场承包到户工作，完成草场承包面积6647885.68亩，占全县草场总面积的40.2%，占可利用草场面积的46.6%；绘制牧户图3715幅、村界图107幅、乡界图9幅。

2007年4月18日起，嘉黎县委、县政府又派出9个工作组对全县草场承包工作进行进一步落实，经过将近一个月的努力，基本完成草场承包发证工作，共发放草原使用权证107份、草原使用权证登记表214份、草原承包经营权证3715份、草原承包经营权登记表7430份、草原承包统计表18份、承包情况花名册18份。嘉黎县草场承包责任制试点工作基本完成。

"十一五"期间，为解决草地不断退化、沙化，牲畜超载、过牧现象严重，草原"三害"日益猖獗问题，在全县进行天然草场围栏建设300万亩，人工种草建设20万亩，草原"三害"治理460万亩，草籽基地建设3500亩；治理沙化退化草场10万亩，不断改善和优化全县草场资源。不断加强草场基础设施建设，先后购买价值408.83万元的网围栏，累计围建草场12.3万亩，极大提高了草场利用效益。

截至2010年，全县草场总面积为1983万亩，可利用草场面积1151.39万亩。嘉黎县全面完成草场承包责任制。县人民政府在自治区人民政府的支持下，建立草场补偿机制，有效保护草场，不断提高牧民爱护草场、保护草场的积极性。

第五节　防疫防灾

历史上，当疫灾发生时，嘉黎各部落积极动员部落成员防疫抗灾，但由于技术手段落后，很多重大疫灾根本无法控制，往往造成无法弥补的损失。

一、疫病防治

民主改革后，针对嘉黎县牧业生产特点，县农牧科开展了动物疫病防治工作。在全县范围内根据不同地域和疫病发生的不同方式，利用国内外先进防治方式，引进先进药物、疫苗等对发病的牛羊进行救治，减少牧民损失。

1959 年，嘉黎县在开展群众性保畜讨论的同时，召集有经验的牧民参加会议，具体研究保畜措施。总口号是“两慢”（早晨出圈慢，晚上回来慢）、“五保”（保膘、保配、保生、保活、保证不被野兽伤害）。采取的主要办法是：加强饲养管理，对保护牲畜有成绩者实行奖励；爱护草场，有计划地实行合理放牧，并组织劳力上山割草；对老弱幼畜进行分类排队，对三类膘牲口，采取住地附近放牧、晚上吃夜草的办法，防止瘦弱死亡；对全县已发生的牛肺疫，主要用土办法积极治疗，防止蔓延；为迎接产羔季节的到来，组织有经验的牧民进行接羔准备工作。

1961 年，嘉黎县广大牧民在保畜过冬工作中，狠抓三类膘牲畜的饲养管理。同年 4 月，嘉黎县同德区德固乡牧民一手抓接羔育幼，一手抓保畜越春，保畜增畜工作取得显著成绩。在接羔繁忙的日子里，牧民们除了日夜轮班守圈、随时接羔外，还特别注意羊羔的饲养管理。同年 7 月，嘉黎县桑巴区充分发动群众，使用土办法治疗牛羊疾病获得良好效果。中共嘉黎县桑巴区委会召开老牧民座谈会和牧民群众大会，反复宣传疾病对牲畜的危害性，号召牧民想办法消灭牲畜疾病。同时，以代理副区长郭索巴和兽医洛桑扎西为首，吸收各乡对治疗牲畜疫病有经验的牧民组成防治大队。

嘉黎县牲畜疫病有 30 余种。西藏民主改革前，县境内牲畜疫病防治技术十分落后，仅有几个民间兽医，主要用草药预防、治疗一般疫病。民主改革后，嘉黎县委、县政府为发展牧业生产，加强家畜、家禽疫病防治和抗灾保畜工作，建立县兽防站，并配备专业技术人员和相关设备。在各区、乡建立兽防所，配备赤脚兽医，并举办专业技术培训班，不断提高诊治水平。

全县兽防人员按照“走访与现场观察相结合”“调查与治疗相结合”“疫病普查与人员现场培训相结合”的原则，坚持以预防为主、防治相结合的方针，加强饲养管理，改善棚圈设施，结合药物治疗及疫苗注射等措施，积极开展牲畜防病、治病工作。经过不懈努力和艰苦工作，基本控制县境内家畜的炭疽、出败、牛肺疫、流感等疫病，基本消灭5号病、6号病、牛蹄疫、肺丝虫等病。

（一）寄生虫病及其防治

1. 种类

寄生虫种类繁多，有内寄生虫和外寄生虫，内寄生虫主要有肠道线虫、肝片吸虫、肺丝虫、脑胞虫，外寄生虫有羊风子和疥癣。

（1）线虫病：牛和羊易发生线虫病，发生部位一般是肠胃。线虫病在嘉黎县发病率高，危害性大。

（2）肺丝虫：嘉黎县牲畜肺丝虫主要发生于牛和羊，肺丝虫病发生时常常使牛和羊呼吸困难，导致食量降低，甚至死亡，发病牲畜数量仅次于线虫病。

（3）吸虫病：吸虫病发病率较低，一旦发生，难以治愈，常发生的吸虫病主要是肝片吸虫病。

外寄生虫病在嘉黎县发病率低，发病牲畜数量少，但是影响牲畜正常生长发育，造成幼畜发育不良，成畜体重减轻，畜产品产量和质量下降。

2. 发病周期

成畜一般在冬、春季节发病，由于冬春节天气寒冷、饲草数量和质量下降，消化系统易感染而引发各种线虫病。一般每年从12月份开始线虫病增加，到次年2月后达到高峰期，4月份以后随着气温上升而逐步降低。

3. 预防及防治

西藏民主改革前，嘉黎县境内牲畜缺医少药，牲畜疫病防治技术落后，牲畜死亡率高。县兽防站建立后，配备了专业技术人员，从内地引进各种中西药进行预防和治疗。20世纪80年代开始逐步应用旋咪唑、敌百虫、丙硫苯咪唑的等药物驱除牛羊肺丝虫、肝片吸虫及线虫、绦虫等内外寄生虫。每年实行秋季预防性驱虫和次年春季治疗性驱虫。全县对牲畜吸虫病、肺丝虫、线虫等进行有计划、有针对性地预防和治疗，使牲畜寄生虫病得到有效控制，牲畜死亡率大幅度降低。2010年，全县牲畜疫病防治391211头（只、匹），其中体内驱虫214155头（只、匹），体外驱虫177056头（只、匹）。

（二）传染病及其防治

嘉黎县境内牲畜传染病有20余种，其中最常见、分布广且危害最大的有6种。

1. 炭疽

各种家畜均可感染炭疽病，其中以马和羊最易受感染。一年四季均可发病，春、夏两季多发。炭疽病传染源是病毒，消化道最易感染，其次是呼吸道和破伤的皮肤感染，是一种地方性流行传染病。此病分为最急性、急性、亚急性三种。一般采用抗炭疽血清疗法、抗生素疗法和磺胺类药服用法进行治疗，为嘉黎县20世纪60—70年代牲畜多发病。1979年，全县患炭疽病的牲畜1500头（只、匹），防治10033头（只、匹）。20世纪90年代后期，全县采取“检、隔、治、杀”等预防、治疗措施，发病率得到控制。

2. 口蹄疫

口蹄疫是偶蹄兽的一种急性、热性、高度接触性传染病，主要感染山羊、绵羊、黄牛。20世纪60—70年代在嘉黎县大部分乡镇发生过，多发病于冬季。防治措施主要是每年春秋定期接种五号病疫苗，1979年，全县牲畜口蹄疫防治35.77万头（只、匹），其中牦牛2.9万头，绵羊、山羊29.46万只，黄牛3.41万头。

3. 六号病

六号病病原是一种过滤性病毒，主要感染牛、绵羊、山羊，牛群发生此病传播极为迅速。20世纪70年代，嘉黎县兽防站对全县牲畜进行防疫注射，控制了该病的蔓延。

4. 绵羊链球菌

绵羊链球菌是一种急性、热性传染病，多发病于绵羊、山羊，不分季节、年龄、品种，全县范围内均有发生。1979年，全县发病绵羊共3057只，县兽防站对发病绵羊采用绵羊链球菌弱毒冻干苗和绵羊链球菌氢氧化铝钾菌预防，采用青霉素、磺胺类药物进行治疗，基本上控制了绵羊链球菌病的发生。

5. 大肠杆菌病

大肠杆菌病是全县牲畜普遍易发生的一种慢性传染疫病，主要危害牛和羊。传统医治方法主要采用隔离、淘汰和草药治疗，治愈率低，死亡率高。1979年，全县牲畜发病共3315头（只、匹），防治13442头（只、匹）。进入20世纪90年代，采用科学的预防和治疗措施，嘉黎县主要在春季注射大肠杆疫苗，使牲畜大肠杆菌病得到有效控制。

6. 三联苗

三联苗在全县境内皆有发生，主要发病的牲畜为牛和羊，表现为羊快疫、羊猝狙、羊肠毒血症。三联苗传染性大，1979年全县共预防三联苗118023头（只、匹）。进入20世纪90年代，采用西医进行预防和治疗，预防时间在5—6月份。

二、抗灾保畜

1975年，冬季雪大，加之牲畜膘情不好，牲畜死亡18000余头（只、匹）。

1978年春季嘉黎县遭受大雪灾，特别是巴嘎、桑巴、麦地卡3个主要灾区情况严重，灾期达7个月之久，给牧业生产造成严重的困难和危害。全年，共死亡牲畜37000头（只、匹），死亡率达12.88%。

1982—1983年，为战胜雪灾、低温，嘉黎县广大牧民群众及早防灾抗灾，积极储备饲料，维修羔宫，添置保暖垫、接羔袋，为接羔育幼做好准备。在产羔季节，加强牲畜管理，昼夜守候在畜棚畜圈，做到随产随接，发现母羊、羔羊有病及时治疗。晚上将小羔羊抱进帐篷内取暖，提高成活率。同时，县兽防站工作人员深入到社队牧场和畜群，为牲畜防病治病，搞好驱虫工作和保胎工作，讲解春季牲畜各种疫病的预防和治疗方法，介绍科学接羔知识，为搞好接羔育幼工作创造条件。到1983年4月22日，初生牛犊、绵羊与山羊羔成活率分别达到98%、90%、80%。

1984年，为落实抗灾措施，嘉黎县桑巴区委、区公所抓住有利时机，带领干部群众，及早动手做好抗灾保畜准备工作。他们先后组织群众在多拉、林堤、夏玛3个公社用网围栏围圈草场5000多亩。同时加强对牲畜的放牧管理，让牲畜尽快增膘，重点喂养母畜、种公畜、幼畜，合理淘汰老弱病畜。成立38个抗灾领导小组，为使牲畜尽快增膘，将5万多头牲畜分为

415 个畜群进行放牧管理，保留 63 块、4. 36 万多亩抗灾草场，储备各类饲草 17. 5 万多斤、粮食 1. 6 万多斤，准备了燃料 58. 4 万多斤。同时还补修牛羊圈 230 多个，新修牛羊圈 510 个，为抗灾保畜做好准备。

1990 年，嘉黎县遭受历史上罕见的特大雪灾，对全县人民生命财产造成巨大损失，在各级党委和政府的关怀下，在各兄弟民族单位的援助下，全县干群齐心协力，把灾害的损失减少到最低程度，确保人心安定。当年，国家下拨生产扶持款 300 万元，有偿贴息贷款 90 万元，生产扶持 387 户 2336 人，扶持牲畜 17544 头（只、匹）。同时下拨生活救济款 48. 6 万元，生活贷款 75 万元，用于帮助农牧民群众恢复正常生活。

（一）抗灾保畜措施

1. 饲草贮备

20 世纪 60 年代中期，嘉黎县群众每年利用秋收前和丰草季节打草，并晒干贮备，做到有灾防灾、无灾补饲，以及筹备接羔袋、保暖被等保畜物资及设备，确保全县各类牲畜安全过冬。

2. 淘汰老弱病牲畜

嘉黎县农牧民群众在每年秋末或入冬前，趁各类牲畜膘情较好的时候，对畜群进行淘汰，对老弱病畜进行宰杀或出售、淘汰，进一步调整和优化畜群组合，减少冬春压力和因缺草出现的成畜死亡，确保其他牲畜的生长发育和安全越冬。

3. 合理使用冬春草场

为使草场牧草得到充分、有效利用，规定平时散畜不得随意进入接羔育幼草场和围栏抗灾草场，以备幼畜和育幼母畜及灾后使用。

（二）基础设施建设

1965 年，为提高牲畜抗灾能力，提升基础设施建设水平，开始进行草场、农田、水利基本建设。

1978 年，国家大量发放救济款和救灾粮，轻灾社队发扬共产主义风格，在饲料、草场等方面支援重灾区，调动人民公社的集体力量进行救灾。

1984 年，落实“两个归户、长期不变”政策后，极大调动了农牧民牧业生产积极性，在坚持“以草定畜”落实草场管理各项制度的同时，逐步加强保暖棚圈、人工种草、草场围栏、草场灌溉等基础设施建设。县政府每年投入大量资金，加大农村饮水工程建设，使全县牧业生产条件和生产环境得到较大改善，防灾、抗灾保畜能力不断提高。

1985年，建立围栏草场8440公顷、人工草场213公顷、新建畜圈3200个，其中保暖棚圈510个。

2000年底，全县修建农村饮水工程7处，累计人工种草348公顷，围栏草场3546公顷，进一步提高了防灾、抗灾保畜能力。

2006年，为保证嘉黎县牧业发展，嘉黎县设立县级抗灾办一个，共有12人；乡镇抗灾小组9个，共有165人；村抗灾突击队179个，共有2586人。在全县各乡镇投入电话55部，保证发生灾情时通信及时畅通。同时预留草场1240块469.28万亩，其中天然草场532块335.35万亩，围栏草场708块133.93万亩。储备饲料及代饲品1254.12万斤，各类饲草941.49万斤，能够保证牲畜180天左右的饲草。储备各种粮食8291767公斤，其中青稞4944925公斤，大米1205446公斤，面粉2141396公斤，人均储备粮食362.1公斤，能够保障180天左右的供应量。乡级粮库共储备粮食129400公斤，其中青稞118300公斤，大米5000公斤，面粉6100公斤。储备牛粪2880461袋，羊粪214284袋，柴火1988车，能够保障180天左右的用柴量。储备药品价值91.7万元，其中人药价值85.35万元，兽药价值6.35万元。准备马3469匹，驮牛26892头，帐篷2966顶，挡风布3263块，保暖垫49561件，刮雪板5005块，眼镜13664副，棉手套13066付，雨鞋12408双，羊皮袄12790件，棉衣裤12439件，冬棉帽13818顶。

2006年，在原有畜圈5879个的基础上，新修381个，维修2884个；在原有暖棚3747个的基础上，新修296个，维修1919个；在原有羔宫3628个的基础上，新修232个，维修1552个；在原有活动圈360个的基础上，新修89个，维修255个。

2009年，嘉黎县发生雪灾，为做好防抗灾工作，嘉黎县组建1个县级抗灾办、9个抗灾小组，共有157名救援人员；组建260个抗灾突击队，共有3254名救援人员；组建80个乡镇转牧草调剂小组，共有378名救援人员。提供74部移动电话，23部固定电话。同年，新建591个牛羊圈，维修

2180 个牛羊圈；新建 768 个暖棚，维修 873 个暖棚；新建 261 个羊羔宫，维修 598 个羊羔宫；新建 119 个活动圈，维修 276 个活动圈。预留 433 块天然草场，共有 412. 1674 万亩；预留 497 块围栏草场，共有 132. 723 万亩。为灾区提供 1956. 14 万斤饲料、饲品以及 486. 54 万斤草等，可保障 60 天的饲料用品。人药储备 392 种，价值 49. 256 万元；兽药储备 208 种，价值 4. 82 万元。准备驮牛 14894 头，帐篷 4744 顶，挡风布 251 块，保暖垫子 22164 件，刮雪板 6468 块，眼镜 19137 副，棉手套 21106 双，雨鞋 13865 双，羊皮袄 21655 件，棉衣裤 18570 件，冬棉帽 19166 件，妥善处理了当年的雪灾防抗工作。

第二章　农业

嘉黎县农业区域具有海拔高、气温低、雨量少、无霜期短、日照时间长、雨热同季、昼夜温差大等特点，农作物种植的种类和范围受到限制，仅能种植青稞、豌豆、小麦及油菜等作物，耕作形式较为粗放，沿袭传统的耕作方式，主要有混作、轮作两种方式。2010 年机收面积 990.15 亩，有效灌溉面积 3314.85 亩。

第一节　农业生产关系

一、封建农奴制度下的所有制

1959 年民主改革以前，嘉黎生产资料所有制属封建农奴土地所有制，境内绝大多数土地、草场、牲畜等生产资料被以地方政府、寺庙、贵族为代表的“三大领主”占有。至民主改革时，占境内总人口 4.4% 的 164 户 831 名农奴主，占有 98% 以上的生产资料。

“三大领主”对土地的经营一般以“谿卡”（庄园）为单位，由领主及其代理人管理，同时，领主还掌握谿卡范围内的行政、司法及经济大权。庄园耕地划分为领主自营地和农奴份地两种。领主自营地土质肥沃、灌溉条件好，由农奴通过支差或劳役的方式为其无偿耕种；农奴份地地处偏远、贫瘠低产，通过为领主无偿耕种自营地取得份地的耕种权。通常每耕种 1 藏克份地要为领主无偿耕种 1.5—2 藏克自营地。落后的生产关系加上原始简单的生产工具和生产技术，导致农业生产力水平极其低下，农作物单产一般在 140 千克左右，产量仅为播种量的 4—5 倍。

“三大领主”对农奴的剥削主要通过各种形式的差役，包括徭役、赋税、地租等方式实现，其中被称为“乌拉”的差役名目就多达 200 余种。“乌拉”差役分为劳役差和货币（或实物）差两大类，前者为人力和畜力所支的劳役，后者为支付给领主的货币（或实物）差。而赋税、地租（也分为劳役、货币或实物）中的劳役也占到农奴劳动总量的 50% 以上。由于受各种繁重差役、高额赋税和地租的剥削，农奴收入的 70% 以上被农奴主掠夺，他们过着衣不蔽体、食不果腹的生活。农奴们不得不靠借高利贷度日，利率高达 20%—30%，所借高利贷利上加利，成为永远还不完的“子孙债”。在进行经济剥削的同时，农奴主还控制着农奴的人身自由，将农奴作为私有财产，可任意买卖、转让和赠送。

二、社会主义制度下的所有制

（一）个体所有制

1. 农区民主改革与个体所有制的建立

1959 年 4 月，中共黑河分工委在平叛的同时派出由王众恩、次仁拉嘎等 5 人组成的民主改革工作队赴嘉黎，宣传党的民主改革方针、政策，发动和组织群众收缴叛乱者的武器等，查封部分叛乱领主和代理人的财产，并将叛乱分子头目送往专区驻地黑河进行集训；对参加叛乱的农奴主占有的土地予以没收，对未参加叛乱的农奴主及其代理人的多余土地和其他生产资料进行赎买，将没收和赎买的土地等生产资料分给无地或少地的农奴。落实中共西藏工委制定的土地“谁种谁收”政策，向群众发放农贷和种子，鼓励发展农牧业生产；废除噶厦、寺庙、各领主和头人强加给农奴的苛捐杂税和“乌拉”差役，广大农奴摆脱了与农奴主的人身依附关系。11 月，嘉黎县组织民主改革工作队在农区的 15 个乡全面开展民主改革运动，进行“三反双减”，共废除旧债粮 1549.83 万公斤，减租粮 130.62 万公斤，减息粮 99.37

万公斤。通过“三反双减”，群众得益藏银 57966 两、青稞 182.6 万公斤、生活资料 4639 件；无地或少地农奴分得土地 47717.10 亩、各类牲畜 44301 头（只、匹）、各种农具 3998 套、房屋 4234 间、生活资料 4490 件。同时，在民主改革地区进行土地复查，向农民颁发土地证。民主改革运动废除了封建农奴制度，使农奴在政治和经济上获得彻底解放，确立了农牧民个体所有制。

（二）互助合作

民主改革以后，嘉黎县农牧民群众生产积极性空前高涨，为解决生产工具及劳动力缺乏问题，按照中共林芝分工委的统一安排，县委、县政府动员鼓励群众组建各种形式的互助组，发展农业生产。

1960 年 9 月，根据中共林芝分工委的安排，县委下发《建立农业生产合作社宣传提纲》和《农业生产合作社试点工作计划》，并在洛布琼孜试办农业生产合作社，拟在全县开展社会主义改造运动。随后，根据中共中央和西藏工委指示，因办社条件不成熟，按照中央“稳定发展”的方针和西藏工委制定的“农区 26 条”“牧区 30 条”要求，将洛布琼孜农业生产合作社转为互助组，并在全县范围内停办合作社试点，大力兴办各种生产互助组。到 1960 年底，全县生产互助组发展到 256 个，90% 以上农户入组。其中常年互助组 184 个，入组群众达 263 户 11439 人；季节性互助组 72 个，入组群众达 881 户 5010 人。互助组实行“自愿、互利、民主管理”原则，采取集体劳动、个人经营换工互助及等价交换方式，解决耕畜、大型农具和劳动力缺乏的困难，提高了生产效率。但随着生产的发展，互助组无力进行规模较大的生产和建设。为此，县委在宣传政策、发动群众的基础上进行联组，将小组并为大组。全县共联组 103 个，入组群众 3144 户 16449 人。由于实行互助合作，嘉黎县农业生产连续 6 年增产丰收。1968 年，兴办人民公社以后，互助组逐年减少。

（三）集体所有制

1965 年中共嘉黎县委员会根据中共中央和自治区党委指示，通过发放宣传提纲、召开座谈会等形式，在全县分期分批宣传人民公社。

1966 年 2 月，自治区党委“三教”一团嘉黎分团党委抽调部分干部组成8个工作队，分两批在全县21个乡开展为期一年的“‘三教’运动”。1966年12月，在“‘三教’运动”基础上，嘉黎县试办第一个人民公社——嘎东区白雪人民公社。随后，各农业乡按照“只准办好、不准办坏”，达到“五谷丰登，人畜两旺”的办社要求，相继建立人民公社。为稳定牧区所有制，牧区三年内不办人民公社。

1967年6月，全县建立白雪、嘎东、洛江、杜琼、武仁、强堆、团结、下觉、群乐、马普、嘎普、彭果等14个人民公社，入社农户2182户，分别占全县农牧民总户数的52.1%和12个乡应入社户数的83.4%；入社社员11457人，分别占全县总人口的46.2%和12个乡应入社人口的77.8%。

1968年12月，全县21个乡均建立人民公社，入社户数3474户，占全县总户数的87.8%；入社人口18220人，占全县总人口的85.5%，全县基本实现人民公社化。人民公社实行政社合一，实行公社、生产队所有制，生产队为基本核算单位。社员的土地按评产计股入社，按股分红；耕畜、驮畜（包括骡马、牛、驴）按质论价，折价计股入社，凭股分红；较大的农具根据质量好坏、新旧程度、使用年限等自报互评后折价入社，归生产队集体所有；群众的私有林木、果树仍属个人所有；社员的口粮按规定标准计留，劳力定级，干活评分，对公社干部采取误工补贴的办法实行合理分配。

1971年11月至1973年6月，县人民政府先后对全县21个人民公社进行整顿。整顿后有一类人民公社7个，占33.3%；二类人民公社12个，占59.5%；三类人民公社2个，占7.2%。1972年，努力提高粮食产量，积极扩大油、茶、烟等经济作物种植面积。

1983年，全县实行联产承包责任制以后，人民公社停办。

1966—1983年嘉黎县人民公社情况见表10－2－1。

1966—1983 年嘉黎县人民公社基本情况统计表

表 10－2－1

年份	公社个数（个）			生产队个数（个）			入社户数（户）	入社人口（人）	入社劳力（人）
	合计	农业社	牧业社	合计	农业队	牧业队			
1966	6	5	1	33	29	4	874	4524	2331
1967	14	12	2	80	68	12	2182	11457	5520
1968	21	19	2	121	109	12	3474	18220	10151
1969	21	19	2	129	117	12	3694	20369	10152
1970	21	19	2	129	117	12	3764	20913	12101
1971	21	19	2	129	117	12	3943	21545	11549
1972	21	19	2	130	118	12	4035	22092	12339
1973	21	19	2	130	118	12	4314	23274	12707
1974	21	19	2	130	118	12	4656	25678	13081
1975	21	19	2	130	118	12	4698	16168	14524
1976	21	19	2	130	118	12	4740	26786	15158
1977	21	19	2	130	118	12	4824	27831	15730
1978	21	19	2	130	118	12	4860	27756	14360
1979	21	19	2	130	118	12	4901	27886	14312
1980	21	19	2	131	119	12	4939	28903	14225
1981	21	19	2	159	147	12	4954	29560	14582
1982	22	19	3	163	147	16	5035	30717	15520
1983	22	19	3	163	147	16	5094	31358	16246

（三）家庭联产承包责任制

党的十一届三中全会和 1980 年中央第一次西藏工作座谈会召开后，嘉黎县在部分公社实行家庭联产承包责任制试点工作。

1980 年，嘉黎县按照中共中央《关于转发〈西藏工作座谈会议纪要〉

的通知》《关于印发进一步加强和完善农业生产责任制的几个问题的通知》文件精神，进一步加强和完善生产责任制。全县包产到户生产队 3 个，占 2.3%；小段农活包工生产队 15 个，占 11.5%；包产到组生产队 130 个，占 99.2%。

1981 年 2 月，全县 21 个公社全部实行生产责任制。其中 126 个实行包产到组，占全县生产队总数的 77.7%；24 个生产队实行小段包工、定额计酬责任制，占全县生产队总数的 16.2%；6 个生产队实行包干到组责任制，占全县生产队总数的 4%；2 个生产队实行包干到户责任制，占全县生产队总数的 1%；1 个生产队实行零星包干到户责任制，占全县生产队总数的 0.6%。至 1981 年 11 月，全县实行包干到户责任制的生产队 94 个，占生产队总数的 64%；实行包产到组责任制的生产队 61 个，占生产队总数的 41%；实行小段农活包工的生产队 4 个，占生产队总数的 2.7%。牧业生产责任制的推行则采取专业承包、包产到组、责任到人及队有户养、借本还本等办法进行。

1982 年，嘉黎县按照中共中央批转的《全国农村工作会议纪要》文件指示，在全县 163 个生产队全部实行联产计酬或包干到户生产责任制，以“五统一”形式分户经营。其中联产计酬生产队 57 个，占 35%；包干到户生产队 106 个，占 65%。

1983 年，全县调整“五统一”包产到户生产责任制，163 个生产队全部实行包干到户联产承包责任制。

1984 年，将全县牧区实行的“借畜到户、借本还本”及“耕畜分户管理、集中统一使用”的承包制度，改为“牲畜作价归户，分期偿还，自主经营，长期不变”。该政策执行至 2000 年底。

1985 年，全县实行“土地归户使用，自主经营，长期不变”分户经营责任制，同时对农具、林木等分别折价归户。县农牧林技术人员、乡村干部及农牧民技术员、乡村兽医等，采取综合技术承包的方式负责本区域内的农牧技术推广任务。该政策执行至 2000 年底。

第二节 耕作

一、耕作制度

（一）混作

混作是指通过作物混播，改善土壤结构、土壤肥力及农田生态系统，稳定农作物产量的一种种植方式。

20 世纪 60 年代前，嘉黎县农业生产普遍采取混作方式。一般以青稞与油菜、青稞与豌豆、油菜与豌豆或青稞、油菜、豌豆三者混播为主，局部地区还间歇性混播芫根。混播面积视土壤肥力而定，少则占农作物播种面积的 20%，最高可达 80%。当土壤肥力较高时，实行青稞与油菜混播；当土壤肥力降低时，实行青稞与豌豆混播。1967 年，全县播种粮食作物 6046 克，油料作物 650 克，由撒播改为条播。

20 世纪 70 年代开始，随着农业生产条件的逐步改善，尤其是农药（防病、防虫、除草）、化肥（氮、磷、钾或复合肥）以及农业机械的广泛使用，作物混播面积呈逐年下降趋势。

至 20 世纪 90 年代后期，嘉黎县全县除少数半农半牧区的贫瘠耕地外，基本上停止混播的种植方式。

（二）轮作

轮作是嘉黎县农业生产区恢复地力的重要手段，由豆科作物或油菜作物以单播或混播参与的一种周期性轮换种植方式。轮作又分为作物轮作和休闲轮作两种，作物轮作是指在一个种植周期内单播或混播不同的作物以地养地，使地力保持在一定水平；休闲轮作是指在一个种植周期的末端将农田弃荒休耕，通过自然方式恢复地力。轮作周期因土壤肥力、生产条件的不同而有所差异，一般为 3—5 年不等。从 20 世纪 70 年代中期开始，随着现代农业生产技术的引进和推广，嘉黎县废除了传统的休闲轮作，但作物轮作仍保留至 20 世纪末期。

嘉黎县传统农业轮作方式见表 10－2－2。

嘉黎县传统农业轮作方式简表

表 10－2－2

轮作周期	第一年作物	第二年作物	第三年作物	第四年作物	第五年作物	第六年作物
3 年	青稞	豌豆	小麦	休耕	－	－
	青稞	油菜	油菜、豌豆	休耕	－	－
4 年	青稞	青稞、油菜	豌豆	小麦	休耕	－
	青稞	青稞、油菜	油菜	油菜、豌豆	休耕	－
5 年	青稞	青稞	青稞、油菜、豌豆	豌豆	小麦	休耕
	青稞	青稞	青稞、油菜、豌豆	油菜	油菜、豌豆	休耕

二、作物产出

忠玉乡是嘉黎县唯一的粮食经济作物生产基地，现有农作物耕地面积 343. 64 公顷，其中，小麦播种面积 121. 18 公顷，青稞播种面积 153. 78 公顷，豆类播种面积 6. 85 公顷，蔬菜播种面积 12. 12 公顷，青饲料播种面积 49. 71 公顷。

2006 年全县粮食总产量达 803. 39 吨，其中小麦产量 327 吨，青稞产量 450 吨，豆类产量 5. 29 吨。蔬菜产量 226. 71 吨，青饲料产量 372. 8 吨。

2010 年全县粮食作物产量合计 809. 42 吨。

第三节　农机具

一、农机具推广使用

1959 年民主改革前，嘉黎县农业生产普遍使用小型传统农具，主要有犁、镐、锹、锄、耙、镰、簸箕、竹筛、石磨、石碾等，基本以生铁、竹、木、石为材质，工艺粗糙落后，工作效率低，易损坏，不能满足农业生产的需要。

20世纪60年代，嘉黎县开始引进少量的新式步犁和胶轮马车。1966年，全县拥有步犁1200部、山地犁300部、马拉播种机20部、手推车500台、胶轮马车20台。

20世纪70年代，农业生产由人畜劳作向半机械化、机械化发展。1973年县农具厂建成后，生产出大批铁制农具，并逐步推广步犁、脱粒机、人力喷雾器等新式农机具。

1974年，嘉黎县拖拉机站成立后，开始在全县推广农业机械耕种。1975年，嘉黎县农机站成立，方便了群众对农机产品及其配件的购买。

至1982年底，嘉黎县农业机械总动力达3560.34千瓦。有大中型农用拖拉机65台，农用手扶拖拉机59台，排灌机械23台，机动脱粒机31台，机动喷雾器1台，榨油机1台，载重汽车6辆，挂车46辆，推土机4台，开沟机1台，胶轮马车246辆，胶轮手拖车1451辆。

1986年，嘉黎县成立县农机修理服务站，进一步方便群众对农机具的使用。当年农用机械总动力达到4464.68千瓦。有大中型农用拖拉机93台，农用手扶拖拉机70台，大中型拖拉机机引农具63部，排灌机械2台，农用产品加工机械26部，机动喷雾器1部，胶轮马车732辆。

1992年，全县农业机械总动力93057.1千瓦。有大中型拖拉机41台，农用手扶拖拉机147台，农用汽车55辆，机动收割机1台，机引农具139台，农用产品加工机械70部，胶轮马车2241辆。

2009年，嘉黎县农用机械总动力43403.22千瓦。有小型拖拉机36台，联合收割机35台，农用运输车485辆。

2010年，嘉黎县农业机械总动力达48562.92千瓦。有耕作机械967台，收获机械37台，载重汽车156部，农用运输车509辆，小型拖拉机6台，全县农业生产基本实现机械化。

1975—2000年嘉黎县农机作业见表10－2－3。

1975—2000 年嘉黎县农机作业统计表

表 10－2－3　　　　单位：亩

年份	机耕	机播	机收
1975	14502	5426	625
1976	10561	5971	712
1977	11502	4212	810
1978	25265	15739	100
1979	20474	15510	
1980	41270	19551	
1981	13890	16152	
1982	17272	21049	
1983	12935	6949	4300
1984	1499	16206	
1985	1353	8396	3600
1986	1607	7110	
1987		1050	
1988	2850	15899	
1989	3000	32503	
1990	1200	36868	125
1991	1008	44893	545
1992	2800	48060	1695
1993	1090	39395	1327
1994	3282	52159	1981
1995	3547	48372	2285
1998	52128. 6	26353. 1	5965. 3
1999	1939. 95	1939. 95	5674. 05
2000	2350. 95	3364. 34	3450. 22

二、农机具供应

1959 年民主改革以前，嘉黎县无农业机械供应。

1961 年开始由县、区供销社出售新式步犁、十字镐、锹等农具。1973 年嘉黎县成立农具厂，生产适合当地农业生产的犁、锄、镰等新式农具，并从供销社接管脱粒机、喷雾器等半机械化农田作业机具及零配件的经营，农机具的进、销实行计划分配制度。1975 年嘉黎县农机站成立，负责全县农机产品、配件供应工作。

20 世纪 80 年代中期，随着改革开放的不断深入，县农机供应以计划供应为主、市场调节为辅，做到供求关系基本平衡。1982 年县农机站销售额达 73.4 万元，实现利润 16.7 万元。1986 年 3 月，县农机站改为农机修理服务站（简称农修站），农修站实行企业管理制度，独立核算，财政定额补贴，超亏不补，减亏留用。

1998—2000 年，农修站共购进农机产品 5983.43 万元，年均经营利润 7 万元。农修站经营商品有手扶拖拉机、水泵、机引耙、机引犁、畜引播种机、马车与手推车轮胎、植保机械、农副产品加工机械及零配件等 7 大类共十余种。

1976—2000 年嘉黎县主要农用机械及配套农具等年末拥有量见表 10-2-4。

1976—2000 年嘉黎县主要农用机械及配套农具等年末拥有量统计表

表 10-2-4

年份	农业机械总动力（千瓦）	其中			大中型拖拉机（台/千瓦）	小型拖拉机（台/千瓦）	大中型拖拉机配套农具（台）	小型拖拉机配套农具（台）	柴油机（台）	农用水泵（台）
		柴油发动机动力（千瓦）	汽油发动机动力（千瓦）	电动机动力（台/千瓦）						
1976	402.02	402.00		0.02	16/2960.00	20/148.00	16	20	43	10
1977	755.52	755.52			22/969.00	36/268.00			41	4
1978	138.97	137.95		0.02	49/2730.00	46/481.00		12	29	11
1979	4529.38	463.08	4050.65	3/15.65	54/2796.00	56/460.00	12		36	14

续表

年份	农业机械总动力（千瓦）	其中			大中型拖拉机（台/千瓦）	小型拖拉机（台/千瓦）	大中型拖拉机配套农具（台）	小型拖拉机配套农具（台）	柴油机（台）	农用水泵（台）
		柴油发动机动力（千瓦）	汽油发动机动力（千瓦）	电动机动力（台/千瓦）						
1980	4307.91	678.59	3623.36	1/5.96	61/4195.00	53/664.00	18		38	12
1981		314.45			48/2451.00	45/581.00	99	10	26	8
1982	3612.17	348.24			65/2775.00	59/699.00	59		23	10
1983	3974.58	262.48			64/3776.00	59/708.00	64	59	17	86
1984	4350.19	918.42			89/5080.00	63/742.00	62	43	1	3
1985	4204.32									
1986	4464.70	294.54			93/3822.30	70/6119.00			2	
1987	4621.50	589.16			97/4000.20	65/5624.00			2	
1988	4621.00	589.16			98/3964.00	68/599.00			2	1
1989	5213.20	589.16			108/4368.80	89/785.50			2	1
1990	5986.20				162/5013.20	112/973.00				
1991	6783.40	706.28			139/5637.50	120/1065.00			2	2
1992	13057.10	1678.36			141/7783.20	147/1298.40			11	
1993	12294.66	7611.16	4047.80	75/635.70	148/6038.40	156/1384.50	136		5	2
1994	13014.11	8214.45			162/6548.85	203/1790.46			5	
1995	23089.31	12955.13	9878.40	30/255.78	202/8165.87	478/421596	145	28		
1996	21696.67	14606.86	7089.81		201/8272.42	638/5640.39	638	146		
1997	24502.22	15077.00	9425.22		203/8254.72	735/6253.39	50	9	10	6
1998	28669.54	14910.34	13759.20		198/8004.16	769/6782.58	49	26	8	5
1999	29282.43	16493.43	12789.00		204/8230.51	127/1120.14	124	84	8	8
2000	50924.93	37611.73	13313.20	164/1143.2	210/8472.58	1038/13959.72	122	527	8	8

第四节　农技推广

一、机构及队伍

西藏民主改革前，嘉黎境内农业生产长期“靠天种地”，除维持传统种植技艺外，几乎没有任何科技手段，更无农业科技推广机构和专业科技人员。民主改革后，各级党委、政府及农业主管部门开始注重农业科技的推广应用。

1963年，嘉黎县成立兽防站，配备专职兽医人员3名，负责牲畜疫病的防治及培训乡村赤脚兽医。至1968年底，县兽防站共培训赤脚兽医21名。

1972—1976年，嘉黎县各区、乡（公社）相继成立兽防站，逐步建立健全县、区、乡三级牲畜疫病防治机构。此间，在1973年，为推广普及农业机械，又分别成立嘉黎县农具厂和嘉黎县拖拉机站；1975年10月，成立县牲畜配种站，开展牲畜改良及良种推广工作。

1978年，嘉黎县建立苗圃，进行苗木栽培实验。1979年，成立县农业科学示范场，后改为县农业技术推广站，负责全县不同地域青稞、豌豆、小麦及油菜品种的改良实验，同时开展良种的筛选和供应工作，并在各区设立农业技术推广站。

1986年，为完善农业机械使用配套服务工作，成立嘉黎县农机修配服务站。至2000年底，全县共有兽医机构12个，其中县兽防站1个，有兽医6名；乡兽防所11个，有兽医64名；有农业技术推广站6个，有技术推广人员182名。

2010年底，全县共有兽医机构11个，其中县兽防站1个，有兽医20名；乡镇兽防站10个，有兽医6名，此外有村兽医244名。无农业技术推广站及技术推广人员。

二、农业技术推广手段

（一）机耕机播机收

1973年，嘉黎县开始试点农业机耕机播机收，主要机械为大中型农用拖拉机、手扶拖拉机及联合收割机、机动收割机、机动脱粒机、扬场机等。试点机耕面积680.4亩、机播面积87.6亩，分别占全县总耕地面积的0.71%和总播种面积的0.11%。

1975年，在全县大面积推广机耕机播机收作业，机耕机播机收面积大幅提高。其中，机收面积达到625亩，占总播种面积的0.73%。

1980 年，全县机耕面积 41270 亩、机播面积 19551 亩，分别占耕地面积的 45.3% 和总播种面积的 24%，达历史之最。

1985 年全县机收面积 3600 亩，占总播种面积的 4.62%。

20 世纪 80 年代中期至 90 年代，嘉黎县根据全县农业机械化耕作的特点，引进和推广新式机械，并组织技术人员到农村指导机耕机播机收作业，全县农业区耕作小半数基本实现机械化。1992 年，全县机耕面积 2800 亩，机播面积 48060 亩，分别占总耕地面积、总播种面积的 3.1% 和 58.54%。

2000 年，全县机耕面积 2350.9 亩，占总播种面积的 2.81%；机播面积 3364.5 亩，占总播种面积的 3.78%；机收面积 3450 亩，占总播种面积的 3.9%。

（二）良种推广

20 世纪 60 年代前，嘉黎县农作物品种均为当地农家品种。

20 世纪 70 年代，嘉黎县试验推广肥麦、“高加索”和“藏冬”1、2、3、4 号等冬麦良种，主推品种为肥麦。冬小麦单产达 250—400 公斤，局部地区达 650—800 公斤，较本地品种亩均增产 100 公斤；在海拔 4100 米以上的地区推广“日喀则”3 号、墨西哥“叶考拉”、“波达姆·米瑞”等。从 1979 年开始，全县大力推广春麦“日农”12 号，青稞“喜马拉雅”1、2、19 号，以及“嘉黎蓝”与少量的“巴金嘎姆”良种。1979 年全县良种推广面积 32400 亩。

20 世纪 80 年代，嘉黎县进一步加大良种的引进、推广、繁育工作力度。1983 年，全县推广小麦“日农”12、17、54 号；青稞“喜马拉雅”4 号与 6 号、“7221”“6958”；东普豌豆、仁布豌豆、拉萨豌豆；曲水大粒、山南大粒等油菜良种。1987 年，全县引进良种 5 万余公斤，并进行提纯精选。1988 年，全县首次开展 481 个品种优选试验，试验小麦有“日农”10、12、54 号和“77501”；青稞有“喜马拉雅”4、6、15 号，“藏青”320 及“7221”；油菜有“年河”1 号、“江孜”301 号。同年，全县良种面积达 5.3 万亩，建立种子村 1 个、千亩良种繁育基地 4 个。1989 年，嘉黎县良种播种面积达 6.7 万亩，覆盖率达 83%，初步形成全县良种试验、示范、繁育体系。

1990年，嘉黎县重点推广“藏青”21、75（99）、80、84、867、8833、77501，“江孜”301号及“喜马拉雅”系列良种，实行引进良种与本地培育的新良种推广同步发展的方针，引进良种与本地培育的新良种播种面积占播种总面积的90%以上，实现了由良种调入县向良种调出县的转变。

1994年，全县扩大推广“喜马拉雅”9、18号的种植面积，加大本地良种选育工作，良种播种面积达7.8万亩，覆盖率达94.8%，基本实现农业播种良种化。

1998年，嘉黎县开始实施种子工程，建立各级各类种子田，实施面积达5135亩。其中小麦、青稞、油菜一级种子田235亩，二级种子田4900亩，生产小麦“山春1号”一级种子2.3万公斤、二级种子203.07万公斤；生产青稞“喜马拉雅”19号一级种子5.11万公斤、二级种子20.75万公斤；生产油菜“301”一级种子0.41万公斤、二级种子0.54万公斤。同时，全县重点推广油菜良种“江孜”301号、山南大粒；青稞良种“喜马拉雅”19号、“藏青”320号、“嘉黎蓝”及“巴金嘎姆”；小麦良种“日喀则”23号、“山春”1号及“藏冬”10号等。

2000年，嘉黎县推广使用良种3种，推广面积达67270.3亩。

（三）化肥使用

1959年民主改革前，嘉黎县农作物普遍施用人畜及草木灰肥等农家肥，没有使用化肥。民主改革初期，国营农场及机关菜地开始使用少量化肥。20世纪70年代，嘉黎县农业开始试用化肥，后期得到大力推广，并逐步注重与农家肥合并使用，改进施肥方法。1976全县化肥施用量达174.1吨。

20世纪80年代，嘉黎县推广经济实效的施肥方法，以尿素、复合肥或磷酸二氨作底肥，并加入油饼作为辅料。在使用化肥拌种的同时，采用尿素、“喷施宝”等追肥，并推广化肥深施技术。1981年全县化肥施用量948.7吨，其中氮肥325.45吨，复合肥623.25吨。1989年全县化肥施用量1494.1吨，其中氮肥795.06吨，复合肥699.04吨。1997年嘉黎县化肥施用量2228.16吨，其中氮肥1100.35吨，磷肥995.33吨，钾肥33.18吨，复合肥99.3吨。2000年全县化肥施用量1392.24吨，其中氮肥687.49吨，磷肥621.92吨，钾肥20.74吨，复合肥62.09吨。

（四）化学除草

嘉黎县田间影响农作物生长的杂草主要有燕麦草、狗尾草、灰绿藜、白茅、大蓟等。1976 年前，田间除草基本上靠人工进行。1976 年，嘉黎县用 2.4－D 丁酯对田间草害进行化学除草试验，每亩用药 0.08—0.1 公斤，成功后在大田推广使用。2.4－D 丁酯对灰灰菜、野油菜、阔叶杂草的除杀效果最高达 95%，除草工效高于人工数十倍，可使农作物增产 21% 左右。从 1980 年开始，嘉黎县又推广使用化学除草剂“燕麦畏”，防草效果达 80%—90%，当年全县化学灭草 43619.5 亩。1986 年全县化学灭草 41264.2 亩。1996 年全县化学灭草 40337 亩；2000 年全县化学灭草 38716 亩。

（五）病虫害防治

嘉黎县农业病害主要是禾本科作物的条纹病、条锈病、秆锈病、黑穗病、花叶病等，虫害包括棉铃虫、麦蚜、穗蝇、土蚕、蛴螬、叶蝉、金龟子、红蜘蛛、喜马象、黄蓟马、西藏飞蝗、夜蛾毛虫等。1959 年民主改革前后，全县农业病害防治处于空白，对虫害的防治基本上采取传统的春翻冬灌的方式进行。20 世纪 70 年代初，嘉黎县开始利用化学药剂防治农业病虫害，防治措施主要采取药剂拌种和药雾喷苗的方法。嘉黎县农业防治病害先后使用的药剂有萎锈灵、多菌灵、甲基托布津、粉锈宁、立克锈等。防治虫害使用的药剂有敌敌畏、敌敌涕、六六粉、呋喃丹、敌百虫、乐果、氧化乐果、速灭杀丁等。1975 年全县使用农药 65.72 吨，1985 年使用农药 68.19 吨，1995 年使用农药 70.66 吨，2000 年使用农药 72.05 吨。

（六）模式化栽培

1988 年，嘉黎县在大面积良种高产示范取得成功后，将模式化栽培作为农业发展的主要措施。当年全县农作物模式化栽培面积达 4000 亩，亩均增产粮食 82.75 公斤，年底粮食增产 33.10 万公斤。1990 年，全县实施模式化栽培面积增至 3 万亩，粮食增产 125 万公斤。1995 年全县实施模式化栽培面积达 4.85 万亩，粮食增产 401.34 万公斤。2000 年全县模式栽培面积达 7.62 万亩，粮食增产 630.56 万公斤。

（七）节水旱作农业

1990 年，嘉黎县开始对全县农区 45% 的旱作农业采取工程与技术相结合的措施，改革蓄水技术，提高节水利用率；改良土壤，平整土地；试行推广保墒埂、墒沟等。当年示范推广面积5000亩，亩均增产49.7公斤，增产粮食24.85万公斤。1995年推广旱作农业技术5620亩，增产粮食27.93万公斤。2000年推广旱作农业技术6049.27亩，增产粮食30.05万公斤。

（八）种子精选

20世纪80年代以前，嘉黎县农业选种主要采取风选、水选或人工筛选的方式。1980年，开始试验、示范及推广复式精选机选种，以提高种子整齐度、饱满度及发芽率。1986年，全县精选种子108.85万公斤。1991年全县精选种子81.55万公斤，2000年全县精选种子100万公斤。

（九）种子包衣

1996年，嘉黎县开始推广种子包衣技术，当年全县种子包衣24.32万公斤。2000年全县种子包衣达到41.61万公斤。

第五节　农田建设与保护

一、农田建设

嘉黎县耕地普遍缺氮，多数缺磷，少数缺钾。县域中部地区山峦起伏，沟谷纵横，土壤受侵蚀严重，大部分区域土薄石多，土质贫瘠；北部河谷地带因遭河水的冲刷，山体前后形成大片的洪积扇形地与平地，土层深厚不一，局部地区潜水位高，沙、涝、洼地较多。中北部地区的特殊地貌影响了全县农业生产的发展。

1959年民主改革以前，嘉黎县土壤改良一般以掺沙、垫土、增施农家肥方式改变土壤成分，但改良面积极为有限，仅占总耕地面积的0.9%。

20世纪60年代初期，各级政府鼓励群众开垦荒地，改造河滩，扩大耕地面积，并采取清理石块、加厚土层、深耕深翻、积肥养地等土壤改良措施，以提高土壤保水保肥能力。

20 世纪 70 年代，嘉黎县开始进行大规模农田建设和“三田”① 改造，改坡地为梯地，改洼地为台田，将缓平地带平整后并块连片。农田建设以提高单位面积产量，增加农民群众收入为目的，充分发挥有限田地作用，加快全县农业发展，改变生产方式落后、经营管理粗放、抵御自然灾害能力低下的状况。

至 1975 年 8 月，全县新修、维修水渠 902 条，新增灌溉面积 56930.85 亩；新修水塘 511 座，增加灌溉面积 24018.93 亩；改造滩田 908.82 亩；平整土地 2190.24 亩；改良土壤 5205.06 亩。并开始推行轮作倒茬、合理混作、种养结合制度。

1982 年，嘉黎县加大沿河两岸滩地改造力度，沿河区、乡政府组织群众清理滩地石块、掺沙垫土、平整后并块连片，治理河岸滩地 3000 余亩。1984 年，联产承包责任制推行以后，在冬季组织群众对耕地采取加土加沙、增施肥料、改善排灌条件等措施改造中低产田，逐步实现由单项改造、盲目性改造、面积观、零星改造向综合改造、针对性改造、质量观、成片改造转变。当年全县农业有效灌溉面积达 5881 亩，灌溉率达 72.49%。旱涝保收高产稳产面积达 2907 亩，占全县耕地总面积的 69.21%。

1990 年，嘉黎县改造中低产田 3495 亩，1996 年达到 4500 亩。耕地平均加土、加沙 3 厘米，亩均增施农家肥 27.4 袋、化肥 3.95 公斤。1998 年，全县平整耕地 62590.5 亩，占耕地总面积的 70%。平整后的耕地均能达到土面平整、耕层深厚、土质肥沃、能灌能排、稳定高产标准。当年，全县改造“三田”6000 亩、滩田 5145 亩。2000 年，全县平整耕地 81665 亩，占耕地总面积的 90%；改造中低产田 25662 亩；积造农家肥 1751.57 万袋，全县耕地有效灌溉面积达到 82687 亩，旱涝保收高产稳产耕地面积达 63678 亩。

“十一五”期间，嘉黎县开始实施忠玉乡小型农田建设工程，改善了广大农牧民群众的生产生活条件和整体面貌，对促进忠玉乡乃至全县的经济发展起到了较大作用。

至 2010 年，新增农田灌溉面积 0.1796 万亩，改善农田灌溉面积 0.137

① “三田”：梯田、台田、园田。

万亩，农田建设工程控灌面积达到 0. 3166 万亩。原年平均粮食亩产量 227. 5 公斤，小型农田建设工程实施后，改善农田灌溉面积每亩增产粮食 45 公斤，增收 90 元，共增收 12. 33 万元；新增农田灌溉面积每亩增收粮食 75 公斤，增收 150 元，共增收 26. 94 万元；建设区内新增农业效益 39. 27 万元。通过枢纽工程的完善，项目区新垦农田产量每年以 10% 的速度递增，人均增收 164. 8 元，人均农业收入增加到 2247. 66 元。2010 年机收面积达 990. 15 亩，有效灌溉面积 3314. 85 亩。

1965—2000 年部分年份嘉黎县农田改造情况见表 10 -2 -5。

1965—2000 年部分年份嘉黎县农田改造情况统计表

表 10 -2 -5 单位：亩

年份	中低产田改造面积	有效灌溉面积	旱涝保收高产稳产面积
1965	17901	39348	8258
1970	28533	43848	8741
1975	18634	50513	9385
1980	11082	59531	13134
1985	15836	68568	30158
1990	19495	51357	42777
1995	21750	76371	53194
2000	25662	82687	63678

二、农田保护

历史上嘉黎县人口较少，耕地也相对较少，因此农田保护基本上是针对自然灾害修筑防洪堤和导流渠。20 世纪 80—90 年代，由于全县社会经济快速发展，随着人口增长和城镇规模扩大，土地资源承受压力与日俱增，农田保护工作在抗灾减灾的基础上，转向合理限定人为和社会因素对耕地占用的影响。1996 年 11 月 8 日，自治区颁布实施《西藏自治区实施〈基本农田保护条例〉办法》。1997 年 7 月，嘉黎县根据上级安排开始进行基本农田保护区的规划（1997—2010）工作，并于次年3月完成基本农田保护区划定任务。全县共设置“嘉黎县基本农田保护区”标志碑4座，保护农田面积178706.51亩，保护率达97.8%。基本农田保护区内一级保护田156554.11亩，占87.6%；二级保护田22152.4亩，占12.4%。

第三章 林业

第一节 机构与管理

一、机构

西藏和平解放以前，森林资源属噶厦所有，除建造房屋和烧材砍伐木材以外，森林资源处于自生自灭的状态。和平解放后，随着对森林资源的重视，政府逐步设立专门机构对其加以管理。

2002 年，根据嘉黎县人民政府机构改革方案，县林业局从县农牧局独立出来，为政府工作部门正科级单位，下辖森林公安局、木材检查站。

2010 年嘉黎县全县林业系统在编职工 9 人，其中，县林业局机关 6 人、森林公安干警 3 人。乡镇林业管理机构有尼屋乡、阿扎镇、嘉黎镇、绒多乡、鸽群乡及各村护林点。

2002—2010 年嘉黎县林业局领导名录见表 10 – 3 – 1。

2002—2010 年嘉黎县林业局领导名录

表 10 – 3 – 1

机构名称	职务	姓名	性别	民族	任职时间
嘉黎县林业局	局长	智目	男	汉	2002. 01—2010. 12
	副局长	亓利刚	男	汉	2010. 03—2010. 12

二、管理

嘉黎县作为那曲地区林业储备基地，在县委、县政府的高度重视下，嘉黎县不断加强林业管理工作，组建了森林公安、木材检查站、乡村护林队等，使毁林开垦、乱砍滥伐、乱捕、乱猎等行为和森林火灾得到明显控制。加强林政执法、森林防火、林业技术推广、种苗、检疫、林业生产等工作，使森林资源和野生动物资源得到很好的保护。2010 年，为进一步加强林政管理，嘉黎县加大《森林法》《野生动物保护法》、森林及生态环境保护与建设的宣传力度，将保护工作纳入乡规民约，形成层层有人抓、层层有人管的良好局面。对林业实行法制化管理，使森林和野生动物资源得到更好的保护。

（一）林地与林权管理

1974 年，嘉黎县尼屋区成立森林管理站，并选派护林员，制定了森林管理条例。

1979 年《森林法》颁布以后，县政府大力宣传，并结合实际重新修订了森林管理条例。护林员结合护林工作，广泛向群众宣传《森林法》和管理条例。

1981 年 3 月 8 日，中共中央、国务院下发《关于保护森林发展林业若干问题的决定》，提出在全国开展林业“三定”工作。1985 年，为贯彻中央精神，自治区人民政府制定贯彻条例，嘉黎县人大常委会同意了《嘉黎县人民政府关于保护自然资源命令》，并遵照执行。

1996 年，自治区人民政府作出《关于深化林业经济体制改革和加快林业发展的决定》，要求进一步划分森林资源经营权，全面推行林权证制度，对国有林场、县办集体林场划定经营区，由各林场对经营区内森林资源行使经营权，并承担保护发展责任。对未划定经营区的森林，未经批准，任何单位或个人不得入内从事采伐采集活动。明确全区天然林资源包括野生动物资源均为国有资产，县人民政府受国务院委托，代表国家行使所有权。嘉黎县林业主管部门代表本县，管理县内森林资源和其他林业资源。同时还规定，凡征占用林地必须经林业主管部门按审批权限批准，并依法使用林地许可证。规范了林地林权管理工作，有效遏制了乱垦滥占林地现象发生。

1998年，结合贯彻《森林法》和《中共中央国务院关于加强森林资源管理坚决制止乱砍滥伐的通知》精神，县林业部门印制2000册《森林法》（藏汉文），下发到全县6个乡、114个村委会群众中，并组织学习。同时，采取治理和整顿相结合的办法，严厉打击破坏森林资源的违法犯罪活动。

1998年，新修订的《森林法》颁布实施，并随着《西藏自治区林地林权管理暂行办法》的颁布实施，嘉黎县林地林权管理工作基本步入科学化、规范化和法制化的管理轨道。

（二）伐区管理

20世纪90年代以前，由于受社会经济等条件制约，嘉黎县境内木材未进行大规模开发，只有群众建房采伐，伐区事先派人对林区进行踏勘，了解森林分布状况，制定一些简单的自用材采伐计划。

1996年，自治区人民政府《关于深化林业经济体制改革加快林业发展的决定》规定："凡进入林区进行采伐作业的企业和单位，必须持有林木采伐许可证；凡开辟新伐区，必须经林业勘察设计单位进行采伐区设计、编制森林经营方案。"并"由自治区林业行政主管部门对全区伐区进行统一管理，推行采伐作业技术规程"，明确伐区的管理权和审批程序。自治区林业主管部门制定《西藏自治区伐区管理暂行办法》，嘉黎县林业部门认真按照该《暂行办法》管理境内伐区。

2010年，嘉黎县人民政府颁布《关于加强林政管理的通告》，发放各类宣传手册320余份，受教育群众达1900多人次，对偷伐、滥伐木材的行为进行严肃处理，乱砍滥伐现象得到了有效控制。

（三）木材检查

1997年，那曲地区行署决定将全地区内林政检查站收归地区林业局直接管理，并配备林政干部。2002年，那曲地区林业局在嘉黎县忠玉乡设立木材检查站。嘉黎县林业部门按照自治区下发的《关于进一步加强木材检查站工作的紧急通知》精神，切实加强对木材检查站的领导及业务培训工作，强化内部管理，提高执法水平，严禁乱收费和乱罚款。同时，贯彻林业部发布的《木材检查站管理办法》和《木材运输检查监督办法》，执行"木材运输证”和“木材经营加工许可证”制度，实行统一管理，提高执法严肃性，强化木材流通管理，规范木材流通秩序，加强对林业系统公路“三乱”现象的清理整顿，杜绝“三乱”现象发生，并进一步加快木材检查站标准化建设步伐，同时加强木材检查站的上岗培训，提高检查人员的政治素质和业务水平。

第二节　森林资源

一、林业调查

1973年，中国科学院组成青藏综合科学考察队到西藏进行考察。其林业组以中国科学院自然资源综合考察委员会为主，由云南林学院、西藏自治区林业调查队、内蒙古农牧学院以及大兴安岭林业勘察设计大队人员共同参加，其间曾到嘉黎进行考察，考察内容涉及森林植被、组成、分布规律、群落结构、更新演替特点、主要树种和经济林木的生态特性、宜林地立地条件类型及茶叶和果树的发展现状与展望，还有主要树种木材的物理力学性质和主要森林病虫害等方面；考察范围涉及嘉黎县所有森林植被分布区。

1977年，以西藏自治区林业局为主办单位，由国家农林部派遣的大兴安岭森林调查规划大队和西藏自治区林业调查队及各地、县林业技术干部共同组成联合调查队，采用卫星遥感技术，对嘉黎县森林资源进行一类清查。

1982—1985年，自治区林调队到藏东南林区就建立西藏自然保护区进行考察。1983年，西藏自治林业厅将嘉黎慈巴沟划为嘉黎自然保护区。1985年9月23日，经自治区人民政府批准，建立嘉黎县自治区级慈巴沟自然保护区。慈巴沟自然保护区位于嘉黎县中部，地处北纬28°34′—29°07′、东经96°52′—97°10′，东西宽33千米、南北长76千米，总面积1014平方千米。保护区内现已发现维管束植物147科549属392种，其中蕨类植物34科66属143种，被子植物4科11属24科，裸子植物109科472属1225种。已发现国家重点野生动物51种，其中有国家一级保护动物扭角羚、黑鹿、赤斑羚、孟加拉虎、云豹等15种，国家二级重点保护动物黑麝、黑熊、鬣羚、岩羊等36种。2002年7月3日，慈巴沟自然保护区升级为国家级自然保护区。

1991年，以自治区林业局为主办单位，由林业部中南林业调查规划设计院、湖南省农林工业设计院、自治区林业勘察研究所及各地县林业技术干部组成联合调查队，采用遥感和地区实测调查相结合的方法，进行西藏第二次森林资源一类调查，并建立森林资源连续清查体系。经此次调查，嘉黎县森林蓄积量达2.56亿立方米。

2001年12月，林业部中南林业调查规划设计院对嘉黎县进行森林资源二类清查，嘉黎县森林蓄积量为2.30亿立方米。

2001年底，全县共有林地146419公顷，其中有林地42896公顷，疏林地3620公顷，灌木林地88851公顷，无立木林地52公顷。森林覆盖率10.78%。森林资源每隔11年普查一次。

二、林业面积及分布

（一）面积及储量

嘉黎县是藏北地区最大的林区县之一，林木主要分布在忠玉乡。截至2010年，全县森林总覆盖率21.09%，全县活立木总蓄积量392948立方米，其中，森林蓄积量229568280立方米，占99.67%；疏林地蓄积量760537立方米，占0.33%。

（二）分布

由于嘉黎县各地气候条件不同，因而植被类型和分布也随之各异。嘉黎县的森林分布大体分为3个区域。

1. 分布于尼屋藏布、尼都藏布河谷及两岸山地的自然植被，海拔在3000—3800米、气候比较温暖湿润地带，生长有忍冬、黄刺玖、杜鹃及豆科灌木等植被；海拔在3900—4400米的山地阳坡生长有栎类、柏树等植被，阴坡分布有落叶松、云杉、山杨、桦树等植被，林线以上为高山草甸。

2. 颁布于达玛一带，海拔在4400—5200米的阳坡以柏树为主，阴坡上部为桦树、山杨，下部为杜鹃灌丛林。嘉黎镇的乌松果曲沿岸海拔3600—4400米，以小叶杜鹃为主，西部色日绒藏布谷地，河流两岸山地下部生有锦鸡儿、杜鹃、爬地柏等灌丛。

3. 由阿扎镇向西、向北的大面积地区，极少有灌丛分布。自海拔5200米以下的山地广泛分布着以小嵩草、苔草等为主的高山草甸植被。

（三）优势树种

嘉黎县的优势树种主要有冷杉、云杉、高山松、云南松、栎类、桦类、硬阔类等。

（四）龄组

境内森林中，成、过熟林面积和蓄积量占绝对优势，幼、中龄林比重轻。

（五）生长量

全县森林资源活立木年生长量为392948立方米。

三、森林植被及树种

由于嘉黎境内高温、多雨、地形变化复杂、气候分布区域多，森林植被繁茂，植被种类繁多。嘉黎曲东、西支森林垂直分布自上而下有高山草甸、高山杜鹃灌丛、云杉、冷杉林，高山栎、铁杉、樟、楠等针叶阔叶混交林，以及以云南松、高山松林、榜类、栎类等为主的亚热带常绿阔叶林。

（一）植被类型

1. 亚高山暗针叶林

嘉黎县亚高山针叶林的木材蓄积量最大。其中云杉、冷杉蓄积量占32.37%；高山松、云南松蓄积量占63.07%。根据建群种的不同，常见的主要有3种群落。

冷杉林以急尖长苞冷杉、西藏冷杉、川滇冷杉、鳞皮冷杉为主要建群种，广泛分布于海拔3400—4200米的阴坡、半阴坡地带。群落外貌呈暗绿色，林冠整齐，树冠呈塔形，树干粗直，林下灌木层以杜鹃属、忍冬属、蔷薇科植物为主。

云杉林以西藏云杉、川西云杉为主要建群种，分布于桑昂曲、贡日嘎布曲及其支流各水系海拔2800—4200米的阴坡、半阴坡地带，面积较大，水平分布和垂直分布都很广，生长良好，一般在棕壤和暗棕壤上。

红杉林以西藏红杉为主要建群种，常在云、冷杉边缘形成不连续的淡绿色落叶针叶林带，一般在沟谷内多见，分布在海拔2800—4000米之间。

2. 针阔叶混交林

铁杉、阔叶混交林以云南铁杉为主要建群种，分布在潮湿山地的河谷中，常与华山松及多种落叶阔叶树形成混交林，局部形成纯林。

冷、云、桦林以云、冷杉为主，伴生有杨柳科、桦木科的阔叶树，如山杨等，形成针阔叶混交林。其灌木层有杜鹃、箭竹等，在全县各乡镇均有分布。

3. 山地柏林

柏木林以西藏柏木为建群种，常与其他树种形成混交林，局部地区有小面积纯林，多分布于察瓦龙乡一带。

4. 山地温带松林

由高山松、云南松为建群种组成的森林类型，对环境条件有着很强的适应能力，占嘉黎森林蓄积量的63.07%。

高山松和云南松林在全县均有分布，一般在海拔2600—3500米之间，是嘉黎县主要建群树种之一，在阳坡形成大面积纯林，耐干旱瘠薄，阳性树种，冬春季节易发生森林火灾。

5. 硬叶常绿阔叶林

高山栎林是嘉黎县分布最广的硬叶常绿阔叶林，以川滇高山栎为建群种，分布于海拔2800—4200米范围内的阳坡、半阳坡山地上。林下食用菌种类和数量较多，在低海拔地区呈乔木状，而在高海拔地区形成矮林灌丛。

6. 山地落叶阔叶林

杨桦林由桦木属和杨属树种组成，以红桦、白桦、糙皮桦、山杨、青杨为主要建群种。常呈混交状态，分布于海拔3000—4100米地带。

沙棘林沿河流、溪沟两岸呈狭长带状分布，在沿河岸、河滩沙地发育最好，全县均有分布。

（二）树种

嘉黎县有被子植物109科472属1225种，裸子植物中乔木树种有4科11属24种，是亚高山针叶林的主要建群树种，且特有种丰富。

1. 裸子植物

（1）松科

急尖长苞冷杉，高大乔木，垂直分布幅度为海拔 3300—4500 米，是主要用材树种之一，广泛分布于各乡镇。

鳞皮冷杉，高大乔木，树皮裂成不规则的鳞状薄片脱落，内皮红色，常与云杉组成针叶混交林，生长于海拔 2800—4500 米的高山地带。

川滇冷杉，高大乔木，树皮暗灰色，裂成块片状；一年生枝干为红褐色和褐色，分布于海拔 3600—4300 米地带，为主要用材树种之一。

林芝云杉，高大乔木，是丽江云杉的变种，树皮灰褐色，纵裂，薄片状剥落，小枝下垂，是嘉黎县主要用材树种之一，也是西藏中南部地区最富有代表性的云杉林，分布于海拔 2700—4000 米的地带。

川西云杉，乔木，平均高 40 米，树皮深灰色，裂成厚块片，小枝粗壮。20 世纪 70 年代开始，从四川马尔康等地引进种子造林，是人工更新树种之一。

油麦吊云杉，又称垂枝云杉，乔木，平均高 30 米，树皮深灰色，裂成薄鳞块状脱落，多生长于海拔 2500—4000 米的地带。

云南铁杉，乔木，树皮粗糙，大枝平展，一年生枝为褐色。多分布于温和湿润的沟谷中，一般垂直分布在海拔 2000—2800 米的范围，木材耐水湿，纹理直而均匀，木质坚实。

西藏红杉，又名落叶松，树皮深纵裂，大枝平展，小枝细长下垂。分布区常在云、冷杉林边缘形成不连续的林缘带森林。

云南松，乔木，平均高 30 米以上，一年生枝较粗、黄褐色，针叶多为三针一束，是西南季风区的亚热带树种，分布范围在海拔 1500—3000 米之间。

高山松，乔木，平均高 30 米以上，一年生枝较粗、黄褐色，针叶多为两针一束，一般分布在海拔 2600—3500 米地带，是喜马拉雅山和横断山区高山地带的特有种。

华山松，平均高 30 米以上，树皮裂成块状，一年生枝条为绿色或灰绿色，针叶五针一束，温带和亚热带山区树种，分布在海拔 2100—3400 米以下地带。

雪松，为引进种，是街道和园林绿化观赏树种。

（2）柏科

西藏柏木，乔木，多生于海拔2000—2500米的山坡、河谷两旁，主产于察瓦龙乡和竹瓦根镇的部分地区，材质结构细密，纹理直，有香味，耐用，是上等用材。

侧柏，乔木，鳞形叶，小枝直展或斜展，排成一平面，扁平，为引进品种，作为街道和园林绿化树。

方枝柏，乔木，生鳞形的小枝四棱形，材质结构细致，坚实耐用，分布于海拔3600—4400米的山林中。

大果圆柏，乔木，鳞形叶，小枝常分枝不密，近圆柱形和四棱形，生于海拔3500—4400米的山地上。

（3）红豆杉科

云南红豆杉，乔木，种子卵圆形，假种皮熟时红色，生于海拔2000—2600米的针阔叶混交林中，国家重点保护植物，其叶、枝、茎可入药。

喜马拉雅密叶红豆杉（又称西藏红豆杉），一般生长在阴坡的混交林和马尾松林中，生长于海拔2500—3400米地带。该种是喜马拉雅的特有种类，数量极少，若砍伐而不采取有力保护措施，在中国有绝迹的危险。

2. 被子植物

（1）樟科

山楠，乔木，木材有香气，是家具和装饰良材，分布于海拔1100—2800米的沟谷山林中。

香樟，乔木，木材有香味，是上等家具和装饰用材。

（2）悬铃木科

悬铃木，又称二球悬铃木，落叶乔木，常用作行道树和园林绿化，抗空气污染力强，有净化空气作用。

（3）胡颓子科

沙棘，多生长于河谷、滩地中，其浆果营养丰富，可制作饮料。

（4）胡桃科

核桃，落叶乔木，生长于海拔1600—3200米的山坡河谷中，木材坚硬细致，纹理美观，种仁可食用。

（5）杨柳科

山杨，落叶乔木，全县范围内均有分布。

（6）桦木科

糙皮桦，又名喜马拉雅银桦，乔木，高达33米，树皮灰褐色，横裂，呈不规则薄片裂，材质坚韧，是制造胶合板、细木工家具的良材。

高山栎，常绿乔木，有时呈灌木状，木材坚硬，为优良用材和薪炭材。

（7）楝科

香椿，又名椿芽树，落叶乔木，树皮暗褐色，片状剥落，新生枝表面有柔毛，双数羽状复叶，有特殊气味，嫩叶可食用，根皮及果实可入药。

（8）漆树科

漆树，又名大木漆，落叶乔木，树皮灰白色，粗糙，成不规划纵裂，单数羽状复叶对生，树可割生漆乳液。

四、国家级保护植物

嘉黎县境内有国家一级保护植物云南红豆杉（红豆杉科）；国家二级保护植物海南粗榧（三尖杉科）、巨柏（柏科）、澜沧黄杉（松科）、长蕊木兰（木兰科）、油麦吊云杉（松科）、水青树（木兰科）、星叶草（毛茛科）、云南黄连（毛茛科）、婆罗双（龙脑香科）、四数木（四数木科）、西藏延龄草（百合科）、狭叶瓶尔小草（瓶尔小草科）、瓶尔小草（瓶尔小草科）、樟树（樟科）、松口蘑（口蘑科）、虫草（麦角菌科）、红楝（楝科）；国家三级保护植物穗花杉（红豆杉科）、楠木（樟科）、长喙厚朴（木兰科）、千果榄仁（使君子科）。

第三节 野生动物保护

国家将珍稀濒危物种划分为濒危、稀有、渐危3个级别。濒危物种是指在整个分布区或分布区的主要范围内处于有绝灭危险的种类；稀有物种是指特有的单型科、单型属或少种属且个体稀少的代表种类；渐危物种是指脆弱或受威胁的种类，即那些由于人为或自然因素影响而濒危的种类。

嘉黎县生物资源丰富，属国际一级保护或国家一级保护动物的有：棕熊、猞猁、狐狸；属国家二级、区一级保护动物的有：马鹿、盘羊、岩羊和萱羊；属区二级保护动物的有：狼、雪鸡、豹子、马熊、狗熊等。主要保护鸟类有：黑颈鹤、斑头雁、马鸡、藏雪鸡、藏雀等。其他动物还有羚羊、黄羊、白山羊、豺、鹿、獐子、猴子等。

第四节 植树造林

由于嘉黎县地处藏北高原和藏东南高山峡谷过渡地带，林业建设的主要任务是保护好现有森林资源和其他生物资源，同时加快造林绿化步伐，采取不同措施，培育后续资源，尽快恢复植被，构筑起良好的生态屏障。

自1972年起，嘉黎县积极响应1956年毛主席关于“绿化祖国”“实现大地园林化”的号召，在管理好现有森林资源的基础上，凡林业地区，均进行植树造林，大搞“四旁”绿化。嘉黎县尼屋区发动群众积极栽培果树。

2002年，为加快全县绿化步伐，以适地适树为原则，引进优良树种藏垂柳、新疆杨、优胜杨等树种，植树3万株，苗圃实验育苗5万株，在忠玉乡引进经济林种植，种植核桃、桃树、花椒等500株，各宜林乡镇退耕还林2000亩。

2002—2007年，嘉黎县先后实施退耕还林工程、重点区域造林工程及其他工程等，累计造林283.87公顷（其中造林失败26.122公顷）。

2006 年，嘉黎县取消商品采伐计划，安居工程用材逐年减少。2007 年，区划界定公益林面积 145068 公顷，其中国家公益林（地）面积 4200 公顷，地方公益林（地）140868 公顷，每年享受国家森林生态效益补偿基金 1088.01 万元。

2010 年，嘉黎县开展人工造林、宜林地、苗圃地资源调查，第一次实施宜林地调查规划。同时，通过限伐、禁伐，逐步减少林木采伐。

第四章　水利

第一节　机构

根据嘉黎县水利事业发展需求，嘉黎县水利局为农牧局下属职能单位。根据那曲机构编制有关文件，水利局于2004年正式成立，正科级单位，编制2人。

2004—2010年嘉黎县水利局负责人名录见表10-4-1。

2004—2010年嘉黎县水利局负责人名录

表10-4-1

机构名称	职务	姓名	性别	民族	任职时间
水利局	局长	普布扎西	男	藏	2008.01—2009.12
		李建龙	男	汉	2010.01—2010.12
	副局长	李建龙	男	汉	2004.01—2010.01
		尼玛卓嘎	女	藏	2004.08—2006.08

注：2004.01—2008.01无正职，2006.08—2010.12无副职。

第二节　水利开发及利用

一、人畜饮水工程建设

1964 年“农业学大寨”时期，嘉黎县部分区、公社缺水情况十分严重，县人民政府组织群众修建 20 多座水塘，以满足群众日常生产生活用水。到 2005 年，只有 12 座仍能蓄存少量水，可以解决村民及畜禽饮水问题。

2000 年开始，嘉黎县实施人畜饮水解困工程，2002 年农村安全饮水工程总投资 595 万元，受益 8527 人；2004 年农村安全饮水工程总投资 163 万元，受益 3084 人；2006 年农村安全饮水工程总投资 109 万元，共实施农村饮水安全工程 15 处（管道引水 3 处、保暖井 12 眼），项目涉及 4 个乡镇（绒多乡、林堤乡、措拉乡、阿扎镇），解决 214 户 1353 人和 14448 万头（只、匹）牲畜的饮水困难问题；2007 年农村安全饮水工程总投资 196 万元，受益 1859 人；2008 年农村安全饮水工程总投资 270 万元，受益 2302 人；2009 年农村安全饮水工程总投资 100. 25 万元，受益 1855 人；2010 年农村安全饮水工程总投资 225 万元，受益 3181 人。

到 2010 年，共实施两批人畜饮水工程，累计完成人畜饮水项目点 86 处、管道引水 3 处，共计 89 处。其中第一期人畜饮水工程共有 63 眼保暖井和 2 处管道引水工程，涉及 6 个乡镇，解决 1148 户 6851 人 6. 07 万头（只、匹）牲畜的饮水困难问题；第二期人畜饮水工程共有 23 眼保暖井和 1 处引水管道工程，涉及 7 个乡镇（鸽群乡、林堤乡、措多乡、夏玛乡、藏比乡、阿扎镇、忠玉乡），共解决 446 户 2827 人 2. 37 万头（只、匹）牲畜的饮水困难问题。

二、防洪灌溉工程建设

（一）防洪堤建设

截至 2010 年，嘉黎县乡村防洪堤只有阿扎镇 3 村修建村级防洪堤 150 米。

县城防洪堤坝建设总长2280米，项目总投资601.35万元，其中第一期防洪堤坝工程于2005年4月21日开工，施工方严格按照设计要求新建了1157.7米，2009年10月竣工。

（二）农田灌溉

嘉黎县忠玉乡是全县唯一的农业乡，分上尼屋和下尼屋，农田主要集中在下尼屋。其生产生活引水工程自古就伴随农牧户定居及村庄的组建逐步形成，但有组织的建设期是在西藏成立农村生产合作社后，1964—1976年，乡村集体组织修建300多条生产生活引水工程。当时全县灌溉面积曾一度达到1300亩，68%的耕地有了灌溉条件，但由于修建引水工程时，受当时社会经济发展水平和地形地质条件限制，水渠设计规划不尽合理，工程挡水导水建筑物大多为简易土石坝墙，引水渠道结构为简易土质断面，所有引水工程均无高标准的永久性建筑物建设。后来简易的引水工程因老化或失修而不能正常使用，少部分工程因无法修复而废弃。

1997—2010年，自治区、地区及县政府共同投资150余万元，对32条乡村水渠提高建设标准，在原址重建或重点维修。使农田水利工程废退状况得到较大改善。

2010年，全县农田水利设施可满足灌溉1100亩，均为可灌旱地。绝大多数生产生活引水工程仍为简易工程，还不能全面满足人民群众生产生活的正常使用，抵御自然灾害能力差，一遇暴雨、泥石流、坍塌等灾害，引水工程经常中断，给人民生产生活带来了一些不便。

（三）水电站建设

1982年以前，嘉黎县只能靠两部柴油机发电照明，由于耗油量大，一年要花费近3万元的经费。嘉黎县委、县政府根据当地水源极为丰富的自然条件，于1982年8月在嘉黎河上游破土动工开始修建水电站。经过全县人民两年多艰苦奋战，一座装机容量为320千瓦的水力发电站于1984年10月建成。电站投产发电后，解决了县机关照明、燃烧和生活用电问题，大大改善了这里的生产生活条件。

自1991年开始，水利部不仅在物质上，而且在人才上实施援藏。水利援藏是党中央、国务院为推动西藏经济发展而采取的一项战略性举措，也是水利部支持西藏水利发展、缩小西藏与内地差距的重要手段。

1991年11月4日，国家对嘉黎县水电站有关事宜重新批复：建设规模总装机750千瓦，建设总面积控制在2000平方米以内，总投资控制在1200万元以内。

1995年水利部门工程技术人员开始加紧施工忠玉水电站。

1995年以后，水利部工作组的工作重心逐步从点上援藏转移到面上援藏，重点负责协调管理、监督实施水利部确定的30个援藏项目，并建设完成那曲嘉黎县水电站工程。

2004年，嘉黎县乌雪水电站开工建设，项目总投资842.79万元，于2007年竣工。项目装机1×200kW，解决了11个村369户2456人的生产生活用电。

2004年4月，嘉黎县措多水电站开工建设，项目总投资79.92万元，于2006年10月竣工，装机1×200kW，解决了措多乡乡政府、小学及1个村400户2538人的生产生活用电。

2005年4月，嘉黎县二级水电站改扩建工程开工建设，项目总投资3734.91万元，于2008年5月竣工。该项目装机3×500kW，10kV输电线路35公里，低压线路6公里，进户2264户。

至2010年，嘉黎县全县已建水电站有县一级电站装机750千瓦，措多乡水电站装机200千瓦和忠玉乡水电站装机200千瓦，在建水电站有县二级水电站装机1500千瓦和绒多乌雪水电站装机200千瓦。嘉黎镇水电站实际供电范围7个行政村158户987人；措多乡水电站实际供电范围8个行政村258户1819人；绒多乡水电站可供电范围11个行政村385户2561人；县二级改扩建水电站的可供电范围7个行政村703户3773人。全县共有光伏电站8座，夏玛乡光伏电站15千瓦、夏玛多拉光伏电站10千瓦、措拉乡光伏电站15千瓦、藏比乡光伏电站10千瓦、绒多乡光伏电站15千瓦、林堤乡光伏电站10千瓦、桑前光伏电站10千瓦、鸽群乡光伏电站10千瓦，总装机95千瓦。

第十一篇

财税金融

第一章　财政

第一节　机构

西藏和平解放前，嘉黎宗政府财政由宗本委派专人管理，并根据西藏地方政府所开支的清单上缴赋税，宗政府管理嘉黎宗财政的人员一般在2人左右，由宗本指定，不用西藏地方政府任命，宗本离职之后可以随时更换。宗政府机构单一，各部落每年所上缴赋税基本没有多大变化，部落头人按照约定俗成的习惯上缴赋税即可。

1962年，嘉黎县成立县财粮科，负责全县财政事务。1968年10月，嘉黎县成立“四大组”，县财政工作由县生产组管理。1976年7月，财粮科改为财务科，副科级单位。同年10月，改为财政科，正科级单位。1984年8月，县财政科正式改称财政局，当时固定资产为20万元。

1993—1994年，自治区财政厅累计拨款35万元，作为嘉黎县周转资产。县财政在人民政府的引导下，利用县综合市场，采取租房、加工、供销等渠道，经过多方努力，效益逐年提高。到1996年，按期归还了自治区周转金，还将当时成立之初20万元的固定资产提高到29.78万元，流动资金从无到有，逐渐积累到5万元左右。

2002—2005年，嘉黎县财政局行政编制8名，其中领导职数3名，局长1名，副局长2名。2005—2010年，嘉黎县财政局共有10人，其中局长1名（白玛欧珠），主任科员1名，会计3名，科员4名，办事员1名。

到2010年，嘉黎县财政局主要办理财政局日常的预决算、国库集中支付、基建拨款、扶贫资金拨付、项目评审、工资审核、公车管理、固定资产管理业务，同时兼办国资委、采购办、公车办、住房公积金等业务。

1962—2010年嘉黎县财粮科、财务科、财政局班子成员名录见表11－1－1。

1962—2010年嘉黎县财粮科、财务科、财政局班子成员名录

表11－1－1

机构名称	职务	姓名	性别	民族	任职时间	备注
财粮科	科长	刘丕杰	男	汉	1962.10—1964.01	
		张祖全	男	汉	1973.06－1976.07	
	副科长	何开盈	男	汉	1965.06—1973.06	
财务科	副科长	李洪春	男	汉	1976.07—1978.09	无正职
财政局	局长	李洪春	男	汉	1978.09—1987.07	
		王世荣	男	汉	1987.07—1989.10	
		达尔培	男	汉	1990.04—1993.04	
		李志杰	男	汉	1992.05—1995.05	
		边巴	男	藏	1993.12—1997.02	
		琼培	男	藏	1997.03—2000.05	
		旺青格桑	男	藏	2000.06—2005.06	
		白玛欧珠	男	藏	2005.06—2010.12	
	副局长	黎润才	男	汉	1984.08—1989.12	
		阿热	男	藏	1987.10—1993.04	
		达尔培	男	汉	1993.03—1997.05	
		旺青格桑	男	藏	1997.02—2005.06	
		白玛欧珠	男	藏	2005.06—2006.06	
		白玛吉	女	藏	2005.06—2010.12	
		李强	男	汉	2009.10—2010.12	

第二节　财政体制

1959 年 12 月，嘉黎县人民政府成立后，1960—1962 年，县财政主要为全县政权建设、恢复和发展经济各项事业服务。由中共嘉黎县委员会财贸部（财经部）管理全县财政工作。全县实行“收支下放、计划包办、总额分成、一年一定”财政体制。1966 年，嘉黎县实行“统收统支、计划安排、余额调剂”财政体制。1967 年全县实行“定收收支、总额分成、定额补助”办法。

1977 年，全县财政实行“定收定支、收支挂钩、增收分成、下年留用”办法。1978 年，县财政开始推行“划分收支、分级包干”的财政管理体制。通过全县财政体制的改革和转换，加强对财政的监督和管理，减少不合理的经费支出，达到合理、高效使用资金的目的。

1981 年，嘉黎县对县直机关和部分事业单位试行“预算包干、节余留用”办法。

1985 年对财政收支办法进行改革，对行政单位的正常经费，实行“全额预算包干、节余留用”；对事业主管部门和所属事业单位，实行“全额预算包干、节余留用，一年一定”或“定项预算包干，节余留用，一年一定”；对差额预算管理单位，实行“定收、定支、定补助、定上缴，节余留用，超支不补，一年一定（或三年一定）”办法。

1988 年县财政管理体制又进行改革，实行“划分税种，分级包干，分灶吃饭”新财政管理体制。

20 世纪 90 年代，本着“量力而行，量入为出”原则，对教育经费实行“总额包干、超支不补、结余留用”办法，改变行政事业单位以收抵支、提倡依靠上级财政补助观念，增收节支，加强国有资产管理，严肃财金纪律，规范财政管理。

2002 年，重点实施工作集中支付制度和政府统一采购制度、零基预算管理制度，进一步规范财政体制。

2004 年，进一步加强和深化部门预算管理制度，作为全区会计核算中心试点县之一，县财政下设“会计核算中心”，以公共财政和效益财政理论为指导，以提高管理效益为目的，在保证单位资金使用权和自主权不变的前提下，取消单位银行账户，实行会计统管，统一管理会计人员、资金结算和会计核算。以会计服务为主，融合会计服务、监督与管理于一体，把会计人员的切身利益与单位脱钩，使会计人员更好地履行服务、监督职能，增强县财政管理力度，规范财经秩序，维护财经纪律。同时，深入贯彻执行《会计法》等财会法律法规，提高各级领导和财会人员对财务工作的认识，增强执行法律法规、财经纪律的自觉性。接受人大的监督，每年的预、决算要经人代会审议通过，财政季、年度报表都送人大等有关部门审查。实行各级领导主管财政工作负责制和会计岗位责任制以及“一支笔”审批制度。加强对预算外资金的管理，减少违反财政纪律事件的发生。在做好平时监督检查的基础上，每年进行一次财务大检查，对存在问题的单位进行审计，发现问题及时处理，严肃财经纪律。

第三节　财政收支

民主改革后，嘉黎县财政收入主要来源于各项税收及其他收入，除此之外，绝大部分来源于上级财政补助。1960 年，全县财政总收入为 120347. 58 元，其中，地方财政收入 7446. 58 元，占总收入的 6%；上级补助 11. 29 万元，占总收入的 94%；1960—1996 年的 36 年间，上级补助增加到 12. 411 亿元，其中定额补助达到 812. 9 万元，增长 10 倍多。

2000 年，全县财政总收入为 1538. 5 万元。其中定额补助 748. 9 万元，返还 6. 4 万元，转移支付 228 万元，增资补助 116. 6 万元，专项补助 338 万元，组织收入 100. 6 万元（税收收入 57. 5 万元、罚款收入 3. 4 万元、其他收入 39. 7 万元）。

2001 年，全县财政总收入 1463. 8 万元。其中上级财政定额补助 799. 5 万元，转移支付 279. 6 万元，返还增值税 9. 3 万元，教育事业费收入 255. 4

万元，组织收入120万元（其中税收类75万元、罚没收入3.45万元、其他收入41.55万元）。

2002年，全县地方财政收入140万元。其中工商税收类83.2万元，企业所得税11.7万元，其他收入45.1万元。

2003年，全县财政总收入314.86万元，其中地方财政收入162.3万元（税收收入137.7万元、其他收入24.6万元）。

2004年，财政总收入达到3680.3万元，其中地方财政收入为210.03万元（税收类收入122.6万元、其他收入87.43万元）。

2005年，地方财政收入为240万元，同比增长14%。其中税收收入146万元，其他收入94万元。

2006年，地方财政总收入320万元，其中税类收入250万元，其他收入70万元，比2005年增加80万元，同比增长33%。

2007年，全县工业产业迅速发展，企业收入比重不断增加，全县财政总收入完成7778.4万元，同比增长117%。其中定额补助收入完成1644万元，专项补助3312.4万元，转移支付补助1853万元，税费改革转移支付补助169万元，地方财政收入800万元（税收收入完成600万元，占组织收入的75%；非税收收入完成200万元，占组织收入的25%）。

2008年地方财政收入完成1207万元，同比增长33.72%。其中税收收入947万元，非税收入260万元。

2009年地方财政收入完成1400万元，同比增长13.78%。其中税收收入1113万元，非税收入287万元。

2010年地方财政收入完成1973万元，同比增长29.04%。其中税收收入1178万元，非税收收入795万元。

民主改革后，嘉黎县支出从1960年的17.99万元增加到1996年的1307.2万元，扣除高原津贴补发396.2万元，达到911万元，增长了890多倍。

1997年年初支出预算数为835.6万元；1998年年初支出预算数为886.3万元；2001年实际支出预算数为2178.6万元；2002年实际支出预算数为2535万元；2003年年初支出预算数为2683，7万元；2004年年初支出预算数为2331万元；2005年年初支出预算数为2598.3万元；2006年年初支出预算数为3055.4万元；2007年年初支出预算数为3541.28万元；2008年年初支出预算数为5552.8万元（支出的增长原因主要是新增人员工资）。

第四节　财政管理

财政科（局）建立以来，由县长分管财政工作。财政局按照筹集资金、供应资金、协调平衡、审计监督的职能，坚持“发展经济、保障供给”的财经工作总方针，狠抓“增产节约、增收节支”，抓好税收工作，多方开辟财源增加收入，节约支出。

一、经费管理

20世纪80年代初期，实行《行政经费预算包干修订办法》，明确包干原则和范围、预算包干结余的账务处理及使用范围。1985年，成立财政监察督促小组，由一名领导和一名专职干部负责财政监督，保证财政的监督与管理。1988年实行“收支两条线”，各行政事业单位积极组织收入，控制支出。

1994年，嘉黎县人民政府出台《关于改革嘉黎县财政体制财务管理实行办法》，对县行政事业单位按定编人数、车辆核定全年经费，实行预算包干，中途不追加超支补助，对上、下南部机耕队仍实行事业单位企业管理。对行政事业单位中城镇户口干部职工子女医疗费实行包干，取消家属包干医疗费。对县行政事业单位干部职工医疗费从1994年5月1日起施行包干，按照每人每月3元钱作为基数，在基数的基础上根据本人工龄按每年0.5万元作为医疗包干经费。凡需住院医疗的干部职工必须经县人民医院诊断批准，住院期间医疗费由国家和个人共同承担，其中护理费、床位费、手术费全部由国家承担，药费60%国家负担，其余40%个人负担。同时严格单位出差人员报销手续，严禁利用公款请客、送礼、公费旅游、专款挪用等违纪行为。

1998 年，加强合作医疗基金管理，合作医疗的国家、集体、个人三部分基金由县统一筹集、财务统一管理和使用。1 万元以上开支须报经县合作医疗领导小组批准，国家投资部分由县财政每季度按比例调拨，任何单位和个人不得弄虚作假、扣留或挪用，违者追究当事人责任，严重者追究其法律责任，制定严格的基金管理和审计监督制度，专人专户立账，定期审计和公布账目，接受群众监督。

2000 年，加强预算外资金管理，把预算外资金纳入单位财务统一管理，建立健全预算外资金账目，按月、季、年向市财政编报预算外资金收支报表。对不建立预算外资金账目和不按期编制报表的，财政将停止核报经费。结余留用单位包括：农科站、水电局、兽医站、电视台、医院等。行政性收费和罚没收入严格按照自治区财政厅有关规定办事。事业单位事业性收费，按照财政管理体制规定管理办法进行核算和管理。

2010 年起，将各乡镇和县直各单位纳入部门预算编制范围内，并成立嘉黎县财政系统集中核算中心，以做到“一个单位，一本预算，一本决算”为目标，加强预算管理精细化，账务核算规范化，年终决算真实化，着力提高财务人员业务水平，完善财政服务质量，为嘉黎县各项事业提供有效、便捷、规范的财政服务。

二、预决算管理

民主改革后，嘉黎县人民政府开始承办预决算业务，建立预决算报告制度和审批程序，监督资金合理使用。1962 年，制定《嘉黎县人民政府收支预算草案》，建立月份会计报表制度，预算外资金纳入县财政预算，并建立详细单位预算。“文化大革命”期间，全县预算管理受到破坏，党的十一届三中全会召开后，预算管理制度逐步得到恢复。

1989 年，根据单位实有人数和应享受待遇，足额安排人头经费和正常公用经费，各单位根据预算安排财力，统筹安排各项支出，制定严格的资金管理制度。

1994 年，县财政加强预决算管理，完成预决算外资金 100% 归入财政专户，提高专户资金使用效率。各单位不得坐支、截留、挪用，应缴财政专户收入，对专户储存的预算外资金依法收缴或没收，取消单位和部门所有权和使用权。严格按照会计制度和《会计法》《预算法》办事，加强预算管理，实行“准零基预算”，预算拟定后经过县人民代表大会审议通过，财政局负责实施，抓好收入，严格控制支出，确保预算完成。

预算编报程序是：各单位根据国家规定和自身业务性质、收支范围、财务管理方式等编制年度预算。主管部门进行审查，然后交财务部门审核批准。财政部门根据单位预算进行汇总，按照财政政策，结合嘉黎县实际，进行审查、测算，在确保当年财政收支平衡的前提下，编制全县财政预算，并报拉萨市专属批准。年底，县财政部门根据年终预算执行情况，编制总决算，接受县人民代表大会的监督、审查和批准。

三、财务管理

（一）行政事业单位财务管理

民主改革后，开始建立县级行政事业单位预算，统一开支，按年度计划严格控制，实报实销。1961、1962 年县财政部门分别开展清理财贸家底和清仓核资工作。1963 年，结算 1959 年贷粮 6734. 21 千克，折合人民币 1894 元；处理积压电器材料 650 件、棉布 176 尺、基建材料 583 件，折合人民币 1973. 86 元。

1986—1995 年，每年设行政事业单位账目、会计工作秩序，对“小金柜”“小金库”进行清理。同时，财政主管部门每年组织县乡镇财务工作人员在拉萨进行培训，以提高乡镇财会人员工作能力和业务水平。

1998 年按照“一要吃饭、二要建设”原则，坚持适度从紧的财政政策，加大预算改革力度，进行重点控制、调整和安排资金，取消机关财务各单位出纳分户，由县财政对六大财务进行统一管理，逐步增强财政宏观调控能力，按照《预算法》规定，实行财务一支笔审批制度。同时，加强国有资产管理工作，按照《固定资产分类与代码》要求，将归国家所有的资产纳入国有资产进行管理，进行分类登记和填卡，建立制度。

2003 年，根据《预算法》《会计法》等有关规定，制定出台《嘉黎县财务制度》《嘉黎县农牧区税费改革试点实施细则》《嘉黎县农牧区税费改革实施方案》《关于清理预算外资金的通知》《关于进一步加强各类票据管理办法的通知》《关于切实加强预算外资金纳入财政专户、实行收支两条线管理的意见》《〈关于嘉黎县行政机关、全额预算拨款事业单位财政统一发放工资管理试行办法〉的通知》《嘉黎县财政全额预算单位车辆管理暂行办法》等制度和管理办法，对全县行政事业单位财务实行规范化管理。

（二）农业财务管理

20 世纪 80 年代，全县对农林、畜牧、水利等单位实行财务大包干，对国营农场、牧场实行“包干上缴、结余留用、短收不补”办法，对农机供销企业，除国家批准的政策性亏损外，实行“盈余使用，亏损不补”办法。全县财政支农、支牧周转金坚持“重点使用，择优扶持”原则，对耕地占用费实行专项使用。

（三）企业财务管理

企业财务管理主要是强化经济核算，实行民主理财，加强成本管理，开展清仓查库，扭转增盈。20 世纪 70 年代，企业收入正式作为财政收入项目，主要为“五小”企业。

1983 年起，开展经常性企业财务检查活动，核实全县企业收支。1986 年，对县属国营企业实行利润留成和盈亏包干办法。县政府对企业财务管理主要是利润监管和投资拨款，监管项目包括企业利润、基本折旧基金、固定财产变价收入等。20 世纪 80 年代，文教财务实行归口管理，其余属于地方管理。

“八五”期间，县财政部门严格企业财务管理，重视企业经济效益，落实扭亏增盈指标，农垦、工业、物资企业经济效益比“七五”计划期间均有不同程度提高。

1996 年，根据市委、市人民政府《关于搞活国营企业的决定》，县财政部门进一步放权让利，增加投入，投资 51 万元帮助企业改制。

1997 年，县财政部门加大企业财务改革力度，对县内企业采取“目标承包”“托管经营”“内敛合并”等多种管理形式。同时抓好乡级财政建设，帮助企业加强经营管理，做好扭亏为盈工作和财会人员培训、辅导工作，共同管好用好各项资金。

1999年，县财政部门在积极支持企业深化改革的同时，注重加强完善企业内部管理，提高经济效益。当年，县国有企业上缴利润10.7万元。

2010年，嘉黎县财政部门加大对县贸易公司、县粮食局、县农电站等本地企业的扶持力度，把企业收益作为财政收入增长的内生动力和拉动就业的有效途径。当年，县国有企业上缴利润达50万元。

第二章　税务

第一节　机构

西藏民主改革前，嘉黎宗的税收由宗政府指定专人负责，一般由宗政府秘书负责这项工作。1959 年 12 月，嘉黎县人民政府成立后，在全县范围内除征收少量农牧业税外，基本上没有别的税收。县税务工作由县财政局统一管理。

1998 年，嘉黎县国家税务局正式挂牌成立，占地面积 4480.5 平方米，主要担负本辖区内税收管理工作，充分发挥税收收入职能和调节职能，为国家经济稳步发展提供有力保障。成立初期，嘉黎县国税局有职工 2 人。到 2010 年底，有职工 5 人，干部年龄、知识结构基本趋于合理，办公设备齐全，税务管理模式逐步迈向规范化、制度化、专业化轨道。

1998—2010 年嘉黎县国税局领导名录见表 11 -2 -1。

1998—2010 年嘉黎县国税局领导名录

表 11 -2 -1

机构名称	职务	姓名	性别	民族	任职时间	备注
嘉黎县国税局	局长	索朗塔布	男	藏	1998.01—2006.07	
		扎西罗布	男	藏	2006.07—2010.12	

第二节　税务体制

清宣统元年（1909 年，藏历第十五饶迥土鸡年），川滇边务大臣赵尔丰在川边实施改土归流，颁布《德格地方改土归流厘定章程》，定粮赋制为“上等地下种一斗，纳粮一斗二升，中等地下种一斗，纳粮一斗，下等地下种一斗，纳粮八升”。牲税制定为每户“马一匹、牛二头、羊十只免税，其余之外，马一匹每年纳税银一角，牛一头每年纳税银一角，羊十只每年纳税银一角”。县境内开设粮赋、牲税、金课、经版税 4 个税种。

清宣统三年（1911 年）以后，全县税制税种沿袭清末制度至 1918 年。

1918 年后，实行西藏地方政府统一税制。凡出入境货物，均须向税卡交纳货物税。据 1951 年 1 月 23 日昌都地区解放委员会整理的《昌都地区情况调查》资料记载，货物税收标准为：缎子、绒类、绸类、丝线等每驮藏银 300 两；汉地皮货、汉地皮革每驮藏银 200 两；虫草、呢帽、西藏毛织品每驮藏银 170 两；布匹每驮藏银 140 两；棉线、火柴、印度皮革、颜料、羊皮每驮藏银 110 两；肥皂、白糖、洋糖、葡萄干、檀香木、干鹿茸、铜勺子、马鞍、粉条、碗、铁每驮藏银 30 两；毯子、贝母、铜每驮藏银 60 两；辣椒、木耳、牛羊毛、牛皮、硫黄每驮藏银 10 两；盐、碱、酒曲每驮藏银 4 两；雪猪皮每张 1 钱；麝香每个 3 两；纸烟每驮藏银 80 两；茶叶 20 杠（每杠 48 斤）纳税 1 杠。另外，凡贵族做生意均不纳税。税卡官员从中舞弊贪污现象严重，导致货物成本大大提高，制约了商品的流通。

在西藏地方政府统治下，广大农奴（包括种领主份地为其支差缴租、纳税的差巴和没种份地、一切劳动果实归领主的堆穷及朗生）的负担，没有一定标准和规定，有双重及三重负担，凡有其产必有其差。所纳租税主要为实物租和劳役租，另有少量租税以货币形式缴纳。实物租，一是缴纳粮食，按播下种子数量多少计算，通常是种地 3 克①，纳粮 1 克，种地 3

① 克（ཁལ）：藏族地区计算耕地面积的单位。1 克地即可播种 1 克（斗）种子的土地，约相当于 1 市田。

“则”①，纳粮6“批”②。根据土地的肥沃贫瘠情况，纳粮比例有所不同。二是缴纳畜产品，一般规定上等奶牛每年缴酥油8斤，次等缴4斤，每年剪牛毛一次，织成帐篷送交领主，另外还要上缴其他畜产品。劳役租，即支乌拉。凡是农奴主所需要的劳役，都以支乌拉的名义，无偿向广大农奴索取。乌拉种类繁多，主要有乌拉马（供骑）、乌拉牛（代驮）、汤役（背水做饭、喂马）、乌童（砍柴、磨面、背土、修房）等。所有工匠，如裁缝、皮匠、铁匠、木匠等每年均无代价向领主服役1个月。高利贷也是农奴主盘剥农奴的一种主要形式。主要为利滚利、驴打滚高利贷。通常是一旦举债，便成永世还不清的子孙债，许多人被债务逼死和外逃他乡沦为乞丐。另外，寺庙还利用宗教活动，如念经打卦、摩顶、卖护身符等方式进行剥削。

和平解放前，嘉黎地方的税收由西藏地方政府管理，各部落负责征收。

1960年5月，自治区筹委会颁布实施《西藏自治区工商业税暂行办法（草案）》及《施行细则（草案）》，基本上统一了西藏的工商业税收制度。

1974年，对《西藏自治区工商业税暂行办法（草案）》及《实施细则（草案）》分别进行了修改。1983年，《西藏自治区工商业税试行办法》中规定税收管理权限“工商业税税目的增减和税率的调整，由西藏自治区人民政府确定。个别纳税单位和产品需要减税、免税的，由西藏自治区税务局确定”。嘉黎县开始按照新规定税目和税率征税。

1993年底，为进一步理顺中央与地方财政分配关系，增强中央宏观调控能力，促进社会主义市场经济体制的建立和国民经济持续、快速、健康发展，国务院决定改革地方财政包干体制，实行“分税制”财政管理体制，嘉黎县开始实行税制改革。

1994年5月税制改革后，区直工商企业户由市税务局征管税收，其工商执照由嘉黎县发放，其余各纳税户由县国税局征管税收。

1994年7月，中央召开第三次西藏工作座谈会决定，西藏按照“框架

---

① “则”（བྲེ་བ།）：旧西藏重量（容积）计量单位，1则≈0.7公斤或同等重量青稞的盛装容积（约1升）。

② “批”（ཕུལ།）：旧西藏重量（容积）计量单位，1批≈0.65公斤或同等重量青稞的盛装容积（约0.95升）。

一致、体制衔接，适当变通、从轻从简”原则，进行财税金融体制改革。在税收管理体制上，与全国保持一致，在统一执行全国税法的同时，按照国务院的授权，小范围进行调整。嘉黎县取消工商税制，形成以流转税（以增值税、营业税两个税种为主）、所得税为主体税，其他各项税补充、结合的复合税制。

1995 年，县税局实行纳税申报制度，并定期不定期对纳税户的纳税情况进行检查，加强征收管理，减少偷税漏税和拖欠税款现象，保证税款全额入库。

1998 年 3 月，《国务院关于加强依法治税严格税收管理权限的通知》颁布，嘉黎县严格执行要求，进一步强化税收制度，严格税收减免，依法治税，依法理财，与全国税收管理保持一致。

1998—2007 年间，嘉黎国税局始终坚持“以组织收入为中心不动摇，依法征税、应收尽收，坚决不收过头税，坚决防止和制止越权减免税”的税收原则，组织收入年均增长近 25% 以上，连续 10 年圆满完成税收收入任务。税收收入随着经济发展实现稳步增长，收入规模不断扩大，税源管理日趋科学完善。加强税源管理，初步建立起科学、完善的税源监控体系，特别是对建筑安装企业税源管理上，实行一户一档制度，形成税源监控。并积极广泛开展税源调查摸底，分析各种税源状况和发展潜力，及时控制挖掘新的经济税收增长点。

2003 年税收收入 179 万元；2004 年税收收入 167 万元；2005 年税收收入 191 万元；2006 年税收收入首次突破 700 万元；2007 年税收收入达到 1600 万元，同比增收 900 万元，是嘉黎国税有史以来增长幅度最大、收入最高的一年；2008 年税收收入完成 2500 万元；2009 年税收收入 2369. 05 万元；2010 年税收收入 2067. 69 万元。

第三节　税种

和平解放前，三大领主占有土地、草场等生产资料，农奴既要为领主支差，还要向领主上交一定数额的租金。

民主改革后，嘉黎县开征的税种有增值税、营业税、企业所得税、个人所得税、资源税、城市维护建设税、印花税、土地增值税。

嘉黎县的主要税种为增值税、营业税、企业所得税、个人所得税、资源税。坐商按货物收入金额，以5%的税率征收，每年货物收入不满500元者免征。行商按销货金额计算，100—500元者税率为10%，500—1000元者税率为13%，1000—1500元者税率为17%，1500元以上者税率为20%，每年销货收入不满100元者免征。

一、农牧业税

1959年，嘉黎县根据《西藏地区1959年征收爱国公粮暂行办法》，在全县开征爱国公粮（农业税），爱国公粮征收实物，以青稞为主，其他粮种折合计算征收，征收以户为单位，按农业人口和土地实际产量计算，全年人均收入100千克以下者免征，100.5—1500千克以上的分别按3%—30%的全额累进税收征收，由粮食部门代收。1960年，全县征收爱国公粮34312.4千克。

1961年10月15日，根据自治区有关征收爱国公粮的规定，嘉黎县对农业税征收办法进行修订，调整起征点和税率级距。农业税起征点由土地实际产量调整为按土地常年应产量计算，每年每人在90千克以下的免征，全额累进税率由9级改为23级，最低一级税率为3%。同年实行灾情减免税政策，即按常年应产量计算，歉收六成以上的重灾户，全部免征；垦种荒地，自耕种之年起由过去免征公粮3年改为免征5年，对计征公粮的常年评定之后，5年内不予变更。

1964年，根据自治区和拉萨市有关规定，全县牧业税的征收只限于牛、羊，并将每户80只绵羊农牧户免征额调整为100只羊。征收农业税的标准，为全年人均产量在100千克以下者免征农业税，全年人均产量在101—140千克者，分别按3%—30%的比例累进征收。

1976年，根据上级规定，从该年起5年内按5%的标准减征牧业税。县革命委员会按照人民公社人口、土地、耕地条件、农业产量等方面出现的新情况、新变化，为促进农业生产发展，平衡税负和正确处理国家、集体、个人三者利益关系，本着从轻从简、合理负担、增产不增税的原则，对农业税征收办法加以改进。调整核定常产，以纳税单位1974—1975年农业的平均实产计量，作为纳税单位常年产量，平均审定后列入常年产量，落实到生产队，确定后5年不变。经济作物以售价收入的一半按中等青稞价计算产量，社员自留地的粮食油料不计常产。油料作物按实际产量加入当年产量内计算，社员自留地的粮食油料不计常产。

1979年，实行自治区规定的农业税新起征点办法，即：以生产队1978年的粮食分配实际为依据，农区平均每人分配口粮176.9千克以下、半农区在120千克者以下免征农业税。

1980年，中央召开第一次西藏工作座谈会，自治区人民政府决定免征农业税。

二、工商各税

1960年5月31日，自治区颁布《西藏自治区工商业税暂行（草案）》及《实施细则》，从1960年1月1日起在全区范围内试行。征收的税种主要有产品税、营业税、机动车辆牌照税和屠宰税4个税种。征收办法为：手工业产品及加工业收入，税率为1%，电力税率为3%，经营个体贩运商品的税率为3%，交通运输税率为2%。屠宰业按屠宰头数纳税，税率为屠宰1头牛征税3元，屠宰1只羊征税0.3元。

1961年7月17日，免征供销社和生产组税收，停征屠宰税，只征收营业税。凡是企业、个人经营运输的车辆，除对运输收入征收工商业税外，还必须征收车辆牌照税。同年，开征马车、水磨、油坊商业税，按照马车运粮收入，租水磨、油坊的加工费收益金额，依照4%的税率征收，每年收入不满 200 元者免征。对互助集体所有的马车、水磨、油坊的收入，交税有困难者可根据情况，适当给予减征。对个体所有的马车、油坊的收入达到起征点者，均应依税计征。

1964 年，全县征收工商各税 0.14 万元。

1974 年，工商业税、车辆使用合并为工商业税，全县开征工商业税、工商所得税。

1980 年起，两年内免征城乡集体企业、个体工商户工商税、所得税。1981 年 5 月，免征工商税延长 1 年。1983 年 6 月，根据《西藏自治区工商业税实行办法》，降低税率，合理负担，简化征管。1984 年，实行利改税，将企业上缴的大部分税收以所得税形式上缴国家。

1994 年 1 月 1 日，国家对工商业税的征收对象、征收办法等进行改革，改革后实行新的征税办法。

2010 年底，全县开征的工商业税种有企业所得税、个人所得税、增值税、营业税、消费税、资源税、城市维护建设税、耕地占用税、印花税等。

（一）工商业税

1963 年起，嘉黎县开征工商业税。全县工商业，不分公、私营或合作经营，除规定免税的，均应缴纳工商业税，税率 1%—3%，零售、批发、贩运商等为 3%—7%；服务、修理各业按营业总收益的 1%—6% 计征。小商贩和小手工业者营业税起征点为 60 元，1974 年停征。

（二）工商税

1974 年开征工商税，将原来工商营业税、车辆使用牌照税、盐税合并为工商业税，工商企业按工商税表税率计征，与所得税合并定税征收，年终不再进行汇算清缴。个体工商小户的所得税计算率最高不超过 2%，工商税和所得税的合并征收率最高不超过 6%。1994 年，工商税分解为所得税、增值税、消费税等，增值税率 5%—17%，营业税税率 5%—20%，所得税税率 15%—30%。消费税暂不征收。

（二）商业所得税

1963 年，本着“赚钱多的多征，赚钱少的少征”原则，采用全额累进税率计征，即全年所得额不满 100 元者免征，100—9000 元以下者，划分 17

个档次，税率为4%—27%。

1974年，开征手工业合作社所得税，税率6%—35%；合作商品所得税负担由原来20%的比例税，改为由免征额的7级超额累进税，税率8%—45%；提高私营工商业所得税负担，实行14级全额累进税，税率3%—50%，多项税率调整。

1975年，关于水磨油坊工商业税，与粮油征购、年终分配工作结合进行，仍按每年加工收入（仓收实物部分，应按国家牌价计算），不满200元者免征，200元以上者按4%的税率缴纳工业税率。社队集体经营管理应予以征税40%的照顾。

三、其他税种

（一）耕地占用税

1989年，嘉黎县开始征收耕地占用税，耕地占用税一般按每平方米1元征收，征收范围是占用耕地建房或从事其他非农业建设的所有单位和个人，除规定免税者外，均按规定征收耕地占用税。2000年，全县征收耕地占用税3000元。

（二）奖金税

1985年，开征国营企业奖金税，1986年起开始征收事业单位奖金税，其征收办法与国营企业奖金税征收办法基本相同。税率以120元为月标准工资，奖金税实行超额累进税率，按年计征，全年不超过4个月工资标准的免税；超过4—5个月的税率为30%；超过5—6个月的税率为100%，6个月以上的税率为200%。1994年，自治区人民政府宣布取消奖金税。

（三）印花税

1987年，开征收印花税，纳税人根据规定自行计算应缴纳税额，购买并一次性贴足印花税票，税率比例主要有1‰、0.5‰、0.3‰、0.05‰、0.03‰，按件贴花5元。

1989年10月11日，自治区税务局下发《对农牧区信用社征收的印花税实行退税的通知》，决定对农牧区信用社征收印花税在1989、1990年两年内实行退税。由信用社凭已纳印花税税票提出申请，经征管税务机关审核并填写收入退还书，由县财政部门及时办理退税。

1991 年规定，抢险救灾物资运输，凡附有县以上（含县级）人民政府抢险救灾物资运输证明文件的运费结算凭证，免纳印花税。

1996 年 9 月 9 日，自治区国家税务局转发《财政部、国家税务总局关于农业发展银行缴纳印花税问题的复函》，规定对农行办理的农副产品收购贷款、储备贷款及农业综合开发和扶贫贷款等财政贴息贷款合同免征印花税，其他贷款合同正常征收印花税。1998 年，全县征收印花税 3000 元。2000 年，全县征收印花税 1400 元。2010 年，全县征收印花税 56218. 8 元。

（四）资源税

1989 年 10 月 18 日，自治区人民政府颁布《西藏自治区资源税试行办法》，决定自 1990 年 1 月 1 日起在全区开征资源税。规定凡在区内从事金属矿产品、非金属矿产品资源开发的单位和个人，均为纳税义务人。

1989 年 11 月 16 日又明确规定，资源税只对铬铁矿产品征收。

1992 年 6 月，自治区税务局发出《关于对部分资源基本情况调查研究的通知》，要求对已开采或即将开采的各种矿产品以及林产品、畜产品、水资源及贵重药材进行全面调查。

1994 年，根据全国税制改革精神，自治区对《西藏自治区资源税试行办法》进行了修订。1994 年 1 月 1 日起废止原资源税办法，执行《西藏自治区资源税暂行办法》。对凡在自治区内从事开采矿产品、生产盐及采伐木材资源的单位和个人征收资源税。计税依据为应税产品的销售数量与自用数量；征税范围主要有金属矿、砂金矿、盐矿、木材等。1998 年，征收资源税 4000 元。2010 年资源税收入 492. 4 万元。

（五）建筑税

根据自治区规定，从 1985 年 10 月 1 日起，在全区范围内开征建筑税，在计划内安排的自筹基建投资，依 10% 的税率征收建筑税，对自筹基建建设投资超过计划部分和计划安排的自筹基建投资，以 20% 的税率征税；对未列入计划的“楼、堂、馆、所、院”等自筹投资的建设项目，以 30% 的税率征收建筑费。1995 年 6 月，停征建筑税，并缓征固定资产投资方向调节税。

（六）企业所得税

1994 年 1 月 1 日起开始征收企业所得税，税率一般按 30% 征收，对年应纳税所得金额在 5 万元以下的按 15% 税率征缴，对年应纳税所得金额在 5 万—15 万元的按 24% 税率征缴，对乡镇企业和农牧区的私营企业免征企业所得税。1998 年，全县征收企业所得税 15.8 万元。2010 年，全县征收企业所得税 235.43 万元。

（七）个人所得税

从 1994 年 1 月 1 日起征收，其征收办法为：工资、薪金所得税率为 5%—45%，并实行 9 级超额累进税率；企事业单位承包经营、承租经营特许权使用费所得、利息股息、红利所得、财产租赁所得、财产转让所得、偶然所得等征收所得税，其税率为 20%。1998 年，全县征收个人所得税 8.2 万元。2010 年，全县征收个人税所得税 73.69 万元。

（八）城市维护建设税

自治区人民政府决定自 1985 年 10 月 1 日起，在全区范围内开征城市维护建设税。凡属缴纳工商税的单位及个人，以其实际缴纳的工商税额作为计税依据，与工商税同时缴纳，纳税人在县城以外经营的，免征城市维护建设税。2009 年经自治区人民政府审议通过，将城建税征税范围扩大至县级及县以下行政区域，并统一执行 7% 的单一税率。2010 年，城建税收入 82.49 万元。

（九）流转税

1. 增值税

从 1994 年 5 月 1 日起开始在县境内执行。对凡在中华人民共和国内从事货物销售或提供加工、修理修配劳务以及进口货物的单位及个人征收增值税。增值税的纳税人分为小规模纳税人和一般纳税人两种，小规模纳税人上缴的税率为 3%，一般纳税人适用税率为 17%。以销售货物的月销售额 1000 元、销售劳务的月销售额 500 元、按次纳税的每日销售额 80 元为增值税起点，若纳税人的销售额超过起征点的，应按全额计算征收。

2010 年增值税起点为月销售额为 2000—5000 元、劳务为 1500—3000 元、按次纳税为 150—200 元。全县征收增值税 611.78 万元。

2. 营业税

1994 年，工商税分解为所得税、增值税、消费税等，增值税税率 5%—17%，营业税税率 5%—20%，所得税税率 15%—30%。消费税暂不征收。按照全国税制改革，在贯彻国务院颁布的《中华人民共和国营业税暂行条例》和财政部制定的《中华人民共和国营业税暂行实施细则》的基础上，结合西藏实际情况，4 月 13 日，自治区人民政府发出《关于贯彻〈中华人民共和国营业税暂行条例〉的通知》，在全区范围内开征营业税，自 1994 年 5 月 1 日起执行。《通知》中规定，在西藏范围内提供应税劳务，转让无形资产或者销售不动产，从事畜产品、林产品、药材等农林产品采购的单位和个人为营业税纳税人。按期纳税起征点为月营业额 1000 元，按此纳税的为每次（日）营业额 80 元。2000 年，全县征收营业税 10. 4 万元。2010 年纳税起征点为月营业额 5000 元，按次纳税为每次（日）营业额 100 元，征收营业税 566. 29 万元。

第四节　税收管理

西藏自治区根据国家有关税收政策，结合本地实际情况，采用多种税收征收管理形式和征收方法。管理形式有地区专责管理、行业专责管理、分经济性质管理等；征收方法主要有自报核实征收、定期定额征收、民主评议征收、代征代收、代扣代缴、自办纳税等。这些征管形式和征收方法有时交叉使用，有时同时并用。

一、税务检查

税务检查是税务机关以国家税收政策、税收法规和征管制度为依据，对纳税人履行纳税义务的情况进行审查监督活动。税务检查是税收征管工作的重要内容，也是税务监督的重要组成部分。

1986 年，为规范财务、税收、物价政策，改进和完善财务、税收、物价纪律，经县委会议研究决定，成立嘉黎县财务、税收、物价大检查领导小组，办公室分别设在县财政局、县经计委。检查各单位特别是经济、物资、商业部门的财务政策和财经纪律执行情况、纳税情况和物价执行情况。同时，检查纳税人对国家税收政策、税收法规的遵守情况，检查其有无偷税、隐瞒收入、扩大开支、乱摊成本、少计应纳税所得额、多缴、错缴等问题。检查纳税人对征收征管制度和办法的遵守和执行情况，查其有无不按纳税程序办事和违反征管制度的问题。检查纳税人对财经纪律和财务制度的遵守和执行情况，弄虚作假、多提成本等其他违反财经制度和财经纪律的行为等。并将检查情况向县委、县政府汇报，对违反财务、税收、物价政策和纪律的单位或个人提出整改意见。

二、票证管理

1988 年，国家税务总局针对将中央税收或共享税收混入地方库的情况，下发《关于认真执行填票缴库规定的通知》，要求各级税务部门认真执行填票缴库的有关规定，不得自行变通。嘉黎县遵照执行。

1995 年，西藏自治区国家税务局发出《关于清理税收票证的通知》，自 1995 年 1 月 1 日起，全区统一使用新的税收缴款书、完税证，原缴款书、完税证同时停止使用。

1998 年，国家税务总局制订下发新的《税收票证管理办法》。自治区国家税务局在总结经验和征求各地意见的基础上，制订《全区税收票证管理实施办法》，1998 年 7 月 1 日起执行。嘉黎县对税收票据的印制、领发、保管、填用、结报缴销、作废和停用、盘点、损失处理、核算和检查等各环节进行严格规范。

三、税收计划、会计和统计

1960 年 9 月，废除乌拉差役、人头税、柴火税等各种苛捐杂税 100 多种。

1983 年制订的《会计统计工作规定》不能适应税制改革后的工作需要。1998 年，自治区国家税务局根据国家税务总局有关修订方案，对《西藏自治区国家税务局税收计划、会计、统计工作制度（试行）》作了进一步完善，使之基本制度化和规范化。

四、税务事业费

1993年以前，嘉黎县税务事业费到拉萨市税务局报销。1993年，税务系统实行税务经费定额包干办法，其原则是“总额包干、结余留用，超支不补”。

1995年，经费核定实行“核定基数、增量经费与‘两税’挂钩”办法。

2010年，嘉黎县国税局经费包括税务事业费（税务机构经费扣税务业务费）和其他经费。税务机构经费包括人员经费和公用经费，由上级税务部门拨款。

第三章　金融

第一节　机构

1965 年，中国人民银行嘉黎县支行（简称人行嘉黎县支行）成立，正科级建置。

1995 年 7 月 1 日，人行嘉黎县支行更名为中国农业银行嘉黎县支行（简称农行嘉黎县支行），正区级单位，属国有商业银行。

2000 年，农行嘉黎支行下设 7 个营业所，县支行设业务股、信贷股、保卫股，有职工 12 人。截至 2010 年，下辖 7 个营业所，员工 28 名，其中具有高、中、初级专业人员 10 人，高中以上文化程度者 18 人。

2010 年，农行嘉黎县支行配备 1 名专职监察员，负责监察农行嘉黎县支行（包括各营业所）各项业务，将具体监察情况向上级农行监察室汇报。上级银行每年由稽核科及各相关科室，对支行规章制度的执行情况、业务操作的规范化情况等进行检查指导。

中国农业银行嘉黎县支行除办理农行的自身业务外，还办理中国工商银行、中国农业发展银行业务。集农、工、发三行业务于一体。主要经办农牧区各项存款、贷款业务；吸收城镇国有、集体、个体、工商企业、机关团体、学校、部队等单位存款和城乡居民储蓄存款；办理汇兑、结算、电子汇兑、通存通兑业务；代理国库业务及代保管库业务；办理政策性金融业务；开展经济调查、经济信息、金融咨询、委托代理、现金管理、工资基金管理，以及人民银行批准办理的其他业务。1965—1987 年中国人民银行嘉黎县支行班子成员名录见表 11－3－1。

1965—1987 年中国人民银行嘉黎县支行班子成员名录

表 11－3－1

机构名称	职务	姓名	性别	民族	任职时间	备注
中国人民银行嘉黎县支行	行长	李宝臻	男	汉	1979.10—1982.12	1965.01—1979.09 无正职
		洛尔基	男	藏	1983.07—1987.08	
		黎军	男	汉	1987.08—1987.10	
	副行长	李宝臻	男	汉	1978.06—1979.10	1965.01—1978.05 无副职
		洛尔基	男	藏	1979.10—1983.07	
		黎军	男	汉	1985.10—1987.08	

第二节　存储

一、单位和个人存款

民主改革后，县银行开始开办个人业务。主要分现金定期储蓄、内汇定期储蓄和现金活期储蓄 3 种。内汇定期储蓄，即是将职工未发工资的 70% 存为定期，存期长短由储户选择，月息与现金定期储蓄相同，不能提取现金。现金定期储蓄分为 3 个月、6 个月、1 年、2 年、3 年 5 个档次，存期利息分别为 2.4‰、3.9‰、5.1‰、5.25‰、5.43‰。内汇活期储蓄是军官、职工未发工资的 50%—70% 存入活期，月息同现金活期储蓄，但不能提取现金。嘉黎县农业支行坚持“存款自由，取款自由、存款有息、为储户保密”的基本原则，鼓励群众到银行存款。通过存贷分户管理制度，有效促进存款措施落实，使企事业存款额增加较为迅速。全县存款主要有事业存款、储蓄存款、农牧区存款，其中企事业存款和储蓄存款比重较大。

1963年，全县储蓄存款6.35万元，占全县各项存款的24%。1975年，全县储蓄存款41.7万元，占全县各项存款的45.86%。

嘉黎县属半农半牧区，经济底子薄弱，发展人民储蓄，开展储蓄业务困难较多。1984年，为了搞好储蓄工作，人民银行嘉黎县支行采取措施，一方面改进服务态度，接待储户热情周到；另一方面组织人员深入社队，向农牧民宣传储蓄的意义，动员大家积极参加储蓄，从而促进了储蓄额的不断增长。1—4月，就完成了全年储蓄计划。个人储蓄总额达174594元，比上一年同期增长9.82%。

20世纪80年代，全县经济社会得到全面发展，人民生活水平日益提高，存款额大幅度增加。1986年底，全县社队存款达到122.4万元。

1987年，储蓄的种类有活期、定期、定活三大类。其中定期储蓄为零存整取、整存零取、存本利息、整存整取等。当年，全县存款总额为87.69万元。

1991年，嘉黎县居民个人存款总额达148.3万元。1997年，全县储蓄存款总额为500.6万元。

2000年，全县各类存款达到3523万元，比上年增加1224万元，增长53.35%；2007年末，各项存款余额为9693万元；2010年底，全县各项存款达20056万元，其中县农行存款16656万元，各营业所存款3400万元。

二、企事业存款

1974年，嘉黎县全县企事业存款6.57万元。1980年，中央对西藏采取一系列特殊优惠扶持政策，对企业进行整改，使企业经济效益逐年提高，同时银行进行统一改革，重视存款业务，实行复存复贷，放宽开户限制，提高企事业存款的积极性。

1984年起，支持对供销社、农机系统、国营农业系统开立专用资金账户，对更新改造基金和福利基金进行专户管理。1985年，县支行对商业企业实行“存款分户管理”等办法，通过采取各种有效促户措施，使企事业存款额迅速增加。1987年，全县企事业存款总额达21.9万元。

1995年，全县企事业存款125.9万元。

2010 年，全县企事业存款 128.03 万元。

三、农牧区存款

民主改革后，改进农业管理体制，在农牧区逐步实行“二级所有，队为基础”的所有制。存款分为“公社存款”“生产队存款”。1972 年，农牧区存款 2.8 万元。“文化大革命”期间，农牧业存款比例很低。1984 年由“社队存款”改为“集体农业存款”。1987 年，农牧区存款 30.3 万元。

20 世纪 90 年代，随着农牧业经济的发展，农牧民收入不断增加，1996 年农牧区存款 205.3 万元。

第三节　信贷

封建农奴制时期，农牧民向三大领主借高利贷，由于高利贷利息高，贫苦农奴根本无力偿还，最终只能沦为给领主当差抵债，高利贷是三大领主剥削和压迫广大农牧民的主要手段。

民主改革后，人民银行实行金额信贷制度，国营企业的流动资金由人民银行统一管理。实行存贷款账合一，贷款业务逐步走向正规化。

1961 年，银行回笼资金 43.23 万元，投放 23.02 万元，净回差 20.21 万元，各社区信用社发放生产、生活贷款 21776 元。

1962 年，农业贷款采取一次性贷款、5 年内基本不收的办法，贷款利率降为 1‰。农牧业贷款以实物为主，适当贷给一部分现金。贷款指标为粮食 5 万公斤、钢材 3500 公斤、现金 7500 元。对过去发放的贷款，各区进行一次清理，错贷坚决收回。如一次收回有困难者，可以分期收回，期限为 5 年。

1972 年起，在办理转期手续时按利率 1‰结清过去利息。各区抽专人办理贷款手续，在发放贷款时填写三联借据，第一联由填制单位留存；第二联由贷款人凭此单分别到县贸易公司或区供销社、批粮库领取实物，物资单位发贷后，向银行结算；第三联由填制单位送交县银行，贷款人应在贷款收据上盖章或按手印。各信用社的贷款工作，仍按原信用社规定办理，大力开展群众性储存工作，发放贷款，支持生产。

1985 年，全县信贷农牧户 1666 户，重点有 108 户，个体农业和手工业 75 户，放贷农牧金额 4. 53 万元，总收入 6. 51 元，纯收入为 3. 84 万元。社员生活贷款 80 户，贷款金额为 0. 51 万元（购买 81 头耕牛）。汽车运输 25 户，贷款金额 21. 97 万元，总收入 14. 8 万元。1985 年总贷款 32. 46 万元，收回款项 43. 32 万元。一家信用社盈余 3. 1 万元，其余亏损 5. 4 万元。全年收入 23. 7 万元，支出 3. 6 万元，总亏损 2. 3 万元，信用社各款项大幅度下降，主要原因是借贷出去的款项到期后没有按时收回。

2000 年，全县各项贷款为 6168 万元，其中涉农贷款余额达 5333 万元，消费贷款余额达 835 万元。

2010 年，全县信贷款农牧户为 6500 户。其中，钻石卡 50 户，金卡 1200 户，银卡 3200 户，铜卡 2050 户。年末，各项贷款总额为 10788 万元。各项“三农”贷款余额达 7615 万，占贷款总额的 70. 58%。消费贷款余额达 2576 万元。

一、农业贷款

民主改革后，中国人民银行嘉黎县支行根据其资金状况，逐步加大农牧业贷款力度。农牧业贷款主要是解决种子、农具、耕畜、兴修水利等问题。牧业贷款主要是帮助解决增购牲畜、购农具及帐篷、开荒种地等方面的困难。1962 年，嘉黎县财粮科出台《关于发放农牧业贷款规定》，要求在发放农牧业贷款时，贯彻以群众自力更生、勤俭节约为主，国家大力支持为辅的方针。农牧业生产贷款主要是解决贫苦农民户中的困难户，一般困难户少量解决，中等以上的富裕户一律不予贷款。农牧业贷款月息为 1‰。当年发放农牧业贷款 1 万元，扶持贫困农牧民牧业产，使之逐步摆脱贫困。

1963 年，全县贯彻中央“调整、巩固、充实、提高”经济方针，各区乡经营管理体制由“一大二公”转为“三级所有，队为基础”后，农牧业贷款大幅度增加。

1962—1967 年，全县累计发放农牧业贷款 42. 34 万元。1968—1975 年，

全县发放农牧业贷款160.28万元。

1976年，随着全县农业机械化和农田水利建设步伐的加快，农牧业贷款迅速增加。1976—1980年，全县发放农牧业贷款60.86万元。

1981年，落实联产承包责任制后，全县的贷款倾斜于发展工业企业和积极引导发展商业。随着全县农牧业生产的全面发展和农牧民生活水平的提高，农业贷款随之增加。当年，全县农牧业贷款27万元。

1982年，进一步加强嘉黎县农贷资金管理，以更好地促进农牧区生产发展。农牧业贷款重点支持发展生产，扶持多种经营，逐步增强社队和社员自有资金力量，帮助贫困队、贫苦户广开生路，实现增产。

各区信用社成立后，根据群众借贷利率高于银行利率，生活贷款利率高于生产贷款利率，互助合作组织贷款利率低于个体生产者贷款利率的原则发放贷款。1991年，人行县支行发放贷款456万元，其中农业贷款104万元；信用社发放各种贷款158.6万元，其中农牧林渔16.5万元。

为加快农业生产，加强农牧区生产设施建设，改善农牧区生产环境，嘉黎县支行根据财力状况发放贷款。1990—2010年，全县累计发放农牧业贷款74350万元。

二、商业贷款

1975年，全县恢复商业贷款业务，共发放商业贷款13.6万元。1976年，人行县支行发放商业贷款11.4万元。1977—1980年，全县商业贷款45.98万元。

改革开放后，随着市场经济的不断发展，全县各种所有制商业迅速发展，商业贷款随之增加。

1995年，按照“优化贷款投向、搞好区别对待”的要求，加大对乡镇企业、第三企业和投资少、见效快的项目，以及信用好、效益好的工商企业的信贷投入，同时深入开展信贷扶贫工作。

1981—2010年，全县累计发放商业贷款2453.15万元。

三、基本建设贷款

1963 年开始，国家预算安排的国营工商业基本建设投资全部由人行县支行贷款。对行政和无盈利事业单位基建项目以及国家计划指定项目执行财政拨款制度，实行投资包干。1975 年，基本建设贷款 16 万元。

20 世纪 80 年代，开始增办小型基建贷款、中短期设备贷款、建筑行业流动资金贷款、工程结算贷款、土地开发和商品房贷款等项目。1989 年，基本建设贷款 26.4 万元。

1995 年，基本建设贷款 411.63 万元。

2010 年，基本建设贷款为 1325 万元。

四、其他贷款

手工业贷款主要是用于周转资金的需要，如购置原材料、工具、生产、设备等。手工业贷款逐笔贷放，陆续收回，限期一般为一年，最长不超过两年。手工业贷款月息 3‰。

1966—1975 年，全县其他贷款 17.84 万元。1977 年，全县其他贷款 14.27 万元，1980—1985 年，全县其他贷款 84.92 万元。

1990—2010 年，全县其他贷款 1554.01 万元。2010 年，农行县支行开展住房、汽车、助学贷款，支持教育事业，刺激消费，促进经济发展。县支行贷款余额年均增长 65%，信贷资产质量明显提高。

第四节　货币

一、种类

（一）银锭

清康熙五十八年（1719），嘉黎成为四川通往西藏的主要驿站之一，部分陕、川商人相继从雅安、康定经嘉黎到拉萨经商，同时过往的官员亦不断增多，输入生银交换货物。其生银多为 50 两 1 锭，称大宝。嘉黎地区亦有流通。

（二）西藏银币

清乾隆五十八年（1793），清政府为抵制廓尔喀银币，在西藏就地铸造“乾隆宝藏”银币，指定流通于西藏。后来，市面上还流通过“嘉庆宝藏”和“道光宝藏”银币，均称“西藏银币”。

（三）印度卢比

清光绪十九年（1893），中英订立《藏英续约》，西藏之东为商埠，5年内进口货物不抽税。随之，大批英印商品充积嘉黎地区城乡市面，印度卢比亦大量流入，一度成为嘉黎地区商品流通使用的主要货币之一。此币由英国东印度公司机器制造，分1卢比、½卢比（即50派士）、¼卢比（即25派士）数种，一卢比重约3钱2分。正面为英威廉四世帝像、爱德华七世帝像等；背面以英文标明币值，四周花纹环饰。

（四）四川藏洋

清光绪二十八年（1902）至宣统三年（1911），成都制造了四川藏洋，共铸造1000万元，成色为90%。此藏洋分为两种：正面为光绪皇帝无衣领像和有衣领像；背面又分几种：“四”字中间有两点、“四”字右上端有三匹叶子、“四”字外无彩绘饰纹、“四”字右上端有蝴蝶的图形。民国元年（1912）至民国十九年（1930）成都又制造了四川藏洋，约600万元，成色70%。此藏洋完全仿造原藏洋各式样，但显得粗糙。民国十九年制币厂由成都迁到康定，继续制造至民国二十二年（1933），约造400万元，其式样、成色等均如前。民国二十二至二十四年（1933—1935），康定又仿造四川藏洋460万元，成色减为50%。民国二十八年（1939）粗制滥造一批藏洋计520万元，成色仅为10%，俗称“红脸藏洋”。以上藏洋均大量流入嘉黎地区市面。到民国后期，市面上多流通成色较差的藏洋，而光绪至宣统年间的藏洋大多被商人和群众熔化以谋利了。

（五）“炉关”藏洋

清代末期，为抵制印度卢比充斥康区市场，打箭炉同知刘廷恕呈请四川总督被获准铸造藏币，所铸藏币用纯银土法制造，仿造卢比每枚重3钱2分，正面有“炉关”二字，背面用藏文，并以花纹图案装饰，人们称之为“炉关”藏洋。这种藏洋由于数量较少，不久就“绝迹”了。光绪二十九年

(1903)，锡良接任四川总督，下令继续制造“炉关”藏洋，以机器大量制造。藏洋分1元币（重3钱2分）、半元币（重1钱6分）和1元（重8分）3种。这种藏洋在嘉黎地区市面流通广、时间长、信誉高。

（六）铜元

清光绪三十二年（1906）赵尔丰任川滇边务大臣时铸造了铜元，流通康藏地区，其图样、大小、轻重均与内地各处流通的铜元一样。币种有10文、20文、50文、100文、200文5种，起辅币作用。这种铜元流入嘉黎地区市面的不多，但流通的时间却比较长。

（七）法币

民国二十四年（1935）11月，国民政府下令禁止银元流通市面，一律使用中国银行、中央银行和中国交通银行（后增加中国农民银行）所发行的纸币，即法币。主币面额在最初发行时只有1元、5元、10元3种；后来，随着通货膨胀，面额增至50元、100元、1000元、5000元、10000元等。

（八）藏币券

民国二十七年（1938），西康省政府经国民党中央政府财政部核准，在康藏地区发行藏币券200万元（实印210万元）。每元藏币合法币0.448元。券面分0.5元、1元、5元3种。嘉黎地区有这种币券流通。此前，嘉黎地区市面上还出现过两种藏币券：一种是民国十年（1921），川边镇守陈遐龄因银根吃紧，商业周转不灵，在康区发行的30万元藏币券。券面均为1元面额，粉红色，印有藏洋花纹，1元可兑换藏洋1元。另一种是民国二十六（1937）年西康省总商会发行的藏币券，计划发行2万元，实际发行9853元，票面分为5元、1元和5角3种，1元券兑换藏洋1元。

（九）金圆券

民国三十七年（1948）8月，国民政府发行金圆券。面额有1元、5元、10元、50元、100元；第二年面额增至10000元。此币在康藏地区发行后，由于群众不信任而拒绝使用，在嘉黎地区市面流通不多。

（十）其他币种

1. 银币类

白渣，在通用中视银价高低而定，有用到 8 钱、10 钱、12 钱不等。

桑除，因银质较好，通用时有用到 20 钱、25 钱不等。

桑松 3 两，有新老之分，老的一面有字无花，银质较好，价格稍高；新的两面有花纹。

桑久 10 两，系 1948 年制造，质量差，为铜质涂银。

2. 铜币类

旧时藏币计算单位有喀则①、噶马②、切戒③和学刚④，以分、钱、两十进位计算。此铜币有新老之分，老的币面有“卡等炮长”（藏文）字样，新的没有上述字；老的铜质较好，嘉黎人喜用。

学松，顶 3 学刚，意为 3 钱。此种币制造时间长，信誉高。

学喀阿，顶 5 学刚，1948 年制造使用。

3. 纸币类

5 两的票面写有藏文“桑额阿”；7 两的票面写有藏文“张额阿久”；10 两的票面写有藏文“桑久”；25 两的票面写有藏文“桑业额”；100 两的票面写有藏文“桑家”。

（十一）人民币

和平解放初期，老版人民币开始进入嘉黎地区，其面额有 100 元、500 元、1000 元、2000 元、5000 元、10000 元、50000 元、100000 元等 8 种，仅限于国家干部和职工使用，市场上不流通。为尊重民俗，市面上仍沿用银元等旧币，以作过渡。1955 年，中国人民银行发行新版人民币，以代替老版人民币。以旧币 10000 元兑换新币 1 元为标准兑换，新版人民币的主币面额为 1 元、2 元、3 元、5 元、10 元等 5 种；同时还发行有 1 分、2 分、5

① 喀则：旧制以分、钱、两十位计算藏币时，一钱辅币的四分之一，即二分半藏币。

② 噶马：分，一钱的十分之一。

③ 切戒：七分五厘。旧时藏币的计算单位，相当于半个章噶。

④ 学刚：一钱。

分、1 角、5 角等 5 种辅币。1959 年民主改革前后，嘉黎干部手中还持有苏联版人民币，面额为 3 元、5 元、10 元等 3 种，仍可等值流通。1963 年 12 月，国务院下令停止使用，要求各地限期收回，以 1∶1 等价兑换新版人民币。与此同时，各地银行对新版人民币中的 3 元券进行逐步回收不再流通；并发行一种 2 角辅币。1980 年，中国人民银行在全国发行了面额为 1 角、2 角、5 角、1 元的 4 种金属人民币，因发行量较少，嘉黎市面上难得见到使用。1988 年，经国务院批准，中国人民银行发行了面额为 50 元、100 元两种人民币，此种币迅速流通于嘉黎市面。

二、流通

嘉黎历史上市面流通的外币及内地货币，均系商旅携带，由于贸易流通进入县境内，其流通数量无法详查。

和平解放初期至 1965 年，各种旧币（藏洋、银币、铜币等）从市面上逐步退出，人民币成为稳定的、群众普遍认可的流通主币，并成为唯一合法货币。县支行根据上级安排和不同时期的经济形势，每年投放数额不等的现金供各行各业进行周转。

第十二篇 国民经济综合管理

第一章　计划管理

第一节　机构

和平解放前，嘉黎的经济主要以自给自足的自然经济为主，经济如何发展，怎样发展完全由各部落头人或是寺院活佛，以及管理寺院经济管家决定，经济发展的随意性较大，经济发展也仅仅以满足自身的需求为主。嘉黎县在整个西藏地方政府统治管理时期，经济发展规模很小，主要以农牧业经济为主。各项事业发展极为缓慢。

1959 年民主改革以后，嘉黎县根据上级安排开展国民经济发展编制与统计工作。1960—1976 年，嘉黎县编制统计工作先后由县委财贸部、县人民政府财粮科、县革委会生产指挥组兼管。

1977 年 12 月，嘉黎县计划委员会成立。

1981 年 3 月，全县机构调整时，县计委、财政科、商业科合并为财经科。

1983 年 8 月，县直机关机构改革，县人民政府工作机构由科改为局，原来一些合并的机构又分开办公，计委改为经济计划委员会（简称经计委）。

1987 年 6 月，嘉黎县党政群机关机构改革，经计委改名为计划经济委员会（简称计经委）。主要负责全县经济与社会发展计划的编制、统计、劳动、物价、交通、物资调配和基础设施建设等管理工作。

截至 2010 年，县发改委有副主任 3 名、工作人员 6 名。

第二节 计划管理

一、年度计划编制与执行

1959年西藏民主改革后，在中央和祖国内地的关怀支持下，西藏社会事业开始全面建设，在社会主义统一经济模式下，嘉黎县经济建设纳入西藏全面发展计划。在全区统一一盘棋的格局下，嘉黎县社会经济发展开始全面启动，并按照相应规划进行建设。在全国进入社会经济发展的第一、第二个五年计划时，西藏由于特殊的历史原因（西藏地方政权存在，西藏没有进行大规模的社会主义建设），没有赶上全国统一发展的步伐。1965年9月西藏自治区正式成立后，在中央的扶持下，开始进入全面建设社会主义时期。

1960—1978年，嘉黎县计划编制工作均根据上级指标由县统计部门编制后下达给各区、乡。全县国民经济计划指标包括全县总耕地面积、总播种面积、粮油产量、牲畜存栏量、粮油收购计划、畜产品收购计划、财政收支计划、进出口物资货运计划、工资基金计划等。

1980年嘉黎县国民经济计划指标增加了农村经济总收入、农业总产值、牧业总产值、副业总产值、人均纯收入等内容。

1981年，嘉黎县根据“六五”时期规划要求，按照“以农业为基础、以工业为主导”的方针编制年度国民经济计划。主要计划指标为：工农业总产值950万元，粮油总产1750万公斤，年末牲畜存栏20万头（只、匹），农村经济总收入735万元，人均纯收入140元。

1982年的计划指标在执行1981年的基础上，粮油产量指标下降19.05%。

从1983年开始，嘉黎县年度社会经济发展计划和中、长期远景规划的编制，均根据各个时期的指导思想及规划要求并结合本县实际进行。计划指标及其指标体系由县统计部门编制，提交县三套班子研究后上报地区计委并落实实施。1983年计划指标在执行1982年的基础上，粮油产量指标下降23%。

1984—1985 年，嘉黎县根据国民经济“要提高经济效益”的总体要求，继续调整农业内部结构，农牧业总产值分别比上年增长 34.06% 和 1.64%，粮油总产量分别比上年增长 44.9% 和 22.7%，年末牲畜存栏数分别比上年增长 2.64% 和 0.68%，农村经济总收入分别比上年增长 56.8% 和 15.23%，农村人均纯收入分别比上年增长 0.67% 和 8%。

1986 年，嘉黎县按照“继续调整农村生产结构和固定资产投资结构、进一步深化农村经济体制改革以及对内搞活、对外开放”的方针，结合本县实际编制年度国民经济发展计划。主要计划指标为：工农业总产值 1464 万元，增长 7.14%；粮油总产量 1910 万公斤，下降 5.41%；年末牲畜存栏 19.3 万头（只、匹），增长 0.94%；农村经济总收入 1750 万元，增长 12.29%；农牧民人均纯收入 360 元，增长 7.18%。

二、中长期规划编制与执行

1995 年，根据《西藏自治区人民政府办公厅关于抓紧制定“九五”计划和 2010 年长远规划的通知》精神，在嘉黎县委、县政府的领导下，嘉黎县计划经济委员会在全面估量本县经济现状及发展趋势的基础上，根据“稳定发展农业，大力发展二、三产业，加快基础设施建设，推进产业化进程，实现农牧区经济快速发展和社会全面进步”的指导思想，开始组织编制“九五”规划。2000 年全县实现地区生产总值 4463 万元，按可比价格计算，比 1995 年增加 1013.88 万元，年均增长 5.5%；农牧业总产值实现 2856 万元，比 1995 年增长 143%；农村经济总收入 3679.26 万元，比 1995 年增长 193%；地方财政收入 100.7 万元，农牧民人均纯收入 1352.21 元，农牧业生产取得较好成绩。2000 年农作物总产量 1321.19 吨，其中粮食为 822.12 吨，牲畜存栏 221374 头（只、匹），实现了控制牲畜总量、减少草场压力的目标，人均占有牲畜 9.4 只，牧业产值达到 1476 万元，占 GDP 的 51%。工商贸易发展有序，全县有商业网点 51 个、城乡个体工商户 36 家、农村个体工商户 16 家，拥有工商企业 2 家，社会消费品零售总额 287 万元。1998 年国民经济和社会发展目标考核“良好”，1999 年为“优良”，2000 年考核为“良好”，实现经济社会持续、健康发展的势头。

2000 年底，全县贫困人口由脱贫攻坚前的 1986 户 9888 人下降到 106 户 560 人，分别占全县总户数的 2.7% 和总人数的 2.5%，比 1994 年分别减少 101.08% 和 94.34%；全县人均纯收入达到 1352.21 元；人均牲畜折合绵羊单位达 32 只，人均口粮达 125 公斤，人均肉食 15.81 公斤，人均酥油 3.1 斤，各项指标基本达到或超过自治区脱贫验收标准。

1995—2000 年，全县固定资产总投资规模达 7251 万元，用于新建农牧业生产、县乡道路、科教文卫、能源通讯、广播电视、农村用水用电等一大批基础设施，援藏项目共投入资金 700 多万元，其中第二批援藏资金及物资达 500 多万元。这批基础设施建设的完成，大大改善了全县农牧民的生产、生活条件，促进了城镇建设的发展。

“十五”计划（2001—2005 年）是嘉黎县各族人民满怀信心跨入新世纪的第一个五年，是嘉黎县全面实施西部大开发战略的第一个五年，也是全县进入现代化建设新阶段的第一个五年，全县人民高举邓小平理论伟大旗帜，按照江泽民同志“三个代表”重要思想要求，以党的十五大、十五届五中全会、区党委五届六次全委（扩大）会议精神为指导，在县委、县政府的正确领导下，通过思路创新、体制创新，抓住机遇，加强团结，县域经济取得新发展。

“十一五”计划（2006—2010 年）是党的十六大提出全面建设小康社会目标后的第一个五年规划，也是贯彻落实党中央提出的坚持“以人为本，全面、协调、可持续的发展观，促进经济社会和人的全面发展”的第一个五年规划。牢固树立和全面落实科学发展观，构建和谐社会，对实现嘉黎县全面建设小康社会和跨越式发展的宏伟目标，具有重大而深远的意义。

5 年来，经济发展的硬环境得到很大改变。固定资产累计投资规划达到 14942.31 万元，第三批援藏资金及物资达 1150 万元，各项事业发展均取得重大突破。

1980—2010 年嘉黎县相关统计数据见表 12－1－1。

1980—2010 年嘉黎县相关统计数据一览表表

表 12－1－1

年份	生产总值（单位：万元）						人均纯收入（元）	人口（单位：人）				农林牧业总产值（现价、单位：万元）					年末牲畜总头数（单位：万头、只、匹）					
		第一产业	第二产业	工业	建筑业	第三产业			男	女	农业人口		农业	林业	牧业	服务业		牦牛	绵羊	山羊	马	猪
1980							131.7	15876	7476	8400	15302						28.22	11.39	11.58	4.82	0.43	
1981							132.5	16170	7469	8701	15566	355.86	28.54		327.32		25.64	10.89	9.91	4.38	0.46	
1982							161.75	16449	7955	8494	15839	358.58	18.76		339.82		25.18	11.59	8.77	4.37	0.45	
1983							173.39	17116	8428	8688	16378	482.34	20.91	1.00	460.43		24.94	11.94	8.46	4.06	0.48	
1984							285.58	17441	8569	8872	16587	895.53	28.29		867.14		27.42	12.51	10.03	4.39	0.49	
1985							324.3	17846	8794	9052	16995	1238.01	36.98	0.12	1200.91		27.38	12.85	9.8	4.26	0.47	
1986							405.68	18182	8970	9212	17304	1011.70	41.22	0.71	969.77		25.30	12.50	9.00	3.31	0.49	
1987							379.85	18488	9393	9095	17073	1032.25	25.14	0.93	1006.18		26.73	12.93	9.76	3.53	0.51	
1988							447.02	19190	9543	9647	17735	1367.41	28.37	0.72	1338.32		27.29	13.41	9.72	3.62	0.54	
1989							394.88	19552	9616	9936	18104	1220.85	23.62	1.10	1196.13		27.49	13.44	9.72	3.78	0.55	
1990							286.26	19855	9742	10113	18190	787.4	41.33	1.63	744.44		21.3	10.96	6.71	3.11	0.52	
1991							352.26	20272	10051	10221	18605	1332.28	48.67	14.7	1268.94		23.63	11.82	7.72	3.55	0.54	
1992							294.15	20674	10020	10654	18996	1442.42	51.99	3.11	1387.32		25.29	12.66	8.3	3.77	0.56	
1993							431.46	21096	10248	10848	19406	1300.64	150.22	0.91	1149.51		25.65	12.82	8.41	3.86	0.56	
1994							461.85	21607	10499	11108	19924	1245.51	254.43	1.2	989.88		24.83	12.74	7.93	3.58	0.58	
1995	754.89	725.64	30	0	30	0.75	491.12	22051	10703	11348	20344	1180.91	102.98	5.97	1071.96		25.78	13.38	8.04	3.74	0.62	
1996	1584.94	1017.31	206.31	0	206.31	361.31	597.17	22633	11090	11543	20906	1358.05	348.05	5.79	1004.2		24.85	12.86	8.05	3.32	0.62	
1997	1644.13	1021.65	265.41	0	265.41	357.07	688.06	22975	11442	11515	21232	1410.41	497.19	0.6	912.62		23.00	12.38	6.86	3.17	0.59	
1998	1984.94	998.47	393.12	42.53	350.59	593.35	976.37	23388	11603	11785	21635	1317.84	463.33	1.77	852.74		21.24	11.81	5.87	2.97	0.59	
1999	4683.83	2643.71	882.38	37.78	844.6	1157.74	1253.91	23694	11800	11894	21929	3098.47	1271.54	4.09	1822.84		22.4	12.66	6.12	2.97	0.65	
2000	5465.7	2450.44	1531.68	40.4	1491.28	1483.58	1157.51	24198	11963	12235	22436	2856.41	1375.92	4.28	1476.21		22.1	13.16	5.35	2.67	0.69	
2001	6250.46	2977.84	930.76	52.18	878.58	2341.85	1266.08	25083	12538	12545	23299	3742.07	1658.98	4.29	2078.8		23.51	14.12	5.8	2.89	0.7	
2002	6799.57	3166.01	948.04	58.5	889.54	2685.52	1369.25	25535	12710	12825	23687	4116.73	1899.32	7.44	2209.97		24.23	14.94	5.78	2.81	0.7	
2003	7952.01	3528.76	1119.07	37.73	1081.34	3304.18	1491.73	26440	13197	13243	24362	4893.66	2368.99	26.55	2498.12		23.29	15.09	5.06	2.44	0.7	
2004	12445.57	3615.63	1271.14	71.19	1199.95	7558.8	1936.65	27245	13741	13504	25504	6218.17	3719.79	26.43	2456.65	15.3	23.42	15.33	4.68	2.32	0.68	0.41

续表

年份	生产总值（单位：万元）						人均纯收入（元）	人口（单位：人）				农林牧业总产值（现价、单位：万元）					年末牲畜总头数（单位：万头、只、匹）					
		第一产业	第二产业	工业	建筑业	第三产业			男	女	农业人口		农业	林业	牧业	服务业		牦牛	绵羊	山羊	马	猪
2005	16850.59	4210	4139.59	2794.78	1344.81	8501	2082.86	27448	13734	13714	25610	6198.58	3634.49	27.54	3616.25	20.3	23.00	15.63	4.24	2.12	0.64	0.37
2006	21358.75	4407.71	8100	6900	1200	8851.04	2445.2	27435	13875	13560	25671	7249.01	4489.57	21.2	2717.74	20.5	23.32	16.57	3.75	2.05	0.62	0.34
2007	28739.2	4752.28	13786.92	11152.4	2634.52	10200	3341.42	27955	14142	13813	26056	9738.51	6586.32	11.48	3119.01	21.7	24.25	17.38	3.55	1.97	0.57	0.37
2008	25308.54	5342.1	8400.92	4202.5	4198.42	11565.52	3850	29213	14776	14437	27109	12223.13	9826.89	8.34	2362.18	25.72	22.86	16.37	3.48	1.63	0.53	0.42
2009	26474.89	5592.2	8754.13	4566.19	4187.94	12128.56	4235	30527	15423	15104	28301	12473.5	8668.42	3.3	3779.58	22.2	21.22	16.49	2.33	1.37	0.47	0.55
2010	28251	6134	8888	4675	4213	13230	4806	31645	16077	15568	29340	14414.13	8684.09	15.68	5690.36	24	21.49	17.14	2.03	1.3	0.43	0.59

注：1980—1989年农牧民人均纯收入数据来源于《西藏那曲地区统计资料汇编（1958—2004）》；1980—1989年其他数据来源于《那曲地区统计年鉴》（1980—2006年）；1990—2010年数据来源于《那曲地区统计年鉴》（2017年）。

第二章　统计管理

第一节　机构

在 1959 年以前，嘉黎宗的统计工作基本上没有开展，各部落的牲畜、土地都由庄园主各自掌握，宗政府基本不占有这些资料，也没有对庄园和豁卡进行统计管理。1959 年 12 月嘉黎县人民政府成立后，开始对嘉黎县各社会基础项目进行统计，主要是对农牧业产品进行统计。

1960—1976 年，嘉黎县统计工作先后由县委财贸部、县人民政府财粮科、县革委会生产指挥组兼管。统计数据主要有：全县总户数（包括农业户数、牧业户数和城镇户数）、总人数（包括农业人数、牧业人数、城镇人数、男性人数及女性人数）、总劳动力（包括农业劳动力、牧业劳动力、工业劳动力、其他劳动力、男性劳动力及女性劳动力），以及耕地面积、播种面积、造林面积、粮油产量、牲畜数量、畜产品收购、企业数量及产值、财政收入及支出等。

1978 年开始，嘉黎县统计工作由县计委专门负责和管理。全县统计数据增加了年末机械拥有量、工农业总产值、农村经济总收入、城镇及农牧民人均收入等项目。在国民经济计划和国家投资中，嘉黎县每年按照那曲地区计划，对各乡镇国民经济发展进行统计，各乡镇负责提供基础资料，县计委汇总报地区计委。

1991 年全县统计数据又增加了地区生产总值、第一产业、第二产业、第三产业等项目。此外，嘉黎县计经委根据上级安排进行农业普查、工业普查、人口普查及固定资产投资等数据的统计工作。

2001 年，嘉黎县统计局成立，为副科行政建制，未设编制和人员，隶属县计委管理，对外挂“县统计局”牌子，统计工作由县计委负责开展。县统计局成立后，主要负责开展全县人口、农牧业、工业、批发零售餐饮业、建筑业、固定资产投资、劳动工资等专项统计业务。

2002—2006 年，嘉黎县统计局仍没有编制数，但工作人员实有 3 人，副科级领导由县发改委主任兼任。

2007—2008 年，县统计局实有工作人员 2 人，副科级领导一名，科员一名。

2010 年，根据《中共那曲地委办公室、那曲地区行署办公室关于印发〈嘉黎县政府机构改革方案〉的通知》（那委办〔2009〕96 号）精神，嘉黎县统计局从县计划发展改革委员会独立出来，正科级编制，机关行政编制 3 名，其中领导职数 2 名，实有人员 4 名。

2002—2010 年嘉黎县统计局领导名录见表 12 - 2 - 1。

2002—2010 年嘉黎县统计局领导名录

表 12 - 2 - 1

机构名称	职务	姓名	性别	民族	任职时间
嘉黎县统计局	局长	陟昌平	男	汉	2002. 01—2005. 04
		高波	男	汉	2005. 04—2010. 12

第二节　统计管理

一、报表管理

和平解放初期，嘉黎县统计工作基础薄弱，统计报表未形成制度化。

1983 年 12 月 8 日《中华人民共和国统计法》颁布后，县计经委遵照《统计法》，在全县清理各类报表，制定明确的报表分类管理制度，并落实到人，统计报表管理工作逐步走上正规化和法制化轨道。

2001 年，嘉黎县统计报表共有农牧业报表、工业报表、商业报表、交通报表、投资报表、劳动工资报表等表种。根据那曲地区要求，由县统计局向各乡镇及相关单位布置报表，搜集资料审核汇总，并上报地区统计局。统计资料、数据由县统计局保存管理。在数据的使用方面，要求各乡镇及相关单位提供和发表的数据要与统计部门核对，防止“数出多门”，造成混乱。

二、专业统计

建县初期，嘉黎县各类专业统计制度不健全，统计项目、口径经常变化。“文化大革命”结束后，统计工作得到恢复和发展。

20 世纪 80 年代后，随着改革开放不断深入，各种生产责任制的落实和全县经济的发展及产业结构的不断调整，上级对统计工作和统计数据的准确性、时效性要求不断提高，统计工作范围不断扩大，统计内容和指标不断增加。

1982 年，逐步健全专业统计制度，全县统计工作步入规范化和连续性轨道。全县统计工作范围包括农牧业、工业、批发零售餐饮业、建筑业、交通运输业、基本建设固定资产投资业、劳动工资等 7 项专业统计业务。其中，农牧业专业统计设有 23 种报表，涉及 300 多个指标项目；工业专业统计设有工业总产值、工业销售价、主要产品产量以及乡镇企业、多种经营、民族手工业经济指标；批发零售餐饮业设有“购销存”收支平衡、商品零售额，以及批发、零售贸易业商品购进、销售、库存总额和类值等报表；建筑业设有企业生产情况、财务状况、劳动情况、企业原材料、能源消费与库存等定期报表；交通运输业设有民用车辆拥有量、社会客货（吞吐）量，汽车运输进藏、出藏、分运年报定期报表；基本建设固定资产投资业设有建设投资完成情况、基本建设财务拨款情况、基本建设投资项目个数及平衡表，固定资产新增能力（或效益）定期报表；劳动工资设有从业人员和劳动报酬情况，工业、建筑企业职工人数和工资、职工人数变动情况等报表。

三、普查与专项调查

嘉黎县自1980年开始开展普查与专项调查工作，主要涉及人口普查和农业普查及经济普查。

1982年5月，根据全国和西藏自治区统一安排部署，在全县开展全国第三次、嘉黎县第一次人口普查工作。全县总人口16449人，其中男性7955人、女性8494人。

1990年7月1日零时，根据全国和自治区的统一安排部署，嘉黎县开展全国第四次人口普查工作。嘉黎县总人口19855人，其中男性9742人、女性10113人。

1996年7月，根据全国和自治区的安排，在全县范围内开展农业人口普查工作。普查结果显示：嘉黎县农村住户总户数为3547户、人数为21516人，其中男性10625人、女性10891人；在校学生787人，7周岁以上人员17021人。嘉黎县耕地有4578亩（仅为旱地），果园有49.3亩，其中耕地来源主要从集体承包4571亩、从其他住户转入7.0亩。嘉黎县农作物种植面积为4578亩，其中粮食3900.5亩、油料128.6亩、蔬菜68.9亩、瓜类0.5亩、饲料479.5亩；农作物种植面积中非耕地种植面积为0.7亩。嘉黎县黄牛存栏776头（役用229头）、奶牛存栏25051头、牦牛存栏107136头（役用22649头）、马存栏6095匹（役用3690匹）、山羊存栏34891只（其中出栏7001只）、绵羊存栏80910只（其中出栏15845只）、猪存栏2011头（其中出栏802头、有繁殖能力母猪390头）、鸡鸭鹅存栏333只；另自宰和出售的肉用牛有10136头。

2000年，根据全国和自治区的安排部署，在全县开展全国第五次人口普查工作。普查数据显示：从2000年7月1日零时起，全县总户数4585户，其中家庭户4539户、集体户46户。家庭户平均每户人口数5.4人，总人口24953人，其中男性12657人，占总人口数的50.7%；女性12296人，占总人口数的49.3%。

2003年，按照国家统计局的统一部署，嘉黎县开展了第一次全国经济普查。普查数据显示：嘉黎县法人单位数为199个，其中单产业法人单位

196 个、多产业法人单位 3 个；产业活动单位数有 224 个，其中多产业法人所属的产业活动单位有 28 个。嘉黎县计算机有 5 台，全年营业收入达 3669 千元、主营业务收入达 3475 千元、资产总计达 51787 千元。

2010 年，根据全国和自治区的安排部署，在全县开展全国第六次人口普查。普查数据显示：从 2010 年 11 月 1 日零时起，全县总户数 6259 户，其中家庭户 6157 户、集体户 102 户。全县总人口 32356 人，其中男性 16473 人，占总人口数的 51%；女性 15883 人，占总人口数的 49%。

第三章　计量与物价管理

第一节　计量管理

历史上，嘉黎县使用的是没有统一标准（相对来说比较混乱）、随意性极大的传统计量单位。如长度单位有“觉姆”①“冻巴”②“绌”③ 等；面积单位有“墩”④ “岗” “克” 等；重量单位常与容积单位合用，有“克”“则”“批” 等。宗政府对计量单位没有统一标准。

清崇祯十五年（1642 年，藏历第十一饶迥水阳马年），藏巴第悉地方政权时期在西藏基本统一了计量单位。后在固始汗支持下建立的西藏地方政权时期也一直沿袭统一的计量单位。在征收赋税时按照藏巴第悉地方政权制定的计量单位“克”来征收。各庄园和豁卡也按照这个标准来交纳赋税，但在民间人们仍使用约定俗成的计量单位进行交换，宗政府不过多干预。各豁卡之间计量单位也不同。

西藏民主改革后，嘉黎县计量管理工作先后由县委农牧部、县人民政府农牧科、县“抓革命促生产”办公室、县革委会生产组、县计委、县财经科、县经计委以及县计经委等机构管理。西藏逐步推行全国统一使用的计量

① “觉姆”：旧西藏长度计量单位，1 觉姆≈2 米。

② “冻巴”：旧西藏长度计量单位，为双臂平展的长度。

③ “绌”：旧西藏长度计量单位，为肘关节到中指指尖的长度。

④ “墩”：旧西藏面积计量单位，1 墩≈80 亩。

单位，但在很长一段时期，各种计量单位仍混杂使用。

20 世纪 60—80 年代，嘉黎县的计量工作，主要是在对农副产品的收购和征集上进行管理，在收购农副产品时按照国家统一制定的计量标准进行。要求县贸易公司等部门在收购农副产品时，按照公平买卖的原则进行。嘉黎县的计量部门在那个时期的工作任务相对来说不多，计量单位基本上按照国家统一制定的标准执行。

1984 年 2 月，国务院发布《关于在全国实行统一计量单位的命令》《关于全面推行国家法定计量单位的意见》《中华人民共和国法定计量单位使用方法》3 个文件。1985 年 7 月，嘉黎县根据上级的指示正式使用国家法定标准计量单位。新计量单位替代了原地方旧式计量单位和外来英制计量单位，长度单位有公里（千米）、里、公尺（米）、分米、厘米等；面积单位有平方公里（平方千米）、平方公尺（平方米）、公亩、分等；重量单位有吨、公斤（千克）、斤、两等；容积单位有公升（升）、毫升等。嘉黎县逐渐普及现在全国通用的计量单位，老百姓逐渐适应并在交易中大都按照全国通用的计量单位进行交易。

20 世纪 90 年代，嘉黎县计量工作主要通过宣传和教育，使广大农牧民群众掌握计量单位的使用和换算，同时加强对计量器具的管理，为地方经济协调发展提供可靠的测量支持。

第二节　物价管理

历史上，嘉黎县商品流通没有专门的管理机构，商品价格大多体现在以物易物的交换过程中，不等价交换较为普遍。交易形式和方式完全按照各自所需来进行，宗政府不干预，也不制定规则。商人在经商过程中按照商品的流通价格和货物价格进行定价，商品价格的随意性较大。一些从内地或者是国外流通到嘉黎的商品，主要消费群体是上层部落头人或者是寺院上层僧侣，很多普通群众消费不起。到嘉黎进行商品买卖的商人大都具有一定的背景，嘉黎宗政府对他们在嘉黎的商品定价不能过问，对商品的定价也无权干涉。

民主改革后，国家对商品流通实行计划管理体制。嘉黎县按照国家“发展生产，保证供给、稳定金融物价”和“总体不赔，具体商品有赔有赚”的原则制定商品价格。物价工作的重点是控制商品价格，防止通货膨胀。

1963年，嘉黎县根据中央批转全国物价委员会《关于提高部分商品销售价格的报告》的指示，对烟、酒、茶、农药、化肥、小型农具等商品的价格进行调整，销售价格提高5%。1965年，嘉黎县根据全区统一部署对商品价格进行逐步调整，销售价格降低15%。降价幅度较大的有支农（牧）物资、民族用品、药品等。1966年，嘉黎县部分商品实行全国统一价格和最高限价。由此缩小地区差价，取消城乡差价。“文化大革命”期间，为稳定经济局势，全区对各种物价实行冻结措施。

1974年，嘉黎县根据中央“稳定市场，稳定物价”的方针，进一步加强物价管理，把各项产（商）品价格纳入计划管理轨道。同时还将原区、社物价管理权限集中到县一级进行有效管理。

1980年，嘉黎县根据全区统一安排对价格进行改革。适当减少国家统一定价商品，对一些工业品实行最高限价和中准浮动价格，对农村土特产品及小商品实行议价，同时给予企业一定的定价权。1984年，中央发布《关于经济体制改革的决定》文件。嘉黎县根据上级安排贯彻执行文件指示，改变了以往价格管理权限集中单一的模式，分期分批放开小商品价格管理权。

1993年以后，嘉黎县根据物价适应市场经济发展的需求，继续放开商品价格。除少数商品由政府宏观调控外，大部分商品价格由市场自行调节。

随着社会主义市场经济的逐步建立，嘉黎县对商品价格不予过多干预，采取市场调节的办法进行管理，对涉及民生的商品采取指导定价的方式进行。各商户在经营中基本能够做到合法经营、守法经营。

第四章　工商行政管理

第一节　机构

民主改革前，嘉黎县商品流通多以集市贸易的方式进行，境内商业活动由地方宗政府临时派人管理。民主改革后，嘉黎县市场秩序逐步好转，商贸活动日趋增多。

1998 年 7 月 14 日，根据国务院批转国家工商行政管理总局《工商行政体制改革方案》的通知要求，拟成立嘉黎县工商局。单位编制 2—3 人，在机构正式成立之前先行工商行政管理工作。

2010 年 3 月 25 日，嘉黎县工商局成立。编制 5 人，主要管理工商行政工作。

第二节　市场管理

历史上，嘉黎宗的市场交易主要在冬季农闲季节进行，市场由嘉黎宗宗本派人管理，并在农牧民交易时，按照货物交易量的大小征收税收。在其余时间里，嘉黎宗基本上没有正式的市场进行交易。

民主改革后，嘉黎县建立国营贸易公司和供销合作社。以县贸易公司和供销合作社为主体，由其他私营工商者参与的自由交换市场在县城所在地形成。因市场规模小，各类商品供应及交换主要依靠县贸易公司和县、区供销合作社。

1980年，嘉黎县按照上级“活跃城乡市场，繁荣地方经济”要求，开始开展工商行政管理工作。工作围绕“以个体经济为主”的方针，大力扶持和发展个体工商业，逐步开展对全县工商业的监督管理工作。同时还对党政机关和党政干部经营的商企进行清理和整顿，并严厉查处和打击投机倒把、走私贩私、制假售假等经济违法案件。

至1987年底，全县共有个体经营户139户，产值166.8万元。

1992年，嘉黎县开设集市和农贸市场，县市场管理部门对市场管理实行“三定、五包”① 岗位责任制，并制定工作廉政守则，对各类市场分别研究，制定“放开、促活”的政策及措施。

2000年，嘉黎县全面贯彻落实中央、自治区、地区关于发展个体私营经济的方针、政策，坚持采取有效的扶持措施，为个体私营经济发展提供服务。同时，按照“先发展、后规范”原则，充分发挥政策优势，努力促进总量扩张，推动农牧区个体私营经济发展。

第三节 工商企业登记

1985年，嘉黎县平均每个村有两户个体工商户，他们主要从事商业、饮食业、服务业和修理业等。

2010年底，全县办理个体工商户注册登记193户，从业人员358人，注册资金607.9万元。农牧民经纪人2户，农牧民专业组织1户。

---

① “三定、五包”：“三定”即一定人员、二定区域、三定职责；“五包”即一包底清户明、二包宣传服务、三包硬性指标、四包规范管理、五包长效机制。

第五章　土地管理

第一节　机构

1959年民主改革以前，嘉黎县无专门土地管理机构。民主改革后，土地管理工作先后由县委农牧部、县人民政府农牧科、县“抓革命促生产”办公室、县革委会生产组以及县农牧局等机构管理。

2005年，嘉黎县土地管理局（简称县国土局）正式成立，直属嘉黎县人民政府，主要负责土地资源、矿产资源、环境保护、环境卫生等相关工作。截至2010年，县国土局有局长1人、副局长1人、工作人员1人、工人1人、驾驶员1人。

嘉黎县土地管理机构负责人名录见表12－5－1。

嘉黎县土地管理机构负责人名录

表12－5－1

机构名称	职务	姓名	性别	民族	任职时间
国土局	局长	边巴	男	藏	2005.01—2010.12

第二节 国土管理

民主改革前，嘉黎境内土地均由所属宗豁自行管理。民主改革后，土地归国家所有，农田、草场、林地、水塘等土地资源划分到户，以家庭为单位进行管理和使用。1966—1969 年，嘉黎县各乡先后成立人民公社，土地以区、社为单位进行统一管理。除私人自留地以外，其余土地的开发和使用，都由公社决定后上报县革委会批复。1984 年，嘉黎县贯彻实施国家“土地归户使用、自主经营、长期不变”和“牲畜归户、私有私养、长期不变”的政策，实行土地包干到户，但分给农民的土地仍归村集体所有。20 世纪 90 年代，嘉黎县社会经济进入快速发展时期，县土地管理部门根据《中华人民共和国土地管理法》（1986 年 6 月 25 日颁布）对全县土地进行有效管理。1996 年 1 月，嘉黎县制定《嘉黎县实施〈中华人民共和国土地管理法〉办法（试行）》，全县土地管理工作正式步入法制化、规范化道路。

一、建设审批

1959—1979 年，嘉黎县建设用地采取“即申即批”的原则，全力支持社会主义各项建设事业。1984 年，嘉黎县根据自治区人民政府《关于加强土地管理工作的通知》要求，将原来由城建、民政等部门负责办理的建设征、拨用地审批工作交由土地管理部门。20 世纪 90 年代初，为协调社会发展和土地保护的平衡关系，嘉黎县在宣传国家相关土地法律法规的同时，严格土地审批手续，严厉打击滥占、乱占土地的不法行为，提倡科学合理使用每一寸土地，防止土地资源特别是耕地的减少和流失。城镇建设以盘活存量为主，农牧区定居点建设一般先使用“四荒”① 地，如条件不允许再使用劣质耕地。1997 年嘉黎县建设规划（1997—2010）预留用地面积 4078.19 亩，其中城镇建设 468.5 亩，占 11.5%；农牧区定居点建设 3609.69 亩（宅基

① “四荒”：荒山、荒地、荒滩、荒坡。

地 1052.87 亩，公共设施 2556.82 亩），占 88.5%。

二、地籍管理

地籍地产管理工作主要包括土地登记、土地统计和土地分等定级等。土地登记的类型包括土地总登记、初始登记、变更登记、注销登记、其他登记和他项权利登记 6 种。

1999 年 8 月，根据那曲地区国土局安排，为强化土地地籍管理，整顿土地市场秩序，查处土地违法案件，嘉黎县首次开展土地登记工作。通过土地登记，改变了过去单位和个人用地由县、乡人民政府划给，但无权属关系证明的状况，基本实现了凭证征地和持证用地。

截至 2010 年底，嘉黎县县城所在地共有 88 宗土地确定了权属关系，共发放 76 本国有土地使用证。

第十三篇

人口　民族　宗教

第一章 人口

第一节 人口状况

一、人口分布

民主改革前，嘉黎人口分布主要集中在拉日部落，同德部落、桑巴部落和阿扎部落人口相对较少，在山高林密的尼屋部落人口居住比较分散。民主改革后，嘉黎县人口在城镇周围较为集中，农牧区相对分散。20 世纪 80 年代以前，人口少数集中嘉黎镇，大部分人口主要分布在农牧区。1991 年，由于原县城驻地嘉黎镇存在泥石流隐患，县城搬迁至阿扎镇，阿扎镇成为人口相对集中的城镇。1995 年全县总人口 22051 人，农牧业人口 20344 人，占总人口的 92.3%；非农业人口 1707 人，占总人口的 7.7%。2000 年全县总人口 24953 人，农牧业人口 22436 人，非农业人口 1762 人。2010 年全县人口 32356 人，其中阿扎镇 4879 人、嘉黎镇 3455 人、鸽群乡 2292 人、忠玉乡 1897 人、藏比乡 1886 人、措多乡 4676 人、措拉乡 4266 人、林堤乡 1666 人、绒多乡 3161 人、夏玛乡 4178 人。农牧业人口 30199 人，占总人口的 94.09%；非农业人口 1897 人，占总人口的 5.91%。

二、人口构成

（一）民族构成

历史上嘉黎各部落人口主要以藏族为主。清中期，随着中央政府在川藏大道上设置驿站和粮台，清兵开始驻守嘉黎（拉日），这个时候开始有汉族等其他民族在此定居和生活。

民主改革后，嘉黎城镇人口，主要是汉族、藏族以及其他民族的行政工作人员。其中也有部分驻军人员在嘉黎居住，但比较少。其余乡镇中，也有少量汉族和其他少数民族干部、职工因工作需要，在此居住。20 世纪 50 年代到 20 世纪末，嘉黎县各区乡镇中，汉族干部在乡镇中有 1—2 名。到 21 世纪初，随着各项事业的发展，大量其他民族干部在各乡镇工作，过去单一的民族结构发生改变。

藏族是嘉黎县的主要民族，占全县人口的 98% 以上。1995 年，在各民族人口中，藏族人口 21965 人，占总人口的 99. 6%；汉族人口 86 人，占总人口的 0. 39%。

2000 年第五次全国人口普查数据显示，全县总人口 24953 人。在各民族人口中，藏族 24731 人，占比 99. 1%；汉族 186 人，占比 0. 7%。

2010 年第六次全国人口普查数据显示，全县总人口 32356 人。在各民族人口中，藏族 31752 人，占比 98. 1%；汉族 565 人，占比 1. 7%。

（二）性别构成

嘉黎县人口性别比例历史上一直是女多男少，1959 年开始，男性比例呈现上升趋势，女性比例呈现下降趋势。1959 年，全县 22478 人中，男性 10304 人，占总人口的 45. 84%，女性 12174 人，占总人口的 54. 16%，男女比例为 100：118。1995 年，嘉黎县总人口为 22051 人，男性 10703 人，占总人口的 48. 54%，女性 11348 人，占总人口的 51. 46%。

2000 年全县总人口 24953 人中，男性 12657 人，占总人口数的 50. 72%；女性 12296 人，占总人口数的 49. 28%。

2010 年全县总人口 32356 人中，男性 16473 人，占总人口数的 50. 91%；女性 15883 人，占总人口数的 49. 09%。

（三）年龄构成

封建农奴制时期，嘉黎县由于生活条件差、缺医少药等，人均寿命低。1959 年西藏民主改革后，随着生活水平提高和医疗卫生条件的改善，人均寿命开始增加，1982、1990 年两次全国人口普查数据表明，年龄结构不断变化，年龄在 15—64 岁的人口由 1982 年占总人口的 66.6% 上升到 1990 年的 71.5%，1990 年人均寿命达到 67 岁。

2010 年第六次全国人口普查数据显示，嘉黎县 0 岁 757 人。1—4 岁 3355 人、5—9 岁 3672 人、10—14 岁 3335 人、15—19 岁 3282 人、20—24 岁 3367 人、25—29 岁 3293 人、30—34 岁 2255 人、35—39 岁 2104 人、40—44 岁 1768 人、45—49 岁 1354 人、50—54 岁 913 人、55—59 岁 736 人、60—64 岁 688 人、65—69 岁 522 人、70—74 岁 432 人、75—79 岁 272 人、80—84 岁 150 人、85—89 岁 78 人、90—94 岁 20 人、95—99 岁 3 人、100 岁以上 0 人。

（四）文化构成

封建农奴制时期，只有三大领主子女享有受教育的权利，广大农奴无受教育的机会，有极少数人在寺庙接受一点教育，文盲、半文盲人口多，文盲率高达 98% 以上。

民主改革后，嘉黎县大力兴办各级各类学校，同时开展成人教育和扫盲工作，群众文化程度不断提高。

2000 年第五次全国人口普查数据显示，全县未上过学的有 13786 人，上扫盲班的有 1793 人，小学文化程度 4710 人，初中文化程度 445 人，高中文化程度 82 人，中专文化程度 223 人，大专文化程度 57 人，本科文化程度 8 人，研究生 1 人。

2010 年第六次全国人口普查数据显示，全县 6 岁及以上总人口共 27656 人，其中未上学 13783 人，小学文化程度 10643 人、初中文化程度 2006 人、高中文化程度 416 人、大学专科文化程度 494 人、大学本科文化程度 306 人、研究生文化程度 8 人。

第二节 人口变动

一、自然条件变动

1959年以前，由于医疗条件和生活水平差，人口死亡率高，出生率较低，人口处于低增长状态。

1995年，嘉黎县出生率为31‰，死亡率为11‰，自然增长率20.4‰。

1999年出生人数723人，其中男性360人，女性363人；死亡人数279人，其中男性129人，女性150人。自然增长率14.8‰。

二、社会条件变动

1911年10月，随着辛亥革命爆发，驻守嘉黎驿站的清兵有部分随彭日升退守昌都，也有部分清兵在当地和藏族通婚，在嘉黎安家，嘉黎人口有所增加。

在20世纪60—90年代，嘉黎县人口变迁主要是汉族干部、职工和其他少数民族干部，人口的迁徙也主要在县域内，在县机关和乡镇之间调动，以及往那曲地区等别的地方调动，人口的变迁情况较少。当时，嘉黎县也有“农转非”（即农业人口转为城镇人口）情况，这些“农转非”的人口主要是干部和职工的家属等，按照每年不得多于4‰的规定名额实行，由中共嘉黎县委员会、县政府按照上级规定严格掌握。嘉黎县人口变动不大。

20世纪80年代以后，国家开始实施对口支援工作，同时随着改革开放不断深化，许多大学毕业生、退伍军人、从事经商投资的人员、大量内地务工者进入嘉黎，人口随之增加。全县人口从1995年的22051人增长到2010年的32356人，增长了46.7%。

第三节　人口普查

一、第三次全国人口普查情况

1959年以前，由于西藏不具备人口普查条件，并没有对人口进行系统性普查。1982年2月19日，国务院颁发《第三次人口普查办法》，决定于1982年7月1日零时起进行第三次全国人口普查，嘉黎县委、县政府于1982年12月10日成立第三次人口普查领导小组，下设办公室。

1982年，全县总人口16449人，其中男性7955人，女性8494人。

二、第四次全国人口普查情况

国务院决定1990年7月1日零时起进行第四次全国人口普查。遵照区地两级人口普查领导小组的安排部署，根据《西藏自治区第四次人口普查实施办法》，嘉黎县于1990年3月18日成立第四次人口普查领导小组，下设办公室。

1990年，嘉黎县总人口19855人，比1982年增加了3406人。

三、第五次全国人口普查情况

2000年，国务院决定进行第五次全国人口普查，嘉黎县于2000年4月15日成立第五次人口普查领导小组，下设办公室。此次人口普查的准备工作时间长，工作细致扎实，特别是对普查工作人员进行了严格的挑选和培训。普查中，工作人员取得了全县全部人口登记资料，并在登记结束后进行了全面复查核实。

普查结果表明，从2000年11月1日零时起，全县总户数4585户，其中家庭户4539户，集体户46户。家庭户平均每户人口数5.4人。总人口24953人，其中男性12657人，占总人口数的50.7%，女性12296人，占总人口数的49.3%。

四、第六次全国人口普查情况

2010年国务院决定开展第六次全国人口普查。在国务院、自治区、地区人普办的正确领导下，嘉黎县于2010年5月成立了第六次全国人口普查领导小组，并下设办公室在县统计局。此次人口普查在全县各部门和乡镇人民政府的大力支持下，经过全体普查人员的共同努力，普查获得了丰富翔实的资料。

普查结果表明从2010年11月1日零时为标准时点起，全县总户数6259户，其中家庭户6157户，集体户102户。全县总人口32356人，其中男性16473人，占总人口数的50.91%，女性15883人，占总人口数的49.09%。通过普查，准确地掌握了嘉黎县人口的分布和构成情况，详细记录了从业人员性别及在各行各业中的分布情况，为有计划地发展经济和文化事业，加快治穷致富步伐提供了可靠的依据。

第四节　优生优育

嘉黎县在全面落实中华人民共和国计划生育工作的规定后，由县人民政府成立县计划生育管理机构，但鉴于当时机构不健全，县计划生育机构设在县卫生局，由县卫生局统一管理县计划生育工作，在实行计划生育工作中，只是对机关干部、职工进行了严格控制。在广大农牧区基本上没有进行监管，也没有对农牧区群众强制实行计划生育政策。只在农牧区进行了宣传教育，提倡少生少育。到2010年12月31日之前，在嘉黎县农牧区没有采取过强制生育措施。县计生委机构始终在县卫生局的管理下工作。

一、优生优育

1975年8月，根据国家计划生育政策和自治区制定的《西藏自治区关于在藏工作的汉族干部职工计划生育的暂行规定》，嘉黎县成立县计划生育领导小组，指导管理全县计划生育工作。1980年，计划生育领导小组改为计划生育委员会，下设办公室，配备5名计生工作人员。各乡镇成立计划生育办公室，正式在机关汉族干部职工中开展计划生育工作，推行以避孕为主的节育措施，凡从内地来藏工作的汉族干部职工及其家属（含城镇居民），一律按国家对干部职工的要求执行，提倡“一对夫妇只生一个孩子”，严格控制生二胎，杜绝生育三胎和多胎。进藏工作的区外少数民族干部的生育要求，按原籍规定办理，原籍无特殊照顾规定的，则按汉族干部职工要求执行。

1985年，全县各级政府把计划生育工作列为重要工作之一，积极开展计划生育政策宣传动员，推行避孕、节育措施，在藏族农牧民群众中，宣传计划生育，采取自愿为主的原则，提倡晚婚、晚育、优生、优育。按自治区计划生育政策，藏族干部职工和城镇居民可以生二胎，农区群众可以生三胎，牧区群众可以生四胎（“一二三四”政策）。汉族与少数民族通婚的后代，按本人档案中填写的民族对待，区内藏族干部职工、户口在单位的家属以及城镇居民都实行计划生育，一对夫妇允许生育二胎，控制生育三胎和多胎。门巴、珞巴等民族中的国家干部职工，原则上按藏族干部职工的要求执行。

二、政策规定

凡属晚婚晚育者，可凭本人户口卡片、怀孕证明及单位证明，由女方户口所在地政府或单位证明，到所在地市计划生育办公室办理生育证。计划生育有关手续，由女方户口所在单位负责办理，女方在部队工作者，其生育证及独生子女证均由部队负责办理。

户口在藏的汉族干部、职工有下列情况之一者，凭地方以上医院证明，经本人要求和单位批准，允许生育二胎：（1）第一个孩子经医院鉴定为非遗传性疾病，不能成长为正常劳动力的残疾儿；（2）夫妇多年不孕（婚后5年以上），抱养他人一个孩子之后又怀孕要求再生一个的；（3）双方均为独生子女的夫妇；（4）汉族干部、职工与区内藏族或其他少数民族通婚的。

再婚夫妇属于下列情形之一的，经审查批准后允许生育一胎：（1）双方合计只带有一个小孩，婚后要求再生育一个的；（2）丧偶夫妇再婚时，另一方为初婚或未生育过的；（3）一方带有一个或两个孩子，另一方为初婚未生育过的；（4）凡抱养他人的孩子，须按公安部门的有关规定办理手续。如遇上述以外特殊情况要求生育时，由各地市计划生育委员会研究酌定。安排生育，必须间隔3年以上。

第二章　民族宗教

第一节　民族

一、民族政策

1951 年 10 月，成立嘉黎宗解放委员会，派出军代表和工作人员，对嘉黎上层贵族，以及在寺院中宣传《十七条协议》精神，让上层人士僧人了解党对西藏民族、宗教的政策，对人民解放军进驻西藏、保卫祖国给予充分的理解和支持。

1956 年 10 月，嘉黎宗建立办事处党委，由塔工基巧办事处党委领导。遵照上级指示，宗党委始终把民族、宗教和统战工作作为重要工作，广泛宣传《十七条协议》精神，宣传党的民族和宗教政策，开展以维护祖国统一、增强民族团结、各民族平等互助为主要内容的民族、统战工作，努力争取地方上层进步人士。根据《共同纲领》和《十七条协议》精神，为唤起群众的阶级觉悟和爱国意识，团结民族、宗教界上层人士，培养积极分子，争取中间分子，动员群众，彻底驱逐帝国主义势力。同时开展物资运输，筑路支前，为群众发放无息贷款、防病治病等各项影响群众的工作。

1957 年 9 月，按照中央“六年不改”的指示，嘉黎宗解放委员会撤销，只留少量工作人员。宗政府继续贯彻执行《十七条协议》。

1959 年 3 月，西藏迎来民主改革，嘉黎在政治、经济上获得了极大的发展。在民主改革的同时，开展土地改革运动，按农区、牧区和寺庙三大块，有针对性进行。在农区开展“三反双减”和土改分配运动，废除封建农奴土地所有制。在牧区开展“三反两利”和牲畜、草场分配运动，废除牧主阶级的草场特权，没收和收买牧主的牲畜，分配给原放牧者，废除各种“协”的剥削方式。同时，建立牧民协会，政府通过无偿补助牲畜、发放无息贷款和低息贷款等方式，扶助牧区发展牧业生产。在寺庙进行“三反三算”运动、民主改革运动，废除“政教合一”封建农奴制度，废除高利贷、租税等。农奴主、领主及其代理人、农奴等也在运动中分到土地和牲畜，全县农区人人分得土地、牧区人人分得牲畜。

民主改革基本完成后，嘉黎县按照《中共西藏工委关于牧区当前若干具体政策的规定》，在农牧区大力开展爱国增产保畜运动，从牧民的生产需要出发，认真遵守自愿、互利、等价原则，采取牧民最易接受的形式，逐步推广牧业生产互助组。这一政策的落实，使全县群众团结一心，平等、互助的社会主义新型民族关系得到发展。

1980 年开始，在党的十一届三中全会路线指引下，中共嘉黎县委员会认真落实党中央关于西藏工作的一系列指示精神，及时拨乱反正。首先进行平反冤假错案，努力落实人的政策和民族、宗教、统战政策。在政治上坚持四项基本原则，反对资产阶级自由化，加强民族团结、树立“两个离不开”观念的教育。维护祖国统一，反对民族分裂。在经济建设方面，根据“调整、改革、整顿、提高”的方针进行农牧业、企业经济体制改革，充分调动广大农牧民的生产积极性，增强企业职工主人翁责任感，推动全县各项事业蓬勃发展。

1984 年，全县进一步开展“两个离不开”思想宣传教育，积极引导干部群众完整、准确地掌握党的民族政策，正确树立马克思主义民族观，进一步密切社会主义时期的新型民族关系。

二、民族构成

（一）藏族

嘉黎县历史上是以藏族为主的民族聚居地，在千百年的历史变迁中，虽有蒙古族、汉族等其他民族的加入，但始终保持着以藏族为绝大多数。藏族在这片土地上生活，并融合吸收了其他民族的优秀文化，在嘉黎创造了独具地域特色的藏族文化。

改革开放后，随着西藏经济的发展，来自内地的信息深刻地影响了嘉黎县的农牧区群众，藏族群众积极参与到经济发展中，在各区乡出现了一批致富能手，带动周围群众发展生产，嘉黎县的农牧业生产获得极大的发展。

藏族是嘉黎县的主要民族，其人口占全县总人口的98%以上。1995年，在各民族人口中，藏族人口21965人，占总人口的99.6%；2000年第五次人口普查时，全县藏族24731人，占总人口的99.1%；2010年第六次人口普查时，全县藏族31752人，占总人口的98.1%。

（二）汉族和其他民族

历史上，嘉黎县作为川藏大道上的一个重要驿站，在1729年正式设置驿站和粮台后，清军一直在这里担负驻守任务。据历史记载，在最高峰时期驻守的兵丁达150人左右，这部分兵丁中大量是来自四川、陕西的兵丁，主要以汉族、回族为主。

1911年，清政府被推翻，部分回不去的汉族、回族兵丁在嘉黎县安家，成为最早在嘉黎居住的除藏族以外的其他民族。由于长期和藏族居住，有些汉族到1950年人民解放军进军西藏经过嘉黎时连汉语也不会说了。

1959年3月28日，西藏地方政府上层反动集团全面发动武装叛乱，国务院发布解散西藏地方政府的命令，林芝分工委派出工作队进驻嘉黎。同年12月，成立嘉黎县人民政府，从此汉族干部开始在嘉黎县生活工作，与当地藏族群众同呼吸、共命运。汉族和其他民族的来源主要是党政干部和建设嘉黎的工人。

在20世纪60—80年代初，汉族和其他民族来嘉黎，主要是上级委派到嘉黎任职的干部，也有部分复员军人充实到地方工作。这些汉族和其他民族的干部职工主要在城镇机关事业单位当中，人员较少，占全县人口比例为0.02%。

20世纪80年代以后，随着高等院校和中专学校毕业生分配到嘉黎县各机关事业单位，汉族和其他民族的比例有所提高，但占全县总人口比例也没有突破0.03%。随着改革开放的不断深入，来嘉黎经商的汉族、回族人口不断增加，他们主要分布在县城阿扎镇和嘉黎镇。因属于外来人口，在1982年第三次全国人口普查和1990年第四次全国人口普查中，对他们没有进行统计。在各乡镇也有一部分从事基础设施建设的外来施工人员，这些人员流动性大，一般都是季节性务工，在冬季或者是工程完工后便撤离。

2000年第五次全国人口普查时，全县有汉族186人、蒙古族4人、回族11人、苗族3人；2010年第六次全国人口普查时，全县有汉族565人、回族16人、彝族1人、布依族1人、满族3人、瑶族1人、土家族1人、土族11人。

从汉族和其他民族在嘉黎驻守和工作开始，他们一直与藏族友好相处。他们用自己的青春和热血为嘉黎的社会主义建设服务，有的甚至献出了生命。藏族人民怀着满腔的热爱关心着他们，在工作生活中结下深厚的情谊，让他们在嘉黎县感受到藏族同胞的关爱。

第二节　宗教

一、教派

千百年来，藏传佛教各教派在嘉黎影响深远。尤其在吐蕃政权崩溃后，噶举派势力影响较大，在嘉黎地区占有绝对优势，与地方势力结合后成为统治嘉黎地区的重要势力。其中嘉黎镇的拉日寺成为噶举派控制的势力范围。清朝初期，格鲁派势力兴起，在五世达赖喇嘛的强力推行下，拉日寺改宗格鲁派，成为嘉黎当时最为有名的寺庙。

（一）噶举派

在11世纪初藏传佛教后弘期中期，噶举派在嘉黎兴起并成为直贡噶举派的势力范围。1416年，格西白旦顿珠在嘉黎创建拉日寺；1884年，嘉黎著名的经师拨瓦主持修建克地寺；1889年，创建比俄寺。此外，还有创建时间不详的赤多寺、扎西曲林拉康、玛吉拉康、俄那拉康等。

（二）格鲁派

作为17—20世纪影响最大的藏传佛教教派，格鲁派相对于其他教派传承并不算久远，由宗喀巴大师的创立，后经蒙古和硕特部首领固始汗和清中央政府的扶持，在五世达赖喇嘛和七世达赖喇嘛大力弘扬下，成为西藏最大的教派。在嘉黎县传承后，将噶举派的主要寺庙拉日寺改宗为格鲁派。格鲁派寺庙达孜寺由尊珠杰布于 1889 年创建。此外，阿扎寺、多保寺等也属于格鲁派，其具体创建时间不可考。

（三）宁玛派

宁玛派作为西藏最古老的藏传佛教教派，相传由莲花生大师创立，在西藏的传播历史较为久远。宁玛派寺庙主要有措果寺和噶尖寺、甲日拉康等。措果寺 1889 年由多旦夏加西日创建，为尼姑寺，在 1994 年举行的全区“寺庙教育”活动中，对该寺进行定编定员，将一部分未成年少女清理出寺庙，并安排其上学。

二、宗教活动场所

嘉黎县寺庙、拉康主要分布于阿扎、嘉黎、夏玛、措多等乡镇。2010 年，嘉黎县宗教活动场所共有 15 处，其中寺庙 10 座、拉康 5 个，噶举派活动场所 5 处、格鲁派活动场所 5 处、宁玛派活动场所 5 处。嘉黎县宗教活动场所分布情况见表 13－2－1。

嘉黎县宗教活动场所分布情况表

表 13－2－1

分布乡镇	寺庙数	寺庙名称	藏文名称	所属教派	备注
阿扎镇	3	阿扎寺	ཨ་རྩ་དགོན།	格鲁派	
		达孜寺	སྟག་རྩེ་དགོན།	格鲁派	
		措果寺	མཚོ་མགོ་དགོན།	宁玛派	尼姑寺
夏玛乡	1	比俄寺	བེ་གུ་དགོན།	噶举派	

续表

分布乡镇	寺庙数	寺庙名称	藏文名称	所属教派	备注
措多乡	5	丹古寺	ཧ་མགོ་དགོན།	噶举派	
		克地寺	མཁལ་དེའུ་དགོན།	噶举派	
		扎西曲林拉康	བཀྲ་ཤིས་ཆོས་གླིང་ལྷ་ཁང་།	噶举派	
		甲日拉康	རྒྱལ་ར་ལྷ་ཁང་།	宁玛派	
		赤多寺	དྲིལ་སྟོད་དགོན།	噶举派	尼姑寺
藏比乡	1	多保寺	གཏུམ་པོ་དགོན།	格鲁派	尼姑寺
嘉黎镇	1	拉日寺	ལྷ་རི་དགོན།	格鲁派	
忠玉乡	1	噶尖寺	དཀར་རྒྱན་དགོན།	宁玛派	
鸽群乡	1	次曲拉康	ཚེས་བཅུ་ལྷ་ཁང་།	宁玛派	
麦地卡乡	1	玛吉拉康	མ་སྐྱིད་ལྷ་ཁང་།	噶举派	
尼屋乡	1	俄那拉康	འོད་སྣང་ལྷ་ཁང་།	噶举派	

三、宗教事务管理

1951年5月23日，中央人民政府与西藏地方政府签订《十七条协议》。嘉黎县作为西康省建置，昌都地区解放委员会成立三十九族办事处，在嘉黎宗派出军代表成立嘉黎县宗解放委员会。成立的宗解放委员会由各地方势力派出代表进行管理，但解放委员会对各寺庙的管理工作并没有进行，只是在各地进行了解社会民情、民俗以及社会结构等工作。1957年9月，按照中央“六年不改”的指示，嘉黎宗解放委员会撤销，随后工作队撤离。

1959年，在平叛改革中，对寺庙开展“三反三算”运动，废除寺庙的一切封建特权，解放一大批贫苦僧人。

1965年，全县在各寺庙建立以贫苦僧人为主体的民主管理委员会（组），安排寺庙宗教活动。同时，人民政府分给留寺僧尼土地、牲畜、农具、林卡等。将没收叛乱寺庙的财产留给寺庙，由民管会（组）掌握并分给留寺的广大贫苦僧尼。其标准为每人每年18藏克粮食，每月1斤酥油、2块茶（藏式砖茶）、1斤盐。对爱国宗教界人士，按各自情况每年发给20—

80藏克口粮。

1982年，按照中共中央制定并颁发的《关于我国社会主义时期宗教问题的基本观点和基本政策》，切实做好宗教工作。

1991年，按照《中共中央、国务院关于进一步做好宗教工作若干问题的通知》《关于加强寺庙管理工作的联合通知》文件要求，嘉黎县党委、政府进一步加强对宗教工作的领导，积极引导宗教与社会主义社会相适应。

1997年，嘉黎县根据自治区要求与部署，成立嘉黎县寺庙爱国主义教育领导小组。为搞好寺庙爱国主义教育，使全县僧尼了解和掌握有关国家法律法规以及政策原则等，进一步加大政府对寺庙的管理力度，规范寺庙和僧尼的行为。自治区有关部门还专门结合实际编写了全区寺庙爱国主义教育材料，包括《西藏历史教育读本》《反对分裂教育读本》《法律知识教育读本》和《宗教问题教育读本》，供广大僧尼学习使用。

四、宗教信仰自由政策

在1959年平叛改革中，根据党的宗教信仰自由政策，部分僧尼要求还俗的，发给6个月的生活费和返家路费。

1978年12月中共十一届三中全会召开后，进一步贯彻党的宗教信仰自由政策，恢复民主改革时的保留寺庙，宗教界人士的职务得到恢复。嘉黎县认真贯彻执行党的宗教政策，从20世纪80年代起，经县人民政府批准修复宗教活动场所37处，人民群众充分享受到宗教信仰自由的权利，民族风俗习惯得到尊重和保护。

严格落实利寺惠僧政策，积极开展寺庙僧尼免费体检和养老保险、医疗保险参保工作，实现全覆盖。僧尼五保、低保做到应保尽保，为僧尼购买人身意外保险，确保寺庙僧尼与本地群众社会保障均等化。做好寺庙“九有”项目提质增效工作，把寺庙纳入城乡公共服务、基础设施建设和文物保护建设规划。组派县统战民宗、发改、住建、交运、水利、文化等相关部门组成的工作组对寺庙“九有”项目完成及使用情况进行一次全面摸排，针对道路隐患、季节性缺水等问题，及时排查解决，形成寺庙“九有”项目长期运行保障机制，确保公路、水、电等持续畅通和运转。有力推进寺庙基础设施改造工程。

第十四篇

文化　广播
影视　旅游

第一章　文化

第一节　机构

嘉黎县人民政府在1959年12月成立后，县人民政府没有成立专门的文化机构管理文化工作，主要由当时的组宣部管理。

1974年6月，嘉黎县设立文化教育科。

1985年，将科改为局，成立文教局，管理全县文化事业。

1994年，县人民政府将教育和文化分开，单独设立文化局。

嘉黎县文化局主要领导人名录见表14－1－1。

嘉黎县文化局负责人名录

表14－1－1

职务	姓名	性别	民族	任职时间
局长	仁青	男	藏	1994.08—1995
	曲宗	女	藏	1995—1996.11
	石华	男	藏	2002—2004
	江英	男	藏	2004—2007
	余海州	男	汉	2009—2010.02
	普布扎西	男	藏	2010.02—2010.12

第二节　文化设施

一、县级文化活动中心

2005年之前文化局和广电局合署办公。2005年6月修建县文化活动中心，面积897.12平方米，总投资为91.1万元。当时县政府为文化局配备3台电脑和3套办公桌椅。文化活动中心由于基础设备缺少，2010年前未能开放运行。

二、牧家书屋

2008—2010年，县农家书屋工程覆盖27个行政村，每个行政村农家书屋面积109平方米。

2009年，在县委、县政府的大力支持下，拨付2.13万元，为10个牧家书屋配备书架、桌椅等设施，并顺利通过自治区网上验收。每个书屋配备1000多册图书，内容包括农牧科技、医药、少儿读物等。2010年，为17个牧家书屋配备图书、桌椅、书架等设施。牧家书屋为农牧民群众带来了农牧科技和致富增收的信息，极大丰富了牧民群众的业余文化生活。到2012年，全县122个行政村、16座寺庙拉康的书屋建设完成，书屋管理员于2012年开始由村委会成员兼任。

三、文化资源共享工程电子阅览室

在上级业务部门大力关心支持下，嘉黎县完成文化资源共享工程电子阅览室建设20台电脑的安装，为全县广大干部职工和农牧民群众查阅资料和网上学习提供了一个重要平台。

四、温台广场及温台会堂

由第五批援藏干部援建、投资500余万元的温台广场及温台会堂于

2010年通过验收并投入使用。县文化局在夏季每日定时播放音乐，广大干部和群众会自发在广场跳锅庄。温台会堂集会议、排练演出、电影放映多种功能于一体。文化广场工程极大地丰富了群众的精神文化生活。

第三节　文化市场管理

20世纪80年代，随着改革开放的深入，电视、电影等的普及，群众选择的娱乐消遣方式越来越多样化，一些不健康的文化产品开始流入嘉黎县文化市场。为净化文化市场，嘉黎县文化管理部门开始对市场上无证经营文化产品的商店进行整顿和清理，对涉及“黄、赌、毒”不符合社会主义精神文明建设要求的产品进行收缴，不断加大整顿和规范力度。

县“扫黄打非”办公室及成员单位先后组织开展6次珠峰行动及“扫黄打非”专项行动，对县城内的藏语歌碟、佛教音像制品、藏语印刷品进行检查。通过整治，有力保障了文化市场健康有序发展。同时加强互联网络管理，封堵有害信息在网吧传播，禁止未成年出入网吧。对网吧、酒吧舞厅等娱乐场所进行检查，规范整治娱乐场所。

开展乡镇文化市场稽查行动，对各乡镇音像制品和各种印刷品进行检查，净化文化市场环境。

积极开展文艺演出，2010年县文广局开展了一系列文艺演出和文艺下乡活动。地区赛马节演出节目有舞蹈：（贡布舞）女子群舞、（牧民风景）群舞、（欢乐牧民）群舞、（美丽的阳光城拉萨）女子群舞、（芒康锅庄）群舞、（赞美故乡）群舞；在地区赛马节获得了组织奖、特殊贡献奖。“四下乡”有3个舞蹈、1个歌伴舞，2个独唱节目，受到了农牧民群众的喜爱和一致好评。

第二章　文学艺术

第一节　民间文学

一、民间歌谣

嘉黎民间歌谣产生于人民群众的生产劳动和社会实践中，是诗歌化的语言，内容涉及社会生活的各个方面。

二、民间故事

嘉黎的民间故事以口头流传为主，由“仲巴”艺人以说唱形式讲给人们听。在嘉黎县流传的故事有《上方的日西日嘎和下方的日西日玛》《悲琼》等。

上方的日西日嘎和下方的日西日玛

相传在很久以前，在羌塘草原的西部有一个美丽富饶的边达王国，王国里有一位著名的猎人叫日嘎，人们称他为堆格日西日嘎（上方猎人日嘎），是上方的首领。下方有个部落，部落首领为托杜·日玛，是下方颇有名气的猎人。日嘎和日玛结为生死之交，还约定孩子出生后，若是一男一女，定要结为夫妻，不论谁家的是男孩，长到15岁时必须到女方家去成婚。如若不去，女方家可发兵征讨。不久，日嘎的妻子生了一个男孩，取名叫日嘎·拉布顿珠，而日玛的妻子则生了一个女儿，取名叫日玛·梅朵达珍。日嘎·拉布顿珠15岁时，前往下方迎娶日玛·梅朵达珍，途中受贝孜·拉卡那达之骗，成为贝孜·拉卡那达的仆人，贝孜·拉卡那达冒充日嘎·拉布顿珠前往下方的日玛家娶妻。日嘎·拉布顿珠经过三年的辛苦，终于战败贝孜·拉卡那达，与日玛·梅朵达珍团聚，后继承上方下方两大部落。

三、民间传说

（一）“格萨尔”传说

研究“格萨尔”的不少专家学者认为，格萨尔不是神而是藏族历史上的一位英雄人物，对其所处的时代、居住地、世系族谱、部落宗族和后裔等有令人信服的论述。“格萨尔”是古老而神秘的文化现象，从公元11世纪到今天，经过1000多年的千锤百炼，以其独特的“神授”形式形成千古无双的《格萨尔》史诗。

嘉黎县，民间自称是《格萨尔》中的格萨尔王妃绝世佳人梅萨的故乡，有关格萨尔的遗迹和故事遍布嘉黎县山川河流，其中广为流传的是梅萨王妃的城堡遗址及曾经发生在这儿的故事。梅萨王妃城堡遗址的上方为丹古寺，该寺是藏传佛教直贡噶举传承的寺庙，据《直贡教法史》记载，直贡噶举派第五代法王琼·多吉扎巴（1210—1278）在21—34岁时，在今嘉黎县丹古寺闭关禅修，圆满修完生起次第和圆满次第，亲见本尊佛，获得巨大成就，并在此倡建了丹古寺，传播直贡噶举派教法并传承至今。据民间传说，梅萨王妃是统治这个地方的梅王的公主，这一片丰饶的草场叫“梅雄”，流淌的河水叫“梅曲”，在山腰的梅萨城堡遗址下面的草场上至今隐约可以看到两处城堡遗址。在格萨尔分部本《昂岭之战》中格萨尔大哥甲察协嘎征服了昂地方后，就在丹古寺举行了盛大的庆祝大会，要求大家永远记住这次胜利。战士们高举宝刀等兵器载歌载舞，民众欢歌笑语，翩翩起舞。据民间传说，岭国30名大将的转世为藏传佛教直贡噶举派传承系统的30名活佛，继续教化藏族民众。丹古寺格萨尔羌姆舞主要表演格萨尔三大将军，即丹玛将军的弓箭舞、巴拉的战刀舞和噶德大力士舞，其他为随从表演，也是为了纪念这次胜利。

（二）嘉黎县茶马古道的传说

嘉黎，藏语意为“神山”，东连昌都地区边坝县和林芝地区波密县、工布江达县，南临拉萨市当雄县、林周县、墨竹工卡县，北依那曲地区那曲县，连接4个地市8个县，境内交通网络四通八达的，著名的唐蕃古道和茶马古道皆经过此地。和平解放前这里是除昌都之外，西藏境内最重要的一处交通要道，至今保留着很多跟茶马古道有关的文化遗址遗迹和传说，如拉日寺保存的“浩气凌霄”牌匾、嘉黎镇的关帝庙、文成公主迎请释迦牟尼佛像而铺就的石板路、清朝培养藏族通司人员的通德部落和屯兵的地方屯玛部落，以及茶马古道沿途写有汉字的石柱等。

（三）独俊大峡谷的传说

据《独俊圣地史·青莲花鬘》记载：在开天辟地神魔大战之时，远古苯教大神达拉美巴征服魔鬼，加持了独俊大峡谷；吐蕃第二代赞普牟赤赞普和第二十八代赞普拉妥妥日年赞时期，在独俊大峡谷地方建立了300人的苯教僧寺庙和12个巫师团体；第三十五代赞普芒松芒赞和第三十八代赞普赤松德赞时期建立大的僧团，藏族著名大翻译师白若杂那在此修行9年，传授了佛教密宗，制伏了很多神怪，打开了隐秘的圣地之门；此后莲花生大师幻化为一瑜伽行者来到独俊大峡谷，修习财神之法，独俊四周埋下巨大的财富宝藏；在萨迦索南则摩（1158—1172）时期，建立了4座萨迦派寺庙，历经3代；此后由噶玛吴坚桑杰在独俊大峡谷东部建立了一座噶举派寺庙，出现了索南僧格、江白旺堆和噶玛措琼等学修兼备的贤者，噶举教法兴盛了7代，后寺庙遭雷劈而毁；荒废了很多年后，一位名叫雅卓热巴的人修建了3座宁玛派寺庙，历经12代，后衰败没落。但是，民间认为，独俊大峡谷是一座具有强大加持力的圣地，祭祀和转山独俊大峡谷能够保佑风调雨顺、牛羊肥壮、五谷丰登，带来滚滚财富，是藏族先民远古“山神”和先贤崇拜的表现，影响至今，并有《独俊圣地史·青莲花鬘》《嘉黎隐秘之地独俊宝山志·空行母欧丹巴尔玛言教》《嘉黎隐地独俊宝山转山功德·日光普照》《独俊山神祈祷赞文》《嘉黎秀达独俊宝焰财神祈祷文》《独俊宝山山神供奉仪轨·如意宝瓶》等大量关于祭祀独俊大峡谷的典籍。

（四）梅萨达热的传说

“梅萨”是指格萨尔王的王妃，而“达热”是指马圈。梅萨达热藏文意译“梅萨马圈”，位于措多乡 8 村（惹许村），乡政府往西一公里处。遗址推测为石木结构，外墙长约 85 米、宽约 20 米，今残墙高 2 米左右，依山而建，墙体厚度 1.2 米左右。梅萨达热只是当地人的传说，并没有可靠的历史证据。通过走访调查，很多老人说珠姆达热实际上是梅萨鹏吉（梅萨鹏吉原系鹏部落首领的公主，格萨尔王爱妃和岭地七美女之一）的遗址，这里的地名为梅雄，水名为梅水。格萨尔王所占领的地域划分为 3 个部分，这 3 个地区的地形各有各的特点，自古以来流传着：梅堆加普其格（意思是飞鸟的脖子）、梅吉克巴珠松（现今只知其名、不知其意）、梅麦贡嘎热须（意思是众人喜欢的马圈），现措多乡政府驻地位于梅麦贡嘎热须。在格萨尔王时期，梅萨鹏吉的部落在梅麦贡嘎热须，他们在这里共有 3 个夏季牧场，最大的位于现今 8 村（惹许村）前，较小的在今 15 村（古塘村），最小的在今 8 村（惹许）东面 1 公里处。

据老人描述，在藏历元月十五日当天，梅萨鹏吉不小心把火炉上煮的食物倒进炉子里，触犯了当地的“山神”，因此鲁赞魔王（北方王国国王）把梅萨鹏吉掠走了。在梅萨鹏吉遗址后山岩石上能看得到当时鲁赞魔王来抓捕她时，她用射箭与之争斗时所射出的痕迹。在热须的后山山腰处还残留着她被抓走时留下的足迹。热须（藏文意为放马的圈子）村的名字来源还有这样的传说：格萨尔王为救王妃梅萨鹏吉独闯魔域征服了魔王，但梅萨鹏吉与珠姆王妃争宠，怕格萨尔王返回岭地，就天天给格萨尔王饮健忘酒。把格萨尔王的战马放入马圈里。

四、民间艺术

“直赤派”藏文书法

“直赤”派藏文作为直贡噶举派独有的藏文字体，在书写和朗读方面与现代藏文有所不同，在法王仁增曲扎上师在世时“直赤”在当地广泛应用，如寺庙书写经文、唐卡等。虽然藏文书法“直赤”流派具有数百年的传承历史，历史上“直赤”流派的书法大家层出不穷，声名远扬，但由于藏传佛教直贡噶举派的衰微等诸多历史原因造成青黄不接，濒临失传。随着时代的变迁和多元文化的冲击，直贡独特的字体“直赤”派书法的传承极为稀少，只有几个人努力发扬“直赤派”藏文书法。他们把自己全部的精力都会放在拯救和传承“直赤派”藏文书法上，热塔就是其中之一。

热塔出生在一个普通的牧民家庭，他6岁时在巴嘎区克地寺强久大师的细心教导下，学会了“直赤”的书写。他传承“直赤派”藏文书法到现在。“文化大革命”期间，他潜心学习民族文化，书写的文字整齐、有序、赏心悦目。在夏玛乡的比俄寺写过很多经文册，在2015年墨竹贡卡县直贡梯寺僧侣的邀请下，他用3个月的时间给40多名僧侣讲授“直赤派”藏文书法。藏文书法“直赤派”是具有独特文化的藏文字体，是当时直贡梯寺书写经文和制作唐卡的必用字体。

第二节　音乐舞蹈

一、舞蹈

（一）锅庄舞

锅庄舞是包括嘉黎县在内的藏族人民喜欢的传统舞蹈，其以歌舞为伴，以娱乐为主，传递藏族人民珍惜和热爱生活的理念。锅庄舞是经常性的活动，仅需三四人以上就可以跳起来，人数多的时候，可以进行村与村、组与组、男女双方的比赛，藏族人民对跳锅庄舞的热情很高，有时甚至会点起篝火通宵达旦地跳。进入2000年以来，自治区、地区会定期举办锅庄舞比赛，更加激发了嘉黎县人民的跳舞热情。

（二）创作舞蹈

《霍卓》是阿扎镇一村自编的舞蹈。

（三）扎西曲林“觉”羌姆

扎西曲林“觉”羌姆的创始人是大成就者楚西白玛堆多（1885—1969），他于1938年依据大圆满伏藏法和《莲花菩提院西部伏藏》授记，在今那曲县油恰乡噶登寺创立了这一独具特色的“觉”羌姆舞。主要分布在仁增堆多林寺、加热达杰拉康和扎西曲林3个寺庙，另外，在今那曲、当雄、林周、嘉黎和拉萨也有一定的影响。这个舞蹈具有一系列象征意义，如帽子象征征服三界、裙子象征3种世界、铃杵象征智慧和方便、胫骨号象征聚集八方宾朋等。其内容主要是代表佛教息、增、怀、伏的四方位舞蹈，即东方椭圆形舞蹈、西方三角形舞蹈、南方月牙形舞蹈和北方四角形舞蹈。其主要特点是僧俗共舞。民间认为，举行一次这种舞蹈将会消除人一年里的疾病和各种自然灾害等。现今在扎西曲林管委会有近百名精通这种舞蹈的僧俗人员。

（四）丹古寺格萨尔羌姆舞

丹古寺羌姆舞历经丹古寺高僧不断修改和完善，成为西藏境内藏传佛教中独具特色而鲜为人知的舞蹈。由于历史上直贡噶举派和萨迦派等争战的原因，直贡噶举派整体出现衰落的趋势，深藏于藏北草原深处的丹古寺只能勉强维持教派香火传承，无力顾及恢复格萨尔羌姆舞，只能时断时续象征性地表演。受现代社会化强势文化的冲击，格萨尔羌姆的生存环境出现危机。熟知该羌姆的年长僧人相继去世，而年轻的僧人在技艺上很少能独树一帜，难以继承和发展。

在嘉黎县人民政府的大力支持下，丹古寺自筹部分资金聘请熟悉该羌姆的年长僧人，连续6次在嘉黎县夏季赛马节上进行表演，部分技艺得以恢复。丹古寺格萨尔羌姆舞作为西藏宗教舞蹈中的一支鲜为人知的藏北地区唯一格萨尔羌姆舞品种，对其进行发掘、抢救和保护将会带动和促进整个那曲地区格萨尔文化事业的弘扬，对丰富和完善藏北地区宗教舞蹈史具有一定的推动作用。

第三章　文物

第一节　文物管理与保护

一、文物工作

1974—2010 年，全县文物工作先后由县文教科、文教局、文广局、文化局管理。

1990 年前后，西藏自治区文物管理委员会文物普查队在县境内进行文物普查，最后登录并公布各类文物点①处。

2008 年，西藏自治区第三次全国文物普查在嘉黎县展开，截至 2010 年底，在嘉黎县境内共调查并登录各类文物点 15 处，包括古遗址 4 处、古墓葬 1 处、古建筑 8 处、近现代重要史迹及代表性建筑 2 处。

二、文物保护单位

截至 2010 年底，嘉黎县共有各级文物保护单位 15 处，其中西藏自治区文物保护单位 4 处，嘉黎县文物保护单位 11 处。详见表 14－3－1。

① 国家文物局主编：《中国文物地图集・西藏自治区分册》，文物出版社，2010 年。

嘉黎县文物保护单位一览表（截至2017年底）

表14－3－1

名称	时代	保护单位级别	地点	公布时间
主曲墓地	唐	西藏自治区文物保护单位	藏比乡	2009年11月19日
阿扎寺	1687年	西藏自治区文物保护单位	阿扎镇	2013年12月2日
拉日寺	1416年	西藏自治区文物保护单位	嘉黎镇	2017年9月27日
比俄寺	1889年	西藏自治区文物保护单位	夏玛乡	2017年9月27日
达孜寺	1688年	嘉黎县文物保护单位	阿扎镇	2001年11月2日
扎西林德寺遗址	不详	嘉黎县文物保护单位	忠玉乡	2012年7月26日
珠姆达热(东)遗址	不详	嘉黎县文物保护单位	措多乡	2012年7月26日
珠姆达热(西)遗址	不详	嘉黎县文物保护单位	措多乡	2012年7月26日
珠姆达热(中)遗址	不详	嘉黎县文物保护单位	措多乡	2012年7月26日
冬麦民居	近现代	嘉黎县文物保护单位	忠玉乡	2012年7月26日
多保寺	不详	嘉黎县文物保护单位	藏比乡	2012年7月26日
克地寺	19世纪	嘉黎县文物保护单位	措多乡	2012年7月26日
丹古寺	17世纪	嘉黎县文物保护单位	措多乡	2012年7月26日
扎西曲林拉康	1894年	嘉黎县文物保护单位	措多乡	2012年7月26日
嘉黎烈士陵园	20世纪	嘉黎县文物保护单位	嘉黎镇	2012年7月26日

第二节　文物遗存

嘉黎县境内的文物遗存包含有古遗址、古墓葬、古建筑、近现代重要史迹及代表性建筑等四大类，择要介绍如下。

一、古遗址

扎西林德寺遗址位于忠玉乡冬麦村东南约1千米处的山顶上，始建年代及历史沿革不详。现遗址仅存残墙废墟，由主殿遗址和伙房遗址组成，占地面积1230平方米。

主殿遗址坐西朝东，墙厚1米，由门廊、经堂组成：前部为门廊，后部为经堂。墙体残高4.2米。

主殿遗址正前方50米处为伙房遗址，仅剩废墟。

二、古墓葬

主曲墓地位于藏比乡主曲村西北，地处谷口冲积扇，现存封土墓葬100余座，占地面积约15万平方米。封土平面多呈梯形，前宽后窄，底部用块石砌筑边框。大部分墓葬已被破坏几近平地，据调查墓中曾出有马骨、人骨和铜马饰等物。时代为吐蕃政权时期。

2009年11月19日由西藏自治区人民政府公布为西藏自治区文物保护单位。

三、古建筑

1. 阿扎寺

位于阿扎镇2村所在地。清康熙二十六年（1687年，藏历第十二饶迥火兔年）由觉旦·嘉博昂让扎巴创建，属格鲁派。20世纪六七十年代遭毁，1987年重建。现由集会殿、拉让、擦康、僧舍、伙房、天葬台等组成，占地面积约350平方米。

主殿高两层。一层由门廊、经堂组成。经堂主供强巴佛、宗喀巴师徒三尊、药师佛、莲花生大师等。二层为护法殿、接待室。

2013年12月2日由西藏自治区人民政府公布为西藏自治区文物保护单位。

2. 拉日寺

位于嘉黎镇所在地。始建于明永乐十四年（1416年，藏历第七饶迥火猴年），由古西巴·顿珠创建，属格鲁派。后遭毁，1982年由格龙云旦主持重建。现由集会殿、拉让、擦康、僧舍、佛塔、伙房、天葬台等建筑组成，占地面积约2330平方米。

集会殿坐西朝东，一楼一底土木石结构藏式平顶建筑。一层由门廊、经堂、强巴殿、护法殿组成。门廊壁画内容为四大天王。中部经堂壁画内容为多闻子、吉祥天姆、三大地狱王、喜金刚、大威德金刚、时轮金刚、密集金刚等。后部为护法殿、强巴殿、储藏室，护法殿主供吉祥天姆；强巴殿主供强巴佛、八大佛子、二尊怒神。

2017 年 9 月 27 日由西藏自治区人民政府公布为西藏自治区文物保护单位。

3. 比俄寺

位于夏玛乡塔孔村。清光绪二十五年（1889 年，藏历第十五饶迥土牛年）由龙堆嘉措创建，属噶举派，主供佛为觉巴・晋丹贡布。后遭毁，20 世纪 80 年代重建。由主殿、拉康、僧舍、佛塔、伙房、天葬台等建筑组成，占地面积 55616 平方米。

集会殿坐西朝东，一楼一底土木石结构藏式平顶建筑。由前部经堂和后部拉康组成。主供噶举派三大上师、莲花生大师、释迦牟尼、文殊菩萨、长寿三尊等。

2017 年 9 月 27 日由西藏自治区人民政府公布为西藏自治区文物保护单位。

4. 达孜寺

位于阿扎镇 4 村所在地。清康熙二十七年（1688 年）由尊追桑布创建，属格鲁派。1962 年遭破坏，1988 年群众集资重建。由集会殿、拉康、僧舍、佛塔、伙房、天葬台等建筑组成，占地面积 2412 平方米。

集会殿高两层。一层由门廊、经堂组成。前部门廊内绘有四大天王及六道轮回图。后部经堂主供宗喀巴上师、释迦牟尼、文殊菩萨、长寿三尊等。二层为护法殿、仓库等。

2001 年 11 月 2 日由嘉黎县人民政府公布为嘉黎县文物保护单位。

四、近现代重要史迹及代表性建筑

嘉黎烈士陵园位于嘉黎镇拉日果村所在地。始建于 1959 年，陵园长 40 米、宽 38 米，安葬着平息麦地卡战役中牺牲的一二四师四〇〇团拧汉照、李尚信等 41 名烈士和在西藏社会主义建设事业中因公牺牲的干部群众 9 名，共计 50 名革命烈士。

陵园坐北朝南，烈士墓共 5 排：第一排 10 座墓、第二排 9 座墓、第三排 11 座墓、第四排 10 座墓、第五排 10 座墓，共计 50 座墓。

第四章　广播影视

20 世纪 60 年代嘉黎条件相对落后，广播影视等事业发展也经历了由落后到逐步改善的过程。2010 年，全县 10 个乡镇 122 个行政村全部开通广播电视，“村村通”工程覆盖率 100%；全县 297 个自然村，已通广播电视的有 30 个，覆盖率 10%；全县 10 个乡镇，有 9 个乡镇已安装广播电视收转站（其中阿扎镇在县城附近），覆盖率 100%。全县 5230 户，已通“户户通”3943 户，其中包括 1594 户属个人购买的单收站，覆盖率达 75%。

第一节　广播

嘉黎县有线广播建设始于 1961 年，县人民政府建立广播站，主要转播中央人民广播电台的藏、汉语节目。由于条件限制，只能在县城进行广播，各乡村没有开展广播业务。1965 年以后，在离县城不远的嘉黎区也开通了藏语台新闻，但由于条件所限，广播的时间只能每天一个小时左右。

1969 年，嘉黎县广播站在县城原所在地嘉黎区正式成立。当时只有 3 名工作人员，2 部 1 千瓦陶瓷管中波发射机，4 部 430 型收信机，发射收信都在一个机房内，只转播中央人民广播电台的节目，中央新闻和有关西藏的新闻。每周仅播 18 个小时，发射覆盖半径 20 公里，主要在县城播报，覆盖人口主要以县里的干部职工为主，人口覆盖率 9. 8%。

1978 年 12 月党的十一届三中全会召开后，党的实事求是原则得到落实，这一时期广播新闻内容逐步增多，内容和形式逐渐多样，广播连续剧、相声、评书等内容活跃，丰富了当时嘉黎县干部职工和群众的业余生活。

20 世纪 80—90 年代，随着电视的普及，县城人们的生活逐渐从听广播、收音机转移到了看电视。广播在县城中的作用逐渐减小。由于不通电等原因，农牧区电视普及率较低，县文化局将农牧区作为广播事业的发展重点，在自治区和地区的支持下，在农牧区重点开展广播业务。

1995 年，自治区认真贯彻落实中央“西新工程”（西藏、新疆村村通广播、电视），西藏自治区文化广播电视局，对西藏各县的支持力度不断加大。嘉黎县开始加速调频广播的建设。

特别是在 1998 年，中央的“西新工程”（西藏、新疆广播、电视如村工程）实施后，嘉黎县加大在农牧区的投入，在各行政村建立了广播站，由各村派专人负责。

2000 年，县广播台有 7 名工作人员，增加了西藏人民广播电台藏、汉语两套节目的转播。每周发射时间 35 小时，发射覆盖半径为 45 公里，人口覆盖有效率达 12. 93%。每天 3 次播音，即早上 8:00—10:00；中午 12:30—13:30；下午 18:00—20:00；星期二、四转播中央人民广播电台汉语节目，星期一、三、五转播西藏汉语新闻节目。各乡广播收转站保证每天播出两次，即中午 12:00—14:00，晚上 19:30—23:00，每天 5 个小时，全年 1825 个小时。

第二节　电影

电影作为 20 世纪的新事物，于 20 世纪 50 年代初开始进入嘉黎县。随着西藏平叛和民主改革的不断深入，嘉黎县的电影事业逐步发展，一开始基本上在驻军部队放映，县委、县政府的干部、职工以及附近的群众到场观看，所放映的电影以国产为主。

1965 年，嘉黎县电影队成立。在“文化大革命”中放映《地道战》《地雷战》和革命现代京剧样板戏等电影，当时的藏语译制片较少。

1978 年 12 月党的十一届三中全会开启了中国的改革开放历程，随着西藏自治区电影公司发行藏语译制电影的增多，嘉黎县电影队开始在农牧区进行巡回放映电影，丰富了农牧区群众的文化娱乐生活。

1985 年元月，嘉黎县电影队开始实行“四定”（定岗位、定人员、定责任、定奖惩）、“四保”（保质量、保养机、保进度、保放映场次）为内容的经济承包责任制。把“四定、四保”的经济承包责任制与奖惩结合起来，把工作好坏同经济效益挂起钩来，从而提高工作效率，节约人力、物力、财力。这一改革调动了电影队的工作积极性，电影发行量、放映技术、经济效益明显提高，综合费用比上一年同期下降了 25%。电影队实行经济承包的当月，就超额完成 16.8% 的放映场次；经济收入比去年同期增长 20%；个人收入也比去年同期增长 10%。

1995 年成立嘉黎县电影管理站，编制 6 人，下属 9 个乡镇流动电影放映队，由县文化局管理，免费为农牧区群众放映电影，全年放映 1700 余场次。由于县电影管理站是按照放映电影的场次对电影管理站人员进行补助，所以在力所能及的情况下，县电影管理站尽可能地在农牧区多放映电影场次。

2007 年，嘉黎县文化局在阿扎镇 7 村建立一座数字电影收看室。2010 年在上级部门的关心和支持下，地区文化局为嘉黎县电影管理站配备一辆新的流动电影放映车，为 4 个乡镇配备 4 套数字电影放映设备。嘉黎县进一步加大电影“2131”工程的实施力度，全年放映电影 2163 场次，观众达 58274 人次，受到广大农牧民的拥护和欢迎。

第三节　电视

1983 年，根据国家“四级”（省、地、县、乡）办广播电视的指示，嘉黎县开始筹建县电视台。1985 年 5 月 20 日，县电视台工程动工，建筑面积 667.4 平方米，有一座小型电视接收塔。同年 8 月 20 日交付使用。电视台配有 50 瓦电视差转机 1 台，1/2 录像机两台，3/4 录像机 6 台，5000 瓦电子交流稳压器 3 台，285 型 540 瓦发电机台，监视器 1 台。电视讯号为无线发射台，电视覆盖半径可达12公里。在开办之初只能收看中央电视台一套节目和西藏电视台节目。初期，因不能接收卫星信号，电视台只能播放录像节目，播放带从地区广播电视局领取，内容多为新闻及文艺节目，同时也从地区买回一些故事片、连续剧进行播放，很受广大干部职工欢迎。由于受电力影响，县电视台节目一般每晚播放3个小时。电视台开通时，县城只有17部电视机，均为国家配备，各单位采用集体收看方式，每天收看人数多在千人以上。

1986年，县电视台修建地面卫星接收站，投资7.7万元购置设备，有C3工程接收机1台，万事宝接收机1台，6米抛物天线1座，50瓦电差转机1台，20个干线放大器，闭路线总长10公里，有松下M3000摄像机1台。实现地面卫星接收后，改为转播中央电视台节目，每天播放4小时，录像节目仍是主要播放内容。

1989年，嘉黎县电视台成立，编制8人，隶属县文化局管理。

1990年，实现有线电视播放，无线台设备改为转播西藏电视台节目，每天6小时。

1994县5月，有线电视台开通后，极大丰富了全县干部职工的文化生活，私人购买电视机的数量也在不断增加，用户达到120户。随着闭路电视节目的开通，电视节目的质量、频道数量都有了极大提高和增加，用户可选择的节目更多。县电视台自办节目内容由以前播放未经编辑的原始新闻，达到自己编辑当日新闻、开辟点歌台、专题片、故事片和固定栏目播出的技术能力。

2000年以后，随着闭路电视的开通，县城范围内可收看37套电视节目，收视效果良好，丰富了广大干部群众的业余生活。全县2镇8乡中，已建有广播电视发射台10座；122个行政村中建有单收站122座，自然村中建有175座；收转站3座。有收转站及单收站的乡村可收看到中央台1套、12套和西藏1台、2台的电视节目。

2010年，县文化局行政机关在岗10名（4名工人）；电视台事业工作人员16名；电影队工作人员6名。

第五章　旅游

第一节　旅游资源

一、自然景观

（一）青嘎山

青嘎山位于嘉黎县忠玉乡境内，峰顶云蒸雾罩。夏季雨后的日晖中，山颈上总是套一圈七色彩虹。在绵延的山脉中，高峰林立，群峰竞美，因此，人们常说："青嘎山是宝座上的国王，阳面群山如大臣，阴面群峰似勇士"。

另外，有一穿过岩壁的岩窟，据说是格萨尔王大战魔王鲁赞时用箭射穿的。莲花生大师到此处时将依附在那里的仓巴珠迅（骑龙）降伏，并取名"地神展堆"。据说，此山是伏藏的发掘地之一。山中还有伏藏地——大梵净宫、咒师宫、多闻子宫殿、日玛多索等奇特的自然景观。

（二）夏跃贡嘎尔

夏跃贡嘎尔是嘉黎县忠玉乡境内的名山之一，位于尼屋沟里，其山系有主峰在内的雪峰13座，高耸入云，人称"斯巴十三"，每座雪山跟前都有一面清澈的湖泊，恰似佛像前供奉的圣水，沟底为一片茂密的森林，在深山密林中，树木郁郁苍苍，百花争艳，百鸟争鸣，云雾缭绕，细雨绵绵，气候宜人，是藏北草原上的"世外桃源"，人称"第二札日圣地"。在尼屋沟的谷腰有一朝圣地，据说是莲花生大师开光过的圣地净土。尼屋岗惹雪山，传说是天神21居士之一，坐落于萨旺乡的沟顶，在具有亚热带气候的林谷中，它就像一块被镶嵌在森林中的白螺，终年不化，冰雪从山顶一直垂延到谷底。人们传说，这座雪山在炎热的气候中，雪不仅不化，反而每年的积雪越来越厚，山越来越高，是一座密林中的奇特冰山。此外，在嘉拉查赞山的山巅有一处冬季冒着热气、严冬腊月绿草如茵、栗树叶茂花艳的奇特景观。当地人不知其中缘由，故把此处视作圣物净地，谁也不去触犯。在该乡的南北各有一条瀑布，南面的瀑布叫朵日曲恰，北面的瀑布叫益嘎尔曲恰，它们南北相对，从山顶落入河滩，高有千丈之余，瀑声震天，雾气蒸腾，极为壮观。

（三）拉日八峰

嘉黎县境内最有名的山属拉日八峰。人们描写此山景观时称“峰顶似虎跃，树木如魔舞，岩石像飞雕……”此山的南面、西面各有一眼向空中喷涌的温泉，温泉周围草木不衰，四季如春，景色优美。此山西面是有名的边达拉，昔日它是通往内地的著名山口之一，山脚有一峡谷叫“辛杰巴荣”（意译为阎王谷），谷中能看到各种动物的尸骨，还有一岩壁，据说其上有天然形成的千佛像。

（四）嘉乃玉错国家湿地公园

嘉乃玉错位于嘉黎县中部偏南县城所在地阿扎镇，该镇流动人口较多，交通便利，是嘉黎县政治、经济、文化中心，嘉乃玉错西南角至阿扎镇6村，东至以阿扎镇1村，北至措那湖，成带状分布，东西最大宽度为6.5公里，南北宽约为1.5公里。平均水位为8.0米，水域面积为6.9平方千米。湖的库容约为5000万立方米。

嘉乃玉错国家湿地公园是青藏高原典型的自然湖泊。相传，莲花生大师曾到此地，此湖的“主神”门莫加莫等三姊妹被大师降伏后持守戒律，成为守护神。大师在湖的上源降伏野人时，用法力在湖面上留有手印等。当地还传说巴松措与嘉黎县的嘉乃玉错相连通，曾经有沉在嘉乃玉错的动物尸体数年后从巴松措浮出。两湖海拔相差1000米，直线距离有100公里。2010年嘉乃玉错及其来水区域的沼泽湿地、嘉乃玉错周边可视范围内的地带性植被、措那湖、措嘎湖以及三湖相连的村雄区被列为嘉乃玉错国家湿地公园。

紧靠着嘉乃玉错，有个赛马场。一年一度的拉日旅游文化赛马艺术节，万人空巷。站在县城吉祥观景台，嘉乃玉措、千佛山、赛马场等美景尽收眼底。

（五）独俊大峡谷

独俊大峡谷位于阿扎镇5村，是一座风景秀美、历史悠久、文化灿烂、传说遍布、文化遗迹众多、群众普遍信仰的江河环绕的独特峡谷。这里，层峦叠嶂，沟深谷险，江水奔流咆哮，到此几呈360转向，荡气回肠。其周围景色优美，高山险峻，附近有八九百年前古游牧部落王遗址，留下许多美丽的传说。是藏族同胞心中的圣山，每年转山者络绎不绝。

（六）忠玉秘境

忠玉乡是嘉黎县唯一半农半牧的地区，其境内面积2660平方千米，97%以上覆盖着原始森林，有“藏北江南、世外桃源”的美誉。其自然风景十分优美，山清水秀，鸟语花香，在原始森林里，古木参天，高山陡峭。雪山、森林、农田、河谷，形成千姿百态的自然风景。其主要风景有依嘎大雪山、巴龙湖、依嘎大瀑布、杂日大瀑布、冰川等。忠玉乡分为上忠玉、下忠玉两地。上忠玉位于耸立的雪山脚下，下忠玉位于藏东峡谷盆地。上忠玉主要雪山有：夏玉岗嘎以及卡巴久松。所称的卡巴久松的每座雪山前都有湖泊，其中以达绒错和穷赤热瓦错最为有名，流传着湖牛、湖羊、湖马等传说。下忠玉主要以自然风光闻名，主要的河流有卡仁藏布、尼屋堆藏布，这些都是易贡藏布江的支流。

二、人文景观

（一）扎西曲林

扎西曲林拉康，位于嘉黎县措多乡秋赤库村，距县城约165公里，海拔4200米。该拉康于1894年由热杰主持创建。1992年由村民贡布等人负责进行维修。2011年由次仁平措负责对经堂进行维修，属宁玛派。主供佛为释迦牟尼。核定员额数5名。占地面积3854.40平方米，建筑面积1431.27平方米。主要宗教服务对象是措多乡秋赤库村、森突木库村、萨囊村的信教群众。

（二）丹古寺

嘉黎县丹古寺与格萨尔故事有密切的联系。据民间传说，梅萨王妃是统治这个地方的梅王的公主，这一片丰饶的草场就叫“梅雄”，流淌的河水叫“梅曲”，在山腰的梅萨城堡遗址下面的草场上至今隐约可以看到两处城堡遗址。梅萨王妃城堡遗址的上方就是丹古寺，该寺是藏传佛教直贡噶举派寺庙，位于嘉黎县措多乡古塘村，距县城约130公里，海拔4800米。该寺由琼·多吉扎巴主持创建，在“文化大革命”期间遭到破坏，1986年由曲尼让卓等负责重建，属噶举派。主供佛为莲花生大师。核定员额数40名。占地面积9万多平方米，建筑面积2025.3平方米。主要宗教服务对象是措多乡热须村、弄竹角村、扎纳村、尼玛隆村、古塘村的信教群众。

第二节　旅游路线

一、旅游路线

由于地外偏远，涉及嘉黎县的旅游路线不多。主要有以下两个方面的路线。

（一）西藏旅游环线

第一条：林芝—波密—嘉黎忠玉—嘉黎县城—比如—索县—那曲—拉萨。

第二条：拉萨—林芝—嘉黎忠玉—嘉黎县城—嘉黎措多—嘉黎绒多—林周县—拉萨。

（二）乡镇旅游环线

绒多乡—措多乡—县城—阿扎镇—尼屋区。

到嘉黎县措多乡参观扎西曲林拉康，观光一天；再到措多乡参观梅萨王妃城堡遗址、丹古寺、黑帐篷文化，体验弄竹角村温泉，听一听格萨尔王传说，观光两天；到县城参观嘉乃玉错国家湿地公园，在7月末8月初的时候到赛马场去感受赛马节的热闹非凡、万马奔腾，到吉祥观景台一览千佛山及县城全貌；阿扎镇位于县城所在地，在这里，还有独俊大峡谷、古游牧部落王遗址、措嘎湖、措那湖、恰嘉觉沃雪山等壮观而美丽的景色观光；去那曲海拔最低的乡镇忠玉乡，感受“藏北小江南”的无限风光，这里有忆格瀑布、忆格冰川、卡鲁冰川、尼屋桃花、温泉、白玉康林、拉日本巴等美丽的自然美景，还有藏香猪养殖基地、蔬菜大棚种植基地供观赏。

第十五篇
民　俗

第一章　生活习俗

嘉黎县忠玉乡属半农半牧区，主要以农业为主，其西与林芝地区工布江达县、东与波密县相邻，生活习俗大致与其相同。其余乡镇都以纯牧业为主，与藏北人民生活习俗一致。

第一节　服饰

一、服装

嘉黎县牧区群众无论男女，皆穿用羊皮缝制的皮袍。男子主要穿领大、开右襟的长袍，袖管长出手面三四寸，下襟长出脚面两三寸，一般没有纽扣。夜间可以和衣而睡。白天穿时将衣领顶在头上，腰间系上宽 5 寸左右、两头有穗的绸子腰带，颜色以红、蓝为多，既是腰带，又可作装饰，腰带上面缀火镰、小刀、鼻烟壶、银元等装饰品。皮袍里面可以放不少随身用品，接羔期间，牧民也常把刚生下来的小羊羔装在里面。劳动和工作时，可以露出一只手臂或两只手臂来，把长袖扎在腰间，显示出牧民豪放的性格和豁达的风度。妇女的皮袄和男子的皮袍基本相似，只是更宽大一些，束上腰带后，还拖到脚面。尼屋区农民的服装与林芝一带相同。

嘉黎男子多喜着“查拉”服饰，“查拉”是一种藏南的服饰，用氆氇制作而成，无袖子，大多为黑色、深红色，猴皮查拉为女装，野山羊皮查拉为男装。20世纪50年代以后，用家畜皮毛和布制品等代替野生动物皮毛制作“查拉”服饰。

男子长裤多为白色布热裤，裤长齐脚背，腰大，无带扣，穿时摺收于腰，以带束住，裤裆有的从内开衩，有的不开衩。

二、帽子

嘉黎帽子多种多样，较为典型的有以下几种。

“金丝花帽”，质地优良、保暖性好，男女均喜戴，冬天防寒。

“索夏”，为男式帽，形状为圆顶，颜色为红色，并有红穗子。

“礼帽”，男女老少都喜欢戴，一般在夏季戴，主要是遮阳和遮雨，防酷暑。

“巴如”，是嘉黎县特有的一种头饰，形状为三角形，用红绿布包裹，上面镶有珊瑚、绿松石、琥珀、猫眼石等。

三、藏鞋

嘉黎县的藏鞋与藏北其他地方的藏鞋基本相同，多为靴子，硬底软帮。由于藏鞋皮包、绳纳十分结实，因而经久耐穿，又因筒高且系鞋带，因而冬季穿上十分暖和。

查卡游牧藏靴产于直孔拉章辖域内，查卡藏靴与其他地方靴子的不同之处在于：鞋带使用细毛线编织，带有各种图案，手工精致，两端留有彩绘，色彩艳丽，与藏袍配在一起，赏心悦目。

四、装饰

（一）围裙

嘉黎县妇女使用的围裙叫“帮克”，它既是装饰品，也是藏族妇女的标志，既当围腰，又可盛物。

（二）装饰

藏族男女都喜爱装饰，装饰和佩饰多由金、银、铜制作成精美的器具。

妇女从头到脚都可佩戴饰物。与藏北其他地方不同之处在于，妇女头戴直贡地方妇女戴的“祖玉”，腰围贝壳串的腰带。

（三）藏腰刀

刀是藏族人民生活中不可缺少的一种工具，男子几乎人人都佩带腰刀，具有生产、生活、自卫和装饰四种效用，但一般女人无带腰刀习惯。

第二节　饮食

嘉黎县群众以糌粑为主食，以酥油茶为主要饮料，生活中离不开牛羊肉，尤其喜食风干牛羊肉，喜欢吃酸奶和奶渣，喜饮青稞酒。现在，群众也喜欢吃面条、大米。嘉黎县群众的主要燃料是牛粪，但尼屋区和阿扎区南部群众多烧木柴。

一、饮品

在平时的生活中群众喜欢喝酥油茶，饮品主要有茶、酒。酥油茶是每日必喝的饮品。每逢聚会、喜庆必饮青稞酒。进入21世纪以来，喝啤酒者逐渐增多。部分机关单位的藏族干部、职工，在汉族干部的影响下，对茶叶也相当喜爱。

（一）酥油

酥油是藏族人每日不可缺少的食品，它有很高的营养价值，藏族群众吃菜和水果不多，日常的热量除了肉、糌粑、奶渣等以外，主要来自酥油。酥油的吃法很多，主要是打酥油茶，也可和糌粑一起调和着吃，逢年过节，藏族人民炸果子、卡赛（酥油点心），除用菜油，也用酥油。藏族人民每天早晨起床的第一件事就是打酥油茶，牧民放牧、采集虫草，除鞭子和工具以外，也要带烧茶的“哈央锅”，以便在外打茶。酥油茶也是接待来客和送别的必备饮品，同时还是探视病人的必带礼物。过去，酥油茶、甜茶只在家里自己打，随着社会的发展，人们也可以在茶馆喝酥油茶和甜茶。

（二）青稞酒

青稞酒是用青稞酿成的一种度数很低的酒，色淡味酸甜，藏族男女老少都喜欢喝，也是招待客人、喜庆节日的必备饮料。

二、食品

（一）主食

一般包括“糌粑”（青稞面）、“巴里”（面疙瘩）、“吐巴”（粥）、“香这”（酸奶米饭）、“作莫则斯”（人参果米饭）、“酸奶”“石烤饼”。

（二）传统菜

菜类多为烧制菜，过去多以土豆、萝卜为主与各种肉食混合烧制而成。一般包括“果曲孺”、追巴卡子、手抓牛羊肉、手抓猪肉等。

（三）点心类

一般包括“退”“麻森”“巴子磨古”和各种油炸果子。

（四）风干肉

藏族群众喜欢吃风干牛羊肉，吃糌粑时将生牛羊肉切成小块，蘸上辣椒水或辣椒粉，边吃肉边吃糌粑，味道鲜美。

（五）酸奶和奶渣

酸奶含脂肪、蛋白质多，营养丰富且较易消化。奶渣富含蛋白质，可做成奶饼、奶块，多作零食，一般也和糌粑一起吃。

第三节　居住

一、民居

一般民众居住一层建筑，平顶小窗，土石为墙，其上架木，再盖树枝，覆以一种当地风化了的“阿嘎”土或一般土，打实抹平。经济条件较富裕者住两层的房子。

二、溪卡

溪卡规模大，中间庭院，主房一般3层以上。二、三层向阳处均安装落地玻璃，采光面广，冬天不用生火取暖；楼顶有阳台，可供晾晒物品和散步、观光用；窗户多朝庭院开，用小窗窄门，有挡风御寒之功效。一般二、三层住人。

三、帐篷

牧区牧民一般用牛毛帐篷作为住房。白天将帐篷门对外分开撩两边，人可出入，晚上放下用带系紧，帐顶露有一长缝，便于通气和启闭。

第四节　出行

嘉黎县历史上交通不便，出行成为困扰群众的最大难题。忠玉等地的群众在 1959 年前，基本上很多人一辈子没有走出过忠玉的大山。

西藏民主改革后，特别是改革开放后，县委、县政府把发展交通和群众脱贫致富紧密联系起来，交通事业有了极大发展，2010 年各乡到县城基本上实现了通车。出行较为方便，群众远则乘车，近则步行。

嘉黎县民众中若有人远行，亲朋好友都携带礼品前往祝贺和送行。敬献哈达后，主客聚在一起叙话，席间敬酒、敬茶、唱歌跳舞，半夜才散。次日，送行人携上茶、酒、哈达，先向离家的人敬献哈达叙别，再敬酒、敬茶，待被送人上车离去了才回去。若谁家有儿女升学或有人出差等，亦如此送行。对于远道而来的贵客，见面必献哈达，敬切玛和青稞酒，热情款待。

第二章　礼仪节庆

第一节　礼仪

一、磕头

磕头是藏族民众常见的礼节，一般在朝拜佛像、佛塔和活佛时行磕头礼，对长者也行磕头礼。磕头可分磕长头、磕短头和磕响头三种。磕长头时两手合掌高举过头，自顶到额到胸部，再匍匐在地，双手直伸，平放在地上，画地为号，然后起立再重复以上动作。寺庙有磕响头方法，无论男女老少，先合掌连作三揖，然后拱腰到佛像脚下，用头轻轻一顶，表示至诚或忏悔之意，也有在庙门连续磕响头的。

二、鞠躬

遇见长辈、领导等受尊敬的人，要脱帽、弯腰 45 度，帽子拿在手上低垂近地。对于一般人或平辈，鞠躬只表示礼貌，帽子放在胸前，头略低。也有合掌与鞠躬并用的，对尊敬者合掌要过头，弯腰，回礼动作也相同。

第二节　节庆

一、藏历新年

藏历新年是藏族人民一年一度的传统节日，是一年中最隆重的节日。

一般在藏历十二月上旬开始购买过年用品，在盒中种“洛沛”（小盒青稞苗）；从中旬开始，家家户户准备菜油和面，并陆续炸果子、“卡赛”。

除夕前两天，家家户户进行大扫除，换上新卡垫，贴上新年画，二十九日晚饭以前，要在打扫干净的灶房正中墙上，用干面粉撒上“八吉祥徽”，在大门上用石灰粉画上象征吉祥、永恒的符号。

藏历除夕晚上，在主要客厅桌上摆一大盘子，盘子里用“卡赛”每两根一组横放、竖摆，连砌4—10层，“卡赛”周围与其上放桃干、糖果、奶块等，状如宝塔，称作“德卡”。“德卡”左右摆大方块酥油和砖茶、盐巴块、红糖块。前方正中放置一瓷制羊头及3只瓷碗，一碗盛青稞酒，一碗盛酥油茶，一碗盛掺有人参果的米饭，两边各放一盒碧绿的青稞苗。每家每户把果实供放在藏式柜子上面，表示庆贺丰收，祝福吉祥，祝新年吉祥如意。“德卡”的摆放与经济条件有关，有的家庭摆两处“德卡”。另外也要准备好节日的新装。

大年初一，传统习惯是家庭主妇首先起床，先到河里或者井里打上第一道水后，将长了几厘米高的青苗“洛沛”摆于佛龛茶几之上，预祝新的一年丰收，再烧香，然后喂饱狗和牛羊。全家人起床穿好新衣后，开始吃“卓吐”和“龙吐”，吃完后按辈分、长幼排位坐定尝“切玛”。

初二开始出门，向亲友拜年，互相请客，到亲友家，进门先喝“三口一杯”。初三或初五，各家要举行“插旗”仪式。逢年过节藏族群众要在屋顶、山顶、桥头、庙顶、树上、河边插风马幡，以求运气与福禄。屋顶风马幡杆由数米带枝的小树做成（藏语名嘎玛查松），幡旗悬挂时相互连接，长度达数米至数十米，幡随风飘扬，蔚为壮观。

嘉黎镇附近的部分群众也有在农历春节期间，按照汉族习俗给附近的乡亲拜年的习俗。据说这一习俗是由于清末部分清军没有撤走，在附近安家后，春节习俗被后代子孙保留至今。

二、赛马节

恰青赛马盛会是藏北赛马中规模最大的一次盛会。每年七八月份，羌塘草原牧草茂盛，一片碧绿，各种野花争相绽放，宛若一幅天然画卷。在这黄金季节，羌塘草原一年一度的恰青赛马艺术节拉开帷幕，会场周围几公里内搭满了各式各样的帐篷，远远望去，如同一座独具风情的帐篷城。

早在赛马盛会之前好几个月，人们便开始训练参赛的马儿。起初每隔7天练跑一次，练跑后用凉水洗澡，以增强其抗寒能力。临近比赛时每天练跑两次，再洗澡一次。洗澡后用羊毛毡包裹其全身保暖，同时喂精心调制的冰糖山羊奶。每当草原赛马开始，剽悍的草原汉子骑着骏马在飞驰中表演要枪、射击、拾哈达、悬体、倒立等动作。赛马结束后还进行赛牦牛，牦牛平时看来性情温顺，步伐缓慢，动作迟钝，但在比赛场上昂首怒目，翘起尾巴，疾驰如风地向目标冲去，那场面并不比西班牙斗牛逊色。此外，还有摔跤、射箭、拔河、歌舞比赛等丰富多彩的项目。比赛活动往往通宵达旦，一连七八天，异常热闹。

赛马盛会又是物资交流会，携妻带子的牧民们搭起密密麻麻的帐篷，出售自己生产的肉类、酥油、湖盐、虫草、贝母，并且买进整整一年所需要的生产生活用品。赛马会结束，他们骑着装饰美丽的马儿，赶着驮满物资的牦牛，欢天喜地地回到自己的牧场。

三、其他节日

1959年12月，嘉黎县人民政府成立后，嘉黎县群众在党和政府的带领下，每到“七一”“八一”“十一”等重大节日，都要举行庆祝活动，能歌善舞的藏族群众用欢快的歌舞，表达对党和祖国的衷心祝福。

西藏和平解放后，城镇、机关单位开始过国家认可或法定的节日，如元旦、“三八”妇女节、“五一”国际劳动节、“五四”青年节、“六一”儿童节、“七一”建党节、“八一”建军节、“九十”教师节、“十一”国庆节等，节日期间一般举行集体性庆祝活动。

第三节　称谓

藏语有敬语和非敬语之分，对尊者或客人说话，为表示尊敬用敬语。嘉黎县群众在千百年的生活中，受上层贵族、头人的影响，在与人交往中一般对尊贵的客人以及过往的官员说敬语，表示尊敬。尊称别人时，一般在其名字后面加“啦”字，如多吉啦、次仁央金啦等。招呼妇女统称“阿佳”，如果知道对方名字也需要加上名字；对男青年，用敬语“布”，对有职务的人也用敬语，如“主任啦”。若讲话不用敬语，会被人视为无修养。

在亲属关系中，例如父亲，藏语称阿爸；母亲，藏语称阿妈；儿子，藏语称布；女儿，藏语称布姆；哥哥，藏语称阿觉；弟弟，藏语称坌琼；姐姐，藏语称阿佳；妹妹，藏语称迥姆；丈夫，藏语称曲嘎；妻子，藏语称阿佳。

第三章　婚姻与生育

第一节　婚姻

一、婚姻选配

和平解放之前，藏族婚姻一般选择经济、地位相当者进行婚配，富人与穷人间一般不联姻。选择对象时首先看地位、财富，次之是品行和相貌。无论贫富均受宗教或迷信约束，富者说亲之前，先要献哈达，索要对方属相，再把属相带到活佛或专事历算人处卜算，测算相合还是相克。在封建农奴制社会，作为普通农奴，恋爱结婚父母干预不多，但得受自家领主约束，主人不同意，农奴便不能结婚，一般是同一领主的农奴结婚，主人尚可同意，而不同领主的农奴结婚，就关系到农奴的增减，得征求双方头人同意。屠夫、铁匠、乞丐等最下等人的婚姻也只能“门当户对”，其他阶层的人不会与之联姻。

藏族严禁近亲结婚，父系亲属绝不能结婚，母系亲属要在 4 代以后才能结婚。在交通不便的偏僻山沟，存在极个别近亲结婚现象。

藏族人结婚，女到男家或男到女家均可。

民主改革后，随着各民族文化的相互交流和影响，群众婚嫁多为自由恋爱。男女恋爱后，告知父母再举行各种仪式。

二、迎亲

结婚前，女方家选择吉日，并正式移交嫁妆。移交仪式由男女两方代表主办，一人高声朗读嫁妆清单，每念一种，女方代表便当场把物品交给男方代表。嫁妆的多少，根据各人经济情况，其中必有小铜菩萨一尊、经书一册、佛塔一座。嫁妆清点完毕，便把清单放在高脚盘上，置于新郎面前，意思是交给新郎收管。宴请宾客和交接仪式结束后，新娘出房门招待客人。

迎娶前一天，男方家派人把一套漂亮的服装，以及巴珠、嘎乌、手镯等装饰品用绸缎包好，送到女方家中，备新娘装扮用。

迎亲一天，男方家找一位有地位的人，带上一队人马，准备供新娘骑的马，这匹马颜色与女方属相吻合，而且必须是怀孕的母马，打扮十分讲究。同时，带上彩箭，箭上有明镜、碧玉、珠饰等。马队到达之前，女方要举行敬“切玛”、喝酒等告别仪式。男方迎亲队伍进门之后，先把彩箭插在新娘背上，表示新娘已属于男方家，尔后把称为灵魂玉的绿松石放在新郎头顶上，表示男方灵魂已托付于女方。女方家送新娘时，一般带去一位女性陪送人，当新娘要出门时，女方家有一人一手拿彩箭，一手拿羊腿，站在楼上高喊：“不要把我家的福气带走呀!”反复多次，直到新娘走远。

马队出门起程，领队是一个属相好，穿着白袍、骑着白马、手中举着九宫八卦图的人。其后便是迎亲代表，然后是新娘和伴女，最后是随同前来的人。一路上，男方家人要恭候在路旁，向马队敬三次酒。如果路上遇到背水、背柴火的，认为最吉利，应下马向过路者敬献哈达。遇到抬病人、倒垃圾、背空筐子的人，认为不吉利，结婚后要请僧人念经消灾。马队行进途中，随行人员高唱“谐钦”（大歌），新娘边行边哭。

男方在新娘到达之前，必须装扮大门，专为新娘下马准备垫子（装有青稞、小麦的口袋），铺上五彩锦缎，上面用麦粒撒上“卐”及“卍”符号，男方家人手捧“切玛”和青稞酒在门口迎候。

新娘下马、进门、上楼、入厅，都得唱一次颂歌、献一条哈达。新娘入厅后，坐在新郎下首，迎亲和送亲队伍也入厅依次坐定。接着献“切玛”、敬酒，向佛像、父母献哈达，感谢众人。尔后新郎送新娘入洞房，客人便开始尽情吃喝玩乐，活动持续三天。三天中，亲朋都可陆续来献哈达和送礼物，主人款待酒茶，新娘不出房。

和平解放后，随着各民族文化的交流和相互影响，结婚仪式愈来愈多样化。

第二节　生育

在封建农奴制社会，由于受生产力及科学文化发展水平的限制，传统习俗歧视妇女，贫穷人家怀孕妇女一般不重视休息和保养，妇女分娩得不到合理照顾。不论天气冷暖，牧区妇女临盆都不能在帐篷内，只能在帐篷外面。农区妇女分娩虽在屋内，但也得不到基本照顾。无论农村、牧区，小孩生下来后，便能得到比母亲优厚的待遇。婴儿出生一周左右，亲朋好友便会陆续前来看望和祝贺，名为“榜遂”。“榜”是污浊的意思，“遂”是“清除”，也就是清除晦气的意思。藏族认为，小孩出了娘胎，带来许多污浊和晦气，举行“榜遂”仪式，便能清除污秽，并预祝小孩健康成长。亲友除带有酒、茶以外，要带一“唐古”（羊皮口袋）糌粑（一两斤）、一块新鲜酥油和一块布（作尿布用）。客人一进屋，先给产妇和襁褓中的婴儿献哈达，给产妇敬酒、倒茶，然后端详初生儿，对孩子说一些吉利、祝福的话；客人再用拇指和食指捏一点糌粑给初生儿舔，捏一点酥油擦在初生儿额头上，表示对孩子的祝福；接着，再说一些吉祥如意的话，夸奖婴儿的福运和五官。富裕家庭要对前来参加婴儿除秽的亲友给予相应的招待。

孩子满月之后，便要选择吉日，举行出门仪式。这一天，母子都要换上新服装，由亲人陪着，出门陪同的人也穿新衣裳。第一件事是到寺庙朝佛，目的是祈求菩萨保佑新生儿长寿，少受灾难。朝完佛，再到亲朋好友家串门。一般是先选择好的家庭，意思是预示孩子将来也建成这样的家庭。孩子第一次出门，人们往往在婴儿鼻尖上擦一点锅灰，意思是使婴儿在出门时不被魔鬼发觉。

婴儿可以出门后，便给孩子取名。

进入20世纪50年代后，随着社会的进步和发展，经济条件、医疗条件不断改善，人们的生育观念也发生了变化。条件允许的地方，一般到医院、卫生所生产，或者请接生员接生。新法接生、讲究卫生，在城镇已十分普遍，农村、牧区也有越来越多的人注重新法接生、注意产妇和初生儿的卫生。

第四章　丧葬与禁忌

第一节　丧葬

一、葬法

在西藏，人死后葬法有天葬、水葬、土葬、火葬、塔葬、罐葬等。不论何种葬法，都要先请僧人念经，超度死者。葬法可根据死者生前经济和社会地位，也可根据死者生前意愿或死后亲属意见而定。在封建农奴制社会，法律规定患麻风、炭疽、天花等传染病人的尸体，强盗、杀人放火者以及被刀砍死者的尸体要用土葬，不许天葬或水葬。火葬较少，塔葬仅用于高僧、活佛。

（一）罐葬

藏族的幼儿夭亡，死后不举行葬礼，而是把尸体放进陶罐内将盖子盖好，放进江河中，也有的把陶罐长期吊放于较暗的房内。

（二）天葬

天葬是藏族的一种传统丧葬方式，人死后把尸体放到指定的地点让秃鹫吞食。

（三）水葬

水葬时，将死者尸体背到河边，肢解后投入水中，也有的用白布裹尸，将整尸抛入江中。

（四）土葬

一般对患麻风、炭疽、天花等传染病人的尸体，强盗、杀人放火者以及被刀砍死者的尸体要用土葬。现在嘉黎民间一般无土葬习俗。

（五）火葬

旧时，火葬只用于活佛和达官贵人。民主改革后，个别干部职工死后也用火葬法。火葬前需堆积大量木柴，浇上柴油，点火焚烧，焚尸完毕后，把骨灰带到高山之巅顺风播撒，或者撒到大江大河中。

（六）塔葬

活佛圆寂后，人们将其尸体用盐水抹擦，涂上藏红花、冰片等药水防腐，风干以后把尸体放入外包金、银箔或铜箔、镶嵌珠宝的灵塔内。这种葬法是极少数大活佛才能享用的，也有的把活佛尸体火化以后，把骨灰放进灵塔里保存。

二、祭祀

藏族人死了以后，将死者生前的遗物或送人，或扔或烧，连照片也要烧掉。

藏族人死后，家里人要为其举行超度仪式，7天一次，一直做到“七七”，“七七”要举行盛大祭祀仪式，主人备饭菜招待客人，感谢他们的帮助。事毕，主人逐家送窝头状的会供（糌粑、红粮、奶渣、青稞酒混合搓捏而成的团状食物）和少量炒青稞花、炒豆子，以示感谢。此后，一般不再提起死者。这些祭祀习俗一直延续至今。

藏族人为死者过周年纪念时气氛轻松，届时家中将举行较为隆重的纪念活动，亲戚朋友都来做客，主人摆宴招待，其间尽情唱歌、跳舞，一般都要热闹上一两天。

第二节 禁忌

一、世俗禁忌

1. 食不满口，嚼不出声，喝不作响，拣食不越盘。不吃狗肉、驴肉，也不借锅给别人煮饭。

2. 人与人相遇必先礼让，不抢在他人前面。

3. 不能抢主宾席，小孩子不能占首位，不能东倒西歪，不能随便伸腿，等等。

4. 藏历新年除夕，家中所有陈旧、破烂、脏的东西都要扔掉，不能带到新的一年去，否则会带来祸事。藏历新年初一不能扫地，怕扫去福气。拜年要在天亮前进行，天亮后基本结束，当天不再出门。初一早晨全家人不能睡懒觉，睡懒觉就是不吉利的事。

5. 每逢星期六，家中的牲畜、粮食、现金等物品不能出家门，也不能借给别人，否则吉祥福运会走掉。搬家多在天亮以前搬完。

6. 在江、河、渠里不能大小便，否则等于放毒。在龙树、神树周围不能杀生或做坏事，否则龙、神会给你带来病痛或不好的事。

7. 大小石块搬动时，只能往上搬，不能往下扔，否则会坏了好运。

8. 帮人家送葬的人一周内不能到被送葬的人家串门或办事，否则会被认为是第二次来送葬的。

9. 家里有病人，忌人来访，怕生人会带来鬼怪。

10. 不能把骨头扔到火里，否则会招来鬼怪；生肉不能在火炉上烤，否则会招致炉神发怒。

11. 人均有凶日和吉日，是按个人的生辰计算出来的，凶日只能在家中念经或出去朝佛，其他事情不能做，这样才能避免灾难。

12. 晚上不能扫地，不能倒垃圾。扫地时，若有事将扫帚交给别人，不能直接交到别人手中，而要将扫帚掷于地上，让别人从地上捡起。

13. 父亲与女儿、母亲与儿子之间不能提及其婚嫁事情。

二、宗教禁忌

1. 俗人到“佛”前去朝拜时，不能戴着帽子进去，否则表示对神佛不敬。

2. 经过寺院、嘛呢堆、佛塔等宗教场地时，须从左往右绕行，走反了不仅没有功德，反而有罪过。

3. 俗人不能摸僧人的头顶。

第十六篇

教育　体育　卫生
科技　气象

第一章　教育

第一节　教育与管理

一、机构

1959 年 12 月，嘉黎县人民政府设民教科，管理民政和教育。

1973 年 6 月，成立文教科，管理教育工作。

1982 年 8 月，设文教局。

1990 年，文教局改称教育局。

1999 年，正式成立嘉黎县教育体育局。

2010 年，嘉黎县教育体育局有干部职工 14 人，其中局长 2 人（其中援藏 1 人）、副局长 1 人、办公室主任 1 人、秘书 1 人、会计 1 人、出纳 1 人、教研室 5 人、司机 2 人。

嘉黎县教育部门班子成员名录见表 16－1－1。

嘉黎县教育部门班子成员名录

表 16－1－1

机构名称	职务	姓名	性别	民族	任职时间	备注
民教科	科长	刘凤顺	男	汉	1964. 07—1967. 05	1959. 12—1964. 06 无正职
	副科长	李韫峰	男	汉	1960. 05—1964. 07	主持工作，1959. 12—1960. 04 无副职
		马泽宾	男	汉	1964. 07—1967. 05	
文教科	科长	刘顺曾	男	汉	1973. 06—1975. 08	
	副科长	民久	男	藏	1975. 08—1978. 06	主持工作
		群典	男	藏	1978. 06—1981. 05	主持工作
		齐学诗	男	汉	1979. 06—1980. 09	
		土旦	男	藏	1981. 05—1982. 08	主持工作
文教局	局长	土旦	男	藏	1982. 08—1987. 07	
		王华全	男	汉	1987. 07—1987. 10	
	副局长	季美多吉	男	藏	1982. 08—1989. 10	1987. 10—1989. 10 主持工作
		白玛占堆	男	藏	1987. 07—1987. 10	
		白玛才旺	男	藏	1989. 10—1990. 07	临时主持工作
		才增卓玛	女	藏	1990. 05—1990. 07	
		平措	男	藏	1990. 05—1990. 07	
教育局	局长	东日	女	藏	1990. 07—1992. 07	
		尕玛仁增	男	藏	1994. 08—1999. 07	
	副局长	才增卓玛	女	藏	1990. 07—1994. 08	
		平措	男	藏	1990. 07—1992. 07	
		尕玛仁增	男	藏	1992. 07—1994. 08	主持工作
		格桑多杰	男	藏	1994. 08—1999. 07	

续表

机构名称	职务	姓名	性别	民族	任职时间	备注
教育体育局	局长	尕玛仁增	男	藏	1999.07—2003.03	
		格桑多杰	男	藏	2003.03—2010.12	
		王振翔	男	汉	2004.06—2007.06	
		杜林锋	男	汉	2007.06—2011.06	
	副局长	格桑多杰	男	藏	1999.07—2003.03	
		扎嘎	男	藏	2003.10—2010.12	

二、教育事业管理

民主改革前，嘉黎县除了寺庙宗教教育、民间藏医教育以及业余扫盲教育形式以外，社会上还没兴起公办教育，全县总人口的90%都属文盲及半文盲，经济文化等各方面都十分落后。

1960年，在嘉黎县上拉日郭、美地党委，尼欧屋桑东区各创办3所公办小学，阿扎乡、鸽群乡、措多乡各办一所民办实验小学，6所公办、民办学校共有在校生158名。群众办学的积极性空前提高。

1967年，民办小学增加到11所，分别为阿扎、许达、村巴、村雄、荣多、桑前、鸽群、德古、同玛、乌苏绒、强姆小学，学生增加到289名。当时的办学形式以民办为主、公办为辅。7年内共培养了382名学生，其中小学毕业后陆续参加工作的有66名，后任县级干部者2名，区级干部12名，一般干部11名，教师8名，医生2名，工人16名，乡干部5名，在外地工作的有5名，这是嘉黎教育从无到有、发展较快的一个阶段。

1974年在各方面的支持与努力下，嘉黎县重新动员群众恢复和创办了部分学校，创办多样分散公办小学10所、民办小学29所、教学点119个，学生人数增长到1368名。

改革开放后，在党中央、国务院的亲切关怀和全国人民的大力支援下，嘉黎教育规模逐渐扩大，教育事业取得显著成绩。1981—1984年是嘉黎教育事业得到整顿和完善的4年。1983年，在实行牧业生产责任制后，学校出现了学生“离校放牧”、入学率下降的现象。针对这一情况，嘉黎县采取一系列措施，在全县范围内向广大牧民群众反复宣传发展教育事业的重要性，让群众认识到学习文化知识的迫切性。同时，对在校生和走读生的生活，按国家规定作出妥善安排，消除家长和学生的思想顾虑。此外，狠抓教师队伍建设，加强教师的工作责任心教育，提高教师的教学质量。1984 年，为提高教育质量，嘉黎县委和县人民政府把师资培训作为教育改革、发展民族教育的一项重要内容。建立一年一期的藏族师训班，为区、乡小学培训藏族教师 20 多人，全县教师由 1970 年的 20 名发展到 1984 年的 110 多名。

1985 年嘉黎县从西藏实际出发，贯彻执行上级有关教育方针政策，在坚持既统一又突出重点等办学方针的前提下，结合实际情况，利用有利条件发展教育。采取依靠各级组织，分级改善办学条件，并对新建的学校给予适当补助，使“两条腿走路”的办学方针更加具体化。为帮助区、乡干部提高对普及初等教育的认识，划清群众集资办教育不合理负担的界限，层层落实各个学校改善办学条件的计划及措施，并及时召开县教育工作会议，总结、交流经验。在此基础上，县文教局还抽调了一批干部帮助各区乡选校址、定建校规格以及与施工单位签订合同，协同检查施工质量。公办学校从 1974 年的 10 所减少到 8 所，民办学校从 29 所减少到 14 所，原有花名册的 1368 名学生变为 1500 名实有学生。

1981—1989 年，共有 127 名学生取得小学毕业证，其中考上那曲中学的有 84 名，考入天津红光中学的 16 名。

1992 年全县小学在校生仅为 818 人，毛入学率为 18.3%。仅有小学 8 所，部分边远乡没有学校，全县教师不足 60 人，且教师中无学历者占大多数。全县学校布局不合理，学校规模散而乱，校舍几乎全是土木结构。

“八五”期间，在各级党委、政府的关怀和广大教育工作者的辛勤努力下，嘉黎教育人开始了艰难的发展教育之路。全县集中力量办大事、办教育，到“八五”末，全县小学在校生达到 1116 人，小学教师达到 65 人，全县小学发展为 9 所。1995 年，作为“自治区成立三十周年六十二项工程”之一的嘉黎县中学建成并当年招生，从此，改变了嘉黎无中学的历史，嘉黎教育事业实现了质的飞跃。

“九五”期间，是嘉黎县全面实施“科教兴县”战略，深化教育改革，全面推进素质教育，加快基础教育发展步伐的重要历史时期。5年中，全县教育规模不断扩大，学生人数持续上升，办学条件明显改善，教育改革、学校管理明显加强，教学质量稳步提高，师资队伍建设步伐明显加大。到2000年末，全县有公办学校15所，其中初级中学1所，完全小学4所，初级小学10所，此外还有7个教学点。专任教师达到89人，其中小学高级教师6名，小学一级教师15名，初中、小学教师学历合格率分别达到61.5%、78.1%。全县中小学在校生共计2709名，其中中学109名，小学2600名，小学在校生入学率达到70.4%。在援藏干部的支持下，5年中，全县新修和改（扩）建学校11所，实现了“乡乡有学校”的奋斗目标，学校布局进一步趋于合理化。

“十五”期间，嘉黎县教育事业发展迅速，基础教育的投入力度逐年加大，援藏资金投入到教育基建达167万元，小学规范化建设资金达到1816.591万元，基本完成嘉黎县“七配套”工程，除个别学校外，基础设施基本能满足教育发展的需要。2005年嘉黎县教育顺利通过“普六”验收，在全县范围内普及了六年义务教育。全县共有中学1所，完全小学10所，初级小学4所，教学点1个，在校学生达到4488人，7—12岁适龄儿童入学率达到96%。教师队伍也不断扩大，学历不断提高，全县专任教师229名，其中，中学21名，小学208名，其学历合格率达到了100%。

2007年，扫盲工作取得突破，基本扫除了青壮年文盲，共扫除青壮年文盲10757人，全县文盲率降到3.5%，顺利通过上级“扫盲”验收，为提高农牧民群众致富本领提供了强大的智力保障。全县教职工达到320人（专任教师291人，学历基本达到“中学本科化，小学大专化”），在校学生5227人（中学生964人），小学适龄儿童入学率98.1%，中学生入学率76%，校舍基本能满足未来几年教育发展的需要。

2008年，嘉黎县“两基”攻坚全面展开，嘉黎县委、县政府切实把教育放在优先发展的战略地位进行全面部署，将教育作为最大民生工程进行安排，全县上下在县委、县政府正确而坚强的领导下，集中人力物力财力攻坚克难，有重点有步骤地实施“普九”。上级投入2300多万元对嘉黎县中学进行改扩建，政府投入 27 万元开展职业教育，每年投入 100 万元建立嘉黎县教育基金。援藏干部牵头成立嘉黎县尊师重教促进会，广泛开展奖教助学。截至 2010 年底，嘉黎县各级各类学校教职工从 1980 年的 58 人增加到 379 人，是 1980 年的 6.53 倍。

第二节 传统教育

7 世纪中叶，佛教正式传入西藏。随着社会的发展，寺院教育渐渐形成自己的教育体系，除佛法教育外，还有语言文法、书法绘画、音乐舞蹈、天文历算、历史法律、伦理道德、文学艺术、工艺美术、医药医术等。

在旧西藏，普通家庭的子女享受不到接受教育的机会，而各部落头人子弟要想接受教育，必须到寺院学习，一般要送给寺院经师等一些物资作为报酬，以师徒传承的方式学习文化和佛教经典。学习的内容有藏文的拼写和简单的算术。学制根据各部落头人给予的财物多少进行教学，没有统一教材。一般来说，寺院里的经师会根据学生的聪慧程度，在认字的基础上，教学童进一步学习其他专业知识，如天文历算、藏医基础知识等。

由于没有学制、教材，学生学习需要很长的时间，这些学生后来基本在寺院出家为僧，所掌握的知识大多以宗教知识为主。

寺院规模较小，一般普通农牧民的孩子由于财力所限，基本上没有受教育的权利。嘉黎县寺院较少，能熟练掌握藏语拼读的人更少。和平解放前全县没有一座现代意义上的学校，嘉黎县等地能熟练掌握藏文拼读的人不到总人口的 3%，文盲占比很高。

第三节 小学教育

1960 年，在嘉黎县上拉日郭、美地党委，尼欧屋桑东区各创办 3 所公办小学，阿扎乡、鸽群乡、措多乡各办一所民办实验小学，6 所公办、民办学校共有在校生158名。

1967年，民办小学增加到11所，分别为阿扎、许达、村巴、村雄、荣多、桑前、鸽群、德古、同玛、鸟苏绒、强姆小学，学生增加到289名。当时的办学形式以民办为主、公办为辅。7年内共培养了382名学生，其中小学毕业先后参加工作的有66名，后任县级干部者2名，区级干部12名，一般干部11名，教师8名，医生2名，工人16名，乡干部5名，在外地工作的有5名，这是嘉黎教育从无到有、发展较快的一个阶段。

1974年在各方面的支持与努力下，嘉黎县重新动员群众恢复和创办了部分学校，创办多样分散公办小学10所、民办小学29所、教学点119个，学生人数增长到1368名。

1981年，在县委、县文教科的指导下，嘉黎县小学开始组织全校教师认真学习党的教育方针，教师们进一步树立全心全意为四化建设培养合格人才的思想，改变无所作为、不求上进和满足现状的态度。根据学生中存在的问题，有针对性地制订了学生守则21条。同时实行教学责任制，调动教与学两方面的积极性，对教师的教学任务、工作制度作出明确规定。对落实给教师的任务，期末进行检查，按完成教学任务的数量、质量，进行相应奖惩。这些制度实施后，改变了过去那种干好干坏一个样、吃大锅饭的教学管理方法，调动了广大教师的积极性。

1981—1984年是嘉黎教育事业得到整顿和完善的4年，1985年结合嘉黎县自身实际，贯彻执行有关教育方针政策，在坚持既统一又突出重点等办学方针的前提下，利用有利条件发展教育，公办学校从1974年的10所减少到8所，民办学校从29所减少到14所。1986年以来，国家投入建设资金400多万元，民间集资14万元，教育设施建设有了很大的改善。1981—1989年，取得小学毕业证的人数为127名，其中考上那曲中学的有84名，考入天津红光中学的有16名。

1988年，嘉黎县抽出144名脱产干部、133名公社半脱产干部，共计277名干部分成8个队、31个工作组，从5月1日至7月1日下乡进行宣传教育。

1992年，全县小学在校生仅为818人，毛入学率为18.3%。全县教师不足60人，且教师中无学历者占大多数；全县学校布局不合理，学校规模散而乱，全县仅有小学8所，部分偏远乡没有学校，整个教育事业同其他县的差距较大。

“八五”期间，在各级党委、政府的关怀和广大教育工作者的辛勤努力下，到“八五”末期，全县小学在校生达到1116人，小学教师达到65人，全县小学发展为9所。

2001年底，全县共有公办小学14所（完全小学4所、初级小学10所），教学点7个，专职教师达到89人，小学高级教师6名，小学一级教师15名，小学教师学历合格率达到78.1%。全县小学在校生共计2600名，小学入学率达到70.4%。5年中全县新修和改（扩）建学校11所，实现了“乡乡有学校”，学校布局进一步趋向合理化。

2005年，嘉黎教育顺利通过“普六”验收，实现了历史性跨越。在全县范围内普及了六年义务教育，全县有完全小学10所、初级小学4所、教学点1个；在校学生达到4488人，7—12岁适龄儿童入学率达到96%；教师队伍不断扩大，学历不断提高，全县有专职小学教师208名，学历合格率达100%。

2009年，全县小学入学率达99.12%，扫盲率完成98%。全县小学成绩全地区名列第二名，22名学生考入内地西藏班，这是嘉黎县教育史上取得的最好成绩和新突破。2010年，小学参加内地西藏班考试学生达104人，小学考初中时分数上内地西藏班分数线的14名。

1979—2010年嘉黎县小学领导名录见表16-1-2。

1979—2010 年嘉黎县小学领导名录

表 16－1－2

机构名称	职务	姓名	性别	民族	任职时间
嘉黎县小学	校长（书记）	伟色	男	藏	1979.01—1985.07
		仓巴	男	藏	1985.07—1989.02
		嘎达	男	藏	1985.05—2007.07
		尼玛扎西	男	藏	2007.07—2010.12

注：1960.01—1979.01 无校长。

第四节　中学教育

1995 年以前，由于受多种因素制约和条件限制，全县小学毕业生中只有少部分人能升入那曲地区中学就读，多数学生没有继续接受中学教育。

1994 年，嘉黎县中学建设项目被列入自治区三十周年大庆工程项目，经自治区三十周年大庆工程建设指挥部批准，从新疆援助资金中拨付 300 万元，用于县中学建设，项目总建筑面积 5200 平方米，包括 3 栋教室（12 间教室）、2 栋半教职工宿舍（21 间房屋）、3 栋学生宿舍（24 间宿舍），1 座可以容纳 1000 人的礼堂，以及 1 个 250 平方米的风雨操场等配套设施。工程于 1994 年开工，1995 年正式建成并于当年招生。嘉黎县从此结束了无中学的历史，嘉黎教育事业实现质的飞跃。建校初期，县中学只有 4 名中专学历的教师，学生 83 人，初一年级 50 人，预科班 33 人。1998 年毕业学生 45 名。1996—1998 年，先后借调 3 名教师到嘉黎县中学，后又分配 4 名教师；1999 年增加 4 名教师；2000 年增加 1 名教师。经过十多年的发展，截至 2006 年，县中学教师人数达到 13 名，其中具有本（专）科学历者 9 名，初步达到中学教师大专化要求。同时，自建校开始，嘉黎县中学认真核实“三包”学生人数，制定“三包”学生花名册，严格“三包”经费管理，按时足额划拨“三包”经费，“三包”经费指定专人负责、专人发放，确保“三包生”经费的兑现率达到 100%。

“十一五”期间，嘉黎县中学着力提升校园基础设施建设，共建成1栋综合教学楼、1个容纳1800人就餐的综合食堂、3栋学生宿舍和10栋教职工周转房，同时新建篮球场、足球场和校园停车场，学校90%的路面达到硬化和绿化的标准，实现了全面数字多媒体教学，学校办学条件得到了极大改善。

2008年，嘉黎县中学中考成绩排名全地区第三。2009年，中学入学率98%。全县教学成绩稳步提升，中考成绩直升全地区第一名，进入重点高中的学生86名，升学率达到100%，被评为那曲地区示范学校。

2010年底，嘉黎县中学共有教职工95人，参加中考学生达93人。升学率由建校初的24%提高至2010年的95%，控辍保学率多年一直稳定在80%左右。

1995—2010年嘉黎县中学班子成员名录见表16－1－3。

1995—2010年嘉黎县中学班子成员名录

表16－1－3

机构名称	职务	姓名	性别	民族	任职时间
嘉黎县中学	校长	格堆	男	藏	1995—2002
		任俊明	男	汉	2002—2004
		格堆	男	藏	2004—2006
		拉娘加	男	藏	2006—2010
	副校长	才增卓玛	女	藏	1995—2010
		赤列欧珠	男	藏	2004—2010
		彭吉林	男	汉	2004—2010
		阿西措姆	女	藏	2006—2010

第五节　教育经费

在中央和地方各级政府的支持下，嘉黎县教育投入大幅增加，办学条件明显改善。1984年，嘉黎县委、县政府从地方财政中拨出11.6万多元作为发展教育事业专款，全县新修建小学校舍1300多平方米。

自1995年开始开展“义务教育工程”建设，嘉黎县财政不断加大经费投入。1997年初，县财政预算划拨教育资金为128.56万元，预算调整数为127.6万元，县财政当年实际拨款为140.22万元。1998年初，县财政预算划拨教育资金为124万元，预算调整为135.2万元，县财政局当年实际拨款为149.88万元。同年，加大对乡镇教育的投入，投入嘉黎乡20万元（通过银行贷款）、鸽群乡4万元。1999年初，县财政预算划拨教育资金140万元，实际拨款192万元。援藏及其他资金投入129.4万元，其中投入藏比乡、桑前乡各20万元，章若乡和措麦乡共28万元，县完小3万元，措拉乡11.4万元，措多乡45万元。县藏医院对职业教育投入15万元。县政府对阿扎乡扫盲投入1万元。

2000年，嘉黎县第二批援藏干部在援藏项目建设上，本着“尽力而为、量力而行、适用节俭”的原则，在两年多的时间里总投资500万元，全面落实“六个一工程”。

2005年，嘉黎县小学规范化建设资金投入达512.54万元。

2006年，为提高学校管理水平，改善学校师生工作、学习和生活条件，确保学校向着健康有序的方向发展，措麦小学和章若小学两所学校筹措资金51.3万元修建校舍，大大改善了学校的办学条件。嘉黎县中学经过多方筹措，共筹集资金1030.44万元修建教学楼，于当年10月15日竣工。

2007年，全县共争取到资金932万元，实施了县中学第二期扩建工程。

2008年，县财政局划拨169万教育经费，教育局根据实际制定了预算执行方案，经县长办公会议通过并实施。拨出27万元职业教育专项经费，启动全县职业教育；划拨专项资金6万元，以保障“两基”办公室的运转。

上级投入 2316 万元，实施中学改扩建工程，并为各学校配备部分教学设备、添置图书，办学条件得到进一步改善。

2009 年 5 月 11 日，嘉黎县融资 91.6215 万元，开工建设县城幼儿园，9 月 28 日初步验收。6 月 25 日，投资 346 多万元新建县中学附属工程。7 月，县教育局自行为林堤、多拉两所学校修建了篮球场、水井，共投入 20 万元。全县各学校办学条件基本达到了“两基”迎检标准。

2010 年，投入 334.6 万元新建“青少年校外活动中心”，投入 197.2 万元新建“县中学小学教工宿舍”，投入 40 万元新建桑前小学教工宿舍，投入 31.5 万元为措拉、林堤、夏玛、县城幼儿园修建、新建了围墙。同时嘉黎县自筹经费 18 万多元，为县直中小学配备了 63 台新电脑。全年共投入 685 万元用于改善办学条件。

第六节　扫盲教育

1959 年西藏民主改革后，嘉黎县开始大力兴办各级各类学校，同时开展成人教育和扫盲工作，着力提升群众文化程度。

1992 年，地区妇联在嘉黎县措拉乡投资 1000 元建立 1 个扫盲点，当时有 13 名妇女参加学习，由该乡妇联主任任教。到 1995 年，该扫盲点学员全部通过验收并领取脱盲证书。此后，地区妇联将措拉乡妇女扫盲工作经验推广到全地区。又在夏玛乡及林堤乡开办两个女童班，地区每年下拨 2 万元用于资助这两个女童班的学习和生活。

1997 年，嘉黎县建立健全妇联组织，深入开展扫盲工作，提高妇女文化素质。

1999 年，嘉黎县共有 18 个扫盲点，扫盲人数达 220 人，扫盲率为 55%。同时，为保证全县“扫盲”工作顺利进行，嘉黎县成立“两基”攻坚领导小组和县教育督导委员会；组成由中共嘉黎县委员会副书记、县人民政府县长嘎松美郎同志任组长，中共嘉黎县委员会常委、宣传部部长任副组长，其他相关单位领导为成员的“扫盲”工作领导小组；设立以教育局局长为主任的“两基”攻坚工作领导小组办公室，专门为“两基”攻坚办公室配备办公设备，在县直机关抽调精干工作人员到“两基”办公室负责日常工作。各乡镇也成立相应领导机构，选派精干力量工作于乡镇“两基”办公室。

2005—2006 年，县财政为扫盲配套资金 8 万元，地区教育局拨付扫盲经费 9 万多元，同时各乡镇、村自筹扫盲资金 47 万元（含投工投劳、燃料、照明等折价），为嘉黎县扫盲事业开展提供经费保障。

2007 年，嘉黎县加大扫盲点的覆盖面，县财政为扫盲配套资金 14 万元，在 123 个村（居）委员会各设置一个扫盲点的基础上，各乡镇结合自身实际，按需增加部分扫盲点，全年共设立扫盲点 221 个。为保障扫盲工作队伍和扫盲教师，从县直部门抽调 19 名干部职工，从各乡镇抽调工作人员共计 84 人深入到全县 123 个村（居）委会负责脱盲培训。同时全面了解 2005—2006 年脱盲人员发证情况及未脱盲的 15—50 岁人员的开学情况，并成功通过上级的扫盲验收。

2009 年，全县扫盲率达 98%。根据 2000 年第五次全国人口普查数据，全县上扫盲班的有 1793 人。

第二章 体育

第一节 群众体育

嘉黎人民在长期生活劳动和与大自然斗争中，创建了很多喜闻乐见的诸如赛马、射箭、抱石头等群众体育活动。从20世纪60年代开始，嘉黎县群众体育活动逐渐丰富和繁荣起来。县城职工以县公办小学教师为主开展各种体育活动，经常举行男子篮球和男女乒乓球、拔河、射击、藏牌、扑克牌、骰子等比赛活动。80年代，县文教科负责在“拉日扎拉邦杜”赛马节上正式开展由各单位参加的篮球比赛、拔河比赛。90年代开始举办“五四”运动会。后来随着各个学校及县直各单位的干部增多，在县域内举办的体育活动也就更加丰富、更加规范。

一、赛马

赛马是嘉黎牧民最喜爱的民族传统体育项目之一，形式多样。赛马人身穿藏装，头戴藏帽，在马背上做各种各样的动作，如在飞驰的马背上弯腰捡地上的哈达或其他东西，以展示自己的马术。另外，还有洗马赛，因赛马跑出汗需在水中泡洗而得名。这种比赛多者几十匹，少则一两匹，一般是以锻炼小骑手和马的速度为目的。参赛的马匹也可比试速度，有长、中、短3种速度赛，还有长、中、短马小跑赛，马的跑法非常严格。具有这种跑法的马不多，特别是速度快的更不多。大型赛马一般在藏历新年初一举行，比赛时间为早上9点到晚上9点，耐力不好的马是跑不下来的。同样在夏季的“拉日扎拉邦杜”节和各乡、村组织的“亚吉”节（夏天节）中也举行这样的赛马。

二、拔河

拔河是藏族传统的体育项目，在牧民及职工中很普及。一般拔河比赛在大中型运动会或过节时举行。比赛方式有男子赛、女子赛、男女混合赛，还有按年龄阶段进行的比赛，比赛规则与其他地区相同。

三、抱石头

抱石头意为举石头较量臂力，参赛者首先弯腰将巨石抱起，随之将巨石扛在肩上，再以手臂用力投掷于自己的身后，以抱起石头重量及能否投到自己的身后为胜负标准。抱石头比赛也是藏族传统体育项目之一，这种活动在民间很早就有，只要有两个人就可以进行比赛。早期在民间不一定用石头，只要能比力量的东西都可以，比如装有粮食的袋子等。目前在各乡镇的赛马节和“拉日扎拉邦杜”节时举行，比赛规则为石头最重的为140公斤，要举到自己的肩膀上然后走步，走最远者为胜。

四、射箭

据说和平解放前，白仓谿卡里的主人每年在节庆的时候举办射箭比赛。射箭比赛一般人都可以参加，在各赛马节期间举行。民间的弓箭都是用竹子做的，箭弦是用牛皮做的，有的还在上面绣着美丽的花纹。

五、投石

投石比赛是用手拿着小石头往靶子上打，是民间活动项目之一，这种比赛非常简单，在比较空旷的地方就可以进行，规则是看谁打得准。

六、打牛角

此项运动广泛流传于嘉黎县。藏历新年和节假日期间，是必不可少的民间活动。在土上直立放置牛角，在牛角尖上贴一点泥巴，再放一个比较显眼的东西“央遇”。将参赛选手进行分组，每组选出一名组长，每组有几名组员，每人拿 3 块石头。准备工作完毕后，比赛正式开始，先由 1 个组的成员轮流打 1 块石头，一直到 3 块石头都打完，然后由另外一组的成员同样打完 3 块石头，击中“央遇”最多的组获胜。

第二节　学校体育

民主改革后，随着各学校相继建立起来，均开设了体育课和课间操。因受条件限制，学校无相应的体育设施和体育教师，学生的体育锻炼主要以课间操和跑步为主。

20 世纪 80 年代，为提高学生的身体素质，各学校陆续开始配备体育专职教师，并将体育作为学校的一门课程。

1986 年，嘉黎县中学建成开学，体育课开设有篮球、足球、少年广播体操和眼保健操等活动。

1995 年，嘉黎县中学正式调整为初级中学，课程内容按照自治区教育科技委员会 1988 年 11 月颁发的《西藏自治区全日制公办中小学教学计划（修订稿）》课程规则开设课程，标志着嘉黎县体育教学工作步入正轨。由于国家和自治区对学校建设、发展的关注，嘉黎县中学的办学条件不断改善，学校各方面硬件设施有所提高。根据 1977 年教育部颁发的《中小学体育教学大纲》要求，配齐单杠、双杠、篮球、铁饼等体育设备，并有计划地开展体育活动，每周安排两节体育课，坚持“两操、一活动”。

县中学自建校以来每年举行一次全校田径运动会，并积极参与嘉黎县机关组织的规模较大的“五四”“七一”等节日的篮球、拔河、爬山等体育活动。进入 2000 年以后，嘉黎县开始举办两年一度的教职工田径运动会和中小学生田径运动会，并积极组织学生参加区、地举办的各类运动会。

第三章　卫生

第一节　机构设施与管理

一、管理机构

（一）县卫生局

1968 年 8 月成立嘉黎县卫生科，当时无科长，只有一名副科长，无独立办公室。

1973 年，卫生科改称卫生局。

1984 年，卫生局开始有独立的办公室，无财务室。下辖县人民医院、县防疫站、县藏医院、8 个区卫生所和麻风村。

1987 年，嘉黎县撤区并乡，新成立 6 个乡（措麦乡、藏比乡、章若乡、林堤乡、多拉乡、桑前乡）卫生院，共有 14 个乡镇卫生院。

1997 年，卫生局编制为 5 人，实有 4 人。内设财务室。

2007 年，嘉黎县卫生局编制 8 人，实有 8 人（包括县计生办），有局长、副局长、秘书、会计、出纳、计生专干和司机。办公室各项办公设备基本齐全，包括计算机、打印机、复印机等现代办公设备。下设 3 个直属医疗单位，10 个乡镇卫生院（阿扎镇无卫生院），共有 49 名正式医护人员，其中具有副高职称 1 人，有医师或助理医师资格的 7 人，中级职称 7 人，初级职称 11 人，士级 24 人，聘用医生 17 人，村级医生有 69 人。

1968—2010 年嘉黎县卫生机构班子成员名录见表 16－3－1。

1968—2010 年嘉黎县卫生机构班子成员名录

表 16－3－1

机构名称	职务	姓名	性别	民族	任职时间	备注
卫生科	副科长	尹振民	男	汉	1968.08—1973.03	无正职
卫生局	局长	嘎荣益西	男	藏	1973.03—1982.08	
		次仁群宗	男	藏	1982.08—1984.08	
		旺堆	男	藏	1984.08—1987.07	
		琼培	男	藏	1987.07—1997.11	
		索旦	男	藏	1997.11—1998.05	
		娄明波	男	汉	2001.05—2005.05	
		徐勇	男	汉	2001.07—2004.06	
		阮棉钦	男	汉	2004.07—2007.06	援藏干部
		索朗多吉	男	藏	2006.10—2010.12	
	副局长	张国勋	男	汉	1981.05—1991.11	
		索旦	男	藏	1991.11—1997.11	
		娄明波	男	汉	1998.05—2001.05	
		索朗多吉	男	藏	2001.05—2006.10	
		张新建	男	汉	2006.10—2010.12	

（二）爱国卫生运动委员会

1963 年，嘉黎县建立爱国卫生运动委员会（以下简称“爱委会”），由县党政领导和县直各有关部门负责人组成，设主任 1 名、副主任 1 名、委员 7 名，爱委会日常工作由县卫生科负责，其间多次调整充实人员。1993 年，县爱国卫生运动委员会调整，由县政府一名副县长任主任，卫生局一名副局长、政府办公室一名副主任任爱委会副主任，委员由宣传部、妇联、农牧局、计委、税务局、工商局、商业局、公安局、防疫站、财政局人员组成。

（三）地方病防治领导小组

1975 年成立地方病防治领导小组，有组长、副组长各 1 人，成员 5 人，之后其人员进行过多次调整。

嘉黎县麻风村于1976年5月成立于尼屋区（今忠玉乡），当时房屋总面积为456平方米，其中业务用房面积为300多平方米，有3名医务人员，住院麻风病人多时达到25人，在上级卫生部门的大力支持和帮助下，经过十多年的努力，所有麻风病人治愈出院。1994年麻风村与忠玉乡卫生院合并，因无住院病人，平时只负责一些卫生检测工作。

（四）公费医疗管理领导小组

1980年，公费医疗领导小组成立，县政府一名领导和县财政局一名负责人分别担任组长、副组长，办公室设在县财政局。其后人员进行过多次调整。

二、卫生医疗机构

（一）嘉黎县人民医院

嘉黎县人民医院始建于1960年，当时为部队卫生所，无住院部，不分专科，无辅助科室及护理人员，也无任何医疗设备和仪器设备。1968年嘉黎县人民医院正式成立，负责全县的医疗服务、妇幼保健、卫生常识宣传、预防接种、传染病防治、计划生育等工作。当时有3名医生，服务对象为4个区和县机关，总人口达3250多人。1964年再划分4个区，此后嘉黎县共有8个区。

1981年6月，阿扎区东风公社发生了一种疫病，疫情逐渐蔓延，严重威胁着这个区人畜的生命安全。在县委的统一组织下，县人民医院立即抽调人员同兽防站组成工作组，奔赴疫区进行消毒和疫苗接种，疫情很快得到控制。

1982年，嘉黎县8个区程度不同地发生了麻疹、百日咳、痢疾、腮腺炎等流行病。县人民医院立即抽调人员组成几个医疗小组奔赴各区，开展群防群治工作，经过近半年的连续奋战，终于控制了疫情的发展。

1989年，为解决农牧区群众就医极不方便的问题，嘉黎县人民医院在人员少、工作量大、医疗经费不足的情况下，想方设法抽出医务人员，组成巡回医疗小分队，深入牧区，走乡串户为农牧民群众送医送药。同时，在给病人看病治病的过程中，积极向群众宣传卫生防病知识等。

随着西藏卫生事业的逐步发展，嘉黎县人民医院的医疗服务水平得到提高，设备得到改善，到1997年，嘉黎县人民医院建筑面积达到2785平方米，有床位20张，卫生技术人员25人，其中中级卫生技术人员5人、初级18人，并有内、外、妇幼等辅助科室，配有常用的医疗器械设备和交通工具，但住院病人非常少，基本无业务收入。

2005—2007年，县人民医院新建疾病控制中心、传染病房和住院部，总面积1779.29平方米，总投资达196万余元。2007年，县人民医院共有卫生技术人员20人，其中大中专学历者占80%以上，有主治医师1人，有医师资格或助理医师资格的医技人员3人，中级5人，初级7人。床位达到22张，住院病人达到8200多人，治愈率达到60%，好转率50%。收入达到60多万元。

2010年，县人民医院有卫生技术人员19人、床位30张，住院病人达到245人。

1968—2010年嘉黎县人民医院班子成员名录见表16-3-2。

1968—2010年嘉黎县人民医院班子成员名录

表16-3-2

机构名称	职务	姓名	性别	民族	任职时间	备注
县人民医院	院长	乙振民	男	汉	1968.03—1978.03	
		史良坤	男	汉	1973.09—1978.06	
		嘎荣益西	男	藏	1978.06—1981.06	
		次仁群宗	男	藏	1981.06—1982.07	
		古桑	男	藏	1984.07—1985.07	
		琼培	男	藏	1986—1989	
		索旦	男	藏	1989.07—1996.11	
		索朗多杰	男	藏	1996.11—1998.05	

续表

机构名称	职务	姓名	性别	民族	任职时间	备注
县人民医院	院长	达瓦顿珠	男	藏	1999.11—2000.12	
		李仁龙	男	汉	2000.05—2010.12	
	副院长	琼培	男	藏	1984.08—1987.07	1968.03—1984.07 无副职
		同珠次仁	男	藏	1987.07—1990.11	
		次珠	男	藏	1990.11—1994.08	
		娄明波	男	汉	1994.08—1997.11	
		索朗多吉	男	藏	1997.01—1997.11	
		洛桑扎西	男	藏	1999—2009	
		罗杰	男	藏	2010.11—2010.12	

（二）乡（区）卫生院

1969 年，嘉黎县各区成立卫生院。除尼屋区因无房屋未设立卫生院外，其余 7 个区全部设有卫生院。1987 年撤区并乡，新成立 6 个乡镇卫生院，即措美乡、藏比乡、彰若乡、林堤乡、多拉乡、桑前乡卫生院。每乡配备 1—2 名医生。

1992 年，各乡配备 2—3 名医生（新聘用 14 名医生）。1994 年，在 1992 成立的 6 个乡卫生院新修建 70—120 平方米的房屋，各乡设立 3 张床位，同时配备一些医疗器械。

1996—1997 年，新修 5 个乡卫生院房屋，各卫生院面积为 103—130 平方米，并各设立 5 张简易病床。1997 年底，全县 80% 以上卫生院有房屋，有病床，但房屋面积小、质量差，部分乡卫生院房屋已成为危房。

2001 年，嘉黎县各乡镇共有正式医技人员 7 名，聘用医生 13 名，赤脚医生 43 名。

自 2003 年开始，在国家的大力支持下，嘉黎县各乡镇开始修建新的乡镇卫生院。

2005 年，嘉黎县卫生局为改善医疗服务现状，提高医疗技术服务水平，向县人民政府提交《关于提高乡（镇）聘用医生和赤脚医生工资待遇和充实医技人员的报告》，经县人民政府同意，对乡镇聘用医生、赤脚医生及其工资待遇进行调整。聘用医生由原先的13人增加到17人，工资从197元/年提高为300元/年；赤脚医生从原来的43人增加到69人，工资从30—40元/年提高为80—90元/年。

2006年，国家为嘉黎县各乡镇配备10万元左右的医疗器械设备。

2007年，嘉黎县10个乡镇卫生院（阿扎镇未修建卫生院）已全部修建完成并投入使用，各乡镇卫生院业务用房面积达230—370平方米，每个卫生院投资31万—40万元。至年底，嘉黎县共有乡镇正式医技人员20名，聘用医生17名，赤脚医生69名。

2010年，嘉黎县共有医务人员39人，赤脚医生增加到70名。

（三）县卫生防疫站

1979年8月，嘉黎县卫生防疫站成立。其后人员充实、设备不断更新，技术力量日益增强，全县公共卫生和食品卫生不断改善，传染病、地方病疫情得到有效控制。到1983年，全县有各级防疫人员44名，配备部分化验器材，有手扶拖拉机、防疫车、摩托车各一辆，并组建了食品卫生科。

1984年，县人民医院门诊部8间房屋经过维修后，作为县防疫站工作用房，占地面积221.2平方米。

1985年，防疫站开设5个科室，共有县、乡、村3级防疫人员43人。

1986年，防疫站科室调整，设地方病科、防疫科、食品卫生科、化验室、结核病防治科、站长办公室。

1987年，成立计划免疫科、冷链室，配备冰排速冻器1台、普通冰箱2台、冷藏箱2个、冷藏包40个。

1994年上半年，8个科室合并成4个，其中地方病科、流行病科、计划免疫科、档案室合并成为防疫科，食品卫生科单独作为一个科。

1995年上半年，县防疫站将4个科室合并为2个，实行“责任到人，责权利相结合”的办法，以调动全站防疫人员积极性。在防疫人员技术力量和工作设备得到充实的基础上，县卫生防疫站积极开展公共卫生、食品卫生、计划免疫、传染病、地方病等卫生防疫工作，基本做到系统化、程序化管理，为全县公共卫生、食品安全、传染病与地方病防治做了大量工作。

1999 年，防疫站共有职工 18 人，其中卫生技术人员 13 人，行政管理及工勤人员 5 人，基本达到了科室齐全，设备、技术人员配套，可全面开展包括食品、卫生、计划免疫、传染病与地方病的防治等业务工作。

预防控制中心在原县卫生防疫站的基础上成立。1980—2001 年，更名为疾病防控中心，内设办公室、疾病控制会议室、流行病科、检验科、地方病防治科等 8 个业务科室，专门负责全县疾病的预防与控制、应急预警与处置、疫情收集与报告、儿童规划免疫与管理、检测检验与评价等。2001 年中心有在编干部职工 6 人，其中大专以上文凭 5 人、小学文凭 1 人，初级职称 1 人。拥有 687 平方米的业务及职工周转房用房，其中实验用房 10 间。

疾控中心成立以来坚持运用现代疾病控制技术，对嘉黎县易发疾病的发病规律、趋势和动态进行调查分析、科学研究和预测评估。为调整疾病预防控制策略，为政府行政部门、疾控中心拟定规范化疾病预防控制方案和技术决策提供依据。在那曲地区卫生局、地区疾控中心及嘉黎县疾病监测委、县政府、县卫生局的指导下，嘉黎县疾控体系建设取得了长足发展，疾病预防控制能力迈向新的台阶。

1982 年，嘉黎县疾控中心荣获那曲地区“田间鼠疫控制”先进单位；1984 年，荣获那曲地区“布鲁氏菌病”防治先进单位；1985 年，荣获那曲地区“计划免疫”先进单位，荣获全区“麻风病控制达标”第一名；1987 年，荣获西藏自治区“麻风病防治”先进集体。

1980—2010 年，全县无重大疾病和传染病、流行病发生，传染病发病率始终控制在国家标准以内，麻疹、水痘、痢疾、流感等常见多发传染病得到了有效控制，消灭了麻疹、消除碘缺乏病、大骨节病等；医药卫生体制改革及相关公共卫生工作全面落实。艾滋病、结核病、地方病等重大疾病防控成效显著；慢性病综合防治、健康教育与促进、城乡社区公共卫生服务指导工作不断深入；食品安全风险监测工作规范化和科学化程度提高；卫生技术服务水平、质量和社会满意度稳步提升；人才队伍建设、科技创新、信息化建设等支撑体系得到进一步加强。

2010 年嘉黎县防疫站配备 6 名专职人员。

1979—2010 年嘉黎县卫生防疫站班子成员名录见表 16－3－3。

1979—2010 年嘉黎县卫生防疫站班子成员名录

表 16－3－3

机构名称	职务	姓名	性别	民族	任职时间	备注
卫生防疫站	站长	平措	男	藏	1981.05—1995.12	1979.08—1981.04 无正职
		李仁龙	男	汉	1997.01—2010.12	
	副站长	阿美	男	藏	1996.07—2010.12	1979.08—1996.06 无副职

（四）县藏医院

嘉黎县藏医科于 1970 年成立，当时有 2 名民间藏医。

1997 年，藏医科改为县藏医院，有院长 1 名、医护人员 6 名，负责全县藏药的开发、加工及诊疗服务等工作。新修建 259.75 平方米住院部和 50 平方米药浴室，总投资 22.6 万元。

2005 年在自治区成立 40 周年之际，嘉黎县藏医院组织参加自治区、地区名优新产品展销会，获得社会各界的好评。研究室有 4 个主要研究项目，其中国家级非物质文化遗产项目 1 个、自治区级科研项目 2 个、地区级 1 个。

2007 年，县藏医院有卫生技术人员 22 人，其中副高 1 人，主治医师 1 人，临时工 15 人。全年下乡 300 多天，治疗病人数达 200 多人次，看病检查人数达 15000 多人次，接诊县外患者 10000 多人次，年门诊量达 13000 多人次，抢救病人 165 人次。住院部设有 17 张床位，年入院病人 35 人次，出院 35 人次，其中治愈率为 75%，好转率为 25%。总收入达 80 万元，其中门诊收入 17 万元、药品销售总收入 7 万元，总支出 60 多万元。

1970—2010 年嘉黎县藏医院班子成员名录见表 16－3－4。

1970—2010 年嘉黎县藏医院班子成员名录

表 16－3－4

<table>
<tr><th>机构名称</th><th>职务</th><th>姓名</th><th>性别</th><th>民族</th><th>任职时间</th><th>备注</th></tr>
<tr><td rowspan="6">县藏医院</td><td>院长</td><td>索朗巴珠</td><td>男</td><td>藏</td><td>1999. 12—2010. 12</td><td>1970. 01—1999. 11
无正职</td></tr>
<tr><td rowspan="5">副院长</td><td>旦巴</td><td>男</td><td>藏</td><td>1996. 07—1999. 09</td><td rowspan="5">1970. 01—1996. 06
无副职</td></tr>
<tr><td>崩琼</td><td>女</td><td>藏</td><td>1996. 08—1999. 02</td></tr>
<tr><td>索朗巴珠</td><td>男</td><td>藏</td><td>1997. 10—1999. 12</td></tr>
<tr><td>玉德</td><td>女</td><td>藏</td><td>2001. 02—2010. 12</td></tr>
</table>

三、卫生事业管理

为改变嘉黎县医院管理上存在的问题，以及医务人员吃“大锅饭”思想严重的状况，嘉黎县以提高医疗服务质量、改善服务态度、加强管理工作为重点，严格实行各种岗位责任制。实行“分级控制，逐级垂直管理”，并明确职责，将指标分解，层层包到科室，严格考核岗位定额。在医务人员中严格实行各种岗位责任制，医疗治愈率不断提高。

第二节　卫生防疫与地方病防治

一、公共卫生

1963 年，县爱国卫生运动委员会成立后，坚持开展爱国卫生运动，治理脏、乱、差，开展改水、改厕工作，公共卫生逐渐好转，饮水质量有所改善，消化道传染病、地方病及其他疾病的发病率明显降低。

1979 年，县防疫站成立后，配合县爱国卫生运动委员会，每年在“五一”、国庆、元旦、春节、藏历年等节日前夕，从机关到农村进行卫生宣传和检查评比工作。

二、食品卫生

1983年，县防疫站组建食品卫生科，配备两名食品卫生检查员，开展食品卫生检查工作。12月，在县防疫站召开食品卫生相关知识宣传会，向饮食服务行业人员传达《中华人民共和国食品卫生法（试行）》等，讲解食品卫生知识，提高从业人员对做好食品卫生工作重要性的认识。同时在物资交流会期间，进行为期一周的食品卫生监督检查。其后，对饮食店和食堂进行食品卫生检查，对从业人员进行健康检查并颁发健康证。

1984年起，为保障食品卫生工作的顺利开展，县防疫站制定一系列食品卫生管理制度。食品卫生部门全面开展食品卫生的宣传、检查，以及饮食服务行业人员健康证、卫生许可证换发工作。在每年国庆、元旦、春节、藏历年等节日前进行食品卫生大检查，宣传食品卫生法及有关知识，增强群众的法制观念和自我保护意识。经过连年多次检查，食品卫生管理工作不断加强，传染病的发生率逐年降低。

三、计划免疫

20世纪60年代，县卫生部门和县人民医院开展牛痘接种等预防工作。

1979年，县防疫站成立后，计划免疫工作由专人负责，保证疫苗及时领取、发送、接种，预防接种基本上做到科学化、程序化，逐步控制或消除了各种常见传染病、地方病和多发病的流行。

1984年，为使计划免疫工作规律化、程序化，提高疫苗接种的合格率，县防疫站建立健全全县儿童保健卡制度。

1990年，嘉黎县人民政府制定《1088年至1990年计划免疫工作实施细则》，成立嘉黎县计划免疫领导小组，组长为主管卫生的县长，副组长为卫生局局长、防疫站站长和医院院长，成员为各乡乡长。在全县范围内开展计划免疫工作，为群众治病7000余人次，治愈重病患者85人，其中抢救32人，未出现任何接种差错事故，并评选出计划免疫先进工作者25人。

1996年，开展以乡为单位第三个85%的计划免疫工作，接种率达99.5%，建证建卡率达100%。

1997年，完成皮下埋植203例，放环42例，打针吃药415例，结扎36例，超额完成那曲地区下达的计划生育各项指标。

2000年，嘉县防疫局实行免疫计划，第一次派出14个小组，第二次派出4批工作组，派出16人次、4辆车，行程达3000多公里。

2005年，强化免疫应种人数5046人，实际接种5040人，接种率达99.9%。

2006年，嘉黎县农牧区合作医疗管理制度个人集资覆盖率达97.8%，免费医疗药品实行招标采购，完成10个乡镇计划免疫注射建档工作。

四、传染病防治

（一）急、慢性传染病防治

1979年以后，县防疫站在人员和设备不断充实的基础上，基本能及时掌握疫情动态。1983年起，全县计划免疫工作的重点放在加强儿童的基础免疫和对各种传染病、易感人群的免疫、应急预防等方面，逐步控制了部分传染病的发生和流行，除个别病种因特殊原因稍有较高发病率以外，整体呈下降趋势。

嘉黎县慢性传染病主要以结核病为多发，人群发病率相对较高，疫情控制也比较困难。同时因地理环境复杂，地方性甲状腺肿、布氏杆菌病、大骨节病等地方病常有发生，且发病率较高。

（二）地方性甲状腺肿

地方性甲状腺肿是碘缺乏病的表现之一，又称碘缺乏性甲状腺肿。

1959年前，嘉黎县地方性甲状腺肿发病率较高，且难以防治。

20世纪60年代，经县地方病防疫领导小组对地方性甲状腺肿知识的宣传，农牧区群众对此病有了一定的认识。同时对农牧区水质进行调查，从农牧区群众饮水上进行预防。70年代，县卫生机构逐步建立后，对地方性甲状腺肿患者给予碘糖片或碘油胶丸治疗，效果显著。

1980年，县防疫站认真贯彻落实1979年12月国家出台的《食盐加碘防治地方性甲状腺肿暂行办法》，在全县广大群众中发放碘油胶丸6782粒，全县地方性甲状腺肿得到有效控制。

1985 年，县防疫站对地方性甲状腺肿进行药物防疫，给农牧区广大群众服用碘油胶丸，全县口服碘油胶丸 2344 人，服药率为 25%。至 1989 年，全县群众服碘油胶丸率达 52% 以上。

1990 年开始，县防疫站对婴幼儿通过碘油注射液注射进行预防，注射婴幼儿 312 人，注射率 75%。至 1995 年，注射率达 100%。

1996 年起，全国采用全民食碘盐方法来防治碘缺乏病，县防疫站深入宣传，全县 100% 的人口皆食用碘盐。同时，加强全县碘盐销售市场检查和管理，杜绝伪劣、假冒碘盐流入市场，危害群众身体健康。

1997 年起，地方性甲状腺肿在全县得到全面控制。至 2010 年，全县无病例发生。

（三）布氏杆菌病

布氏杆菌病又称波浪热，是布氏杆菌引起的急性或慢性传染病。临床特点为长期发热、多汗、关节痛、睾丸炎、肝脾肿大等。此病菌为革兰阴性短小球杆菌，按生化和血清学反应分为马耳他布鲁菌（羊型）、流产布鲁菌（牛型）、猪布鲁菌（猪型）、森林鼠型、绵羊附睾型、犬型。此病感染源主要为羊、牛、猪；致病力以羊型最强，次为猪型，牛型最弱；传染源是患病的羊、牛、猪，病原菌存在于病畜的组织、尿、乳、产道分泌物、羊水，胎盘及羊盖体内；病源主要通过接触受染，也可通过消化道、呼吸道传染。

1976 年 9 月前，嘉黎县牧区一直流行布氏杆菌病。县防疫站建立后，联合县农牧科、县卫生院开展布氏杆菌病防治工作，对牧区群众进行布氏杆菌病普查，发现布氏杆菌病病患者 19 例，经隔离治疗，病人、病畜恢复正常。

1982 年起，县防疫站、县卫生院对牧区 3—65 岁人群进行布氏杆菌病疫苗接种，接种率达 76.78%。同时，对所有布氏杆菌病患者进行全程治疗，治愈率达 95% 以上。

1990 年起，县防疫站、县兽防站对全县境内的布氏杆菌病进行普查治疗，同时采取疫苗预防接种、防护及加强管理等措施，发病率明显降低。

（四）大骨节病

大骨节病的发病病因较多，大致可概括为四类，一是食物性真菌中毒发病，病区粮食被一种毒性镰刀菌感染，病区居民长期食用被病菌感染的粮食，就会使软骨质中毒，导致此病；二是食物中维生素缺乏而发病，病区多位于高寒山区，农作物粮食中缺乏维生素 A、B_2、D、C 等，人群长期食用此粮食做的食物，易产生此病；三是腐殖酸中毒发病，病区多位于腐殖层、腐殖黑土、淤泥、泥炭等发育地方，植物残落体被分解后，形成各种低分子和高分子的致命有机酸，居民长期食用含有腐殖酸的水，导致唾液腺内分泌障碍引起软骨质发生病变；四是人体所需微量元素缺乏发病，人的生命是依靠土壤、植物、水中所含的生命必须元素（如硒、碘等）生存的，若这些生命元素在环境中的含量失调，易产生此病。

西藏和平解放前，嘉黎县大骨节病患病率高，治愈率低。民主改革后，县防疫站、县卫生院、县地方病领导小组开展大骨节病防治工作，在全县对大骨节病进行调查，及时发现及时治疗，情况明显好转。

1997 年起，县卫生部门进一步加强对大骨节病的监测和预防工作，全县基本没有大骨节病可疑病例。

（五）高原性地方病

由于嘉黎县地理环境特殊，全县平均实际海拔在 4500 米以上，属高原低氧区域，痛风、高原心脏病、高原肺水肿等高原性地方病一直流行，且患病率较高，对生命危害性较大。

20 世纪 80 年代以后，县卫生部门加强对高原性地方病预防知识的宣传，各族群众对高原性地方病的认识逐渐提高，个人预防意识逐步增强，发病率、死亡率有所降低。90 年代，嘉黎县委、县政府高度重视发展医疗卫生事业，各种高原性地方病治疗药物逐渐配齐、配全，患者可以得到及时救治。

1. 高原痛风

高原痛风是人由平原或低海拔地区进入高原或由高原进入更高海拔地区时，因高原低氧分压对机体内分泌系统和泌尿系统的影响，破坏了尿酸生成速度与经肾排除之间的平衡关系，导致肌体嘌呤代谢障碍、血尿酸增高使人体组织器官损伤的一种特异性疾病。痛风可分为原发性和继发性，临床特点是：高尿酸血症、特征性急性关节炎反复发作，痛风结石形成，肾尿酸结石或（和）痛风性肾病。原发性痛风目前尚无根治方法，但控制高尿酸血症可使病情逆转。

2. 高原心脏病

高原心脏病是指正常人移居高原后，在低氧等自然环境下，肺循环阻力增加，产生肺动脉高压，最后导致右心肥大和心力衰竭的一类心脏病，可分为急性和慢性两种。急性高原心脏病多为初入高原的正常人在进入高原的过程中或到达高原后短时间内发病，临床表现出“缓慢或突然出现心慌、气喘、咳嗽、浮肿、两肺散在湿啰音、心脏扩大、血压降低、肝脏肿大”等心力衰竭症状和体征。慢性高原性心脏病初期主要表现为患者心前区短暂的针刺样疼痛、红细胞增多；随着病程的进展，逐渐出现心慌、气喘、发绀，以后出现颈静脉怒张、心界扩大、肝脏肿大、下肢浮肿、消化道出血等心力衰竭症状和体征。目前高原心脏病除将患者转移至低海拔地区外，尚无特效疗法。

3. 高原肺水肿

高原肺水肿是指近期抵达高原，出现静息时呼吸困难、胸闷压迫感、咳嗽、咳白色或粉红色泡沫痰，患者感全身乏力或活动能力降低的一种疾病。

高原肺水肿发病多见于海拔3000米以上地区，初次进入或重返高原者，在进入高原1—7天内发病，乘飞机进入高原者多在3天内发病。症状有头痛、呼吸困难、不能平卧、咳白色或粉红色泡沫痰等，检查可发现发绀或面色土灰、肺部有大中型湿啰音及痰鸣音等症状。

4. 高原反应

高原环境具有低氧分压、气候寒冷、紫外线强、湿度低等特点，当人由平原或低海拔地区进入高原或由高原进入更高海拔地区时，整个机体会对低氧分压产生一系列应激性缺氧反应，即称为高原反应。高原反应可分为急性和慢性。

（1）急性高原反应

此病发生于急速进入高原或由高原进入更高海拔地区的人群，特别是年老体弱、患有慢性疾病或体型肥胖者最易发此病，且较严重，反应时间亦延长。急性反应的临床表现不一，可轻可重，复杂多样，差异较大，主要取决于海拔高度和机体对低氧环境的适应能力，常见表现为：A. 神经系统的头痛、头晕、兴奋不安或嗜睡、表情淡漠等，严重者会产生恶心呕吐、视力障碍等症状；B. 呼吸加深加快，有劳力性呼吸困难；C. 循环系统的口唇和指甲床发绀，心率加快，患者可自觉心慌、心前区发闷；D. 消化功能紊乱，常见消化不良，严重者伴有恶心、呕吐、腹泻、腹痛等症状；E. 尿量减少，患者可出现颜面或手足等处浮肿。

（2）慢性高原反应

又称“机体机能失调症”，是指机体通过长时期的不间断调节，某些功能始终不能达到平衡而表现出的一种综合病症。临床一般表现为脱发、浮肿、记忆力减退、头痛、睡眠改变（失眠或嗜睡）、干咳、胸闷、心悸、心前区刺痛、血压改变、食量改变、腹胀、肝脏改变、血液系统改变等。

第三节　妇幼保健

一、接生

和平解放前，西藏广大民众由于受宗教影响和医疗条件限制，产妇分娩多数自生自接或请接生婆助产，遇到难产时请巫师求神，母婴死亡率较高。

1966 年，嘉黎县有了第一批接生员，此后开始推广新法接生，但因受封建迷信思想及习惯影响，旧法接生仍占多数，新法接生只占出生婴儿总数的 20% 左右。

20 世纪 70 年代，地、县人民医院相继成立后，开始处理难产、剖宫产等高危孕产妇，提高新法接生率，降低孕产妇和新生儿的死亡率。

二、妇女保健

1976 年，县人民医院开始开展孕产妇产前、产后检查和治疗一些妇科病工作。

1982 年，县妇幼保健院成立后，配备专职妇保人员，加强妇女孕期和产后卫生知识宣传教育，增强妇女的自我保护意识。妇女卫生得到较好保障，降低了妇科病的发生率。

1997 年，配备妇幼专职人员 1—2 名，并加大下乡宣传相关优生优育政策力度，积极开展上皮埋术、取皮埋术，在产前、产后检查技术方面进一步走向成熟。

2008 年，在上级医生的帮助下可开展输卵管结扎手术，能更好、更全面地为全县广大生育妇女服务。

三、儿童保健

和平解放前，西藏经济落后，广大群众生活贫苦，加之缺医药，儿童因病死亡率较高。

县妇幼保健院成立后，儿童保健被纳入工作计划，对 14 岁以下儿童进行各种免费预防接种，减少了儿童的发病率。

1990 年，县妇幼保健院开展孕产妇和活产儿的死亡监测工作，建立新生儿报告制度。为全面保护儿童的身心健康，县妇幼保健院每年定期为儿童进行健康检查、巡回医疗以及预防接种等，为儿童保健工作的顺利开展打下良好的基础。

1992 年，全县出生人数为 671 人，其中农牧民出生 662 人，城镇出生 9 人，超生 3 人。儿童计划苗疫接种率达 85%。制定了《嘉黎县儿童计划苗疫八五规划》。

1996 年，优生优育工作深入开展，巡回医疗服务 105 天、415 人次。开展妇女儿童保健工作，免费发放价值 21600 元的妇女儿童保健药品。

第四节　医政药政

一、医政

20 世纪六七十年代，全县医护人员由县文教卫生科管理，医护人员干部或工人的调入、调出、入党、晋升等分别由县委组织部和计经委管理。县卫生局成立后，进一步加强对医务人员的管理，定期对医护人员进行政治思想教育和业务培训指导，以提高医护人员的思想政治觉悟、业务水平及医护质量，杜绝医疗事故的发生。医务技术人员技术业务考核由地区卫生局、县人民政府成立的技术职称考核委员会负责，采取业务考核和书面测验相结合的方法进行考核，并为考核合格的医务技术人员评定职称。

二、药政

和平解放前，嘉黎县群众用药以藏药为主，部分靠自采自制，少部分从拉萨购买。

1959 年，各乡镇所用中西药品由部队卫生所统一计划购进后发放。

20 世纪 80 年代，药品市场一度出现混乱。为净化药品市场，防止假药、劣质药流入，全县每年定期组织药品质量检查小组对药品进行检查。

1999 年全面启动合作医疗制度以后，嘉黎县按照有关条例建立一整套药品管理制度，明确规定各乡镇卫生所所需药品必须从县卫生局购买，医生用药必须填写处方，以备检查。县卫生局经常对药品进行监督检查。农牧民群众一直实行免费医疗制度。各乡镇所用的中西药由县卫生局统一采购后发放到各乡镇卫生院，县卫生局定期对乡镇卫生院和县人民医院、藏医院、防疫站药品进行检查。

第五节　医疗制度

一、公费医疗制度

1959 年民主改革至 1980 年，全县干部职工一直享受公费医疗，人均标准为每人每年 15 元，就医者凭医院出具发票实报实销。

1980 年 5 月，根据上级有关文件精神，并结合实际情况，嘉黎县实行新的公费医疗制度，由国家、个人共同担负医药费用。具体做法是：将公费医疗费用每人每年 30 元分成两部分，一部分为门诊费用，按照职工工龄等计入工资，实行包干的办法；另一部分用于享受公费医疗人员住院治疗，由职工凭住院发票报销。

二、免费医疗

遵照自治区和地区免费医疗分配方案进行分配。享受对象是嘉黎县农牧业户口群众。具体分配方案是：2006 年以前，从全部免费医疗经费中提取 5% 的医疗救助金作为五保户、特困户的医疗报销费用；提取 60% 的医疗基金划入农牧民家庭账户中，在乡镇卫生院发生的门诊药费中进行核销；提取 35% 的大病统筹金作为农牧民住院费用报销。从 2007 年开始，根据自治区文件及那曲地区农牧区合作医疗制度有关规定，通过县政府批准，分配方案改为从总的免费医疗经费中扣除 2% 的风险金作为资金短缺时农牧民群众的住院费用报销，其余经费按 45% 的大病统筹金、55% 的医疗基金进行分配。

三、合作医疗制度

尽管国家所给免费医疗费用逐年增加，但因药品价格上涨等原因，免费医疗经费十分紧张。1994 年，嘉黎县开展集资医疗试点，其集资医疗办法有 3 种：一是村民委员会投资创办集资医疗；二是群众各户投资创办集资医疗；三是村级医务人员个人投资创办集资医疗。此举在一定程度上缓解了群众就医难和缺医少药问题。但是，医疗费用主要依靠上级财政部门拨款，医药紧缺局面仍未彻底扭转。

1999 年以前，嘉黎县农牧民看病实行国家全免并给予补助政策，从 1999 年开始，嘉黎县在嘉黎镇开始试行合作医疗制度，合作医疗费由政府所拨免费医疗经费和群众自筹资金组成，参加合作医疗的村民凭合同医疗卡或转诊手续到指定的医疗单位就诊，凭各乡镇卫生院或上级医院的处方发票，定期到各所在乡镇合作医疗管理委员会报销，报销比例为 20%—50% 不等。合作医疗给群众提供了就医方便，解决了群众看病难的困难。

2004 年，嘉黎县 10 个乡镇全部实行合作医疗制度。但是当时宣传工作不到位，农牧民群众参加合作医疗的积极性不高，参加集资医疗的农牧民占农牧民总人数的 45%。

2006 年以来，通过对合作医疗制度政策的大力宣传，对免费医疗经费实行家庭账户核销并给予按时报销，广大农牧民群众充分享受到了参加合作医疗制度带来的实惠，提高了广大农牧民群众参与集资的积极性，集资率达到 93%。

2007 年，集资率达到了 96%。全县合作医疗制度以乡镇为单位，覆盖率达到 100%，建立家庭账户达到 100%。

第六节　藏医药

随着西藏藏医药事业的发展，在嘉黎县人民政府的高度重视下，嘉黎县藏医药事业发展较快。1996 年 11 月，县藏医院修建藏药加工厂，全面开展藏药的开发及加工工作。

2001 年，县藏医院加工藏药 1400 多公斤，藏药收入 14 万元。

2006 年，县藏医院藏药制剂室生产和经营“神山牌”系列藏药产品达 160 多种，年产量达 2000 多公斤。发明研制的名贵藏药“珍宝月光金刚丸”“直孔常觉王”“乙肝特效灵”等，已成为优势产品。

为适应藏药行业所面临的新形式、新任务和机遇，2007 年县藏医院再次研制开发“降血汤”“糖尿灵”“利尿宝”“甘露药茶”“神山香王”等藏药保健新产品。全年加工藏药 2000 多公斤，藏药收入 40 多万元。

第四章　科技

第一节　机构

一、机构

1982 年，县科学技术委员会成立后，农牧、林业、卫生三方面的科技业务拓展和各项活动分别由农牧局、林业局、卫生局直接牵头，组织隶属事业单位开展。

第二节　科技推广与应用

一、科技宣传与培训

20 世纪 60—80 年代初期，县人民政府积极倡导使用农机生产工具、农家肥、农牧业良种和加强病虫害防治工作等。每年组织农牧、林业等部门工作人员深入农牧区乡村宣传农作物、家畜禽良种和果树嫁接等科技生产知识。同时不定期对全县农牧民开展农牧林业生产知识培训，年均培训全县村社农牧民 1256 人，在农牧林业的高产、稳产方面发挥出积极作用。

1985 年开始，农牧、卫生、教育、林业、水利五部门联合，采取“下乡入村”方式，广泛开展科普服务“下基层”宣传活动，发放宣传单深入宣传农牧林增产、增收等科技生产知识。

1988 年，县农牧部门利用板报、图片等宣传青稞、家畜良种知识，不定期深入村社展出良种实物标本 17 种。

1991 年，县农牧部门深入农区开展不同形式的“青稞”种植和绵羊、犏牛配种等技术培训，培训 3 次，培训农牧民 460 人。

1992 年，全县以服务“三农”为基础，农牧、林业、卫生三部门联合，大力开展“三农”科技咨询服务活动，开展活动 5 场，接受咨询农牧民人数达 451 人。

1993 年，农牧、卫生、水利三部门先后开展科技服务“一条龙”“三下乡”①“科技宣传日”等宣传活动，通过培训班、发宣传单、展实物、挂图片等形式，积极宣传“喜马拉雅 19 号种植、急性传染病防治、高原保健、民居用电”等科技知识，开展宣传活动 4 场，受益群众达 6521 人。

1996 年，农牧部门深入农牧区开展“黄油菜种植、畜牧短期育肥养殖、牛种改良”等科技知识宣传活动，开展宣传活动 3 场，受益群众达 3400 人。

1997 年，农牧、林业、卫生三部门联合，对农牧区群众开展“苹果树嫁接、绵羊养殖、人畜常见病预防”等技术知识培训，培训人数 571 人，农牧民有关“农牧林、卫生”的科技知识日益丰富，文化素质逐步提高，传统观念逐步更新，相信科技的信念日益坚定。

1998 年，林业部门 6 名工作人员开展“天然林、人造林、湿地”保护与恢复工程技术知识宣传活动，宣传 4 场，农牧区受益群众达 2400 人。

2000 年，卫生部门开展农牧区“西医、藏医”医疗服务宣传活动，为农牧区群众提供咨询 3584 人。

二、科技推广与应用

20 世纪 60—80 年代，因经济社会发展程度低，嘉黎县应用科技的水平和能力有限，科技推广服务活动较粗放，主要有当地农作物的换种和试种、

① “三下乡”：即送科技、文化、卫生到农村基层。

家畜禽的配种、农畜病虫害防治、当地林木育苗、果树嫁接等技术，这些技术的推广在一定程度上对全县农牧业和林业的稳产和增收起到了积极作用。

1992 年，农牧部门推广了“肥麦、藏青 1 号、藏冬 6 号”3 个麦类品种，播种面积达 500 余亩，覆盖率达 1.64% 以上。此后，这些麦类品种播种面积逐年增加。

1994 年，全县狠抓高产田、中低产田改造等工作，农牧部门引进“喜马拉雅 19 号”在高产田试种，试种面积 500 余亩，覆盖率达 2% 以上，亩产达 550 斤，试种成功。此后，喜马拉雅 19 号品种播种面积逐年增加。改造中低产田 7800 余亩，种植当地“白青稞、黑青稞”，亩产达 480 斤，大大提高了全县麦类亩产量。同年，卫生、水利两部门推广“急性传染病防治、高原保健、民居用电”等实用技术 6 场，受益群众达 4000 余人。

1995 年，全县开始加强机耕机播、种子精选、包衣、拌种、化肥、病虫草害防治等技术推广，实地推广后成效显著。

1998 年，农牧部门开始积极推广畜牧“短期肥育”养殖技术，年底牲畜出栏 8123 头（只、匹），出栏率达 65%。

2000 年，农牧部门推广“农作物叶脉施肥”技术，取得较好成效。

第五章　气象

第一节　机构

嘉黎气象站是国家基本气象站，建于 1952 年 11 月，观测点海拔高度为 4488.8 米，占地面积 10996 平方米。创建之初由袁春领、董久司、陈长任、谢永安 4 人建立，属于西藏军区管理。

1952 年 11 月 16 日，改名为嘉黎宗气象站。

1953 年 11 月 1 日，改名为嘉黎气象台。

1954 年 1 月 1 日，改名为嘉黎气象站。

1955 年 2 月 10 日，被中央气象局台站管理处确定为三等气象站。1955 年 3 月 1 日，嘉黎气象站撤销。

1956 年 10 月 1 日重建。1957 年 6 月 11 日，按照“六年不改”的方针，嘉黎气象站再次撤销。

1959 年 9 月 19 日嘉黎县气象站在嘉黎县阿扎区嘉黎村重建。

1961 年 1 月 1 日，改名为嘉黎县气象局服务站；1974 年 4 月 1 日，改名为嘉黎县气象站；1996 年 10 月 25 日，经自治区气象局批准改名为嘉黎县气象局，正科级建置。到 2010 年 12 月，气象局有编制 8 人。

1952—2010 年嘉黎县气象部门班子成员名录见表 16－5－1。

1952—2010年嘉黎县气象部门班子成员名录

表16-5-1

机构名称	职务	姓名	性别	民族	任职时间	备注
县气象站	站长	袁春领	男	汉	1952.11—1953.05	
		尚庆臣	男	汉	1953.06—1953.09	
		王交兴	男	汉	1953.10—1954.10	
		李富晓	男	汉	1954.11—1955.03	
	1955年3月1日撤销，1956年10月1日重建。					
	站长	徐盛堂	男	汉	1956.01—1957.06	
	1957年6月11日撤销，1959年9月19日重建。					
	站长	滕建明	男	汉	1959.09—1960.12	
		谭正鹄	男	汉	1961.01—1980.07	
		石华光	男	汉	1989.02—1991.05	
		格桑占堆	男	藏	1993.04—1996.03	
	副站长	董汝昌	男	汉	1980.08—1982.09	主持工作
		殷世全	男	汉	1982.09—1986.07	主持工作
		格桑占堆	男	藏	1991.06—1993.03	主持工作
县气象局	局长	秦玉兰	女	汉	1998.01—1999.09	
		强巴卓嘎	女	藏	2003.08—2006.09	
		冯异	男	汉	2006.12—2010.12	
	副局长	秦玉兰	女	汉	1996.05—1997.12	主持工作
		强巴卓玛	女	藏	1999.09—2003.08	主持工作
		王亚	男	布依	2003.09—2010.12	

第二节　气象业务与服务

嘉黎县气象局的主要业务是进行地面气象观测和气象服务。在几十年的观测中，对嘉黎的地面气象资料进行了收集，为上一级气象机关提供大量气象数据，为了解嘉黎气象等物候资料提供了第一手资料。

人　物

一、传

才旦（1936—2001）藏族，青海省化隆县石大仓乡人，中共党员。

1951 年 3 月入青海民族公学学习，毕业后分配到刚察县工作。1954 年 2 月加入中国共产党。先后任刚察县民政科科员，泉吉区委副书记、书记，县委常委、统战部部长、农工部部长等职。

1959 年 7 月调西藏自治区曲水县委组织部工作。1960 年 1 月至 1972 年 6 月先后任西藏自治区墨竹工卡县色日荣区委书记、嘉黎县巴嘎区委书记、巴青县县长。1972 年 7 月任那曲地委书记兼巴青县第一书记、行署副专员等职，1979 年 12 月至 1980 年 7 月，任西藏自治区司法厅厅长、党组书记，1980 年 7 月至 1982 年 5 月任西藏自治区党委组织部副部长兼人事局局长。1982 年 5 月调回青海工作，先后担任省司法厅副厅长、党组副书记，省民委主任、党组书记，1989 年 4 月至 1993 年 1 月，任中共青海省委组织部副部长、省纪委委员，1993 年 1 月起任青海省第八、第九届人大常委会副主任。2001 年 7 月 16 日在西宁去世，享年 65 岁。

二、简介

吾金（1941—）女，藏族，嘉黎县措拉乡人。

从1986年开始，吾金义务收养无依无靠的孤寡老人和贫困人员、孤儿共7人，对待他们比亲人还要亲。她经常帮助困难户和五保户，累计送粮食4800斤、茶叶404斤、酥油500多斤、马3匹；她的爱人和兄长医术高明，对有困难的病人分文不取，还负责病人吃、住、精心护理，被群众称为“神医”。她多次受到县、地区妇联的表彰，1994年3月，吾金被自治区妇联授予“双学双比”女能手称号，1995年被评为西藏“十大女杰”。

民久（1945— ）藏族，嘉黎县阿扎乡人，中共党员。

民久出生于嘉黎县阿扎乡的一个贫穷牧民家中。1964年任阿扎乡的通信员，1970年加入中国共产党，1974年被任命为中共麦地卡区委书记，1992年被任命为嘉黎县人大常委会副主任。他怀着对党、对人民高度负责的精神，全身心投入到建设藏北高原的事业中，他积极发扬特别能吃苦、特别能忍耐、特别能战斗的“老西藏”精神，深入基层，深入群众，走村串户地了解群众生产、生活，跟群众同吃、同住，处处关心人民群众的切身利益，赢得了广大人民群众及上级领导同志的好评。

在任扶贫开发攻坚总指挥期间，他骑马出行，跋山涉水来到忠义乡，带领群众开展扶贫工作。经过3年的努力，忠义乡新修水坝300多米，30多亩农田土地和4户人家的房屋得到保护，两户人家搬进新房子。他还从自己腰包里掏钱，先后给贫困地区的群众赠送5000多斤粮食、茶叶、劳动工具以及现金750多元。他为萨旺村新建一所小学，基本上解决了周围地区适龄儿童上学难的问题。

阿塔（1946— ）藏族，西藏比如县人，中共党员。

1965年1月参加工作。1965年1月至1967年5月，在那曲县三教团任半脱产干部；1967年5月至1971年9月，在比如县比如区比如公社紫仁区任半脱产干部；1971年9月至1977年7月，任比如县柴仁区、执西区、下曲卡区革委会副主任、副书记、书记、革委会主任（1973年9月至1975年2月，在中央民族学院干训班学习）；1977年7—12月，任比如县委常委、县革委会副主任；1977年12月至1978年2月，任聂荣县委委员、常委，县革委会委员、副主任；1978年2月至1979年2月，任嘉黎县委委员、常委，县革委会委员、副主任；1979年2月至1988年8月，历任聂荣县委常委、副主任，县委书记、县革委会主任，县委副书记、县长，县委书记（1981年3月至1982年1月在中央党校第二期轮训班学习）；1988年8月至1989年12月，任中共那曲地委统战部部长；1989年12月至1995年10月，任那曲地区政协副主席兼地委统战部部长；1995年10月至1998年5月，任那曲地区政协主席；1998年5月至2000年12月，任自治区党委统战部常务副部长兼自治区工商联党组书记。

林邦正（1954— ）汉族，浙江台州人，中共党员。

1998年6月受组织委派，作为台州市第二批援藏干部来到嘉黎县，1998年7月至2001年6月担任嘉黎县常务副县长。其间，他走遍全县20多个企事业单位和14个乡中的13个，深入调查研究，迅速摸清了情况；多方联系沟通，主持完成嘉黎新县城规划工作；积极宣传嘉黎，筹集资金和物资折价数百万元，援助嘉黎的教育和民生事业。为嘉黎的发展作出了积极贡献。

王祖焕（1961— ）回族，浙江洞头人，中共党员。

1981年8月参加工作，中央党校大学学历，中医师。1978年9月至1981年8月，在温州卫生学校学习；1981年8月至1988年10月，任洞头县人民医院中医师；1988年10月至1991年7月，历任洞头县监察局科员、办公室副主任、办公室主任；1991年7月至1993年7月，历任洞头县监察局办公室主任、副局长（1989年7月至1992年8月在华东政法学院法律专业大专班学习）；1993年7月至1995年11月，任洞头县元觉乡党委书记；1995年11月至2001年6月，任温州市计生委副主任、党组成员（其间1998年8月至2000年12月在中央党校函授学院经济管理专业本科班学习）；2001年6月至2004年7月，任温州市计生委副主任、党组成员（正县级），嘉黎县委书记；2004年7月至2006年10月，任温州市政府副秘书长（兼），温州市市级机关事务管理局局长、党组书记；2006年10月至2010年12月，历任温州市龙湾区委书记（副厅长级）、区人大常委会主任（兼），温州工业园区管委会党组书记（兼）；2010年12月至2011年1月，任平阳县委书记（副厅长级），温州市龙湾区人大常委会主任（兼），温州工业园区管委会党组书记（兼）。

嘎布（1961— ）藏族，嘉黎县人，中共党员。

嘎布出生于嘉黎县一个牧民家庭。18岁起在安多县人民医院从事外科临床工作，先后任那曲地区人民医院外科主任、医务科科长、院长、院党委书记，自治区第二人民医院外科副主任医师、院长。从医以来，他忘我地工作，把自己的一切贡献给西藏的卫生事业。在担任自治区第二人民医院院长期，采取“派出去、请进来”的办法，共选派80名优秀专业技术人员去北京、上海等地学习深造，引进先进技术，加大科技投入，建立科技奖励基金，奖励学习、工作成绩突出的科室和先进个人，为医院的快速发展打下了坚实的基础。由于成绩突出，他先后被评为全国少数民族地区先进科技工作者、全国卫生系统先进工作者，多次被评为自治区、那曲地区、安多县先进工作者、优秀共产党员，还被评为“自治区计划生育管理先进个人”，受到国家民委、劳动人事部、科技部的表彰和奖励。

索朗巴珠（1967—　）藏族，嘉黎县人，中共党员。

1981年参加工作，1988年任人行嘉黎县支行行长，曾多次荣获“自治区优秀会计”“自治区先进个人”称号。在银行工作期间，自学藏学基础课程和系列藏医基础知识，于1989年以优异的成绩考入自治区藏医学院。毕业时放弃留校任教和上调的机会，回到家乡嘉黎县创办那曲地区第一家基层民间藏医学校，先后向社会输送60多名基层藏医专业人才。在担任县藏医院院长期间，全身心地投入到藏医药事业中。他创建了神山藏西医康复诊所，还创建了中国雪域神山藏药加工厂，研制出160多种常见藏药和5种名贵藏药。先后撰写论文十余篇在省级以上刊物发表，并获自治区和地区级一、二、三等优秀论文奖，出版了《藏医药与天文历算论文全集》。并荣获“自治区农牧区卫生事业先进工作者”荣誉称号。

陈应许（1969—　）汉族，浙江平阳人，中共党员。

1984年9月至1987年7月，为温州农业学校农学专业学生；1987年8月至1990年9月，任平阳县山门区农技站农技员；1990年9月至2004年6月，历任平阳县山门区溪源乡乡长助理、副乡长，晓坑乡副乡长，青街畲族乡党委书记，山门镇党委书记，水头镇党委副书记、镇长，平阳县财政局局长、党组书记，平阳县财政（地税）局局长、党组书记，平阳县政府副县长（1995年8月至1998年6月在浙江省委党校函授学院学习经济管理专业，1999年9—12月在温州市经贸委挂职锻炼，1999年8月至2001年12月在中央党校函授学院经济管理专业本科函授毕业）；2004年6月至2007年7月，任平阳县政府副县长（正县级）、西藏嘉黎县委书记；2007年7月至2010年10月，任温州市市级机关事务管理局局长、党组书记、温州市政府副秘书长（兼）；2010年10月至2011年8月，任温州市农业局局长、党组书记。

嘎松美郎（1970—　）藏族，昌都人，中共党员。

1993年7月参加工作，1997年3月加入中国共产党。中国青年政治学院思想教育专业毕业，本科学历，中国青年政治学院法学学士，第九届全国青联委员。1989 年 9 月至 1993 年 7 月，在中国青年政治学院青年工作系思想教育专业学习；1993 年 7 月至 1995 年 1 月，任共青团西藏自治区委员会基金会、组宣部科员；1995 年 1 月至 1999 年 3 月，共青团西藏自治区委员会组宣部副主任科员、主任科员（1996 年 4 月至 1998 年 3 月在共青团西藏自治区林芝地区委员会挂职锻炼，任书记助理）；1999 年 3 月至 2002 年 4 月，任西藏自治区青年联合会秘书处、团区委统战联络部负责人；2002 年 4 月至 2004 年 6 月，任共青团西藏自治区那曲地区委员会副书记；2004 年 6 月至 2006 年 6 月，任巴青县委副书记、常务副县长；2006 年 6 月至 2009 年 2 月，任嘉黎县委副书记，代县长、县长；2009 年 2 月至 2009 年 7 月，任索县县委副书记（负责政府日常工作），县委副书记、代县长；2009 年 7 月至 2012 年 2 月，任索县县委副书记、县长。

班禅额尔德尼·确吉杰布（1990— ） 藏族，嘉黎县人。

中国佛教协会副会长，中国人民政治协商会议第十二、十三届全国委员会常务委员。中国佛教协会西藏分会第十一届理事会会长。

1995 年 11 月 29 日，按照宗教仪轨和历史定制，在拉萨大昭寺释迦牟尼佛像前，由国务院派员主持金瓶掣签认定，并经国务院批准，被确认为第十世班禅转世灵童真身，为中央人民政府批准认定的藏传佛教格鲁派第十一世班禅额尔德尼。同日，在拉萨班禅大师的行宫雪林多吉颇章举行册立第十一世班禅额尔德尼的典礼，拜高僧波米·强巴洛珠为师，波米·强巴洛珠按宗教仪轨为转世灵童剃度，取法名吉尊·洛桑强巴伦珠确吉杰布·白桑布。1995 年 12 月 8 日，在日喀则扎什伦布寺益格曲增殿举行坐床仪式，国务院代表、国务委员李铁映代表国务院宣读了册文、金印镌文。

2010 年 2 月 3 日，在中国佛教协会第八次全国代表会议上，第十一世班禅被推荐为中国佛教协会副会长，这是他担任的首个社会职务，并于同月被增补为全国政协委员。

2010 年 3 月 3 日，出席全国政协十一届三次会议，并加参加全国政协宗教界委员小组。

三、表

1979—2001 年嘉黎县获西藏自治区级及以上荣誉者名录

荣誉获得者	性别	民族	荣誉称号	授予年份	授予部门
阿旺卓玛	女	藏	全国“三八”红旗手	1979	全国妇联
群英旺姆	女	藏	全国优秀护士	1988	
旺诺	女	藏	西藏自治区教育战线先进个人	1989	
洛桑曲珍	女	藏	巾帼建功先进个人	2000	卫生部和财政部
索朗巴珠	女	藏	西藏自治区先进工作者	2001	西藏自治区人民政府
郎塔	男	藏	西藏自治区劳动模范	2001	西藏自治区人民政府
吾金	女	藏	“双学双比”女能手	1994	西藏自治区妇联
索朗巴珠	男	藏	西藏自治区农牧区医药卫生先进工作者	2000	西藏自治区卫生厅

四、录

嘉黎县烈士陵园始建于1959年，长40米、宽38米，占地面积为1520平方米。安葬着平息1959年西藏一号战区“彭措湖战役”（麦地卡战役）中牺牲的一二四师四〇〇团拧汉照、李尚信等41名烈士和在西藏社会主义建设事业中因公牺牲的9名干部群众，共计50名革命烈士。他们的丰功伟绩，将永远铭刻在西藏各族人民心中。

嘉黎县烈士英名录

姓名	性别	民族	牺牲原因
拧汉照	男	汉	平叛中牺牲
李尚信	男	汉	平叛中牺牲
李万发	男	汉	平叛中牺牲
谢加安	男	汉	平叛中牺牲
高元勋	男	汉	平叛中牺牲
钟荣才	男	汉	平叛中牺牲
杜成木	男	汉	平叛中牺牲
武道胜	男	汉	平叛中牺牲

续表 1

姓名	性别	民族	牺牲原因
岳万沄	男	汉	平叛中牺牲
宗先具	男	汉	平叛中牺牲
李开富	男	汉	平叛中牺牲
陈昌绍	男	汉	平叛中牺牲
阎加松	男	汉	平叛中牺牲
陈寿亭	男	汉	平叛中牺牲
邓以伯	男	汉	平叛中牺牲
张富德	男	汉	平叛中牺牲
叶永奎	男	汉	平叛中牺牲
姜长生	男	汉	平叛中牺牲
陈自武	男	汉	平叛中牺牲
胡汉剑	男	汉	平叛中牺牲
仇明福	男	汉	平叛中牺牲
陈玉斌	男	汉	平叛中牺牲
李永帮	男	汉	平叛中牺牲
李顺意	男	汉	平叛中牺牲
束广贤	男	汉	平叛中牺牲
李永广	男	汉	平叛中牺牲
温区银	男	汉	平叛中牺牲
钱文善	男	汉	平叛中牺牲
陈根宜	男	汉	平叛中牺牲
蔡学堂	男	汉	平叛中牺牲
张志堂	男	汉	平叛中牺牲
鲁开祥	男	汉	平叛中牺牲

续表 2

姓名	性别	民族	牺牲原因
余文洲	男	汉	平叛中牺牲
王益希	男	汉	平叛中牺牲
强巴	男	藏	平叛中牺牲
才典	男	藏	平叛中牺牲
旺扎西	男	藏	平叛中牺牲
朗加	男	藏	平叛中牺牲
益西	男	藏	平叛中牺牲
才朗多杰	男	藏	平叛中牺牲
布次仁	男	藏	平叛中牺牲
赤来	男	藏	因公牺牲
次烈旦巴	男	藏	因公牺牲
尼玛玉珍	女	藏	因公牺牲
毛兴物	男	汉	因公牺牲
白玛玉珍	女	藏	因公牺牲
旺扎	男	藏	因公牺牲
阿旺扎西	男	藏	因公牺牲
旺堆	男	藏	因公牺牲
明杰	男	汉	因公牺牲

大 事 记

大 事 记

隋唐以前

嘉黎自古以来属于伟大祖国不可分割的一部分。

6 世纪前后，今嘉黎县地域属吐蕃势力范围。

唐宋时期

7 世纪，松赞干布统一青藏高原建立吐蕃政权后，今嘉黎县地域归吐蕃管辖。在吐蕃政权划分的“五茹”体系下，今嘉黎县境大致为苏毗茹管辖。

元明时期

13 世纪中前期，蒙古诸王子在西藏划分势力范围，今嘉黎县地域大致属于蒙哥汗封地。

13 世纪中后期，元中央政府在西藏设立十三万户，今嘉黎县地域大致属于十三万户中的直贡万户管辖。

明永乐十四年（1416 年，藏历第七饶迥火猴年）

古西巴・顿珠在今嘉黎县嘉黎镇创建拉日寺，属格鲁派。现此寺庙面积

1041 平方米。

明中前期，今嘉黎县地域归属西藏帕竹地方政权管辖，属于“五大教王”中的阐教王辖区。

明清时期

清康熙二十六年（1687 年，藏历第十二饶迴火兔年）

觉旦·嘉博昂让扎巴在今嘉黎县阿扎镇阿扎村创建阿扎寺，属格鲁派，现占地面积 744.4 平方米。2001 年，该寺被嘉黎县人民政府定为县级文物保护单位。

清康熙五十七年（1718 年，藏历第十二饶迴土狗年）

清廷命令西安将军额伦特、提督康泰等率大军戡平准噶尔势力在藏叛乱。额伦特军在哈拉乌苏（今那曲）战败，提督康泰率残部退到嘉黎西部，被管理拉里地方的一个黑帽喇嘛诱杀。次年，清廷组织兵力第二次进藏平乱。清军分三路进军会于嘉黎，岳钟琪带兵于嘉黎设计捉住黑帽喇嘛，就地正法，并重新委派喇嘛管理嘉黎地方。随后，清军连夜从嘉黎进军占领了墨竹工卡，接着直抵拉萨，取得了平乱胜利。鉴于嘉黎是军事要地，此后便派出 128 员绿营官兵常驻嘉黎。清朝雍正时期，在嘉黎增设粮台和粮务署，以转运从内地进藏的粮食和军事物资，供驻藏官兵需用。

驻藏大臣正式常驻西藏后，清政府设置拉里营，治所位于今嘉黎县西北嘉黎镇。同时，拉里宗属驻藏大臣分工监管。

清光绪十五年（1889 年，藏历第十五饶迴土牛年）

尊追桑布在今嘉黎县阿扎镇达孜村创建达孜寺，属格鲁派，现面积为 384 平方米。2001 年，该寺被嘉黎县人民政府定为县级文物保护单位。

同年，龙堆嘉措在今嘉黎县夏玛乡塔孔村创建比俄寺，属噶举派，现占地面积19500平方米。2001年，该寺被嘉黎县人民政府定为县级文物保护单位。2002年，该寺修建了主体铜质镀银、镶金、玛瑙、珊瑚、猫眼等珠宝的曲丹（佛塔）1座，高1.2米。

中华民国

国民政府设置嘉黎宗，县治所在今嘉黎县嘉黎镇。

民国二十一年（1932）根据西康省与西藏地方政府的协议，嘉黎县等13个金沙江以西的县由西藏地方政府管辖，设工布基巧（总管）。

西藏地方政府在嘉黎设宗。

中华人民共和国

1951年

7月，嘉黎宗属昌都地区解放委员会第二办事处（三十九族地区）。

9月，成立嘉黎宗解放委员会，委员会主任由宗本担任，副主任由解放军代表担任。

10月，嘉黎宗解放委员会派出工作组，向附近的群众宣传《十七条协议》精神。

1952年

4月，为帮助群众开展生产生活自救，宗解放委员会在驻地附近向群众发放无息贷款，解决群众生活困难问题。

9月，嘉黎宗解放委员会成立。

11月，嘉黎宗气象站成立。

1956 年

1 月，三十九族分工委撤销，设塔工基巧，嘉黎宗属塔工基巧管辖。

3 月，包括嘉黎县在内的那曲地区遭受特大雪灾。

10 月，西藏自治区筹委会设立塔工基巧办事处和嘉黎宗办事处。

1957 年

6 月，为改善嘉黎与外界的通信联系，嘉黎宗邮电局成立。

8 月，根据中央“六年不改，适当收缩”的方针，中共嘉黎宗办事处党委被撤销，在嘉黎宗准备开展的工作机构也随之撤销。

1959 年

3 月，中国人民解放军奉命平息西藏境内的叛乱。

7 月下旬，西藏自治区筹委会设立塔工行政公署。

7 月，嘉黎县民兵工作组成立，由一名书记挂帅。

9 月 23 日，中共西藏工委决定成立中共嘉黎县委员会，原名是拉里果县。同日，设立嘉黎县人民政府（当时译音为拉日县），机关设在原嘉黎区的拉仁郭。同日，中共嘉黎县委员会成立，戴承均任书记。

9 月，中共嘉黎县委设立县委办公室。

10 月 27 日，中共黑河分工委在麦地卡区（今属嘉黎县管辖）建立临时党委，下辖 6 个乡，由黑河分工委直接领导。

12 月 15 日，嘉黎县各族各界代表集会，隆重庆祝县人民政府成立。嘉黎县军事管制委员会军事代表、中共嘉黎县委书记戴承钧宣布成立县人民政府的命令并讲话。

12 月 23 日，嘉黎宗改称嘉黎县，归塔工行政公署管辖。

12 月，嘉黎县民警中队建立，郭志清任政治指导员，属公安局领导，负责维持地方治安。

1960 年

1 月 7 日，嘉黎县划归塔工行署管辖。

2 月 20 日，根据《国务院关于西藏地（市）、县行政区域划分的决定》，塔工行署改为林芝行署，嘉黎县同时归林芝行署管辖。

4 月，嘉黎县成立第一个供销合作社。

同月，嘉黎县采取土洋结合的办法，基本上控制了牛肺疫和口蹄疫的流行，85% 以上患肺病和 90% 以上患口蹄疫的牛被治愈。

5 月，嘉黎县人民在党委的领导下，积极参加平叛斗争，并协助解放军进行招降工作。全县局势基本稳定下来。

6 月，嘉黎县人民政府将原来的 9 个部落划分为桑巴、嘉黎、同德、阿扎 4 个区，下设 12 个乡，即村巴、向措、阿扎、徐达、山穷、松多、嘉黎、鸽群、同马、乌苏绒、通多、德吉。

7 月 4 日，中共嘉黎县委创办《嘉黎周报》。

7 月，彭措湖战役胜利结束。

7—10 月，嘉黎县组织 900 头牦牛运输物资，运输茶叶、百货、食盐、棉布、牧业生产工具等 148 吨。

8—9 月，嘉黎县组织 900 牦牛，在林芝地区的物资交换中运回物资 145 吨。

9 月，嘉黎县粮油公司成立。

11 月，嘉黎县新开荒的 600 多亩庄稼地，收获粮食 7. 5 吨。

12 月，嘉黎县嘉黎乡第一生产互助组组长阿旺尔瓦、嘉黎县桑巴区扬比参加自治区先进集体和先进生产者代表大会。

是年，随着“三反两利”运动的胜利结束，嘉黎县嘉黎村牧民们获得翻身，生产热情高涨，每人平均年收入 48 元左右。

是年，嘉黎县小学成立。中共麦地卡党委新搭圈 361 个，修补圈 413 个，筹备牲畜过冬帐篷 93 顶。

1961 年

1 月，嘉黎县组织百人检查团，在中共嘉黎县委副书记宫玉亮和县长拉布丹的率领下对牧场进行全面检查，总结交流经验，促进保畜工作。

2 月 16 日，嘉黎县各界群众举行盛大集会，欢度藏历铁牛新年，并慰问驻嘉黎的人民解放军。

2 月上旬，嘉黎县人民政府召开先进生产者代表会议，总结去年一年全县的“三反两利”运动、农牧业生产以及文教卫生等各方面的成绩和经验，研究部署全年各项任务。43 名先进生产者参加会议。

2 月，嘉黎县巴桑区委会在松多乡第六牧民小组召开现场会议，总结和推广该组牧民用骨粉喂牛羊保膘的经验。

4 月，嘉黎县群众新开荒地 300 多藏克。

5 月，嘉黎县委书记戴承钧带领工作组到阿扎乡进行调查研究，对接羔育幼中存在的问题和放牧的规模、群众生活等进行都调查，并提出下一步工作的意见。

7 月 29 日，嘉黎县成立中共嘉黎和阿扎区委员会。

11 月 22 日，经中共西藏林芝分工委会议研究决定，中共嘉黎县委下设县委办公室、组织部、财贸部、农牧部 4 个工作机构。

11 月，嘉黎牧民利用坡脚河边试种庄稼获丰收，青稞平均每克产 150 斤，元根最大的有五六斤。

1962 年

1 月，中共麦地卡区临时党委撤销。

3 月，嘉黎县财粮科成立，负责全县财政事务。

5 月，嘉黎县贸易公司成立。

5 月，嘉黎县曾培牧业互助组成立。

6 月 23 日，中共麦地卡区委成立，划归黑河县管辖。

7月1日，为巩固牧区的社会主义阵地，保证党的方针政策贯彻执行和各项任务的完成，中共嘉黎县委在嘉黎区通马乡举办积极分子集训班期间发展3名预备党员和5名共青团员，其中预备党员为通马乡的嘎荣、才旺卓玛（女）、索朗曲吉（女），介绍人为刘金成、张志峰。

7月，嘉黎县通马乡建立第一个基层党支部。

9月27日，经中共林芝分工委批准，嘉黎县财贸部、农牧部正式撤销。

1963年

6月26日，经中共林芝分工委批准，中共嘉黎县委监察委员会成立。

6月，中共嘉黎县委组织部、宣传部合并为县委组宣部。

9月，嘉黎县妇联成立。

1964年

5月，嘉黎县的4个区均建立区委，下属有12个乡镇建立了党支部。此后，由于麦地卡、色日荣、巴嘎和尼屋区划归嘉黎县，到“文化大革命”前夕，中共嘉黎县委共有8个区委、31个乡党支部。

6月1日，麦地卡区委划归嘉黎县管辖。

6月，根据西藏工委《关于调整行政区划的意见》，在撤销林芝专区后，自治区将嘉黎县划归那曲地区行署管辖。同时，将那曲县的麦地卡区、墨竹工卡县的色日荣和巴嘎区、雪巴县（已并入波密县）的尼屋区划归嘉黎县。

1965年

5月24日，电影管理站成立，当时编制6人，有9个乡镇流动电影放映队。

7月，嘉黎县人民法院正式成立。

7月25日至8月2日，召开嘉黎县人民代表大会第一次会议，选举产生嘉黎县第一届县长、副县长、法院院长和县人民委员会成员。

1966 年

1月，党的“大办农业、大办粮食”的号召传到嘉黎县嘉黎区后，给予牧民巨大的鼓舞，牧民试种青稞成功。

2月7日，嘉黎县充分发动群众，使用土办法治疗牛羊疾病获得良好效果。

1967 年

3月，中国人民解放军西藏军区党委决定成立中共嘉黎县人民武装部委员会，由3人组成，设书记、副书记各1名，受中共那曲军分区党委领导。

是年，嘉黎县在草场上修建90条水渠，灌溉草场4939亩，灭鼠71759只，种植野草181亩，施肥57.5万袋。

1968 年

4月26日，嘉黎县军代组、县“抓革命促生产”办公室批准同德区鸽群乡成立人民公社革命委员会，并于5月1日召开成立和庆祝大会。

8月18日，嘉黎县革命委员会经西藏军区批准正式成立，由军队代表、干部代表、群众代表“三结合”组成。县人武部多数领导进入县革委会及党的核心小组，并担任主要职务。

8月，嘉黎至那曲公路开工建设。

1969 年

6月，嘉黎县城由嘉黎乡的拉日果迁至阿扎乡的达玛。

8月，嘉黎县各区相继成立革委会，集党政于一体，革委会主任为党内负责人。没有恢复区委，这种状况一直持续到1972年6月。

1970年

2月8日，中共嘉黎县革命委员会党的核心小组经那曲地区党的核心小组批准成立，主要领导由县人武部领导担任。

4月，嘉黎遭受霜冻灾害。

5月，嘉黎县调频广播台正式成立，编制5人。

1971年

3月，嘉黎县深入开展农牧业学大寨运动，深入农牧区为牲畜治病，掀起农牧业生产热潮。

4月，嘉黎县社改办公室成立。

8月，嘉黎县农机修造厂认真贯彻毛主席“农业的根本出路在于机械化”的指示，大力修造农牧业生产机械和工具，支援农牧业生产，推动“农业学大寨”运动蓬勃发展。

1972年

4月，嘉黎县人民武装部第一次党员代表大会召开，选举产生中共嘉黎县人武部第一届委员会，由9名委员组成，第一次全委会又选举产生党委书记和副书记。这一阶段，嘉黎县军事系统建立党支部2个。

5月，中共嘉黎县各区委恢复工作。

6月3日，嘉黎县第一次党员代表大会召开。

是年，嘉黎县机关干部积极参加生产劳动，努力搞好机关蔬菜生产，年内共收获各种蔬菜4.5万多斤，基本上实现蔬菜自给。

1973 年

7 月，在中共嘉黎县委、县革委会的支持下，恢复团委和妇联组织，召开共青团、妇联嘉黎县第一次代表大会，选举出共青团嘉黎县委、妇联领导人。

8 月，嘉黎县建筑安装公司成立。

9 月，共青团嘉黎县委员会恢复工作。

1974 年

10 月，嘉黎县贫下中农（牧）协会（简称“贫协”）建立。

11 月，嘉黎县乌苏龙公社农牧业双丰收。

是年，嘉黎县麦地卡区调剂出载畜量 1 万头（只、匹）的草场，支援那曲县的孔马、那曲两个区。嘉黎县阿扎公社组成了 21 人的专业队，开垦荒地 30 多克。

1975 年

2 月 1 日，《西藏日报》报道嘉黎县尼屋区乡邮组的先进事迹。

8 月，嘉黎县计划生育领导小组成立，指导管理全县计划生育工作。

1976 年

7 月，嘉黎县“四大组”撤销，中共嘉黎县委的工作机构办公室、组织部、宣传部恢复工作。

8 月 17 日，《西藏日报》报道嘉黎县农机厂的先进事迹。

10 月，粉碎“四人帮”后，嘉黎县逐步完善党政工作机构，各项工作开始步入正轨。

12 月，全县干部总数 291 名，党总支 1 个，区委 8 个，基层党支部 49 个（其中乡党支部 31 个），党员总数 273 人。

1977 年

6 月，嘉黎县人民武装部第二次党员代表大会召开，选举出新一届党委书记、副书记、委员。这一阶段，军事系统仍有党支部 2 个。

7 月，嘉黎县第二次人民代表大会召开，选举产生嘉黎县第二届革委会组成人员，出席会议代表 200 名。

11 月，嘉黎县境内发生雪灾，县委在灾情严重的阿扎区成立救灾办公室，县委第一书记亲临抗灾保畜第一线指挥战斗，组织开展抗灾工作。

是年，嘉黎县徐达公社因地制宜兴办木器加工厂。

1978 年

3 月 24 日，《西藏日报》报道嘉黎县牧业学大寨的带头人——同多公社党支部书记才旺洛布的先进事迹。

3 月，嘉黎县同德区、娘保公社被自治区党委、自治区革委会表彰为农业学大寨先进集体。

3 月，县农机厂被自治区党委、自治区革委会表彰为学大庆先进集体。

3 月，自治区党委、自治区革委会表彰勒那为农业学大寨劳动模范。

5 月，县人武部正式设立军事科和政工科。

7 月，嘉黎县麦地卡区供销社、嘉黎县巴嘎区粮站被自治区党委、自治区革委会表彰为学大庆学大寨先进单位。

9 月 25 日，《西藏日报》报道嘉尼公路工程队的先进事迹。

11 月 1 日，《西藏日报》报道嘉黎县农具厂转轨定向后的变化。

12 月，嘉黎县人民检察院成立。

是年，嘉黎县的扎巴被评为全区电影发行放映战线先进个人。

是年，嘉黎县医院实行分科治疗，新建 X 光室和化验室，采集中草药

286种1840斤，加工成药113种。

1979年

4月，嘉黎县贫协组织撤销。

5月，中共嘉黎县纪律检查委员会成立。

7月，第五届全国人民代表大会第二次会议通过《中华人民共和国地方各级人民代表大会和地方各级人民政府组织法》，自此革命委员会的名称被取消。

8月，中共嘉黎县委纪律检查委员会恢复工作。

8月，中共嘉黎县公安局党委成立。

10月，嘉黎县交通局成立。

10月，社队企业管理科成立，负责乡镇企业管理。

年底，阿旺卓玛被全国妇联表彰为全国“三八”红旗手。

是年，嘉黎县组织、宣传、财经、计委、文教、兽防等部门举办各种类型的干部训练班，轮训培养各行各业干部。

是年，嘉黎县有23个乡团支部，其中机关团支部4个、团总支1个，共有团员502名。

1980年

年初，中共嘉黎县委组织待业职工家属成立集体性质的综合服务公司。

3月30日，《西藏日报》报道嘉黎县措麦公社第二生产队放牧员曲培的先进事迹。

5月，嘉黎县计划生育领导小组改为计划生育委员会。

6月，第一批援藏干部来嘉黎县工作。

6月，嘉黎县尼屋山区的开发建设工作初见成效。

6月，中共嘉黎县委组织宣传队下乡，宣传中央对西藏工作的重要指示和胡耀邦的讲话精神。

7 月，中共嘉黎县委组织部和宣传部联合举办机关干部业余文化学习班。学习班根据干部文化水平和年龄等实际情况，分成为藏话、藏文和汉文初、中级 4 个班。

9 月，嘉黎县社队企业管理科撤销，其业务仍归农牧局管理。

9 月，中共嘉黎县公安局党委撤销。

11 月，中共嘉黎县委认真贯彻落实那曲地委第二次牧业生产工作会议精神，全县普遍实行“几定一奖”“包产到户”“包干到户”等生产责任制，取消一切形式的摊派和征购，广大牧民得以休养生息。

1981 年

5 月，嘉黎县设立多种经营局。

5 月，中共嘉黎县委统战部、组织部、宣传部合署办公，称组宣部。

12 月，嘉黎县第三次人民代表大会召开，选举产生嘉黎县第一届人大常务委员会组成人员：主任 1 名，副主任 1 名；选举产生嘉黎县人民政府组成人员：县长 1 名，副县长 2 名；选举产生县人民法院院长和人民检察院检察长，并建立嘉黎县人大常委会。

12 月，嘉黎县革命委员会取消，恢复人民政府工作。

是年，嘉黎县生产的民族手工业产品达 30 多种，总产值 11.9 万多元。

1982 年

1 月，那嘉公路正式通车。

3 月，嘉黎县举办兽医培训班，40 多名基层兽医参加培训。

5 月，嘉黎县人民检察委员会成立。

5 月，嘉黎县小学实行了教学责任制，取得良好效果。

8 月 26 日，嘉黎县人民医院院长次仁曲宗，嘉黎县团委书记东日，嘉黎县错扎公社管委会副主任德吉，被西藏自治区授予“三八”红旗手荣誉称号。嘉黎县粮站统计员阿洛被西藏自治区授予新长征突击手荣誉称号。

12 月 10 日，嘉黎县第三次人口普查领导小组成立，并下设办公室。

1983 年

3 月，中共嘉黎县委、县政府对全县实行土地、牲畜承包到户的政策，全县牧业生产呈现稳步发展的形势。

4 月 2 日，嘉黎县木器厂工人格来，被西藏自治区授予全区民族手工业先进个人荣誉称号。

7 月，嘉黎县阿扎公社第一生产队老艺人远典，在中共嘉黎县委、县人民政府的支持下，和本队强巴、扎西两户社员联合办起了手工业生产组，仅一年多的时间收入达 1700 多元。

9 月，据统计，嘉黎县牦牛已达 11.5 万多头，占牲畜总数的 46% 以上。

9 月，嘉黎县举办干部、职工文化补习班，设有藏、汉语文和数学等课程。200 名县直机关的干部、职工参加学习。

10 月，嘉黎县已收购酥油 8.26 万斤，超额 1 万多斤完成国家计划收购任务。

1984 年

1 月，中共嘉黎县桑巴区委、区公所成立 38 个抗灾领导小组，补修（新建）牛羊圈，储备饲草、粮食、燃料，做好抗灾保畜工作。

3 月，那曲地区从教育经费中为嘉黎县拨款 16.8 万多元，嘉黎县拨款 3.5 万多元，新修建了两幢 800 平方米的藏式学校。

4 月，中共嘉黎县委领导班子进行大调整。

5 月，嘉黎县进行第二次机构改革，设立 3 个区级机构，全县区级机构达到 24 个。

5 月，中国人民银行嘉黎县支行个人储蓄额达 174594 元，比去年同期增长 9.82%。

1—6 月，嘉黎县麦地卡区为那曲县哈尔麦区支援部分草场，帮助其度过灾年。

8 月，嘉黎县财政科正式改称为财政局。

8 月，中共嘉黎县委开始独立办公，在此之前与县政府合署办公。

8 月，中共嘉黎县委设立统战部，主管统战、宗教工作。

8 月，嘉黎县人大常委会办公室设立。

9 月，嘉黎县所有科级单位改称局。

10 月，嘉黎县投资 135 万多元，在嘉黎河上游建成一座装机容量为 320 千瓦的水电站，并正式投产发电。

11 月底，嘉黎县各乡党支部和乡人民政府正式恢复。

11 月 28 日至 12 月 1 日，嘉黎县第四届人民代表大会召开，出席会议代表 87 人，会议讨论通过政府工作报告；审议通过了其他 4 个工作报告；选举产生嘉黎县第四届人民代表大会常务委员会的组成人员及县人民政府县长、副县长、县人民法院院长和县人民检察院检察长。

12 月，嘉黎至巴嘎公路建成通车，全程 90 公里。

是年，嘉黎县拨款 11.6 万多元，新修建小学校舍 1300 多平方米。

1985 年

1 月，嘉黎县电影队开始实行“四定”“四保”① 为内容的经济承包责任制。

1—4 月，嘉黎县麦地卡区为遭受严重风雪灾害的那曲县哈尔麦区和孔马区无偿提供一部分草场，帮助这两个区搞好抗灾保畜工作，渡过难关。

2 月 13 日，《西藏日报》报道嘉黎县林管站护林员索杰的先进事迹。

5 月，根据中央决定，在区党委和那曲地委的统一安排下，全县开展整党工作。

7 月 31 日，嘉黎县境内的麦地江双跨钢架桥建成通车。

---

① “四定”：定岗位、定人员、定责任、定奖惩，“四保”：保质量、保养机、保进度、保放映场次。

1986 年

3 月 19 日，嘉黎县邮电局职工拉巴次仁被授予西藏自治区邮政行业先进个人荣誉称号。

8 月，根据上级指示，嘉黎县人武部调整编制，精减不必要的科室人员。

1987 年

5 月，在机构调整中，县纪律检查委员会配备副县级领导人。

6 月 18—22 日，嘉黎县第二次党员代表大会召开。

6 月，共青团嘉黎县委与县妇联合并为青妇办公室。

7 月 25—26 日，自治区人民政府主席多吉才让率领那曲地委、行署领导，到嘉黎县实地调研在建项目。

10 月 26 日，嘉黎县第五届人民代表大会召开。

11 月，嘉黎县多种经营管理局被撤销，业务由农牧局管理。

12 月底，据统计，全县农牧业总产值达 1032.25 万元，比 1977 年增长 6.04%，人均收入 446.30 元，是 1977 年的 4 倍。

1988 年

2 月，国家拨专款修复 8 座寺庙，加强了文物保护。

5 月 13 日，嘉黎县医院群英旺姆被评为全国优秀护士。

8 月，嘉黎县撤区并乡，改设 14 个乡，下辖 122 个行政村。

9 月，嘉黎县机关小学被授予西藏自治区“三八”红旗集体荣誉称号，嘉黎县麦地卡区伍坚被授予西藏自治区“五好”家庭荣誉称号，嘉黎县人民医院护士群英旺姆、嘉黎县嘉黎区小学教师日云、嘉黎县机关小学教师才真卓玛三人被授予西藏自治区“三八”红旗手荣誉称号。

11 月 8 日，那曲地区计委、建行、物资局、工业电力局等组成验收组，对嘉黎县迁县第一期工程竣工进行验收。

1989 年

7 月，嘉黎县电视台成立，编制 8 人。

10 月 5 日，嘉黎县桑达小学旺诺被授予西藏自治区教育战线先进个人荣誉称号。

年底，嘉黎县政府从达玛迁至阿扎。

1990 年

1 月，嘉黎县人民检察院、副检察长嘎玉分别被授予西藏自治区检察院先进集体和先进个人荣誉称号。

3 月 17 日，嘉黎县措拉乡发生雪灾，雪灾面积广，持续时间长，牲畜大量死亡，经济损失惨重，初步计算损失达 5000 多万元，人均损失 2706. 5 元，灾情发生后，县长江村旺扎率领工作组深入措拉乡指导救灾工作。

3 月 28 日，自治区人民政府组织的第一批包括糌粑、青稞、衣服、砖茶、眼镜等的救灾物资，由空军某部空投到受灾严重的嘉黎县境内。

3 月，那曲地区组织工作组深入嘉黎县，指导群众抗击雪灾，进行生产自救。

4 月 27 日，中央工作组到嘉黎县措拉乡视察灾情。

6 月 16 日，担任嘉黎县前线抗灾指挥部指挥长的那曲地区副专员次仁玉珍，率领包括军人和地方干部职工的一支突击队，在阿依拉山地区挖出 20 公里的通道，把救灾物资运送到灾民手中。

6 月 21 日，《西藏日报》报道嘉黎县长江村旺扎在抗雪救灾中的先进事迹。

6 月 23 日，《西藏日报》报道嘉黎县委书记才加在抗雪救灾中的先进事迹。

7 月初，中共嘉黎县第三次委员会召开。

7 月 28 日，那曲地区行署向嘉黎县调拨生产扶持款 300 万元，有偿贴息贷款 90 万元，生活救济款 48.6 万元，生活贷款 75 万元，安排生产扶持 387 户、2336 人，扶持牲畜 17544 头，投入以工代赈款 50 万元，用于修筑巴嘎桥和章若公路。

9 月 25 日，中共嘉黎县措拉乡党支部、乡人民政府，县阿扎乡粮站，县养护段，县章若乡 2 村、措拉乡 8 村和 11 村、多拉乡党支部、林堤乡 5 村，被那曲地区授予抗灾救灾先进集体荣誉称号；贡觉益西、加多、扎西元旦、格多、嘎玛益西才达、贡觉、甲多群培、才加、洛布占堆、平措旺培、江村旺扎，被那曲地区授予抗灾救灾先进个人荣誉称号。

11 月 8 日，嘉黎县第六届人民代表大会第一次会议召开。

1991 年

1 月 5 日至 2 月初，嘉黎县在县直机关中传达学习党的十三届七中全会精神，区党委四届二次全委扩大会议以及那曲地委扩大会议文件。

3 月 25 日，中共嘉黎县委召开扩大会议，传达学习党的十三届七中全会精神，区党委四届二次全委扩大会议以及那曲地委扩大会议文件。

5 月 30 日，嘉黎县医院住院部正式成立。

5 月，那曲地区藏医院帮助嘉黎县举办藏医培训班，20 人参加培训并取得良好成绩。

7 月 1 日，中共嘉黎县措拉乡党委被评为自治区先进基层党组织。

7 月 4—7 日，嘉黎县第六届人大二次常委会召开。

8 月 31 日至 9 月 2 日，自治区计经委、那曲地区以及相关单位专门派出代表抵达嘉黎县，成立嘉黎县迁县工程综合验收委员会，对自治区“七五”期间重点工程项目——嘉黎县迁县工程进行综合验收。

9 月，嘉黎县发起向内地灾区募捐活动，全县干部、职工、群众共捐款 52478.56 元。

12 月，嘉黎县 10 个乡 20 个行政村发生痢疾，患病 306 例，其中死亡

3例。

是年，嘉黎县收购虫草500斤、贝母1000斤、肉食5800斤、皮100张、牛绒8000斤、山羊绒350斤，基本完成上级布置的收购任务。

是年，嘉黎县投资54万元购买12万米的网围栏，以修建各乡网围栏，其间，派出专业技术人员边围栏边指导，以保证修建质量。

1992年

5月，党朗被自治区人民政府表彰为全区劳动模范。

同月，益琼桑被自治区人民政府表彰为全区先进工作者。

8月，嘉黎县总工会成立。

9月，嘉黎县总工会第一届代表大会召开，参会代表37人，会议选举总工会主席1名，委员5—7名。

12月，中共嘉黎县委、县政府认真宣传贯彻党的十四大精神和邓小平南方谈话精神，鼓励支持党政干部到企业工作，创办、领办经济实体，县卫生局局长穷培积极响应号召，带头到县粮油公司创办1个医疗诊所。

12月下旬至翌年4月，嘉黎县西部部分乡、村频繁遭受雪灾。

是年，嘉黎县综合木器加工厂收入达107万元，实现利润15万元。

1993年

2月4日，中共嘉黎县委、县政府召开联席会议，决定成立全县教育领导小组及其办公室。

3月16日，嘉黎县召开社会主义思想教育工作专题会，安排部署全县社教工作，并成立县委和县政府领导挂帅的4个社教工作组，主要负责忠玉、嘉黎、桑前、鸽群等4个交通不便乡的社教工作。

5月30日，嘉黎县境内发生7级龙卷风，造成经济损失约36万元。

5月，嘉黎县乡镇企业管理局成立。

7月20日，中共嘉黎县委召开会议，研究调整本县政法委领导小组及其办公室。

9月4—8日，嘉黎县第七届人民代表大会第一次会议召开。

10月16日，中共嘉黎县委、县纪委召开会议研究决定，成立县反腐倡廉领导小组及其办公室。

10月18日，中共嘉黎县委召开会议决定，成立县保密委员会领导小组及其办公室。

10月，嘉黎县投资300万元，用于交通、能源、通信建设，并与深圳、海口、上海等内地十余个经济发达城市取得广泛联系，加大了开放力度。

12月24日，中共嘉黎县委召开会议决定，成立县普法领导小组及其办公室。

年底，嘉黎县银行累计发放扶贫低息贷款28.7万元。

是年，嘉黎县乡镇企业已有68家，总投资达183万元，年创利达14万余元。

是年，嘉黎县投资108.372万元（其中自治区投资28.266万元、那曲地区投资4.707万元，群众资金7.128万元，群众劳务投入68万元）用于网围栏、家庭人工饲草基地、县级草籽基地以及牲畜暖棚等项目建设。

1994年

1月5—15日，中共嘉黎县委、县政府组织由县级干部带队的8个工作组共22人，到全县14个乡传达学习贯彻自治区党委四届五次全委会扩大会议和全区经济工作会议精神。

1月8日，那曲地区行署专员洛桑江村率领的工作组到嘉黎县调研工作。3月，嘉黎县牧民吾金被自治区妇联评为“双学双比”女能手。

4月6日至5月6日，嘉黎县成立由县级干部带队的7个工作组共25人，到全县各乡村宣传《邓小平文选》第三卷、李鹏总理在全国八届人大二次会议上的报告以及区党委、政府《关于加快发展农牧业和牧区经济的决定》等。

4月10—26日，嘉黎县境内连续15天普降大雪，章诺、措拉、措多、措麦、藏比等乡受灾严重，平均积雪达43厘米左右。

6月，嘉黎县被自治区列为国家级贫困县。

8月22日，嘉黎县尼屋区农业气候资源及其合理利用的分析报告被西藏自治区科学技术进步奖评审委员会评为西藏自治区第六次科学技术进步奖。

9月13日，作为自治区三十周年大庆建设项目之一的嘉黎县中学项目，经自治区三十周年大庆工程项目建设指挥部批准，同意从新疆援助资金中拨付300万用于学校建设。

10月，中共嘉黎县鸽群乡党支部书记贡布被评委全区优秀共产党员。

11月8日，嘉黎县中学建制经那曲地区机构编制委员会批准设立，中学为区级事业建制，核定编制为35人。

11月，嘉黎县其美多杰、罗桑被自治区人民政府表彰为优秀寺庙管理人员。

1995年

3月22日，《西藏日报》报道嘉黎县人大常委会副主任民久先进事迹。

3月，嘉黎县藏药加工厂成立。

5月，嘉黎县召开中国共产党第四次代表大会。

6月10日，中国人民银行西藏分行扶贫工作组进驻嘉黎县忠义乡，开展扶贫工作。

6月中旬，自治区经济研究中心扶贫工作组进驻嘉黎县，开展扶贫工作。

6月，投资100多万元的麦地江达拉大桥竣工并交付使用。

7月17日，那曲地区行署专员洛桑江村在《西藏日报》发表署名文章《发挥资源优势，实现扶贫开发——从嘉黎县忠义乡的调查谈扶贫开发对策》，积极探索扶贫工作。

7—9月，嘉黎县以阿扎乡为突破口，正式开展整顿基层党组织工作。

8月，投资300万元的嘉黎县中学建设工程竣工并交付使用，全县没有中学的历史至此结束。

8月，嘉黎县卫生局局长琼培被自治区党委、政府表彰为民族团结先进个人。

8月，嘉黎县县城至忠义乡118公里公路开工修建。

10月26日至11月6日，嘉黎县重点扶贫乡——忠义乡相关人员在中国人民银行西藏分行扶贫工作组的帮助下，考察拉萨、林芝的国有骨干企业、骨干乡镇企业以及扶贫点。

11月29日，第十世班禅转世灵童金瓶掣签仪式圆满结束。经金瓶掣签，嘉黎县坚赞诺布被确认为第十世班禅转世灵童真身。国务院代表、国务委员罗干宣布国务院批准书并督察金瓶掣签仪式，国务院特派专员、自治区主席江村罗布主持仪式，国务院特派专员、国务院宗教事务局局长叶小文验核并密封名签，自治区领导以及西藏宗教界代表出席仪式。

11月，投资300万元的嘉黎县城改造工程全部完工并投入使用。

12月22日，嘉黎县公安局荣立集体二等功。

12月，嘉黎县忠义乡投资400万元、装机容量为200千瓦的水电站项目开工建设。

1996年

1月10日，自治区主席助理、人行西藏分行党组书记、行长索朗达吉带领人行第二批扶贫工作组进驻定点扶贫对象——嘉黎县忠义乡。

1月，嘉黎县人民政府被自治区党委、政府表彰为寻访十世班禅转世工作先进单位。

3月10日，嘉黎县“忠义乡农工商联合公司”成立。

5月，嘉黎县会同上级扶贫工作组制定脱贫年度计划和主要措施，并全力以赴狠抓落实。

10月17日，吴金才旺被自治区人民政府表彰为藏医药先进工作者。

10月25日，嘉黎县气象站改名为气象局。

10月25日至翌年3月中旬，嘉黎县陆续出现多次降雪，牲畜死亡8844

头（只、匹）。

11月28日，嘉黎县水电站正式竣工发电。该项目总投资1700万元，装机容量750千瓦，是30个水利援藏项目之一，由水利部投资援建。

11月，嘉黎县农牧局被自治区人民政府表彰为森林防火先进集体。

12月12日，嘉黎县监察局成立。

12月，嘉黎县制定教育发展规划。

是年，嘉黎县在2座寺庙试点开展爱国主义教育，67名僧尼得到教育。

1997年

3月，嘉黎县神山藏药材开发公司成立。

9月29日，《西藏日报》报道嘉黎县气象局局长格桑占堆的优秀事迹。

9月，由中国农业银行西藏自治区分行援建的嘉黎县多拉乡金穗小学交付使用，多拉乡无学校的历史至此结束。

9月，嘉黎县实现乡乡有公办小学，形成全县幼、小、中教育体系并存发展的良好局面。

10月，嘉黎县第七届人民代表大会第一次代表大会召开。

11月，嘉黎县开展干部职工职业道德教育。

12月，嘉黎县水电站通过水利部援藏工作组和自治区有关部门正式验收，工程质量评定为优良。

是年，嘉黎县制定《嘉黎县地方志编纂工作意见》，成立县地方志编纂委员会，并下设办公室，本县地方志工作正式启动。

是年，嘉黎县在3座寺庙开展爱国主义教育，125名僧尼得到教育。

1998年

1月11日，嘉黎县阿扎乡1村党支部副书记扎西旦巴被评为自治区优秀村党支部书记，嘉黎县人大副主任民久被评为自治区优秀共产党员。

1月16日，武警那曲支队政委贡嘎仁青前往嘉黎县察看（雪）灾情。

3 月 29 日，嘉黎县阿扎乡朗杰被西藏自治区扶贫开发领导小组授予全区扶贫开发工作先进个人荣誉称号。

4 月 15 日，嘉黎县第五次人口普查领导小组成立，并下设办公室。

5 月，嘉黎县国税局正式挂牌成立。

6 月 4 日，嘉黎县县城突然遭受历史上罕见的雷击，造成巨大损失。其中，县电视台直接经济损失达 30 多万元，邮电和气象部门烧毁不少设备，县电话总机也被烧毁，邮电通讯中断。

6 月中旬至 9 月，嘉黎县发生严重洪涝灾害。

6 月，中共那曲地委书记杨骏在嘉黎县调研扶贫开发、防抗灾准备及落实方面的工作。

7 月 19 日，嘉黎县阿扎乡郎塔被自治区授予民族团结进步模范个人荣誉称号。

8 月，嘉黎县开展“学纪律、讲奉献”主题活动，大力整顿机关作风。

9 月，嘉黎县开展以“学理论、守纪律、讲奉献、谋脱贫”为主题的活动，以提高干部政治素质。

11 月 5—9 日，那曲地区扶贫考核验收组前往嘉黎县，调查了解该县扶贫工作进展情况。

12 月，嘉黎县扶贫攻坚成果卓著，摘掉国家级贫困县的帽子。农牧业生产稳步发展，农牧民人均收入由之前的 358. 55 元提高到 863. 87 元，适龄儿童入学率由之前的 26% 提高到 56. 14% 。

是年，嘉黎县在 6 座寺庙中开展爱国主义教育，119 名僧尼受到教育。

1999 年

1—3 月，嘉黎县积极全面地开展以党建工作为中心的基层组织建设整顿工作，取得良好效果。

3 月 28—29 日，自治区党委副书记、自治区常务副主席杨传堂在那曲地区行署常务副专员胡建阳的陪同下，先后到嘉黎县水电站、藏医院、木材加工厂视察调研，并看望阿扎乡群众。

4 月 18 日，嘉黎县建成全区第一个贫困地区文明活动中心。自治区党委副书记、自治区精神文明建设委员会常务副主任丹增出席建成仪式并讲话，自治区副主席孙岐文及自治区党委宣传部、自治区民政厅、那曲地区有关领导出席。

5 月，嘉黎县派出工作组进驻寺庙开展相关工作。

7 月 9 日，以温州市人民政府副市长林培云为团长的温州市党政代表团赴嘉黎县开展工作。

7 月 16 日，《西藏日报》报道嘉黎县措拉乡医院医生普布次仁的优秀事迹。

7 月，嘉黎县组织全县干部职工，对县城周围 1000 多亩草场进行为期 3 天的“灭鼠植草”活动。

8 月 12 日，嘉黎县在全区扶贫开发工作会议上受到表彰，奖励 100 万元专项用于扶贫开发项目建设。

8 月 5 日，嘉黎县本年重点工程项目——县城给排水工程开工，工程于次年 8 月 25 日全面竣工。

8 月，嘉黎县出现雷击，经济损失严重。

10 月，嘉黎县开展党建“四个一”① 活动，选派一批优秀中青年干部到基层任职、挂职。

11 月 9 日，中国人民银行那曲支行购买青稞 4281.5 公斤，送给嘉黎县章若乡群众。

12 月 8 日，嘉黎县人武部副政委陈作禹、干事黄鸣俭，嘉黎县武警中队战士刘永军、尼玛顿珠、邹启高、杨正平、金万洋受到自治区表彰，被授予社会治安见义勇为先进分子荣誉称号。

12 月，嘉黎县“村村通广播电视”工程全面展开。

① “四个一”活动：选派一批优秀中青年干部到基层任职、挂职；选送一批有发展潜力的干部到上级党校培训学习；轮训一批基层党员干部；建立一批机关党支部并与小康村、贫困村党支部结对子。

2000 年

1月21日，中共嘉黎县委政法委办公室主任巴桑被授予全区社会治安综合治理先进个人荣誉称号。

1月，经国家宗教事务局同意，并受国家宗教事务局委托，自治区人民政府批准认定嘉黎县儿童索朗平措为第七世热振活佛。

6—7月，由于降水量偏大，嘉黎县境内9座桥梁、150多公里公路被冲毁，8个乡交通完全中断，多间民房被毁，经济损失严重。

8月25日，投资290多万元的嘉黎县县城给排水工程竣工，很大程度上解决了县城居民吃水难的问题。

8月，嘉黎县成立“四观”教育领导小组，县委分管领导任组长，县委宣传部、组织部主要领导为副组长，小组下设办公室。

9月，嘉黎县决定实行领导干部任前公示制度。

11月1日，《西藏日报》报道浙江台州市第二批援藏干部、嘉黎县常务副县长林邦正的先进事迹。

11月，中共嘉黎县第五次代表大会召开。

是年，投资60万元的绒多乡小学（属国家贫困地区义务教育工程）和投资45万元的林堤小学（属援藏工程）建成，改善了这两个乡的办学条件。

是年，投资10万元的夏玛乡中心卫生所建成并投入使用。

是年，嘉黎县广播电视台投资6万元增加了四个加密频道，使在县城转播的频道达到14个，县城收视覆盖率达到95%，同时“村村通”广播电视24套的安装任务也基本完成。

2001 年

4月5日，嘉黎县阿扎乡1村郎塔被授予全区劳动模范光荣称号，县藏医院院长索朗巴珠授予“全区先进工作者”荣誉称号。

4 月 9 日，武警西藏总队那曲支队嘉黎县中队被西藏自治区人民政府、西藏军区授予“双拥工作先进集体”荣誉称号。

5 月 8 日，《西藏日报》报道嘉黎县电信局先进事迹。

年底，由自治区民政厅带队，区党委组织部、计委、财政厅、农牧厅、物价局、统计局组成的调研组对嘉黎县村干部误工补贴进行专题调研。

是年，由国家投资的嘉鸽（嘉黎县—鸽群乡）公路通车，全长 83 公里，砂石路面。

2002 年

8 月，县交通局正式成立。

8 月，嘉黎县林业局成立。

9 月，嘉黎县藏猪、藏鸡开发公司在老县城建成。

11 月 20 日，嘉黎县第九届人民代表大会第一次会议召开。

2003 年

5 月初，嘉黎县电信部门在上级业务部门的大力支持下，完成乡镇农村卫星通信工程的勘测、选址和基础建设工作。

7 月 13 日，那曲五县通光缆工程协调会召开，其中，确定那曲至嘉黎县光缆路由、中继站的选点和光缆开口点，即在恩尼、林堤、多拉等乡设立开口，在罗雄多玛道班和夏玛乡建 ADM 中转站。

11 月，由自治区林业局副局长徐济德带队的林业调研组到嘉黎县就野生动物保护、森林资源保护等情况进行调研。

11 月 25 日，嘉黎县拉日寺转世活佛认定坐床仪式完成。

12 月底，嘉黎县合作医疗普及到 5 个乡 57 个行政村，乡、村覆盖率分别达到 60% 和 46. 72% 。

是年，嘉黎县正式开通有线宽带业务（ADSL）。为全县干部群众提供了解外面世界的另一个平台。

是年，嘉黎县投资590万元，完成263户游牧民定居工程，改善了牧民群众的居住条件。

2004年

6月，位于德曲上的嘉黎镇电站建成，装机总容量200千瓦。

是年，嘉黎县水电站改扩建工程得到那曲地区行署批准，并于当年开工建设。

2005年

1月1日，嘉黎县开始全面实施企业职工工伤保险。

11月底，嘉黎县电信用户达到1600多户，夏玛乡、林堤乡的“好易通”基站建设完成并开通，涵盖80多个乡村用户的22个农村卫星农话站建成。

同年至2008年，嘉黎县修建县城一期、二期防洪工程。总长度2.28公里，防洪标准为30年一遇，工程总投资610.35万元。

是年，嘉黎县藏药厂研制和开发各类藏药产品达160余种，年产量达2000多公斤。

是年，嘉黎县广播电视台建成并开通嘉黎镇、忠义乡和林堤乡的广播电视转播台，安装37套单收站设备。

同年，嘉黎县植树1.8万株，完成退耕还林、荒山荒坡造林4000多亩，并兑现退耕还林补偿金4万元、粮食60万斤。

同年，嘉黎县冬虫夏草产量达到2168.61公斤，实现产值3469.78万元。

同年，嘉黎县亚吉赛马暨物资交流会成功举办，县内外参会人员达到5000多人，成交商品额达20多万元。

2006 年

7 月下旬，由那曲地区交警队牵头组成的工作组赴嘉黎县检查落实 2006 年预防道路交通事故工作开展情况，并对该县交通安全管理工作进行调研。

8 月，位于乌雪曲上的绒多乌雪电站建成，装机总容量 200 千瓦。位于麦曲上的措多电站建成，装机总容量 200 千瓦。

2007 年

1 月 1 日，嘉黎县开始全面实施干部职工医疗保险。

4 月，嘉黎县召开全县经济工作会议。

4 月，县农牧局牵头组织兽防站有关技术人员对全县 10 个乡镇农牧民群众开展巡回科技培训活动，累计培训 560 人次。

8 月 9 日，草场承包经营责任制工作顺利通过自治区验收。

8 月，嘉黎县组织科技人员在四乡镇开展为期 6 天的农牧民科技培训，培训 612 人次。培训内容包括家畜品种选育和改良技术；家畜传染病、普通病、寄生虫病、疑难病的基本诊断和防治技术等。

9 月 17—24 日，那曲地区行署办公室派调查组赴嘉黎县就矿产资源利用现状及开发前景进行深入调研，走入 2 个矿山、2 个乡镇和 4 个行政村，与有关企业部门负责人召开 5 次座谈会。

11 月，嘉黎县第十届人民代表大会第一次会议召开，参会代表 93 人，列席代表 42 人，大会主席团 19 人。大会听取和审议县人民政府工作报告、县人大常委会、法院、检察院等工作报告，县财政局 2007 年财政决算执行情况和 2008 年财政预算报告、嘉黎县 2007 年国民经济和社会发展计划执行情况与 2008 年国民经济和社会发展计划报告，并通过了各项报告的决议。

同年，嘉黎县通过“扫盲”验收。

2008 年

1月1日，嘉黎县开始全面实施城镇居民医疗保险。

8月，位于易贡藏布（河）上的县二级水电站建成，装机总容量1500千瓦。

8月25日，嘉黎县2006—2007年度落实草场承包经营责任制工作，顺利通过自治区有关部门组成的联合验收工作组的验收。

8月下旬，那曲地区组织评估团对嘉黎县“普九”工作进行初步验收，认为该县“普九”工作已基本达到自治区“两基”评估验收要求，同意对该县的“普九”工作进行正式验收。

10月26—28日，嘉黎县除忠玉乡外的9个乡镇均遭遇大到暴雪天气，持续时间超过60小时，降雪量为24.2毫米，县城积雪深度达33厘米，降雪最大的措多乡积雪达66厘米。

12月26日，嘉黎县被自治区政府授予“扫除青壮年文盲县”和“普及九年义务教育县”称号，并奖励现金15万元。

同年，嘉黎县通过“普九”验收。

同年，由国家投资的尼玛龙到藏比乡县道竣工，全长22里，砂石路面。

2009 年

3月12日，嘉黎县阿扎镇遭遇狂风袭击，风速超过每秒17米的大风记录达到8次，最强风力达到9级，风速达到23.3米/秒，造成该镇5户农牧民房屋受损（其中2户房屋受损严重），1名儿童受轻伤，初步估计，此次风灾造成的经济损失约12万元。

6月5日，那曲地区机构编制委员会为嘉黎县法院、检察院、公安系统和司法局分别增加2名、4名、20名和5名政法专项编制。

6月5日，那曲地区机构编制委员会为嘉黎县政法委、县统战部、县民族宗教事务局分别增加2名、2名和3名行政编制。

2010 年

7 月 1 日，嘉黎县开始全面实施城乡居民养老保险。

9 月 19 日，嘉黎县政府新建综合办公楼项目由那曲地区行署批准通过。

是年，由国家投资的由桑前到章若的公路开工建设，全长 49 公里，公路为砂石路面。

是年，嘉黎县开始在上级公司的帮助下大力建设 C 网 3G 站，好易通开始实行退网。

专　记

嘉黎县牧场简介

一、建场初期

嘉黎县牧场成立于1959年10月，属国营牧场。牧场饲养的牲畜均是从叛乱分子手中没收得来。当时牧场位于“多庆”（今鸽群乡），由拉巴达担同志任书记，旺堆达担同志任场长，有干部6人、放牧员13人。牧场约有牛600头、300只羊、马20匹。牧场为奶粉加工厂供应牛奶、羊奶，同时向政府干部职工供应牛羊肉、酥油、酸奶、牛奶等畜产品。

二、历史发展

1960年，嘉黎县牧场从“多庆”搬迁到“拖玛娘日雄”（今嘉黎镇）。

1961年，嘉黎县牧场搬迁到“阿扎区相措乡”（今阿扎镇9村）。其地盘界限为：东至现在的阿扎镇“措嘎措”，西至阿扎镇“屋玛朵”；南北分别以“措果”的阴坡“那布多”和阳坡“作日多”为界限。此后场部位于“果部”。

1970年人民公社时期，牧场向穷社、穷队送出牛400多头、羊500多只，成为支援穷社、穷队的典型，同时还继续向政府干部职工供应各种畜产品。

1983年土地承包到户后，嘉黎县牧场改名为“嘉黎县娘亚牛选育场”，开始了“娘亚牛”的选育推广工作，先后向拉萨市当雄县、山南地区桑日县、日喀则市萨迦县、昌都地区牧场、那曲地区那曲县、聂荣县、巴青县、班戈县、比如县等地推广“娘亚牛”达150多头。

1997年，嘉黎县娘亚牛选育场更名为“嘉黎县娘亚牛种畜场”，并且实行“事业单位、企业管理”制度，县财政只承担在职干部以及退休干部职工的工资，在职正式职工以及临时工的工资均由牧场承担。

1999年开始实行牲畜承包经营责任制，实行自负盈亏制度。承包期间，承包者只需上缴一定的酥油和肉，牧场不再向承包者收取任何费用，同时也不再向承包者发放工资，3名在职干部以及15名退休干部职工工资由县财政承担。

2004年5月25日，嘉黎县娘亚牛种畜场改扩建为“嘉黎县娘亚牛选育扩繁基地”。全年完成人工种草1700亩，配套网围栏建设6000亩，草场补播800亩，天然草场围栏建设3000米，新建280平方米生产工作房和长140米、高1.6米的两个牛圈以及一座长33米、宽2米的人畜钢丝桥。除3名在职干部以及13名退休干部职工工资由县财政承担外，其他参与牧场经营的44名职工，工资均由牧场承担，每人月工资为400元。

2005年，牧场经营收入达到了23.55万元，其中，除去支付职工工资以及其他正常开销后，结余盈利5.13万元。

2006年，牧场经营收入18.2万元，其中，除去支付职工工资以及正常开销后，亏损1.7万元。

三、牧场领导人

1959—1965年，拉巴达担任书记，旺堆达担任场长；

1965—1967年，主要领导有李书记和张场长；

1967—1972年，荣易祥担任书记，格堆担任场长；

1972—1975年，花坚次仁担任书记，西热担任场长；

1975—1978年，米玛仁青担任书记，仁增担任场长；

1978—1989年，仁增担任场长；

1989—1994年，达杰担任场长；

1994—1997年，索朗旺堆担任场长；

1997—2010年，次仁顿珠担任场长，索朗担任副场长，索朗卓玛担任出纳员。

四、“娘亚牛”基本情况

2004年，通过国家肉类食品质量监督检验中心检测，嘉黎县牦牛肉所含的钙、磷、锌、铁、蛋白质和脂肪分别是北京牛肉的15.7、1.1、40.41、21.76、1.06、6.3倍，在国内经过权威机构检测并记录在案的牛肉类产品中，脂肪含量名列第二。嘉黎县牧场“娘亚牛”符合国家绿色食品要求，通过了亚太地区质量体系认证。

五、牧场现状

“嘉黎县娘亚牛选育扩繁基地”属副区级事业单位，是农牧局下属单位。至2010年，牧场分为两个组，第一组组长贡培，副组长扎西，冬季草场位于“曲旦那布”，夏季草场位于“拉玛多”或“握色”；第二组组长索朗，副组长阿给，冬季草场位于“那桑定”“擦卡”“贡萨”这3个地方，夏季草场位于“拉玛多”或“握色”。牧场现有土地总面积约112804亩，其中天然草场约有9.8万亩，围栏草场2000多亩，人工草场1000多亩。共有1158头牛，其中自留牛460头，集体所有牛698头。1997—2010年由次仁顿珠担任场长。2010年，牧场牧户共有26户、128人，其中在职行政管理干部3人，正式职工放牧员8人，临时工9人。

附　录

一、嘉黎县乡镇及其所辖地名录

（2010 年）

ཤང་(གྲོང་རྡལ་)མི་དམངས་སྲིད་གཞུང་། 乡镇人民政府		མངའ་འོག་གྲོང་ཚོ་(གྲོང་མི་)ཨུ་ཡོན་ལྷན་ཁང་། 下辖村(居)民委员会	
མིང་། 名称	སྡོད་ཡུལ། 驻地	གྲངས་ཚད། 数量	མིང་། 名称
ཨར་ཙ་གྲོང་རྡལ། 阿扎镇	གསེར་སྟེང་ཁ་ གྲོང་ལྷན། 斯定卡 居委会	10	གསེར་སྟེང་ཁ་གྲོང་ལྷན། སྨོན་སྨོན་སྐལ་གྲོང་ཚོ། འཁྱིང་མོ་གྲོང་ཚོ། 斯定卡居委会　门门杰村　吉莫村 སྟག་རྩེ་གྲོང་ཚོ། སྤ་མདའ་གྲོང་ཚོ། ཨར་ཙ་གྲོང་ཚོ། མཐའ་སྐྱ་གྲོང་ཚོ། 达孜村　巴达村　阿杂村　塔迦村 བྲིད་ཚང་གྲོང་ཚོ། ཆོས་ལུང་གྲོང་ཚོ། གཡེར་མདོ་གྲོང་ཚོ། 直仓村　曲隆村　耶多村
ལྷ་རི་གྲོང་རྡལ། 嘉黎镇	ལྷ་རི་མགོ་གྲོང་ལྷན། 拉日果居委会	15	ལྷ་རི་མགོ་གྲོང་ལྷན། སྣང་རེ་མདོ་གྲོང་ཚོ། ཨ་ཆེན་གྲོང་ཚོ། 拉日果居委会　朗热夺村　阿庆村 ལྷ་རི་གཞུང་གྲོང་ཚོ། ལྷ་རི་མདའ་གྲོང་ཚོ། གཟི་ཐང་གྲོང་ཚོ། 拉日雄村　拉日达村　斯塘村 ཡར་ཐང་གྲོང་ཚོ། ཡོལ་ཆེན་གྲོང་ཚོ། སྐོར་རུ་གྲོང་ཚོ། 亚塘村　约庆村　郭若村 ཕུ་ཡེར་གྲོང་ཚོ། གཡའ་ཆེན་གྲོང་ཚོ། མདོང་མདོ་གྲོང་ཚོ། 普叶村　亚庆村　栋多村 རེ་ཡ་མདོ་གྲོང་ཚོ། མར་ཐང་གྲོང་ཚོ། སྤང་སྦུག་གྲོང་ཚོ། 日亚夺村　玛塘村　帮布村

续表 1

ཤང་（གྲོང་རྡལ་）མི་དམངས་སྲིད་གཞུང་། 乡镇人民政府		མངའ་འོག་གྲོང་ཚོ་（གྲོང་མི་）ཨུ་ཡོན་ལྷན་ཁང་། 下辖村（居）民委员会	
མིང་། 名称	སྡོད་ཡུལ། 驻地	གྲངས་ཚད། 数量	མིང་། 名称
ཀོ་ཚུང་ཤང་། 鸽群乡	གདོང་ཆེན་མདོ། 董钦朵	9	དགོན་གཞིས་སྟེང་གྲོང་ཚོ། ཁ་དཀར་རྒྱལ་གྲོང་ཚོ། 贡西顶村 卡嘎改村 གདོམ་ཆེན་མདོ་གྲོང་ཚོ། ཙོང་མདོ་གྲོང་ཚོ། འབྲི་ལུང་རྒྱལ་གྲོང་ཚོ། 董钦朵村 宗多村 直龙改村 སྟ་རེ་མདོ་གྲོང་ཚོ། ཨ་ཐོར་ཁུག་གྲོང་ཚོ། གཞོངས་ལུང་མདོ་གྲོང་ཚོ། 达日朵村 阿托库村 雄隆夺村 ཤི་ལུང་མདོ་གྲོང་ཚོ། 西隆夺村
རྫ་འཕི་ཤང་། 藏比乡	སྐྱ་ཐེར། 迦提	7	མེ་འབར་གྲོང་ཚོ། ན་ཁྲ་ནང་གྲོང་ཚོ། དཀར་འདམ་གྲོང་ཚོ། 美巴村 那查囊村 嘎当村 གཡང་ལུང་གྲོང་ཚོ། ངང་ཚང་གྲོང་ཚོ། སླང་ཁུག་གྲོང་ཚོ། 央隆村 昂仓村 浪阿库村 ཁྲུ་གུ་གྲོང་ཚོ། 楚古村
གྲོང་ཡུལ་ཤང་། 忠玉乡	སྟོང་སྨད། 东麦	15	ཏྲུངས་གྲོང་ཚོ། སྒང་ག་གྲོང་ཚོ། གླིང་ངུ་གྲོང་ཚོ། གད་ག་གྲོང་ཚོ། 重村 岗卡村 林欧村 改卡村 འབྲོང་རྒྱག་གྲོང་ཚོ། སྟོང་སྨད་གྲོང་ཚོ། གྲོང་ཡུལ་གྲོང་ཚོ། 仲玉村 东麦村 仲宇村 ཏུ་པ་གྲོང་ཚོ། དགོན་མདའ་གྲོང་ཚོ། འབྲས་གཞུང་གྲོང་ཚོ། 堆巴村 贡达村 白雄村 ཙེ་སྦུག་གྲོང་ཚོ། གཡི་དཀར་གྲོང་ཚོ། བཀྲ་ཤིས་སྒང་གྲོང་ཚོ། 孜布村 依嘎村 扎西岗村 ཆགས་ཡུལ་གྲོང་ཚོ། གསང་དབང་གྲོང་ཚོ། 恰宇村 桑旺村

续表 2

ཤང་(གྲོང་རྡལ་)མི་དམངས་སྲིད་གཞུང་། 乡镇人民政府		མངའ་འོག་གྲོང་ཚོ་(གྲོང་མི་)ཨུ་ཡོན་ལྷན་ཁང་། 下辖村(居)民委员会	
མིང་། 名称	སྡོད་ཡུལ། 驻地	གྲངས་ཚད། 数量	མིང་། 名称
མཚོ་སྟོད་ཤང་། 措多乡	རག་ཤུར། 热须	15	རག་ཤུར་གྲོང་ཚོ། བྲག་སྣ་གྲོང་ཚོ། ལུང་ཁྲི་གཞུང་གྲོང་ཚོ། 热须村　帕纳村　龙赤雄村 ཉི་མ་ལུང་གྲོང་ཚོ། གངས་དཀར་གྲུ་ཀྱོག་གྲོང་ཚོ། རྡོ་ཁྱིའུ་གྲོང་ཚོ། 尼玛隆村　岗嘎竹角村　夺奇吾村 རྫ་ལོ་ནག་པོ་གྲོང་ཚོ། ལྷས་ཡར་ཆག་གྲོང་ཚོ། གཟར་རུ་མདོ་གྲོང་ཚོ། 杂罗那布村　勒亚恰村　洒如夺村 མཚོ་མགོ་གྲོང་ཚོ། གན་སྤུག་པ་གྲོང་ཚོ། དཀར་རྡོ་ལ་གྲོང་ཚོ། 措果村　那布瓦村　嘎多拉村 སྨུ་འབྲེལ་ལྷས་གྲོང་ཚོ། གུར་ཐང་གྲོང་ཚོ། རྫ་ལུག་ལྷས་གྲོང་ཚོ། 木赤勒村　古塘村　杂鲁勒村
མཚོ་ལ་ཤང་། 措拉乡	ཁྲ་ཤོག 查肖	20	དམར་སྤུག་གྲོང་ཚོ། སྐྱིད་ལུང་གྲོང་ཚོ། མཚོ་གདོང་གྲོང་ཚོ། 玛布村　吉隆村　措董村 ཁྲ་ཤོག་གྲོང་ཚོ། མན་ནམ་གྲོང་ཚོ། ཁྲ་ཚང་བྲག་དཀར་གྲོང་ཚོ། 查肖村　门朗村　查仓扎嘎村 ཨུ་ཆུང་གྲོང་ཚོ། ཨུ་ཆེན་གྲོང་ཚོ། མར་ཁྲ་གྲོང་ཚོ། 乌琼村　乌庆村　玛查村 དཀུན་ཆེན་ཆེན་མོ་གྲོང་ཚོ། རྒྱུད་ལུང་གྲོང་ཚོ། རྟ་གདོང་གྲོང་ཚོ། 混庆庆木村　居隆村　达董村 མཐོ་སྒོ་འབུ་གྲོང་ཚོ། ལྷས་ཀན་གྲོང་ཚོ། ན་གླིང་དཀར་གྲོང་ཚོ། 妥果布村　勒根村　那林嘎村 ཁལ་རག་གྲོང་ཚོ། སྐལ་རིང་གྲོང་ཚོ། གཡའ་ཁྲ་གྲོང་ཚོ། 凯热村　改仁村　亚查村 ན་སྤུག་གྲོང་ཚོ། མཚོ་ཁྲ་ལུང་གྲོང་ཚོ། 纳布村　措查隆村
གླིང་མཐིལ་ཤང་། 林堤乡	རྐང་རྒྱུག 江久	7	འཁྱག་ཁྲ་གྲོང་ཚོ། སྦོ་ཟེབ་གྲོང་ཚོ། གླིང་མཐིལ་གྲོང་ཚོ། 恰查村　沃索村　林堤村 རྐང་རྒྱུག་གྲོང་ཚོ། གཡང་ར་གྲོང་ཚོ། བྲག་ནག་མདོང་གྲོང་ཚོ། 江久村　央热村　扎那东村 འཚམ་ཁང་གྲོང་ཚོ། 仓康村

续表 3

ཤང་(གྲོང་རྡལ་)མི་དམངས་སྲིད་གཞུང་། 乡镇人民政府		མངའ་འོག་གྲོང་ཚོ་(གྲོང་མི་)ཨུ་ཡོན་ལྷན་ཁང་། 下辖村(居)民委员会	
མིང་། 名称	སྡོད་ཡུལ། 驻地	གྲངས་ཚད། 数量	མིང་། 名称
ཤར་མ་ཤང་། 夏玛乡	མན་ཐང་ཁུག 门塘库	13	ཕོ་རོག་ཚང་གྲོང་ཚོ། དགོན་གཞིས་གྲོང་ཚོ། སླང་ཆེན་གྲོང་ཚོ། 坡若仓村 贡西村 朗庆村 ཨ་ཀྲད་ཁུག་གྲོང་ཚོ། མན་ཐང་ཁུག་གྲོང་ཚོ། འབྲུལ་ཆེན་གྲོང་ཚོ། 阿寨库村 门塘库村 垂庆村 འཇའ་རིང་གྲོང་ཚོ། ཐབ་གོང་གྲོང་ཚོ། འཇའ་སྐྱེ་གྲོང་ཚོ། 甲仁村 塔孔村 甲吉村 འབྲུལ་ཆུང་གྲོང་ཚོ། རྡོ་ལ་གྲོང་ཚོ། གནས་ཚང་གྲོང་ཚོ། 垂琼村 多拉村 乃仓村 ཤར་མ་གྲོང་ཚོ། 夏玛村
རོང་སྟོད་ཤང་། 绒多乡	ཆུ་ཁྲི་ཁུག 曲赤库	11	ཆུ་ཁྲི་ཁུག་གྲོང་ཚོ། སྲིན་མདོ་གྲོང་ཚོ། བྲག་སྦུག་གྲོང་ཚོ། 曲赤库村 森多村 扎布村 མང་ལུང་མདོ་གྲོང་ཚོ། ཤ་ཡར་གྲོང་ཚོ། མཐའ་བོ་ཆེ་གྲོང་ཚོ། 芒隆夺村 夏亚村 塔吾切村 ཛ་ནག་གྲོང་ཚོ། མདོང་ལོག་ཁུག་གྲོང་ཚོ། སྦྲ་ཆེན་ཁུག་མ་གྲོང་ཚོ། 杂那村 董罗库村 扎庆库玛村 སྲིན་པོ་ཁུག་གྲོང་ཚོ། ཆུ་བཟང་མདོ་གྲོང་ཚོ། 森波库村 曲桑朵村

二、嘉黎县寺院、山脉、河流、湖泊名录

（2010 年）

（一）寺院名称藏汉对照

汉　语	藏　语	汉　语	藏　语
拉日寺	ལྷ་རི་དགོན།	阿杂寺	ཨར་ཚ་དགོན།
达孜寺	སྟག་རྩེ་དགོན།	措果门果寺	མཚོ་འགོ་མི་འགོ་དགོན།
比俄寺	པེ་གྲུ་དགོན།	克地寺	མཁན་དེལ་དགོན།
多保寺	གཏུམ་པོ་དགོན།	赤多寺	ཁྲིལ་སྟོད་དགོན།
丹古寺	ཏ་མགོ་དགོན།	嘎尖寺	ཀ་ཆེན་དགོན།

（二）山脉、河流、湖泊藏汉对照

汉　语	藏　语	汉　语	藏　语
阿果果	ཨ་མགོ་འགོ།	阿角果	ཨ་ཀྱིག་འགོ།
错尼	མཚོ་ཉི།	扎多	བྲག་རྡོ།
敞宁	འཕྲང་གཉིས།	扎日阿	བྲག་རིགས་ལྷ།
次仁玉珍	ཚེ་རིང་གཡུ་སྒྲོན།	扎索尔鲁赞	བྲག་ཟོར་གླུ་བཙན།
登木雀孜	ལྡེམ་མཆོག་རྩེ།	加萨	བརྒྱ་ས།
嘎波董孜	དཀར་པོའི་སྟོང་རྩེ།	康色	ཁམ་བསེ།
改巴	གད་པ།	岗布孜	གངས་འབུར་རྩེ།
岗麦陇孜	གངས་མེ་ལོང་རྩེ།	满者查秀	མན་ཧྲུལ་ཁྲ་ཤོག

续表 1

汉 语	藏 语	汉 语	藏 语
门琼孜日	སྨན་ཆུང་རྩེ་རི།	木纳木却我	མུ་ནམ་ཛོ་བོ།
布拉	བུ་ལྷ།	澎波孜	འཕེན་པོའི་རྩེ།
恰若董	བྱ་རོན་གདོང་།	日顾扎孜	རི་སྐུ་འདྲ་རྩེ།
如夏赖孜	རུག་ཤག་ལེབ་རྩེ།	萨玛拉孜	ས་དམར་ལ་སྙལ།
斯隆我玛	སྲིབ་ལུང་འོག་མ།	玉圭	གཡུ་རྐོད།
亚查	གཡའ་ཁྲ།	亚朗日孜	དབྱར་ལམ་རི་རྩེ།
本达拉	འབེན་མདའ་ལ།	楚拉	ཁྲོ་ལ།
多布拉	མདོ་བོ་ལ།	工乃拉	ཀོང་ནས་ལ།
杰拉	གྱེན་ལ།	拉根拉	ལ་རྒན་ལ།
喇嘛拉	བླ་མ་ལ།	列俄拉	ལེབ་སྔོན་ལ།
野拉	གཡེར་ལ།	杂拉	རྩ་ལ།
青雄曲	ཕྱིང་གཞུང་ཆུ།	秀达曲	ཤུག་སྟག་ཆུ།
加奈玉措	ལྷགས་གནས་གཡུ་མཚོ།	我措措	འོ་མཚོ་མཚོ།
哦杂措	ཨོར་（ཨར）རྩ་མཚོ།	白嘎	སྤལ་དཀར།
扎索	བྲག་ཟོར།	楚拉	ཁྲོ་ལ།
擦雄	ཚ་གཞུང་།	查德尔	ཁྲ་སྡེར།
扯仓隆	དྲེད་ཚང་ལུང་།	扎那果	བྲག་ནག་འགོ།
扎那茸	བྲག་ནག་རོང་།	扎嘎隆巴	བྲག་དཀར་ལུང་པ།
擦巴隆巴	ཚ་པ་ལུང་པ།	颠木央	ལྡེམ་གཡུང་།
达布隆	བཙ་དུ་ལུང་།	哎囊隆	ཨེ་ནང་ལུང་།
嘎当木	དཀར་འདམ།	工乃隆	ཀོང་ནས་ལུང་།
工奈隆	ཀོང་གནས་ལུང་།	棍萨隆	དགོན་གསར་ལུང་།
甲不隆	རྒྱབ་ལུང་།	格人娘	སྒ་རུ་ཉག
冈隆隆巴	སྐམ་ལུང་ལུང་པ།	供次尔雄	དཀུན་མཆེར་གཞུང་།

续表 2

汉 语	藏 语	汉 语	藏 语
姜仓	སྒྲུང་ཚང་།	景如隆	འཇིང་རུ་ལུང་།
果亚	གོ་ཡ།	金拉	གྱེན་ལ།
咔隆	ཁ་ལུང་།	列温	ལེབ་སྟོན།
列温	ལེབ་སྟོན།	拉隆	ལ་ལུང་།
隆延	ལུང་ཡན།	喇嘛隆巴	བླ་མ་ལུང་པ།
玛江	དམར་རྐྱང་།	纳尔琼	ནར་ཆུང་།
比吾热隆巴	བིའུ་ར་ལུང་པ།	比吾热也	བིའུ་ར་གཡས།
恰加	ཕྱུག་བཅའ།	曲贡	ཆུ་གོང་།
雀隆	ཆོས་ལུང་།	切萨隆	བྱེ་བསག་ལུང་།
恰圭隆	བྱ་རྒོད་ལུང་།	曲绒隆	ཆུ་རོང་ལུང་།
扎钦	བྲག་ཆེན།	多擦	རྡོ་ཚ།
多琼扎拉	རྡོ་ཆུང་བྲག་ལ།	董多日孜	གདོང་རྩེ་རི་རྩེ།
热瓦拉布	རེ་བ་ལྷ་བུ།	亚查	གཡའ་ཁྲ།
查库尔	ཁྲ་འཁོར།	扎荣拉	བྲག་རོང་ལ།
多琼拉	རྡོ་ཆུང་ལ།	古举拉	མགུལ་བརྒྱུད་ལ།
加路松多	རྒྱ་ལོ་སུམ་མདོ།	奴岗拉	ནུབ་གསང་ལ།
东多拉	དུང་མདོག	依拉	གཡི་ལ།
德曲	བདེ་ཆུ།	扎荣	བྲག་རོང་།
扎隆	བྲག་ལུང་།	措隆玛乃	མཚོ་ལུང་མར་སྣེ།
达日隆	རྟ་རི་ལུང་།	多琼隆	རྡོ་ཆུང་ལུང་།
董多普	གདོང་མདོ་ཕུ།	德果隆巴	བདེ་སྐྱག་ལུང་པ།
麦迪藏布	སྨི་ཏི་གཙང་པོ།	德果多钦	བདེ་སྐྱག་རྡོ་ཆེན།
果钦	ཀོ་ཆེན།	隆玛隆巴	ལུང་དམར་ལུང་པ།
我隆	འོག་ལུང་།	曲恰隆	ཆུ་འཕྱར་ལུང་།

续表3

汉 语	藏 语	汉 语	藏 语
切日隆巴	བྱེ་རི་ལུང་པ།	日琼普	རི་ཆུང་ཕུ།
色荣隆巴	ཟེ་རོང་ལུང་པ།	色日隆巴	གསེར་རི་ལུང་པ།
同多隆巴	ཐུང་མདོ་ལུང་པ།	许夏	གཞུ་བཞག
学央	ཤོ་གཡང་།	西吾隆	ཤྲིའུ་ལུང་།
玉隆	གཡུ་ལུང་།	依钦	གཡི་ཆེན།
依琼隆	གཡི་ཆུང་ལུང་།	依隆巴	གཡི་ལུང་པ།
渊松多	གཡོན་སུམ་མདོ།	益日隆巴	གཡེར་རི་ལུང་པ།
宗多隆	ཙོང་མདོ་ལུང་།	仲吾隆巴	འབྲོང་དུར་ལུང་པ།
夏我岗嘎	ཤར་འོད་གངས་དཀར།	依嘎岗	གཡི་དཀར་གངས།
洛钦拉	ལོ་ཆེན་ལ།	色吾拉	བསྲེ་ཐོ་ལ།
嘎仁曲	འགག་རིང་ཆུ།	尼东藏东	ཉི་སྟོང་གཙང་པོ།
尼堆藏布	ཉི་སྟོད་གཙང་པོ།	达荣措	སྟག་རོང་མཚོ།
加嘎错	རྒྱ་དཀར་མཚོ།	吉翁措	སྐྱིད་འོང་མཚོ།
比吾错曲果	པིའུ་མཚོ་ཆུ་མགོ།	热次热措	ར་འཚེར་ར་མཚོ།
巴隆拉	དཔའ་ལུང་ལ།	冬日隆巴	སྟོང་རི་ལུང་པ།
果隆	དགོ་ལུང་།	甲窝隆	སྐྱ་འོད་ལུང་།
共布荣	མགོན་པོ་རོང་།	金翁隆	སྐྱིད་འོང་ལུང་།
嘎翁隆	མགར་ཐབ་ལུང་།	吉普乃	སྐྱིད་ཕུ་གནས།
甘木荣隆	སྐམ་རིང་ལུང་།	岗隆	གངས་ཀླུང་།
嘎仁孜	གྱ་རིང་རྩེ།	洛钦隆	ལོ་ཆེན་ལུང་།
洛琼隆	ལོ་ཆུང་ལུང་།	尼隆果	ཉི་ལུང་ཀོ།
曲科隆巴	ཆུ་འཁོར་ལུང་པ།	绒朗木	རོང་ལམ།
荣哇隆巴	རོང་བ་ལུང་པ།	斯木太隆	སྲིན་མོ་ཐལ་ལུང་།
桑普隆巴	ཟམ་ཕུ་ལུང་པ།	达隆朗	དར་ལུང་ནང་།

续表 4

汉　语	藏　语	汉　语	藏　语
叶隆	གཡས་ལུང་།	左隆	མཛོ་ལུང་།
左隆亚奈	མཛོ་ལུང་ཡར་སྣེ།	左隆马乃	མཛོ་ལུང་མར་སྣེ།
奔达赞布	འབེན་མདའ་བཙན་པོ།	扎那丁钦	བྲག་ནག་སྟེང་ཆེན།
隆钦孜	ལུང་ཆེན་རྩེ།	阿琼则	ཨབ་ཆུང་རྩེ།
拉嘎玛娘	ལ་དཀར་མ་ཉག	窝索隆曲	ཨོག་སོག་ལུང་ཆུ།
啊雄	ཨབ་གཞུང་།	奔达囊	འབེན་མདའ་ནང་།
才那	ཚལ་ནག	达隆	མདའ་ལུང་།
堆堆隆巴	འདོད་འདོད་ལུང་པ།	冬钦隆巴	མདུང་ཆེན་ལུང་པ།
拉嘎	ལ་དཀར།	喇嘛隆巴	བླ་མ་ལུང་པ།
娘热	སྙོང་ར།	纳隆	ན་ལུང་།
曲隆	ཆུ་ལུང་།	切塘雄	བྱེ་ཐང་གཞུང་།
曲隆隆巴	ཆུ་གླུང་ལུང་པ།	热瓦钦	རེ་བ་ཆེན།
扎玛日	བྲག་དམར་རི།	多朋巴扎	རྡོ་ཕོང་སྦྲ་འདྲ།
过如贡策尔	བསྐོར་རུ་དཀུན་མཆེད།	咔格日	ཁ་གེར་རི།
门松隆巴	སྨན་གསུམ་ལུང་པ།	梭康孜	སོ་ཁང་རྩེ།
野日	གཡེར་རི།	扎隆拉	བྲག་ལུང་པ།
吉热拉	སྐྱིད་ར་ལ།	嘎嘎拉	ཀ་ཀ་ལ།
牵拉	ཁྲིམ་ལ།	贡拉	གོང་ལ།
林拉	ལིང་ལ།	布也拉	བུ་ཡེར་ལ།
色尔盖拉	སེར་སྐྱེ་ལ།	亚旭拉	གཡག་ཤུལ་ལ།
直根拉	འབྲི་ཀན་ལ།	桑曲	སངས་ཆུ།
比隆巴	འབྲི་(འབི)ལུང་ལ།	巴尔琼隆	སྤར་ཆུང་ལུང་།
扎隆	བྲག་ལུང་།	扎荣隆	བྲག་རོང་ལུང་།
扎玛隆	བྲག་དམར་ལུང་།	樟木沙隆	གྲམ་བསག་ལུང་།

续表 5

汉　语	藏　语	汉　语	藏　语
敞吉松乡	བྲག་དཀྱིལ་སུམ་མདོ།	吉热隆	དཀྱིལ་ར་ལུང་།
果敞普	ཀོ་བྲང་ཕུ།	嘎措隆巴	དཀར་ཚོགས་ལུང་པ།
牵隆巴	ཁྲིམ་ལུང་པ།	林	ལིང་།
拉克布隆巴	ལྷག་ཁེབ་ལུང་པ།	木古隆巴	སྨུག་གུ་ལུང་པ།
乃隆	གནས་ལུང་།	尼塔隆	ཉི་མཐའ་ལུང་།
尼玛隆	ཉི་མ་ལུང་།	尼隆隆	ཉི་ལུང་ལུང་།
纳改隆	ན་སྣལ་ལུང་།	布也隆	བུ་ཡེར་ལུང་།
布也隆	བུ་ཡེར་ལུང་།	康拉康日	གངས་ལ་གངས་རི།
那拉	ནག་ལ།	色娘	སེར་ཉག
仲钦	འབྲོང་ཆེན།	直堆	དྲིལ་སྟོད།
隆玛拉	ལུང་དམར་ལ།	萨嘎拉	ས་དཀར་ལ།
弄曲	གནོང་ཆུ།	拉隆措	ལ་ལུང་མཚོ།
涅钦措	ཉ་ཆེན་མཚོ།	娘琼措	ཉ་ཆུང་མཚོ།
直麦	དྲིལ་སྨད།	底吾钦	མདིའུ་ཆེན།
江钦	སྤྲུང་ཆེན།	江琼	སྤྲུང་ཆུང་།
咔色	ཁ་སེར།	岗嘎囊	གངས་དཀར་ནང་།
隆莫	ལུང་སྨུག	隆嘎	ལུང་དཀར།
隆玛	ལུང་དམར།	拉隆	ལ་ལུང་།
浪查	སླང་གྲ།	拉琼囊	ལ་ཆུང་ནང་།
隆玛尔	ལུང་དམར།	涅钦	ཉ་ཆེན།
然木囊	རམ་ནང་།	萨嘎	ས་དཀར།
尺隆	འཕྲེད་ལུང་།	孜琼	ཙོག་ཆུང་།
孜格囊	ཙོག་གེ་ནང་།	折仓囊	སྤྲ་ཚང་ནང་།
阿如	ཨ་རུ།	边查董	སྤྱེན་ཁྲ་གདོང་།

续表 6

汉　语	藏　语	汉　语	藏　语
扎那	བྲག་ནག	扎董那索	བྲག་གདོང་ནག་ཟོལ།
嘎布拉租	དཀར་པོ་ལྷ་གཙུག	嘎尔玛隆	གར་མ་ལུང་།
咔色本波	ཁ་སེར་བན་པོ།	隆仁	ལུང་རིང་།
玛本吉日	དམག་དཔོན་དཀྱིལ་རི།	那拉	ནག་ལ།
拿尼日	ན་ཉི་རི།	沃布尔热	སྔོ་འབུར་ར།
勇我日	སྙུང་ངུ་རི།	热须	རག་ཞུལ།
沙隆贡玛	ཟ་ལུང་གོང་མ།	亚查	གཡའ་ཁྲ།
亚日玛索	གཡའ་རི་དམར་ཟོན།	追坡	གཙོད་པོ།
仲隆	འབྲོང་ལུང་།	才娘拉	ཚལ་ཉག་ལ།
嘎当拉	དཀར་འདམ་ལ།	果钦拉	ཀོ་ཆེན་ལ།
江钦拉	རྒྱང་ཆེན་ལ།	罗多	གློ་རྡོལ།
傲玛拉	ཨོག་མ་ལ།	曲贡拉	ཆུ་གོང་ལ།
日崩拉	རི་པོང་ལ།	沙人拉	གཟར་རུ་ལ།
义拉	ཡིད་ལ།	仲拉	འབྲོང་ལ།
孜琼拉	ཙོག་ཆུང་ལ།	孜格拉	ཙོག་གི་ལ།
麦曲	མེ་ཆུ།	措普措	མཚོ་ཕུ་མཚོ།
冬错贡瓦	སྟོང་མཚོ་གོང་པ།	干隆措	སྐམ་ལུང་མཚོ།
奴古措	ནོ་གུ་མཚོ།	甭果	འབུང་མགོ།
扎过	བྲག་སྐོག	扎荣	བྲག་རོང་།
才娘	ཚལ་ཉག	措普隆	མཚོ་ཕུ་ལུང་།
才尼阿	ཚལ་ཉག	德琼	སྡེ་ཆུང་།
冬错我玛	སྟོང་མཚོ་འོག་མ།	吉隆	སྐྱིད་ལུང་།
古涨拉	དགུ་དྲངས་ལ།	果钦隆	ཀོ་ཆེན་ལུང་།
嘎当囊	དཀར་འདམ་ནང་།	甲不热	རྒྱབ་ར།

续表 7

汉　语	藏　语	汉　语	藏　语
甲不琼	རྒྱབ་ཆུང་།	棍帕尔玛	མགོན་པར་མ།
肯隆	མཁན་ལུང་།	拉隆	ལ་ལུང་།
隆仁	ལུང་རིང་།	玛尔角	དམར་ལྗོག
拿秀	ན་གཞུག	拿果	ན་མགོ།
奴古	ནོ་གུ།	傲玛	ཨོག་མ།
布热囊	བུ་ར་ནང་།	斯果帕玛	སྲིབ་ཀོ་པར་མ།
独隆	དུ་ལུང་།	当布	དྭངས་པོ།
托检拉	མཐོ་རྒྱན་ལ།	夏本囊	ཤ་འབེན་ནང་།
叶隆	གཡས་ལུང་།	孜格	རྩིག་གུ།
仲隆	འབྲོང་ལུང་།	查隆	ཁྲ་ལུང་།
嘎玛列丁	སྐར་མ་གླད་སྟེང་།	达日拉	སྟ་རེ་ལ།
冬木波拉	གདུམ་པོ་ལ།	干琼拉	སྐམ་ཆུང་ལ།
浪日拉	གླང་རི་ལ།	麦多拉	མེ་རྡོ་ལ།
尼玛隆拉	ཉི་མ་ལུང་ལ།	日乌切拉	རི་བོ་ཆེ་ལ།
亚琼拉	ཡར་ཆུང་ལ།	杂比拉	རྫབ་འབེལ་ལ།
杂勒拉	རྫ་ལྷས་ལ།	米地藏布	སྨི་ཏི་གཙང་པོ།
亚罗曲	ཡ་ལོག་ཆུ།	茶隆	ཚྭ་ལུང་།
浪日	གླང་རི།	鲁乃囊	གླུ་སྣེ་ནང་།
拿查囊	ན་ཁྲ་ནང་།	帕尔隆	པར་ལུང་།
恰圭囊	བྱ་རྒོད་ནང་།	日乌切	རི་བོ་ཆེ།
学囊	ཞོ་ནང་།	夏杰贡玛	ཤ་རྗེས་གོང་མ།
夏杰帕玛	ཤ་རྗེས་པར་མ།	夏杰我玛	ཤ་རྗེས་འོག་མ།
亚琼囊	ཡར་ཆུང་ནང་།	亚罗囊	ཡར་ལོག་ནང་།
亚罗麦	ཡ་ལོག་སྨད།	杂勒囊	རྫ་ལྷས་ནང་།

续表 8

汉 语	藏 语	汉 语	藏 语
杂比囊	ཛབ་འབེལ་ནང་།	左莫隆	མཛོ་མོ་ལུང་།
措热格郁	མཚོ་ར་གྱ་ཡུ།	错热格嘎	མཚོ་ར་གྱ་དཀར།
多康巴格	རྡོ་ཁམ་པའི་སྐྱེ།	果荣拉	འགོ་རོང་ལ།
康巴苏东木	ཁམ་པ་སྤུལ་སྡོམ།	果顶曲果拉	གོ་ཞིང་ཆུ་མགོ་ལ།
那索日	ནག་ཟོར་རི།	乃仓扎查	ནེ་ཚང་བྲག་ཁ།
日那	རི་ནག	凶果日	གཤོང་ཀོ་རི།
尤日	གཡུ་རིལ།	杂昂巴	ཛ་ངང་པ།
布瓦拉根	ལྷུ་བ་ལ་ཀན།	薄瓦拉沙尔	ལྷུ་བ་ལ་གསར།
措东拉	མཚོ་མདོང་ལ།	查布隆拉	ཁྲ་ཕུ་ལུང་པ།
董钦拉	གདོང་ཆེན་ལ།	多嘎尔拉	རྡོ་དཀར་ལ།
江久拉	རྐྱང་རྒྱུག་ལ།	姜仓拉	སྤྱང་ཚང་ལ།
马尼娘	མ་ཏི་ཉག	比荣拉	སྤེལ་(སྤེའུ)རོང་ལ།
扎娘	ཛ་ཉག	专波娘	མགྲོན་པོ་ཉག
左夏尔拉	མཛོ་ཤར་མ།	董钦曲	གདོང་ཆེན་ཆུ།
错日阿措	མཚོ་ར་མཚོ།	果荣措	འགོ་རོང་མཚོ།
色尔改错	སེར་སྐལ་མཚོ།	通隆措	ཐུང་ལུང་མཚོ།
乌琼措	དབུ་ཆུང་མཚོ།	措东隆	མཚོ་མཐུང་ལུང་།
查学隆巴	ཁྲ་གཤོག་ལུང་པ།	查仓隆巴	ཁྲ་ཚང་ལུང་པ།
措钦隆巴	མཚོ་ཆེན་ལུང་པ།	董琼隆巴	གདོང་ཆུང་ལུང་པ།
加普	སྐྱ་ཕུ།	吉隆	སྐྱིད་ལུང་།
嘎隆	དཀར་ལུང་།	江九隆巴	རྐྱང་རྒྱུག་ལུང་པ།
江仓隆	སྤྱང་ཚང་ལུང་།	那朗贡玛	ན་གནམ་གོང་མ།
那朗我玛	ན་གནམ་འོག་མ།	若东贡玛	རོག་སྡོམ་གོང་མ།
若东我玛	རོག་སྡོམ་འོག་མ།	斯隆我玛	སྲིབ་ལུང་འོག་མ།

续表 9

汉 语	藏 语	汉 语	藏 语
斯隆帕玛	སྲིབ་ལུང་བར་མ།	色尔布果琼	སེར་སྤྲུག་ཀོ་ཆུང་།
色布果隆	སེར་ཕུག་ཀོ་ལུང་།	亚查	གཡའ་ཁྲ།
凶果隆巴	གཞོང་ཀོ་ལུང་པ།	杂隆帕玛	རྫ་ལུང་བར་མ།
杂隆我玛	རྫ་ལུང་འོག་མ།	董多昌咔	གདོང་མདོ་འཕྲང་ཁ།
凯底吾	མཁལ་དེའུ།	米堆拉热	མི་འདུས་ལྷ་རག
奇吾热巴	བྱིའུ་རག་པ།	日绰玉	རི་གྲོ་ཡུ།
斯隆贡玛	སྲིབ་ལུང་གོང་མ།	杂隆贡玛	རྫ་ལུང་གོང་མ།
吉热拉	དཀྱིལ་རག་ལ།	布尔嘎曲	འབུར་དཀར་ཆུ།
布措	བུལ་མཚོ།	奇吾措	བྱིའུ་མཚོ།
瓦若措	ཝ་རོ་མཚོ།	错隆	མཚོ་ལུང་།
错那隆巴	མཚོ་ནག་ལུང་པ།	吉隆	དཀྱིལ་ལུང་།
吉拉隆巴	དཀྱིལ་ལ་ལུང་པ།	坡雄	ཕོ་གཞུང་།
奇吾尼玛隆	བྱིའུ་ཉི་མ་ལུང་།	若杂隆巴	རོག་རྫ་ལུང་པ།
色布隆	སྲིབ་ལུང་།	错那	མཚོ་ནག
查德木	ཁྲ་ལྡེམ།	果嘎尔杂东	ཀོ་དཀར་རྫ་མདུང་།
果嘎尔娘母	ཀོ་དཀར་ཉག་མོ།	琼热	ཁྱུང་ར།
诺布谢嘎	ནོར་བུ་ཞལ་དཀར།	萨色杂东	ས་སེར་རྫ་མདུང་།
阿也拉	ཨ་གཡེར་ལ།	苦木错拉	གུམ་མཚོ་ལ།
萨色拉	ས་སེར་ལ།	亚钦拉	གཡའ་ཆེན་ལ།
亚雄拉	གཡའ་གཞུང་ལ།	孜隆拉	རྩེ་ལུང་ལ།
亚钦曲	གཡའ་ཆེན་ཆུ།	它嘎措	ཐ་དཀར་མཚོ།
阿也隆巴	ཨ་གཡེར་ལུང་པ།	措隆贡玛	མཚོ་ལུང་གོང་མ།
错隆我玛	མཚོ་ལུང་འོག་མ།	嘎茹	སྒ་རུ།
果嘎尔	ཀོ་དཀར།	嘎隆巴	ག་ལུང་པ།

续表 10

汉　语	藏　语	汉　语	藏　语
苦木措	གུམ་མཚོ།	隆嘎	ལུང་དཀར།
沃索隆巴	སྟོ་སོང་ལུང་པ།	萨色	ས་སེར།
亚庆	གཡའ་ཆེན།	杂隆	རྫ་ལུང་།
巴日塘拉	སྤར་རིས་ཐང་ལྷ།	扎日	བྲག་རི།
楚松	གྲུ་གསུམ།	岗根果	གངས་རྒན་མགོ།
拉钦	ལ་ཆེན།	来玛	ལེབ་དམར།
列卡瓦	ཀླད་ཀྱ་བ།	莫给日	སྨུག་རི།
莫波日	སྨུག་པོ་རི།	尼玛隆日	ཉི་མ་ལུང་རི།
日根	རི་རྒན།	底吾崩	དེའུ་ཕོང་།
亚嘎日	གཡའ་དཀར་རི།	门木拉	སྨན་མོ་ལ།
它仓拉	མཐའ་མཚམས་ལ།	塘瓦拉	ཐང་བ་ལ།
央改拉	གཡང་སྐལ་ལ།	子格措	ཙོག་གེ་མཚོ།
扎奈	བྲག་སྟེ།	扎嘎隆	བྲག་དཀར་ལུང་།
踩麦帮拉	ཚད་མེད་སྤང་ལ།	多热	རྡོ་ར།
巨庆	བརྩུད་ཆེན།	岗根	གངས་རྒན།
鲁莫	ལུག་མོ།	朗钦	སྣང་ཆེན།
门木隆	སྨན་མོ་ལུང་།	莫给我玛	སྨུག་གེ་གོང་མ།
尼隆	ཉི་ལུང་།	尼格贡玛	ནེ་གེ་གོང་མ།
尼格我玛	ནེ་གེ་འོག་མ།	曲果	ཆུ་མགོ།
切隆	བྱེ་ལུང་།	热坡	ར་པོ།
塘瓦	ཐང་བ།	喜隆	གཤེལ་ལུང་།
央改	གཡང་སྐལ།	依隆巴	གཡི་ལུང་པ།
孜格隆	ཙོག་གེ་ལུང་།	杂隆	རྫ་ལུང་།
杂果拉	རྫ་འགོ་ལ།	坝惹日	རྦབ་རིལ་རི།

续表 11

汉 语	藏 语	汉 语	藏 语
边次白孜	སྤེན་ཚིག་པའི་རྩེ།	察隆日	ཚ་ལུང་རི།
达琼孜	ཏ་ཆུང་རྩེ།	果琼	ཀོ་ཆུང་།
江登孜	རྒྱང་སྟེང་རྩེ།	加色尔孜	རྒྱ་སེར་རྩེ།
批孜	འཕྲེད་(འཕེད)རྩེ།	恰秀	བྱ་གཞུ།
央日孜	གཡང་རིའི་རྩེ།	通布扎嘎	དུང་སྤུག་བྲག་དཀར།
董宗拉	མདོང་རྫོང་ལ།	果隆拉	སྒོག་ལུང་ལ།
拉叶拉	ལ་གཡས་ལ།	傲普拉	ཨོག་ཕུ་ལ།
萨拉	ས་ལ།	萨嘎尔拉	ས་དཀར་ལ།
色荣藏布	གསེབ་རོང་གཙང་པོ།	吾尔雪	ཨུར་ཞོལ།
乌巴囊	ཨུ་པ་ནང་།	崩	འབྲོང་(འབོང་།)
巴隆	འབའ་ལུང་།	白吉布	དཔེ་ལྗིབས།
比隆囊	སྤྲེའུ་(སྤེའུ་)ལུང་ནང་།	尺隆	འཕྲེད་ལུང་།
冬宗	མདོང་རྫོང་།	达义	མདའ་དབྱིབས།
江	བརྒྱང་།	果隆	སྒོག་ལུང་།
咔隆囊	ཁ་ལུང་ནང་།	拉隆	ལ་ལུང་།
拉桑	ལྷ་བཟང་།	浪隆普	གླང་ལུང་ཕུ།
乌麻	ཨོག་མ།	曲桑	ཆུ་བཟང་།
萨囊	བསག་ནང་།	森莫荣	སྲིན་མོ་རོང་།
森独囊	སྲིན་དུར་ནང་།	斯隆囊	སྲིབ་ལུང་ནང་།
塘木	ཐང་མོ།	塘莫囊	ཐང་མོ་ནང་།
依隆	གཡི་ལུང་།	叶隆	གཡས་ལུང་།
央隆	གཡང་ལུང་།	亚基	གཡག་སྐྱིད།
杂奇木	རྫ་ཁྲིམ།	杂隆囊	རྫ་ལུང་ནང་།
阿德尔	ཨ་སྡེར།	扎交西嘎	བྲག་ལྕོག་ཤེལ་དཀར།

续表 12

汉 语	藏 语	汉 语	藏 语
果多	སྒོར་ཏོ།	岗根	གངས་རྒན།
嘎巴扎组	ཀ་པ་རྩ་འཛུགས།	莫布	སྨུག་པོ།
莫波	སྨུག་པོ།	莫波尔	སྨིག་པོར།
日玛	རི་དམར།	色尔嘎	གསེར་སྒ།
亚查	གཡའ་ཁྲ།	雍仲	གཡུང་དྲུང་།
扎隆	བྲག་ལུང་།	扎那拉	བྲག་ནག་ལ།
直颇拉	འབྲི་ལ་ཕོ་ལ།	错吉拉	མཚོ་སྐྱིད་ལ།
刚巴拉	སྐམ་པ་ལ།	岗根拉	གངས་རྒན་ལ།
勤秀贡拉	ཁྲིམ་གཞོངས་གོང་ལ།	拉玛尔	ལ་དམར།
拉根拉	ལ་རྒན་ལ།	鲁古拉	ལུག་གུ་ལ།
拉有同拉	ལ་ཡ་འཁྲུང་ལ།	隆嘎尔拉	ལུང་དཀར་ལ།
麦加拉	མེ་ལྕགས་ལ།	那荣拉	ནག་རོང་ལ།
吾仲拉	ཨོལ་གྲོང་ལ།	奇乌拉	བྱིའུ་ལ།
沙波拉	ཟ་པོ་ལ།	森格拉	སེང་གེ་ལ།
托波拉	མཐོ་པོ་ལ།	赤雄曲	འབྲི་ལ་གཞུང་ཆུ།
麦曲	མེ་ཆུ།	奇乌曲	བྱིའུ་ཆུ།
桑曲	གསང་ཆུ།	擦果	ཚྭ་འགོ།
青那	འཆིང་ནག	赤雄	འབྲི་ལ་གཞུང་།
得架	རྗེབ་ལྕག	得琼	རྗེབ་ཆུང་།
多乃	མདོ་སྣེ།	达日	སྟག་རིས།
达日隆	སྟག་རིས་ལུང་།	董多贡玛	གདོང་མདོ་གོང་མ།
董多帕玛	གདོང་མདོ་བར་བམ།	董多我玛	གདོང་མདོ་འོག་མ།
佳同	འཛའ་ཐུང་།	佳仁隆	འཛའ་རིང་ལུང་།
佳同岗嘎	འཛའ་ཐུང་གངས་དཀར།	岗根	གངས་རྒན།

续表 13

汉　语	藏　语	汉　语	藏　语
卡尔坚	མཁར་ཅན།	罗多	སྒོ་རྡོ།
拉巧	ལྷ་མཆོག	隆玛	ལུང་དམར།
拉根隆	ལ་ཀན་ལུང་།	拉玛尔	ལ་དམར།
拉亚同	ལ་ཡ་འཐུང་།	鲁古隆	ལུག་གུ་ལུང་།
拉根杂叉	ལ་ཀན་རྫ་ཁྲ།	玛尔交	དམར་སྐྱུག
玛尔交	དམར་སྐྱུག	昂仓	ངང་ཚང་།
那荣隆巴	ནག་རོང་ལུང་པ།	吾中荣	ཨོལ་ཀྱོང་རོང་།
坡若	ཕོ་ར།	布曲	བུལ་ཆུ།
萨玛	ས་དམར།	桑改	གསང་སྐལ།
沙波隆	ཟ་པོ་ལུང་།	斯隆孔玛	སྲིབ་ལུང་གོང་མ།
斯隆帕尔玛	སྲིབ་ལུང་པར་མ།	吾鲁咔	ཨུ་ལུ་ཁ།
玉隆	གཡུ་ལུང་།	孜格	ཙིག་གེ།
真隆	སྲིན་ལུང་།	杂布才	རྫབ་འཚེར།
仲热囊	འབྲོང་ར་ནང་།	杂隆贡玛	རྫ་ལུང་གོང་མ།
杂隆我玛	རྫ་ལུང་འོག་མ།	宗普隆巴	རྫོང་ཕུ་ལུང་པ།
支格隆巴	ཙིག་སྐལ་ལུང་པ།	色热巴拉	ཟེ་རག་པ་ལ།
亚布拉	གཡབ་ལ།	塘多隆巴	ཐང་མདོ་ལུང་པ།
楚拉	ཁྲོ་ལ།	刺果拉	ཚེར་སྒོ་ལ།
达日拉	སྟ་རེ་ལ།	杰拉	རྒྱས་ལ།
康嘎拉	གངས་དཀར་ལ།	鲁贡拉	ཀླུབ་གངས་ལ།
措钦隆巴曲	མཚོ་ཆེན་ལུང་པ་ཆུ།	阿扎措	ཨར་རྩ་མཚོ།
色荣藏布	གསེབ་རོང་གཙང་པོ།	彭措	ཕུ་མཚོ།

三、《嘉黎县图志》[1]

嘉黎县原名拉里，历为阿里寺黑教呼图克图管辖之地，其黑教为西藏最古之教，据传其教主始于弥波（一名辛饶），生于波斯魏摩隆任地方，传自象雄（即哲孟雄），原为八部九派，后为四派，以白金派能以招春迎祥、求神乞乐、增益福寿、兴旺人才为宗旨；春金派能以荐幽通冥、安宅奠灵以及一切久病灾厄皆可禳祓；梯金派能以剖休咎之兆、决是非之疑，降神能至阴曹，查看人之善恶；卡金派能以为生者除灾、死者安厝，幼保关煞上观星相密叽，画符能驱鬼神，诸法动则铙铎为声。其教主名垂仲，当矗直赞布入藏为王，系以黑教治国，时在汉武帝与汉文帝年间。二十七传至唐初，其孙松赞冈布以吐伯特为国，毁灭黑教，立兴红，杀人数万，惟拉里教主神通广大，未遭殃及。嗣后始知黑教能以降神附体，查看阴阳，遂遵为法师于拉萨，建噶噫霞寺，选有道者为垂仲，凡达赖喇嘛、班禅额尔德尼并各呼图克图以及呼必勒罕轮回转世者，死后生于何地，悉由该寺垂仲祈祷天母降神附体，指定何人以为真确，故其教在藏与各教平衡，系由此也。惟所奉之神悉为古像，豹尾虎齿，面目狞恶，而各抱一赤身女子行于交媾形势逼肖，并将生殖器暴露于外，名曰欢喜佛，人民崇拜顶礼祈祝，用手摸之则为虔诚，其正展所供佛像名尼耶，据传为博工造人之亚当也。身高二丈有余，三十二首，面目各异，有用明珠嵌目，珊瑚宝石银其身，鼻百四十，八手各执柄器

① 《嘉黎县图志》，民族文化宫图书馆复制本，1960 年 12 月。本志书在编撰过程中，为方便读者阅读，对原文进行了断句。

不同，上挂人形之骷髅，其腹为太极图，两乳各有莲花，一支上坐美女如婆娑佛之势，两腿站立赤足，其阳物直前如宝轴，另一裸体女子用口含其龟头，身向下垂。盖尼耶以土能造人，此女以气能活人，而无名也。此佛不惟异教供之，各教皆供之。其教之例规，喇嘛娶妻生子在家为俗，入寺为僧。每逢节令，降神施法，身穿花衣，足登虎头靴，金盔上插雉尾，揹五色令旗手执利剑，登坐法台，吞刀吐火，演种种神艺。有叩问吉凶者，则判决祸福，多有灵验。当明代永乐间闻于内地，封为大善法王。至康熙五十五准噶尔以车零敦多布侵藏，该寺垂仲附逆阴谋，翌年以西安将军额伦持、侍卫色稜携兵万余征藏，行至拜都岭，该垂仲伪称西藏喇嘛迎师响导，引入哈拉乌苏江，中贼埋伏，全军覆没。五十八年，定西将军噶尔弼征藏经此，令副将岳钟琪擒之，讯明附逆事实，遂于军前正法，另选有道喇嘛掌理教务。雍正五年阿尔布巴乱藏，遣左都御史查朗阿、散铁大臣周瑛分道驱剿该寺，喇嘛支应恭顺封为呼图克图，坐镇阿里寺驻扎游牧，管理百姓。乾隆十三年于此置把总、外委各一员，兵控制，设粮一员，转输粮饷。道光十三年，波密叛乱，由此征兵往讨，有功勒封呼图克图，为呼毕勒罕。驻藏大臣与拜阐教大善法师增加二品顶戴，由部颁给满汉藏三种文字，印信号纸。至宣统元年，达赖喇嘛拒抗川军入藏于此，聚兵堵御，该呼图克图不允，嗣后经驻藏大臣联豫奏请，奖励免征粮赋一年，并赐阿里寺西天净地四字匾额。于宣统三年，拟设流官，适值鼎革未果。比至民国元年，经略使尹昌衡定名为嘉黎县，未之行也。

附驻藏大臣奏议一押粮员孙毓英禀函二件。

驻藏大臣联奏为拉里呼图克图恭顺请奖及设置流官事：窃查去年达赖喇嘛阻抗川军入藏，派戴琫、江堆夺吉赴拉里聚兵堵抗，经阿里寺呼图克图立阻未允。该番官竟敢严刑拷打百姓，后经粮员孙毓英劝解，由拉里百姓均摊出兵，费银五千两。改调工布民兵于江达堵御去，后川军由三十九族来藏，路经此地，该呼图克图率领百姓恭顺支应，以致军行无阻，现在达赖已逃，地方清静，应靖圣恩，格外奖叙，以广皇仁，藉收人心，以昭将来。再臣复查江达硕般乡既已设理事官，此地亦临大路，事同一律，亦应设置流官，靖理大道，以便转输，是否有当，理合恭折具陈，伏乞皇上鉴核训示谨奏。

钦师大人阁下敬肃者：窃于十月初四日接奉专差递到谕札，饬将藏中调兵情形查明据实呈报，除原文避免不录外，窃查西藏于今年六月间派戴琫、雪德坝前往桑昂曲宗调聚，波密野番伙同驻扎江卡番官进犯巴塘、盐井一带，业已呈明在案。至七月初达赖以色拉寺堪布喇嘛名登珠者充为噶布伦携带，戴琫五人前赴察木乡征调八宿、类伍齐以及硕洛三边土兵，猥聚恩达，以为抗拒，亦不过千余人，悉为土枪并无快枪，谅不足虑。同时派戴琫、江堆夺吉来拉里调兵，防堵北路，一为恩达之援，旋经阿里寺呼图克图拒绝未允，该番官勒索百姓，出兵费银五千两，而去拉里既无驻兵，三十九族尚属我管，川军可否假道三十九族来藏，且路道平坦而近。如经拉里绝无阻碍，因粮员驻此两年，深知该呼图克图为人诚实，不敢妄为，特此密报。以后藏中情形如何，随探随报，惟现在大路不通，遇事非派专差密陈不可，合并声明为此。禀覆伏乞鉴核示遵，粮员孙毓英谨呈。

川滇边务大臣赵尔丰管理拉里粮务四川候补州通孙毓英为申报藏番调兵阻抗川军事：窃于本月初二日据硕般乡张把总函称，噶布伦登珠已调硕洛三边土兵千余，集聚思达寨，以为抗拒，每日枪炮声隆隆，似此情形，非一战不足镇摄。谅我先早有电闻，旋于本月初四日接奉边务大臣赵札谕，饬将藏中出兵情形具实呈报，粮员遂于即日禀覆原稿，另抄陈请查阅。月前呈报达赖喇嘛派来戴琫、江堆夺吉来此调兵，经呼图克图拒绝未允，嗣后经粮员劝解，江堆夺吉勒派百姓均摊出兵费银五千两，改调工布民兵防堵江达。去后粮员往见该呼图克图，据称此次川军势必入藏，盖因藏中武器不良，万惟抵制，况有大皇上谕旨抗之无宜等语。粮员驻此二年，素知该呼图克图为人诚实，尚无妄言背行之事，故此人民拥护，听其约束，拉里既无藏番驻兵，三十九族隶属我管，可否令川军假道三十九族经拉里入藏，况路道平坦且近，沿途百姓恭顺支应，一捷径也。未知我宪以为何如？倘能可行，请电知边务大臣。用兵之道，呼东击西，在人运用。粮员末职谨舒（书）管见，是否有当，伏乞鉴核，再现下大路梗阻，藏中情形犹望随时示知，以便消息灵通，为此特申须至申者。

方 位

本县在北经二十三度，东纬三十一度，踞冬拉冈里岭之阳，西倚鹿马岭，其形势南北长方如屏，全县面积共三万九千二百三十方里，其疆域北以扎拉岭与九族县界，东至鲁贡喇山顶与硕督县界，南至长乡与太昭县界，西以鹿马岭与西藏墨竹工卡界，西北一隅与德木相连。

治 所

本县治所踞大唐山之阳，中跨茹楮河，历以粮台公府，人民七十余户，沿河而居山麓，一街上为阿里寺重楼明堂，辉煌夺目，一风景区也。按拉里详图，初由粮员孙毓英绘勘草图，嗣后经测量员杜子钧重勘绘成，形势相符，惟是县设治未果，其户口粮赋未明，合并声明。

山 川

本县以北为冬拉冈里岭，此山发源于昆仑之纳浑诸巴岭，绵亘，南伸至腾格里海，隆起高拔海面至一万七千余尺，溯（朔）风凛冽，终年结冰，一雪山也。藏人称风为冬，称山为拉，称雪为卡，综其名曰冬拉卡，简而称之为冬拉岭。经德木地方转向东行，名洪噶巴噶马山，南伸一支名卓喇山，因此山产鹿亦名鹿马岭，峭壁重峰，转入太昭县，由洪噶巴噶马山入境名尹库山，东行名扎拉岭，倚天一峰，即鲁贡喇山也，悉为冬拉冈里岭之正干，此山以北之水流入怒江，南下之水由朴朴南流，名得楮河。至县治以南，与大偏关南来之茹楮河相会，西合牛楚河，蜿蜒南流入太昭县，涯于尼羊河，南行转入雅鲁藏布江。县治东部由扎拉岭南伸，分为二支，一支经甲贡塘名瓦子山，一支经大窝名穆冈阡山，此山绵亘入波密境，名得穆岭。两山之水，南流名同妥楮河，转入太昭县之尼羊河，鲁贡喇山西下之水经察罗松乡至郎吉宗，转向北流，名丹水亦名丹达河，东西环绕经鲁贡喇北山脚下，流入三坝河。以全县形势，为高原山水发源之地，气候寒冷，一游牧区也。

道 路

本县北路出城溯得楮河偏西北行，道路起伏，六十里至羊城下夺宿，路渐平坦，七十里至羊城上夺宿，悉为游牧之地，六十里至朴朴宿，四十里至哈拉乌苏江，合入青海大路，此处当康熙五十六年征藏，以西安将军额伦特、侍卫色稜率兵一万四千人至此，受敌埋伏，全军覆没，一危道也。懒兵诗：

黑水桥边酒一杯　　乌江仍是旧轮台
三山环抱悬危道　　一水中分绕碧苔
浮石纵横织地锦　　丛林弥漫倚天栽
沙坊在望余磷火　　尽是当年白骨灰

距乌苏江上游一百三十里郭隆地方，有数百年前冻死牛体五十余具，累累于冰雪之中，至今未化。盖当年渡河时，北风骤起，河水结冰，牛身不能自由，以致冻死，其游泳欲前之状，历历可见，为一景也。

东北路出城：东北行六十里至毕溪苏木乡宿，路道平坦，悉为游牧地方。六十里至郎津乡宿，七十里至嘉拉山根宿，东行六十里至果青苏木乡宿，六十里至噶尔向苏木乡宿，八十里至撒木达，六十里至霞尔宗宿，一百一十里至琫噶尔寺宿，六十里至阶墩郎宿，六十里至江党桥东，合入类伍齐大路，北行八十里至九族县，此路系宣统元年川军绕道三十九族，经拉里进藏之路，沿途平坦，无大山，一捷道也。

东路出城：东行路道平坦，三十里气死坡，三十里至察竹卡宿，经小海子，此海一周约六里，每年十月结冰，至五月熔化，海中多鱼，由此逾鲁贡山，路多碎石，童头不毛。九十里至多洞宿，系为游牧之地，四十里大板桥，一名然乡，路渐平坦。三十里至甲贡塘宿，行于山峡中，崎岖迂回，乱石岑岑。四十里阿拉卡一片荒凉，四十里至阿兰乡宿，一名破寨子，悉为平原村庄在望。五十里至大窝宿，人烟稠密，路亦平坦，五十里至郎吉宗宿，路道泥泞，乱石纵横。六十里至察罗松乡，逾鲁贡喇山，东通硕督县，为川藏之大道也。

南路出城：西南行逾阿咱山，险峻不毛，终年积雪，上下六十里至阿咱宿，转向南行，路伏山麓崎岖，上下荒芜人烟，八十里至山湾宿，居民十余家，山下有海子一处，名扎穆抄纳浴池，一周约三里许，下有长泉溢水，东南流入于牛楚河，池中多鱼，常畜野鸭重有十余斤者，食之味美，由此沿卓喇山，一名瓦子山，偏坡而下，为一深谷。松柏苍翠，六十里至常乡，南通太昭县，为进藏之大道也。

西路出城：城西行逾卓喇山，复越鹿马岭，一百三十里至雄谷，西通墨竹工卡，舆马难行，羊肠一小道也。

气　候

本县气候殊异，因地势倾斜，其北部以平地，高拔六千余尺，六月飞霜，多冽风，常冷至零下三十余度，不产五谷，其人民悉以游牧为生，四季不离皮衣；近于南部者，沿水悉为深谷，无冽风，热至八九十度，气候中和，凡农耕者系循河而居，所产有大麦、小麦、青稞、豌豆以及核栗、元根等，水田每年两季，旱田一季，此地方气候之别也。

花　木

本县花木萃于南部，因气候温和，由县治以南至太昭县，青葱密茂，森林不断，所产有松、柏、杉、桧、杨、柳、槐、榆，以核类极多，遍山皆是。每值八九月间，土人收之杂青稞磨粉，作为食料，一特产也。有桃李乃盛于花瘦于果，熟时，收之晒干，食之酸甜，系土人待客之品，其余花木数十种。由于各县惟西北两部产白菌，每逢六七月间，如花织锦，乃土人不食，亦无人收获，以待自生自灭，惜矣。当孙毓英驻此，每年令土人收之，输至内地赠友，食之味鲜，嘉其名曰藏，诚为珍品，一特产也。

鸟 兽

本县雕鹏鸯雁熊豹狐兔等兽与硕督九族各县相同，盖因高原兽皆长毛，鸟皆短尾，惟产鹿最佳，皆灰褐色，其身大有牛者，鹿茸重有二三十斤者，鹿胎亦佳，鹿肚中，粪能治百病，鹿肾鹿肋入药亦为珍品，鹿革能以作衣，鹿毛作为铺垫，诚一良兽也。獐子犹佳，其麝香重皆两余有至二三两者，每年有藏，输至大吉岭出口，名曰昆仑香，此地多鸟鼠同穴，有一种野猫专食此鸟鼠，此猫身大如狸，夜晚宿不惧寒冷，此高原兽之异也。

药 材

本县产豹骨、熊胆、鹿茸、麝香、虫草、大黄土、当归、野菖蒲等，惟皮革最佳，有火狐、黑狐、水獭、猞狸及羊羔等皮为之特产。

寺 院

寺名	阿里寺	马尾寺	多洞寺	甲贡寺	兰多寺	林噶寺	大务寺	郎吉宗寺	察罗松多寺	阿咱寺	却卡寺	德尔登冈寺	羊诚寺	多松寺	图克图寺
教别	黑教	黑教	黑教	黑教	红教	红教	黄教	黄教	黄教	黑教	黑教	黑教	黑教	黑教	黑教
方位	中部	中部	东部	东部	东部	东部	东部	东部	东部	南部	南部	北部	北部	北部	北部
人数	百余人	三十余人	二十余人	十余人	三十余人	二十余人	二十余人	三十余人	六十余人	十余人	二十余人	三十余人	二十余人	三十余人	三十余人

风 俗

本县人民朴实，嗜酒，喜跳舞，惟性情懒惰，凡游牧人民食惯天然之食，不知耕种，男子以打猎为雄，不理家务，凡内外事宜系赖女子，敬老扶幼，炊爨缝纫，游牧生养，负重远，以及迎宾待客无不慰如。有云西藏女子之勤劳甲于日本女子，乃以风俗攸关，行于多夫之制，此地因为黑教喇嘛，亦可共妻，有易妻之风。譬如甲乙二人为友，言明易妻有数年仍归原主者，或以年月亦可，亦有互相往来不断者为之好友，此种风气不但此地有之，金（全）藏皆然。崇信浮图，无事唸佛，遇有佳节，喇嘛跳神，即傀儡戏，无谓男女老幼，皆新衣，自携天幕酒肉往观，常经月不休，为一乐也。

遗 迹

距城东二十五里，地名气死坡，相传康熙五十八年定西将军噶尔弼征藏，令岳钟琪擒拉里呼图克图处，一云雍正元年周瑛西征，有某参将运粮至此冻死，其说不一，无从稽考。懒兵诗：

炉关一别入胡天　　古道烟云路八千
气死横坡秋色远　　不知何处忆前贤

阿里寺有宣统三年御赐西天净地四字匾额一方，孙毓英云，可改为佛灯长明四字，因该寺为黑教喇嘛，娶妻生子以继香烟不断之意，懒兵戏题一绝

随妻为俗梵中僧　　佛法无边在继承
极乐三千人世界　　有缘我亦共同明

城南三里许骑河有老柳数十株，每值春夏，人民自携帐幕酒肉，于此游戏，名曰逛柳林子，其山麓有人烟四五家，野花遍山，夕阳斜下，如地织锦，为一景也。懒兵诗

树老千章水一涯　　小桥两畔有人家
狂歌舞罢斜阳里　　尽是兰合无限花

四、嘉黎县国民经济和社会发展“九五”计划和2010年远景目标纲要

（1994年12月1日）

序　言

1996年至2010年的未来15年，是我县改革开放、现代化建设事业承前启后、继往开来的关键时期。根据中央第三次西藏工作座谈会和自治区第五次党代会精神，结合我县1996年国民经济和社会发展的实际情况，对我县《国民经济和社会发展“九五”计划（1996年—2000年）纲要》作必要的调整，并以此为契机，制定2010年远景目标纲要。

“八五”期间，全县人民在县委、县人民政府的领导下，以邓小平同志建设有中国特色社会主义理论为指导，坚持党的基本路线，认真贯彻“抓住机遇、深化改革、扩大开放、促进发展、保持稳定”和“一个中心，两件大事，三个确保”的西藏工作总方针，解放思想，更新观念，团结奋斗，开拓进取，使我县的改革开放、经济建设和社会各项事业取得了新的成就。全县社会稳定，经济发展，民族团结，人民安居乐业，扶贫工作取得新的进展。

（一）实现了经济的平稳增长

“八五”计划在改革开放的大环境中不断取得进展，经济建设的硬环境有所改善。全县国民生产总值按可比价格计算，1995年实现国民生产总值1328.61万元，比1990年增长64.6%，年均增长12%；农牧业总产值实现

1494.06万元，比1990年增长85.1%，实现了平稳增长的良好势头。农村经济总收入实现961.25万元，比1990年增加16.23%。基本建设投资5年累计5000多万元，投资力度比“七五”期间明显加大。

1996年是我县实施“九五”计划的第一年，在县委、县人民政府的领导和全县干部群众的共同努力下，经济建设和社会各项事业有了新的提高。国民生产总值实现1835.28万元，比1995年增长38.14%；农牧业总产值实现1547.38万元，比1995年增长3.6%；农村经济总收入1550.25万元，比1995年增长23.8%；基本建设投资680多万元。实现了“九五”计划开门红。

（二）经济体制改革取得了突破性进展

在中央《关于建立社会主义市场经济体制若干问题的决定》等有关方针、政策指引下，根据自治区和地区的统一部署，对我县的企业、财税、金融、社会保障等方面进行了有效的改革，扩大了市场调节，强化了市场机制的作用，经济体制格局、运行机制和人们的思想观念都发生了较深刻的变化。在农牧区，“两个长期不变”的政策深入人心。牧业生产正朝着“立草为业、调整结构、提高总量、增加商品”的改革思路前进，取得了较好的效果。农业生产在双层承包体制改革方针的指导下，开始走上了科技扶农、大力开展多种经营、立体高效农业方向的发展道路。人们的思想观念、价值取向、竞争意识、行为方式都在发生深刻的变化。

所有这些都为调整和理顺各种经济关系，为我县经济持续、快速、健康发展起到了重要作用，为实现社会主义市场经济体制的目标奠定了基础。

（三）基本建设力度加强，经济建设的硬环境有了很大的改善

为了加快我县经济发展的步伐，在国家和自治区、地区的大力支持下，特别是1994年中央第三次西藏工作座谈会以来，我县的基本建设力度不断增强。以“七五”期末的县城迁址为契机，大力开展基础设施建设。前后立项，上报了县水电站、县中学、县城改造、忠义乡水电站、嘉忠公路等一批重点工程建设。“八五”期间共完成基本建设投资5000多万元。这些工程的建设，使我县在农牧业、交通、能源、教育、文化、卫生、邮电通讯、城镇建设等各个方面都取得了长足的进步，这对我县的经济建设和社会进步

必将起到重要作用。

（四）扶贫工作取得较大成绩，人民生活有了明显提高

嘉黎县是国定贫困县，“八五”期间，贫困线以下人口占全县人口总数的45%左右，达9888人。1994年以来，我们加大了扶贫工作力度，前后制定了《嘉黎县扶贫攻坚综合开发规划》和《实现1997年基本脱贫的实施意见》，并在交通、农牧业、教育、卫生、通讯等基础设施建设方面进行重点投资，至1996年，这些硬环境建设得到了很大的改善，特别是在农牧业生产方面，我县在自治区人行、农行、自治区经贸体改委扶贫工作组的帮助下，忠义乡、夏玛乡、多拉乡的扶贫工作进度明显加快。我县唯一的半农乡忠义乡1996年农业生产取得了历史上最好的成绩，为脱贫致富迈出了可喜的一步。1995年，我县农牧民人均收入达到491.12元，比1990年增加71.72%，年均增长13.5%，1996年人均收入又上一个新台阶，达到597.17元，比1995年增加21.6%。

“八五”期间，牧区的游牧生活基本结束，牧民群众基本上过上定居生活，农牧区的交通状况、医疗卫生条件、接受文化教育条件有了一定的提高。

（五）“八五”期间，县委、县人民政府十分重视文教卫生等社会各项事业的发展，文教卫生事业有了很大发展

1995年9月，嘉黎县中学成立，1996年又新建了措麦乡小学、章若乡小学、县城幼儿园，基本上形成了幼、小、中基础教育的新格局。县城闭路电视的开通，200门程控电话于1995年投入使用，县医院、藏医院的功能加强，县水电站于1996年投入使用，自来水工程竣工，以及县城必要的基础设施的完善，使得县城基本上成为全县政治、经济、文化的中心。社会主义精神文明建设正以较快的步伐向前迈进。

（六）反分裂斗争不断取得胜利，社会稳定工作进一步加强

“八五”期间，我们始终把反分裂斗争和社会稳定工作摆在主要的议事日程，坚持一手抓经济建设，一手抓反分裂斗争和社会稳定工作，正确处理改革、发展、稳定三者关系，特别是在针对十世班禅的转世工作中，我县处于反分裂斗争的特殊地位，全县干部群众紧密地团结在党中央的周围，按照

上级党委、政府的统一部署，深入持久地开展了反对达赖集团的分裂活动，保持了社会的安定团结。

在总结回顾“八五”期间我县经济和社会发展成就时，我们必须看到还面临不少困难和问题。

1. 农牧业的基础还十分薄弱，抵御自然灾害的能力不强，农牧业发展后劲不足。

2. 基础设施还严重滞后，特别是交通、通讯、能源建设仍然不能适应经济持续、快速、健康发展的需要。

3. 教育、科技落后，人口素质不高，文盲人数还占有相当的比例，脱贫致富奔小康的任务十分艰巨。

4. 达赖集团分裂祖国的活动还在继续。因此，反分裂斗争还将是我们今后的重要任务。

根据这些实际存在的矛盾和问题，我们必须在制定“九五”计划和2010年远景目标时，高度重视这些矛盾和问题。抓住全国支援西藏这个大好时机，迎接新的挑战，面向21世纪，切切实实地把自己的工作做好，为实现邓小平同志提出的“西藏很快发展起来，在中国四个现代化建设中走在前列”的长远目标而奋斗。

一、1996年至2010年的指导方针、总体目标、主要任务和重要指标

（一）指导方针

以邓小平同志建设有中国特色的社会主义理论和党的基本路线为指针，全面调动全县人民的积极性和创造精神，抓住机遇，迎接挑战，深化改革，扩大开放，坚持以经济建设为中心，狠抓社会局势稳定，确保嘉黎县的经济建设和社会发展的全面进步，确保社会稳定和人民生活的不断提高。

根据这一指导方针，结合我县的实际，突出重点，切实抓好以下几个方面的工作。

1. 解放思想，更新观念，以中央第三次西藏工作座谈会为契机，立足本县实际，把中央和自治区确定的大政方针和本县的具体情况结合起来，创

造性地开展工作，团结、带领全县人民艰苦奋斗，艰苦创业，推动各项工作不断迈上新台阶。

2. 始终不渝地把加强农牧业放在经济建设的首要位置，完善草场和农业生产承包责任制和双层经营体制，依靠科技进步，增加农牧业投入，增加农牧民人均收入，加大扶贫开发力度，加快脱贫致富步伐，实现农牧区的稳定和繁荣。

3. 要积极推进经济体制和经济增长方式的转变，不断培育新的经济增长点，形成区域特色经济模式。优化资源配置，切实提高经济增长的质量和效益。

4. 要积极推进科教兴农兴牧，进一步做好开发和开放工作，以市场为导向，不断改变落后的生产方式和工作方法。

5. 坚持“两手抓、两手都要硬”的方针，正确处理好改革、发展、稳定的关系。

（二）总体目标

在基础设施不断完善、经济建设的硬环境不断增强的前提下，以优化经济结构、提高经济效益为中心，到2000年，国民生产总值平均每年增长12%，力争人均国民生产总值在1980年的基础上翻两番；增加农牧民收入，改善人民生活，全面完成脱贫任务，部分群众达到小康水平，国民经济和社会事业的整体水平有较大幅度的提高，为下世纪初的更大发展奠定基础，创造更有利条件。到2010年，经济总量继续保持持续、快速、健康增长势头，经济总体素质有较大提高，努力缩小与内地兄弟县市的差距，国民生产总值在2000年的基础上再翻一番多，力争国民生产总值接近全国平均水平；人民生活逐步走向富裕。

（三）主要任务和重要指标

稳定发展第一产业，有重点地发展第二产业，推进第三产业的发展，加大基础设施建设的投入，加快从自然经济向商品经济、供给型经济向经营型经济转变的步伐，努力增强经济发展的实力、活力和后劲。

第一产业的发展要因地制宜，合理开发，在牧区要坚持“立草为业，调整结构，提高总量，增加商品”的方针，走“稳定牛、控制马、适当发展羊”的牧业发展道路。在农区要依靠科技进步，走“一优两高”的道路。逐步提高单位面积产量，积极开展多种经营，兴修水利，大搞农业开发，使农业生产形成高效、优化、立体的现代农业新格局。

第二产业的发展要有重点地发展以县内资源为依托的行业。重点发展以水能、太阳能为主的能源工业，以畜产品、木材、中草药为主的加工业，以建筑运输、生产生活需要为主的基础产业。加快矿藏勘探，挖掘矿产潜力，按照保护和开发并举的方针，努力在21世纪初使矿产业在我县经济发展中占有重要的地位。不断调整产业结构，加快企业技术改造，逐步形成符合我县实际、有地方特色的现代工贸体系。

第三产业的发展要以市场为依托，着重在流通、运输、文教科技、信息及必需的服务行业等方面有所突破，发展旅游业，规范和发展金融、保险业。

适度超前发展和安排基础设施建设。能源建设以水电和太阳能为主，有条件的乡都要建立中小型骨干电站，消灭无电乡，交通运输以公路为主，完成那嘉公路、嘉墨公路、嘉波公路等重要骨干公路的改造和修建任务，逐步实现“三通”的交通新网络。邮电通信综合实力有相当提高，进入全国长途自动交换网。

到2010年的目标是：一、二、三产业有机发展，结构基本合理。经济总量保持较快速度的增长，其中后十年的发展速度仍要保持在10%左右，经济素质有较大提高，人民生活有明显改善，大部分农牧民走上小康和富裕道路。为此，要进一步强化农牧业的基础地位；基础设施建设要基本适应发展的需要，建立起以当地资源为依托的企业体系。努力改善生态环境，促进人口、资源与环境协调发展，开创社会发展新局面，促进社会的全面进步。

二、“九五”期间经济发展指标和主要任务及其措施

（一）经济发展综合指标的调整

县七届人大三次会议通过的《嘉黎县国民经济和社会发展“九五”计划纲要》经过近两年的实践，原定的综合指标需要适当调整。到2000年，全县国民生产总值从1996年的1835.28万元增加到2886万元，农村经济总

收入从1996年的1550.25万元增加到2436万元，农牧民人均收入从1996年的597.17元增加到875元。5年累计基本建设总投资9422万元，地方财政收入到2000年自给率达到20%以上。

（二）农牧业和农牧区经济

围绕增加农畜产品产量，基本实现粮油肉自给和增加农牧民收入的基本目标，立足本地优势，稳定和完善农牧区现行优惠政策，充分调动农牧民生产积极性，不断增加国家、集体、个人投入，综合开发、科技兴农、优化结构、挖掘潜力，加强基础设施建设，提高防抗灾能力，走工、农、贸、种养相结合的道路，不断增强自我发展能力和后劲。到2000年，全县农牧业总产值达到1971万元（1990年不变价），平均每年递增5%左右。

牧业生产坚持“以草定畜，增草增畜”的方针，在稳定的基础上持续发展，各种牲畜存栏数稳定在26万头（只、匹），其中：牛13.7万头、绵羊8.3万只、山羊4万只、马5343匹，人均占有牲畜35个绵羊单位。年均仔畜成活率86%，成畜死亡率控制在6%以内，在1996年的基础上每年出栏率有较大幅度的提高，到2000年以后达到23%，适龄母畜率也要在1996年的基础上有较大幅度的提高，到2000年达到50%以上。

为此，要加强草场建设，到2000年，改良草地10万亩，建设人工草场5万亩，围栏草场达到60万亩，并以“娘亚牛”为主要良种，逐步调整畜群结构，加速畜群周转。要加强防抗灾基础设施建设，增强抵御自然灾害的能力。要建立产供销、牧工商、公司加农户、牧场带农户的一条龙社会服务体系，加快畜产品流通。

农业生产稳中有升，要在综合开发上走出新路。农业播种面积稳定在5000亩左右。其中：粮食播种面积在4800亩、计划改造中低产田500亩，平均亩产达到500斤，力争达到600斤，农产品总产量在1996年921吨的基础上年均增加5%，到2000年达到1133.5吨。在农区要走多种经营的道路，实施“51118”工程（即粮食亩产500斤，户均饲养10头猪、10只羊、10只鸡，种10棵果树，人均收入达到800元）。确定粮、经、饲三元种植结构，提高农作物的利用率，扶持家庭牧场，培育专业户和重点户。根据我县气候条件，开辟蔬菜基地，建立蔬菜市场，基本保证县内特别是县城人民的蔬菜供应，到2000年做到部分蔬菜供应那曲市场。

林业生产要坚持以资源保护为前提，以造林为基础，加强管理，合理开发，综合利用。根据我县森林积蓄量的规模，进行有计划的采伐，并建立林产品粗加工和深加工企业，使之增值，提高经济效益。要坚决制止对林业资源的破坏，切实保护生态环境，使森林资源得到永续利用。县城及有条件的地方要抓好绿化造林工作。

（三）扶贫工作

我县是国定贫困县，根据《国家“八七”扶贫攻坚计划》和自治区《扶贫攻坚计划》精神，我县在1994年《扶贫攻坚综合开发规划》的基础上，于1996年又制定了《嘉黎县实现1997年基本脱贫的工作实施意见》，这个《意见》根据1994年、1995年扶贫工作的进展情况，提出了1996年和1997年扶贫工作的目标，经过1996年的实践，国民生产总值和人均纯收入及农村经济总收入分别达到或超过计划目标，预计1997年实现基本脱贫的任务能顺利完成。

针对我县经济基础薄弱的特点，“九五”期间必须做好脱贫和防止返贫这两项工作。特别是在今后三年防止返贫的工作难度很大。因此，必须在扶贫开发上下功夫。要多渠道筹措扶贫资金，充分利用国家安排的专项资金，扶贫贷款和以工代赈等资金，首先要进一步改善基本生活条件和能源、交通条件。并要坚持不懈地教育农牧民群众冲破习惯势力的束缚，破除等、靠、要和无所作为的观念，树立商品生产意识，积极走向市场。要大力普及科技文化知识，提高科学种田、科学养畜水平，使农牧民的智力开发在广度和深度上有较大进步，自觉走出脱贫—返贫—再扶贫这一怪圈。

（四）乡镇企业

乡镇企业的发展要贯彻“全面规划，积极扶持，正确引导，大力发展”的方针，坚持乡办、村办、联户办、户办多轮驱动，放手发展，广开门路。突出抓好以农产品、林产品、中药材为主要原料的加工工业。发展建筑、建材、采矿、生活燃料等资源开发企业；发展运输和商业、饮食业。“九五”期间，计划安排创办以燃料供应公司、建材预制厂、林业综合加工厂、忠义乡面粉加工厂、藏药加工厂等为主的20家乡镇企业，并抓好以伊莎公司合作的牦牛绒深加工项目，树立公司加农户的典型，进一步开发利用各种资源。

（五）加强基础设施建设

努力加强基础设施建设，为经济建设创造硬环境。"九五"期间，基础设施建设项目分为几大类，共32个建设项目，总投资9422万元。其中：争取国家拨款投资7001.4万元，县自筹127万元，群众劳务投入548.6万元，低息贷款1740万元。农牧业基础设施建设项目13个，投资3949.5万元；交通、能源、工业项目9个，投资3350万元；科技、文教卫生类项目7个，投资812.5万元；其他社会发展项目5个，投资1310万元。

能源建设以县水电站、忠义乡水电站为契机，总结成功经验，坚持"以水电为主，多能互补，因地制宜，大中小结合开发与节能，建设与管理并重"的方针，大力发展乡村小水电，积极稳妥地推进太阳能的利用。"九五"期间，在抓好县城750千瓦和忠义乡200千瓦水电站的前提下，计划在嘉黎乡、绒多乡、措多乡、措麦乡各建一座150千瓦的小型水电站，力争到2000年消灭无电乡。

交通建设着重抓好那嘉、嘉绒、嘉忠3条主骨干公路的修建和改造工作。修建嘉黎县至墨竹工卡未建的70公里公路和3座桥，完成嘉忠公路118公里修建任务，新建忠义至萨旺60公里公路，新建藏比至尼玛龙水泥钢筋桥，疏通藏比至那曲县道路；新建嘉黎乡至三叉口70公里公路，使嘉黎乡、鸽群乡、桑前乡连成一片，改造和维修各乡公路330公里，实现各乡常年通车。要坚持建设、养护、管理并重的方针，充分发挥现有公路的社会效益和经济效益。

邮电通信建设要全面贯彻"统筹规划、条块结合、分层负责、联合建设"的方针，积极发展和完善县乡单片机，到2000年实现乡乡有程控电话。要做好县城程控电话的扩容工作，不断扩大邮政业务，开辟传真业务，形成多功能邮政邮电运营网络。

三、“九五”期间社会发展的主要任务和措施

（一）教育事业

继续把教育事业放到优先发展的战略地位，以培养社会主义事业建设者和接班人为宗旨，着重抓好基础教育，努力扫除青壮年文盲，积极向中高等院校和内地西藏班输送人才，重视藏语文教学，积极推行汉藏双语教学。

“九五”期间教育工作的重点是改善教育条件，普及教育面，提高教学质量。要建立幼、小、中多层次的初级教育体系。到1997年实现乡乡有公办小学，县城形成学前教育、初级教育完备的体系。到2000年，全县适龄儿童入学率从1996年的36.34%提高到80%，在校学生巩固率达到95%，小学毕业率达到98%，小学升初中升学率达到80%以上，青壮年文盲人数降低12%。

县中学从1995年9月份开始第一期招生以来，逐年扩大，到2000年，达到360名（9个班）的教育能力，并配备相应的合格教师，提高教学管理和教育质量，争取进入地区重点中学的行列。

小学教育根据自治区的要求，到2000年，力争部分牧区基本普及三年义务教育。到2000年，全县在校生达到2400人。同时要发展学前教育，积极发展幼教事业。

要努力加强教师队伍建设，重视和加强在职教师的培训，提高教师思想政治素质和业务素质。到2000年，使80%以上的教师达到任职的要求，50%的教师获得教师资格证书；新增教师必须具备合格的学历证书，教职工总规模达到150人。长远目标，2010年前的教育事业发展要迈上一个新台阶。全面贯彻《义务教育法》，并在全县形成基础教育和职业技术教育相结合的教育体系。要不断深化教育体制改革，做到教育发展规模与经济发展规模相适应。人才培养的结构、层次与经济发展的要求相适应，培养的质量和数量与经济社会各行业的要求基本相适应。到2010年，适龄儿童入学率达到90%以上，普及六年义务教育的人口覆盖面达到80%以上。

（二）文化科技事业

文化事业要在“双百”方针的指导下，坚持为社会主义服务、为人民

服务的方向，坚持社会效益和经济效益相统一的原则，在团结教育人民、鼓舞斗志、丰富人民文化娱乐生活等方面发挥积极作用，推动社会主义精神文明建设。

要进一步挖掘本民族优秀的传统文化遗产，积极吸取其他民族和外来文化的精华，开展多种形式、不同层次的文化娱乐活动。“九五”期间，以县城综合文化宫为起点，建立适合我县人民特点和口味的文化服务体系，各乡都要建立文化站，各行政村建立文化室，在条件和能力许可的情况下，多为人民群众提供文化娱乐服务。县城及文化宫要形成集文化、娱乐、科教、扫盲、宣传于一体的综合性文化活动中心。要十分重视县乡电影队伍的建设和完善，要更新改进电影放映技术和设备，确保偏僻地区农牧民群众能看到电影，接受爱国主义和社会主义教育。要逐步改进和提高电视接收能力，到2000年形成乡乡有单收站，有调频广播的接收体系，使县乡人民都能看上电视、听到广播。

科技事业要立足本县实际，加强“娘亚牛”的研究开发，继续开展农业科技的推广和应用，继续开展藏药的研究开发，继续开展气象资料的收集和整理工作。同时，要开展科技知识的宣传和推广工作，促使农牧民群众转变陈旧落后的思想观念，走上科技致富、科技脱贫的道路。

（三）卫生事业和计划生育工作

卫生事业要坚持“预防为主、依靠科技进步、动员全社会参与、中西并重、为人民健康服务”的方针，继续把农牧区卫生、预防保健和发展藏医药作为卫生工作的重点，逐步形成医疗预防、健康保障的服务网络，不断满足人民群众的卫生服务需求。到2000年农牧区人人享有初级卫生保健。预防接种率达到85%（以村为单位），积极开展地方病的防治工作。多渠道、多层次增加投入，基本建立健全县、乡、村三级医疗卫生网络。“九五”期间，新建8个乡的卫生院及配套设备，增加医务人员24名。同时要扩大藏医藏药的研究开发和利用，新建藏医院，形成我县藏医藏药开发利用的新特色。

计划生育工作要做好宣传、引导、服务工作，提倡优生优育，有效控制人口增加。“九五”期间，人口自然增长率控制在16‰以内，全县人口控制在24100人以内，到2010年，全县人口自然增长率控制在15‰以下，总人口控制在26500人以内。

（四）城镇建设

根据经济建设和社会发展的需要，县城要有计划、有步骤地开展建镇的准备工作。“九五”期间，要着手制定建镇规划，并在总体规划的指导下，严格土地和建房的管理工作，形成建镇的雏形。到2010年前，争取完成建镇的任务。在加快农村小集镇建设的进程中，要破除城乡隔离的二元社会经济结构，必须逐步赋予农牧民群众自由迁居和择业的权力。要在国家政策的指导下，根据县城集镇建设的实际需要，制定符合本县实际的新的户籍管理制度，鼓励和支持农牧民通过劳务市场参与城镇的就业竞争。要正确处理好农牧业综合开发、非农牧业产业发展和县城建设之间的关系，把县城的发展与乡镇企业集中连片、城镇布局有机结合起来。统筹规划，不断提高城镇基础设施建设、交通、通信、商业、金融业、科技信息、技术咨询业务和生活环境水平，增强对农牧区的辐射能力。各乡所在地要以县城为中心，强化社会服务功能，逐步形成对本乡范围内的农牧区有辐射功能的经济和社会服务体系。

（五）人民生活

加快经济发展，使城乡人民群众的生活水平稳步提高，在全面发展农牧区经济的基础上，力争到1997年，实现全县基本脱贫。到2000年，农牧民人均收入达到875元。其中：有部分人口接近或达到小康标准，部分乡接近小康水平。总体步骤是：全面规划，分类指导，重点突破，逐步推进。“九五”期间，重点安排忠义乡、嘉黎乡、鸽群乡、桑前乡和阿扎乡的部分村作为第一批奔小康的示范乡村。要积极提高城镇居民的居住条件和配套生活服务质量，到2000年，城镇居民的人均收入达到4900元，人均居住面积达到20平方米。

四、“九五”期间改革开放的主要任务及其措施

1. 农牧业和农牧区的改革

继续完善农牧区基本经营制度，实行“土地归户使用，自主经营，长

期不变”和“牲畜归户，私养私有，自主经营，长期不变”政策，在坚持土地、草场公有制的前提下，开展土地草场管理制度建设，实行草场承包责任制。积极鼓励农区人民个人开垦农地、荒山、荒坡，种植农作物和植树、种草，实行“谁开发，谁经营，谁受益，长期不变，允许继承和有偿转让”的政策，提高开发效益，促进农村新兴产业的发展。进一步完善双层经营体制。通过典型示范，提高家庭经营效益；争取集资入股等多种形式兴办各类经济实体和合作经济组织。推动乡镇企业和基层供销社的发展，逐步壮大集体经济，建立农牧业投资诱导机制，鼓励农牧民增加资金和劳动投入。建立健全农牧区社会化服务体系，重点完善科技承包责任制，培育农牧区新的经济增长点，促进非农产业的发展。充分发挥供销社作用，使其成为农牧区经济综合中心。

2. 企业改革要按照产权清晰、责权明确、政企分开、管理科学的要求，通过《公司法》《企业法》《国有企业转换经营机制条例》及自治区的实施办法进行改革。

3. 财税体制的改革要按照分税制财政体制的要求，做好新税制的推行和完善工作，积极开辟新税种，开源节流，增加地方财政收入。

4. 金融体制的改革要认真执行货币、信贷指导性计划，优惠贷款利率；要积极拓宽资金来源渠道，不断壮大资金实力，努力增强服务功能，调节信贷结构，重点支持农牧业、乡镇企业、扶贫工作、基础设施建设和科技成果的转化，为加快经济发展创造宽松的金融环境。

5. 商品流通领域的改革要进一步放开商品市场，搞活商品流通，服务于生产、生活。重点搞好县城基础性、综合性的交易市场和乡级基层供销社的综合服务网点建设。继续鼓励集体、个体和其他经济成分的经营者参与市场建设和流通。搞好市场基础设施建设，强化县内市场和县内与县外及内地市场之间的联系，不断活跃市场经营方式。

6. 社会保障制度的改革重点是做好社会救济、优抚安置、生产生活扶持工作。逐步建立离退休保险、社会养老保险、医疗保险和工伤保险的社会保障体制。在农牧区积极推广、建立三储会，保障农牧民的生产利益。

7. 加强横向联系，加快开放步伐，要抓住全国支援西藏的大好机遇，进一步加强和扩大与对口支援的省市县的联系和联络，采用走出去和请进来等多种形式。在经济建设、人才交流、市场流通等多方面进行合作，促进我县经济发展。

五、社会主义精神文明建设和维护社会稳定

社会主义精神文明建设对加快经济发展、维护社会稳定具有十分重要的意义。在今后一段时间内，社会主义精神文明建设的根本任务是：培养有理想、有道德、有文化、有纪律的社会主义公民，提高全县人民的思想道德素质和科学文化素质，特别要把提高青少年素质作为工作的重点。形成有利于改革开放和社会主义现代化建设健康发展的舆论力量、价值观念、道德规范、文化条件和社会风尚。

1. 思想理论教育，坚持用邓小平建设有中国特色社会主义理论武装头脑，以中央第三次西藏工作座谈会和党的十四届六中全会精神为指针，统一思想，指导行动，不断提高贯彻执行党的基本路线和基本方针的自觉性、坚定性，树立正确的世界观、人生观、价值观。深入持久地开展以维护祖国统一、反对分裂为主要内容的爱国主义、集体主义、社会主义教育。弘扬本民族的优良传统美德，重视藏民族文化的发展。学习孔繁森，继续发扬特别能吃苦、特别能战斗、特别能奉献、特别能团结的老西藏精神，树立改革开放、现代化建设形势下的新形象、新思想。

2. 道德建设，坚持进行以爱祖国、爱人民、爱劳动、爱科学、爱社会主义为内容的社会主义道德教育。着重加强直接关系社会稳定进步的社会道德、职业道德和家庭伦理道德教育，反对一切损人利己、损公肥私、金钱至上、以权谋私的思想和行为。开展创建文明家庭、文明单位活动。培育精神文明建设的先进个人和群体，树立典型，弘扬正气，破除陈规陋习，移风易俗，提倡科学、文明、健康的生活方式。

3. 廉政建设，深入持久地开展反腐败斗争，建立健全廉政勤政制度。坚决纠正不廉洁行为，坚决纠正各种不正之风。坚决纠正违背国家政策、侵害群众利益的行为；坚决依法惩处发生在领导干部和领导机关的违法乱纪分子；坚决处理权钱交易、以权谋私、损公肥私、贪污受贿、失职渎职等腐败

问题，把惩治腐败与扶正气压邪气结合起来，进一步密切党政群、军警民关系，坚决杜绝任何脱离群众的不良现象。

4. 反分裂斗争要广泛深入，大张旗鼓地开展揭批达赖，剥去他的“宗教领袖”外衣，使广大人民群众认清其反党、反社会主义、分裂祖国的真正面目。要保持清醒的头脑，既要有长期斗争的准备，又要立足当前扎实工作，使反分裂斗争深入持久地开展下去。

5. 社会治安综合治理，要认真贯彻执行《西藏自治区社会治安综合治理条例》，落实各项治安措施，实行目标管理领导责任制，切实承担起确保一方平安的政治责任。坚持严打方针，适时开展专项斗争，严厉打击分裂破坏和各种刑事犯罪活动，扫除社会丑恶现象。“九五”期间，在县城、措麦、嘉黎、章若各建立一个派出所，以加强我县的治安地域力量分布。要加强对流动人口的管理工作，努力减少刑事犯罪和扰乱治安的问题。要贯彻“从重从快”的方针，纠正执法环节上打击不力现象。突出抓好机关企事业单位内部的安全防范工作，遏制内部发案和治安突发事故上升的势头。社会治安要坚持专门机关和群众路线相结合，搞好军警民联防。深入开展法制教育，表彰先进，鼓舞士气，削弱瓦解敌对势力的社会基础。及时妥善地化解一些社会“热点”“难点”问题，不给分裂主义分子可乘之机。

6. 民族、宗教工作，全面贯彻党的民族政策，进一步完善民族区域自治制度，巩固和发展平等互助、团结合作、共同繁荣的社会主义民族关系。坚持党的宗教政策，依法加强对宗教事务的管理，坚决反对和抵制利用宗教干预行政、司法、教育的不良现象，确保社会稳定和人民利益。

7. 社会主义民主和法制建设，加强社会主义民主制度化、法律化建设，保障人民当家作主的权利。坚持和完善人民代表大会制度，切实保障人民管理国家和社会事务的权利，深入开展法制宣传教育，努力提高广大干部群众的法律意识和法制观念，以法律来规范自己的行为。

五、嘉黎县国民经济和社会发展“十五”计划纲要

（2000 年 12 月）

世纪之交，嘉黎县的改革开放和现代化建设进入了一个崭新的历史阶段。西部大开发战略的实施和加快少数民族地区发展的政策导向，为嘉黎县国民经济和社会事业实现“跨越式”发展提供了重要机遇，“十五”时期是嘉黎县抓住机遇，加快发展，摆脱落后面貌，为现代化建设奠定坚实基础的重要时期，根据党的十五届五中全会精神、自治区党委制定的“十五”计划的建议、县第五次党代会精神，结合嘉黎县实际，制定嘉黎县国民经济和社会发展第十个五年计划。

第一章　发展背景

1. “九五”回顾

“九五”期间，我县在地委、行署的正确领导下，高举邓小平理论伟大旗帜，全面贯彻党的“十五”大精神和区党委五届四、五、六次会议精神，坚持新时期西藏工作指导方针，正确处理改革、发展、稳定的关系，抓住机遇，深化改革，开拓进取，团结奋斗，经济建设和社会各项事业取得了新的成就，基本实现了“九五”期间确定的发展目标，为我县跨世纪发展打下了坚实的基础。

县域经济取得新发展，2000 年全县实现地区生产总值 4463 万元，按可

比价格计算，比1995年增加1013.88万元，年均增长5.5%；农牧业总产值实现2856万元，比1995年增长143%；农村经济总收入3679.26万元，比1995年增长193%；地方财政收入100.7万元，农牧民人均纯收入1352.21元。农牧业生产取得较好成绩，2000年农作物总产量1321.19吨，其中粮食为822.12吨，牲畜存栏221374头（只、匹），实现了控制牲畜总量、减少草场压力的目标，人均占有牲畜9.4头（只、匹），牧业产值达到1476万元，占GDP的51%、工商贸易发展有序，全县现有商业网点51个、城乡个体工商户36个、农村个体工商户16个，拥有工商企业2家，社会消费品零售总额287万元。1998年国民经济和社会发展目标考核“良好”，1999年为“优良”，2000年考核为“良好”，经济社会保持持续、健康发展的势头。

基础设施建设登上新台阶，五年来，我县固定资产总投资规模达7251万元，新建了农牧业生产、县乡道路、科教文卫、能源通讯、广播电视、农村用水用电等一大批基础设施，援藏项目共投入资金700多万元，其中：第二批援藏资金及物资达500多万元，对我县基础设施建设起到了重要作用，这批基础设施建设的完成，大大改善了我县农牧民的生产、生活条件，促进了城镇建设的发展。

抗救灾工作取得新胜利，1997年冬至1998年春，我县遭受了特大雪灾，给全县农牧民的生产、生活造成了巨大损失，面对灾情，县委、县政府心系灾民，坚持自力更生为主、上级支援为辅的方针，大力开展抗救灾工作，并采取有效措施，把灾害造成的损失减少到了最低限度。为恢复生产，重建家园，县委、县政府坚持“特事特办、急事急办”的原则，筹集资金700万元，在全县范围内调剂牲畜折合绵羊单位1.6万个，修建受损房屋500多间，抗救灾工作的胜利，为实现“九八脱贫”打下了扎实的基础。

嘉黎县是个易灾区，素有“十年九灾”的说法，五年来，县委、县政府十分重视防抗灾工作，每年下半年开始，便对防抗灾工作进行动员部署，做到思想到位、组织到位、工作到位。1996年，县委还开展了“以路线教育为载体、以防抗灾为重点、全面落实年内各项工作”的农村党的基本路线教育，取得了良好效果，确保了农牧民“有饭吃、有衣穿、有房住、有燃料烧、患病有医治”目标的实现。

扶贫攻坚工作取得新成果，县委、县政府始终把解决农牧民群众温饱问题作为中心工作来抓，做到了全县动员、全民参与、各方配合、齐抓共管，真正打了一场扶贫攻坚的歼灭战。

1998 年是我县实现基本解决温饱问题的关键年。县委、县政府提出解决温饱是全县最大的政治和经济任务，并开展了“学理论、守纪律、讲奉献、谋脱贫”主题活动，进一步激发了全县党员干部和广大人民群众扶贫攻坚的热情，增强了实现“九八脱贫”的信心。在思想上，变“要我脱贫”为“我要脱贫”；在工作上，抓重点攻难点；在措施上，签订了限期脱贫责任书，落实联乡包村责任制，层层下任务，逐项抓达标，逐条抓落实。经区、地两级考核验收，我县实现了基本解决贫困人口温饱问题任务。

1999 年是“巩固年”，全县在基本实现“九八脱贫”的基础上，提出“巩固脱贫成果、共奔小康目标”的战略思想，为全县党员干部和人民群众提出了新的奋斗目标，调动了工作积极性，并开展了“县机关党支部与贫困村、小康村党支部结对子”活动，取得了良好效果。

2000 年是“发展年”，县委提出了“打基础、抓基层、建基地”的工作思路，即打好“农牧业基础设施、人口、人才”三大基础，抓好“基层组织、干部队伍”两大建设，建好“畜产品、药材、矿产、旅游”四大基地，促进了嘉黎经济的发展。

2000 年底，全县贫困人口由攻坚前的 1986 户、9888 人下降到 106 户、560 人，分别占全县总户数的 2.7% 和总人数的 2.5%，比 1994 年分别减少 101.08% 和 94.34%；全县人均纯收入达到 1352.21 元，是 1994 年 358.55 元的 3.7 倍；人均牲畜折合绵羊单位达 32 个，人均口粮达 125 公斤，人均肉食 15.81 公斤，人均酥油 3.1 斤，各项指标都已基本达到或超过自治区脱贫验收标准。

社会局势得到新稳定，我县是十一世班禅和七世热振活佛的出生地，处于反分裂斗争的前沿，社会治安和社会局势严峻复杂。五年来，县委、县政府始终坚持稳定压倒一切和“两手抓、两手都要硬”的方针，进一步落实“谁主管、谁负责”和“管好自己的人、看好自己的人、做好自己的事”的层层分级管理制度，加强对政法工作的领导，充分发挥职能部门的作用，深入开展反分裂斗争，狠抓社会治安综合治理工作，加强对寺庙的管理，强化基层基础工作。同时，县委开展了“爱国主义、理想宗旨、敬业爱岗、艰苦奋斗”四大教育以及马克思主义“四观”教育，增强了干部群众反分裂斗争意识；对人民内部矛盾采取拳头“高高举起、轻轻放下”的处理办法，妥善处理了一系列棘手问题，确保了社会局势的稳定。通过五年的努力，全县人民群众的思想觉悟有了明显的提高，呈现出政治安定、局势稳定、人民安居乐业的新景象。

精神文明建设上新台阶。坚持以科学的理论武装人，以正确的舆论引导人，以高尚的精神塑造人，以优秀的作品鼓舞人，坚持“思想是行动的指南”的方针，把思想教育与舆论宣传贯彻到每一项工作的始终，把精神文明建设作为发展经济和社会全面进步的精神动力与智力支持，把扶贫工作与精神文明建设相结合，实行“两个文明”一起抓，开创了我县精神文明建设的新局面。坚持教育优先发展战略地位不动摇，除鸽群乡外，其他 13 个乡实现了乡小学无危房。2000 年，我县适龄儿童入学率为 71.4%，比 1995 年的 26% 增长了 45.4 个百分点。经常教育引导广大农牧民树立改革开放意识、公平竞争意识、开拓创新意识、自强自立意识、先富帮后富意识，初步克服了“等、靠、要”思想和安于现状、不思进取的传统观念，机关作风明显好转，县机关成为思想统一、纪律严明、作风踏实、廉洁高效的集体。办学条件明显改善，教学质量不断提高，科教文卫、广播电视、信访、民政、地方志、档案和老干部工作有了长足的发展。民主法制建设不断加强，县人大履行法律监督和工作监督职能进程加快，爱国统一战线进一步巩固壮大，民主政治建设进程加快，工青妇、统战、民宗工作取得了新成绩。坚持依法治县，完成了“三五”普法教育任务，加强了社会治安综合治理，卓有成效地开展了专项治理和专项斗争，化解了社会矛盾，维护了社会稳定，军警民共建工作和民兵、预备役建设取得了一定成绩。

党建工作得到新加强。围绕新时期党的建设目标，卓有成效地开展工作，切实加强了党的建设，一是抓思想政治建设，实行了县领导每年给党员上党课制度，使党员的理想信念更加坚定，精神状态更为振奋，群众观念更加牢固，二是抓领导班子和干部队伍建设，在全县领导班子和党员领导干部中开展以“讲学习、讲政治、讲正气”为主要内容的“三讲”教育，整顿党性党风中存在的突出问题，坚持以“四化”标准、德才兼备原则和“五湖四海”方针使用干部，创造性地开展党建“四个一”工程，取得了可喜的成绩。

在总结回顾“九五”期间我县经济和社会发展成就的同时，我们必须看到还存在着许多不足之处，主要有：一是解放思想、更新观念不够，开放意识、创新意识、机遇意识不强烈，开放搞活步伐缓慢，农牧区市场发育程度低，在内行外联上缺乏系统有效的机制；二是农牧业基础薄弱，自然灾害频繁，抵御灾害能力较低，农牧业发展后劲不强；三是经济结构不合理，过于单一化，市场体系不健全，商品经济不发达；四是基础设施建设还严重滞后，特别是交通、能源、通信建设仍然不能适应经济持续、快速、健康发展的需要；五是科技教育落后，劳动者素质差；六是虽然解决了低层次的温饱问题，但解决贫困问题的任务依然十分繁重；七是自身造血功能低，财政支出由国家负担；八是达赖集团分裂祖国的活动变本加厉，严重干扰了经济建设的正常进行，这些问题都有待于我们在今后的工作中加以克服和改进。

2. “十五”发展背景

21 世纪初是国内外经济社会环境发生重大变化的历史时期，从国际环境看，和平与发展仍将是全球的主旋律，中国和周边国家的关系将进一步得到改善，这为西藏及嘉黎县提供了良好的发展环境。与此同时，随着世界经济一体化和知识经济临近，将进入全球性的经济结构大调整时期，这为嘉黎县经济发展提供了引进技术、实现“跨越式”发展的良好机遇和广阔空间。

从国内环境看，实现跨越式发展，我们有着明显的后发优势和难得的机遇。“十五”期间面临着宏观经济政策、市场条件、体制环境及开放格局的重大变化，中央提出西部大开发的重大战略，在投资、信贷、生态环境建设、重大基础设施建设项目布局等方面将加大对中西部地区的扶持力度，这将大大改善中西部地区的发展条件，特别是国家将进一步加强援藏工作的力度，从人才、项目、资金等方面给西藏以支持，为嘉黎县的经济、社会发展提供了千载难逢的机遇。同时，“十五”时期我国经济将较为平稳地增长，社会主义市场经济体制进一步完善，全国统一市场和要素市场进一步趋向成熟，国内外市场逐步走向一体化，市场机制在资源配置中将发挥更为积极的基础性作用，我县原来的各项指标基数低、人口少、区位条件好，这为我县进一步的流通开路、发展特色经济创造了良好的条件和环境，抓住机遇，迎接挑战，扬长避短，注重特色，发挥畜产、矿产、各类中药材、水资源、特色旅游等资源优势，利用中央给西藏“特、宽、优”的政策优势，积极开拓两个市场，制定和实施“十五”规划，是加快促进嘉黎县经济和社会发展的关键。

第二章　“十五”奋斗目标和战略重点

1. 指导思想

高举邓小平理论伟大旗帜，以江泽民同志“三个代表”重要思想为指导，深入贯彻党的十五大、十五届五中全会和区党委五届六次全委（扩大）会议精神，坚持新时期西藏工作指导方针，抓住西部大开发和中央将召开第四次西藏工作座谈会以及当前社会局势相对稳定的有利时机，把加快发展作为主题，把壮大特色经济、调整经济结构作为主线，把改革开放和科技进步作为动力，把提高人民生活水平作为根本出发点，按照“流通开路、牧矿致富、科教兴县”的发展战略，通过思路创新、体制创新、科技创新，牢固树立改革意识、发展意识、开放意识。在大开放、大开发中实现嘉黎县经济社会的跨越式发展。

2. 发展思路

按照中央实施西部大开发和加快少数民族地区发展的战略部署和自治区的总体安排，结合嘉黎县实际，制定发展思路。嘉黎县经济社会发展的总体思路是：紧紧围绕嘉黎县委、县政府确定的“打基础、抓基层、建基地”发展战略，按照县域经济布局和突出重点、体现特色、持续发展的要求，以市场为导向，以资源为依托，以保护建设嘉黎县高原生态环境为切入点，调整优化经济结构，加强基础设施和城镇建设，发展高效产业化的高原特色农牧业，全面推进稳定解决温饱工程和农牧区小康建设，发展和壮大以畜产品加工和木材、藏药加工为重点的工业体系，拓展服务领域，加快发展服务业，培育市场体系，加快市场建设，推动经济体制和经济增长方式的根本性转变，快速提高我县社会生产力的发展水平，使全县人民的生活水平得到全面提高，社会事业得到全面协调发展。

3. 奋斗目标

全县地区生产总值年均保持18%的发展速度，到2005年地区生产总值达到9263万元，基本实现在2000年的基础上翻一番，三个产业比例调整为40：28：32；2005年农牧民人均纯收入达2433.6元，平均年增长16%。基本消除绝对贫困，绝大部分农牧民达到小康，部分群众实现富裕生活的目标；地方财政收入达到190万元，平均年增长18%；全社会固定资产投资总规模达到1亿元，使农牧业、能源、交通、邮电通讯、水利等基础设施有较大改善；初步建立社会主义市场经济体制框架，充分发挥市场对资源的基础性配置作用；教育规模进一步扩大，办学条件、质量和素质教育水平明显提高，适用技术得到广泛应用，科技对经济的贡献率明显提高，加大对教育的投入，力争每年对教育基础建设的投入保持在县财政的15%以上；医疗卫生的基础设施条件进一步得到改善，主要病种得到有效防治，农牧民的健康有了基本保障，人口增长得到控制，人口素质明显提高，人口自然增长率控制在15‰左右；加快城镇建设步伐，县城和乡镇建设取得新的进展，力争2005年将城市化水平提高到20%左右；其他各项社会事业得到协调发展，社会主义精神文明、民主法制建设得到加强。

4. 战略重点

围绕指导思想、发展思路、奋斗目标，“十五”期间的战略重点为：

一是巩固和加强农牧业基础地位，发展高原特色农牧业，提高农牧民收入，始终把农牧业放在国民经济的首位，以加强农牧业和农牧区基础设施建设为支撑，以农牧业和农牧区经济结构的战略性调整为重点，改革农牧业生产方式，以增加农牧业收入为目标，大力发展高原特色农牧业和集体企业，加大扶贫搬迁开发力度，合理规划，适度集中定居或半定居，建立和完善灾害防御体系，做好防抗灾工作，防止因灾致贫或因灾返贫，加快奔小康进程。

二是抓好交通、能源、通信、城乡公共设施建设，改善发展环境。嘉黎县地广人稀，基础设施极其落后，强化基础设施建设是优化投资环境、改善生存环境的重要举措，基础设施建设要以公路交通、能源建设、邮电通讯、城镇建设等为重点，同时注重改善政策法规、服务质量等软环境。

三是要强化特色产业的培育和发展，随着嘉黎经济与国内经济，尤其是世界经济融为一体，作为后发展地区，必须找准具有竞争优势的特色产业，才能在市场经济中占有立足之地，从嘉黎县独特的资源条件出发，要将畜产品加工、高原特色食品、旅游、矿业、藏医药业、民族手工艺等作为特色产业加以培育和发展，通过引进技术、人才和机制改革创新等多种途径，努力提高特色产品的市场份额和经济效益。

四是要突出生态环境的建设与保护，实施可持续发展战略，嘉黎县位于藏北高原的东部，是拉萨河的发源地。此外，境内还有苏绒曲、色绒藏布、哈仁曲等河流，主要湖泊有江南玉措、措拉湖、彭措湖等，发挥着“江河流”“生态源”的作用。因此，作为藏北高原东部的嘉黎县，必须高度重视突出抓好生态环境建设，把它作为实施西部大开发的切入点，推进嘉黎经济社会的可持续发展，并为区外可持续发展提供强有力的生态保障。

五是以思路创新和体制创新为先导，打破封闭，深化改革，扩大开放，市场经济是需要创新、鼓励创新的经济，嘉黎县经济社会发展落后，就必须增强创新意识，加紧追赶，必须解放思想，大胆探索，勇于实践，积极探索公有制经济的多种实现形式，调整优化所有制结构，完善、支持、鼓励非公有制经济发展的政策措施，实现非公有制经济发展大突破，打破部门行业和地区封锁，加快建立开放、统一、竞争、有序的市场体系，积极利用国内外“两种资源、两个市场”，加快形成全方位、多层次、宽领域的对外开放格局。

六是实施科教兴县战略，优先发展教育，加大人才资源和科技资源开发力度，以创新的科技解决经济发展中的突出问题。我县“十五”期末，人均地区生产总值要进入那曲地区前列，我县落后的生产力水平，只有用先进的科学技术来提升；不发达的传统产业，要以较高的起点直接发展现代化产业，在创新中发挥后发优势，在追赶中实现新的跨越。

七是积极参加西部大开发，促进我县各经济区的协调发展。

实施西部大开发战略，加快中西部地区发展，是我国迈向现代化建设第三步战略目标的重要部署，我县要立足于主要依靠自己的力量，发扬艰苦奋斗精神，加快改革开放步伐，营造良好的投资环境，更多更好地吸引外来资金、技术和人才。同时，加强规划，合理配置，调整和优化产业结构，加强农牧业，加快资源优势向经济优势转化，培育具有我县特色的地区经济。

“十五”期间，我县规划的两个经济区要尽快建成并能发挥作用：一是东部经济区，包括忠义乡、阿扎乡、嘉黎乡、桑前乡、鸽群乡，重点建设中药材、农产品、林产品和旅游业的开发基地；二是西部经济区，包括夏玛、绒多、措拉、林堤、措麦、多拉、措多等乡，重点建设矿产品、畜产品基地。同时，积极发展乡镇企业，培育造就两三个重点企业，政府要努力转变思路，真正促进我县东西部的协调发展。

第三章　解放思想　抓住机遇　深化改革　扩大开放

深化改革、扩大开放是实现现代化的必由之路，是加快经济和社会发展的根本动力。全县各个方面的工作都必须解放思想，更新观念，真正以“三个有利于”为标准，以江泽民同志“三个代表”重要思想为出发点，全面推进各项改革，初步建立起与社会主义市场经济相适应的管理制度和运行机制。

继续深化农牧区改革，切实调动农牧民积极性：一是要继续抓好草场承包责任制和畜牧兽医有偿服务责任制的推行工作，2005 年要完成全县的草场承包到户工作，真正解决好牲畜到户、私有私养与草场“大锅饭”的矛盾；二是要在党的领导下，政府的管理下，有步骤、有秩序地扩大基层民主，逐步实行村务公开和村民自治制度。

继续深化企业改革，建立现代企业制度，要认真做好企业转制工作，探索股份合作制等形式，健全企业内部管理，完善自我积累、自我约束、自我发展的机制，采取一切可行的措施，争取到 2005 年，全县培育出 2—3 家骨干企业。

加快政府职能转变，围绕“小政府、大服务”的目标，政府管理经济逐步从直接管理转向间接管理，强化政府的宏观决策、规划指导、政策调整、监督管理、协调服务、社会保障等职能，加大机构改革力度，认真推行国家公务员制度，坚决清退那些思想保守、无德无能的庸才，使优秀人才真正脱颖而出，同时采取切实措施转变机关工作作风，提高行政工作效率，真正建立起办事高效、运转协调、行为规范的高质量的各级行政机构。

第四章　强化农牧业基础，加快农牧业产业化、现代化进程

农牧业，尤其是牧业是我县的基础产业，是我县国民经济和社会稳定的基础，要始终把农牧业放在国民经济的首位。抓好农牧业生产始终是我县的中心工作之一，力争到“十五”末，全县农牧业总产值达到1450万元，平均年递增15%，同时，五年间力争全县各类牲畜年末存栏控制在21万头（只、匹）左右，成畜死亡率控制在5%以内，各类仔畜成活率达到88%以上，牲畜出栏率达到18%以上，畜产品综合商品率达到65%以上。

重点抓好以下两项工作：一是要大力搞好防抗灾基础设施建设，提高抵御自然灾害的能力，逐步实现畜牧业的稳步发展；二是要把推进畜牧业产业化摆上议事日程，加强流通渠道和市场开拓工作，逐步实现畜牧业向市场化过渡。

传统畜牧业向现代畜牧业过渡，要搞好靠天放牧向建设兴牧转变，由依靠经验兴牧向依靠科技兴牧转变；由粗放型的牧业经营方式向集约化的牧业经营方式转变；由自然经济畜牧业向市场经济畜牧业转变；把牧民的生产和生活由游走向定居、半定居转变；对牧业经济的领导，由计划指导向服务转变。

农业生产要继续走科技兴农之路，要重点抓好内地成熟、实用的农业生产技术的普及推广和应用工作，全面提高农业科技含量和科技贡献份额；要积极推进农业机械化，争取在五年内小中型农机具增加1倍以上，要继续改造中低产田，加强农田水利基本建设，开垦宜农荒坡，扩大农作物种植面积，力争五年内在不发生大的自然灾害的前提下，粮食产量每年递增20%，

积极引导开发和发展经济林、果木和家庭副业，减少闲散劳动力，增加经济收入。

第五章　调整优化产业结构，加快产业升级和经济整体素质提高

一是调整产业结构，力争第一、二、三产业的比重到 2005 年调整为 40∶28∶32，二是调整畜牧业内部结构，主要是调整人畜结构和草畜结构的不合理，防止现有牲畜养活不了人和现有的草养活不了牲畜问题；调整畜群结构的不合理，防止老畜多、公畜多、放生畜多的“三多”和少种畜、少母畜的“二少”问题，调整畜群品种结构的不合理，防止牦牛多、马多而羊少的问题；三是调整劳动力结构，调整从事牧业生产人多、闲散人员多的“两多”和外出打工人少、经商人少的“二少”的不合理问题。

今后五年，要从战略的高度，围绕“两个根本转变”，以市场为导向，以改革为动力，依靠科技进步，花大力气调整优化产业结构，提高全县的经济运行质量和整体素质。

要壮大发展第二产业，制定切实有效的措施，鼓励乡镇企业和私营企业的发展，高度重视畜产品、中药材的流通和加工业，大力支持发展内联基地和农牧户，外联国内外市场，具有较强带动作用的农牧业龙头企业、龙头公司和牧副产品集散市场，积极推进贸工牧一体化、产供销一条龙的产业化经营，促进牧业增值增效，立足本地资源优势，重点扶持县木器厂、县藏药厂等一批资源加工型龙头企业的发展。加大和规范矿产的探测和开发。

大力发展第三产业，要以优化流通结构，完善市场功能，发展旅游产业为重点，放手发展第三产业，在市场体系的培育中，必须根据实际，减少政府行为，按照畜产品、中药材、矿产品等流通的需要构造大中小结合、多种经济形式和经营方式并存的市场网络，推动畜产品、中药材产品和矿产品的流通。同时要积极发挥非公有制经济及个体工商户在流通中的积极作用，不断推进市场流通的多样化、现代化。

要大力发展以旅游开发为主导的新兴产业，把启动和发展旅游业作为带

动和促进我县经济全面发展的新增长点来抓。要加大编制全县旅游业发展总体规划的力度，加快江南玉湖旅游景点的开发建设，积极筹划和开通忠义乡至措高湖旅游线路。

第六章 加快基础设施建设，进一步缓解“瓶颈”制约

交通方面：要在现有公路主干线网络的基础上，以乡村公路、桥梁建设为突破口，提高临近县和地区公路等级为主要目标，实现县至主要旅游开发区和主要乡镇通三级砂石路、部分通黑色路面的目标。五年间争取打通南面的嘉黎县至墨竹工卡县公路；西面的嘉黎县至林周县公路；东面的嘉黎县至边坝县公路；东南面的嘉黎县至波密县公路；西南面的嘉黎县至工布江达县公路；北面的章若乡至比如县公路。同时采取一切可行的措施，力争到“十五”末，实现乡乡通车、50%的村通车的目标。

通讯方面：主要做好县城电信网络扩容工程，实现县城通讯程控化，并尽快开通县城光缆，形成电信周边覆盖体系，要在重点乡镇和公路沿线乡村实施农话工程。同时，“十五”期间要完成县电信枢纽大楼工程项目。

能源方面：要维护和管理好县水电站和忠义乡水电站；兴建阿龙扣1000千瓦电站，并争取与县水电站及忠义乡水电站联网；2001年完成嘉黎乡水电站建设，覆盖鸽群、桑前两乡，并争取与比如县电站联网；兴建绒多乡水电站，覆盖措多、措麦两乡，并争取与藏中电站联网；章若、措拉两乡努力建成风力电站，夏玛、林堤、多拉、藏比努力建成光伏电站，届时努力达到“乡乡通电”、50%行政村通电的目标。

水利方面：把水资源的合理开发和有效利用放在突出的位置，加强规划和管理，以农田草场水利设施为重点，大力兴建骨干水利工程，搞好水利的设施配套建设和经营管理，提高水利工程运营效率和效益。加快忠义乡巴龙农田水利灌溉工程实施，力争实现忠义乡农田灌溉面积占60%的目标，完成投资750多万元的农牧区人畜饮水项目，基本解决农牧区的人畜饮水困难问题。

农牧业方面：继续加大农牧业基础设施建设力度，以草原建设、畜种改

良、农田改造、水利建设、防抗灾设施等为重点，努力改善农牧民的生产、生活条件。

第七章　加快城镇发展步伐，提高城镇化水平

加快城镇发展步伐，有利于改善投资环境，优化城乡经济结构，缩小城乡差距。

要把城镇的建设与发展同区域布局、结构调整、乡镇企业发展、市场建设和社会化服务结合起来，集聚人流、物流、资金流、信息流。

要采取措施，改革小城镇户籍管理制度，为农牧民到小城镇从事二、三产业创造条件，按照嘉黎县城总体规划（1989 年—2020 年），在 2005 年前完成县城“两纵一横”及环城公路建设，要进一步优化完善县城总体规划，合理布局，增强县城的集聚功能。

在近几年内要基本形成以县城（阿扎）为中心，夏玛、忠义为两翼，各乡为基础的城乡新格局，到 2005 年，县城建设面积将达到 1.5 平方千米，人口将达到 5000 人。

要加强县城的基础建设和服务设施建设，鼓励企业单位和个人以独资、合资等形式兴建供水、排水、道路、桥梁等基础设施和旅游、游乐等公共设施，积极发展民用液化气和绿化事业，提高城镇综合服务功能。

第八章　优化发展科技教育事业，加快科教社会一体化进程

坚持科教兴县战略，优化发展科技教育事业，把经济社会发展真正转移到依靠科技进步和提高劳动者素质的轨道上来，提高经济和社会发展水平。

探索实施科技牵引工程，建立和完善多层次、多渠道、多元化的科技投入体系，促进科技与经济的紧密结合，不断提高科技对经济增长的贡献份额，积极探索与有关大专院校、科研单位的协作、联合，大力引进各类科研

成果，加快科研成果向现实生产力转化。2005年前，要以科技为先导，搞好开发“娘亚牛”和忠义乡“袖珍”藏猪及藏鸡等特色经济，并做好推广工作。

加快实施素质教育工程，要高标准、高质量地完成普六教育，同时要基本普及幼儿教育和初中教育。要在高标准完成应试教育的同时，加快素质教育进程，提高国民综合素质，要进一步优化教育结构，加快发展中等职业技术教育，要逐年加大教育基础设施建设，增加教育投入，不断改善办学条件。“十五”期间，要兴建鸽群、措拉两乡小学，维修和扩建县中学、县幼儿园、忠义乡小学、夏玛乡小学，到“十五”末，达到在校生3000人、适龄儿童入学率85%的目标。要加强学校管理，提高教师队伍素质，要在全社会形成尊师重教的良好社会风气，支持学校开展工作。

加快实施人才工程，要采取得力措施，培养和造就一大批实用型、复合型和高层次的专业人才；要进一步完善人才引进、选拔、使用、激励和管理机制，大力引进人才、用好人才，要进一步发扬尊重知识、尊重人才的良好风尚，不断改善教师、科研人员的工作条件，努力创造人尽其才、才尽其用的良好社会环境。

第九章 加强生态环境的保护和建设，加强可持续发展能力

加强生态环境保护与建设，坚持经济建设、城乡建设、生态建设同步规划、同步实施、共同发展，实现经济、社会、生态效益相统一，坚持统一规划、合理开发、开发与保护并重的原则，提高资源利用率，建立资源永续利用、良性循环的新机制。

依法保护和开发水、土地、矿产、森林、草原等国土资源；加大资源勘查力度，建立健全资源有偿使用机制。

要加大退耕还林还草力度，基本遏制人为采沙、无计划砍伐林木、草场退化等造成的生态环境恶化的趋势。重点搞好县城防洪、排污工程和县城绿化工程，以及忠义、阿扎、绒多三乡野生动物自然保护区建设。

加大对我县境内拉萨河流域的治理与开发，加快对易贡藏布江流域生态防护林建设，提高防洪标准，基本缓解水旱灾害，加强环境保护教育，提高全民环保意识，同时控制人口过快增长，做到人口与环境相协调，以此达到生态环境的保护与持续发展。

第十章　大力发展各项社会事业，促进社会全面进步

经济发展的最终目的是为了提高人民群众的生活水平和质量，要努力营造“以人为本”的社会氛围，全面实现社会事业的进步，达到与经济的协调发展。

社会主义现代化不仅要有繁荣的经济，而且也要有繁荣的文化，要按照区党委的部署，坚定不移地贯彻“两手抓、两手都要硬”的方针，以提高全民的思想道德素质和科学文化素质为出发点，抓好我县的精神文明建设，为我县的经济发展和社会全面进步提供强大的精神动力和智力支持。

加强社会主义思想道德建设，坚持不懈地用邓小平理论和江泽民同志“三个代表”重要思想教育党员、武装群众；坚持不懈地进行党的基础理论、基本路线和中央确定的新时期西藏工作指导方针教育，巩固和加强马克思主义的指导地位；深入持久地开展马克思主义祖国观、民族观、宗教观、文化观的“四观”教育，用正确的舆论教育引导和激励干部群众，在全社会形成崇尚文明、奋发向上的良好风气。

坚持以科学精神和扬弃的态度，搞好我县的文化发展和建设。坚持“两为”方向和“双百”方针，繁荣社会主义文化，弘扬民族优秀文化，积极吸收其他民族的先进文化，提高全县干部群众的整体素质，营造良好的社会文化环境，加强文化设施建设，大力实施“村村通”广播电视工程建设，力争到“十五”末，建成县文化馆，组建县乌兰牧骑文艺队，力争到“十五”末，达到乡乡有文化站、电影院，村村有文化室的目标。切实加强文化市场管理，严厉打击“黄赌毒”等社会丑恶现象，提高群众精神文化生活的品位和质量。

大力发展医疗卫生事业，以提高人民健康水平为目标，以突出预防和卫

生机构保健调整为重点，大力发展藏医药事业。调整卫生机构，优化资源配置，将县人民医院、县防疫站、县计生办合并成立嘉黎县卫生服务中心，使其成为一个集医疗、预防、妇幼保健、计划生育于一体的多功能县卫生服务中心；全面推行医疗合作制度，力争在“十五”期间推行合作医疗的乡达到100%；同时，修建有9个合作医疗点的中心医院，将初级卫生保健和妇幼保健卫生工作的重点转移到预防保健上来，逐年增加对预防保健工作的投入，确保预防保健事业的发展；大力发展农牧区妇幼卫生事业，巩固妇幼卫生合作项目成果，提高农牧区妇女、儿童的健康水平；发展藏医药事业，要有计划有重点地加强藏医药工作建设，对现有的藏药加工厂进行设备和技术改造，以提高药的质量和疗效，要注重研制新药、特药，突出专科特色，充分利用好科技开发我县丰富的中草药资源，采用各种方法提高资源利用和经济效益，为在我县建立一个藏药材培植基地制造条件；注重藏医人才的培养，将现在的民间藏医培训班逐步办成具有一定规模和教育水平的中等职业技术学校。

坚持计划生育基本国策，提高人口素质，要本着计划生育工作为农牧区经济建设服务的原则，切实将计划生育工作重点转移到农牧区，以农牧区和流动人口的计划生育工作为重点，为广大育龄妇女提供优质、方便的服务，五年间全县的人口自然增长率控制在15‰以内；采用各种形式，大力开展人口与计划生育基础知识的公益性宣传，引导广大群众树立晚婚晚育、少生优生、生男生女都一样等科学、文明、进步的婚育观，在全社会形成计划生育的良好氛围。

建立健全社会保障体系，大力推进养老、医疗、失业、生育保险制度及社会救济、社会福利、优抚安置和社会主义互助等多层次的社会保障制度建设，初步建立适应社会主义初级阶段的保障水平与承受能力，覆盖城乡各类企业职工、个体劳动者以及城乡困难群体，资金来源多渠道，保障形式多层次，管理服务社会化的社会保障体系。

第十一章　加强民主法制建设，加快依法治县进程

社会主义市场经济也是法制经济，坚持依法治县方针，坚持依法行政，提高全社会依法治理水平。

推进民主法制建设，要坚持民主集中制原则，建立民主科学的决策程序，推进政府工作法制化，从严治政、依法行政、公正司法，健全依法行使权力的制约机制，加强对权力运行的监督，把勤政廉政建设纳入法制轨道；逐步扩大公民有序的政治参与，完善村民自治，为进一步扩大基层民主，实行政务、村务、财务公开，加大执法力度，为我县参与西部大开发和维护社会稳定创造良好的法制环境，继续深入开展法制宣传教育，坚持法制教育与法制实践相结合，增强全体公民的法制意识和法制观念。普及国防教育，增强全民国防意识，进一步密切军警民关系。

要认真落实县八届人大一次会议上通过的《嘉黎县依法治县规划》，使我县逐步走入法治之路，同时加强思想道德素质建设，把依法治县和依德治县结合起来。

第十二章　深入开展反分裂斗争，维护社会政治局势稳定

嘉黎县地处偏僻边远，是西藏5个国定贫困县之一，是反分裂斗争的前沿阵地，各级领导干部要把反分裂、维护稳定作为嘉黎县压倒一切的政治任务来抓，要认真贯彻落实党中央、区党委关于对达赖集团的方针政策，坚持主动治理，深入开展反分裂斗争，要依靠组织和发动群众，深入揭批达赖，揭穿达赖政治上的反动性和宗教上的虚伪性，认清达赖集团分裂祖国的罪恶阴谋和反动本质，增强维护民族团结和祖国统一的自觉性，坚决同分裂主义势力作斗争，彻底粉碎达赖集团妄图通过寺庙进行祸藏乱教的图谋，果断处置骚乱事件，严厉打击各种分裂破坏活动，牢牢把握反分裂斗争的主动权。

做好新形势下的民族、统战、宗教工作，进而加强民族团结，坚持“三个离不开”思想，充分发挥工商经济界、科技教育界、民族宗教界等爱

国人士的作用，调动一切积极因素，团结一切可以团结的力量，共同致力于我县的现代化建设，全面贯彻党的宗教政策，依法管理宗教事务，继续巩固和扩大寺庙爱国主义教育成果，促进寺庙管理的法制化、规范化，强化“主战场”意识，坚持破立结合，治乱治愚，着力治理达赖集团祸藏乱教和在人民群众思想上造成的混乱，大力开展马克思主义祖国观、民族观、宗教观、文化观和唯物论、无神论教育，发挥宗教的积极作用，逐步淡化宗教的消极影响。

加强社会治安综合治理，依法严厉打击各种刑事和扰乱社会治安的犯罪活动，正确区分和处理人民内部矛盾，积极预防和妥善处置群体性事件，严防分裂势力对我内部人员进行策反和利用人民内部矛盾制造事端，对各种非法宗教活动和邪教组织要坚决制止、依法取缔。

加强政法队伍建设，依法从严治警，着力提高干警的政治素质和业务素质，改善政法部门的基础设施和装备条件，实施从优待警措施，充分发挥政法部门在社会治安综合治理工作中的骨干作用，增强政法队伍反分裂斗争和维护稳定工作的战斗力。

加强基层政权的基础设施建设，切实改善基层干部的工作和生活条件，搞好基层干部队伍建设，积极支持基层组织有效开展工作，使基层组织成为加快经济发展、促进社会进步、稳定局势的牢固基础。

“十五”是我县各族人民满怀信心跨入新世纪的第一个五年，是我县全面实施西部大开发战略的第一个五年，也是我县进入现代化建设新阶段的第一个五年，让我们高举邓小平理论伟大旗帜，按照江泽民同志“三个代表”重要思想要求，以党的十五大、十五届五中全会、区党委五届六次全委（扩大）会议精神为指导，在县委、县政府的正确领导下，通过思路创新、体制创新，抓好机遇，加强团结，为全面完成“十五”宏伟目标而努力奋斗。

六、嘉黎县投资指南

（2001 年 1 月）

1994 年中央第三次西藏工作座谈会以来，嘉黎县与有关省市县及企业、团体进行了一些有效的合作与交流。嘉黎县根据中央和自治区、地区给予的优惠政策，热忱欢迎各兄弟省市县及企业事业单位、社会各界来县交流和洽谈合作项目，为各民族共同繁荣而出力。

一、投资领域

1. 畜牧业

（1）草场改良、畜种改良，草原生态生物工程、牲畜防疫和科研。

（2）畜产品加工，包括毛绒综合加工、肉类综合加工、奶类综合加工，以及骨类、角类等开发利用。

（3）畜产品委托代理销售、技术咨询服务。

2. 农林业

（1）林产品综合加工。

（2）中药材开发加工，包括粗加工、精细加工，以及冬虫夏草、贝母、雪莲花、麝香等名贵中药材等包装、销售等。

（3）中低产田改造，高效立体农业的科技咨询开发。

（4）果园建设和菜篮子工程建设。

3. 工矿业

（1）利用高新技术开发畜产品、林业产品和中药材产品，制革、毛绒精加工和制衣、制毯、造纸印刷等。

（2）勘探和开发矿产、铅锌矿、银矿、铜矿，石材开发有大理石、花岗岩、建筑石材，包括粗选、精选、提炼等。

4. 交通业

（1）公路建设及道路维修、桥梁建设。

（2）运输合作和经营，开设汽车修理服务业货站、加油站、汽修零件专营或联营。

5. 建筑业

（1）民用建筑的设计、施工。

（2）建筑产业的开发和利用，包括组建建筑企业、建材的销售等。

6. 能源

水能、风能、太阳能、火能的开发。

7. 服务业及其他

（1）教育、卫生、文化等基础设施建设。

（2）服装、饮食、旅游、信息咨询、旅馆业、商贸等服务行业的开发利用。

二、投资方式

1. 兴办各类独资、合资、合作经营企业或科技、教育、文化、卫生等社会福利事业。

2. 对现有企业实行联营、承包、租赁、兼并及参股、投股或组建企业集团。

3. 委托代理业务、科技咨询、技术转让、技术承包。

4. 其他国际、国内通行的经营方式。

三、生产经营条件

客商凡在嘉黎县投资企业、创办实业，享有充分的经营权。

1. 享有依照国家有关法律、自主决定用工、报酬、生产经营方式的权利。

2. 可按同等条件取得地区内各银行贷款。

3. 可在西藏投保各项保险，享受西藏优惠保险费等。

4. 可优先保证燃料、动力的供应，价格与区内企业一视同仁。

5. 可按照国家有关规定确定固定资产折旧方法，在规定的折旧年限内自行确定各类固定资产的折旧年限，并可对机械设备采用加速折旧法计提折旧。

6. 产品在区内销售的，不需办理准运手续；产品出口的，除国家特别规定的外，均享受西藏区内企业有关外贸的优惠政策。

四、优惠政策

（一）税收优惠政策

客商在本县兴办的生产性、开发性独资、合资企业，其生产经营所得从获利年度起，均按10%的税率征取企业所得税。

1. 对开发性企业，经营期在10年以上的，从获利年度起，3年内免征企业所得税，之后2年减半征收企业所得税。

2. 从事能源、交通运输、农牧业生产经营期在10年以上的，从获利年度起，第一年至第五年免征企业所得税，第六年至第八年减半征收企业所得税。

3. 从事农畜土特产品加工、民族手工业、旅游商品生产的企业，经营在10年以上的，从获利年度起，4年内免征企业所得税，第五年至第六年减半征收企业所得税。

4. 客商从本县内企业获得的利润，在本县内投资办企业或扩大再生产，经营期限在5年以上的，退还其投资部分数额的已缴所得税。

5. 对产品出口部分占企业当年销售收入50%以上的，减半征收企业当年所得税。

6. 客商利用企业现有场地办企业，或经批准使用国有土地办企业，在批准的建设期内，免交土地使用税和耕地占用税。

7. 对采取 BOT 方式进行大中型农牧业、交通、能源等项目建设的，从获利年度起，第一至第六年免征所得税，第七年至第十年减半征收所得税。

8. 对在本县乡以及乡以下投资兴办为农牧业生产和农牧民生活服务的企业，符合条件的，可享受乡镇企业的免征所得税和返还部分增税的优惠。

（二）土地使用优惠政策

1. 客商投资农牧林用途的国有荒山、荒坡、荒滩开发，可以通过国家无偿划拨获得土地使用权，并按契约履行开发建设，未经批准不得改变土地用途；在使用期内完成投资总额的 20% 以上投资后，可享受土地使用权出租或抵押权力；使用期满后，土地使用及地上建筑物、附着物所有权由当地政府无偿所得。若继续转让，投资人有优先续租或获得转让的权力。

2. 客商投资工业、交通、商业、服务业或全部、部分购买、租赁国有企业，只到土地管理部门办理土地使用权出让手续，不交纳土地使用权出让金，只交管理费。使用期内完成契约投资总额 20% 以上投资后，可享有土地使用权和抵押转让权。使用期满后继续转让的，投资人有优先续租或获得转让的权力。

3. 客商在城镇进行国有土地开发，只付动迁费和基础设施配套费，土地划拨免收出让金；在集体土地上开发，按县内单位标准支付少量的征地费。

4. 土地使用权出让最高年限。商业、旅游、娱乐和农牧林用途的荒地、荒坡、荒滩开发用地为 50 年；居住、工业等用地为 70 年。客商在取得土地使用权后，应按出让合同规定进行开发和经营，使用期内可以转让、出租、抵押。

5. 合资、合作或其他联营方式的本县方，可以拥有使用权的土地作投资入股。

（三）县外投资优惠政策

1. 客商投资企业在本县注册后，因生产和业务发展需要，独资或与县内企业联合在县外开办企业或分支机构的，可按规定回县交纳所得税，并按西藏优惠税率计税，纳税前两年所征税款按 70% 返还。

2. 客商投资企业在内地设立的企业或分支机构，回藏销售产品的，退还应征所得税的50%；在西藏纳税后的收入用于在西藏投资的，退还全部所得税。

（四）招商引资奖励政策

凡引荐来嘉黎县投资的中介组织或个人，均由嘉黎县受资方偿付引资实际数额1%—3%的中介劳务费；为嘉黎县企事业单位引进技术、管理人才等中介服务的，由嘉黎县受益方从该项目实施第一年的增加利润中，一次性提取3%—5%偿付中介劳务费。按西藏区内规定扣除免税项目后征取个人所得税。

（五）企业申办程序

1. 客商可根据项目规模通过嘉黎县计委，向县畜牧局、乡镇企业局、工商局及上一级有关部门进行咨询，以确定是否在嘉黎县投资项目。

2. 客商投资申请立项应提交以下文件：

（1）申请书；

（2）项目建设书；

（3）可行性报告；

（4）合资、合营的协议、合同；

（5）各方营业执照、银行资信证明、法人代表身份证；

（6）合资、合营各方委派的董事长、副董事长、董事人选名单；

（7）其他有关文件。

3. 投资在100万元以下的，由嘉黎县计委审批；投资在100万—1000万元以内的，由那曲地区计经委审批；投资在1000万元以上的项目和涉及国家安全、人民健康、生态环境保护、资源垄断的项目，由县计委上报，经自治区计委审批。

4. 企业登记须提交下列文件：

（1）组建负责人签署的登记申请书；

（2）章程、合同及审批机关（主管部门）批准文件、证书；

（3）可行性报告及批准文件；

（4）资信证明、验资证明或资金担保证明；

（5）董事会名单以及董事会成员、总经理、副总经理委派（任职）或其他法定代表人的任职文件或身份证明；

（6）住所和经营场所使用证明；

（7）其他有关文件、证明。

5. 客商投资企业申请设立分支机构或代办机构，应提交下列文件、证件：

（1）企业董事长签署的申请登记书；

（2）原审批机关批准的文件和原登记主管机关的通知函；

（3）企业董事会的决议；

（4）企业的执照副本；

（5）负责人的任职文件；

（6）其他有关文件、证件。

6. 登记

（1）刻章：凭批准证书向企业所在地公安机关申办；

（2）银行开户：向企业所在地银行申请开户；

（3）税务登记：向企业所在地税务机关申办；

（4）资信登记：向企业所在地银行、会计师事务所、国有资产管理局申办。

七、嘉黎县国民经济和社会发展“十一五”规划纲要

（2005 年 2 月 1 日）

“十一五”规划是党的十六大提出的全面建设小康社会目标后的第一个五年规划，也是贯彻落实党中央提出的坚持“以人为本，全面、协调、可持续的发展观，促进经济社会和人的全面发展”的第一个五年规划。牢固树立和全面落实科学发展观，构建和谐社会，对客观实际地制订我县国民经济和社会发展第十一个五年规划，实现我县全面建设小康社会和跨越式发展的宏伟目标，具有重大而深远的意义。

第一章　发展背景

“十五”回顾

“十五”期间，我县在地委、行署的正确领导下，高举邓小平理论伟大旗帜，全面贯彻党的十六大精神和中央第四次西藏工作座谈会及自治区第六次党代会精神，坚持新时期西藏工作的指导方针，正确处理改革、发展、稳定的关系，抢抓机遇，深化改革，开拓进取，团结奋斗，经济建设和社会各项事业取得了令人瞩目的成就，基本实现了“十五”期间确定的各个目标，为我县跨越式发展打下了坚实的基础。

县域经济取得新发展。2004 年全县实现生产总值 9467.75 万元，比

2003 年增加 1662.46 万元，增长 21.3%，其中：一产 4401.15 万元，二产 1404.6 万元，三产 3662 万元，三产比例为 46.5∶14.8∶38.7。农村经济总收入 7398.3 万元，比 2003 年增长 35.75%。地方财政收入 210 万元，农牧民人均纯收入 2257.55 元，农牧业生产取得好成绩，其中粮食总产量为 914.97 吨，牲畜存栏 234073 头（只、匹），实现了控制牲畜总量、减少草场压力的目标，人均占有牲畜 10 只。工商贸易发展有序，全县现有商业网点 70 个、城乡个体工商户 36 个、农村个体工商户 32 个，拥有工商企业 2 家，社会消费品零售总额 3391 万元。保持了经济社会持续、健康发展的势头。

基础设施建设登上新台阶。五年来，经济发展的硬环境得到很大改善。固定资产累计投资规模达到 14942.31 万元，新建了农牧业生产、县乡道路、科教文卫、能源通讯、广播电视、农村吃水等一大批基础设施。第三批援藏资金及物资达 1150 万元，为我县基础设施起到了重要作用，这批基础建设的完成，大大改善了我县农牧民的生产、生活条件，促进了城镇建设的发展。

扶贫攻坚工作取得新成果。县委、县政府始终把解决农牧民群众温饱问题作为县委、县政府的中心工作来抓，认真贯彻落实中央扶贫工作会议精神，及时调整扶贫工作思路，结合本县实际，因地制宜，调整充实扶贫领导力量。扎根基层、深入牧区、联系牧民、大兴调查研究之风，走开发式扶贫道路，狠抓项目的申报和落实工作。在此基础上出台了农牧民增收的五条措施，加强了扶贫力度，减轻了农牧民负担。一如既往地积极开展挂乡包村联户、扶贫信贷、扶贫开发等工作，结合我县实际进行认真的思考和研究，开拓思维，集思广益，以产业结构调整、市场流通和劳动力资源开发等领域为突破口，农牧业生产条件和农牧民生活水平都有了较大的改善和提高。部分乡镇建立了小康示范村，开始迈入富裕生活之路。农牧民的生活水平和生活质量有了很大的提高，农牧民的整体精神面貌有了明显的改观，经济建设的环境有很大的改善。

社会局势得到新稳定。我县处于反分裂斗争的前沿，社会治安和社会局势严峻复杂。五年来，县委、县政府始终坚持党的民族宗教方针政策，坚持祖国统一、民族团结，旗帜鲜明地开展反分裂斗争。组织干部群众学习上级指示精神，积极有效地开展工作，使我县反分裂斗争步步深入，取得了一系列成果，有力地维护了祖国统一，民族的团结和社会的稳定。通过制定实施一系列社会治安综合治理的规章制度，建立健全各级综治组织，建立治安目标责任制，形成了主要领导亲自抓，主管领导具体抓，一级抓一级，层层有人管，级级有人抓的齐抓共管局面。按照上级部署，多层次开展严打斗争，使近几年来的社会治安综合治理工作保持较为良好的状态。认真抓好普法工作，对我县法制宣传教育工作起到了积极的推动作用。与此同时，还开展了寺庙爱国主义教育和清理整顿工作，在僧尼定编、民管会人员调整等方面进行了规范，效果良好。

精神文明建设迈上新台阶。五年来，县委、县政府坚持“两个文明一起抓，两手都要硬”的方针，在以经济建设为中心这个大前提下，狠抓精神文明建设，按照江泽民同志“三个代表”重要思想要求，紧紧围绕自治区“一加强、两促进”的总任务和县委“1234”工作思路，以解放思想，更新观念，打破农牧民“等、靠、要”思想为宣传主线，组织人员，深入农牧区进行有力宣传。正确把握舆论导向，把农牧民群众思想引导到破除陈规陋习，把时间和精力放到致富奔小康上来。民主法制建设不断加强，县人大履行法律监督和工作监督职能进程加快。爱国统一战线进一步巩固壮大，民主政治建设进程加快。工青妇、统战、民宗工作取得了新成绩，坚持依法治县，加强社会治安综合治理，卓有成效地开展了专项整治和专项斗争，化解了社会矛盾，维护了社会稳定，军警民共建工作和民兵预备役建设取得一定成绩。

党建工作得到新加强。围绕新时期党的建设目标，卓有成效地开展工作，切实加强了党的建设。一是狠抓思想政治建设，实行了县领导干部每年给党员上党课制度，使党员的理想信念更加坚定，精神状态更加振奋，群众观念更加牢固；二是抓机关作风建设，通过在全县领导班子和党员干部中开展各类主题教育活动，使广大机关干部，尤其是党员领导干部为民谋利益的思想意识有了明显增强，机关工作作风得到明显改善；三是抓干部队伍建设。提拔任用一批年轻干部到基层工作，抽调一批干部到上级党校或大专院校学习深造，选送一批干部到对口省市考察学习等，干部队伍建设得到明显加强。

在总结回顾“十五”期间我县经济和社会发展成就的同时，我们必须看到还存在许多不足之处，主要有：一是解放思想、更新观念不够、开放意识、创新意识、机遇意识不强烈，开放搞活步伐缓慢，农牧区市场发育程度低，在内行外联上缺乏系统有效的机制；二是农牧业基础薄弱，自然灾害频繁，抵御灾害能力较低，农牧业发展后劲不强；三是经济结构不合理，过于单一化，市场体系不健全，商品经济不发达；四是基础设施建设还严重滞后，特别是交通、能源、通信建设仍然不能适应经济持续、快速、健康发展的需要；五是科技教育落后，劳动者素质差；六是虽然解决了低层次的温饱问题，但解决贫困问题的任务依然十分繁重。这些问题都有待于我们在今后的工作中加以克服和改进。

第二章　“十一五”奋斗目标和战略重点

1. 指导思想

高举邓小平理论伟大旗帜，以“三个代表”重要思想为指导，深入贯彻党的十六大、十六届三中与四中全会和区党委全委（扩大）会议精神，全面落实科学发展观，构建和谐社会。坚持新时期西藏工作指导方针，抓住中央第四次西藏工作座谈会以及当前社会局势相对稳定的有利时机，把加快发展作为主题，把壮大特色经济、调整经济结构作为主线，把改革开放和科技进步作为动力，把提高人民生活水平作为根本出发点，通过思路创新、体制创新、科技创新，牢固树立改革意识、发展意识、开放意识，在大开放、大开发中实现嘉黎县经济社会的跨越式发展。

2. 发展思路

按照党的十六大作出的全面建设小康社会的奋斗目标和自治区的总体安排，未来五年嘉黎县经济社会发展的总体思路是：按照自治区“一加强、两促进”总任务、那曲“2255”总体发展思路，结合嘉黎实际，紧紧围绕县委、县政府确定的“1234”发展战略，按照县域经济布局突出重点、体现特色，以“三农”工作为重点，切实增加农牧民收入；以市场为导向，以资源为依托，以保护建设嘉黎县高原生态环境为切入点，调整优化经济结构，加强基础设施和城镇建设，发展高效产业化的高原特色农牧业，全面推进农牧区小康建设；发展和壮大以畜产品和矿业、藏药加工为重点的工业体系，拓展服务领域，加快发展服务业，培育市场体系，加快市场建设，推动经济体制和经济增长方式的根本性转变；快速提高我县社会生产力的发展水平，使全县人民的生活水平得到全面提高，社会事业得到全面协调发展。

3. 奋斗目标

全县地区生产总值年均保持15%以上的增长速度，到2010年地区生产总值达到22811万元，实现在2005年的基础上翻一番，三个产业比例调整为32∶28∶40，其中：一产6406.7万元，二产5605.9万元，三产8008.4万元。

农牧业总产值达到18448.02万元，平均年递增18%，同时五年间力争全县各类牲畜年末存栏控制在307806头（只、匹）左右，适龄母畜率60%以上，牲畜出栏率达到25%以上，畜产品综合商品率达到75%以上。

2010年农牧民人均纯收入达到4500元，平均年增长12.4%。基本消除绝对贫困，绝大部分农牧民达到小康，部分群众实现富裕生活的目标；地方财政收入达到550万元，平均年增长18%以上；“十一五”期间全社会固定资产投资总规模达到 22.8亿元。

教育规模进一步扩大，办学条件、质量和素质教育水平明显提高，巩固“普六”成果，基本实现“普九”。适用技术得到广泛应用，科技对经济的贡献率明显提高，加大对教育的投入，力争每年教育支出占财政支出的比例符合国家规定。

医疗卫生的基础设施条件进一步得到改善，强化免疫，有效防治常见传染病，使农牧民的健康有基本保障，人口增长得到控制，人口素质明显提高，人口自然增长率控制在10‰以内，医疗覆盖率达到100%。

加快城镇建设步伐，县城和乡镇城市功能进一步完善。力争 2010 年将城市化水平提高到 13% 左右；加强环境保护，重点保护水、森林、草原、土地、矿山等资源；其他各项社会事业得到协调发展，社会主义精神文明、民主法制建设得到加强。

4. 战略重点

围绕指导思想、发展思路、奋斗目标，制定出“十一五”期间的战略重点如下：

一是巩固和加强农牧业基础地位，发展高原特色农牧业，提高农牧民收入，始终把农牧业放在国民经济的首位。以加强农牧业和农牧区基础设施建设为支撑，以农牧业和农牧区经济结构和战略性调整为重点，改革农牧业生产力方式。五年内以增加牧业收入为目标，大力发展高原特色农牧业和集体企业，加大扶贫搬迁开发力度，合理规划，适度集中定居。建立和完善灾害防御体系，做好防抗灾工作，防止因灾致贫或因灾返贫，加快奔小康进程。

二是抓好交通、能源、通信、城乡公共设施建设，改善发展环境。嘉黎县地广人稀，基础设施极其落后，强化基础设施建设是优化投资环境、改善生存环境的重要举措，基础设施建设要以公路交通、能源建设、邮电通讯、城镇建设等为重点，大力改善服务质量等软件设施。

三是要强化特色产业的培育和发展。随着全区经济的发展，尤其区内兄弟县市的快速发展，作为经济发展滞后的县，嘉黎要找准具有竞争优势的特色产业，才能在市场经济中占有一席之地。从嘉黎县独特的自然资源条件出发，要将畜产品加工、高原特色食品、旅游、矿业、藏医药业、民族手工艺术品作为特色产业加以培育和发展。

大力扶持采矿业。我县矿产资源丰富，初步探明的有绒多锰雅钠铅锌银铜矿、阿扎镇帕多山脉铅锌银矿、夏玛乡铜矿、措拉乡铬铁矿、忠义乡银矿、嘉黎（鸽群）金矿等，目前尚处于勘测待开发阶段。“十一五”期间，根据嘉黎县现已勘探查明的金属矿藏资源状况，在国家矿产法、税法允许的范围内，制定更加优惠的内引外联政策，改善矿业投资软环境，吸引投资者采取不同方式积极投资嘉黎县的矿业开发。同时，建立健全矿业管理体系，制定全县矿业发展长远规划。并积极创造条件争取区内外的实业团体和个人对绒多锰雅钠铅锌银铜矿、阿扎镇帕多山脉铅锌银矿、夏玛乡铜矿、措拉乡铬铁矿等已探明的矿产资源进行独资或股份制等不同方式的合作开发。加大矿业管理、监督力度，整顿矿业开采秩序，严格审批手续。重视生态环境保护，把矿区复垦、恢复植被等措施落到实处。同时，以市场需求为导向，有重点地进行矿产资源勘探，为加快矿业开发提供第一手资料。

全面开发旅游业。我县具有得天独厚的资源和地理条件。经专家初步探定的景区有藏北草原风光、茶马古道、易贡藏布大峡谷（原始森林）等极具代表的风景线，集藏北、藏南旅游特色与民俗民风于一体，给发展旅游业创造了良好的空间。未来几年，县委、县政府将围绕完善《嘉黎县旅游规划（2006—2010)》，把旅游业列为我县的支柱产业培育发展。近期，一是将在积极申请上级资金扶持开发的同时，抓好旅游基础设施建设，重点发展藏北草原风光、十一世班禅故居、易贡藏布大峡谷（原始森林）徒步探险等风景线；二是要进一步完善“旅游”六大要素，对现有景点进行深层次的开发。职能部门要积极通过各种渠道，取得与上级旅游主管部门的沟通，并通过各种舆论中介、旅游画册等途径，加大宣传力度。

进一步做实、做细“三藏”文章。藏猪（鸡）养殖在已建老县繁育基地、成功注册商标的基础上，解决基地草场应用问题，提高规模化经营水平，加大存栏、出栏力度，做好保种选育工作，继续坚持产、供、销“一条龙”模式。充分用好、用足“尼屋”藏猪这一品牌。要广泛动员藏香猪原产地忠义乡群众扩大藏猪养殖规模，加大原种保护力度，加大杂交猪的出栏力度。同时农牧部门要加大饲料的开发，以降低成本、扩大效益为目的，并打响品牌，抢占区内市场，打开区外市场，同时积极探索藏猪（鸡）深加工，使这一高原绿色食品得到消费者的认可和青睐，为当地经济发展创汇增收。藏医药将继续作为我县的龙头产业加以扶持。目前我县藏药生产加工已有一定的传统技术和市场需求，我们要本着立足传统、着眼创新，坚持藏医、藏药并举，生产、流通并重，走传统与现代相结合的发展之路。加强与外界联系。（1）坚持改善条件和内涵建设并重，突出藏医药特色与完善服务功能并举，进一步加强藏医药人才的培养，努力提高藏医药临床诊治水平和服务能力。(2)进一步重视和加强藏医药科研工作，力争“十一五”期间，再建一座制剂室，推进藏药厂向规模化方向发展，提高藏药研制、开发、生产的综合实力和整体水平。(3)注重藏药材的合理保护和科学利用。在建立现有珍稀藏药材基地的基础上，进一步加大人工栽植规模。(4)加紧做好我县藏药制剂生产批号的申请工作，并认真做好《药品生产质量管理规范》(GMP)和《中药材生产质量管理规范》(GAP)。以立足市场，实现品牌效益和经济效益。县牧场改为娘亚牛育肥和扩繁基地，已经自治区专家论证，相关部门要抓紧项目的立项实施，充分利用牧场的优势，发展城郊牧业，满足县城奶肉的供应，并在完善措多乡保种基地的基础上，扩大发展娘亚牛原种的范围，提高全县牦牛肉的品质；并调节县城肉乳品市场，使其成为城郊畜牧业的看点、亮点、样板工程，起到示范带头作用，确保县城鲜奶和奶制品的定点供应。与此同时，要进一步加大对农牧区基础设施和特色产业开发的投资力度，我县已被地区列为优质牛肉示范点、优质水果示范点、藏猪原种保护与扩繁基地，并将加大此方面的投资力度。

四是要突出生态环境的建设与保护，实施可持续发展战略。嘉黎县位于藏北高原的东南部，是拉萨河的发源地，境内还有乌苏绒曲、色绒藏布、哈仁曲等河流，主要湖泊有江南玉湖、措拉湖、彭措湖等，发挥着“江河流、生态源”的作用。基于此，要高度重视突出抓好生态环境建设，五年内争取将绒多乡爬地柏、嘉黎镇乌苏绒野生珍稀动物、忠义原始森林、拉萨河源头自然生态列入国家级自然保护区。“十一五”末，进一步推进本县绿化工作，同时县城主干道两旁植树5公里，完成全县公益林146367公顷。

五是以思路创新和体制创新为先导，打破封闭，深化改革，扩大开放。市场经济是需要创新、鼓励创新的经济，嘉黎县经济社会发展落后，就必须增强创新意识，必须解放思想，大胆探索，勇于实践，积极探索公有制经济的多种实现形式，调整优化所有制结构，完善、支持、鼓励非公有制经济发展的政策措施，实现非公有制济发展的大突破，打破部门、行业和地区封锁，加快建立开放、统一、竞争、有序的市场体系，加快形成全方位、多层次、宽领域的对外开放格局。

六是狠抓“三农”工作，帮助群众致富奔小康。

1. 进一步落实草场承包责任制。

自草场承包全面推行以来，大部分乡村已初见成效，但个别地方草场承包遗留问题不容忽视。未来五年我们要总结经验，进一步将草场承包到户；对勘界纠纷、收费不一等问题加以解决。在草地资本经营上做文章，积极引导群众把草场作为资本来经营，推行基本草地保护、草畜平衡、草原禁牧和轮牧、休牧制度，促使草场经营步入正规化、有序化。那行发［2004］19号文件在研究草原建设、加强保护、科学利用等方面提供了非常翔实的数据，对做好全县草场承包经营到户工作具有很强的指导作用、方向作用、参考作用。各乡镇要以此文件为依据，予以高度重视，并作为今后草场合理经营的参考依据。

2. 培育新经济增长点，做好富民增收工作。

解决农牧民增收问题事关全局，意义重大，这既是当前紧迫而繁重的任务，也是今后长期而艰巨的任务。解决农牧民增收问题应着手当前、着眼长远，近期效益与长远效益兼顾。随着农牧业的集约化经营，一大批富余劳动力面临再就业难题，如何解决这部分群众的安置问题，是我县“十一五”各项工作的重点。首先，始终把事关农牧民收入的扶贫开发、市场流通和劳动力资源开发等领域作为突破口，继续采取“减轻负担、休养生息；政府引路、流通开路；立足资源、突出特色；扶持重点、政策倾斜；着眼长远、增强后劲”的五条增收措施，引导群众走勤劳致富、科技致富之路，政府将一如既往地帮助、引导、鼓励农牧民群众致富奔小康。具体通过农牧民减负、加大农牧业投入、改善农牧业生产条件等措施，帮助群众致富。其次，利用优势，培育特色经济。通过引导富余劳动力参与养殖等，为群众脱贫致富找准门路，切实增加收入，从而增强群众致富信心。再次，抓住机遇，大力发展劳务输出。针对我县近年工程项目较多、民工需求量大的实际，政府职能部门要抓住难得的机会，通过引导群众参与青藏铁路建设、当地建筑等，加大劳务输出力度，真正让群众尝到甜头。最后，集思广益，拓宽增收渠道。以县建筑安装公司为代表，今后在有条件的乡镇再多组织几支小型建筑队，使其积极参与到经济建设大潮中，不但可以增收，而且可以得到锻炼。

第三章 解放思想 抓住机遇 深化改革 扩大开放

深化改革、扩大开放，是实现现代化的必由之路，是加快经济和社会发展的根本动力，全县各个方面的工作必须解放思想、更新观念，真正以“三个有利于”为标准，以“三个代表”重要思想为出发点，全面推进各项改革。

继续深化农牧区改革。作为以牧业为支柱的经济产业县，走传统的牧业经营方式，已不能很好地适应我县的经济跨越式发展。因此要始终坚持解放思想、实事求是的思想路线，抓住那些严重阻碍农牧区经济社会发展的重大问题，狠下决心、大胆实践，开拓创新。农牧部门要充分发挥职能作用，围绕走农牧产业化、集约化经营之路，深入牧区开展调查研究，总结成功经验，指导农牧区工作的长足快速发展。

继续深化企业改革。建立现代企业制度，要认真做好企业转制工作，探索股份合作制等形式，健全企业内部管理，完善自我积累、自我约束、自我发展的机制，采取一切可行的措施，争取到2010年，全县培育出5家骨干企业。同时做好县贸易公司的破产和资金重组工作，使困难企业彻底摆脱困境，并切实做好县建筑安装公司的培育工作，使其不断发展壮大，在我县建筑市场占有一席之地。

以对口援藏工作为出发点，大力做好招商引资宣传工作，塑造良好的投资服务形象。近些年，全区兄弟县市都在主动出击，以各种文化节、艺术节等形式大搞招商引资宣传活动，吸引外商投资。我县先后由第一批援藏干部编印了《嘉黎县投资指南》小册子，第三批援藏干部组织完成了《嘉黎画册》，加上每年一届的嘉黎县恰青赛马艺术节暨物资交流大会，从一定程度上起到了宣传嘉黎的作用，达到了一定招商引资的效果。目前，自治区招商引资局已开通了西藏招商网，运用网络随时向全世界宣传西藏投资政策，推介投资项目，发布各类招商引资信息，寻求更多、更广的投资合作伙伴。我县招商引资到目前为止，尚处于空白阶段，已经走在了兄弟县市的后面。“十一五”期间，我们要积极加强与对口援助省市的合作，从以物资和资金支援逐步向物资、资金支援与技术管理、舆论宣传相结合转变。通过援藏途径，突出易贡藏布大峡谷丰富的旅游资源和藏药材等为载体，打出“藏北江南”的招牌，把嘉黎县对外宣传出去，使更多的人认识嘉黎、了解嘉黎。

加快政府职能转变。围绕“小政府、大服务”的目标，政府管理经济逐步从直接管理转向间接管理，强化政府的宏观决策、规划指导、政策调整、监督管理、协调服务、社会保障等职能。加大机构改革力度，认真推行国家公务员制度，坚决清退那些思想保守、无德无能的庸才，使优秀人才真正脱颖而出。同时采取切实措施转变机关工作作风，加强依法行政力度，提高行政工作效率，真正建立起办事高效、运转协调、行为规范、清正廉洁的各级行政机构，树立政府新形象。

第四章 强化农牧业基础 加快农牧业产业化、现代化进程

农牧民，尤其是牧业是我县的基础产业，是我县国民经济和社会稳定的基础，要始终把农牧业放在国民经济首位。抓好“三农”工作始终是我县的中心工作之一，力争到“十一五”末，全县农牧业总产值达到18448.02万元，平均年递增18%，同时五年间力争全县各类牲畜年末存栏控制在307806头（只、匹）左右，成畜死亡率控制在5%以内，各类仔畜成活率达到92%以上，牲畜出栏率达到25%以上，畜产品综合商品率达到75%以上。

加强草原生态建设、保护和管理，缓解草畜矛盾。畜牧业的发展，必须充分挖掘潜力，改变单一的以草为主的饲料，广辟饲料来源，加大饲料资源开发力度。“十一五”期间，要进一步加大对草原建设的投入力度，提高草地生产效益。我县现有草地产草率低，并且冷暖两季饲料供应极度不平衡，冬季供草严重不足。为此，要逐步破除重畜轻草的掠夺式经营意识，确立“以草为本”观念。坚持国家、集体、个人多渠道、多层次的投资方式，建立一批高产高效的牧业抗灾基地、草场围栏和饲料加工基地，确保牲畜冬春两季有足够的饲草、饲料。加强草地生态系统治理，重点治理沙化、退化草地，加大对草原鼠虫害的灭治力度。

大力推进市场体系建设，加快商品流通。加快牧区市场体系建设，促进商品流通，是促进我县经济持续健康发展的根本途径。一是要加强对群众的思想教育工作，教育和引导群众解放思想、更新观念，逐步摆脱封建迷信和陈规陋习的束缚，克服“牲畜越多越富有”和“惜杀惜售”的封闭守旧思想，增强商品经济意识，使群众自觉地进入市场，搞活流通，将资源优势变为经济优势。二是要采取多渠道的投资方式，加大乡村道路建设力度，改变乡村交通落后局面，为牧区群众在畜产品交易中提供便捷的交通条件。三是要强化政府服务意识，制定完善的优惠政策。鼓励、支持牧民群众进入市场，参与畜产品营销。帮助群众解决畜产品流通中的困难和问题，引导牧民进入市场，通过订单牧业、合同牧业，不断推进牧业产业化经营。四是要坚持“谁投资、谁受益”的原则，支持和鼓励各种所有制企业和个人来我县参与市场建设和流通，开发具有潜力的牧区市场。五是要建立健全以县城为中心的畜产品综合交易市场和交通沿线的畜产品交易点，逐渐形成交易网络。

农业生产要继续走科技兴农之路，要重点抓好内地成熟、实用的农业生产技术的普及推广和应用工作，全面提高农业科技含量和科技贡献份额，要积极推进农业机械化，争取在五年内小中型农机具增加50%以上，要继续改造中低产田，加强农田水利基本建设，开垦宜农荒坡，扩大农作物种植面积，力争五年内在不发生大的自然灾害的前提下，粮食产量每年递增0.5%，积极引导开发和发展经济林、果木和家庭副业，减少闲散劳动力，增加经济收入。

第五章　调整优化农牧业产业结构 加快产业升级和经济整体素质提高

一是调整产业结构，力争一、二、三产业的比重到2010年调整为32∶28∶40。今后五年，要从战略的高度，围绕两个根本转变，以市场为导向，以改革为动力，依靠科技进步，花大力气调整优化产业结构，提高全县的经济运行质量和整体素质。

稳步发展第一产业。“十一五”期间，继续坚持“发展牛、稳定羊、控制马”的畜群结构发展方针，继续走草地畜牧业产业化道路，提高畜牧业的综合效益。

1. 结合我县特有的高原优良畜种——娘亚牛，依托县扩繁基地进行选育，并大力推广，在此基础上降低杂畜比例。进一步提高适龄母畜比例。通过有效措施，使牦牛的适龄母畜比例达到50%以上。加大畜种改良力度，加强对牲畜优质品种的选育，避免自然配，防止近亲繁殖。

2. 要壮大发展第二产业。制定切实有效的措施，鼓励乡镇企业和私营企业的发展；高度重视畜产品、中药材的流通和加工业，大力支持发展内联基地和农牧户、外联国内外市场、具有较强带动作用的农牧业龙头企业，龙头公司和牧副产品集散市场，积极推进贸工牧一体化、产供销一条龙的产业化经营，促进牧业增值增效；立足本地资源优势，重点扶持一批资源加工型龙头企业的发展；加大和规范矿产的探测与开发。

3. 放手大力发展第三产业。要以优化流通结构、完善市场功能、发展旅游产业为重点，放手发展第三产业，在市场体系的培育中，必须根据实际，减少政府行为，按照畜产品、中药材、矿产品等流通的需要构造大中小结合、多种经济形式和经营方式并存的市场网络，推动畜产品、中药材产品和矿产品的流通；同时要积极发挥非公有制经济及个体工商户在流通中的积极作用，不断推进市场流通的多样化、现代化。近期主要工作是要创造宽松的发展环境，把个体工商户纳入我县经济发展的有机组成部分，吸引外面的资金来我县投资，不断发展壮大个体私营经济。

第六章　加快基础设施建设 进一步缓解“瓶颈”制约

交通方面：到2010年，使农村公路制约农村经济发展的状况得到基本缓解，广大农牧民出行难、商品物资运输难的问题基本缓解，为农牧区实现小康创造基本条件。力争2010年新建乡村公路通车里程达到562.2公里，基本实现乡乡通等级公路，具备建设条件的行政村通机动车率达到95%以上。同时，力争建设那嘉油路、嘉黎至忠义至林芝易贡公路，完成嘉黎至贡

布江达、嘉黎至墨竹工卡的邻县通路任务，进一步完善周边公路网络体系，为我县的跨越式发展提供可靠的交通保障

通讯方面：加快建设乡镇好易通，发展覆盖那嘉公路和有条件乡镇的好易通与移动业务，同时开通大部分行政村农话，使我县的通讯覆盖率达到95%以上，为农牧区经济建设服务。

能源方面：加快建成县城二级水电站，以缓解电力紧张给我县经济造成的不良局面；要维护和管理好嘉黎镇水电站和忠义乡水电站；为边远、艰苦、不适应建设水电的村庄设立小型光伏电站；“十一五”期间，在有条件的乡镇力争再建立6个小水电站，建成措多、绒多乡水电站，力争嘉黎县—夏玛—林堤—措多—绒多与那曲电力并网，使我县乡镇通电率达到100%。

水利方面：把水资源的合理开发和有效利用放在突出的位置，加强规划和管理，以农田草场水利设施为重点，大力兴建骨干水利工程，搞好水利和设施配套建设与经营管理，提高水利工程运营效益和效率。

第七章 加快城镇发展步伐 提高城镇化水平

加快城镇发展步伐，有利于改善投资环境，优化城乡经济结构，缩小城乡差别。要把城镇的建设与发展同区域布局、结构调整、乡镇企业发展、市场建设和社会化服务结合起来，集聚人流、物流、资金流、信息流。要采取措施，改革小城镇户籍管理制度，为农牧民到小城镇从事二、三产业创造条件。按照嘉黎县城总体规划（1999年—2020年），在2010年前完成居民点建设，要进一步优化完善县城总体规划，合理布局，增强县城的集聚功能。

目前，我县城镇化布局已基本形成以县城（阿扎）为中心，嘉黎镇为次中心，夏玛、忠义乡为两翼，各乡为基础的城乡新格局，到2010年，县城建设面积将达到0.9平方千米，人口将达到5600人。

要加强县城的基础设施建设和服务设施建设，鼓励个体私营者和私办企业和合资企业来我县投资开发，以投资带动相关产业全面发展。

第八章　优先发展科技教育事业 加快科教经济社会一体化进程

坚持科教兴县战略，优先发展科技教育事业，把经济社会发展真正转移到依靠科技进步和提高劳动者素质的轨道上来，提高经济和社会发展水平。“十一五”期间，要集中培养一大批农牧区新型管理人才。首先，要加大科普宣传力度。县农牧部门及各级兽防人员要加大对科普知识的宣传力度，用科技增产增收的事实来教育、引导群众增强科技知识，运用现代科技知识发展生产，增加收入。二是要全面加强防疫灭病工作。要充分发挥县兽防站在疫病防治中的作用，坚持四季防疫、屠宰防疫和市场监督。三是要引进资金技术，做好畜产品储运、保鲜、加工等方面的综合开发和推广应用，逐步提高牧业发展和生态环境治理的质量。四是要加强人才地引进和培养。有计划、有步骤地引进人才，结合援藏人才培训计划，分期分批地选派从事畜牧工作的人员到内地培训，尽快解决我县畜牧业经济方面经营管理、草业开发、畜种改良等人才奇缺的问题。五是加大对农牧民的培训力度。畜牧、防疫等部门要加大举办各类农牧业基础知识培训班，尽可能地争取上级部门的支持，邀请专家学者来我县授课指导工作。在此基础上，一如既往地加大对文盲群众的扫盲力度，力争“十一五”末，农牧区80%的群众脱盲。

探索实施科技牵引工程，建立和完善多层次、多渠道、多元化的科技投入体系，促进科技与经济的紧密结合，不断提高科技对经济增长的贡献份额，积极探索与有关大专院校、科研单位的协作、联合，大力引进各类科研成果，加快科研成果向现实生产力转化，2010年前，要以科技为先导，搞好开发“娘亚牛”和忠义乡藏猪及藏鸡等特色经济，并做好推广工作。

加快实施素质教育工程，要高标准、高质量地完成普六教育，同时要基本普及幼儿教育和初中教育，要在高标准完成应试教育的同时，加快素质教育进程，提高国民综合素质，要进一步优化教育结构，加快发展中等职业技术教育，要逐年加大教育基础设施建设，增加教育投入，不断改善办学条件。“十一五”期间，各类校舍新建、扩建面积达到45556平方米。在“十一五”末，实现在校生6300人，适龄儿童入学率达到97%以上，初中入学率达到60%以上的目标；要加强学校管理，提高教师队伍素质，要在全社会形成尊师重教的良好社会风气，使教育工作得到全面发展。

加快实施人才工程，要采取得力措施，培养和造就一大批实用复合型和高层次的专业人才，要进一步完善人才引进、选拔、使用、激励和管理机制，大力引进人才，用好人才，要进一步发扬尊重知识、尊重人才的良好风尚，不断改善教师、科研人员的工作条件，努力创造人尽其才、才尽其用的良好社会环境。

第九章　加强生态环境的保护和建设 增强可持续发展能力

加强生态环境保护与建设，坚持经济建设、城乡建设、生态建设同步规划，同步实施，共同发展，实现经济、社会、生态效益相统一，坚持统一规划、合理开发、开发与保护并重的原则，提高资源利用率，建立资源永续利用、良性循环的新机制。

依法保护和开发水、土地、矿产、森林、草原等国土资源，加大资源勘查力度，建立健全资源有偿使用机制。

要加大退耕还林还草力度，基本遏制人为采沙、无计划砍伐林木、草场退化等造成的生态环境恶化的趋势，重点搞好县城防洪、排污工程和县城绿化工程，抓紧申请忠义、阿扎、绒多三乡野生动植物自然保护区项目，并尽早立项。

加大对我县境内拉萨河流域的治理与开发。尽快开工兴建县城村雄河防洪堤坝，继而遏制洪水溢堤带来的各种灾害。加快对易贡藏布江流域生态防护林建设，提高防洪标准，基本缓解水旱灾害；加强环境保护教育，提高全民环保意识；同时控制人口过快增长，做到人口与环境相协调，以此达到生态环境的保护与持续发展。

第十章　大力发展各项社会事业 促进社会全面进步

经济发展的最终目标是为了提高人民群众的生活水平和质量，要努力营造“以人为本”的社会氛围，全面实现社会事业的进步，达到与经济的协调发展。

社会主义现代化不仅要有繁荣的经济，而且也要有繁荣的文化，要按照区党委的部署，坚定不移地贯彻“两手抓、两手都要硬”的方针，以提高全民的思想道德素质和科学文化素质为出发点，抓好我县的精神文明建设，为我县的经济发展和社会全面进步提供强大的精神动力和智力支持。

加强社会主义思想道德建设，坚持不懈地用邓小平理论和江泽民同志“三个代表”重要思想教育党员，引导群众，坚持不懈地进行党的基本理论、基本路线和中央确定的新时期西藏工作指导方针教育，巩固和加强马克思主义的指导地位，深入持久地开展马克思主义祖国观、民族观、宗教观、文化观的“四观”教育，用正确的舆论教育引导和激励干部群众，在全社会形成崇尚文明、奋发向上的良好风气。

坚持以科学精神和扬弃的态度，搞好我县的文化发展和建设。以繁荣社会主义文化为主，弘扬民族优秀文化，积极吸取其他民族的先进文化，抵制不良文化，提高全县干部群众的整体素质，营造良好的社会文化环境，加强文化设施建设，大力实施“村村通”广播电视工程，力争到“十一五”末，全县广播电视人口覆盖率达到100%。兴建县图书馆、新华书店、县文化馆，力争到“十一五”末，达到乡乡有文化站、电影放映点，村村有文化室的目标。切实加强文化市场管理，严厉打击“黄赌毒”等社会丑恶现象，提高群众精神文化生活的品位和质量。

大力发展医疗卫生事业，以提高人民健康水平为目标，以突出预防和卫生机构保健调整为重点，大力发展藏医药事业，调整卫生结构，优化资源配置，充分发挥嘉黎县卫生服务中心在医疗、预防、妇幼保健、计划生育等方面的积极作用。全面深入地推进医疗合作制度，力争在“十一五”期间，实施初级卫生保健和妇幼卫生项目。坚持“预防为主”的方针，切实把农牧区卫生工作的重点转移到预防保健上来，逐年增加对预防保健工作的投入，确保预防保健事业的发展。大力发展农牧区妇幼卫生事业，巩固妇幼卫生合作项目成果，提高农牧区妇女、儿童的健康水平。发展藏医药事业，要有计划有重点加强藏医药工作建设，对现有的藏药加工进行设备和技术改造，以提高药的质量和疗效；要注重研制新药、特药，突出专科特色，充分利用好科技开发我县丰富的中草药资源，采用各种方法提高资源利用和经济效益，为在我县建立一个藏药材培植基地制造条件；注重藏医人才的培养，将现在的民间藏医培训班逐步办成具有一定规模和教育水平的中等职业技术学校。

坚持计划生育基本国策，提高人口素质。要本着计划生育工作为农牧区经济建设服务的原则，切实将计划生育工作重点转移到农牧区，以农牧区和流动人口的计划生育工作为重点，为广大育龄妇女提供优质、方便的服务；采用各种形式，大力开展人口与计划生育基础知识的公益性宣传，引导广大群众树立晚婚晚育、少生优生、生男生女都一样等科学、文明、进步的婚育观，在全社会形成计划生育的良好氛围。

建立健全社会保障体系，大力推进养老、医疗、失业、生育保险制度及社会救济、社会福利、优抚安置和社会互助等多层次的社会保障制度建设。初步建立起覆盖城乡各类企业职工、个体劳动者以及城乡困难群体，保障形式多层次、管理服务社会化的社会保障体系。

第十一章　加强民主法制建设 加快依法治县进程

社会主义市场经济也是法制经济，坚持依法治县，坚持依法行政，提高全社会依法治理水平。

推进民主法制建设，要坚持民主集中制原则，在近几年反分裂取得一系列成果的基础上，进一步提高思想认识。建立民主科学的决策程序，推进政府工作法制化，从严治政、依法行政、公正司法，健全依法行使权力的制约机制，加强对权力运行的监督，把廉政建设纳入法制化轨道，逐步扩大公民有序的政治参与，完善村民自治，为进一步扩大基层民主，实行政务、村务、财务公开，加大执法力度，为我县参与西部大开发和维护社会稳定创造良好的法制环境，继续深入开展法制宣传教育，坚持法制教育与法制实践相结合，增强全体公民的法制意识和法制观念，普及国防教育，增强全民国防意识，进一步密切军警民关系。

第十二章　深入开展反分裂斗争 维护社会政治局势稳定

嘉黎县地处偏僻边远，是反分裂斗争的前沿阵地。“十一五”期间，要把反对分裂、维护稳定作为嘉黎县压倒一切的政治任务来抓。要认真贯彻落实党中央、区党委关于对达赖集团的方针政策，坚持主动治理，深入开展反分裂斗争，要依靠组织和发动群众，深入揭批达赖，揭穿达赖政治上的反动性和宗教上的虚伪性，认清达赖集团分裂祖国的罪恶阴谋和反动本质，增强维护民族团结和祖国统一的自觉性，坚决同分裂主义势力作斗争，彻底粉碎达赖集团妄图通过寺庙进行祸藏乱教的图谋，果断处置骚乱事件，严厉打击各种分裂破坏活动，牢牢把握反分裂斗争的主动权。

做好新形势下的民族、统战、宗教工作，继而加强民族团结。按照民族宗教必须和社会主义社会相适应的相关政策，坚持“三个离不开”思想，充分发挥工商经济界、科技教育界、民族宗教界等爱国人士的作用，调动一切积极因素，团结一切可以团结的力量，共同致力于我县的现代化建设。全面贯彻党的宗教政策，依法管理宗教事务，继续巩固和扩大寺庙爱国主义教育成果，促进寺庙管理的法制化、规范化。强化“主战场”意识，坚持破立结合，治乱治愚，着力治理达赖集团祸藏乱教和在人民群众思想上造成的混乱。大力开展马克思主义祖国观、民族观、宗教观、文化观和唯物论、无神论教育，认清宗教的积极作用，逐步淡化宗教的消极影响。

加强社会治安综合管理，依法严厉打击各种刑事和扰乱社会治安的犯罪活动。正确区分处理人民内部矛盾，积极预防和妥善处置群体性事件，严防分裂势力对我内部人员进行策反和利用人民内部矛盾制造事端；对各种非法宗教活动和邪教组织要坚决制止，依法取缔；进一步加强对寺庙的普法工作，增强僧尼的法律意识和法制观念。

加强政法队伍建设，依法从严治警，着力提高干警的政治素质和业务素质，改善政法部门的基础设施和装备条件，实施从优待警措施，充分发挥政法部门在社会治安综合治理工作中的骨干作用，增强政法队伍反分裂斗争和维护稳定工作的战斗力。

加强基层政权的基础设施建设，切实改善基层干部的工作和生活条件，搞好基层干部队伍建设，积极支持基层组织有效开展工作，使基础组织成为加快经济发展、社会进步、稳定局势的牢固基础。

“十一五”是我县各族人民满怀信心奔小康的五年，让我们高举邓小平理论伟大旗帜，按照江泽工同志“三个代表”重要思想要求，以党的十六大、十六届三中全会精神为指导，在县委、县政府的正确领导下，通过思路创新、体制创新、科技创新，抓住机遇，加强团结，为全面完成“十一五”宏伟目标而努力奋斗。

八、2007年嘉黎县政府工作报告

（2007年11月20日）

嘉黎县人民政府县长　嘎松美郎

各位代表：

本届政府从2002年任职，迄今五年届满。现在，我代表嘉黎县人民政府向大会报告五年来的工作，请予审议，并请列席人员提出意见。

一、过去五年的回顾

过去的五年，是嘉黎县历史上发展最快的五年，是改革开放和经济建设取得巨大成就的五年，是群众得实惠最多的五年，是全县各族人民团结更加紧密的五年，是社会局势更趋稳定的五年。

五年来，在中共嘉黎县委的正确领导下，在县人大的监督支持下，在全县人民的共同努力下，本届政府高举邓小平理论伟大旗帜，全面贯彻“三个代表”重要思想和科学发展观，紧紧依靠全县人民，坚持自治区做出的“一产上水平、二产抓重点、三产大发展”的发展战略，紧紧围绕县委“1234”发展思路，解放思想，实事求是，与时俱进，开拓创新，圆满完成了县九届人大一次会议确定的各项任务目标，县域经济不断推向前进。我县在那曲地区年度经济目标考核中获得了2004年第三名、2006年第二名的好成绩。全县社会局势和谐稳定，2006年出色完成了十一世班禅大师回乡省亲的接待任务，受到了中央统战部、公安部和自治区党委的充分肯定。“普六”“扫盲”、草场承包到户工作顺利通过自治区级验收。成功召开了那曲地区首次农牧民安居工程现场会。

五年来，我们始终坚持以经济建设为中心，聚精会神搞建设，一心一意谋发展，保持了全县经济持续快速协调发展，社会各项事业取得全面进步，县域经济综合实力迈上了一个新的台阶，提前三年基本完成了“十一五”经济社会发展指标。

1. 经济总量快速增长，综合实力明显增强。全县 GDP 由 2002 年的 6844. 19 万元增加到 2007 年的 33017. 02 万元，年均增长达到 37%，连续五年保持了两位数的增长速度，并呈现后续年份加速增长的趋势。人均 GDP 跃上新台阶，由 2002 年的 2675. 07 元增加到 2007 年的 11385 元，突破了万元大关，年均增长 33. 6%。地方财政收入由 2002 年的 142. 8 万元增加到 2007 年的 800 万元，年均增长 41. 2%，五年翻了两番。财政自给率由 2002 年的 0. 3% 增长到 2007 年的 10%。税收收入由 2002 年的 137 万元增加到 2007 年的 1600 万元，年均增长 63. 5%，五年翻了三番多。税收收入占财政总收入的比重由 2002 年的 4. 1% 增加到 2007 年的 20%。产业结构调整明显，第二产业对经济增长的贡献十分明显，三次产业结构由 2002 年的 44∶14∶42 调整为 2007 年的 14∶56∶30，三次产业格局由一三二优化为二三一，产业结构得到优化，增长方式得到转变。全县农牧民人均纯收入由 2002 年的 1369. 25 元增加到 2007 年的 3007. 6 元，同比净增 1638. 35 元，增长 119. 7%。社会消费品零售总额由 2002 年的 2539 万元增加到 2007 年的 5632. 4 万元，年均增长 17. 3%。金融机构各项存款和贷款余额由 2002 年的 4340 万元、3864 万元增加到 2007 年的 8200 万元、7800 万元，分别增长 84. 799% 和 101. 8%。

2. 农牧业基础地位不断夯实，以矿业为主的第二产业突飞猛进。五年来，以改造和提升传统畜牧业为中心，不断夯实农牧业基础地位，草场承包到户工作全面落实。完成了 3642 户、21437 人承包到户工作，完成草场总面积达 1215. 83 万亩（其中冬春草场 575. 64 亩，夏秋草场 640. 19 万亩），占全县草场总面积的 89%，占可利用草场的 95. 9%。发放草场经营权证 3642 份、使用权证 105 份、绘制了草场三级图，竖立了界碑。草原三项费用已全都兑现，并用于草场建设当中。牲畜疫病防治工作成效显著，疫苗注射率达到 100%。2003 年成功控制了“W”病疫情。扎实开展防抗灾工作，

“四储”工作准备到位。以开发娘亚牛和藏猪为重点发展特色畜牧业，建立娘亚牛育肥基地，推广娘亚牛365头。开展了藏猪原种保护工作。农牧业发展进入了新阶段。2007年第一产业生产总值预计达到4584万元，比2002年增长1598.78万元，年均增长9%。全县各类牲畜年末存栏总数控制在23万头（只、匹），与2002年相比，减少了1.2万头（只、匹）；畜群结构更趋合理，马牛羊比例由2002年的了3∶62∶35优化为2007的2.7∶72.1∶25；仔畜成活率提高2.5个百分点，成畜死亡率降低了2个百分点；出栏率、商品率分别提高6.5和21个百分点，农牧民经济合作组织达到3家。粮食产量连续五年稳定在800吨左右，优良品种、科学种田得到推广。林下资源也得到一定程度的开发。依法加大虫草采集管理力度，据不完全统计，五年末，虫草产量达到10726公斤，按90不变价格计算，虫草收入累计达到1931万元。

近年来，坚持改革开放，强化外向带动，加大工业经济发展力度，不断提升以矿产业为主的第二产业比重。矿业经济从无到有、从小到大，走出了一条适合我县经济发展的新路子。按照企业创收、农牧民增收、地方增收的原则，将矿产资源开发与生态效益、经济效益和农牧民增收有机结合，依法管理矿业开发，积极引进中凯公司、华夏公司等八家企业开发我县矿产资源，引进协议资金近3亿元，实际到位资金1.1亿元。2007年矿石产量累计达到18万吨，产值达到10800万元，占第二产业生产总值的58.5%。“立足传统、着眼创新”，发展嘉黎藏药业。五年来，研制了直孔常觉丸、珍宝月光金刚丸等13种新药，掌握了180种常用藏药和8种名贵藏药的加工技术，建立了100亩的藏药材种植基地，藏药产值达到360万元，为藏药产业化奠定了基础。2007年，第二产业生产总值预计达到18448.32万元，比2002年增加17500.28万元，年均增长81.1%。

3. 以农牧民安居工程为突破口，新农村建设步伐加快。因地制宜，科学规划，狠抓落实，安居工程实施以来投入资金25888.98万元（其中自治区补助资金使用949.68万元、地区配套41.4万元、县级配套100万元、援藏配套90万元、村级配套221万元、群众投入23388万元、银行贷款1098.90万元）落实新建（改扩建）住房2975户，占总实施户数的68%，比计划超额完成 1929 户，14586 名群众住上了安全适用的新房。配套设施建设取得了积极进展，解决了 26 个村委会活动室（党员活动室）、4 个村道路硬化建设。安居与乐业并重，五年来开展了跨世纪青年农牧民科技培训等技能培训工作，共组织 3007 人次参加了各类技能培训；积极开展劳务输出工作，劳务输出 12234 人次，收入 1641 万元；运输收入 3260.43 万元。通过安居工程、技能培训、劳务输出等措施的实施，农牧民生产生活条件得到改善。

4. 基础建设成效显著，发展条件逐步完善。积极争取国家和援藏投资，五年来完成固定资产投资 3.6 亿元，实施了嘉忠公路、二级水电站等 201 个基础建设项目。“瓶颈”制约得到一定缓解。新建公路 418 公里、桥涵 110 多座；完成 4 个乡镇的水电站建设，安装光伏电站 8 个点，装机容量 110 千瓦，农牧户太阳能供电设备 350 套、350 千瓦；铺设了那嘉电信光缆和移动光缆，建立卫星农话基站 22 个、电信基站 6 个、移动基站 7 个，县域通讯覆盖率达到 75%。

5. 援藏工作硕果累累，项目效益明显。五年来，对口援助我县的浙江温州、台州两市第三、四、五批援藏干部，认真贯彻落实中央第四次西藏工作座谈会精神，始终坚持智力援藏与项目援藏相结合，做了大量卓有成效的工作。我县理清发展思路，制定了“五条增收措施”。提出了“增强五种意识，提升五个力”。组织干部赴内地考察学习 76 人次，组织教师、医技等人员到内地培训 30 多人次。累计投入援藏资金 2490 万元，实施了综合市场、台州路、温州桥等 25 个援藏项目。2007 年亚吉赛马节期间，又邀请了温州企业家代表团来我县开展经贸活动，并捐赠资金 85 万元。援藏工作的开展，充分体现了社会主义制度的优越性，体现了祖国大家庭的无比温暖，增强了全县人民的信心和决心。

6. 各项事业蓬勃发展，经济社会和谐进步。教育工作扎实开展，全面贯彻落实国家的“三包”政策，严格执行藏教厅（2007）96 号文件精神，“两基”攻坚进程不断推进，“普六”和“扫盲”工作相继顺利通过上级验收。加大教育投资力度，投资 5349.99 万元，完成了县中学改扩建和小学规范化建设，教育基础设施进一步改善。积极推进素质教育，加强了控缀保学工作，将学生入学和安居工程、扶贫贷款等工作相结合，出台了嘉委发（2006）49号文件，学生入学率和巩固率得到大幅提高。截至目前，“普六”段在校生3637人（不含在外借读122人），适龄儿童入学率97.95%，巩固率99.57%，比2002年分别提高了25.95和48.57个百分点。考入内地西藏班学生累计达到74名。初中入学率和巩固率与2002年相比都有所提高，分别提高了11.2和31个百分点。扫盲工作扎实推进，文盲率下降到1.32%。师资队伍得到加强，增加教师220名，通过师资调整、能力培训和校长竞聘上岗等措施，加强了教育管理。

举办了篮球等传统体育活动，实施了全民健身工程。文化事业取得新成效。丰富文化生活，掀起社会主义文化建设新高潮，提高文化软实力，农牧民群众精神面貌更加昂扬向上。新建乡镇电视发射塔9座，单收站141座，村收看室77个，农牧民个体单收站1594座，援藏援建单收站317座，覆盖面达72%。“西新工程”层层落实责任，保证了“三满”播出。电影“2131”工程放映8472场，观众达到9.3万人次。组建了民间业余艺术队，组织文艺演出23场；挖掘优秀传统文化，2个自编节目获得地区表彰。成功举办了两届亚吉赛马艺术节及“五月花”歌咏比赛等文化活动，制作了《美丽的嘉黎》等光碟；西藏七色风栏目以专题形式宣传了嘉黎。

文化市场监管和文物普查工作切实加强。公共卫生体系进一步健全。投资800多万元，实施了13个县乡卫生基础设施建设项目和添置县乡医疗设备。为乡镇、村新增了30名医技人员，并分别为乡镇聘用医生和村级医生每月提高103元和50元工资。目前，千人拥有医技人员2人、病床2.6张。新型农村合作医疗制度个人集资覆盖率达到97%，2004年以来报销医药费245.54万元。深入开展优生优育工作，实施了516人次的“一孩双女”补助申报工作，已兑现补助资金12.06万元；全县人口自然增长率控制在13.5‰以内。五年来，卫生服务下乡25次，义诊5.33万人次，送药价值15万多元。推广加碘盐92.39吨，人口覆盖率达到60%。地方病防治、医疗救助、防疫、食品药品安全等工作逐步加强。

生态环保工作进一步深化。加强了生态环境监管，开展了环境风险评估，中凯公司和华夏公司在我县的矿山都通过了矿山环境风险评估。五年来，植树造林 6.78 万株；实施退耕还林 2000 亩、荒山荒坡造林 2000 亩，兑现粮食折现补助和苗木款 112 万元，粮食补助 8 万多斤；完成了麦地卡湿地保护区、忠玉乡原始森林保护区等 7 个自然保护区的可行性申报工作，麦地卡湿地保护区已被评为国际重要湿地，确定了森林管护人员，兑现了 24 万多元的管护资金；扎实开展了野生动植物保护工作。

保障水平稳步提高。以人为本，着力解决民生问题。五年来，投资 457.56 万元，完成 9 个乡镇扶贫重点村建设，以及 44 户、215 人的移民搬迁和 200 户、1272 人的易地搬迁任务。覆盖城乡的社会保障和社会救助体系日趋完善，收缴养老金、失业金、工伤保险金、生育保险金共计 629.9 万元，并将为全县 917 名机关事业单位职工落实医疗保险金 250 多万元。全县有 9270 多人次被列为救助对象，落实救助资金 406.52 万元。深入开展送温暖活动。累计慰问 1150 多人次，发放慰问金 18 万元。自 2003 年以来，兑现税费改革经费 613.1 万元。

7. 深入开展反分裂斗争，社会局势日益稳定。坚持“旗帜鲜明，针锋相对，主动治理，强基固本”的反分裂斗争方针，公开揭批达赖，教育寺庙僧尼群众认清达赖政治上的反动性、宗教上的虚伪性和手法上的欺骗性，有效打击和周密防范达赖集团的各种分裂、渗透和破坏活动。严格按照“划清两个界线，尽到一个责任”的政策原则和工作要求，全面正确贯彻落实党的民族宗教政策，依法管理宗教事务。对我县 15 名未经政府批准的国内活佛、高僧认定、转世或世袭“活佛”，公开宣布不予承认。以学习“六本教材”为主，扎实开展寺庙爱国主义和反分裂教育，举办了 6 期寺庙民管会主任培训班。打防并举，落实社会治安综合治理的各项措施。五年来发生刑事案件 48 起，侦破 32 起，破案率 66.7%。“四五”普法圆满完成，“五五”普法顺利启动，全民法制意识明显增强。民主化法制化进程加快。各级政府自觉接受人大及其常委会的监督，主动加强联系，积极办复人大代表的议案、建议，五年来共承办人大代表议案、建议、意见 335 件（其中议案 3 件），办复率达 100%。积极开展矛盾纠纷排查调处工作，妥善处理人民内部矛盾；完善虫草采挖管理办法，依法维护了虫草采挖的良好秩序；进一步协调矿产资源利益关系，积极探索平安、和谐矿区建设；成功调处了

27 起劳资纠纷，涉及民工 573 人，催讨民工工资 272.53 万元；进一步推行了政务公开建设。各乡镇政府和县直各部门、单位普遍实行公开栏、导示图等形式，将政务内容和工作人员身份进行全面公开，让办事群众一目了然。倾听群众意见，切实解决群众投诉反映的热点、难点问题。在嘉黎在线网站上专门开辟了“书记信箱”“县长信箱”专栏；安全生产工作不断加强，人武、武警、公安在维护社会局势稳定中发挥了积极作用。

各位代表，过去的五年，我们高举中国特色社会主义伟大旗帜，坚持“发展是执政兴国的第一要务，全面贯彻新世纪西藏工作指导思想，紧紧抓住经济建设这个中心不动摇，始终把提高人民生活水平作为一切工作的出发点和落脚点，取得又好又快发展的成绩，书写了嘉黎发展史上灿烂的一页，唱响了嘉黎发展史上响亮的音符。这些成绩的取得，得益于中央的关心、得益于温州、台州两地的无私援助，得益于地委、行署的正确领导，得益于县委的坚强领导和县人大的鼎力支持，得益于全县人民的苦拼实干。在此，我代表县人民政府向全县广大干部群众、驻嘉人民解放军指战员、武警官兵和公安干警，以及所有参与嘉黎建设的各界人士和投资者，表示崇高的敬意和衷心的感谢！

各位代表，在看到成绩的同时，也要清醒认识到，政府工作还面临不少困难和问题。农牧业结构调整处于浅层次，牧业产业化进程缓慢，特色产业发展不快，经济运行质量和水平有待进一步提高，基础建设设施滞后，教育基础薄弱，中学入学率和巩固率较低，“普九”任务相当繁重；改善农牧民生产生活条件、增加农牧民收入、全面建设小康社会的任务相当艰巨；一些干部群众对达赖集团政治上的反动性、宗教上的虚伪性和手法上的欺骗性还缺乏足够的认识，部分群众受教育程度较低，法制观念、政策知识、科技知识等还比较欠缺，宗教的消极影响还渗透在人们的日常生活中；农牧区公共服务体系还不健全，一些乡镇、部门及个别干部工作作风不扎实，办事效率不高，群众还不满意。对此，县人民政府将紧抓党的十七大胜利召开、社会局势和谐援藏力度逐年加大、青藏铁路通车之机，努力加以改进和解决。在此，我也代表县人民政府诚恳欢迎各位人大代表、社会各界人士提出批评、意见和建议，帮助我们做好工作，把建设小康嘉黎、活力嘉黎、文化嘉黎、和谐嘉黎、平安嘉黎的伟大事业不断推向前进。

二、今后五年的发展目标和主要任务

未来五年，嘉黎跨越式发展任务艰巨，实施特色经济强县战略是支撑全县经济社会发展关键。

未来五年，是嘉黎继往开来、跨越式发展的重要机遇期。全县工作的指导思想是以邓小平理论和“三个代表”重要思想为指导，坚持科学发展观统领经济社会发展全局，认真贯彻落实党的十七大和县委六次党代会精神，按《中共西藏自治区委员会关于认真学习贯彻十七大精神，大力加强基层基础工作若干问题的决定》要求，致力于建设社会主义新农村，统筹兼顾，突出重点，继续改善基础设施条件，加快特色产业发展步伐，更加注重社会发展，不断深化改革开放，着力改善民生，又好又快地推进跨越式发展，努力推进小康嘉黎、活力嘉黎、文化嘉黎、和谐嘉黎、平安嘉黎建设进程。

主要预期奋斗目标是：2008—2012 年达到生产总值 7. 24 亿元，年均递增 17%；人均 GDP 达到 2 万元；全社会固定资产投资累计完成 10 亿元；地方财政收入 1991 万元，年均递增 20%；农牧民人均纯收入达到 5541. 3 元，增长 2533. 7 元，年均递增 13%；社会消费品零售总额 12886 万元，年均递增 18%；人口自增率控制在 12‰以内。

未来五年，我们要在过去工作的基础上，实现县委六次党代会提出的宏伟蓝图，落实既定的目标任务，关键是要依靠一产的突破，带动一产上水平和三产的大发展。力争三年内县域经济发展名列那曲地区前列，五年内力争进入全区十强县。

要完成既定的目标和任务，必须做好以下五方面工作。

（一）致力于“三农”根本，加快推进小康嘉黎进程

坚持把“三农”工作放在经济社会发展全局的突出位置，进一步加大对“三农”的投入力度，力争更多的资金向农牧区倾斜。

1. 突出农牧区综合改革，强化农牧业基础，提高综合生产能力。加大宣传力度，转变观念，继续狠抓草场承包到户后的以草定畜和草场承包经营合理有序流转，推动草场资本经营工作，促进我县草场承包经营责任制工作

向更深层次发展。突出特色，加快结构调整。坚持草业先行，积极推行娘亚牛优良畜种，加快短期育肥、舍饲圈养，建立1—2个适度规模的专业饲养小区。合理规划特色产品生产区域，建立生产加工基地，形成以措多乡娘亚牛为轴心的特色经济带。按照“育龙头、建基地、兴产业、带农户”的模式，着力培育和扶持市场开拓能力强、发展潜力大、服务农牧民、带动农牧户发展商品生产的“龙头”企业。推动忠义乡林下资源采集、藏药材种植、藏猪（鸡）养殖上水平，实现规模经济效益，力争建成2—3个农畜产品交易市场，加快农牧区市场体系建设，并加强信息服务和引导。以搞活流通为突破口，及时总结和推广农牧业新的生产经营方式，政策上倾斜，资金上扶持，培育50—60名农牧民经纪人，组建10个农牧民合作经济组织，鼓励他们闯市场。建立政府引导、能人带动、企业支撑的劳务输出机制，全面推行劳务输出合同制，力争输出劳务人员30000人次，加强各类技能培训5000人次，引导他们参与工程建设等。发展非农业，提高劳动力就地转移的比重。鼓励和扶持农牧民参与矿石运输、经营家庭旅馆、举办牧家乐等。

2. 突出扩大投资规模，加快基础设施建设。立足当前、着眼长远，突出重点、统筹安排，加大力度，做深做细项目前期工作，充实储备一批对我县经济社会发展带动作用强、效益好的重大项目，用成熟的项目积极争取上级投资。突出“八个基本解决”，加快交通、水利、能源、通信等基础设施和重大项目建设。在继续争取那嘉油路尽快立项建设的基础上，重点整治乡村道路，使我县100%的行政村实现通车，努力争取县城、林堤乡和绒多乡客运站建设项目，使我县交通条件更为畅通，群众出行更为方便。加快与周边兄弟县的公路连接线，使我县的交通网真正实现“四通八达”。完善全县水利规划，加快水利配套建设，到“十一五”末基本解决农牧区人畜饮水困难问题，积极争取实施忠义乡沼气应用项目。在现有已建电站的基础上，力争五年内投资2亿元在麦地藏布江上建成一座覆盖林堤乡、夏玛乡、措拉乡、藏比乡的夏玛水电站，因地制宜地发展小水电、光伏电站，逐步解决偏远乡村用电问题，力争到“十一五”末实现村村通电。进一步完善项目招投标、工程监理、合同管理和工程质量终身负责等制度，建立健全勘察、设计、建设、施工、监理等方面的责任制，规范管理，科学施工，确保工程质量和安全，制定工程后续管理办法，充分发挥投资效益。

3. 突出城镇建设步伐，提高城镇集聚能力。一要科学编制规划。进一步修编完善县城、乡镇驻地建设总体规划，尽快完成县城东、西两区控制性详细规划，以及中心集镇详细规划编制，为县城和乡镇驻地建设提供依据。二要加快建设步伐。以抓好县城改造为重点，全力加强供水、供电、通讯等基础建设，力争建成县城文化广场，抓好亮化、美化、净化、绿化，健全服务设施，完善服务功能，提升文明水平。三要发展服务产业。大力发展城镇餐饮业、娱乐业、运输业、商贸业，努力培育特色城镇经济。鼓励率先富起来的农牧民，以及居住偏远、生活条件差的农牧民在县城驻地购房安家，投资兴业，增加人气，活跃商贸，繁荣城镇经济。力争五年内建成可容纳3000人入住的嘉黎新区。四要加强城镇管理，明确管理职责。围绕创建藏北文明卫生第一城为目标，建立健全长效管理机制，切实加强日常全覆盖、无缝隙、精细化管理，全面提升管理水平；以开展卫生乡镇（单位）创建活动为载体，加强环境卫生综合整治，彻底消除脏乱差现象；整顿和规范土地市场，依法管理，节约土地资源，从根本上提升乡镇建设水平，确保城镇居民生活在管理有序、服务完善、环境优美、文明和谐的环境里！

4. 突出优化人居环境，加快宜居新村建设。继续以安居工程为切入点，坚持新建与改造、住房与基础、环境与形象齐抓的原则，坚持规划先行，突出特色，张扬个性，抓好新村建设规划编制；坚持尊重农牧民意愿，量力而行，抓好民宅建设，力争完成90%的农牧民安居工程任务；在抓好已建成的新村和改造村巩固提高的同时，整合涉农（牧）资金，全力抓好新农村配套设施建设，全面提升农村服务功能；坚持全面改造整治，大力实施农村改水、改路、改灶、改厕、改圈和绿化、美化、净化、亮化工程，让群众喝上干净卫生的自来水、用上安全经济的照明电、走上通畅的（水泥）路、用上清洁卫生的新能源、接受优质满意的教育和医疗，力争建成5—10个示范新村、1个小康文明乡镇，打造新农村建设新亮点，享受新生活，感受新气象，让我们的新农村成为各具特色的农牧民宜居新景点！

5. 着眼实现保障发展，切实做好财政工作。以农牧民增收为目标，管好财、用好财，认真落实各项优惠扶持政策，支持现有的企业不断发展壮大，积极培植新财源，巩固发展骨干财源。坚持“抓大不放小”，努力促进个体私营经济上规模、上档次，提高个体私营经济在财政收入中的贡献份额。强化专项资金管理，加强重点建设项目监管和竣工审计，提高财政资金的使用效益。深化财税改革，全面推行政府集中采购、村财乡管、乡财县管制度。

（二）致力于开发优势特色资源，推动活力嘉黎进程

坚持特色助县战略不放松，围绕加大矿业开发力度、做好藏药材、藏猪（鸡）资源深度开发，进一步扩大对外开放，优化结构，保护环境，提高质量，力争使特色资源开发成为我县重要的经济增长点。

1. 立足矿业支柱产业，牢固树立工业富县、工业强县的思想。自 2006 年西藏华夏矿业有限公司和西藏中凯矿业有限公司完成勘探作业，并投入生产以来，真正实现了政府、企业、群众“三赢”，矿业经济优势明显，矿业已成为我县重要的经济增长点。截至目前，区内外相关矿产开发企业先后在我县登记勘察点达到 42 个，包括金、铜、铅锌、硌铁等金属矿藏。地区已将我县列入藏北矿产资源开发地之一，自治区也给予了高度关注。今后五年，我们要按照“加大投入、摸清家底、科学规划、合理开发、永续利用”的指导思想和工作原则，坚持生态环境保护、农牧民增收、地方增收相结合，完成华夏公司选矿厂建设任务，力争上规模、上水平。继续引进实力雄厚的 2—3 家矿业开发企业，加快资源优势向经济优势转化的步伐。力争五年内实现产值 5 亿元、利税 5000 万元的目标，努力推动我县工业经济发展实现重大突破，使其成为县域经济发展的重要一翼。

2. 立足传统，着眼创新，做大做强藏药产业。坚持藏医、藏药并举，生产、流通并重，充分挖掘传统优势，引进、运用先进技术和工艺，走传统与现代相结合的藏药产业发展道路。拓展营销网络，加快藏药注册步伐。扩大已建立的 100 亩藏药材生产基地，力争把我县建成藏北重要的藏药材后备基地。培植名牌产品，进一步加大对藏药的科研经费投入力度，力争更多的新特药问世。加快藏药制剂室的设计、规划及其资金筹措工作，争取 2008 年开工建设，为藏药业产业化生产奠定基础。加大引资力度，寻求合作伙伴，以现代产权制度为基础，合资、合作组建有限公司，形成产业化、规模

化，力争实现产值1000万元，使其成为那曲地区藏药生产的龙头企业。加强培养具有藏医药专业知识的研发人才，立足特色，力争把嘉黎县藏医院建成藏北独具特色的专科医院。

3. 围绕三产大发展，奠定旅游产业发展基础。坚持充分利用我县丰富的旅游资源这张名片，进一步加大旅游资源整合力度。我县独特的藏北草原风光、茶马古道、易贡藏布大峡谷等自然资源都是首屈一指的，我县又是十一世班禅大师的故乡，这一切都有利于我县发展旅游业。今后我们要在自身努力的基础上，紧紧把准自治区旅游业发展脉搏，在自治区确定的“四条环线”方面做文章。当前，在加强基础设施建设的同时，要对全县旅游资源进行普查整合，摸清家底，抓紧制定和完善旅游业中长期发展规划，利用网络、电视等大众传媒进一步加大宣传力度。有计划、有针对性地组织赛马艺术节等各类节会，积极做好申报筹划兴建嘉黎县生态森林公园、十一世班禅故居修复等一批新旅游景点的前期各项工作。通过发展生态旅游、文化旅游、民俗旅游，吸引更多的游客来嘉休闲娱乐，感受人文，回归自然，真正把嘉黎建成那曲的后花园，使嘉黎成为游客来藏北休闲度假的第一选择地。

4. 进一步加大招商引资力度。坚持以观念接轨为先导，产业对接为核心，依托资源优势，精心策划包装项目，把“引进来”和“走出去”更好地结合起来，扩大招商领域，探索异地办厂的路子，提升招商层次。继续制定、完善和落实招商引资优惠政策，切实抓好投资环境整治，尽力为投资者提供优质服务，真正让投资者安下心、扎下根。坚持以资源换资金、以存量换增量、以优势换发展不动摇，在大小项目兼顾、内外资金全引的前提下扩大招商总量，提高引资质量。进一步加强招商机构、队伍和载体建设，继续推进全民招商，努力形成招商引资的强大合力和动力。要切实把握好对口援藏的大好机遇，借助援藏干部回乡休假的机会，以项目推介会形式积极把嘉黎县推向内地，寻找合作伙伴，扩大招商规模。要积极落实领导包抓重点招商项目责任制，明确任务，压实担子，力争完成招商引资5亿元。

5. 深入做好对口援藏工作。继续深入贯彻落实中央第四次西藏工作座谈会精神，切实做好对口受援工作的联系和回访工作。政府职能部门要针对我县的实际积极进言献策，力争援藏项目、援藏资金真正投入到群众最迫切、最急需的领域，真正发挥援藏工作在我县的积极作用。力争通过各方面努力，争取更多的援藏资金和援藏项目发挥最大的效益。力争争取援藏资金5000万元，完成县文化广场、县完小教学楼、人民西路延伸等一批援藏项目。同时要充分利用对口援藏这一大好机遇，进一步加大对我县的干部培训力度，采取分期、分批等形式到内地学习考察，使我县的干部工作水平和办事能力有大幅度的提高。力争各类培训人员达到500人次。采取“走出去、请进来”的方式，借助援藏牵线搭桥，由政府牵头，立足我县的优势矿产资源，在温州搞一次项目推介会，力争引进1—2家有实力的企业来嘉投资兴业。

（三）致力于社会繁荣，加快文化嘉黎建设进程

坚持经济发展和社会文明同步进行，更加注重文化开发和建设力度，真正使文化建设成为我县经济建设的重要组成部分。

1. 加强树立文明和谐新风。坚持发扬优秀传统美德与弘扬社会新风相结合，大力弘扬爱国主义、集体主义、社会主义思想，用社会主义荣辱观引领风尚，加强社会公德、职业道德、家庭美德、个人品德建设；引导群众自觉履行法定义务、社会责任、家庭责任；引导农牧民群众正确认识利益关系，依法表达利益诉求，化解矛盾，增进和谐；引导农牧民转变消费方式，自觉抵制“黄、赌、毒”、封建迷信等不良习气；加大生产经营投资力度，深入开展和谐家庭、和谐村组、和谐乡镇等精神文明创建活动，让农牧民逐步养成良好的行为习惯和科学的生活方式。

2. 加强基层文化设施建设。优先安排关系群众切身利益的文化建设项目，抓好广播电视“村村通”工程、“西新工程”、电影“2131”工程，加快县城文化广场、文化馆、图书馆和乡镇文化站、村文化室等文化设施建设，力争建成4个乡镇文化站和60个村文化室及1个数字影院，实现3个乡镇电视全覆盖，并为已建成的乡村文化室配全相应设施。加强文化遗产、文物挖掘工作，尤其是革命历史文物、传统文化、茶马古道及其非物质文化遗产的搜集整理工作，力争2008年出版《嘉黎县志》。加强文化市场监管，发挥文化设施功能，积极开展全民文化体育活动，丰富农牧民群众的精神文化生活。

3. 加强信息文化建设。以信息化加速产业化、提升工业化、带动城镇化，真正发挥信息化促进经济增长的先导作用。加强电信、广电信息网络建设，以及乡镇、部门局域网建设，力争建成政府局域网，大力发展电子政务，积极推行网上文件传输，提高政务工作效率。不断创新栏目，丰富内容，增加项目，使嘉黎在线网真正成为全县干部群众了解政策、掌握信息、扩大对外宣传的重要载体。做好信息资源共享工程，加快信息技术的推广应用，引导企业、农牧民上网查询市场信息、推销产品，依靠信息指导生产、促进发展。

（四）致力于改善民生，加快和谐嘉黎建设进程

坚持使全县人民学有所教、劳有所得、病有所医、老有所养、住有所居，着力保障和改善民生，推动和谐嘉黎建设。

1. 优先发展教育。巩固和落实“普六”与扫盲成果，继续认真贯彻县委、县政府联合下发的《关于加强适龄儿童和学龄儿童入学管理》的文件，突出抓落实，使我县中小学生员流失严重、教学质量低等问题得到有效解决。并且政府将拿出100万元资金建立教育奖励与救助基金，用于对教师和学生的奖励与救助。要全面落实义务教育阶段“三包”经费和“两免一补”保障政策，抓好教育基础设施建设。切实加强师资培训、学校管理及素质教育，全面提高教育教学质量，加快教育强县建设步伐。积极实施人才振兴计划，完善人才竞争机制，做到人尽其才、各显其能。

2. 基本建立健全公共卫生服务体系。深入落实新型农牧区医疗制度。按照自治区有关文件，完善以免费医疗为基础的新型农牧区医疗制度，做到农牧民小病不出乡，大病有统筹，医疗有保障。健全各项规章制度，明确工作职责，管好用好免费医疗经费。加大县乡镇医疗管理力度，提高医疗服务水平，发挥医疗设施效益，合理调配乡镇、村医技人员，开展医技人员技能培训工作，逐渐提高待遇。对乡镇医技人员脱岗行为严肃处理，决不姑息。积极争取资金，力争完成20个行政村医务室建设任务。切实做好计生工作，将人口自然增长率控制在12‰以内。加强食品、药品、餐饮业的监督管理，确保食品、药品安全。

3. 切实做好职工就业、养老和困难职工、困难群众的生活救助工作。

深入调查研究，制定并落实相关措施，进一步关注弱势群体，努力构建和谐温暖的社会主义大家庭。加强就业观念教育，鼓励自主创业，自谋职业，以此扩大就业范围；规范和协调劳动关系，落实国家对农民工的政策，依法维护劳动者权益。落实老干部、老党员、老模范等的生活补贴；提高聘用人员和半脱产人员待遇，改善其生活条件。扩大基本养老保险覆盖范围，努力实现老有所养的目标。适当提高“五保户”“特困户”等困难群众的救助水平。

4. 加强国土管理和生态环境保护。严格执行土地利用规划，控制建设用地规模，特别是要制定并落实乡镇公共用地使用规划。坚持生态环境优先的原则，继续实施环境风险评估，积极开展国家生态示范县创建活动，全力做好现有两家矿点的环境评价报告的跟踪监督工作。力争完成麦地卡湿地保护区、忠义乡原始森林等 7 个生态保护区申报工作。促进人与自然和谐发展。

（五）致力于团结稳定，加快平安嘉黎建设进程

1. 深入持久地开展反分裂斗争。始终坚持“旗帜鲜明、针锋相对、主动治理、强基固本”的方针，不断总结经验，认真研究达赖集团分裂破坏活动的新动向，增强反分裂斗争的针对性、有效性，牢牢把握对敌斗争的主动权。逐步建立乡镇村维护稳定工作机制，加大宣传力度，提高法制观念，增强政策知识和科技知识。

2. 加强社会治安综合治理。坚持打防结合、预防为主、专群结合、依靠群众的方针，严厉打击各种扰乱社会治安和破坏正常经济秩序的犯罪活动，突出开展以管控流动人口为重点的管理工作，坚决扫除“黄、赌、毒”等社会丑恶现象。强化责任，层层落实社会治安综合治理目标责任制。准确把握、及时解决群众关心的热点和难点问题，正确处理新形势下的人民内部矛盾，预防和妥善处置群体性事件。加快平安建设“三年创建，两年巩固”的步伐。以创建“平安乡镇”“平安单位”“平安村（居）”“平安校园”“平安寺庙”为载体，力争全县机关单位、各乡镇、村（居）平安创建覆盖率达到 100%。

3. 认真做好民族宗教工作。坚持“三个离不开”的思想，高举民族团

结旗帜，坚持和完善民族区域自治制度，按照“划清两个界限，尽到一个责任”的政策原则和工作要求，牢牢把握“两条底线”，做好宗教工作。深入开展寺庙爱国主义教育和法制教育，通过建章立制、教育培养、依法管理、标本兼治，进一步建立和维护正常的宗教秩序，不断提高僧尼素质。坚持宗教事务分级负责和属地管理原则，依法加强对宗教事务和宗教活动场所的管理。坚持宣传、教育为主，消除宗教在农牧民群众日常生活中的消极影响。切实改善寺庙的基础设施建设，力争五年内基本实现全县各寺庙通路、通电、通水、通电视、通电话“五通”目标。

4. 扎实开展安全生产工作。树立安全发展理念，进一步加强安全生产工作，从理顺安全生产监管职能划分入手，完善安全生产监管机构，成立执法队伍，依法加大执法力度。严格落实安全生产责任制，切实抓好以矿业生产、道路交通、建筑施工、森林防火、地质灾害、公共场所等为重点的安全生产管理，保障人民群众生命财产安全。

三、切实加强政府自身建设

坚持改革创新、强化服务，转变作风，始终做到对人民负责，受人民监督，为人民服务，让人民满意。县乡级政府务必坚持“六要”，为实现全县经济社会跨越式发展提供保障。

一要勤政为民，建设亲民服务型政府。全面履行政府职能，更加重视履行社会管理和公共服务职能。所有政府工作人员要强化全心全意为人民服务的宗旨意识，树立科学发展观和正确的政绩观，把实现好、维护好、发展好人民群众的根本利益作为工作的出发点和落脚点，把执政为民的要求融入思想感情里，体现在政策措施中，落实到具体工作上，多做群众急需的事，多做群众受益的事，多做打基础的事，多做管长远的事，真正做到权为民所用、情为民所系、利为民所谋。

二要开拓进取，建设务实创新型政府。坚持做到绝不务虚名而处实祸，开拓进取不自满，脚踏实地不浮躁，埋头苦干不张扬，继续发扬老西藏精神。深入基层，真抓实干，时刻关注群众冷暖，积极开展“察民情、听民声、顺民意、办实事”活动。坚决狠刹论道风、自夸风、等靠风、守成风，把党的路线方针政策与我县实际结合起来，善于总结经验，勇于探索，敢于创新，有所作为，进一步增强事业心和责任感，加强作风建设。坚持不懈地解放思想、更新观念，以视野宽、思路宽和胸怀宽的境界谋划全局，研究情况，解决问题，开辟新路，促进全县经济社会又好又快发展。

三要齐心协力，建设团结高效型政府。所有政府工作人员都要相互尊重、相互欣赏、相互包容，以责人之心责己、以恕己之心恕人，珍惜共事机缘，自觉维护团结，齐心协力抓工作，和衷共济谋发展。适应新形势，改进管理方法，简化手续，减少环节，提高办事效率和服务质量。切实加强载体建设，通过各种措施积极推进政务公开，使机关运转更加规范协调、办事更加公正透明、工作更加高效便民。

四要优化环境，建设负责诚信型政府。加快制度建设步伐，努力建设优惠透明的政策环境、优质高效的行政环境、规范严明的法制环境、文明和谐的人文环境、诚实守信的信用环境，尤其要建设一个从政府到企业、到全社会的整体信用体系，以良好的信用环境，改善和优化总体发展环境。认真履行对群众、企业、社会的每一项承诺，切实把政府的承诺变成实实在在的行动，全方位打造政府负责任、守信用的良好形象。

五要依法行政，建设民主法治型政府。各级政府领导干部和行政执法人员要认真贯彻《行政许可法》和《公务员法》《监督法》，牢固树立“有权必有责、用权受监督、侵权须赔偿、违法要追究”的观念，严格依法行使权力、履行职责。健全和完善群众参与、专家咨询和政府决策相结合的决策机制，坚持重大问题集体决策制度、专家咨询论证制度、社会公示、决策责任制度，不断提高政府决策的科学化、民主化、法制化水平，确保政府各项工作依法、科学、有序运行。

六要与时俱进，建设学习廉洁型政府。大力倡导学习之风，所有公务员都要勤奋学习、更新知识，向实践学、向群众学，不断提高学理论、明事理，谋全局、抓大事，求高效、会协调，博胸怀、团结人，善创新、抓落实的能力，提高执政施政水平，加强公务员培训，建立竞争激励机制，建设高素质的公务员队伍。建立健全教育、制度、监督并重的惩治和预防腐败工作体系，认真落实领导干部廉洁自律规定和党风廉政建设责任制，认真开展任期经济责任审计，坚决抓好各级干部特别是领导干部的廉洁自律，坚决查处违纪违法案件，坚决纠正损害人民群众利益的不正之风。坚决反对铺张浪费、贪污腐化，树立廉洁从政的良好形象。

这里，我向全县人民承诺，建设亲民服务、务实创新、团结高效、负责诚信、民主法治、清正廉洁型政府，从我做起，从政府领导集体做起，从每一位政府组成人员做起，从一点一滴做起。热忱欢迎各位代表和全县人民共同监督！

各位代表，宏图凝众志，重托催奋进。让我们高举中国特色社会主义伟大旗帜，紧密团结在以胡锦涛同志为总书记的党中央周围，认真贯彻落实党的十七大和区党委七届三次会议精神，坚持新世纪西藏工作指导思想，树立科学发展观，在县委的坚强领导下，同心同德，锐意进取，励精图治，奋发有为，为建设一个更加团结、更加稳定、更加繁荣、更加文明的社会主义新嘉黎而努力奋斗！

谢谢大家！

索　引

索　　引

A

阿塔…………………………………… 641
阿扎镇 …………… 5,38,48,49,52,105,135,147,148,150 ~ 152,158,198,211,231,249,334,337,420,421,454,459,467,531,542,543,556,559 ~ 561,563,565,568 ~ 571,611,616,652,680,685,691,761,762
爱国公粮……………… 305,306,487
爱国卫生运动……………… 612,619
安居工程 ……… 150,151,157,162,169,170,172,175,465,776,778 ~780,785
安全生产……… 262 ~264,342,361,362,782,791

B

班禅额尔德尼·确吉杰布……… 644
班子成员……… 186,204 ~208,212,224,232,237,245,249,263,301,302,322,330,374,375,383,390,413,474,497,595,596,604,611,612,614,618,619,633,634
保险 ……… 150,151,154,342,344,354,356,358 ~ 362,545,678 ~680,722,729,747,752,773,781,790
报刊业务………………………… 332
冰雹……………… 134,135,156,167
冰川……………… 5,8,9,15,18,19,28 ~ 30,32,38,41,43,44,47 ~52,56,58 ~60,67,74,569,571
兵役 ………………… 218,405 ~407

哺乳动物…………………… 118,168
部落武装………………………… 403

C

才旦 …………… 193,194,197,247,252,255,639
财务管理…… 291,304,478,480,481
财政管理…… 475,476,478,479,485
财政收支………… 475,476,480,510
草场面积…… 44,148,154,156,159,160,163,168,423,426
草场资源………… 279,423,424,426
陈应许…………… 188,202,281,643
城乡建设……………… 335,745,771
城镇低保…………………… 358,368
城镇供应……………………… 308
赤脚医生……………… 277,615,616
虫害 ……… 136,137,266,307,313,420,449,457,630,632,766
储水量 ………………………… 51
传染病 …… 428,429,588,613,614,616,617,619 ~ 622,631,632,679,760
传统教育……………………… 600
传统农业……………………… 441
村村通 …… 151,155,334,563,564,675,676,746,772,784,788
存款 ……… 165,258,496 ~499,777
措多乡 ………… 11,23,24,47,105,134,156,158,165,170 ~ 173,195,199,200,209,211,225,231,249,254,283,325,374,467,469,531,544,555,559,569,570,597,600,605,680,693,725,763,784
措拉乡 ……… 24,25,134,138,152,158,166 ~ 170,197,199,231,249,255,326,337,467,469,531,605,606,640,667,668,675,693,761,762,784

D

大学生村官………………… 209,211
贷款 ……… 169,215,216,256,272,278,302,304,416,431,491,496,499 ~ 502,539,540,605,653,668,670,724,725,729,752,777,778,780
党风廉政……………… 206,264,792
党务工作…………………… 203,209
党员代表大会 ……… 179,182,185,200 ~202,399,659,661,666
党员发展……………………… 210
党员干部 ……… 185,206,211,213,276,734,758
党支部 ………… 150,154,157,161,164,172,179,182,186,190 ~

197,209,212,225,248,345,383,399,404,657,659,661,665,668,671,673,734
档案工作 …… 265
地层 …… 3,4,6~8,11~15,49,325
地方病防治 …… 612,617,619,780
地方志编修 …… 265,266
地方驻军 …… 403
地方组织 …… 179
地理分布 …… 37,104
地貌 …… 3,8,9,16,18,28~30,37,39,49,50,54,156,167,170,450
地下水 …… 42,48,52,54,56
地震 …… 16,137
地质调查 …… 3
地质构造 …… 11,49
地质演化 …… 13,14
电视 …… 135,151,155,162,174,214,333,479,512,551,563~566,667,674~676,678,719,727,733,735,746,757,772,780,787,788,791
电影 …… 151,551,564~566,657,661,665,727,746,772,780,788
冬虫夏草 …… 104~107,156,158,163,296,678,750
毒草 …… 136,137
断裂带 …… 3,6,8~16,19,49,56
多种经营 …… 154,257~261,294,295,299,300,501,517,663,666,718,722,723

E

儿童保健 …… 620,626

F

法纪检察 …… 388
法律监督 …… 239,386,735,758
法制教育 …… 395,731,748,774,791
反分裂斗争 …… 219,220,719,720,731,734,735,748,749,757,758,774,775,781,790
防疫防灾 …… 426
风灾 …… 136,149,152,156,167,680
服务业 …… 299,524,738,751,753,760
服装 …… 288,352,362,575,585,586,751
辐射 …… 31,32,79,119,156,157,167,169,170,323,728
福利待遇 …… 353,355
妇联 …… 164,223,225~227,245,606,612,640,645,657,659,660,662,666,670

妇女保健…………………………… 625
妇幼保健…… 613,625,626,747,772
复转军人安置…………………… 407

G

嘎布 ………… 23,250,459,642,701
嘎松美郎…… 189,246,606,643,776
噶举派…… 142,149,406,542～544,553～555,557,561,570,653
改革开放 ……… 214,222,227,258,278,289～291,293,331,367,376,377,379,382,408,444,501,517,534,541,551,565,579,597,717,728,730,732,735,737,740,759,776,778,783
干部管理……………… 210,343,344
干部录用………………………… 343
干旱…… 106,133,134,149,152,460
高等植物 ………………… 53,60,99
高原反应…………………… 624,625
鸽群乡…………… 6,18,20,21,105,134,136,163～165,182,199,231,249,251,259,327,333,377,378,454,467,469,531,544,597,600,605,658,671,677,685,692,725,728,735,740
革委会 …… 146,149,182,203,234,244,248,257,271,277,278,304,342,346,347,356,357,362,373,407,408,413,509,515,520,525,526,641,658,659,661
格鲁派…… 143,155,542～544,560,561,644,651,652
个体工商户 …… 154,362,489,511,524,733,742,757,768
个体所有制 …… 181,256,416,417,435,436
耕地 ………… 37,43,129,434,440,441,446,447,450～452,468,481,488～490,510,515,518,526,752
耕作制度………………………… 440
工会 … 221～223,225,354,355,669
工商企业登记…………………… 524
工商行政管理……………… 523,524
工艺美术………………………… 600
工资待遇…… 346,348,351,355,616
工资福利……………… 342,343,346
工作监督……………… 239,735,758
公费医疗…… 353,355,613,627,628
公共卫生 ……… 352,616,617,619,780,789
公粮征收……………… 304,305,487
公路养护……………… 322,323,328
供销合作社 ………… 287,289,523,524,655
共青团…… 146,181,209,223～225,

644,657,660,666
古建筑 …………………… 558～560
古墓葬 …………………… 558～560
古遗址……………………… 558,559
鼓丘……………………………… 28,29
官方审判………………………… 391
广播体操………………………… 610
广播影视………………………… 563
国家级保护植物………………… 463
国土管理………………… 525,790
国营商业……………… 287,290,291

H

海拔……… 8,9,17～29,32,37～39,
41～44,47,50～52,54,55,57～
60,100～105,107,119～125,
127～130,141,148,152,153,
155,157,158,160,163,165,167,
169～171,299,332,353,358,
399,434,447,458～463,568～
571,623～625,633
寒温带 ……………………… 32,119
寒武纪 ………………… 4,10,13,14
合作医疗 ……… 154,157,163,169,
173,355,479,621,627～629,
677,747,780
和平解放 ……… 144,156,168,174,
180,242,271,282,290,306,315,
322,329,330,355,373,378,391,
395,405,407,408,454,473,485,
487,505,506,509,516,554,582,
584,586,609,623,625～627
河谷地区 …………………… 58,132
河流 …………… 8,9,12,28,29,39,
42～44,46～50,52,54,58,125～
127,130,131,150,156,158,167,
168,170,458,460,553,569,695,
739,746,763,771
核定编制…………………… 211,671
洪涝 …………… 133,135～137,674
湖泊 ………… 43,44,50～52,54,
56,125～127,130,131,150,156,
167,168,170,171,567～569,
695,739,763
互助合作……………… 416,436,501
户政管理………………………… 378
滑坡………………………… 137,138
婚姻登记…………………… 368,369
火山岩 ………… 4,6～10,12,14,15
火灾 …………… 138,156,167,381,
382,455,460
货币 ……… 304,346,435,484,502,
503,506,729

J

机构编制 ……… 211,321,341,355,

356,466,671,680
集体商业…………………………… 289
集体所有制……… 359,417,418,436
集邮业务…………………………… 332
纪检监察…………………………… 203
纪律检查委员会…… 184,201~204,662,666
技能培训…… 151,300,779,784,789
季风气候 ………… 31,32,148,152,156,174
祭祀………………………… 554,589
寄生虫病…………………… 428,679
家庭副业……………… 418,742,767
家庭联产承包…………………… 438
家畜 ……… 122,420,421,427~429,576,630~632,679
价格管理…………………… 302,522
监督管理……… 262~264,420,524,741,766,789
监所管理……………… 379,381,389
监所检察……………… 383,388,389
检察官制度……………………… 387
建置 ……… 139,141,149,153,156,158,161,164,165,168,171,174,217,381,413,496,544,633
降水分布 ………………………… 31
降水量……… 31,33,34,36,46,104,106,135,149,152,156,168,676
交通管理……………… 322,381,382
交通设施…………………… 173,278
交通运输 ……… 162,322,327,328,488,517,722,752
教育经费……………… 475,605,664
教育培训…………………………… 211
教育事业 ……… 163,173,258,476,502,597~599,601~603,605,726,744,770
接生………………………… 587,625
金融 ……… 471,473,486,496,522,718,722,728,729,777
禁忌……………………… 588,590,591
经济价值 ………………………… 99
经济检察…………………… 383,388
经济建设 ……… 183,185,213,257,258,271,278,376,377,380,409,510,540,717~721,725,728,730,732,736,745,747,756~758,764,769,771,773,776,777,782,788
经济审判…………………………… 394
经济植物 ………………………… 99
精神文明 ……… 150,155,184,213,214,223~225,258,326,355,374,409,551,675,719,727,730,735,738,746,758,761,772,788
救济 ……… 242,272,275,308,355,363~365,416,419,431,668,729,747,773

居民点……………… 43,44,136,769
军烈属………………………… 257

K

勘界管理………………………… 369
抗灾保畜……… 427,430~432,661,664,665
科技推广……………… 445,630,631
科技宣传…………………… 630,631
矿产资源………… 16,150,156,158,160,163,170,218,294,525,679,761,762,778,781,786,788
困难户……… 257,355,409,500,640

L

劳动保护…………………… 361,362
劳务输出 ……… 150,154,174,300,764,779,784
雷击……………… 133,135,674,675
礼仪……………………………… 580
立案监督………………………… 386
良种推广 ………………… 446~448
粮食部门…… 301,302,304,328,487
粮食加工………………………… 315
粮油收购………… 303,306,313,510
烈士褒扬………………………… 368
林邦正…………… 247,281,641,676
林堤乡 ……… 25,39,105,134,137,155 ~ 158,165,167,193,198,211,231,249,252,259,334,337,467,469,531,606,611,615,668,678,693,784
林地面积…………………… 43,44
林业调查………………… 457,458
林业面积………………………… 458
旅游路线………………………… 570
旅游资源…… 170,174,567,766,787

M

麦地藏布……… 8,15,29,46,47,50,54,107,132,156,165,167,168,171,784
麦曲 …… 47,132,171,679,701,707
免费医疗 ………… 163,355,621,627~629,789
免职干部………………………… 239
民兵 ……… 154,157,326,400,405,407~409,654,710,711,735,758
民间传说………………… 553,569
民间艺术………………………… 555
民久 ……… 197,232,235,596,640,671,673
民居………… 381,559,578,631,632
民事审判……………… 390,392,393
民事行政检察……………… 383,388

民主改革 ……… 145,180,227,242,256,265,271,273,274,276,287,293,294,304,313,327,342,345,346,355,356,361,378,407,408,415~417,423,426~428,434~436,441,443,445,446,448~450,476,477,479,480,483,487,497,499,500,506,509,510,520,522,523,525,531~533,539,540,545,564,579,584,589,597,606,610,623,627
民族政策 ……… 272,279,399,539,540,731
牧草地……………………………… 43,44
牧业生产 …………… 135,153,162,183~185,227,256,257,262,273,277,288,294,303,307,315,325,414,416~420,422~424,426,427,430~432,435,439,500,501,511,512,540,541,597,655,656,659,663,664,674,718,719,723,733,738,741,742,752,753,757,761,764

N

尼都藏布………… 38,44,49,50,458
黏土……………………………………… 4,8
宁玛派…………… 543,544,554,569
农村低保……………………………… 368
农村供应…………………… 308,309
农副产品 ……… 287,293,310,311,444,491,521
农机具 …… 419,441~444,741,767
农田保护…………………… 452,453
农田灌溉…… 175,451,452,468,743
农田建设 ………………… 450~452
农业技术…………………… 446,450
农业生产 ……… 184,315,416,420,434~436,439~442,444,445,450,488,501,718,719,721~723,741,767
农作物 ……… 58,99,119,122,137,258,260,261,434,435,440,441,447~449,511,518,623,630~632,723,729,733,741,767

P

爬行动物……………………………… 130
盆地 ………… 4,12~15,19,28,29,47~49,54,57,58,156,167,174,569
票证管理…………………… 303,494
平叛 …………… 181,227,243,244,265,272,304,341,375,376,381,399,407,408,435,544,545,564,646~648,655

普法教育………… 218,219,395,735

Q

气候变化…………… 15,35,107,332
气候水平 ……………………… 31
气温…………… 31～33,35,36,105,106,134,149,152,156,158,165,167,170,174,314,326,428,434
气象数据……………………… 635
气象灾害……………… 133,156,167
气象站……… 244,633,634,653,672
前震旦系 ……………………… 3,12
强降水…………………… 133,134
侵入岩 ……………… 4,9,10,12,56
青稞酒……… 577,579,581,585,589
区划 …………… 18,39,52,57,141,146～148,153,157,159,161,164,166,168,171,174,181,244,248,273,329,330,407,408,453,465,657
群众体育……………………… 608
群众团体……………………… 221

R

人才援藏……………………… 280
人大机构……………………… 233
人口变动………………… 533,534
人口分布……………………… 531
人口构成……………………… 532
人口普查……… 266,397,516～519,532～536,541,542,607,664,674
人力运输……………………… 327
人民代表大会……… 231,233～239,241,244,245,256,383,384,407,480,657,661～663,665,666,668,670,673,677,679,731
人民公社 ……… 146,147,149,153,157,158,161,164,166,168,171,174,182,248,249,257,276～278,290,295,336,376,417,418,431,436～438,488,526,658,685
人民解放军 …… 144,182,216,231,272,375,398,399,404,406～408,539,541,654,656,658,782
人事管理……………………… 343
人文景观……………………… 569
日照 ………… 31～33,36,106,156,167,168,170,434
绒多乡………… 6,10,16,17,26,27,105,134,160～163,170,173,196,209,211,231,249,255,264,327,454,467,469,531,570,676,694,725,743,763,769,784

S

赛马节 ………… 551,557,570,582,

608,609,779
丧葬…………………………… 353,588
扫盲教育……………………… 597,606
森林资源 … 454～459,464,677,724
商品购销 …………… 289～291,309
商品零售……………… 309,310,517
商品销售……………… 310,311,522
上层贵族……………… 215,539,583
社会保障 ……… 262,342,344,354,
377,545,718,729,741,747,766,
773,781
社会发展 ……… 150,153,157,159,
162,164,166,169,172,174,214,
235,236,239,377,509,511,526,
631,679,717,720,722,725,726,
728,732,733,736,737,739,740,
744,756,759,763,765,770,777,
783,784
社会救助…………………… 366,781
社会治安综合治理……… 217～220,
374,377,676,731,735,749,758,
775,781,790
社会主义改造 ……… 182,213,276,
277,418,436
身体素质………………………… 610
审判监督…………………… 386,392
审判制度改革………………… 392
生长条件……………………… 105
生活救助…………………… 366,789
生活习俗………………………… 575
生态建设………… 131,745,766,771
生物灾害………………………… 136
生育 ……… 227,344,358,360,361,
536 ～ 538, 584, 586, 587, 613,
621,626,642,660,662,727,747,
772,773,781
施政………………………… 256,792
湿地公园…………… 52,53,568,570
食品卫生……………… 616,619,620
市场管理…… 523,524,551,746,772
市场监督………………………… 770
鼠害………………………… 120,136
水电站……… 47,155,162,174,468,
469, 665, 672 ～ 674, 678, 679,
718,719,725,743,769,779,784
水利设施…… 173,238,468,743,769
水文特点 ……………………… 46
水资源…… 46,52,491,737,743,769
税收 ………… 258～260,476～478,
483 ～ 489, 491 ～ 494, 523, 752,
777
税种 ……… 475,484,486～490,729
私营商业…………………… 292,293
四季防疫………………………… 770
寺院教育………………………… 600
松曲…………………………… 17,48～50
酥油…………… 288,291～294,306,
314,315,419,485,512,544,577,

581, 582, 586, 640, 664, 685, 686,734
索朗巴珠 ········ 190,196,197,232, 235,253,414,619,643,645,676

T

特别津贴 ························· 353
特困群众 ························· 366
统一战线 ········ 185,214,216,221, 735,758
土地承包 ················ 257,420,685
土地管理局 ······················· 525
土地面积 ············· 41,43～45,169
土地资源 ············· 37,39,42,43, 132,452,525,526,785
土壤结构 ························· 440
土壤类型 ············· 37～39,41,52
土特产收购 ······················· 306
团委 ········ 223～227,245,659,663

W

王祖焕 ················· 188,281,641
卫生防疫 ··················· 616～619
卫生技术 ················ 614,617,618
卫生事业 ········ 163,614,619,642, 643,719,727,747,773
卫生医疗 ························· 613
卫生院 ·········· 154,155,157,160, 161,164,166,169,173,611,613, 615,616,622,623,627,628,727
温泉 ············ 16～18,50,56,161, 171,568,570,571
文明户 ······················ 150,214
文物保护 ········ 545,558～561,652, 653,666
文物管理 ························· 558
文学艺术 ···················· 552,600
无霜期 ············· 33,149,152,156, 168,170,434
吾金 ················ 267,640,645,670
五保供养 ························· 366
五保户 ·········· 173,257,366,409, 628,640,790
舞蹈 ················ 551,556,557,600
物价管理 ··················· 520～522

X

峡谷 ············ 18,29,48～50,52, 57,100,152,153,174,327,464, 554,568,569,571,762,766,787
夏玛乡 ·········· 27,28,47,105,135, 156, 158 ～ 160, 165, 170, 193, 198,199,209,211,231,249,252, 283,334,337,467,469,531,543, 556, 559, 561, 606, 653, 676 ～

678,694,719,745,761,762,784
先进集体 ……… 150,396,617,655,661,667,668,673,677
县财政局 ……… 281,473,483,494,605,613,643,679
县藏医院 ……… 296,297,605,611,618,619,629,643,676,787
县城规划 …………………… 336,641
县防疫局 ………………………… 621
县公安局 ……… 373~382,404,662,663,672
县国税局 ………… 483,485,495,674
县建筑安装公司 ………… 296,660,764,765
县交通局 …… 321,322,328,662,677
县教育体育局 ………………… 595
县粮油公司 ………… 296,655,669
县林业局 …………………… 454,677
县贸易公司 ………… 273,287~289,296,306,307,325,482,499,521,523,656,765
县气象局 ……………… 633,634,673
县人大常委会 …………… 231~234,236~240,279,455,640,663,665,671,679
县人民检察院 …………… 234,235,383~385,388,661,665,667
县人民医院 ………… 276,297,478,611,613~616,620,625,627,642,663,666,747
县人民政府 ………… 141,145~148,181,213,231,234~236,238,241,243~248,256~258,264,265,267,271,273,274,298,305,321,330,335,336,341,342,355,365,381,391,407~409,413,423,426,437,454~456,467,474,478,479,483,509,515,520,525,536,541,545,549,557,561,563,582,595,598,606,616,620,627,629,630,652~656,663~665,672,679,717~719,776,782
县人事局 ……………… 341,342,354
县水利局 ………………………… 466
县统计局 ……………… 516,517,536
县卫生防疫站 ………… 616~618
县卫生局 ……… 281,282,536,611,615,617,627,669,672
县委统战部 ………………… 215,663
县委组织部 …… 183,244,341,342,354,355,626,639,657,663
县文化局 ……… 549,551,564~566
县直机关党委 …………………… 209
乡镇党委 …………… 179,186,189,209~211,233,426
乡镇党组织 ……… 189,190,197,198
乡镇概况 ………………………… 148
乡镇建设 ………… 298,336,738,785

乡镇企业……… 258～261,294,295,492,501,517,662,669,670,672,724,728,729,740,742,744,753,754,768,769
乡镇政府…… 248,337,366,373,782
项目援藏…………………… 282,779
消防管理…………………… 381,382
小学教育…………………… 600,726
信贷……… 150,304,496,499～502,729,736,757
信访工作………………………… 264
信函投递………………………… 330
刑事检察……………… 383,384,388
刑事审判……………… 390,392,393
刑事侦查…………………… 379,380
行政编制 ……… 210,211,263,473,516,680
行政审判…………………… 393,394
徐达曲 …………………… 38,48,49
畜产品 ………… 154,156,162,166,260,261,273,274,288,290,291,296,301,306,308,310,312,325,416,419,421～423,428,485,491,493,510,515,685,722,723,734,737,739～742,750,751,760,761,766～768,770,784
畜力运输……………… 273,325,327
畜牧局……………………… 413,754
畜牧业 ………… 153,172,258,273,413,420,421,423～425,741,742,750,763,766,768,770,777,778
宣传工作 ……… 206,213,382,420,628,765
宣传思想 ………………… 212～214
玄武岩…………………………… 4,9～11
学校体育…………………………… 610
雪灾 ……… 133,134,149,152,165,272,275,419,430～433,654,661,665,667,669,733

Y

岩浆岩 …………………………… 9,15
沿革 …………… 141,149,153,156,158,161,164,165,168,171,174,184,560
药用植物 ……………… 99,103,297
野生动物…………… 52,53,55,107,108,118～131,152,156,158,160,163,167,170,279,455,457,463,576,677,745
业务管理…………………… 302,374
医疗救助………… 366,368,628,780
医疗卫生 ……… 157,169,173,298,347,352,533,623,719,727,738,746,760,772
医疗制度 … 173,627～629,780,789

医务技术…………………………627
医务人员 ………173,297,613,616,619,627,628,727
医药医术…………………………600
议案办理…………………………238
易贡藏布 ……3,15,29,46,48~50,57,59,131,569,679,746,762,766,771,787
驿站 ………142,143,292,301,325,327,329,330,403,404,502,532,534,541
疫病防治………420,422,426~428,446,770,777
疫情控制…………………………621
音乐……………………551,556,600
饮食 ………162,299,524,577,620,724,751
饮水工程…………175,432,466,467
拥军优属…………………………367
优抚安置…………366,729,747,773
邮电局 ……329~331,333,654,666
邮电通信…………298,333,722,725
邮路………………………………332
油料…………99,307,313,315,440,488,518
鱼类 …………53,55,108,110,111,130,131
援藏干部 ………211,258,280,282,283,550,599,600,605,612,641,662,676,765,779,787
援藏工作 ………280,283,673,736,765,779,787,788
援藏政策…………………………280
援藏资金 ………282,283,368,512,599,733,757,779,787,788

Z

藏比乡 ………5,6,10,24,105,134,165,166,170,171,173,195,231,249,254,326,327,467,469,531,544,559,560,605,611,615,680,692,784
藏历新年…………580,590,608,610
藏药材 ……102,161,170,296,297,673,747,763,766,773,778,784,786
藏药加工厂 ……295,629,643,671,724,747
糌粑 ………302,315,316,419,577,578,586,589,667
侦查监督…………………………386
珍稀鸟类…………………………124
征兵机构 …………………405~407
政法工作…………………217,735
政法协调…………………………216
执法纠风…………………………207
执行监督…………………………386

职称 ……… 297,347,355,611,617,627
植被分布 …………………… 57,457
植被类型…… 38,55,57,59,458,459
植树造林……………… 419,464,781
植物类型 ………………………… 99
植物名录 ………………………… 60
植物资源…………… 60,99,167,170
治安管理…… 218,219,375,377,378
中学教育………………………… 603
忠玉乡………… 4,18,21,30,37,38,42,48~50,105,119,142,152,173,174,194,200,231,249,253,279,293,298,299,327,334,337,352,353,377,408,420,441,451,456,458,464,467~469,531,544,559,567,569,571,575,613,680,692,781
种养业…………………………… 298
种植资源 ………………………… 99
重要史迹……………… 558,559,561
专职教师…………………… 602,610
装饰…………… 462,503,575~577,582,585
自然保护区……… 54,167,168,170,457,458,745,763,771,781
自然地理 ……… 2,3,148,152,155,158,160,163,165,167,170,173
自然景观…………………… 170,567
自然灾害 ……… 133,149,152,165,266,363~365,451,452,468,557,720,723,736,741,759,767
自然资源 ……… 163,165,168,174,455,457,761,787
宗办事处党委………… 180,243,654
宗教活动 …………… 185,219,485,543~545,749,774,791
宗教信仰自由………… 221,276,545
宗政府 …… 144,145,241,256,272,330,335,373,391,408,415,473,483,515,520,521,523,539
组织工作…… 208,341,422,667,671
组织建设…… 183,185,209,211,674

CONTENTS

Outline …… (1)

Part One: Physical Geography

Chapter One: Geology and Landform …… (3)
Section One: Geology …… (3)
Section Two: Mineral Resources …… (16)
Section Three: Landform …… (18)

Chapter Two: Climate …… (31)
Section One: Climate Characteristics …… (31)
Section Two: Climatic Factors …… (32)

Chapter Three: Soil and Land Resources …… (37)
Section One: Soil …… (37)
Section Two: Land Resources …… (43)

Chapter Four: Hydrology and Water Resources …… (46)
Section One: Rivers …… (46)
Section Two: Lakes and Glaciers …… (50)

Section Three: Wetlands and Groundwater ······························ (52)

Chapter Five: Biology ······························ (57)

Section One: Vegetation ······························ (57)

Section Two: Plant Resources ······························ (60)

Section Three: Wildlife Resources ······························ (107)

Section Four: Ecological Construction ······························ (131)

Chapter Six: Natural Disasters ······························ (133)

Section One: Meteorological Disasters ······························ (133)

Section Two: Biological Disasters ······························ (136)

Section Three: Other Disasters ······························ (137)

Part Two: Administrative Divisions

Chapter One: Divisions and Districts ······························ (141)

Section One: Location and Territory ······························ (141)

Section Two: The Historical Development ······························ (141)

Chapter Two: Overview of Towns ······························ (148)

Section One: Azha Town ······························ (148)

Section Two: Jiali Town ······························ (152)

Section Three: Linti Township ······························ (155)

Section Four: Xiama Township ······························ (158)

Section Five: Rongduo Township ······························ (160)

Section Six: Gequn Township ······························ (163)

Section Seven: Zangbi Township ······························ (165)

Section Eight: Cuola Township ······························ (167)

Section Nine: Cuoduo Township ······························ (170)

Section Ten: Zhongyu Township ······ (173)

Part Three: Party, Government, Mass Organizations and Social Groups

Chapter One: Local Organizations of the Communist Party of China in Jiali County ······ (179)
Section One: Institutions ······ (180)
Section Two: Party Congress ······ (200)

Chapter Two: Party Affairs ······ (203)
Section One: Discipline Inspection and Supervision ······ (203)
Section Two: Organizational Work ······ (208)
Section Three: Ideology Propaganda ······ (212)
Section Four: United Front ······ (215)
Section Five: Political and Legal Coordination ······ (216)

Chapter Three: Mass Organizations ······ (221)
Section One: Labor Union ······ (221)
Section Two: Youth League Committee ······ (223)
SectionThree: Women's Federation ······ (226)

Part Four: Government Affairs

Chapter One: People's Congress ······ (231)
Section One: Institutions ······ (231)
Section Two: Conference ······ (234)
SectionThree: Perfomance of Functions ······ (238)

Chapter Two: Government ······ (241)
Section One: Institutions ······ (241)
Section Two: Governance ······ (256)
Section Three: Supervision and Administration of Work Safety ······ (262)
Section Four: Letters and Visits Work ······ (265)
Section Five: Archives Work and Local Chronicles Compilation ······ (265)

Part Five: Politics and Government Affairs

Chapter One: Summary of Political Affairs ······ (271)
Section One: Implementation of the "Seventeen Agreements" ······ (271)
Section Two: Suppression of Rebellion and Reform ······ (272)
Section Three: Stable Development ······ (274)
Section Four: Socialist Transformation ······ (276)
Section Five: Reform, Opening-Up, and Economic Construction ······ (278)

Chapter Two: Support to Xizang Work ······ (280)
Section One: Support to Xizang Policy ······ (280)
Section Two: Talent Assistance for Xizang ······ (280)
Section Three: Funding and Project Assistance for Xizang ······ (282)

Part Six: Commerce, Industry, Grain, and Trade

Chapter One: Commerce ······ (287)
Section One: Organizations ······ (287)
Section Two: State-Owned Commerce ······ (287)

Section Three: Private Commerce ······ (293)

Chapter Two: Diversified Commerce ······ (294)
Section One: Organizations ······ (294)
Section Two: Township Enterprises ······ (295)
Section Three: Planting and Breeding Industries ······ (298)
Section Four: Service Industries ······ (299)

Chapter Three: Grain and Oils ······ (301)
Section One: Organizations and Management ······ (301)
Section Two: Purchase ······ (304)
Section Three: Supply and Sales ······ (308)
Section Four: Storage, Transportation, and Processing ······ (313)

Part Seven: Transportation, Post and Telecommunications, Urban Construction

Chapter One: Transportation ······ (321)
Section One: Organizations ······ (321)
Section Two: Traffic Management ······ (322)
Section Three: Roads and Transportation ······ (325)
Section Four: Road Maintenance ······ (328)

Chapter Two: Post and Telecommunications ······ (329)
Section Two: Postal Service ······ (329)
Section Three: Telecommunications ······ (333)

Chapter Three: Urban and Rural Construction ······ (335)
Section One: Organizations ······ (335)

Section Two: County Planning and Construction .... (336)

Part Eight: Personnel, Labor, and Civil Affairs

Chapter One: Personnel and Labor .... (341)
Section One: Organizations .... (341)
Section Two: Personnel Management .... (343)
Section Three: Wages and Welfare .... (346)
Section Four: Institutional Establishment and Staffing .... (356)
Section Five: Employment and Insurance Protection .... (356)

Chapter Two: Civil Affairs .... (363)
Section One: Organizations .... (363)
Section Two: Civil Relief .... (365)
Section Three: Social Assistance .... (366)
Section Four: Preferential Treatment and Placement .... (367)
Section Five: Marriage Registration .... (369)
Section Six: Boundary Survey Management .... (369)

Part Nine: Rule of Law and Military Affairs

Chapter One: Public Security .... (373)
Section One: Organizations .... (373)
Section Two: Public Security and Order .... (376)
Section Three: Household Administration .... (378)
Section Four: Criminal Investigation and Prison Management ...... (380)
Section Five: Fire Protection and Traffic Management .... (381)

Chapter Two: Prosecution ······ (383)
Section One: Organizations ······ (383)
Section Two: Criminal Prosecution ······ (384)
Section Three: Legal Supervision ······ (386)
Section Four: Reform of the Prosecutorial System ······ (387)
Section Five: Economic, Civil, and Administrative Prosecution ······ (388)
Section Six: Legal Discipline and Prison Inspection ······ (388)

Chapter Three: Trials ······ (390)
Section One: Organizations ······ (390)
Section Two: Trial System ······ (391)
Section Three: Criminal and Civil Trials ······ (393)
Section Four: Economic and Administrative Trials ······ (394)

Chapter Four: Judicial Affairs ······ (395)
Section One: Popularization of Law and Legal System Education ······ (395)
Section Two: People's Mediation ······ (395)

Chapter Five: Military Affairs ······ (397)
Section One: Garrison ······ (397)
Section Two: Military Service and Militia ······ (405)

Part Ten Agriculture, Animal Husbandry, Forestry and Water Resources

Chapter One: Animal Husbandry ······ (413)
Section One: Organizations ······ (413)

Section Two: Production Relations in Animal Husbandry ········ (415)
Section Three: Livestock ········ (420)
Section Four: Pastures ········ (423)
Section Five: Epidemic Prevention and Disaster Relief ········ (426)

Chapter Two: Agriculture ········ (434)
Section One: Agricultural Productive Relations ········ (434)
Section Two: Farming Output and Labor Force ········ (440)
Section Three: Agricultural Machinery and Farm Tools ········ (441)
Section Four: Agricultural Technology Promotion ········ (445)
Section Five: Farmland Construction and Protection ········ (450)

Chapter Three: Forestry ········ (454)
Section One: Organizations and Management ········ (454)
Section Two: Forest Resources ········ (457)
Section Three: Wildlife Protection ········ (464)
Section Four: Afforestation ········ (464)

Chapter Four: Water Conservancy ········ (466)
Section One: Organizations ········ (466)
Section Two: Water Resource Development and Utilization ········ (467)

Part Eleven: Fiscal, Taxation, and Financial Affairs

Chapter One: Finance ········ (473)
Section One: Organizations ········ (473)
Section Two: Fiscal System ········ (475)
Section Three: Fiscal Revenue and Expenditure ········ (476)
Section Four: Fiscal Management ········ (478)

Chapter Two: Tax Affairs ······ (483)
Section One: Organizations ······ (483)
Section Two: Tax System ······ (484)
Section Three: Tax Categories ······ (487)
Section Four: Tax Management ······ (493)

Chapter Three: Finance ······ (496)
Section One: Organizations ······ (496)
Section Two: Deposits ······ (497)
Section Three: Credit ······ (499)
Section Four: Currency ······ (502)

Part Twelve: Comprehensive Management of the National Economy

Chapter One: Planning Management ······ (509)
Section One: Organizations ······ (509)
Section Two: Planning Management ······ (510)

Chapter Two: Statistics Management ······ (515)
Section One: Organizations ······ (515)
Section Two: Statistics Management ······ (516)

Chapter Three: Measurement and Price Management ······ (520)
Section One: Measurement Management ······ (520)
Section Two: Price Management ······ (521)

Chapter Four: Industrial and Commercial Administration ······ (523)
Section One: Organizations ······ (523)

Section Two: Market Management ······ (523)
Section Three: Industrial and Commercial Enterprise Registration ······ (524)

Chapter Five: Land Management ······ (525)
Section One: Organizations ······ (525)
Section Two: Hameland Management ······ (526)

Part Thirteen: Population, Ethnic Groups and Religion

Chapter One: Population ······ (531)
Section One: Population Status ······ (531)
Section Two: Population Changes ······ (534)
Section Three: Population Census ······ (535)
Section Four: Eugenics and Good Parenting ······ (536)

Chapter Two: Ethnic Groups and Religion ······ (539)
Section One: Ethnic Groups ······ (539)
Section Two: Religion ······ (542)

Part Fourteen: Culture, Radio, Film and Television, Tourism

Chapter One: Culture ······ (549)
Section One: Organizations ······ (549)
Section Two: Cultural Facilities ······ (550)
Section Three: Cultural Market Management ······ (551)

Chapter Two: Literature and Art ······ (552)
Section One: Folk Literature ······ (552)

Section Two: Music and Dance …………………………………… (556)

Chapter Three: Cultural Relics …………………………………… (558)

Section One: Management and Protection of Cultural Relics …… (558)

Section Two: Cultural Relic Remains …………………………… (559)

Chapter Four: Radio, Film and Television ……………………… (563)

Section One: Radio Broadcasting ………………………………… (563)

Section Two: Film Industry ……………………………………… (564)

Section Three: Television Broadcasting …………………………… (565)

Chapter Five: Tourism …………………………………………… (567)

Section One: Tourism Resources ………………………………… (567)

Section Two: Tourism Routes …………………………………… (570)

Part Fifteen: Folk Customs

Chapter One: Living Customs …………………………………… (575)

Section One: Clothing …………………………………………… (575)

Section Two: Diet ………………………………………………… (577)

Section Three: Residence ………………………………………… (578)

Section Four: Travel ……………………………………………… (579)

Chapter Two: Etiquette and Festivals ………………………… (580)

Section One: Etiquette …………………………………………… (580)

Section Two: Festivals …………………………………………… (581)

Section Three: Appellations ……………………………………… (583)

Chapter Three: Marriage and Childbirth ············ (584)
Section One: Marriage ············ (584)
Section Two: Childbirth ············ (586)

Chapter Four: Funerals and Taboos ············ (588)
Section One: Funerals ············ (588)
Section Two: Taboos ············ (590)

Part Sixteen: Education, Sports, Health, Science & Technology and Meteorology

Chapter One: Education ············ (595)
Section One: Education and Management ············ (595)
Section Two: Traditional Education ············ (600)
Section Three: Primary Education ············ (600)
Section Four: Secondary Education ············ (603)
Section Five: Education Funding ············ (605)
Section Six: Literacy Education ············ (606)

Chapter Two: Sports ············ (608)
Section One: Mass Sports ············ (608)
Section Two: School Sports ············ (610)

Chapter Three: Health ············ (611)
Section One: Organizations, Facilities and Management ············ (611)
Section Two: Health Supervision, Epidemic Prevention and Endemic Disease Control ············ (619)
Section Three: Maternity and Child Health Care ············ (625)

Section Four: Medical Administration and Pharmaceutical Administration ······ (626)
Section Five: Medical System ······ (627)
Section Six: Tibetan Medicine ······ (629)

Chapter Four: Science and Technology ······ (630)
Section One: Organizations ······ (630)
Section Two: Science and Technology Promotion and Application ······ (630)

Chapter Five: Meteorology ······ (633)
Section One: Organizations ······ (633)
Section Two: Meteorological Operations and Services ······ (635)

Figures ······ (637)
I. Biography ······ (639)
II. Brief Introduction ······ (640)
III. Records ······ (645)
IV. Lists ······ (646)

Chronicle of Events ······ (649)

Special Records ······ (683)
Introduction to Jiali County Pastures ······ (685)

Appendices ······ (689)
I. Gazetteer of Jiali County and Their Subordinate Place Names (2010) ······ (691)

II. Gazetteer of Monasteries, Mountains, Rivers, and Lakes in Jiali County(2010) …… (695)
III. "Atlas Annals of Jiali County" …… (709)
IV. Outline of the Ninth Five-Year Plan for National Economic and Social Development of Jiali County and the Long-Range Objectives Through the Year 2010 (December 1,1994) …… (717)
V. Outline of the Tenth Five-Year Plan for National Economic and Social Development of Jiali County (December 2000) … (732)
VI. Jiali County Investment Guide (January 2001) …… (750)
VII. Outline of the Eleventh Five-Year Plan for National Economic and Social Development of Jiali County (February 1,2005) …… (756)
VIII. 2007 Jiali County Government Work Report (November 20,2007) …… (776)

Index …… (795)
English Catalogue …… (812)
Afterword …… (826)

编 后 记

嘉黎县地方志编纂工作始终坚持以马克思列宁主义、毛泽东思想、邓小平理论、“三个代表”重要思想、科学发展观、习近平新时代中国特色社会主义思想为指导，《嘉黎县志》是新中国成立后第一部全面记述嘉黎县政治、经济、社会、文化、自然等历史发展进程的新方志，在县委、县政府的正确领导下，在上级业务部门的精心指导下，嘉黎县全面贯彻落实《地方志工作条例》《全国地方志事业发展规划纲要（2015—2020年）》文件精神，贯彻落实自治区、那曲市关于做好地方志编纂工作的要求。

《嘉黎县志》一二轮合修志书，于1997年1月启动编纂工作，志书记录时限为嘉黎县有历史记载以来至2010年12月31日，全书共16篇、80余万字，是一部完整的嘉黎县情书。

1997年，嘉黎县成立嘉黎县地方志编纂委员会，编纂委员会主任由历届政府县长担任，下设地方志编纂委员会办公室，负责人由县人民政府办公室主任兼任，办公室设立编辑部，负责《嘉黎县志》的编纂工作。编辑部负责组织征集资料、拟定篇目，1997年12月制定印发《嘉黎县志编纂方案》。其间，针对资料缺失严重、修志人员缺乏等实际情况，嘉黎县地方志办公室勇挑重担，精心谋划、有序推进，进一步加大资料收集力度。县政府办公室（地方志编辑部）多次印发《关于收集嘉黎县志所缺资料的紧急通知》，地方志编辑部工作人员先后前往各乡镇、各部门以及那曲、拉萨、林芝等地（市）、县（区）60 余次，走访老干部及全县的高龄老人，深入了解嘉黎县的发展历史。先后到有关档案局（馆）和相关单位查阅、核对资料 70 余次，收集补充资料 100 万余字。

为进一步加快县志编纂进度，保障志书质量，2015 年，嘉黎县召开地方志编纂委员会主任会议，会议对方志工作进行安排部署，明确《嘉黎县志》编纂工作要求，会议决定将《嘉黎县志》编纂经费纳入本级财政预算，实行专款专用，为地方志编纂委员会办公室配备办公设备、调整充实志书编纂人员。再次印发《嘉黎县志编纂方案》，与各承编单位签订目标责任书，全面推进方志编纂工作。

在上级业务部门的精心指导下，在各单位、各乡镇以及社会各界的大力支持和帮助下，2016 年，《嘉黎县志》形成初审稿，7 月，嘉黎县编纂委员会召开县志初审会，邀请专家组对《嘉黎县志》初审稿进行评审并通过初审。

嘉黎县地方志编纂委员会按照初审会提出的修改意见，全面走访自治区图书馆、档案馆，赴那曲市档案馆查阅补充资料，对初审会提出的问题逐一整改。2017 年，《嘉黎县志》复审稿基本形成，8 月，嘉黎县邀请那曲市有关领导、嘉黎县退休老干部、有关专家在拉萨市召开《嘉黎县志》复审会并通过复审。复审会提出了志书存在的问题和不足，专家建议再搜集相关照片，补充部分应该编纂的文字资料。

在县委、县政府的大力支持下，在各单位、各乡镇和社会各界的积极配合下，嘉黎县地方志编纂委员会对志书照片和相关文字资料进行了全面补充和整改，终审稿基本形成，于 2019 年 10 月在拉萨召开终审会并通过终审。

为保证志书质量和验收，2019 年 9 月第二次召开验收稿预备会，对志书再作调整与修改。其间，自治区地方志编纂委员会办公室主任汪德军、副主任王会世，那曲市地方志负责领导多次莅临嘉黎县，对《嘉黎县志》的修编工作进行指导和调研，并对志书的出版质量提出了宝贵意见。县委副书记、县长吾金才塔，政府副县长多吉才加带队组织志书修编负责同志前往内蒙古、浙江等地进行考察学习。不仅于此，嘉黎县地方志编纂委员会还积极协调援藏干部，争取经费援助与技术指导，以进一步保证《嘉黎县志》的编纂质量，推进嘉黎县地方志工作高质量发展。

按照验收预备会的要求，结合多方指导和考察学习成果，认真采纳专家建议，组织有经验的老同志对志书进行反复修改和校对，《嘉黎县志》验收稿初步形成。2020 年 10 月 29 日，嘉黎县地方志编纂委员会在拉萨召开志书验收会，会议由自治区地方志编纂委员会办公室主任汪德军主持，自治区、那曲市和嘉黎县有关领导及专家参加此次验收会。根据会上各级领导和专家的意见，嘉黎县委、县政府对地方志编纂委员会进行调整，地方志编纂委员会办公室同志抓紧进行图片和文字资料的搜集和补充。11 月，嘉黎县人民政府办公室（地方志办公室）就志书出版请示嘉黎县地方志编纂委员会、那曲市地方志编纂委员会、西藏自治区地方志办公室及西藏自治区地方志编纂委员会，将修改后的《嘉黎县志》验收稿送交中国藏学出版社。

嘉黎县地方志工作从宣传启动、组建机构、人员培训、拟定篇目，到最终付梓，嘉黎县政府办公室在每个阶段每个环节都制定了切实可行的计划和严格的工作流程，广泛采取各级领导、专家、修志人员和社会各界审改志书的方法，改进和创新工作方式，做到广泛吸纳评稿意见、反复修改、层层把关、查漏补缺，不断克服实际困难。嘉黎县委、县政府给予嘉黎县地方志工作以大力支持和肯定，并得到自治区地方志编纂委员会办公室的正确指导和有力帮助。同时，《嘉黎县志》的编纂还得到了浙江省方志办公室、温州市地方志办公室的关心、帮助和支持，得到了曾经在嘉黎县工作的老领导、老同志的热忱关注与支持，得到了自治区测绘局、自治区档案局、那曲市档案局以及嘉黎县各承编单位和社会各界有识之士的积极配合与帮助。《嘉黎县志》的付梓，融集体之智慧，凝编者之心血，蒙各方之关照。在此，嘉黎县谨向参加《嘉黎县志》编纂工作的全体人员，向关心支持过嘉黎县志书编纂工作的领导、单位和个人，向指导、审查、修订志书的领导、专家和学者表示衷心的感谢和崇高的敬意。编纂《嘉黎县志》是一项浩繁而艰巨的系统工程，尽管嘉黎县地方志编纂委员会办公室的全体同志始终能以饱满的热情、不怕吃苦的作风和对历史负责的态度，高质量推进嘉黎县地方志工作，坚持在干中学、学中干，不辱使命、知难而进、通力合作、竭尽全力做好志书编纂工作，但由于《嘉黎县志》一二轮合修工作量大、涉及面广、专业性强、资料匮乏、时间跨度大，以及编纂队伍年轻、经验缺乏、水平有限，疏漏和不足之处在所难免，敬请各界批评指正。

中共嘉黎县委员会　嘉黎县人民政府

2020 年 12 月